LE JEU DU TAO

DE LA SANTÉ ET DU MIEUX-ÊTRE

LA CONFÉRENCE DES OISEAUX

C'étaient des oiseaux. Ils étaient quarante. Ils partirent un jour
pour un long voyage, en quête d'un roi, ou d'un dieu peut-être.
Quelque chose au cœur les faisait aller vers une montagne où vivait, disait-on,
cet être qu'ils cherchaient. Le chemin fut long. Ils connurent des aventures
parfois inespérées, parfois éprouvantes, toujours inattendues.
Ils parvinrent enfin à la cime de ce mont tant désiré.
Ils n'y trouvèrent ni dieu ni roi. Seul un miroir les attendait...

LE JEU DU TAO

DE LA SANTÉ ET DU MIEUX-ÊTRE

ALBIN MICHEL
TAOVILLAGE

SOMMAIRE

AVANT-PROPOS

LE JEU DU TAO
DE LA SANTÉ ET DU MIEUX-ÊTRE

Quand tu commences à jouer, quel que soit le jeu,
tu proposes au destin de t'apparaître, tu le sommes d'exister.
Lorsque tu joues, tu affirmes, peut-être sans le savoir,
que le monde est autre chose que ce que tu vois,
qu'il est rempli de présence, de forces, d'énergie.

Ami qui entres ici, lectrice ou lecteur, quel que soit ton état, en forme, fatigué ou malade, si tu veux aller mieux – ou encore mieux –, il convient de réveiller la force de vie qui est en toi. C'est un objectif individuel, mais aussi collectif. Face à la crise planétaire, chacun a tendance à se sentir impuissant. Il y a pourtant une réponse pour s'arracher au chaos : si tu désires que la planète guérisse, commence par améliorer ta propre santé. Attention, je te parle de ta santé globale, qui concerne ton corps, mais aussi ta vie affective, professionnelle, relationnelle... Pour nourrir cette démarche, les chercheurs du Jeu du Tao ont exploré les arcanes de la santé et du mieux-être, et sélectionné les pratiques qui s'avéraient les plus efficaces. Leur premier jeu, publié en 2003, aidait chacun à clarifier sa quête et à « devenir le héros de sa propre légende ». La seconde formule combine les savoirs anciens des thérapeutes d'Orient et d'Occident avec les techniques de guérison les plus innovantes issues des neurosciences et de la psychosomatique. Avec un but précis : optimiser nos chances d'être en meilleure santé, au sens physique, émotionnel, mental et spirituel. Nourri des plus anciennes sagesses – et de leur art commun de poser des questions sans imposer de réponses –, le Jeu du Tao de la santé et du mieux-être procède, comme le premier jeu, en quatre étapes. Il s'ouvre par l'invitation du Monde de la Terre à visualiser et à exprimer ton besoin profond d'aller bien, ou mieux. Le Monde du Feu te pousse ensuite à faire un travail d'introspection, en clarifiant ce qui ne va pas en toi et à remonter en amont, le plus loin possible vers les causes premières du mal-être, pour te guérir des blessures du passé. C'est alors que le Monde de l'Eau te fait prendre conscience de tes forces, intérieures et extérieures, susceptibles de t'aider dans cette tâche. Si bien que finalement, tu te retrouves à la fois lucide et « rechargé », quand le Monde de l'Air te convie à prendre la décision de changer quelque chose à ton mode de vie, de la façon qui te convient le mieux, notamment pour être davantage ancré dans le moment présent.

TROIS SOURCES DE MAGIE

La « magie » de ce jeu provient d'au moins trois sources. La première jaillit du fait que, si tu réponds de façon vraiment sincère aux questions du Monde de la Terre, en exprimant ton désir de mieux-être, tu vas vraiment toucher à ta quête essentielle. Vouloir aller mieux est une demande éternelle et un droit fondamental de l'être humain. Le dicton populaire « Quand la santé va tout va », énonce de façon brute une vérité authentique, qui suppose une définition large de ce qu'on entend par « santé ». Bien avant que l'OMS ne livre la sienne dans ses statuts fondateurs, le bon sens commun savait que, pour être « en forme », un humain doit bien se porter sur le plan physique, mais aussi affectif, relationnel, professionnel, intellectuel, spirituel... Chacun de nous est fait d'un ensemble de niveaux, du plus matériel au plus subtil, dont la combinaison et l'articulation constituent à la fois la base même de l'identité humaine et le plus grand des mystères. C'est ce que suggère, par défaut, ce passage du livre biblique de l'Ecclésiaste : « Puisque tu ignores comment l'âme est unie au corps, tu ignores l'œuvre de Dieu. » Inverse la phrase, tu obtiens le fameux précepte gravé au fronton du temple de Delphes, « Connais-toi toi-même et tu connaîtras les secrets de l'univers et des dieux. »

Ce que ni le temple de Delphes, ni l'Ecclésiaste, ni les statuts fondateurs de l'OMS ne disent, mais qu'ils suggèrent implicitement, c'est que ce secret de la connaissance de soi est aussi la clé de la santé : « Reconnais en toi-même, c'est-à-dire dans ton corps, ton souffle et ton esprit, la façon dont tes sensations, tes émotions, tes pensées, tes valeurs et tes croyances sont articulées entre elles... et tu atteindras l'optimum de ta forme et de ta santé. »

La seconde source « magique » du jeu est tout simplement l'utilisation qu'il fait de l'outil taoïste du *Yi Jing*, ou *Livre des transformations*, merveilleuse et mystérieuse façon de mobiliser les lois de la synchronicité, pour y voir plus clair dans ton instant présent – et donc dans tes potentialités d'avenir. La nouveauté du Yi Jing présenté dans ce livre, c'est que, au-delà de la lecture traditionnelle de l'état des lieux qu'il propose, l'oracle fait correspondre à chaque tirage une méditation spécifique et inédite, qui te permettra de ressentir dans ton corps la photographie énergétique du moment présent.

Quant à la troisième source d'émerveillement du Jeu du Tao – dans sa seconde version comme dans sa première –, elle jaillit de façon surprenante de l'intérêt mutuel que les humains, même engagés dans des quêtes individuelles, apparemment égoïstes, se portent les uns aux autres, sitôt que ces quêtes sont sincères et révèlent le besoin fondamental qu'a chacun d'accomplir son désir essentiel – cet intérêt mutuel ayant pour effet l'émergence d'une conscience collective, à l'efficacité impressionnante.

TON BONHEUR ET CELUI DES AUTRES

Atteindre le bonheur d'une santé optimale est l'affaire de chacun, entre sa naissance et sa mort. Mais jamais de façon isolée. Même pour les caractères les plus farouchement individualistes, la santé est une affaire collective.

Pour aller droit au but, j'ai envie de te citer un exemple précis. La raison profonde de la dimension collective de notre santé individuelle nous est donnée par l'étude psychologique du Pr James H. Fowler (de l'université de Californie, à San Diego) et du Pr Nicholas A. Christakis (du département de la Santé publique, à l'école médicale de l'université de Harvard), publiée fin 2008 et portant sur une population de 4 739 personnes, individuellement suivies de 1983 à 2003, avec évaluation régulière de leur état de bien-être propre, mais aussi de celui de tout leur entourage. Cette étude colossale (consultable sur www.bmj.com/cgi/content/full/337/dec04_2/a2328?eaf) a démontré ceci : le bonheur se répand comme une épidémie – c'est d'ailleurs vrai aussi des comportements négatifs. Le phénomène est manifeste sur trois degrés : si je me sens mieux et si je suis plus heureux, j'augmente le bonheur de mes amis puis, de manière décroissante, celui des amis de mes amis, et celui des amis des amis de mes amis. Ensuite, l'influence se dilue et devient insignifiante. Ce rayonnement étonnant démolit la thèse selon laquelle s'occuper de soi et de son mieux-être serait égoïste – même s'il existe évidemment des façons plus ou moins altruistes de bâtir son bonheur et sa bonne santé.

La plupart des chercheurs et praticiens qui travaillent actuellement sur ces questions aboutissent à la constatation que l'altruisme est un instinct. Pourquoi ? Très matériellement, parce que nous ressentons, en nous-mêmes, par résonance neuronale, la souffrance de l'autre – ce que révèlent, de façon spectaculaire, les recherches sur les neurones miroirs (cf. p. 275). Nous souffrons réellement quand l'autre souffre. En le secourant, nous cherchons fondamentalement à nous soulager nous-mêmes. Le poète W. H. Auden a écrit : « Il faut nous aimer les uns les autres, ou mourir. » Aujourd'hui, nous savons qu'une telle phrase n'est pas qu'un souhait moral, mais une constatation neuronale. Or, nous vivons de nos jours dans des conditions où cet altruisme est sans arrêt bloqué, ou détourné.

POURQUOI NOS NEURONES TOMBENT MALADES

Notre système nerveux central est ainsi fait que, lorsque nous ressentons de la compassion pour quelqu'un, notre sollicitude devrait aussitôt pouvoir se traduire par une action. Cette mise en adéquation de notre ressenti et de nos actions est aujourd'hui bloquée, de trois façons au moins :

• Nous sommes bombardés d'informations terribles par les médias, sans pouvoir agir immédiatement – sinon de façon détournée, en envoyant un chèque à une ONG ou en signant une pétition, mais cela ne suffit pas à nourrir nos neurones moteurs.

• La plupart d'entre nous vivent dans des grandes villes, où la densité de contacts est telle qu'il faudrait être un saint pour répondre à toutes les invitations à la compassion que nous recevons en permanence.

• Enfin, pire que tout, même avec nos amis et nos proches, nous sommes de plus en plus en relation par l'intermédiaire de machines (ordinateurs, portables, Internet, SMS…), qui permettent des contacts certes géniaux, mais qui n'autorisent pas l'expression physique immédiate de notre empathie et de notre compassion. Or, j'insiste, nos neurones ont vitalement besoin de contacts directs, physiques et sensoriels. Que cela soit aujourd'hui scientifiquement prouvé… amuse bien les sages de tous les continents ! Avions-nous donc besoin de descendre jusque dans les neurones, pour prouver ce que toutes les traditions savent et professent depuis la nuit des temps ?

Nous pourrions disserter des heures sur l'ironie de ces détours, mais cela ne nous mènerait sans doute pas loin… L'évolution, on le sait bien, avance en spirale et, loin de se répéter, récapitule le connu pour faire émerger le nouveau. Une chose est sûre, notre incapacité actuelle à traduire notre compassion en actes a des résultats désastreux. Quelques exemples :

• Hypnotisés par les écrans et les jeux virtuels, les enfants jouent de moins en moins de façon « animale » et deviennent ultra-violents, de plus en plus jeunes. Les Américains, qui, depuis le début du XXe siècle, nous précèdent toujours de quelques années ou décennies, citent un nombre croissant d'actes de vandalisme à la maternelle !

• La vie associative est en pleine régression, au profit des réseaux cybernétiques, certes passionnants (le Jeu du Tao a ainsi donné naissance au site www.taovillage.com qui fédère merveilleusement nos différentes activités et leurs membres), mais qui ne peuvent en aucun cas remplacer le contact physique de la communication directe – tout comme l'amour virtuel ne peut en aucun cas remplacer l'amour physique.

• Dans la vie quotidienne, face aux souffrances de tous ceux que la crise planétaire jette dans le désarroi, l'indifférence menace de tous nous gagner – quoi que nous en disions.

Le *Jeu du Tao de la santé et du mieux-être* t'invite à explorer les différents niveaux dont dépend ton bonheur – ton corps, ton esprit, ton souffle… –, mais toujours en prenant conscience de la façon dont ces niveaux entrent en interaction avec autrui. C'est évident pour qui participe à une partie de Tao, avec d'autres personnes. Mais cela vaut également pour celui qui joue seul, en utilisant ce livre. Aujourd'hui, il faut dire que le cercle des autres s'est considérablement élargi :

c'est la planète entière qui est concernée ! Nos santés respectives et celle de la biosphère sont de plus en plus manifestement liées – avec des parallèles directs, comme quand, par exemple, les poumons de Gaïa, notre Terre Mère, se trouvent encombrés de fumées empoisonnées, tuant la couche d'ozone stratosphérique et amplifiant l'effet de serre, et que, en même temps, un nombre croissant de petits humains ont les bronches enflammées et purulentes.

LES RÉVOLUTIONS DE LA SANTÉ AU XXIe SIÈCLE

Heureusement, face à ces défis immenses, notre façon d'envisager la santé et la guérison connaît de grands bouleversements, qui vont forcément connaître des développements cruciaux au XXIe siècle. D'abord, le vieux débat entre partisans du terrain (schématiquement l'école de Claude Bernard, plutôt axée sur la médecine préventive, très mal défendue à l'université) et partisans de l'agent pathogène (l'école de Louis Pasteur, plutôt axée sur la médecine curative, d'autant plus triomphante que la technologie médicale a fait des progrès gigantesques) se déploie désormais à l'échelle des civilisations elles-mêmes. L'Occident moderne a, en effet, globalement tendance à s'aligner sur la seconde école, alors que l'Orient traditionnel est depuis toujours aligné sur la première. Le mal vient-il du microbe ou de la faiblesse de la personne ? Tout esprit éclairé sait bien que la meilleure façon de se soigner consiste à marier les deux écoles, le préventif et le curatif, Claude Bernard et Louis Pasteur, l'Occident moderne, si génial pour les thérapies d'urgence, et l'Orient traditionnel, irremplaçable pour traiter les troubles chroniques.

Mais nous avons beau être informés, notre tendance naturelle (chez les modernes, mais aussi chez beaucoup d'anciens) est de continuer à prendre toute forme de maladie pour une agression. J'ai de la fièvre ? Aussitôt, des images guerrières me viennent à l'esprit. Des microbes barbares ont réussi à forcer les remparts qui protègent le donjon de mon moi ! Il faut contre-attaquer par tous les moyens, chasser l'intrus et si possible l'exterminer ! Or, cette vision militaire est en grande partie fausse. Non qu'il n'y ait pas d'agents infectieux – ils sont légion –, mais parce que, à l'évidence, ce dont nous souffrons le plus est un affaiblissement général de nos organismes, notamment parce qu'ils sont nourris, depuis 60 ans, par une agriculture de plus en plus intensive, artificielle et empoisonnée par les pesticides et les engrais. Cet affaiblissement général a été jusqu'ici compensé, dans les pays riches, par différents facteurs, dont l'amélioration générale de l'hygiène de vie, et par les progrès fulgurants des technologies pharmaceutiques et médicales curatives. Mais il semble que nous soyons parvenus à un tournant. Désormais, les maladies chroniques redoublent d'intensité et de plus en plus de médecins occidentaux se tournent vers les méthodes préventives – souvent inspirées de l'Orient traditionnel.

La seconde grande révolution de la santé qui marquera le monde à venir concerne l'incroyable développement du psychosomatique. En un siècle, depuis que le pharmacien Émile Coué a fondé la pensée positive, les liens psychosomatiques ont pris les dimensions d'une synthèse transdisciplinaire considérable. Quand Pavlov entraînait un chien à saliver au seul son d'une cloche, il prouvait l'existence d'une liaison psycho-endocrinienne. Quand ses confrères russes blancs, réfugiés à l'Institut Pasteur de Paris, provoquaient des inflammations sur la peau d'un lapin… au seul son d'une autre cloche, ils révélaient, eux, une liaison psycho-immunologique. Mais il fallut encore six décennies pour que – grâce aux découvertes de la biologie moléculaire – les

Américains Robert Ader et George Solomon fondent la psycho-neuro-immuno-endocrinologie, après avoir démontré que notre psyché, notre système nerveux, notre système immunitaire et notre système hormonal constituaient un seul et vaste réseau.

D'UNE MÉDECINE DE MASSE À UNE MÉDECINE DE LA PERSONNE

Là encore, les vieux sages peuvent rire dans leurs barbes ! Il leur en a fallu, du chemin, à ces super-savants modernes, pour démontrer qu'une personne constitue une seule et même entité ! Mais, là encore, la démonstration, philosophiquement évidente, s'avère néanmoins sublime dans ses détails matériels concrets. L'une des conclusions de la révolution dont nous parlons ici est qu'il n'existe pas deux individus strictement identiques sur le plan psycho-neuro-immuno-endocrinologique. Donc chaque personne a besoin d'être soignée de façon absolument spécifique. Autant notre santé dépend des autres, autant la santé de chacun est aussi spécifique que son ADN ou que ses empreintes digitales. En ce sens, la santé est donc une question de plus en plus individuelle, plus exactement individuée. Nous allons passer d'une médecine de l'espèce à une médecine de la personne. Et chaque personne devra pouvoir exprimer clairement ce que nul autre qu'elle-même ne peut savoir : ce qu'elle ressent de l'intérieur.

C'est pourquoi, s'inscrivant dans le fil de ces révolutions thérapeutiques en cours, le *Jeu du Tao de la santé et du mieux-être* a pour ambition de se situer, fondamentalement, dans le ressenti. Son enseignement n'est pas uniquement dans ses mots, mais en toi. Plus exactement dans l'être en toi. Ce qui ne signifie certainement pas exclusivement dans ton mental… Tout au long de la partie qui va s'ouvrir maintenant, et qui te demandera de t'investir à court, moyen et long terme, il te sera souvent demandé de prendre du recul, pour observer le « penseur en toi » avec humour et vigilance, pour que tu ne prennes pas tes pensées trop aux sérieux. Il s'agit d'aller trouver en toi les qualités à ta disposition pour aider les autres.

Marshall Rosenberg, le fondateur de la communication non violente, aimait commencer ses conférences en demandant à ses auditeurs s'ils se souvenaient de la dernière fois où ils avaient rendu service, ou fait plaisir à quelqu'un. Après quelques minutes, il demandait ensuite : « Qu'avez-vous fait de mieux depuis ? Qu'avez-vous fait qui vous ait apporté plus ou autant de satisfaction ? »

Maintenant que nous partons ensemble à la recherche de ta santé et de ton mieux-être, j'ai bien envie de te poser ces mêmes questions.

Bonne route !

TAO

PREMIER LIVRE

LE LIVRE DE LA LÉGENDE

LE BEAU VOYAGE

Pour l'instant, le chemin des oiseaux,
le voici devant toi.
Autant que faire se peut, nous avons tracé une
carte de ce pays non géographique
où nous t'invitons à nous suivre.
Mais comme dit un de nos vieux amis :
la carte n'est pas le territoire.
Et comme le murmurent les sages à l'oreille
des voyageurs aimés : il est des errances
où l'on croit se perdre mais où, en vérité,
celui qui le veut se trouve.

Bonjour, c'est bien que tu sois venu. Je voulais justement te raconter une histoire. Une légende rapporte que tous les grands sages vivent réunis dans une cité invisible enfouie au centre de la Terre et dont un accès se trouve au point le plus haut du monde – au Tibet. Chacun de ces grands sages sort à un moment précis sur un lieu de la planète, initier les hommes au Jeu des Jeux.
Je suis le moins sage de tous... mais aujourd'hui, c'est mon tour.

QUE LA FORCE SOIT AVEC TOI !

Ami humain, toi qui traverses les guerres et les paix de ce monde, en cherchant à te sentir le mieux possible dans ces temps difficiles, laisse-moi te relater l'histoire des forces colossales qui sont en toi. Sans elles, tu n'existerais pas. Elles sont à l'œuvre depuis si longtemps que nous avons tendance à les oublier, voire à les ignorer. Elles se déploient pourtant dans chacun de nos souffles, dans le plus petit de nos gestes, dans la moindre de nos sensations. Cet oubli n'est-il pas l'un des premiers mystères à résoudre ? T'es-tu déjà demandé par quel étrange sortilège tu ignorais ta véritable nature ?

La force la plus simple est la matière même dont tu es constitué. Tu trouves très puissantes les étoiles, les montagnes et les vagues de la mer, n'est-ce pas ? Pourquoi voudrais-tu que ton corps ait moins de force et moins de résistance qu'elles ? N'est-il pas constitué de la même chose, depuis le commencement des temps ?

Ce commencement remonte à environ 13 milliards 832 millions d'années – à quelques jours près, je n'ai guère la mémoire des chiffres. Les débuts furent extrêmement rapides. En un milliardième de milliardième de seconde (et même beaucoup moins, il faudrait répéter « milliardième » huit fois), l'univers était né. Il apparut d'abord sous la forme d'une poudre monotone – rien que de l'hydrogène ! – qui s'étendait uniformément partout. Une bonne éternité plus tard, dans un spectacle fantastique, cette poudre s'effondra en étoiles géantes, fournaises assez puissantes pour l'écrabouiller, la chauffer et la fusionner de telle sorte qu'il en jaillisse tous les atomes constituant aujourd'hui l'univers connu : les montagnes, les océans, les arbres, les fleurs, les tigres, les vaches et… ton propre corps ! Eh oui ! c'est ainsi : attrape la peau de ton bras, tire sur tes cheveux, pince-toi le nez, tâte-toi les flancs, mords-toi les orteils… Les atomes dont tout cela est fait proviennent *en droite ligne* (j'insiste) du centre des étoiles géantes. En explosant, celles-ci avaient éparpillé dans l'univers les substances fabuleuses qu'elles avaient tirées de la poudre d'hydrogène originelle. Attention, ce que je te dis ici est la vérité : tu es d'origine céleste.

Une bonne éternité plus tard, ces substances en vinrent à s'agglomérer, au hasard de leur danse cosmique. Et c'est ainsi qu'un beau jour, il y a 45 069 millions d'années – sans compter les bissextiles –, une grosse boule apparut dans l'espace intergalactique et prit la forme d'une planète, tournant avec d'autres autour d'un Soleil de taille moyenne. Une sphère, dure comme du fer, brûlante comme l'enfer, crachant des jets de vapeur acide qui feraient reculer de peur la plus coriace des armées de dragons. Notre Terre Mère était née… et notre Légende commence.

Car bientôt une seconde force arriva. Nul ne sait comment elle naquit. Et quel nom lui donner ? Comme je suis le moins sage des sages, je l'ignore aussi et je ne suis pas le seul. Car même aujourd'hui, malgré toutes leurs machines, les plus nobélisés des scientifiques ne peuvent dire de quoi cette force était faite, ni comment elle se constitua, ni d'où elle venait. Tout ce que nous savons, c'est qu'elle s'est emparée de la planète Terre voici à peu près 3 milliards 834 millions 593 182 années, et que, depuis, elle en a fait son nid, malaxant l'écorce terrestre sur plusieurs kilomètres de profondeur et composant son atmosphère, sur des kilomètres de hauteur.

Seulement voilà : étant le moins sage des sages, je n'en suis pas moins sage. Aussi vais-je te révéler sans attendre l'autre nom de cette force incroyable qui a enveloppé la planète Terre encore brûlante et acide et s'est mise à la malaxer comme un boulanger pétrit son pain. Cette force cosmique colossale, c'est la Vie ! Eh oui ! celle-là même qui palpite en toi à chaque seconde. La force qui a façonné la surface de la Terre pour lui donner sa forme actuelle – avec ses océans, ses forêts, et même ses montagnes de roches sédimentaires –, cette force est la même que celle qui bat sous ta peau ou sous celle de ton enfant endormi. Écoute-moi bien (j'insiste à nouveau) : ce qui palpite en toi à chaque instant est une force doublement cosmique !

LES DEUX BOUTS DE LA LORGNETTE

Les savants les plus audacieux qui ont tenté, bien plus tard, de comprendre la force de Vie se sont divisés en deux écoles. L'école du grand bout de la lorgnette et l'école du petit bout de la lorgnette. Ceux du grand bout ont fabriqué des lunettes géantes, pour étudier l'espace infiniment grand et les astres qui tournoient au firmament. Ils se sont aperçus alors qu'aucune des planètes qu'ils observaient ne possédait la capacité de se doter d'une atmosphère comme la nôtre. Les atmosphères des autres planètes sont par exemple entièrement acides, stables, monotones, mortes, caustiques. Alors que l'atmosphère de notre Terre est un mélange instable. Pas explosif, mais presque. Plusieurs sortes de gaz se rééquilibrent sans cesse pour permettre à la Vie d'exister. Par exemple, s'il y avait dans l'atmosphère terrestre un tout petit peu moins d'oxygène, nous étoufferions aussitôt. S'il y en avait un tout petit peu plus, nous brûlerions comme des torches. Surprenant, non ? Les savants ont retrouvé le même phénomène d'autorégulation un peu partout sur Terre. Par exemple dans les océans, dont le degré de salinité s'est mystérieusement maintenu au même niveau depuis des millénaires, ou dans le degré d'humidité, ou dans la combinaison entre l'électricité des éclairs et la décomposition de l'ammoniaque nécessaire à notre ADN... Tout se passe comme si la vie sur Terre était un seul être vivant que les savants ont appelé biosphère. À force de chercher une explication, les savants du grand bout de la lorgnette se sont retrouvés sur des pistes étranges...

Pendant ce temps-là, les savants du petit bout de la lorgnette, plutôt que d'observer les étoiles, les planètes et la biosphère dans son ensemble, ont inventé des loupes géantes, qui leur ont permis d'agrandir, démesurément, le moindre brin d'herbe, le plus petit morceau de ver de terre, la moindre goutte de sang ou aile de papillon. Ainsi ils ont découvert des êtres minuscules, des cellules, qui à leur échelle constituent de microscopiques planètes, avec leur océan, leurs captations d'énergie, leur atmosphère (qu'on appelle une membrane) et leur capacité à s'adapter, en harmonie avec d'autres cellules. Les savants du petit bout de la lorgnette ont découvert depuis longtemps le phénomène d'autorégulation, mis au jour par les savants du grand bout de la lorgnette : ils appellent cet équilibre dynamique qui maintient la Vie en vie l'« homéostasie ».

Les plus anciennes et les plus mystérieuses de ces cellules – puisque tout a commencé par elles – sont les bactéries. En les observant de près, les savants du petit bout de la lorgnette ont révélé que les bactéries avaient inventé absolument tous les verbes de la Vie : désirer, manger, capter, énergétiser, se reproduire, fuir, lutter, choisir, se protéger, respirer, séduire, échanger, imiter, s'adapter...

Plus tard, quand ils ont associé leurs trouvailles, les savants du petit bout et ceux du grand bout de la lorgnette se sont rendu compte avec stupéfaction que la force de vie fonctionne grâce à une combinaison indissociable d'autonomie et d'interaction. À toutes les échelles, depuis celle de la cellule jusqu'à celle de la biosphère planétaire, la vie évolue comme un tout qui s'autorégule, s'autoreproduit et s'autorépare en permanence.

Et toi dans tout ça ? Justement, cette longue introduction de notre Légende me permet à présent de revenir à toi. Comprends bien que, dès l'instant où tes parents t'ont conçu, tu as été tissé par ces forces-là. Peu importe que tu sois costaud, malingre, pétant de santé ou malade : la dynamique qui t'habite est la même. Sinon, tu ne subsisterais pas cinq secondes – même soutenu par les plus géniales technologies médicales ! Toi aussi, tu t'autorégules, t'autoreproduis et t'autorépares en permanence. Le simple fait de te réveiller le matin, de t'ébrouer dans ton lit, d'avoir faim et de songer à ta journée révèle ton appartenance à l'ordre des forces cosmiques. T'en rends-tu compte ?

Ce que les savants des deux bouts de la lorgnette ont mis au jour, en 5 000 ans de quête, était déjà une évidence pour tous les sages de l'humanité. La Vie est une donnée cosmique très rare et l'homme une forme d'organisation encore plus extraordinaire dans l'univers. Ultrasensible. Et prodigieusement complexe. Sais-tu ce qu'en disait Tao Li, l'un des premiers joueurs de Tao ? « Toi qui as eu la chance de prendre forme humaine, ne gâche pas pareille occasion. »

COMMENT SE SOIGNENT LES ANIMAUX ?

L'homme au début était un animal comme les autres. La famille des hominidés comptait des dizaines d'espèces, qui sont devenues de plus en plus humaines au fil du temps. Si finalement la dégradation de l'environnement est aujourd'hui, comme tu le sais hélas, un des problèmes majeurs de notre planète, c'est qu'à un moment donné les « nouvelles espèces humaines » se sont coupées du reste de la nature. Quand ? Comment ? Pour quelles raisons ? Il se pourrait qu'une coupure décisive se soit produite à l'âge où l'homme a maîtrisé le feu, il y a 500 000 ans.

Pendant plusieurs millions d'années *avant* la maîtrise du feu, des humains existaient déjà sur terre. Imagine-toi vivant en ces temps-là. Nous étions réellement des bêtes. L'humanité d'alors était scotchée à la biosphère, le ventre ventousé contre la glèbe, les membres lovés contre le bois des arbres, les pieds et les mains agrippés à la roche, les narines en alerte… Selon la Légende, ces premiers hommes savaient chanter avec les autres créatures, minérales, végétales ou animales. Celles-ci leur parlaient sans mot, par résonance directe. Et c'est ainsi qu'ils prenaient soin d'eux-mêmes. As-tu déjà vu un chien, un chat, une chèvre ou un renard se soigner ? Mus par un instinct sûr, ils se dirigent droit sur telle plante et la mangent, ou vers telle pierre et la lèchent, ou vers telle mare argileuse et s'y vautrent. Et s'ils rencontrent un congénère blessé, ils vont renifler sa plaie et parfois se mettent à la lécher. Voilà d'où nous venons… L'entraide a toujours existé entre les êtres humains – en ces temps reculés, elle était même strictement obligatoire !

Avec la maîtrise du feu, cette solidarité a pris des formes nouvelles. Le foyer te protège des fauves, du froid et de ta peur animale. Tu t'éclaires dans le noir. Tu fais durcir le bout de tes flèches en bois. Tes brochettes dégagent un fumet délicieux. Si tu es déjà familiarisé avec le Jeu du Tao et sa légendaire origine, que j'ai contée jadis (1), tu sais qu'autour du feu nous nous sommes rassemblés. Sa chaleur a adouci notre sort, sa lumière a éclairé nos nuits, son cercle a ordonné nos échanges : ainsi réunis, nous avons pu nous parler, communiquer, et ce faisant, la parole est devenue l'un des premiers outils de la relation d'aide. Le Jeu des Jeux venait de naître.

Mais la maîtrise de « la fleur qui brûle » est restée inimaginable pour toutes les autres espèces animales. Ainsi s'est abattu entre elles et nous un premier rideau d'étrangeté. Peu à peu, une chose puissante est née au fond de nous. À la peur animale, face aux dangers naturels, vint s'ajouter une angoisse existentielle, face à l'inconnu. Pour la première fois peut-être depuis le big bang, l'univers a commencé à s'interroger sur lui-même. Et le questionneur, c'était nous.

L'ÉVEIL DE L'INTÉRIORITÉ ET DE L'EGO

Une fois embarqué dans la spirale de l'artifice, impossible de s'arrêter. Pour conserver un peu de son contact animal avec sa Mère Nature et l'entendre encore lui dire comment se soigner, l'humain devenu dompteur du feu a été obligé de se mettre en transe. Le contact était encore puissant. Mais déjà civilisé. Avaler des plantes hallucinogènes, par exemple, cela n'était pas destiné à l'évasion, comme l'imaginent nos contemporains, mais bien au contraire à rester *présent* ! C'est à cette époque en effet que nos ancêtres humains ont commencé à découvrir cette capacité étrange, à la fois merveilleuse et redoutable, que nous, humains, poussons plus loin que tous les autres : la pensée. Merveilleuse, parce que, par la pensée, nous pouvons nous absenter de la conscience du temps présent. Nous pouvons oublier qui nous sommes et où nous nous trouvons. Nous absenter de nous-mêmes et partir ailleurs, ce qui permet de fabuleux voyages et ouvre la porte aux civilisations. Merveilleuse aussi, parce que associée en boucle aux pouvoirs qu'ont nos mains de fabriquer des objets et notre bouche de formuler des mots, la pensée engendre une nouvelle force cosmique, aussi étonnante que la matière et la vie : la création humaine, dont l'art est l'une des plus hautes formes. Merveilleuse enfin, parce que associée à celle des autres, assis en cercle autour du feu, la pensée a permis chez nos lointains ancêtres de faire naître de l'intelligence, de la sagesse et de la conscience collective, les éléments indispensables à la bonne santé de toute communauté.

Mais la pensée est également redoutable, parce que, en prenant conscience de ce que la santé, les plaisirs, la vitalité et l'amour s'opposent à la perte, à la maladie, à la souffrance et à la mort, l'homme va se mettre à fractionner les événements en bons et mauvais, et ainsi figer la vie.

Et redoutable aussi, parce que, par la pensée, l'homme va pouvoir résister à l'instant présent quand celui-ci ne lui convient pas, de façon machinale. Ce piège est sournois. Rares sont ceux qui savent le désamorcer. Souvent, contrairement à ce que tu crois, ce n'est pas toi qui penses, c'est de la pensée qui se produit à travers toi, de façon compulsive, désordonnée, répétitive, indépendante de tes motivations réelles, te poussant dans un monde d'illusions.

Pour revenir à notre Légende, le principal prix à payer en échange de l'avènement de la pensée réfléchie a été la perte de notre aptitude à nous soigner nous-mêmes, instinctivement, comme les autres animaux. Oh ! ne crains rien : l'essentiel de tes organes continue de s'autogérer et s'autoréparer sans que tu aies à t'en soucier, comme au temps où tu étais poisson, lézard ou kangourou. Mais, contrairement à ces chers cousins, nous avons peu à peu gagné la dangereuse liberté de nous faire dysfonctionner nous-mêmes. Comment ? En avalant des poisons excitants, en ne dormant plus, ou en poussant nos efforts physiques au-delà de nos capacités. Bref, en nous dépassant, en bien comme en mal. Alors, il nous a fallu réfléchir, pour réparer ces dysfonctionnements volontaires. Ce fut un phénomène nouveau, une épreuve difficile. C'est ainsi que le truchement d'une personne plus experte que nous, plus expérimentée, plus visionnaire, est devenu nécessaire. Et qu'a émergé notre premier thérapeute : le chaman (2).

LES CHAMANS, NOS PREMIERS THÉRAPEUTES

De notre étrange capacité à nous évader intérieurement, les chamans ont fait un usage fascinant : ils ont appris à voyager très loin, dans le monde des ancêtres défunts, dans celui des esprits de la nature ou des maladies. Où ont-ils acquis cette capacité de voir derrière les choses ? La Légende dit que leur pouvoir venait de leurs rêves... Sais-tu que le seul humain représenté dans la grotte de Lascaux est un homme étendu, le sexe en érection, comme pendant un rêve, avec au-dessus de sa tête son bâton d'officiant, au pommeau en forme d'oiseau et suggérant l'envol de l'esprit ? La transe leur devint alors cruciale, induite par la danse, les psychotropes et le rythme du tambour.

Parfois, le chaman avait un don inné décelé dès sa naissance. Souvent aussi son talent lui venait d'une grave maladie infantile, qui avait failli le tuer, puis l'avait rendu étrange et repérable par les anciens du clan. Mais ensuite, doué de nature ou pas, il avait forcément dû suivre une longue initiation, sous la direction d'un maître chaman, qui avait lui-même été initié par un maître, s'intégrant ainsi dans une chaîne de transmission d'apprentissage de l'utilisation des plantes et de leurs effets, de manipulation des corps, de magie des rythmes et des chants, de connaissance approfondie des mondes animaux, mais aussi des règles régissant le dangereux voyage au pays des ancêtres et dans l'univers des esprits. Il devait aussi connaître le climat et les habitudes du gibier. Le programme de l'apprenti chaman n'avait rien à envier à celui de nos étudiants en médecine ! Tout était attendu de lui, du soin des blessures physiques ou de l'âme jusqu'au choix du moment propice à la migration. Car en ce temps-là, tout était animé, roche, oiseau, rivière, forêt, tout vivait de cette même force instinctive que l'être humain sentait s'agiter en lui. Et chaque être visible disposait forcément d'un esprit tutélaire, qu'il fallait découvrir et parfois amadouer. L'ensemble de l'univers formait alors un seul vaste tissu d'harmonie – régi par l'impitoyable sélection naturelle.

Inversement, toute maladie ou mal-être était nécessairement le signe d'une rupture de cette harmonie. Au chaman de restaurer le lien, de rétablir l'équilibre. Dépositaire des savoirs, maître des énergies, il ne manquait pas d'atouts. Il savait réunir la famille élargie du porteur de la maladie pour exorciser ensemble le mal.

Tous les chamans n'étaient certes pas des saints ! Pendant des centaines de milliers d'années, on en vit de grands et de petits, de bons et de méchants, de lumineux et d'obscurs. Mais la Légende dit que c'est parmi eux qu'ont émergé les premiers sages. Pourquoi ? Pour une raison simple : aider son prochain quand il souffre rend humble. Car si parfois on vainc la maladie, la mort triomphe toujours. L'humilité rend sage et le premier outil de la sagesse est de poser les bonnes questions – où nous retrouvons les racines premières du Jeu des Jeux...

La force de vie a trouvé en l'homme l'agent de sa puissance, l'être à même de transformer le monde au lieu de lentement s'y adapter. Elle a décelé dans le chaman le catalyseur du progrès. Du puits de ses connaissances ont jailli une cosmogonie et la pensée magique (toujours vivace au fond de nous aujourd'hui), mais aussi des milliers de savoirs pratiques. Qui sait combien d'innovations nous devons à des visions chamaniques ?

LE GRAND TOURNANT DU NÉOLITHIQUE

Dans la droite ligne de la maîtrise du feu, les capacités permises par le cerveau humain se sont épanouies en techniques aussi diverses que variées. La poussée créatrice a pris de la vitesse, et tout a été bouleversé : invention de l'agriculture, de la métallurgie, de l'architecture... Ne compte pas sur moi pour te faire ici la liste de toutes les révolutions provoquées par l'entrée dans le Néolithique, autrement dit dans l'ère de l'agriculture, de l'écriture et de la sédentarisation, du passage de l'intelligence collective primordiale, efficace pour la tribu réunie autour du feu, à une forme d'intelligence pyramidale nécessaire à l'élaboration des villes et des armées. Chaque invention entraînait sa révolution, chacune décuplait le pouvoir des humains de servir ou de nuire. Chacune, surtout, l'éloignait un peu plus du dialogue avec la nature, dont la pensée magique s'était originellement nourrie. Enthousiasmé par son propre pouvoir, l'esprit humain s'enhardissait, s'individualisait, découvrant les merveilles de l'ego, mais aussi ses travers cuisants : illusions du mental, impulsivité, égocentrisme, engendrant des inventions géniales, mais aussi des inégalités jusque-là inconnues, l'irruption des castes guerrières et les grandes famines.

Ne crois pas que j'en veuille mortellement à la technique, ou à l'ego, ou encore au système pyramidal, qui seraient responsables de tous nos maux. Ils n'ont fait que décupler une volonté de puissance inscrite dans la vie elle-même, et qui depuis longtemps déjà marchait sur les quatre pattes de la compétition, de la coopération, de la coexistence et de la prédation. Je suis un vieux sage ami des forces naturelles, mais je n'enjoliverai certainement pas la horde primitive sur laquelle régnaient un mâle et une femelle dominants. Les relations entre les humains, elles aussi, ont avancé au galop, dans une dialectique du maître et de l'esclave où chaque découverte technique ou philosophique venait rebattre les cartes du jeu de l'évolution.

Les dieux ont remplacé les esprits, des empires ont remplacé les tribus, des royaumes ont remplacé les empires, et d'autres empires ces royaumes. Les civilisations se sont démarquées les unes des autres, notamment en Eurasie où l'accélération semblait s'être concentrée. Ici, la Légende de la santé et du mieux-être se divise en fourche : tandis qu'en Orient s'est maintenue une pensée chamanique, donnant naissance à une vision énergétique de l'homme et du cosmos – dont le taoïsme est issu –, l'Occident inventait le Dieu unique comme élément fédérateur, riche de potentialités détonantes, mais non sans dangers, car porteur d'une vérité mécanique. Commençons donc par l'Orient, puisque son histoire se situe en continuité avec sa préhistoire et que, après tout, c'est là-bas que le jour se lève.

L'ÉMERGENCE DU TAO

Si tu as grandi dans l'esprit occidental, tu éprouves certainement quelque difficulté à appréhender la pensée chinoise et sa spiritualité, donc sa médecine. Je ne suis pas le plus transcendant des sages, mais il se trouve, vois-tu, que c'est un sujet que je connais – je ne m'appelle pas Tao pour rien ! L'empire du Milieu est la seule civilisation à avoir évolué de manière continue de la préhistoire à nos jours. Les Chinois taoïstes ou confucianistes n'ont pas lapidé, ni brûlé sur des bûchers, ni égorgé leurs chamans et leurs sorciers à cause de superstitions, ou d'« impureté », ou de je ne sais quelle « infidélité » impie. Et, plus tard, les bouddhistes chinois, même s'ils ont eu souvent tendance à juger le peuple taoïste ignorant, ne se sont pas livrés non plus aux massacres de masse que les Occidentaux ont connus à chaque irruption d'une nouvelle religion.

L'un des résultats de cette continuité et de cette tolérance a été l'émergence progressive d'une médecine fort différente de celle d'Occident. Les thérapeutes chinois sont certainement ceux dont l'art est le plus profondément ancré dans la connaissance humaine originelle, chamanique, naturelle, voire quasiment en résonance avec l'intuition animale. Pour eux, davantage que pour leurs homologues des autres cultures, le réel se trouve au-delà des mots. Il traverse l'espace-temps et, s'il est soumis, comme le yin et le yang, aux cycles du jour et de la nuit, des saisons, du climat ou des astres, son centre reste aussi immobile que le présent, dont le passé et le futur ne sont que des ombres illusoires : illusion du souvenir pour hier, rêveries de l'imagination pour demain. « Le Tao qui a un nom, dit le sage Lao Zi, a été engendré par le Tao qui n'a pas de nom. »

Pour le sage chinois, la machine à penser et la raison humaines ne voient pas l'essentiel. Ne pas accepter « ce qui est, Ici et Maintenant », voilà la cause, individuelle et collective, de nos maux. L'Homme souhaite sans cesse se trouver ailleurs ou à un autre moment, souhait futile qui le rend inutilement malheureux : où que tu sois, la vie s'y trouve ! Voilà pourquoi le *Yi Jing*, le fameux *Livre des changements*, souvent présenté comme le premier pilier de la civilisation chinoise, n'est pas du tout, comme le croient beaucoup de gens, une façon de prévoir l'avenir. C'est une technique raffinée pour percevoir le présent ! – et donc aussi les potentialités de transformation ultérieures de celui-ci. Voilà aussi pourquoi le principe de vie directeur du sage chinois est le *wu wei*, le « non-agir ». Ce dernier n'est pas synonyme d'inactivité, mais d'adaptation à l'opportunité du moment présent. Un opportunisme fondamental qui est orienté vers l'harmonie de soi avec l'instant et le monde alentour.

Cette présence à l'instant a apporté aux Chinois de grands bénéfices. Elle a permis à leurs thérapeutes de percevoir la structure énergétique des êtres vivants ; autrement dit, la façon dont les forces cosmiques (dont je te parle depuis le début de cette Légende) s'inscrivent en nous et y circulent. Si j'essaie de résumer à l'extrême, le sage chinois nous voit avec trois corps : un corps physique, un corps psychique et un corps spirituel. Tao Li, un maître du Jeu du Tao, aimait comparer ces corps à une bougie : le physique représente la cire ; le psychique, la flamme ; le spirituel, la lumière. L'objectif de toute thérapie est de permettre à ces trois corps d'être bien alignés, bien axés, bien contenus l'un dans l'autre. Depuis le qi gong, sa forme la plus pratique et la plus quotidienne, jusqu'à l'acupuncture, considérée comme très interventionniste et à n'utiliser qu'en cas extrême, les manières taoïstes de rééquilibrer cette structure énergétique sont aujourd'hui connues dans le monde entier.

Cet équilibre de la structure énergétique s'étend d'ailleurs à la santé sociale ; la cité et les organisations qui la composent sont considérées comme un organisme vivant, dont le bon fonctionnement passe par l'harmonie des rapports humains. Tao Li, mon ancêtre, quand il arrivait dans un village avec son Jeu du Tao, réunissait les habitants en cercle au milieu du village, pour leur ouvrir les portes d'un mode d'échange et de dialogue idéal pour se comprendre, se soigner et coopérer.

Ces considérations te semblent-elles abstraites ? Alors, mon explication n'était pas bonne. Car la médecine chinoise est éminemment pragmatique. La devise des sages – « Prévenir plutôt que guérir » – tient en Chine une place centrale. Ainsi, le thérapeute taoïste accorde une importance cruciale à la façon dont son patient respire, mange, dort, bouge et fait l'amour. Quant à la rumeur selon laquelle le médecin est régulièrement payé tant que le patient se porte bien, mais cesse de l'être quand la maladie survient, elle a correspondu, à certaines périodes et dans certaines régions, à une réalité particulièrement significative de cette grande civilisation.

LA RÉVÉLATION DES VÉDAS

En un sens, la Légende aurait dû placer la médecine hindoue avant la chinoise, parce qu'elle fut codifiée et structurée en premier. Elle aussi repose sur des principes énergétiques et sur les éléments naturels. En revanche, on ne peut pas dire qu'elle dérive directement du chamanisme, comme son homologue de Chine. Aussi vient-elle en second, parmi les grands systèmes thérapeutiques que rapporte la Légende de la santé et du mieux-être.

Pour les Indiens, tout provient des *Védas* (mot sanskrit signifiant « connaissance » ou « qui a été vu »). Ces textes fondateurs de l'hindouisme auraient été inspirés par une révélation divine aux grands rishis, les premiers brahmanes. Puis, durant des millénaires, ces derniers se les sont transmis uniquement par le bouche-à-oreille. Que le monde entier, y compris les hors-castes et les intouchables, y ait librement accès aujourd'hui, voilà qui aurait terriblement choqué les rishis, hi, hi, hi ! – pardonne-moi, mais mon vieux fond rebelle ne peut s'empêcher de se réjouir de ce genre de dérive. Pourtant, les rishis devraient plutôt se sentir fiers. Rends-toi compte que leurs préceptes, dont les plus anciens ont plus de 5 000 ans, restent non seulement d'actualité, mais connaissent de nos jours un regain d'intérêt. Ainsi le veut la loi des cycles : ce qui a jadis semblé archaïque et dépassé peut remonter à la surface et devenir avant-gardiste !

Les préceptes védiques de l'Inde sont à la fois spirituels et physiques. Ils remontent à des temps où, dans les schémas des thérapeutes, le corps n'était pas séparé de l'esprit. Appliqués à la médecine, ces préceptes prennent le nom d'Ayurveda (la « science de la vie »). La médecine ayurvédique s'intéresse avant tout au terrain, c'est-à-dire davantage au malade qu'à la maladie (ce que le Jeu du Tao de la santé et du mieux-être préconise).

L'Ayurveda considère la personne dans sa globalité et essaie de « lire » tout ce que racontent son corps, son comportement, son mode de vie, son rythme, son psychisme, son environnement, ou encore son âge. La clé de cette lecture est constituée par un triangle tendu entre trois éléments :

le feu, la terre et l'air, qui doivent être équilibrés. Le thérapeute doit découvrir lequel des trois éléments est en excès. Si c'est l'air, cela donnera des problèmes respiratoires, ou articulaires, ou nerveux. Si c'est la terre, on aura des lourdeurs, des rétentions d'eau, des œdèmes. Si c'est le feu, cela débouchera sur des inflammations, des fièvres, des congestions. La combinaison des trois éléments permet de comprendre comment s'établit la santé d'une personne et la façon dont s'expriment ses symptômes quand elle tombe malade. L'ensemble donne une typologie complexe des personnalités énergétiques, où chacun peut se reconnaître. Dans tous les cas, retrouver la santé revient à rebâtir en soi un triangle équilatéral parfait.

Puisqu'il s'agit d'une médecine très ancienne, tu imagines bien que les actes thérapeutiques de l'Ayurveda usent d'outils naturels. L'alimentation est essentielle, croisée avec l'utilisation des plantes médicinales, spécialement des épices. L'autre volet des techniques ayurvédiques est constitué d'une panoplie de massages thérapeutiques, aux indications et à l'efficacité bien documentées, alliant les manipulations à l'usage des huiles essentielles. Aujourd'hui encore, il existe en Inde des hôpitaux spécialisés où les massages constituent le principal traitement. Comme en Chine, les soignants s'attachent à soumettre ces thérapies multimillénaires à l'épreuve de la démarche scientifique moderne. Et cela se combine étonnamment bien.

Pour résumer en quelques mots, la médecine occidentale est souvent meilleure, voire irremplaçable, dès qu'il y a urgence – mettons en cas d'appendicite, ou de fibrillation cardiaque, ou de fracture du crâne, ou encore d'infection galopante, de la tuberculose à la méningite –, alors que les médecines traditionnelles, indienne ou chinoise, n'ont pas leur pareil pour soigner les maux chroniques, les troubles répétitifs, les maladies fonctionnelles. Par une étonnante ironie du sort, il se trouve que ce sont justement ces maux chroniques, répétitifs et fonctionnels qui sont en plein essor à notre époque. Parce que nos modes de vie sont devenus fous ; parce que tous nos organismes souffrent d'excès de stress ; parce que nous ne prêtons plus attention au terrain (médecine préventive), mais uniquement au symptôme (médecine curative) ; parce que notre vision moderne du monde n'a pu faire autrement que de couper l'être humain en morceaux, séparant son corps de ses émotions, de ses sentiments, de ses croyances, de sa vie intérieure, de sa magie ; et parce que, aujourd'hui, nous aimerions bien rassembler tout cela – c'est le rêve de nos « médecines holistiques » –, mais que nous ne savons pas comment nous y prendre.

Comment nous y prendre ? Une troisième voie thérapeutique venue d'Asie nous le dit à son tour. Ou plutôt nous le suggère. Nous le murmure. Une voie qui vient d'Inde, elle aussi, mais qui, curieusement, s'est finalement surtout épanouie en Chine. Je veux parler de la voie du Bouddha.

LA VOIE THÉRAPEUTIQUE DU DHARMA

C'était il y a 2 500 ans, dans le nord de ce même triangle indien dont je viens de parler. Là, vivait le prince Siddhârta Gautama, fils de modestes souverains d'un petit royaume. Lorsque, pour la première fois, ce prince rencontra la maladie, la misère, la vieillesse et la mort – dont son père avait naïvement tenté de le protéger pendant son enfance –, il décida de quitter les orgies du palais pour suivre les enseignements des sages itinérants. Longtemps, il erra sur les routes, vivant de mendicité, récitant des mantras et buvant l'eau de pluie. Mais sans parvenir à un résultat. Il essaya toutes les voies spirituelles. En vain. Il choisit alors de se soumettre à l'ascèse la plus totale, s'enferma seul dans une grotte pour y méditer en permanence, se nourrissant d'un grain de raisin ou d'une baie sauvage par jour. Toujours sans résultat.

C'est en quittant cette grotte, squelettique, presque mort, que tout s'illumina. À bout de forces, adossé à un arbre près d'un village, de là, il entendit un maître de musique expliquer à ses élèves : « Pour qu'un luth fasse de la bonne musique, il faut qu'il soit bien accordé. Si les cordes sont trop lâches, le son est mou. Si les cordes sont trop tendues, le son est discordant. Il faut trouver le juste accord. » À ces mots, Siddhârta eut sa première illumination. S'il n'avait pas été aussi affaibli, je suis sûr qu'il aurait bondi en l'air, en se frappant dans le poing : « Bon sang, mais c'est bien sûr ! » Il venait de réaliser que les paroles du maître de musique s'appliquaient à son cas : prince, il avait mené une vie futile ; religieux, il menait une vie de souffrance inutile ; la vérité était dans l'équilibre des forces. Ainsi Siddhârta découvrit-il le principe de son enseignement : la Voie du juste milieu. Ainsi allait-il devenir le Bouddha (en sanskrit « celui qui s'est éveillé »), l'un des plus grands thérapeutes de l'humanité. Son enseignement (ou *dharma*) se présente comme une solution au problème de la souffrance inhérente à la condition humaine. Tout est résumé en *Quatre nobles vérités*, que je résume à mon tour :

– La première noble vérité est un diagnostic : tout ce qui existe est potentiellement cause de souffrance – la naissance, la maladie, la vieillesse, la mort, l'union avec ce que l'on déteste, la séparation d'avec ce que l'on aime, la non-satisfaction de nos désirs, etc. Nous sommes tous atteints par cette « maladie » : exister fait souffrir.

– La seconde noble vérité désigne la source de la souffrance : l'inconscience. À cause d'elle, nous nous identifions à nos pensées, à notre mental, à notre ego et aux six émotions perturbatrices qui en découlent : le désir, l'aversion, l'ignorance, l'avidité, la jalousie et l'orgueil. L'homme n'est pas un animal. S'il reste dans l'inconscience comme un animal, sa vie sera prisonnière de la souffrance.

– La troisième noble vérité édicte la manière de faire cesser la souffrance : chacun doit comprendre que l'on peut guérir de la « maladie d'exister inconsciemment ». Il suffit de ne plus s'identifier à sa « machine à penser et à désirer » – le fruit d'une décision que chacun peut prendre.

– La quatrième noble vérité définit la voie qui mène concrètement à l'arrêt de la souffrance. Guérir de cette « maladie », c'est s'engager sur le noble chemin, composé de huit préceptes : la vision juste, la pensée juste, la parole juste, l'action juste, les moyens d'existence justes, l'effort juste, l'attention et la méditation justes.

Ici, la Légende fait un grand bond en avant. Les *Quatre nobles vérités* sont une étape décisive dans la découverte de la santé par des voies humaines. Selon le *dharma* bouddhiste, notre corps et notre esprit sont inextricablement mêlés ; pour éveiller toutes nos potentialités et découvrir notre vraie nature, nous devons savoir prendre du recul par rapport à nos préjugés, nos convictions, nos certitudes, nos concepts, nos pensées, mais aussi nos désirs, nos peurs, nos goûts, nos attitudes, nos comportements, nos blocages. Pour découvrir quoi ? Que nous ne sommes pas cela ! Hé ! ça ne te fait penser à rien ? Mais oui ! Voilà le moyen de désamorcer le piège de la pensée, dont je te parlais tout à l'heure. Restons quand même calmes : c'est beaucoup plus facile à dire qu'à faire. Car ces différentes dimensions (nos préjugés, nos convictions, etc.) nous influencent en permanence. Elles s'inscrivent dans notre corps par la porte de nos émotions dès le ventre de notre mère, et même avant, si l'on tient compte de notre arbre des ancêtres et de ce qu'on appelle les vies antérieures. Concernant ces dernières, je te signale que, selon le *dharma*, nous ne pouvons rien y comprendre, parce que nous nous identifions à notre ego, alors que l'ego est mortel : ce n'est pas lui qui se réincarne, mais un flot de conscience qui se souvient… Mais ce n'est pas le sujet d'aujourd'hui !

En un mot comme en mille, guérir, aller mieux, se porter bien, cela exige de *se connaître*. Qui est le je, le moi qui dit se sentir bien ou mal ? Se connaître – et donc comprendre les autres et le monde – exige de traverser ses émotions, afin de s'en libérer. Alors seulement commence à nous devenir accessible la véritable nature de l'esprit.

Tu vas me dire que cette voie est limpide. Sans doute. Mais encombrée d'innombrables obstacles, notamment en ce qui concerne l'ego. Il n'est pas question de lutter contre ce dernier : cela conduirait à multiplier ses mécanismes de défense et à le surdimensionner. Il faut seulement lui redonner la place qui lui revient : un outil. Paradoxalement, c'est parce que l'ego n'est pas structuré, ni véritablement construit, qu'il prend une place excessive : il tente de donner à l'individu la sensation d'exister. L'une des caractéristiques de l'ego est la saisie : vouloir posséder un maximum et t'identifier à ce que tu possèdes. Plus ton ego est mal bâti, plus les phénomènes de saisie sont importants, car l'individu égotique n'existe qu'à travers ce qu'il saisit.

En apprenant à méditer, c'est-à-dire à faire le vide, à te concentrer et à ressentir ton corps énergétique, à laisser monter du fond de toi l'amour et la compassion – d'abord pour telle personne, tel être proche, puis progressivement pour les autres, puis pour le monde entier –, tu peux progressivement atteindre l'état de la grande joie sereine, qui est indépendante de tout objet. Oh ! je sais, de tels mots peuvent te paraître bien présomptueux ! Amour, compassion, grande joie sereine... Puisque nous sommes potentiellement faits pour vivre tout cela, pourquoi les humains s'en sentent-ils généralement si éloignés ? Les animaux et les plantes vivent leurs potentialités à fond. Un tigre est pleinement tigre et un palmier est pleinement palmier. Pourquoi ne sommes-nous souvent que partiellement « humains » ?

L'une des réponses à ce *koan* est que, justement, cette incomplétude est notre caractéristique et notre atout majeur : nous ne sommes fondamentalement pas achevés, et c'est cela qui donne à chacun de nous une liberté unique dans l'univers, celle d'évoluer, de mieux être. Une seconde réponse, non contradictoire avec la première, est que le principal problème de l'homme est de ne pas s'aimer, de ne pas avoir confiance en lui-même, de se dévaloriser en permanence. Quelle est l'origine de ce trouble ? Un autre épisode de la Légende, ailleurs sur la planète, va nous répondre ceci : l'origine du trouble est le manque d'amour (qu'il soit réel ou ressenti comme tel). Que veut dire s'aimer soi-même ? Une autre page s'ouvre ici, pleine de promesses et de contradictions. La page des grands thérapeutes monothéistes.

LES THÉRAPEUTES MONOTHÉISTES

Nous revoici en Occident, où l'esprit humain a pris une autre route, s'écartant du chamanisme des anciens au lieu de l'intégrer. Ici, l'étape juive de la Légende sera décisive. Pour elle, le seul thérapeute, c'est Dieu. Un Dieu « personnel », mais aussi indicible que le Tao qui n'a pas de nom : on n'en connaît que le signe chiffré, YHWH.

S'il est la guérison, ce Dieu-là est aussi, parfois, la maladie, le malheur, l'épidémie. Il déchaîne les dix fléaux d'Égypte, pour signaler aux hommes leur manque, leur pénurie, leur incapacité à voir ce qu'ils sont vraiment. Le visionnaire qui va les aider à ouvrir les yeux s'appelle Moïse. Certains disent qu'il est le premier psychothérapeute, médecin de l'âme d'un peuple qu'il va faire naître à lui-même. Moïse a d'abord fait sa propre cure analytique dans le désert. Son problème ? L'identité. « Quel est ton nom ? Qui es-tu ? Qui suis-je ? » demande-t-il au buisson qui brûle et ne se consume pas. « Je serai qui je serai » : l'indicible YHWH se nomme du verbe *être* conjugué à l'inaccompli et fonde ainsi un principe d'incertitude ; rien n'est écrit à l'avance. Ouh là ! attention, l'« incomplétude » dont je te parlais il y a un instant se corse ! Même la force divine ne peut préciser ce qu'elle-même est, ni sera. Ainsi Dieu dénonce-t-il la question identitaire que Moïse se pose et qui sera traduite, bien plus tard, par le kabbaliste Rabbi Souzya, de la façon suivante : « Dans l'autre monde, on ne me demandera pas pourquoi je n'ai pas été Moïse, on me demandera pourquoi je n'ai pas été Souzya. »

Et toi, mon ami, à ton avis, pourquoi n'es-tu pas, ou pas encore, toi-même ? Chacun est unique. Être soi-même suppose de ne pas se calquer sur un autre et de ne jamais cesser d'évoluer, pour demeurer toujours « une question qui brûle, et non une réponse qui consume ». Les Juifs s'en doutaient depuis Abraham. Avec Moïse le message s'affirme : il s'agit d'aller vers soi-même, même si l'on ne sait pas comment s'y rendre et s'il est à peu près sûr qu'on n'y arrivera jamais vraiment.

La guérison devient une route. Une très longue route. À peine libres du pharaon, les Hébreux ont déjà la nostalgie de la sécurité de leur servitude. Après trois jours dans le désert à peine, ils maugréent : « Que boirons-nous ? N'y avait-il pas de sépulcres en Égypte, pour qu'il fût besoin de nous faire mourir au désert ? » Leur cure sera longue. Comme la nôtre. On ne passe pas sans raison 40 ans dans un petit désert alors qu'il faut en réalité trois semaines de marche pour le traverser. C'est là que Moïse va déployer sa thérapeutique. Il va forger un peuple. Lui donner une Constitution : la Table des dix paroles et, au-delà, 613 lois, dont 248 positives (tu feras...) et 365 négatives (tu ne feras pas...). Une unité : ce peuple sera soudé par son Dieu personnel. Un mode de vie : ce sera un peuple sans terre, nomade. La terre promise à Abraham ne sera pas un pays, mais un état d'esprit, une posture mentale et spirituelle.

Dans le désert, pour sauver les Hébreux, après qu'ils eurent bâti et adoré le veau d'or, Moïse met Dieu au défi : « Pardonne-leur leur péché maintenant, sinon efface-moi de ton livre ! » C'est à prendre ou à laisser. On ne marchande pas sur l'essentiel. Moïse obtiendra l'amnistie. Le Créateur évolue lorsqu'un homme se dresse devant lui. C'est là l'aspect subversif stupéfiant de la pensée juive : Moïse a soigné les hommes, mais il a aussi soigné Dieu ! De quoi ? De l'horreur de la toute-puissance. Pour la première fois dans l'histoire humaine, le divin va renoncer à son omnipotence, pour faire une place à la liberté.

C'est cette liberté que Yeshoua, dit Jésus, grand rabbi thérapeute et guérisseur miraculeux, poussera plus loin, des siècles plus tard, donnant à la Légende de la santé et du mieux-être un étage de plus.

Jésus enseigne que la guérison, tel le miracle, doit être ardemment désirée et que ce désir doit être verbalisé et assumé. Ainsi, la femme hémorroïsse n'est exaucée qu'après avoir reconnu qu'elle a touché subrepticement la robe du rabbi, dans l'espoir de guérir. Dieu guérit, mais le malade doit assumer sa part dans le processus. Une responsabilité d'autant plus grande que, de manière un peu cavalière, Jésus propose de résumer les 613 lois de Moïse en... deux préceptes, tirés eux aussi de la Bible : « Tu aimeras le Seigneur ton Dieu » et « Tu aimeras ton prochain comme toi-même ». L'amour devient le guérisseur universel.

Un instant de silence, je te prie... Ensuite, mets-toi bien à ton aise, pour accueillir l'étonnant balancement que voici. Pour aimer l'autre, il faut s'aimer soi-même. Mais s'aimer soi-même, cela englobe forcément la maladie... qui ne doit plus être comprise comme un ennemi à combattre, mais comme un message venu de l'inconscient et indiquant les inaccomplissements à travailler. Sapristi ! Imagine-toi la scène : un seigneur fou (toi-même) trucide systématiquement tous les messagers qui se présentent devant son pont-levis pour lui dire ce qui ne va pas sur ses terres ! Vois-tu comment, ici, la Légende venue du Bouddha rejoint celle venue de Jésus ? La maladie prend un sens, une fonction guérisseuse. Elle permet à l'inaccompli de s'accomplir. Elle révèle le chemin de l'harmonie. Contemple l'étonnant renversement : nous ne guérissons pas de nos maladies, ce sont nos maladies qui nous guérissent ! Si tu suis le chemin spirituel qui mène vers toi-même, grâce à la maladie, la guérison peut s'accomplir. Ici, la Légende marque une nouvelle rupture : le mal peut cesser d'être une punition transmise de génération en génération. Il a une fonction centrée sur l'accomplissement de l'être. La culpabilité fait place à la responsabilité et à l'épanouissement. La santé et le salut sont le même état, fondus dans le même élan.

Par un autre biais, le rabbi thérapeute Yeshoua rejoint le lâcher prise des Chinois, le *wu wei*. « Pourquoi êtes-vous toujours anxieux ? demande-t-il à ses disciples. Une pensée anxieuse peut-elle ajouter un seul jour à votre vie ? Contemplez plutôt les fleurs et les oiseaux et laissez-les vous apprendre à vivre. N'ayez aucun souci, ni aucune pensée pour le lendemain, il prendra soin de lui-même ! » C'est une invitation à être présent, Ici et Maintenant, et à ne pas sempiternellement s'évader ailleurs dans l'espace-temps. Un joueur de Tao ne dirait pas mieux.

Mais le lâcher prise ne dispense pas de la conversion. Nos maladies sont en lien avec nos anciennes croyances. Or, il ne suffit pas de les abandonner : il faut les retourner, les assumer, les assainir ! Avec Jésus, la Légende bascule au-delà du bien et du mal. Le rabbi ne cherche pas à aider son prochain en le débarrassant de son mal. C'est le mal lui-même qu'il désire métamorphoser et transformer en bien. Il faut, nous dit-il dans l'Évangile, s'occuper de l'esprit chassé afin de le convertir. Tout ce qui n'est pas converti en l'homme est perdu. C'est pour cette raison que condamner à mort un criminel est un acte nuisible à tous. L'esprit malin est constitué des parties de nous-mêmes qui se retournent contre nous, faute de pouvoir s'accomplir. « Du bien, je puis vous parler, dit Jésus, mais non du mal, car qu'est-ce que le mal, si ce n'est le bien travaillé par sa propre faim et sa propre soif ? »

Six siècles plus tard, le prophète Mohammed, fondateur de l'islam, ne contredira pas rabbi Yeshoua : « Il y a dans le corps, dira-t-il selon un hadith fameux, un morceau [le cœur] qui, s'il est pur, fait que tout le corps est sain. » Et il ajoutera : « Le gémissement du malade est une invocation qui le rapproche de Dieu. »

Ainsi sera donc confirmé que, dans la vision monothéiste, la maladie prend un sens. Elle est un avertissement et une invitation à transformer le mal en bien. Il en résulte un ensemble de règles de vie et d'hygiène précises, et une approche qui fera des médecins musulmans – aidés par les médecins juifs, à l'apogée de la civilisation andalouse – les promoteurs de la salubrité publique et les précurseurs de la science médicale moderne.

Percevant la puissance des forces dont nous parlons depuis le début, Mohammed ira jusqu'à dire : « Il y a dans chaque individu une force d'âme, une énergie qui, si elle était mise en mouvement, attirerait à elle tout l'univers. » Ce qu'un maître soufi commentera, au XXIe siècle, en ces termes : « L'harmonie et l'équilibre, comme le chaos et la dégénérescence, comme la santé et la maladie, procèdent d'une volonté, d'une dimension qui peut, par la connaissance, se dévoiler à nous et nous livrer ses secrets. »

LES TEMPS MODERNES

Admettons-le : nous, humains des temps modernes, vivons à une époque hyperbolique que tout, apparemment, sépare des époques évoquées jusqu'ici. Pour le meilleur et pour le pire. Le meilleur ? Ce sont les progrès fabuleux de nos connaissances objectives et de nos techniques médicales, depuis deux siècles, et surtout depuis 50 ans, si fulgurants, que tous les autres savoirs semblent ratatinés en un misérable petit tas, au fond du dernier wagon de l'histoire, tandis que la locomotive moderniste aspire toute la planète, de plus en plus vite, vers l'avant. Une seule illustration suffit : en un siècle et demi, l'espérance de vie de l'Européen moyen a été multipliée par deux et, sauf quelques exceptions tragiques, notamment en Afrique, cette tendance s'étend peu à peu au monde entier ! Cela ne s'était jamais vu dans l'Histoire.

Stimulée par ces grandes découvertes, notre Légende a connu une accélération folle, faisant passer l'humanité, en quelques siècles, de la brouette à l'atome et de la saignée à la transplantation cardiaque. Tout un livre ne suffirait pas à énumérer les découvertes et inventions géniales de la médecine moderne. Antibiotiques, anesthésies, greffes d'organes, techniques de réanimation, manipulations génétiques, anxiolytiques, imageries cérébrales... pas un domaine qui n'ait connu des explorations impressionnantes et un feu d'artifice de créativité.

Sommes-nous pour autant en meilleure santé que nos ancêtres ? Objectivement, c'est évident. Et dans notre subjectivité ? Hum ! Voilà trois bonnes décennies que le débat s'amplifie et que la Légende balbutie...

Car il y a pire. Nous avons réduit le malade à sa maladie et la maladie à un organe. Courant derrière un progrès matériel de plus en plus unidimensionnel, nous avons paradoxalement débouché sur un obscurantisme nouveau, une barbarie à visage scientifique. Cette régression se mesure dans le regard posé sur la maladie – et, derrière elle, sur la mort. Tel un surhomme hollywoodien, *Homo technologicus* joue les Hercule. Il considère la mort comme une « maladie très très grave » et toute maladie comme une ennemie. Il ne réalise pas qu'il s'inscrit dans un tournoi de dupes, dont il peut à la rigueur espérer gagner les quarts ou les demi-finales, mais qu'il est absolument sûr de perdre en finale – *à tous les coups*, puisque nous sommes mortels.

Où est l'erreur ? Je suggère modestement de nous souvenir du précepte de santé élémentaire des vieux sages : « Prévenir vaut mieux que guérir. » Dit d'une autre façon : il ne s'agit pas de combattre la maladie, mais de renforcer la personne tombée malade. La force est en toi, te dis-je, « comment la réveiller ? » est la seule question vraiment intéressante.

Mais attention au retour du balancier ! Le Tao, c'est la voie du milieu. Il est essentiel de résister à la caricature à laquelle invitent les critiques les plus enflammés (et parfois fanatiques) de la médecine moderne. Les problèmes de celle-ci, notamment son réductionnisme, ne proviennent pas d'une volonté maligne, mais d'une très ancienne logique, désormais poussée jusqu'aux limites où elle devient folle. Platon déjà, par la bouche de Socrate dans le *Charmide*, reprochait aux médecins grecs d'oublier que leurs patients « ont aussi une âme », avant tout sensible aux mots, ce que confirmait Antiphon d'Athènes qui affirmait sur le frontispice de sa maison posséder le pouvoir de « guérir avec les mots ». C'est qu'avant eux (et 2 000 ans avant ce malheureux Descartes, aujourd'hui accusé de tous les maux), Hippocrate avait commencé à dissocier le corps et l'esprit – même s'il conservait l'idée d'un souffle, ou *pneuma*, animant les deux.

Aujourd'hui, la médecine moderne s'aperçoit avec stupéfaction que le seul fait de laisser des patients atteints de maladies graves parler entre eux dans des cercles de parole bienveillants réactive étonnamment leur système immunitaire.

La voie du milieu, te dis-je ! Si des pans entiers d'humanité, surtout dans l'hémisphère Sud, aimeraient fichtrement pouvoir bénéficier de notre médecine, de ses outils et de ses molécules miraculeuses, en Occident, de plus en plus de voix s'élèvent contre elle. Et contre la perversité d'un système dont le produit intérieur brut s'enrichit à mesure que ses citoyens tombent malades, parce qu'ils font ainsi tourner l'énorme complexe agro-pharmaco-industriel devenu incontrôlable. Vrai ou faux débat ? La question est devenue urgente et cruciale.

Car attention ! il devient difficile de plaisanter : voilà que sonne l'heure d'un immense renversement. Soudain, toutes les alarmes se sont mises à clignoter en même temps. L'activité humaine est devenue si intense qu'elle a mis en danger les grands équilibres homéostatiques de la biosphère planétaire. Les savants du gros bout comme du petit bout de la lorgnette sont affolés. Ce n'est plus seulement la santé de sa propre lignée que l'homme moderne menace (ce qui, en soi, n'est déjà pas trop sympathique), c'est celle de quasiment toutes les espèces. Seuls les bactéries, les champignons et quelques branches primaires du vivant poursuivront leur route tranquillement, toutes les autres espèces ont des soucis à se faire et beaucoup ont déjà été rayées de la surface du globe ! L'humanité a-t-elle jamais connu moment aussi tragique ? L'espèce supposée la plus consciente de la biosphère a provoqué une gigantesque maladie cosmique.

L'ÂGE DE LA RÉALLIANCE

Je te l'avoue, à ce stade, notre Légende déborde de contradictions, de menaces… mais aussi de promesses. Car une révolte gronde. Le peuple des patients brise aujourd'hui ses chaînes et cherche à se réapproprier la maîtrise de sa santé, physique, émotionnelle, mentale, spirituelle. C'est un mouvement de libération et d'individuation générale, qui comporte quelques énormes pièges ! La liberté humaine est une immense nouveauté cosmique, à condition que la machine à penser et l'ego ne prennent pas la place du désir essentiel et de la joie d'exister. Or, là, mon ami, une chausse-trappe est tendue où la plupart d'entre nous semblent inéluctablement devoir se jeter, comme si l'humanité entière devait passer par une épreuve d'initiation : au lieu de profiter de sa liberté de façon lucide, c'est-à-dire en résonance avec le tout dont il vient et où il retournera, chaque ego « se la joue perso », comme diraient mes neveux, comme si, au fond, chacun était inconsciemment persuadé d'être une sorte de divinité à part. L'identification des humains à leur ego est la cause de la plupart de nos dysfonctionnements et de nos souffrances.

Oh ! je sais, chaque tradition l'a déjà dit et prédit, en souhaitant vivement l'arrivée d'une « conscience éveillée ». L'hindouisme parle de la *maya* (l'illusion), une forme de maladie mentale collective à laquelle on n'échappe que par l'illumination et l'accession à la conscience cosmique. Le bouddhisme évoque la *dukka*, une insatisfaction chronique dont l'humain ne peut se débarrasser, tant qu'il est la proie des désirs et des peurs, et dont il ne sort que par l'éveil. Les monothéismes parlent du péché originel d'Adam et Ève, qui est le fait, pour un individu, de ne pas avoir encore su conscientiser sa part inaccomplie, son ombre, opération qui assurerait le salut de son âme, par convergence de ses efforts personnels et de la grâce divine.

Aujourd'hui, nos contemporains, de plus en plus nombreux à se rattacher à une spiritualité laïque, utilisent de nouveaux mots pour désigner les mêmes problèmes – aliénation, névrose, mégalomanie, enfermement, prison mentale... – et des objectifs à peu près similaires – libération, pacification, non-violence, actualisation des potentiels, conscience planétaire, intelligence collective, noosphère... Leur langage se situe à l'opposé de l'attitude infantile jadis exigée des croyants : remettre sa conscience entre les mains de la religion et son corps entre les mains de la médecine, en se dépossédant soi-même de tout pouvoir sur sa propre existence. Comment pourrait-on se prétendre citoyen responsable, habitant éveillé de cette planète, si l'on ne s'explore pas soi-même, si l'on laisse d'autres décider de ce qui nous concerne au plus profond, si l'on reste passif face à ses propres ennuis et à ceux d'autrui ?

La tâche est exaltante, mais difficile. Heureusement, émerge une nouvelle génération de thérapeutes du corps et de l'âme, pouvant devenir des alliés. Ces visionnaires, sensibles aux approches transdisciplinaires et aux médecines des autres cultures, s'engagent dans des recherches à la fois scientifiques et humanistes, qui les amènent à inviter chacun à prendre en main sa propre santé – pour son bénéfice personnel, mais aussi pour celui des autres et de toute la planète. À mesure que se multiplient les maladies chroniques, dont les méthodes de la médecine technologique ne viennent pas à bout, refleurissent des thérapies de terrain que l'on croyait disparues. Les soins à base de plantes et d'essences s'allient à des disciplines du corps, manipulations et massages. Les grandes médecines d'Orient, contre toute attente, s'imposent, lentement mais sûrement, dans le monde occidental étonné. De nouveaux thérapeutes proposent aujourd'hui des modes de vie respectant la connexion oubliée entre le corps, l'esprit et les émotions. Depuis cinquante ans, l'incroyable floraison des psychothérapies qui ne nient pas l'aide du langage et des mots, mais l'associent à un travail sur le corps – par l'entremise des ancêtres, commes les néochamanes modernes, ou en cercles de parole, comme les pratiquants du Jeu du Tao, pousse chacun à s'interroger : « Qui suis-je ? D'où vient mon malaise ? Comment guérir des blessures du passé ? Comment aller mieux ? »

Un chapitre de la Légende est en train de s'écrire, présentant un aspect fondamentalement relationnel et même compassionnel. Ce que tu te fais à toi-même, en bien ou en mal, tu le fais aux autres, humains et non humains. Inversement, ce que tu fais aux autres, tu te le fais à toi-même : sans eux, ta guérison serait problématique, pour ne pas dire impossible. D'où l'invitation faite à chacun de s'impliquer dans la communauté où il vit, travaille, étudie ou joue, d'y participer, d'y nourrir des relations riches et denses en termes d'amitié et de solidarité – de vieux amis à moi diraient « de liberté, d'égalité et de fraternité » ! Il s'agit d'une dimension essentielle à une santé physique, psychique, amoureuse et spirituelle équilibrée. Tu verras qu'elle s'inscrit parfaitement dans le Jeu de la santé et du mieux-être, dans lequel je t'invite, avec une joie non dissimulée, à pénétrer maintenant.

Et comme dit un autre vieil ami, sage parmi les sages : « Que la force soit avec toi ! »

1. *Le Jeu du Tao – Comment devenir le héros de sa propre Légende*, coédition Albin Michel – Taovillage, 2004. **2.** Chaman est ici un terme à la fois masculin et féminin, comme homme ou humain, ou le « tu » de ce livre, au masculin imposé par la grammaire française.

TAO

DEUXIÈME LIVRE

LE LIVRE DES QUESTIONS

LA QUÊTE

Le chemin des quatre mondes ouvre à l'infini
l'espace du questionnement.
Toute réponse le referme et nous enferme en elle.
Nous sommes prisonniers de nos réponses.
Nous sommes libérés par nos questions.
Comment la chenille devient-elle un papillon ?
Sauras-tu prendre ton envol ?

TAO

DEUXIÈME LIVRE

RÈGLE DU JEU DU TAO

« La santé est un état de complet bien-être physique, mental et social, et ne consiste pas seulement en une absence de maladie ou d'infirmité. »
***Constitution de l'Organisation mondiale de la santé*, 1946, Préambule**

« Tout ce qui ne s'exprime pas s'imprime. »
Marshall Rosenberg

« L'enfant joue. Adulte, il crée. »
Dialogues avec l'ange

« Le corps a un esprit qui lui est propre. »
Deepack Chopra

« Si quelqu'un désire la santé, il faut d'abord lui demander s'il est prêt à supprimer les causes de sa maladie. Alors seulement il est possible de l'aider. »
Hippocrate

L'ESPRIT DE LA RÈGLE

Le but du jeu

Le but du jeu est de t'améliorer dans ta relation à toi-même, ta relation aux autres, ta relation au monde, pour devenir un coopérateur de santé, un être à même de trouver en lui les qualités à sa disposition pour s'aider et servir les autres.

MODE D'EMPLOI

Le carnet de route

Pour commencer, tu dois te munir d'un cahier, ou d'un livre blanc, qui sera ton carnet de route. Choisis-le solide et épais – certaines parties peuvent s'étaler dans le temps. Cela peut prendre la forme d'un journal annuel.

Jouer avec toi-même

Tu peux jouer seul en te servant du livre comme d'un miroir intelligent. Il t'apprendra à te dissocier de ton mental, tout simplement en observant le « penseur en toi » pour être capable de te placer dans ton être de sagesse. Tu peux aussi te dédoubler, c'est-à-dire imaginer comment autrui réagirait à tes réponses – que l'autre soit extérieur (proche, ami, amour, parent, modèle, etc.) ou intérieur (tes différentes instances ou personnalités, peu importe que tu les appelles ton moi profond, ton ange créateur, le soi, ou toute autre expression désignant une instance en toi, capable de te regarder penser et agir comme le ferait un vieux sage regardant jouer un enfant).

Chemin faisant, les textes accompagnant les questions t'inviteront, par le système des mots soulignés, à explorer le labyrinthe du livre des Ressources. De temps en temps – je précise quand un peu plus loin – tu devras consulter l'oracle du *Yi Jing* et, éventuellement, mettre en pratique la méditation correspondant à l'hexagramme que tu auras tiré. Bref, tu feras un beau voyage, mais tu devras toujours jouer avec les autres, ou en tenant compte des autres, et observer fréquemment ton *bilan de santé holistique* qui initie le jeu (cf. Annexe 1, p. 355). N'oublie pas que ce jeu a pour but de te relier à toi, aux autres et au monde.

Jouer en dyade

Il est aussi possible d'utiliser ce livre à deux, avec un partenaire régulier, qui jouera avec toi à long terme. Chacun fait son *bilan de santé holistique* au début du jeu. Dans les universités américaines, le compagnon d'études est appelé un *buddy* (partenaire de jeu), un copain, mais c'est aussi la personne avec qui l'on étudie. Ce n'est pas quelqu'un avec qui on est toujours d'accord, loin s'en faut. Le *buddy* contredit et oppose des arguments aux certitudes rassurantes. Il questionne et ébranle, nous remet en question sans cesse et permet ainsi d'avancer, de ne pas rester figé dans un comportement, une croyance, une attitude qui, pour être justes, doivent être susceptibles d'évoluer. Tous les exercices et les questions du Jeu du Tao prennent toute leur force s'ils sont pratiqués avec ce(s) compagnon(s) d'études, pourvu qu'il(s) ou elle(s) soi(en)t digne(s) de confiance.

Le bon taopartenaire doit être à l'écoute, attentif et généreux mais sans concession. Et tu devras faire de même à son égard.

La tâche du *buddy* (partenaire de jeu) est, dans un premier temps, de laisser le joueur faire émerger sa vision, par écrit ou oralement. Puis, dans le feed-back, il peut tenter d'analyser et/ou de questionner les propos du joueur, en gardant à l'esprit que, qu'on le veuille ou non, chacun quand il s'exprime ne parle que de lui et de sa façon de ressentir l'autre, de cela et rien de plus.

Jouer en groupe

Tu peux enfin jouer à intervalles réguliers dans un groupe de parole ; soit avec plusieurs personnes que tu connais, soit avec de parfaits inconnus que tu rencontres pour la première fois (dans un cercle de joueurs de Tao, par exemple) : dans les deux cas, l'aventure te surprendra. Quand on joue à plusieurs, il est d'usage de réglementer les temps de parole et d'écriture et de jouer autour d'un taoban (le jeu plateau).

Les joueurs peuvent répondre à la question oralement (ou par écrit et la lire ensuite à haute voix). Après chaque réponse, chacun des autres participants fait alors un tao-feedback dans un temps limité. Chacun parle uniquement de la façon dont il a ressenti la réponse. Celui dont on parle écoute en silence. Il ne doit pas réagir, encore moins se justifier.

La qualité de la relation tao passe aussi par une maîtrise de l'échange et de la parole, fondée sur les valeurs de bienveillance, de clarté et de liberté. L'idée est que chacun puisse se sentir libre de dire exactement ce qu'il pense, quitte à ce que ce ne soit pas ce que pense l'autre. Dans une claire bienveillance, tout peut être dit. C'est la condition d'accès au dialogue.

LES RÈGLES DE BASE

1. Le déroulement du jeu

Le Jeu du Tao te propose de t'accompagner dans la connaissance de ton corps et de ton esprit, au travers d'un parcours de 32 questions. Chaque question est accompagnée d'un texte, qui t'aide à en appréhender les différents niveaux de lecture.

Le Jeu du Tao de la santé et du mieux-être t'invite à un parcours qui traverse quatre mondes :

- Le Monde de la Terre (p. 37 à 53) : huit questions pour clarifier les mieux-être vers lesquels ton *bilan holistique* va te porter. Il s'agit de progresser sur tous les plans de ton être.
- Le Monde du Feu (p. 55 à 71) : huit questions pour identifier les souffrances et les obstacles qui te bloquent, et reconnaître tes peurs.

• Le Monde de l'Eau (p. 73 à 89) : huit questions pour répertorier les ressources dont tu disposes pour te réaliser pleinement.
• Le Monde de l'Air (p. 91 à 107) : huit questions pour préciser les engagements, pratiques et rituels nécessaires pour accéder à ce meilleur de toi.

Note bien chaque question et la réponse que tu y apportes dans ton carnet de route.

• Le travail va s'effectuer sur tes émotions, sur ton esprit, sur ton corps, sur toutes les instances de ton être. Mais il doit se faire étape par étape. À mesure que tu progresseras dans le Jeu du Tao, tu te rendras compte qu'il te faut d'abord t'accepter tel que tu es, avec tes qualités et tes défauts. Tu peux certes changer et grandir, mais ton évolution passe au préalable par le constat et l'acceptation de ce qui est.

2. Le livre des Ressources

Il se peut que certaines questions t'interrogent au-delà de leur simple formulation. Pour les approfondir, en page de gauche de chaque question, le texte de commentaire comprend des mots en rouge. Ces mots renvoient au livre des Ressources (p. 205 à 341). Cette partie de l'ouvrage est conçue comme un dictionnaire dont les articles rassemblent une myriade de pistes, de conseils, de références et d'exercices relatifs à la question à laquelle il t'est demandé de répondre. Certains de ces articles peuvent te renvoyer à d'autres questions comme à d'autres articles et t'inviter à consulter des ouvrages sur le sujet traité. C'est un livre systémique, où chaque parcours est unique. À toi de te promener à ta guise dans ce labyrinthe ! Pour ne pas te perdre, note chaque évolution de ton cheminement dans ton carnet de route.

3. Le livre des Oracles

Le Jeu du Tao de la santé et du mieux-être t'invite aussi à tirer les oracles du *Yi Jing*. Tu dois tirer un oracle lorsque tu te trouves dans l'une de ces situations :

A. Chaque fois que tu passes d'un Monde à l'autre, par exemple du Monde de la Terre à celui de l'Eau, ou de ce dernier au Monde du Feu.

B. Chaque fois que tu interromps ta partie en cours de route et que tu refermes ton livre.

C. Lorsque, dans une situation qui pose problème, tu ne te sens pas assez lucide pour trouver la solution.

Dans chacune de ces situations, le tirage du *Yi Jing* t'apporte une réponse qui est à la fois l'image radiographique des énergies en présence et la juste attitude à adopter pour bénéficier des virtualités de la situation.
Pour apprendre comment tirer un oracle, reporte-toi aux pages 110 à 115. Chaque fois, tu devras interroger ton ressenti et tenter de comprendre à quel événement issu de ton histoire il fait allusion, quel conseil il te donne, comment tu peux mettre en application ce conseil dans ta vie quotidienne.

4. Le livre des Méditations

Pour que chaque réponse du *Yi Jing* soit intériorisée dans ton corps et ne reste pas une pensée perdue dans ton mental, chaque hexagramme est associé à une méditation (p. 181 à 203). Tu vas pouvoir ainsi te connecter physiquement avec ton énergie Ici et Maintenant. Chaque méditation t'invite à prendre conscience de ce qui peut se modifier dans ton corps, ton cœur, ton esprit et parallèlement améliorer ta relation à toi, aux autres et au monde, et à prendre des résolutions dans ce sens.
Note soigneusement le résultat de ces méditations et résolutions éventuelles dans ton carnet de route et agis.

5. Le temps

Tu l'as compris, le Jeu du Tao peut t'accompagner très longtemps. Il te faudra développer ta patience : il n'existe pas de recettes magiques pour résoudre les problèmes. Il s'agit d'un apprentissage et celui-ci, comme tous les autres, demande du temps.

QUELQUES POINTS CRUCIAUX AVANT DE COMMENCER

Un petit truc : utilise tes sens !

Si tu veux profiter pleinement de ce voyage, essaie d'explorer chacune de tes réponses au niveau émotionnel, celui du ressenti. Toute croyance, toute conviction doivent être accompagnées si possible d'une preuve tirée d'une expérience vécue par toi ou par d'autres si tu en as été le témoin. Il s'agit de raconter une histoire. Plus précisément, toute expérience invoquée devra être décrite dans son contexte précis, au moment où elle s'est passée, relatée dans son déroulement dynamique. Écris (ou dis) ce récit au présent, comme si tu écrivais un scénario pour un metteur en scène. Chaque détail compte : le temps qu'il fait, ce que tu vois, les personnes qui t'accompagnent, ce que tu entends, ressens, les odeurs, les goûts, l'atmosphère... Tous tes sens doivent être éveillés, puis évoqués dans tes réponses. Fais appel à ta mémoire chaude.

Enfin, sois le plus vigilant possible à ce qui va se passer en toi. Prête attention aux messages de ton corps. Ton corps et ton esprit sont liés en permanence. Tout doit passer par ta propre expérience, être compris du dedans. Rien ne doit t'être imposé de l'extérieur.

Attention !

En jouant, tu vas probablement découvrir des états jubilatoires de paix intérieure, des eurêka !, des sentiments de force et d'estime de toi, d'amour et de liaison intime avec la vie dans son ensemble. Mais tu rencontreras aussi des doutes, des *a priori*, des émotions puissantes, des blocages, des projections défensives, des souffrances et des craintes qui te freineront dans ton accomplissement. Si l'éthique du jeu est respectée, et si l'écoute de ta voix intérieure (ou de celle de tes partenaires) s'impose, tu verras comment des obstacles apparemment insurmontables peuvent être dépassés.

Un conseil

Avant de démarrer, encore une fois, je te suggère de faire ton *bilan holistique*, en répondant aux questions posées page 355. C'est une façon de faire un check-up sur trois niveaux : tes relations à toi, tes relations aux autres, tes relations au monde. Ainsi, tu seras plus au clair pour répondre aux questions des quatre Mondes qui t'attendent.

Un jeu gagnant-gagnant

Enfin, si tu désires jouer à plusieurs, la règle du Jeu est là pour faciliter l'écoute, le partage et la clarification de tes besoins fondamentaux – et donc, à terme, leur réalisation. Il existe de nombreuses communautés de joueurs avec lesquelles tu peux valider ton parcours et auxquelles tu peux apporter ta contribution : si tu veux les contacter, renseigne-toi sur www.taovillage.com

Et maintenant, à toi de jouer !
Je te souhaite un beau voyage.

PREMIER MONDE

LE MONDE DE LA TERRE

AU COMMENCEMENT EST UN DÉSIR

Il est parfois comme une vague brûlure, parfois comme une soif qui te pousse vers tu ne sais quelle source. Un désir… Tant qu'il reste derrière le front, dans la nuit de ta tête, il demeure brumeux.

Pour qu'il apparaisse au plein jour, il faut que se lève sur lui le soleil des mots.

Il faut le nommer.

Dans le Monde de la Terre, tu dois nommer clairement ton désir.

1

COMMENT ÇA VA ?

Je ne sais pas si tu es comme moi, mais je trouve cette question très importante. Dans toutes les traditions, notamment celles citées dans la légende du Tao, au début de ce livre, on se salue de cette façon. Quel cadeau de pouvoir appréhender ce qui est vivant chez l'autre et de lui offrir en retour le cadeau de soi-même ! Hélas ! nous avons si souvent et si étourdiment entendu ou prononcé cette phrase que nous n'y prêtons plus attention. Écoute bien : *comment ça va ?* Nulle politesse hypocrite dans ces trois petits mots, mais l'empathie et l'altruisme naturel faisant qu'un être s'intéresse spontanément à un autre. Il en va ainsi depuis l'aube des temps – et même avant : les animaux d'une même espèce ne se reniflent-ils pas quand ils se rencontrent ? Ne sont-ils pas entièrement présents dans leurs sensations et leur curiosité de l'autre ? Faut-il que la vie urbaine nous ait frelatés pour que nous ayons oublié d'aussi saines évidences ! « Ça va » vient du verbe *aller* et la question signifie donc : je voudrais savoir si ça bouge en toi, si le mouvement t'habite, si tu es vivant. Sais-tu d'ailleurs qu'à l'origine, quand nos ancêtres demandaient si ça allait, ils parlaient d'aller à un endroit précis ? Où ça ? Mais à la selle, pardi ! Eh oui ! ils ne faisaient pas de chichis et savaient que quand les intestins vont, tout va. C'est un fait scientifiquement établi : nous portons un « second cerveau » dans le ventre. Ensuite, l'expression s'est élargie. Quand on salue quelqu'un, on s'enquiert de sa santé globale, c'est-à-dire, si l'on en croit la définition de l'OMS, de son bien-être physique, mental et social, celui de sa famille, de son travail, de son aptitude à vivre en harmonie avec les autres...

Pour approfondir cette question, **consulte le livre des Ressources :**

- Attention > p. 214
- Empathie > p. 240
- Altruisme naturel > p. 210
- Présents > p. 290
- Sensations > p. 312
- Mouvement > p. 274
- Second cerveau > p. 310
- Définition de la santé par l'OMS > p. 231
- Famille > p. 247
- Travail > p. 330

QUESTION 1

COMMENT ÇA VA ?

Réponds à cette question
avant de passer à la question suivante

D'abord, l'état des lieux.
La vie n'acquiert de sens que si tu fais face au conflit qui oppose tes désirs et la réalité.

QUEL MIEUX-ÊTRE CHERCHES-TU ?

Pour te lancer, je te suggère le petit exercice de la quête holistique (p. 355). Son but : t'aider à clarifier en quoi tu aimerais aller mieux. Se porter bien, c'est bien ; aller mieux, c'est mieux. Ne fais pas l'erreur de vouloir aller aussi bien qu'avant, car avant est la cause d'aujourd'hui… Les médecins taoïstes diraient : « Auquel de tes corps veux-tu apporter une amélioration ? » Selon eux, nous avons plusieurs corps, le physique n'étant que le plus apparent. La réponse est évidente si tu es fatigué, ou malade : tu souhaites alors bien sûr retrouver la forme ou guérir. Mais même si tu vas bien, je t'invite à te mettre à l'écoute de toi-même, pour ressentir ce qui pourrait aller mieux. Les thérapeutes occidentaux appellent « homéostasie » l'équilibre entre tous les éléments qui composent notre être psychosomatique. C'est le propre de tout être vivant que de savoir corriger en permanence les déséquilibres qu'entraînent la vie et ses aléas. Mais, parfois, le mécanisme a des ratés : plus rien ne va, ton moral s'effondre, tes défenses immunitaires aussi, et tout te fait mal. L'essentiel est alors de ne pas t'identifier à ta souffrance et de confirmer ta vraie identité. Pour cela, il est bon de savoir accepter ce qui est et d'identifier tes vrais besoins. Ensuite seulement, tu pourras parler de tes désirs, de tes motivations et de la direction dans laquelle tu aimerais évoluer. Sache que toutes sortes d'évolutions sont possibles, mais que la vie reconnaît les bonnes à ce qu'elles nous poussent à nous unifier. En anglais, c'est facile à comprendre, parce que *health*, la santé, a la même racine que *whole*, entier. Améliorer sa santé, c'est devenir plus entier !

Pour approfondir cette question, **consulte le livre des Ressources :**

- Plusieurs corps > p. 288
- Fatigue aux mille visages > p. 248
- Malade > p. 265
- Guérir > p. 253
- Écoute de toi-même > p. 238
- Ressentir > p. 306
- Homéostasie > p. 256
- Être psychosomatique > p. 246
- Accepter ce qui est > p. 206
- Besoin > p. 215
- Motivation > p. 273
- Évoluer > p. 246
- Unifier > p. 334

QUESTION 2

QUEL MIEUX-ÊTRE CHERCHES-TU ?

Réponds à cette question
avant de passer à la question suivante

L'acceptation est un art dynamique. Elle n'est pas signe d'inertie, de 0 ou d'inactivité. Ce que la situation demande au moment présent doit être mis en œuvre. Le mieux est souvent plus à souhaiter que le bien.

3

POURQUOI LE DEMANDER MAINTENANT ?

Mille raisons peuvent faire que tu joues justement à ce jeu aujourd'hui. Peut-être me répondras-tu que c'est pur hasard – mais alors, en ce cas, je dois te confier le sens de l'idéogramme chinois qui traduit ce mot ! Cela dit, tu sais peut-être parfaitement quelles circonstances précises t'amènent à formuler ta quête de mieux-être ici et maintenant. Voyons un peu… La liste des possibilités est quasiment infinie. Mais si j'en juge par les statistiques du club des collectionneurs de coïncidences, la prise de conscience d'un besoin de mieux-être est le plus souvent provoquée par quelques grandes causes dûment répertoriées, dont les principales sont les suivantes, d'abord du côté pénible : une peur, un choc traumatique, une rupture, le franchissement d'un seuil de saturation, un excès de stress, une baisse de moral, la prise de conscience d'un manque, une perte du sens de la vie, un deuil, le déclenchement d'une maladie… Et puis, du côté plus agréable : une rencontre (serais-tu tombé amoureux ?), un voyage, un flash, une intuition, une naissance, ou bien une émission, un film, une lecture (à ce propos, as-tu déjà entendu parler de la bibliothérapie ? Non ? Mais tu la pratiques à l'instant même !). Tu pourrais aussi avoir fait un rêve qui t'amène à t'interroger ou être allé consulter une voyante ou un devin. Mais il est possible que je t'entraîne beaucoup trop loin et que, en réalité, ta demande soit tout simplement due à ton âge. À moins qu'il ne s'agisse chez toi d'une quête éternelle, que tu ne cesses de reformuler depuis déjà longtemps ? D'une tâche inachevée que tu aimerais enfin finir pour passer à autre chose ?

Pour approfondir cette question, **consulte le livre des Ressources :**

- Idéogramme chinois du hasard > p. 257
- Coïncidences > p. 220
- Prise de conscience > p. 292
- Peur > p. 284
- Stress > p. 318
- Manque > p. 266
- Deuil > p. 234
- Intuition > p. 261
- Bibliothérapie > p. 216
- Âge > p. 207
- Quête éternelle > p. 298
- Tâche inachevée > p. 323

QUESTION 3

POURQUOI LE DEMANDER MAINTENANT ?

Réponds à cette question
avant de passer à la question suivante

**Quand vient le moment de s'embarquer, les signes favorables se mettent en place.
Les signes favorables ne sont pas une superstition, mais une confirmation.
Ils sont le début de la réponse.**

4

COMMENT EST NÉ TON DÉSIR ?

Les philosophes le disent depuis l'Antiquité : tout désir émerge d'un manque et du refus d'en faire le deuil. Essaie de te rappeler précisément la première fois que tu as ressenti ce manque de mieux-être actuel. Remémore-toi et note dans ton carnet de route, ou en conversation avec ton *buddy*, les circonstances précises (événementielles, émotionnelles et relationnelles…) qui ont vu naître ce désir d'aller mieux. Est-ce venu peu à peu ou tout d'un coup ? Avec une impression d'agir ou de subir ? Attention, les mots comptent ! Le mot désir, par exemple, peut te paraître inadéquat : lui préfères-tu le mot besoin ? Les racines d'un désir sont multiples et la prise de conscience d'un changement nécessaire peut nous venir aussi bien du côté sombre de nous-même – chute, frustration, ras-le-bol, saturation, jalousie, envie, colère, douleur, angoisse – que du côté lumineux – recadrage, prise de recul, révélation, crise spirituelle vers un nouvel état d'être… Le grand mystère de la transformation alchimique est que ces dimensions opposées, en réalité, se rejoignent, ou se transforment l'une dans l'autre. D'une chute, par exemple, tu peux utiliser l'énergie pour rebondir et connaître un état totalement nouveau pour toi. Quoi qu'il en soit, il y a une façon simple et sûre de répondre à la question qui t'est posée ici : quelqu'un, en effet, connaît cette réponse fort bien. C'est ton corps. Ce que je te dis est d'ailleurs valable pour les réponses à toutes les questions du Jeu de la santé et du mieux-être : ton corps les connaît toutes. Pour qu'il te les souffle, là encore, concentre-toi sur ton ressenti… Mais n'aie crainte, nous en reparlerons !

Pour approfondir cette question, **consulte le livre des Ressources :**

- Agir ou subir ? > p. 208
- Mots > p. 273
- Besoin > p. 215
- Recadrage > p. 300
- Crise spirituelle > p. 227
- Rebondir > p. 299
- Corps > p. 225
- Ressentir > p. 306

QUESTION 4

COMMENT EST NÉ TON DÉSIR ?

Réponds à cette question
avant de passer à la question suivante

Tout est espoir quand tu te prépares à recommencer.
Tout est contenu dans le premier instant : ton optimisme, ta foi, ton innocence.

5

PEUX-TU IMAGINER TA QUÊTE ACCOMPLIE ?

Parvenir à te visualiser ayant atteint ton but ne suffira certes pas à exaucer ton vœu complètement, mais cela t'en rapprochera très concrètement. La médecine du XXIe siècle sait expliquer pourquoi. D'une certaine manière, c'est ce qu'on appelle l'effet placebo. Imaginer une situation provoque en nous des processus physiologiques similaires à ceux qui se déclencheraient si nous vivions cela pour de bon. Attention ! ça marche dans les deux sens : si tu te laisses envahir par des images oppressantes, tes neurones réagiront comme si tu étouffais vraiment et le placebo deviendra nocebo. Il faut donc apprendre à te libérer des images négatives et à les remplacer par des positives, au besoin par une autohypnose. Tous tes sens doivent être mobilisés : la vision, l'ouïe, le toucher, l'odorat, le goût, ainsi que le sens de l'équilibre et le ressenti intérieur global. Sans oublier le contexte : qui est avec toi, où sont les autres, que faites-vous... ? Tu dois vraiment te projeter te portant bien dans un environnement réel. Cela influencera bien plus que ton système nerveux : les praticiens de la PNIE (psycho-neuro-immuno-endocrinologie) ont, en effet, démontré que nos pensées, nos émotions et nos réflexes agissent directement sur nos sécrétions hormonales et nos défenses immunitaires, tout en étant influencés par elles. C'est pourquoi, une fois un traitement thérapeutique choisi, il est fondamental que le patient y croie – et le soignant aussi. Et n'oublie pas : l'efficacité de l'anticipation sera d'autant plus grande que toutes tes sensations seront en éveil.

Pour approfondir cette question, **consulte le livre des Ressources :**

- Visualisation > p. 337
- Placebo > p. 285
- Imaginer > p. 258
- Neurones > voir Neurones miroirs, p. 275
- Nocebo > p. 276
- Libérer des images négatives (Te) > p. 264
- Autohypnose > p. 214
- Psycho-neuro-immuno-endocrinologie (PNIE) > p. 294
- Émotions > p. 239
- Y croire > p. 340

QUESTION 5

PEUX-TU IMAGINER TA QUÊTE ACCOMPLIE ?

Réponds à cette question
avant de passer à la question suivante

Avant d'entreprendre ton voyage, évalue la distance entre le sommet de la montagne et le fond de l'abîme, pour éviter de tomber de haut.

6

QU'EST-CE QUE CELA T'APPORTERAIT ?

Voilà qui semble enfoncer une porte ouverte : « Qu'est-ce que cela m'apporterait ? me diras-tu. Mais, mon pauvre Tao, un mieux-être, puisque c'était ta question de départ ! » Oui, et pourtant cette sixième question est essentielle. Son objectif est de t'obliger à prendre conscience de tes attentes. Ferme les yeux un instant, calme ta respiration, détends tes épaules, oublie momentanément ce qui se passe autour de toi et concentre-toi sur ton but. Si tu accédais à ce mieux-être, quel changement cela t'apporterait-il ? Le soulagement de la souffrance ? Le calme ? La paix ? La sérénité ? Ou bien la fluidité, la légèreté, le mouvement ? Ou encore la détente, le lâcher prise, le temps libre ? Ou un regain de tonus, de dynamisme, de forme, de créativité ? Sans doute une meilleure communication avec les autres, pleine de rires, de plaisirs et pourquoi pas de jouissances ? Concrètement, imagine un toi idéal vivant dans l'avenir… Comment se dérouleraient alors tes relations avec autrui ? Comment te comporterais-tu ? Atteindre la plénitude et la joie passe peut-être par une tâche à achever, mais surtout, question de cohérence, par la façon de le faire. Le mieux-être est exigeant et l'accès au bonheur demande, paraît-il, que ton désir essentiel soit satisfait… Au fait, puisque tu joues au Jeu du Tao, lequel ou lesquels des corps que distingue la vision chinoise dois-tu, selon toi, cultiver en priorité pour aller mieux ? Pour chacun d'eux, demande-toi : si j'allais mieux, qu'est-ce que cela m'apporterait à ce niveau-là ? Question subsidiaire : se pourrait-il que ton mieux-être s'appelle l'amour ?

Pour approfondir cette question, **consulte le livre des Ressources :**

- Changement > p. 218
- Soulagement de la souffrance > p. 317
- Sérénité > p. 314
- Fluidité > p. 250
- Lâcher prise > p. 263
- Temps libre > p. 325
- Créativité > p. 226
- Communication > p. 221
- Rire > p. 308
- Plaisir > p. 286
- Plénitude > p. 287
- Joie > p. 262
- Tâche achevée > p. 322
- Cohérence > p. 219
- Bonheur > p. 216
- Désir essentiel > p. 234
- Plusieurs corps > p. 288

QUESTION 6

QU'EST-CE QUE CELA T'APPORTERAIT ?

Réponds à cette question
avant de passer à la question suivante

Le but, c'est le chemin ! Cette phrase commune à toutes les grandes sagesses, il faut généralement avoir parcouru une belle distance avant de pouvoir la saisir.

7

QU'EST-CE QUE CELA APPORTERAIT AUX AUTRES ?

Je vais te confier un secret. Un de mes amis médecins, qui s'intéresse à ce qu'il est convenu d'appeler les guérisons spontanées (ou miraculeuses), a remarqué que celles-ci intervenaient le plus souvent après un *saut quantique* de conscience, où l'intéressé se retrouve soudain en compassion avec le reste du monde. Un peu comme si, en résonance avec cette empathie, le monde lui donnait en retour un permis de guérir. Cette osmose altruiste d'énergie ou d'ambiance prouve que nous sommes, en réalité, beaucoup plus reliés les uns aux autres que nous le croyons. C'est pourquoi les groupes de parole, comme il en existe dans un nombre croissant de lieux thérapeutiques – et dans les cercles de Joueurs du Tao –, ont en soi un effet guérisseur, grâce aux règles d'or du bien-dire prônées par la communication non violente. En fait, la télépathie est d'abord une empathie. D'inconscient à inconscient, les autres et nous-même avons besoin de nous autoriser mutuellement à aller bien. Le plus étonnant, c'est que cela fonctionne aussi à travers l'espace-temps. Par exemple, la psychogénéalogie explique que ton mal-être peut provenir de tes ancêtres. En travaillant sur ton ascendance, tu peux t'en libérer, délivrant du même coup tes descendants… Mais aussi tout le reste de ton arbre, y compris les ancêtres eux-mêmes ! Aller mieux relèverait-il d'une intelligence collective ? Aider l'autre et s'aider soi sont deux faces d'une même réalité. Le fameux précepte évangélique « Aime ton prochain comme toi-même » suppose à la fois l'oubli de soi et que l'on s'aime soi-même. C'est paradoxal mais logique. Prends soin de toi et fais-toi du bien, sans culpabilité, ton altruisme n'en sera que plus vrai.

Pour approfondir cette question, **consulte le livre des Ressources :**

- Saut quantique > p. 310
- Guérir > p. 253
- Groupes de parole > p. 253
- Cercles de Joueurs > voir Organisations, p. 279
- Règle d'or du bien-dire > p. 301
- Communication non violente (CNV) > p. 221
- Télépathie > p. 324
- Empathie > p. 240
- Inconscient à inconscient (D') > p. 259
- Psychogénéalogie > p. 293
- Ancêtres > p. 211
- Intelligence collective > p. 260
- Aider soi (S') > p. 209
- S'aimer soi-même > p. 309
- Altruisme naturel > p. 210

QUESTION 7

QU'EST-CE QUE CELA APPORTERAIT AUX AUTRES ?

Réponds à cette question
avant de passer à la question suivante

Tu reçois ce que tu donnes. C'est une réalité simple, campée bien au-delà du bien et du mal.
Peu importe comment tu l'appelles : tu l'as donné, c'est donc à toi !

8

QU'EST-CE QUI T'EN A EMPÊCHÉ JUSQU'ICI ?

Quelle réponse te vient spontanément ?
« Mais bougre, si je le savais, il y a longtemps que je me porterais mieux ! »
« C'est congénital, toute ma famille est comme ça ! »
« Mon fond dépressif m'empêchera toujours d'aller bien. »
« Qu'est-ce que tu crois ? Je n'ai pas les moyens ! »
Ces reparties appartiennent à un arsenal de croyances ou de peurs, souvent héritées de notre famille. Quand les choses vont mal, nous sommes enclins à être fatalistes ou paranos. Certes, il peut y avoir des empêchements objectifs à une amélioration de ta santé. Aurais-tu manqué d'information ? Ou de temps ? Mais, dis-moi, n'as-tu pas *eu* le temps ou n'as-tu pas *pris* le temps ? Trouverais-tu égoïste de t'occuper un peu plus de toi ? Fais-tu partie des âmes dévouées qui disent oui à tout le monde et n'ont plus une seconde pour elles ? Ou peut-être n'aimes-tu pas l'idée d'avoir à te discipliner ? Pour toi, l'idée de liberté s'opposerait-elle à celle de régularité ? Mais alors ne serais-tu pas rebelle envers toi, donc envers ta santé ? Et ta rébellion ne tiendrait-elle pas à un manque de confiance en toi, et au fait que tu n'oses pas prendre ta place face aux autres – famille, collègues, chefs, amis, etc. ? Au fait, t'a-t-on simplement appris à prendre soin de toi quand tu étais enfant ? Nous sommes tellement dans le déni de nous-mêmes… Un exemple : beaucoup de gens se croient paresseux, velléitaires, mous. Eh bien, 95 % des paresseux ne le sont pas – ils ne savent juste pas se faire plaisir dans ce qu'ils font. Enfin, pense à tirer un oracle avant de passer au Monde du Feu.

Pour approfondir cette question, **consulte le livre des Ressources :**

- Croyances > p. 227
- Héritées de notre famille > p. 255
- Information > p. 260
- Eu le temps > voir Temps libre, p. 325
- Oui à tout le monde > p. 280
- Prendre ta place > p. 289
- Plaisir > p. 286

QUESTION 8

QU'EST-CE QUI T'EN A EMPÊCHÉ JUSQU'ICI ?

Réponds à cette question
avant de passer à la question suivante

**Un bon voyageur n'a pas de plan fixe et il n'est pas tendu vers l'arrivée.
La vraie motivation ne peut s'épanouir
qu'une fois dissoute la crispation volontariste.**

DEUXIÈME MONDE

F

LE MONDE DU FEU

LA RENCONTRE DES OBSTACLES

On en trouve toujours sur le chemin
des caravanes.
Tu les rencontreras, bien sûr.
Ils sont là, tapis dans ta tête.
« Tu n'y arriveras pas, tout ça,
c'est des histoires ! As-tu seulement la moindre
preuve que tu es sur un quelconque chemin ? »

1

OÙ AS-TU MAL ?

Sans doute vas-tu penser que c'est enfin une question claire et nette. C'est peut-être le cas, si tu souffres en ce moment même d'un mal précis. Pourtant, même dans cette hypothèse, la sagesse de ce jeu t'invite à explorer le plus consciemment possible tes sensations. La souffrance est un univers complexe. Quand ça va mal, nous pouvons nous trouver pris dans un tourbillon, où tout se mélange : la douleur, le malaise, la déprime, le sentiment d'abandon, la colère, l'amertume, la frustration… Tout ! Au point que nous ne savons plus comment nous en sortir. La fondatrice des traitements antidouleur modernes, Cicely Saunders, l'a baptisé le syndrome de douleur globale. D'où ressort la nécessité d'analyser attentivement tes ressentis et tes émotions, pour savoir dans lequel de tes différents corps tu souffres. Par exemple, *avoir mal* ou *se sentir mal* n'est pas la même chose. Être fatigué, ou malade, ou au bout du rouleau, ou déprimé, non plus. Certes, au bout du compte, tout cela aboutit au même effet : au réveil de ton corps de souffrance ! C'est un corps étrange, qui n'est pas toi… mais qui te le fait croire – comme l'ego. Brusquement, plus rien ne va, ton moral s'effondre, tes défenses immunitaires aussi, et tout te fait mal. Le pire, c'est que l'idée te vient alors que *tu es* ce corps ! Le Dr Ingeborg Bosch Bonomo, qui a inventé la thérapie révolutionnaire PRI, enseigne que te regarder « du dehors » te ferait grand bien. Voilà une façon profane et laïque de rejoindre la grande sagesse du Bouddha, selon qui, dans la vie, tout est souffrance – du moins pour l'ignorant qui confond sa conscience et son ego. Connais-tu les quatre nobles vérités, qui permettent d'échapper à cette confusion ?

Pour approfondir cette question, **consulte le livre des Ressources :**

- Sensations > p. 312
- Traitements antidouleur > p. 328
- Syndrome de douleur globale > p. 319
- Émotions > p. 239
- Plusieurs corps > p. 288
- Déprime > p. 233
- Corps de souffrance > p. 225
- PRI (Past Reality Integration) > p. 291
- Tout est souffrance > p. 327
- Quatre nobles vérités du bouddhisme > p. 298

QUESTION 1

OÙ AS-TU MAL ?

Réponds à cette question
avant de passer à la question suivante

**Le mal frappe à son heure pour te rapprocher du bien.
Il te submerge pour que tu ne puisses pas l'accepter.**

2

POURQUOI AS-TU MAL ?

De deux choses l'une : soit la réponse te semble évidente, soit tu hésites. Dans le premier cas, il se pourrait notamment que tu souffres d'une maladie tout à fait sérieuse, dûment établie par un diagnostic médical. Sinon, permets-moi de te demander si c'est là une conviction spontanée, que tu t'es forgée. Est-ce une conclusion que tu as tirée d'une émission de télé, ou d'une visite sur Internet ? Ou est-ce quelque chose dont ton entourage t'a convaincu – par exemple du fait d'un mal héréditaire dans ta famille ? De toute façon, tu n'as certainement pas tort si tu ne cites pas tout de suite une cause unique. Même une maladie précise, diagnostiquée par la médecine, s'explique généralement par plusieurs causes conjointes. Le terrain génétique peut évidemment jouer – ou alors l'influence psychogénéalogique. Là-dessus peut venir se greffer un traumatisme infantile. Ou bien un environnement pollué, pour ne pas dire empoisonné. Ou tout simplement une épidémie. Mais le poison peut aussi s'avérer psychologique : une ambiance stressante, un harcèlement professionnel, une punition ou une vengeance peuvent rendre malade à mourir. Ou bien as-tu un mode de vie malsain ? Souffres-tu d'une dépendance ? À moins que tu ne traverses une crise : vis-tu une séparation ? Un deuil ? Une dépression ? Mais peut-être me répondras-tu que tu n'es que fatigué ? En ce cas, laisse-moi te demander : quel type de fatigué es-tu ? Cela peut te donner des clés intéressantes ! Quoi qu'il en soit, tente de cerner ton mal en essayant de trouver les différentes causes possibles de ce qui ne va pas chez toi (pas moins de cinq causes, s'il te plaît !).

Pour approfondir cette question, **consulte le livre des Ressources :**

- Visite sur Internet > voir Information, p. 260
- Psychogénéalogie > p. 293
- Traumatisme infantile > p. 329
- Environnement pollué > p. 244
- Harcèlement > p. 254
- Dépendance > p. 231
- Traverser une crise > p. 330
- Deuil > p. 234
- Dépression > p. 232
- Fatigué > voir Fatigue aux mille visages, p. 248

QUESTION 2

POURQUOI AS-TU MAL ?

Réponds à cette question
avant de passer à la question suivante

**C'est le déséquilibre qui maintient la vie en mouvement.
C'est le mal qui te montre le chemin, non pas du bien, mais du mieux.
La zone de tes chantiers nécessaires.**

3

QUELLES SONT TES PEURS ?

La peur est d'abord une alliée. Elle nous avertit des dangers. Mais elle peut aussi tout envahir et freiner la vie. Connais-tu la liste abominable des innombrables peurs ? Je ne ris qu'à moitié : chacun a les siennes – même si, au bout de la liste, on retrouve les mêmes : le manque d'amour, l'abandon, la mort. Nos peurs inavouées sont certes plus difficiles à débusquer. Cela peut exiger l'aide d'un psychothérapeute. Le plus souvent, on se trouve obligé de remonter à l'enfance, voire à avant la naissance. Où l'on retrouve la toute-puissance infantile et le sentiment d'impuissance qui suit sa perte. Tes peurs d'enfance seraient-elles devenues des phobies ? Revêts-tu facilement le rôle de la victime ? Certains disent que nous nous faisons racketter par nos émotions ! Essaie de démêler cet imbroglio. Où situerais-tu tes peurs dans ton corps ? L'objectif est de distinguer tes peurs fantasmatiques de celles qui sont fondées. Et de faire la part entre ce que tu peux changer et ce qu'il te faut accepter, donc de séparer responsabilité et culpabilité. Même si tu es réellement atteint d'une maladie, le fait de quitter le déni te fera passer de la passivité à une dynamique active : sais-tu que l'on souffre plus dans la passivité que dans l'action ? Et connais-tu les cinq étapes du processus de deuil selon Elisabeth Kübler-Ross ? Cela peut prendre du temps. Plus tu t'approches du but, plus les forces de résistance redoublent. Mais la sagesse dit que toute force engendre son contraire. Tes peurs signalent donc aussi ton courage : nous avons les qualités de nos défauts. N'aie pas peur de ta propre lumière !

Pour approfondir cette question, **consulte le livre des Ressources :**

- Liste abominable des innombrables peurs > p. 265
- Toute-puissance > p. 328
- Phobies > p. 284
- Rackets émotionnels > p. 299
- Responsabilité et culpabilité > p. 305
- On souffre plus dans la passivité > p. 279
- Deuil > p. 234
- Qualités de nos défauts > p. 296

QUESTION 3

QUELLES SONT TES PEURS ?

Réponds à cette question
avant de passer à la question suivante

Il n'y a rien de mieux que ce qui t'arrive.
Mais si tu en as peur, tu ne connaîtras pas ce qui t'arrive :
tu connaîtras la peur. La vie est un cadeau.

4

QU'AS-TU FAIT POUR ALLER MIEUX ?

Je ne parle pas des initiatives isolées que tu as pu prendre, telles que : ne pas fumer un matin, moins boire un soir, ou pratiquer un exercice physique de temps à autre ! Non, parlons de ce que tu fais régulièrement. Si tu es malade, cette initiative est sans doute urgente et relève de la médecine curative. Sinon, tu sais que la médecine préventive inclut tout ton mode de vie : ton alimentation, ton sommeil, tes relations aux autres, toute ta vie ! Qu'il s'agisse de soins préventifs ou curatifs, la dynamique du placebo est scientifiquement démontrée : si tu y crois, ça marchera mieux. Aussi, dans la mesure où tu as le choix, je te recommande d'opter pour des solutions que tu sens bien. Mais peut-être n'as-tu pas eu envie de prendre soin de toi ? Par flemme ? Allons, le vrai paresseux, qui sait réellement jouir de l'existence, ne s'embarrasse pas de culpabilité : pour bénéficier de ses drogues intérieures, ses endorphines, il se fait du bien ! Quoi ? Tu n'as pas le temps ? Écoute, nous sommes tous débordés, là n'est pas la question. L'important est de *décider* de t'occuper de toi. Une fois la décision prise, tout vient. Pas facile ? Certes non ! Il faut beaucoup de concentration. Mais connais-tu la politique des petits pas ? Surtout, ne rate jamais une occasion, cette « fenêtre d'opportunité », comme disent les Anglais. Tiens, j'ai envie de te signaler d'anciens conseils venus d'Asie et d'Amérique : connais-tu les piliers chinois de la santé et les quatre accords toltèques ? Pour finir, la question du renard : si tu t'autorisais à aller mieux, quel problème cela risquerait-il de te poser ?

Pour approfondir cette question, **consulte le livre des Ressources :**

- Médecine curative > p. 269
- Médecine préventive > p. 269
- Alimentation > voir Immunité et alimentation, p. 259
- Placebo > p. 285
- Endorphines > voir Endomorphines, p. 241
- Politique des petits pas > p. 288
- Sept piliers de la santé (Les) > p. 314
- Quatre accords toltèques > p. 297

QUESTION 4

QU'AS-TU FAIT POUR ALLER MIEUX ?

Réponds à cette question
avant de passer à la question suivante

Ce n'est pas parce que les choses sont difficiles que nous n'osons pas les entreprendre. C'est parce que nous n'osons pas les entreprendre qu'elles sont difficiles.

5

AS-TU REPÉRÉ DES CIRCONSTANCES QUI DÉCLENCHENT OU AGGRAVENT TON PROBLÈME ?

Qu'est-ce qui réveille ton corps de souffrance ? Peux-tu identifier son déclencheur ? Tu vas bien, et brusquement tout s'écroule et ton mal-être est là. Ta gorge se noue, ton estomac tape contre ton cœur, des frelons semblent avoir piqué ton cerveau – ou bien tes articulations sont douloureuses et ton mal de dos se réveille. Qu'est-ce qui provoque ça ? Une situation, un mot de travers, une mauvaise odeur, une attente déçue ? Est-ce d'ordre purement physique ? Un coup de froid ? Ou de chaud ? Une indigestion ? Un abus d'alcool, ou de tabac, ou d'un autre psychotrope ? Est-ce lié à la saison ? Ou à la pollution ? Ou bien est-ce plutôt d'ordre relationnel ? Une frustration ? Une honte ? Une impuissance ? Une rage rentrée ? Mène ton enquête : cela se produit-il quand tu es mou, vide, triste, cafardeux ? Ou plutôt quand tu es fébrile, impatient, cassant, à bout de nerfs ? Ton problème est-il cousin de la dépression ou de l'agressivité ? Pour ma part, j'aurais tendance à distinguer trois grandes raisons qui nous poussent à nous négliger au point d'y perdre la santé : l'excès de stress, la dépression (qui est une tristesse de l'âme) et une vie relationnelle empoisonnée. Il y a des langages toxiques qui nous poussent à penser : « L'enfer, c'est les autres. » Bien entendu, tout cela peut se combiner de façon si complexe qu'il devient impossible d'en sortir sans casse. Deux scénarios pervers méritent toute ton attention : la double contrainte, décrite par l'école de Palo Alto, et le triangle dramatique de l'analyse transactionnelle. Une piste : vois-tu où incohérence et manque de sens dans ta vie te font déraper ?

Pour approfondir cette question, **consulte le livre des Ressources :**

- Corps de souffrance > p. 225
- Déclencheur > p. 230
- Dos > p. 236
- Pollution > p. 289
- Dépression > p. 232
- Stress > p. 318
- Tristesse > p. 332
- Enfer, c'est les autres (L') > p. 243
- Double contrainte > p. 237
- Triangle dramatique > p. 331
- Incohérence > voir Cohérence, p. 219
- Manque de sens > p. 266

QUESTION 5

AS-TU REPÉRÉ DES CIRCONSTANCES QUI DÉCLENCHENT OU AGGRAVENT TON PROBLÈME ?

Réponds à cette question
avant de passer à la question suivante

**La peur de l'obstacle, voilà l'obstacle véritable !
Reconnais qu'il s'agit d'un piège simple et implacable.
Mais que tu peux désamorcer.**

6

QU'EST-CE QUI PERTURBE LA BONNE CIRCULATION DE TON ÉNERGIE ?

Toute ta santé, physique, émotionnelle, mentale, spirituelle, peut se ramener à une question de circulation d'énergie – au sens où les thérapeutes asiatiques entendent ce mot. Contacte ton corps énergétique : laisses-tu l'énergie cosmique librement te traverser, la bloques-tu ici ou là ou stagne-t-elle ? La plupart d'entre nous lui opposent involontairement des barrages. Or, qu'il s'agisse simplement de retrouver la forme, ou, plus gravement, de rassembler tes forces face à une maladie, lever ces barrages est crucial. Certains d'entre eux sont surtout dus à notre mode de vie – sédentaire, bousculé, pollué, trop et mal nourri, etc. Je ne saurais trop te conseiller de trouver quel mode de ressourcement régénérateur te convient le mieux : régime, jeûne, exercices, massages, relaxation, retraite… (au passage, n'oublie pas que l'objectif même du qi gong et de l'acupuncture est de faciliter la bonne circulation de l'énergie en toi). D'autres barrages peuvent être plus coriaces, notamment ceux que ton organisme a érigés dans ta prime enfance, pour te protéger de dangers, réels ou fantasmés, qui semblaient menacer ton existence. Pour te libérer de ceux-là – que les psychothérapeutes corporels occidentaux appellent des cuirasses –, un simple ressourcement ne suffit pas. Il faut faire appel à une thérapie puissante, qui te demandera un véritable engagement. Mais quelle libération, quand tu y seras parvenu ! Dissoutes, les barrières ! Envolé, le *faux self* ! Tu trouveras ton vrai moi, ouvert, libre, et capable, le temps venu, de vieillir sereinement.

Pour approfondir cette question, **consulte le livre des Ressources :**

- Énergie > p. 242
- Ressourcement régénérateur > p. 306
- Qi gong > p. 296
- Acupuncture > p. 207
- Cuirasses > p. 228
- Faux self > p. 249
- Vieillir > p. 336

QUESTION 6

QU'EST-CE QUI PERTURBE LA BONNE CIRCULATION DE TON ÉNERGIE ?

Réponds à cette question
avant de passer à la question suivante

La source de l'énergie vient de ton bas-ventre, grimpe par ta colonne, atteint ton crâne, puis redescend en cascade pour nourrir tes sens et tes organes.

À QUOI SERT TA SOUFFRANCE ?

Cette question te choque ? En fait, il y a au moins deux façons de la comprendre. Au premier degré, elle sous-entend que ta souffrance est un messager venu te signaler que quelque chose ne va pas dans ta vie, et dans quels secteurs tu pourrais l'améliorer, pour être plus heureux, en relation plus harmonieuse avec les autres. Accueille-la comme une amie : la souffrance est une formidable raboteuse du mental et de l'ego, ces deux serviteurs géniaux… qui ont un peu trop tendance à prendre la place du maître. Celui qui souffre et réussit à traverser sa souffrance sans devenir amer ni haineux se retrouve sur l'autre rive plus riche, plus serein, moins égotique. À croire qu'il y aurait une valeur initiatique du mal ! Il s'agit de considérer celui-ci comme un carburant pour atteindre le mieux-être ; comme une matière inachevée et inconsciente, qu'il faut métamorphoser en lumière, en conscience. Tel serait le grand secret pour lever la peur, et cesser d'occulter la mort.

Au second degré, il y a une façon plus moqueuse de comprendre la question : se pourrait-il que tu prennes ta souffrance, non comme un messager, mais comme un alibi… pour ne rien faire ? Quels bénéfices cachés tires-tu de ta faiblesse ? Oui, je sais, c'est insolent de ma part, mais pose-toi quand même la question : si ton mal ou ton malaise disparaissait, dans quelle action serais-tu en quelque sorte obligé de te lancer… à tes risques et périls ? Oser lâcher prise, pour le voir en face, est une étape importante de ta guérison initiatique et de ton ouverture à la spiritualité, c'est-à-dire de ton évolution vers ce qui, en toi, te dépasse.

Pour approfondir cette question, **consulte le livre des Ressources :**

- Mental et ego > p. 272
- Valeur initiatique du mal > p. 334
- Occulter la mort > p. 278
- Lâcher prise > p. 263
- Ouverture à la spiritualité > p. 281

QUESTION 7

À QUOI SERT TA SOUFFRANCE ?

Réponds à cette question
avant de passer à la question suivante

**On apprend peu par la victoire, beaucoup par la défaite.
Telle est la vie, tomber sept fois, se relever huit.**

8

QU'AS-TU APPRIS DANS LE MONDE DU FEU ?

Arrivé ici, je t'invite à contempler le paysage de ta vie comme un aigle. Survole les réponses notées dans ton carnet de route, concernant tes souffrances et tes peurs. Discernes-en les grandes lignes, puis synthétise ton problème en une phrase. Tu peux aussi tenter de le faire à l'aide d'un dessin, d'un collage ou de tout autre moyen te permettant de te réunir. La réalité du mal, finalement, n'est-elle pas qu'il nous morcelle ? Ensuite, prends ton temps pour t'interroger : quel sens ce problème a-t-il aujourd'hui dans ta vie ? En quoi dépend-il des autres ou de toi seul ? Quelles illusions penses-tu devoir encore perdre ? Et quels changements opérer ? Attention ! vraiment changer est long et difficile. Jusqu'ici dans ce jeu, tu t'es préparé au changement. Continue d'avancer pas après pas. Tiens ton cap ! Quelles parts de toi, encore endormies, aimerais-tu éveiller ? Grande est la force d'une verbalisation ancrée dans le réel : crée donc une affirmation positive, formule le souhait de guérir dans ton corps, mais surtout dans tes relations, dans ton âme ! Pour les sages de toutes les grandes traditions, l'être en voie d'éveil peut éventuellement continuer à être malade, et même se préparer à mourir, sans cesser de cheminer et de grandir à l'intérieur. Et sans quitter le terrain concret : la question n'est pas de t'évaporer dans des rêveries, mais bien de progresser, en t'offrant davantage de temps, d'attention et de soin. Il s'agit de retrouver ta confiance en toi, sur le plus de plans possibles, et de mobiliser tes qualités, que le Monde de l'Eau va maintenant t'aider à découvrir. Mais, auparavant, n'oublie pas de tirer un oracle.

Pour approfondir cette question, **consulte le livre des Ressources :**

- Préparé au changement > p. 290
- Se préparer à mourir > p. 313
- Retrouver ta confiance > p. 307

QUESTION 8

QU'AS-TU APPRIS DANS LE MONDE DU FEU ?

Réponds à cette question
avant de passer à la question suivante

Toute force engendre son contraire et plus tu t'approches de ton but, plus les forces d'inhibition redoublent. Il s'agit maintenant de retourner ces forces et de les mettre à ton service.

LE MONDE DE L'EAU

PARÉ POUR LE GRAND SAUT ?

Tu vas donc partir dans le monde
des profondeurs. Avec quelles armes ?
N'oublie pas les dons que la source de vie
t'a faits : tes cinq sens, bien éveillés.
Tu en auras besoin.
Ta confiance. Tes forces. Ta fluidité.
As-tu bien tout rassemblé ?
Allez, vas-y, c'est ton tour, quelque chose
surviendra forcément.

1

QUELLES SONT TES FORCES ?

Prends ton carnet de route et fais la liste de tes forces. C'est une façon essentielle de te connaître ! Pense à tes ressources de départ, aux dons que la vie t'a faits, puis à tes qualités acquises (tes expériences, tes connaissances, tes compétences), mais aussi à tes talents à développer, à la qualité de ton énergie, à ton intuition, à ta capacité à contacter les énergies subtiles... Ensuite, pour t'engager sur un chemin de réalisation, il faut que tu sois convaincu que ce chemin t'est ouvert. La confiance en soi est nécessaire. Oh ! je sais, certains ne se jugent pas aimables, ni capables de changer ! Comme si l'existence était pour eux une damnation. Si tu es pessimiste, il y a une autre façon de procéder : liste tes handicaps, tes faiblesses, tes défauts... et déduis-en tes forces potentielles. Car nous avons les qualités de nos défauts : un peureux doit forger son courage, un glouton sa sobriété, un colérique sa sérénité, etc. Prends conscience aussi des qualités et des richesses que tu dois à tes parents, à ta famille, à ton clan, et qui te semblent évidentes. Est-ce le sens de l'humour ou le sérieux, l'audace d'imaginer ou de regarder tes peurs en face ? On dit que le sentiment d'avoir été aimé pendant la petite enfance donne une sécurité de base irremplaçable... Mais le sentiment inverse peut apporter la résilience, qui donne une confiance et une estime de soi sur lesquelles tu pourras compter tout au long de ta vie. Une fois tes qualités répertoriées, amuse-toi à trouver auxquels de tes corps elles correspondent. Est-ce ton physique qui est sain et solide ? Tes émotions qui sont paisibles et tranquilles ? Ton imaginaire qui rêve généreusement ? Ton intellect qui est développé et fluide ? Dessine les passerelles possibles entre tes différentes couches.

Pour approfondir cette question, **consulte le livre des Ressources :**

- Compétences > p. 222
- Talents à développer > p. 323
- Qualités de nos défauts > p. 296
- Richesses > voir WAS, p. 340
- Imaginer > p. 258
- Sécurité de base > p. 311
- Résilience > p. 302
- Confiance > p. 222
- Estime de soi > p. 244
- Plusieurs corps > p. 288
- Émotions > p. 239
- Rêve > p. 307
- Fluidité > p. 250

QUESTION 1

QUELLES SONT TES FORCES ?

Réponds à cette question
avant de passer à la question suivante

Après tout, quelqu'un en toi, au moins en rêve, est allé plus loin que cette créature besogneuse que tu crois être. Qu'il soit ton ami secret. Ton allié, sans cesse sur ta route. Qu'il te soit comme une étoile au front.

COMMENT PRENDS-TU SOIN DE TOI ?

D'une manière ou d'une autre, tu as jusqu'ici pris soin de toi, au moins un peu – sinon, tu serais mort ! Mais tiens-tu réellement compte de tes besoins fondamentaux ? Lesquels ? Ils varient certes d'une personne à l'autre, mais il y a des bases universelles. Si tu bloquais ta respiration plus de cinq minutes, tu périrais. Il te faut boire quotidiennement au moins un litre d'eau. Manges-tu correctement ? Sais-tu l'importance du sommeil ? Fais-tu de l'exercice ? Et ta sexualité : la question est délicate et complexe, mais pour les joueurs de Tao, c'est une clé de la santé et de la longévité – aussi cela vaut-il la peine de s'en préoccuper avec attention, en découvrant, éventuellement avec l'aide d'un psychothérapeute ou d'un autre accompagnateur compétent, que l'amour ne pousse pas sauvagement, mais se cultive. Cela dit, avant de songer aux grandes étapes de l'éveil de tes potentiels, peut-être convient-il de commencer par arrêter de te faire du mal ? Ralentir, sinon stopper, ta consommation de tabac, de café, d'alcool, de toutes sortes de psychotropes. Tempérer le rythme de tes nuits blanches (passées à faire la fête ou à travailler). Calmer ta boulimie de biens ou d'activités, cette propension à en vouloir toujours plus. As-tu trouvé ta manière propre de te ressourcer : dans la nature, par l'expression artistique, les voyages ? Danses-tu, chantes-tu ? Parviens-tu à reconnecter tes rythmes profonds à ceux de la nature ? Participes-tu à la vie collective, à la création d'un avenir, sur ton lieu de vie ou de travail ? Et ne rien faire du tout, y parviens-tu parfois ? Faire le vide, méditer, contempler, voilà par où tu pourrais commencer !

Pour approfondir cette question, **consulte le livre des Ressources :**

- Besoin > p. 215
- Respiration > p. 303
- Manges-tu correctement ? > p. 266
- Sommeil > p. 316
- Sexualité > p. 315
- Aide d'un psychothérapeute > p. 209
- Toujours plus > p. 327
- Expression artistique > p. 247
- Chanter > p. 218
- Vie collective > p. 336
- Méditer/Méditation > p. 271
- Contempler > p. 224

QUESTION 2

COMMENT PRENDS-TU SOIN DE TOI ?

Réponds à cette question
avant de passer à la question suivante

Aime le monde comme toi-même ; alors, tu pourras prendre soin de toutes choses.

3

COMMENT ÉCOUTES-TU TON CORPS ?

Il ne va pas de soi d'écouter son corps, surtout en France où l'on demande aux enfants, dès le plus jeune âge : « Que penses-tu ? », mais rarement : « Que ressens-tu ? » Pourtant cela s'apprend, et d'abord par l'éveil de ses cinq sens. Il est bon de savoir faire le silence et même de l'écouter : de cette façon, tu entres dans une autre conscience et tu peux observer tes sensations – leçon n° 1 de la méditation. Mais aurais-tu grandi chez des gens pour qui écouter son corps n'est pas important, voire désapprouvé ? Certes, dans une certaine limite ton corps s'autorépare et ton système nerveux végétatif se débrouille sans que ta volonté s'en mêle. Toutefois, il est indispensable de prêter attention aux détails du fabuleux véhicule qui te fait exister – comme un cosmonaute veille à sa navette ! Imagine ce qu'il deviendrait s'il s'en fichait ! Écoute tes organes, tes muscles, tes os, tu entendras les messages de ton corps. Cela t'aidera à renforcer ton système immunitaire. La première fonction vitale que je t'invite à observer ainsi est ta respiration : découvre ses différents visages selon les circonstances. Tout aussi importants sont ton alimentation et ton sommeil : ils doivent subtilement correspondre à ton rythme personnel. En fait, écouter ton corps revient à écouter tes émotions. C'est particulièrement vrai pour ta sexualité et ta sensualité, sachant qu'il y a une différence entre sensorialité et sensualité. Conscientiser en toi le dialogue corps/esprit peut passer par de nombreux chemins, par exemple par la voie du rêve, qui te parlera à sa façon de tes différents corps et des liens entre eux. De tes limites aussi. Et de tes potentialités endormies…

Pour approfondir cette question, **consulte le livre des Ressources :**

- Ressens > voir Ressentir, p. 306
- Silence > p. 316
- Méditer/ Méditation > p. 271
- Système nerveux végétatif > p. 320
- Attention > p. 214
- Système immunitaire > p. 319
- Respiration > p. 304
- Alimentation > p. 209
- Écouter tes émotions > p. 238
- Sexualité > p. 315
- Sensualité > p. 312
- Dialogue corps/esprit > p. 235
- Voie du rêve > p. 339

QUESTION 3

COMMENT ÉCOUTES-TU TON CORPS ?

Réponds à cette question
avant de passer à la question suivante

**Sentir son corps énergétique est la porte d'entrée du monde spirituel.
Et si c'était lui, l'ami intime ?**

4

DANS TON MEILLEUR SOUVENIR, D'OÙ TIRES-TU TA VITALITÉ ?

Ferme les yeux, détends-toi, laisse toutes les tensions s'écouler le long de ton corps et passer dans le sol, par tes pieds, et attends tranquillement que monte à la surface de ta conscience le souvenir des moments où tu t'es vraiment senti en forme dans ta vie. N'hésite pas à remonter loin, éventuellement jusqu'à ton plus jeune âge et à ta vitalité d'enfant. Ne te presse pas, goûte le plus possible ce voyage. Chaque fois qu'émerge un souvenir, essaie de te rappeler les odeurs, les sons, les couleurs, la lumière... Ce que l'on appelle la visualisation touche en réalité tous les sens. Ensuite, dans ton carnet de route, tu raconteras le plus beau de ces souvenirs, avec le maximum de détails. Tu avais quel âge ? Ça se passait où ? En quelle saison ? Qui se trouvait avec toi ? Vous faisiez quoi ? N'omets aucune circonstance. Puis, une fois ton souvenir raconté, demande-toi comment s'exprimaient tes émotions ce jour-là. Quelles étaient tes qualités premières : l'enthousiasme ? la force ? l'humour ? la générosité ? la sensualité ? l'amour ? Tu peux aussi t'amuser à partir dans l'imaginaire : si tu avais été un animal, quel serait-il ? Multiples sont les types d'énergie vitale. Prends conscience des sensations qui te viennent à cette évocation et observe lesquels de tes corps elles concernent : ton physique, tes émotions, tes sentiments, tes rêves, tes pensées, le sens de ta vie ? Sans doute une combinaison subtile entre tes différents niveaux. Ces qualités sont profondément les tiennes. En recontactant ta vitalité d'enfant, tu mobilises ton énergie vitale à sa source. Apprends à faire un ancrage sur ce souvenir et à revenir à l'énergie qu'il dégage en toi.

Pour approfondir cette question, **consulte le livre des Ressources :**

- Forme > p. 251
- Visualisation > p. 337
- Émotions > p. 239
- Animal > p. 212
- Types d'énergie vitale > p. 333
- Plusieurs corps > p. 288
- Sens de ta vie > p. 311
- Énergie vitale > p. 242
- Ancrage > p. 212

QUESTION 4

DANS TON MEILLEUR SOUVENIR, D'OÙ TIRES-TU TA VITALITÉ ?

Réponds à cette question
avant de passer à la question suivante

Quelque chose en toi est aussi infatigable que les vagues de la mer et le vent qui pousse les nuages.

5

CONNAIS-TU LE POUVOIR DES MOTS ?

Certes, nos cousins animaux et végétaux communiquent fort bien. Mais l'un des principaux talents humains est que nous sommes les seuls êtres de l'univers connu à pouvoir exprimer des mots, des concepts, une parole, un *logos*. Le verbe est créateur et guérisseur. C'est une idée qui se répand : tout ce qui ne s'exprime pas s'imprime. Nos émotions et affects qui ne trouvent pas le chemin du ressenti, et encore moins celui des mots, engendrent des maux. Inversement, la parole consciente délivre. C'est la base de la psychanalyse et, avant elle, de sa grand-mère l'hypnose, dont tout le pouvoir tient aux mots. Attention ! ton discours te relie à ton inconscient mais aussi aux autres. La parole partagée a scientifiquement démontré son pouvoir guérisseur. Avec un même traitement, des personnes atteintes de cancer ont une espérance de vie bien supérieure quand elles participent à un groupe de parole ! Celui-ci peut réunir aussi bien les membres d'une même famille que les porteurs d'une même maladie, en utilisant les règles de la communication non violente, comme le fait le Jeu du Tao.

Des mots faux ou mensongers pourrissent le pouvoir créateur et guérisseur, comme le ver ronge le bois. D'où l'invitation à préserver en toi trois qualités, pour rester en bonne santé : la fluidité, la confiance et la cohérence. Ainsi, il est juste de dire que, via le chemin de la parole vraie et partagée, nos pensées créent le monde. Et ce qu'elles créent d'abord, c'est notre atmosphère intérieure, dont les études sur le placebo montrent qu'elle influence notre santé et particulièrement notre système immunitaire. « Marche ta parole », disent les Amérindiens.

Pour approfondir cette question, **consulte le livre des Ressources :**

- Verbe est créateur (Le) > p. 335
- Parole délivre (La) > p. 282
- Hypnose > p. 256
- Groupes de parole > p. 253
- Communication non violente (CNV) > p. 221
- Fluidité > p. 250
- Confiance > p. 222
- Cohérence > p. 219
- Nos pensées créent le monde > p. 276
- Placebo > p. 285
- Système immunitaire > p. 319

QUESTION 5

CONNAIS-TU LE POUVOIR DES MOTS ?

Réponds à cette question
avant de passer à la question suivante

Celui qui sait ne parle pas. Celui qui parle ne sait pas.
Et pourtant, c'est par les mots que l'humain crée.
Mais alors, de quels mots s'agit-il ?

6

SUR QUI ET SUR QUOI PEUX-TU COMPTER ?

« Aide-toi, le Ciel t'aidera ! » La première personne sur qui tu dois compter, c'est toi. Tes alliés intérieurs sont ta motivation, tes convictions, la force que tu tires de ton expérience. Il y a ton métier, ta maison... Multiples sont les ressources que tu peux mobiliser, à commencer, encore une fois, par ta respiration et ta capacité à te relaxer. Dresser la liste exhaustive de tes alliés est impossible. Tu peux t'exprimer dans différentes formes d'art, lire de grands auteurs, ou partir en randonnée. Marcher, à la campagne ou en forêt, est une excellente technique de ressourcement. Jardiner, escalader, nager, skier... Quelle est ta façon préférée de bénéficier des bienfaits de la nature ? Connais-tu les trois modalités qui permettent d'harmoniser sa vie avec les forces de l'univers ? Un sage de mes amis les a déterminées : ce sont l'acceptation, le plaisir et l'enthousiasme. Cela dit, ceux qui claironnent : « Je n'ai eu besoin de personne pour me construire ! » se trompent forcément. Même ceux que leurs parents n'ont pas pu ou su aimer ont au moins bénéficié du coup de pouce qui a forgé leur résilience. Un minimum d'humilité est donc nécessaire : quand ça ne va pas, ose demander de l'aide. Il y a des interlocuteurs évidents comme tes proches, tes amis, tes voisins... ton *buddy* ! Et puis, il y a les thérapeutes du corps et de l'esprit. Quant à la voie spirituelle, elle peut apporter une aide stupéfiante à ceux pour qui s'adresser à une dimension invisible a un sens – on a même mesuré expérimentalement l'effet physiologique de la méditation et de la prière !

Pour approfondir cette question, **consulte le livre des Ressources :**

- Motivation > p. 273
- Ressources > voir Panel, p. 281
- Marcher > p. 267
- Bienfaits de la nature > p. 216
- Trois modalités > p. 333
- Résilience > p. 302
- Thérapeutes > voir Aide d'un psychothératpeute, p. 209
- Prière > p. 291

QUESTION 6

SUR QUI ET SUR QUOI PEUX-TU COMPTER ?

Réponds à cette question
avant de passer à la question suivante

Tu vas marcher, combattre. Tu vas vaincre les obstacles.
N'as-tu pas oublié tes serviteurs ? Ces parties de toi-même, humbles, négligées, qui aspirent pourtant à la libération.

7

QUELLE ÉNERGIE T'APPORTENT LES AUTRES ?

Vaste question ! Les autres, c'est l'univers entier ! Procédons par ordre chronologique. Il y a d'abord ceux dont tu descends, tes parents, tes ancêtres : quelle énergie t'ont-ils (plus ou moins généreusement) donnée ? Puis sont venus tes frères et sœurs, et/ou tes premiers amis, puis tes enseignants... et peu à peu une foule de gens, depuis tes premières amours jusqu'à tes guides, collègues, chefs, partenaires de toutes sortes... Remercie-les pour le bon et pardonne-leur le mauvais. Le pardon ouvre toujours la voie à une énergie nouvelle. La gentillesse aussi ! Avec tous ces autres, nous formons, généralement sans le savoir, un immense circuit de partage d'énergie et de résonance. Depuis l'origine de notre espèce, ce circuit fait de nous un seul être collectif. Avec la civilisation, le processus d'individuation nous a peu à peu séparés les uns des autres, permettant à notre égoïsme, mais aussi à notre liberté, de fleurir. Libre à nous de choisir avec qui nous lier, entrer en empathie, nous associer, coopérer, rire... Aujourd'hui, l'être humain moderne se rend compte qu'il lui faut d'urgence utiliser cette liberté de façon plus conviviale, dans le sens d'un accompagnement de l'autre et d'une conscience collective. Oser se dire, communiquer pour se comprendre, avancer ensemble, atteindre nos objectifs et partager des projets communs. Les autres, ce sont aussi les animaux, les végétaux, la nature, la planète. Or, la planète va mal et la règle numéro un du gigantesque organisme systémique que nous formons tous ensemble est simple : *ce que tu donnes est à toi*. Cela se situe au-delà de la morale : tout acte revient toujours à celui qui l'a donné.

Pour approfondir cette question, **consulte le livre des Ressources :**

- Ancêtres > p. 211
- Pardon > p. 282
- Gentillesse > p. 251
- Empathie > p. 240
- Coopérer > p. 224
- Rire > p. 308
- Accompagnement de l'autre > p. 206
- Conscience collective > p. 223
- Systémique > p. 321
- Donner > p. 235

QUESTION 7

QUELLE ÉNERGIE T'APPORTENT LES AUTRES ?

Réponds à cette question
avant de passer à la question suivante

Connais-tu l'équation « 1 + 1 = 3 » ? Il est temps de rassembler tous ceux qui constituent cet être que tu es, qualités et défauts, mendiants et prisonniers, et de donner à chacun son dû.

8

AS-TU CONSCIENCE DE TA PUISSANCE ?

Récapitule l'ensemble de tes forces, en relisant ton carnet de route. As-tu découvert des ressources nouvelles ou des talents à développer ? Bébés, nous avons vécu dans l'illusion de la toute-puissance, indispensable pour protéger notre fragilité de prématurés. Puis nous avons découvert que nos parents n'étaient pas des dieux, mais de simples mortels. Et le principe de réalité a menacé de nous écraser. Heureusement, l'amour et la tendresse nous ont permis de tenir en nous donnant une colonne vertébrale. Être reconnus a fondé notre résilience. Nous sommes devenus humains. Les arrogants et les agressifs souffrent souvent de ne pas se sentir sûrs d'eux. La confiance en soi rend pacifique. Mais la trouver, et surtout la retrouver, n'est pas simple. Injonctions familiales négatives et traces traumatiques infantiles sont difficiles à désamorcer au fond de nos fibres. Sais-tu ce qu'on appelle empuissancement ? Permets-moi de te rappeler ce que je t'ai déjà dit dans le livre de la Légende. En tant qu'entité matérielle, tu viens du cœur des étoiles. En tant qu'être vivant, tu participes d'une force géologique qui a littéralement modelé la planète. En tant qu'humain, tu es un prince du cosmos ! Rien d'arrogant dans ces mots, mais une immense responsabilité. Ton existence influence tout ton voisinage, humain et non humain. Pour le comprendre, tu dois éviter le double piège de l'orgueil spirituel et de la culpabilité. Comme le disait Nelson Mandela, ce qui nous fait le plus peur n'est pas notre part obscure, mais notre lumière ! La mariée n'est jamais trop belle pour ceux qui ont dépassé les illusions de l'ego. Ose devenir qui tu es. Et avant de passer au Monde de l'Air, tire un oracle !

Pour approfondir cette question, **consulte le livre des Ressources :**

- Talents à développer > p. 323
- Toute-puissance > p. 328
- Résilience > p. 302
- Empuissancement > p. 241
- Responsabilité > voir Responsabilité et culpabilité, p. 305
- Orgueil spirituel > p. 280
- Culpabilité > p. 229

QUESTION 8

AS-TU CONSCIENCE DE TA PUISSANCE ?

Réponds à cette question
avant de passer à la question suivante

Ton but se situe au-delà des chemins ordinaires et maintenant, tu dois franchir un seuil. Un rite de passage est nécessaire. Tu sors de la morale, tu entres dans la conscience.

QUATRIÈME MONDE

A

LE MONDE DE L'AIR

LA LONGUE VUE...

Tu vois loin. Tu vois haut.
Trop loin ? Trop haut ?
Peut-être n'arriveras-tu jamais
sur cette montagne que, jusqu'ici,
tu n'as jamais osé désigner.
Qu'il soit dit qu'elle est ton but.
Contre toute raison ? Oui. Et si tu étais
plus grand que tu ne le crois ?
Et si tu pouvais réellement atteindre cette cime
que tu n'osais regarder ?

1

À QUELS BESOINS DOIS-TU ACCORDER PLUS D'IMPORTANCE ?

Le Monde de l'Air est le monde des engagements. Il t'invite à identifier tes besoins. Lesquels ? On peut les classer par catégories. Il y a d'abord tes besoins de survie physique, qui relèvent de ton cerveau reptilien (respiration, alimentation, sommeil, mouvement, sécurité…). Viennent ensuite tes besoins psychologiques et relationnels, que gouverne ton cerveau limbique (affection, tendresse, amitié, sexualité…). Comme tu es doté d'un néocortex, tu as besoin de sens (création artistique, réflexion intellectuelle, quête spirituelle, contemplation…). Quelles sont tes vraies priorités ? Je vais te donner une piste. Toute émotion négative cache un besoin non satisfait, toute émotion positive un besoin satisfait. Il s'agit en général des mêmes besoins. Note dans ton carnet de route des exemples de ce qui te fait du bien et de ce qui te fait du mal. Chaque fois, nomme les besoins, satisfaits et insatisfaits, qui sont derrière. Attention, une nécessité peut en cacher une autre et te faire confondre tes différents corps : un besoin d'amour (corps psychologique) peut te pousser à te remplir l'estomac (corps physique). Derrière un manque d'énergie peut se cacher un besoin de pardon ou de tendresse, et derrière un manque de confiance une soif de reconnaissance. Parviens-tu à équilibrer tes besoins de travail et de temps libre ? Nourris-tu ta faim de culture et d'apprentissage ? Et ton besoin de paresse ? Ce qui est compliqué à notre époque, c'est de répondre à tous ces besoins. Nous avons paradoxalement l'embarras du choix quant aux méthodes d'évolution et de développement personnel. Le livre des Ressources t'en propose tout un panel que nos ancêtres ne connaissaient même pas.

Pour approfondir cette question, **consulte le livre des Ressources :**

- Respiration > p. 303
- Alimentation > p. 209
- Sommeil > p. 316 et Clés du bon sommeil > p. 219
- Mouvement > p. 274
- Sexualité > p. 315
- Création artistique > voir Expression artistique, p. 247
- Contempler > p. 224
- Émotions > p. 239
- Pardon > p. 282
- Tendresse > p. 325
- Temps libre > p. 325
- Panel > p. 281

QUESTION 1

À QUELS BESOINS DOIS-TU ACCORDER PLUS D'IMPORTANCE ?

Réponds à cette question
avant de passer à la question suivante

Hiérarchiser ses besoins et faire des choix : voilà le début de la sagesse. Ouvre-toi au Tao, puis fais confiance à tes réponses naturelles ; tout prendra sa place.

2

COMMENT PEUX-TU ENRICHIR TA VIE RELATIONNELLE ?

Je ne sais pas si tu es comme moi, mais je suis très insatisfait de notre mode de communication. La façon dont nous utilisons la parole ne nous permet ni d'oser être nous-mêmes, ni de voir la beauté et la bonté des hommes et des femmes avec qui nous échangeons. On se dispute, on se querelle, et on prend conscience ensuite que cette colère est principalement due à notre incapacité à témoigner par la parole de notre besoin d'un autre lien. Nous ne savons pas transformer nos besoins en demandes. Seuls, nous n'existerions pas. La relation nous rend vivants. La règle de l'échange est simple. Ce que tu fais à l'autre, tu te le fais à toi-même. On peut en tirer des leçons de bonheur immédiates. Cela nécessite un travail d'attention, d'écoute de l'autre. Entendre l'autre, c'est ne pas se projeter sur lui – et ne pas lui permettre de le faire sur toi. Ce B.A.-BA de la communication devrait être enseigné à l'école. Remplacer « Tu es idiot » par « Je ne comprends pas », et préférer « J'ai besoin de ton attention » à « Tu ne m'écoutes pas ! ».

Enrichir ta vie relationnelle implique aussi de l'élargir, de rencontrer de nouvelles personnes, de t'inscrire dans de nouveaux réseaux, de coopérer à la vie collective. Te mettre à l'écoute de ceux que tu n'aurais pas eu l'idée d'approcher jusqu'ici te libérera d'une vision du monde étriquée. Imagine ce que tu aimerais recevoir, échanger, partager… en direct et sur Internet ! Participe au réenchantement du monde, en invitant tes voisins, en rejoignant les associations de ton quartier, en fréquentant les portails communautaires, en soutenant les ONG… et les cercles de Joueurs de Tao !

Pour approfondir cette question, **consulte le livre des Ressources :**

- Communication > p. 221
- Leçon de bonheur > p. 264
- Attention > p. 214
- Écoute de l'autre > p. 237
- Coopérer > p. 224

QUESTION 2

COMMENT PEUX-TU ENRICHIR TA VIE RELATIONNELLE ?

Réponds à cette question
avant de passer à la question suivante

Ce qui est sève pour la plante est joie de vivre pour l'homme.

3

QUELLE RELATION ENTRETIENS-TU AVEC L'INVISIBLE ?

Quelles forces invisibles peuvent t'accompagner dans ta démarche ? Comment t'ouvrir à la spiritualité qui te correspond ? Ce n'est pas forcément une histoire de religion, mais d'édification intérieure. Cela va te demander une présence vigilante, car, tu le sais sans doute, l'observation d'un même objet varie selon les cultures. Quelle est la tienne ? Quelles sont tes croyances ? D'où viennent-elles : de ton milieu familial, de tes lectures, de tes expériences ? Comment nourris-tu ton corps spirituel ? Que souhaiterais-tu faire de plus ou de différent dans ce domaine ?

On entre dans ce monde par plusieurs portes. La première est physique : c'est celle du ventre, du corps à corps, du courage, du saut dans l'inconnu, de la création, de la présence à ton corps énergétique… La deuxième est la porte de la tête : c'est celle de l'observation, du questionnement et du doute, résumés par le théorème d'incomplétude, le trou noir au centre de toute théorie. Veux-tu aller à la rencontre du Dieu d'Einstein ? La troisième porte est celle du cœur, de l'amour, de l'enthousiasme, de la compassion, de la foi dans ce que tu ne connais pas encore, de la solidarité avec les générations à venir. Tous les sages l'ont dit : le Tao, Dieu, le divin, l'être, la suprême vacuité ou la réalité absolue est accessible immédiatement et représente ton moi le plus profond, ta véritable nature. Mais tu ne peux le saisir par la pensée. Ce mystère s'ouvre uniquement lorsque ton mental se tait. Lorsque ton attention est totalement et intensément dans le présent, tu peux alors l'approcher, le sentir. Retrouver cette présence à l'être et se maintenir dans ce sentiment de réalisation, l'illumination consiste peut-être en cela.

Pour approfondir cette question, **consulte le livre des Ressources :**

- Ouverture à la spiritualité > p. 281
- Présents > p. 290
- Corps énergétique > voir Plusieurs corps, p. 288
- Observation > p. 278
- Questionnement > p. 298
- Théorème d'incomplétude > p. 326
- Dieu d'Einstein > p. 235
- Compassion > p. 222
- Mental > voir Mental et ego, p. 272

QUESTION 3

QUELLE RELATION ENTRETIENS-TU AVEC L'INVISIBLE ?

Réponds à cette question
avant de passer à la question suivante

Faute de connaître, il t'est possible d'éprouver et de croire. Faute d'un dieu d'en haut, vois celui du dedans.

4

QUE VAS-TU FAIRE POUR TON MIEUX-ÊTRE ?

L'heure arrive. Il va te falloir prendre une décision : celle de te mobiliser au service de ton mieux-être et, par résonance, de celui des autres. Il s'agit de sceller un contrat avec toi – en présence de ton *buddy* (partenaire de jeu) si tu opères de cette façon. Pour déboucher sur un véritable engagement, ce contrat doit correspondre à tes valeurs profondes. Les connais-tu ? Ton travail les respecte-t-il ? Et ta vie affective ? Finalement, la question est simple : dans quelle pratique quotidienne vas-tu t'engager dès aujourd'hui pour améliorer ton état ?

Pour évoluer, il te faut consolider l'affirmation d'un sens dans ton existence. Par quelle voie concrète vas-tu mettre en adéquation tes convictions, tes paroles et tes actes ? Depuis le début de ce jeu, mes questions t'ont aidé à repérer ce qui peut s'améliorer chez toi, et à explorer les atouts dont tu disposes. Retrouve dans ton carnet de route tes réponses aux questions de la quête holistique et, à l'aide des ressources nouvelles que tu as pu découvrir entre-temps, décide de quelle façon tu vas améliorer ton bien-être – dans tous les domaines de ton existence.

Comme tu l'as vu, tu disposes d'un riche panel d'outils. Cependant, aucune sollicitation extérieure ne saurait remplacer la petite voix de ton intuition. Par elle, c'est à la fois ton corps, ton esprit, ton âme, tout ton être qui s'exprime. Écoute-la bien ! Ce n'est possible que si tu conquiers d'abord ton espace de silence dans le brouhaha de la vie moderne. Cette écoute de toi-même est une condition sine qua non pour déclencher dans ta vie la spirale du développement.

Pour approfondir cette question, **consulte le livre des Ressources :**

- Décision > p. 230
- Conseils au *buddy* (partenaire de jeu) > p. 223
- Engagement > p. 243
- Évoluer > p. 246
- Panel > p. 281
- Petite voix > p. 283
- Intuition > p. 261
- Silence > p. 316

QUESTION 4

QUE VAS-TU FAIRE POUR TON MIEUX-ÊTRE ?

Réponds à cette question
avant de passer à la question suivante

**Finis toujours ce que tu as commencé.
Il faut achever un cycle pour qu'un autre puisse commencer.**

5

QUEL RITUEL QUOTIDIEN POURRAIS-TU METTRE EN PLACE ?

Pourquoi ritualiser ton quotidien ? Un rituel n'est pas une habitude, c'est un ensemble de gestes chargés d'un engagement symbolique précis, que l'on répète régulièrement pour en vivifier le sens et s'en trouver transformé. Comme tout symbole, il rassemble. Les grands rites collectifs réunissent les êtres partageant les mêmes valeurs et les mêmes objectifs à travers l'espace et le temps. Ton rituel personnel est destiné à rassembler autour de ta quête les différentes parties de toi-même, notamment ton conscient et ton inconscient. Imaginons que ta quête se résume dans l'expression « rester zen », l'habitude la plus simple que tu pourrais adopter serait une méditation, pour écouter le silence une fois par jour. Il ne s'agit pas d'un automatisme, mais d'une sacralisation à effet thérapeutique : la répétition consciente contribue à dissoudre la répétition inconsciente des souffrances. Même dans la technique de l'ancrage, le geste destiné à te rappeler ta façon optimale d'être présent n'est pas un réflexe pavlovien, mais un rayon de conscience dans tes cellules. Attention ! ton rituel doit répondre à des critères rigoureux : avoir du sens pour toi, être ressenti comme vivifiant, en accord éthique avec toi et respectueux de tes limites. Ne t'engage pas à tenter l'impossible. Adopte la politique des petits pas. Mieux vaut quelques méditations de cinq minutes dans la journée qu'une hypothétique séance d'une heure, que tu te culpabiliseras de rater. Enfin, ce rituel doit te faire plaisir. Sur le chemin du bonheur, il sera une façon de te féliciter et de remercier la vie, les autres, la Terre et le Ciel.

Pour approfondir cette question, **consulte le livre des Ressources :**

- Zen (Rester) > p. 341
- Méditer/Méditation > p. 271
- Silence > p. 316
- Ancrage > p. 212
- Présents > p. 290
- Politique des petits pas > p. 288
- Bonheur > p. 216
- Féliciter (Te) > p. 250
- Remercier > p. 302

QUESTION 5

QUEL RITUEL QUOTIDIEN POURRAIS-TU METTRE EN PLACE ?

Réponds à cette question
avant de passer à la question suivante

Ce voyage touche à son terme.
Il te faut te préparer à le quitter. Quel rituel vas-tu instaurer ?
Autre chose survient, surviendra forcément.
Un miroir ? D'autres routes ?

6

IMAGINE TA QUÊTE ACCOMPLIE : EN QUOI TA VIE A-T-ELLE CHANGÉ ?

Il y a différentes façons de procéder. Tu peux t'installer confortablement et te concentrer sur ton objectif final. Ça y est, tu l'as atteint ! Tu te retrouves en pleine forme, habité par un grand calme, une joie, un rire profond... Lâche prise, laisse venir à toi les images et les sensations. Où es-tu ? que vois-tu ? qu'entends-tu ? que ressens-tu ? Quel nouveau bonheur visualises-tu ? Qu'est-ce qui a changé en toi et autour de toi ? Prends ton temps. Avec qui te trouves-tu ? Observe ce qui s'est modifié dans votre façon de communiquer...

Tu peux aussi t'amuser à brosser l'accomplissement de ta quête par petites touches, en ressentant intérieurement les étapes successives qui vont te conduire à ton but à mesure que tu honores les engagements que tu as pris au cours du jeu. C'est un exercice que tu peux faire debout, les yeux fermés, en franchissant un pas à chaque étape imaginée, comme dans un jeu de la marelle où se jouerait ton désir essentiel.

Quelle que soit la méthode suivie (le Jeu du Tao en propose plusieurs sur son site Internet), ne boude pas ton plaisir et goûte chacune de tes sensations agréables. Ensuite, empli de gratitude pour le cadeau que la vie te fait, regarde ton ancien problème depuis cette plénitude. Quel chemin as-tu parcouru pour parvenir jusque-là ? Comment vois-tu ton problème désormais ? Perçois-tu quelles erreurs tu ne commettras plus ? À l'inverse, sens-tu quelles pratiques sont maintenant devenues vitales pour toi ? Si le cœur t'en dit, pourquoi ne pas exprimer ta liesse par une petite danse improvisée ? Pour remercier la vie des belles choses qu'elle te réserve, et ressentir dans ton corps toute la lumière que tu viens d'y insuffler.

Pour approfondir cette question, **consulte le livre des Ressources :**

- Joie > p. 262
- Rire > p. 308
- Désir essentiel > p. 234
- Site Internet > voir Organisations, p. 279
- Plaisir> p. 286
- Gratitude > p. 252
- Plénitude > p. 287

QUESTION 6

IMAGINE TA QUÊTE ACCOMPLIE : EN QUOI TA VIE A-T-ELLE CHANGÉ ?

Réponds à cette question
avant de passer à la question suivante

**À tes doutes, réponds ceci : « Contre toute raison, j'ai foi en mon étoile. »
Qu'as-tu à perdre en vérité ? La foi, ce saut dans l'inconnu !
Premier acte d'amour vrai, peut-être. Ici t'est donnée l'occasion de transformer
le plomb de l'objection en or de l'adhésion.**

7

COMMENT TON MIEUX-ÊTRE PEUT-IL AMÉLIORER L'ÉTAT DE LA PLANÈTE ?

Selon l'antique sagesse chinoise, à un roi juste et intelligent correspondait un royaume harmonieux ; à un roi corrompu et stupide, un royaume chaotique. Aujourd'hui que tout citoyen porte une parcelle de souveraineté, chacun de nous influence un peu le sort du pays – et même celui de la planète. Tu en doutes ? Fais quelques pas dans ton quartier avec un grand sourire aux lèvres et note la différence par rapport aux jours où ton visage reste fermé. Oui, les gens te sourient ! Et qui sait jusqu'où ils emporteront ce sourire ? Peut-être jusqu'à changer le cours d'un entretien décisif pour leur avenir, la vie de toute une famille, d'un quartier, d'une ville... ? Visualise chaque composante de ton mieux-être engendrant des conséquences positives qui se répercutent de proche en proche, à l'image des galets qui, lancés à la surface de l'eau, forment des ronds concentriques jusqu'aux confins de l'horizon... Ressens la reliance que te confère cette expérience. Ta santé et ton mieux-être se répercutent sur la biosphère entière. Selon l'hypothèse de la résonance morphique, même seul sur une île déserte, en créant un nouveau comportement tu pourrais influer sur toute l'humanité ! Tu as donc une responsabilité dans la mutation actuelle – immense défi. La théorie dite du centième singe rappelle que les comportements et l'intelligence collective changent à partir d'une certaine masse critique. Et si tu commençais dès demain, sur ton lieu de travail ? Nos organisations sont des êtres vivants, qui ressemblent à des adolescents en crise. La conscience collective humaine est encore balbutiante. Mais ta pensée est énergie, elle peut contribuer à la faire grandir. N'hésite pas !

Pour approfondir cette question, **consulte le livre des Ressources :**

- Planète > p. 287
- Résonance morphique > p. 303
- Centième singe > p. 217
- Intelligence collective > p. 260
- Organisations > p. 279
- Conscience collective > p. 223
- Pensée est énergie (La) > p. 283

QUESTION 7

COMMENT TON MIEUX-ÊTRE PEUT-IL AMÉLIORER L'ÉTAT DE LA PLANÈTE ?

Réponds à cette question
avant de passer à la question suivante

Celui qui possède un pourquoi qui le fait vivre peut supporter tous les comment.

QU'AS-TU APPRIS DANS LE MONDE DE L'AIR ?

Cette partie de Tao s'achève… Tu vas pouvoir relire tout ce que tu as écrit dans ton carnet de route, et mesurer le chemin parcouru, depuis le début du jeu, dans ta quête de mieux-être. L'idée que tu te fais de la santé et du changement a-t-elle évolué ? Dans le Monde de la Terre, tu as été invité à clarifier ce que signifiait pour toi aller mieux. Dans le Monde du Feu, tu as exploré tes souffrances, tes douleurs, tes peurs – et peut-être constaté qu'en toi palpitait une âme que rien ne pouvait éteindre. Dans le Monde de l'Eau, tu as répertorié tes forces, tes qualités et les alliances qui font de toi un être vivant. Dans le Monde de l'Air, enfin, le Tao t'a demandé de chercher comment associer, dans l'harmonie, ta volonté d'évoluer et l'acceptation de ce qui nous dépasse tous infiniment, pour prendre le chemin de toi-même et de la guérison individuelle et collective. Prends la mesure de ton enrichissement à l'issue de cette expérience, et félicite-toi de ton cheminement.

Avant de refermer ce livre, tire une dernière fois un oracle. Et rappelle-toi que, sur les 64 hexagrammes du *Yi Jing*, il n'en est pas de bons, ni de mauvais. Ce ne sont que des moments du cycle éternel de la vie qui, à travers toi, se plaît à connaître tous les états possibles, comme les reflets chatoyants de la lumière sur la surface de l'eau. Avec pour seul objectif de te ramener doucement à toi-même.

Porte-toi le mieux possible sur ton chemin.

Et que la force de l'amour brûle toujours dans ton cœur !

« Si je ne m'occupe pas de moi, alors qui s'en occupera ?
Et si je ne m'occupe que de moi, alors que suis-je ?
Et si je ne m'en soucie pas maintenant, alors quand ? »
Hillel, *Le Traité des Pères*

QUESTION 8

QU'AS-TU APPRIS DANS LE MONDE DE L'AIR ?

Réponds à cette question
avant de passer à la question suivante

**Si tu mets en place le rituel qui convient, il y a des chances
que les cieux veillent sur toi.
Il n'y a pas de maisons, il n'y a que des auberges.
Le voyage est sans fin.**

TAO

TROISIÈME LIVRE

LE LIVRE DES ORACLES

L'OUVERTURE À LA GRÂCE

Lorsque, dans une situation qui pose problème, ton regard n'est pas assez lucide pour trouver la solution, tu peux, en interrogeant le Tao à l'aide de certains gestes soustraits à ton moi conscient, obtenir une réponse qui sera à la fois l'image radiographique des énergies en présence dans l'instant, et la stratégie optimale pour éveiller les virtualités de ta situation.

RÈGLE DE TIRAGE DES ORACLES

UN PEU D'HISTOIRE

Vers 2000 avant notre ère, les Shang, IIe dynastie de Chine, régnaient sur une population d'agriculteurs dans la vallée du fleuve Jaune. Guerriers et chasseurs, ils vénéraient leurs ancêtres et des divinités animistes – montagne, lac, brume, ravine, orage et tonnerre, feu et vent. Pour célébrer leurs rites, comme nombre de peuples primordiaux, ils sacrifiaient des animaux en les brûlant, pour que leurs forces montent jusqu'aux esprits, afin que ces derniers s'en nourrissent.

Mais les sages s'interrogeaient : comment savoir si les esprits étaient contents ? La pratique leur avait enseigné que, si toutes les offrandes ne sont pas également « rentables », toutes laissent des traces sur les os brûlés. Par ce biais, les esprits donnaient des réponses. Pourquoi tel sacrifice était-il bénéfique et pas tel autre ? Ils avaient remarqué en outre que les craquelures dans les os changeaient selon les saisons ou la qualité de l'atmosphère. Les Shang en déduisirent que ce qui régit la réponse n'est pas l'humeur des esprits ou la qualité de l'offrande, mais le moment du sacrifice…

Ils se tournèrent alors vers le choix du temps comme axe de référence et vers la qualité du moment comme unité de mesure. Un nouveau cérémonial se mit en place : peu à peu, les craquelures cessèrent d'être vues comme les marques d'une volonté supérieure pour devenir les indices visibles de la qualité du moment. Ce tournant bouleversa les rapports que les Chinois entretenaient avec leurs dieux, les poussant vers une conception « énergétique » (voire laïque) de la spiritualité.

En déplaçant le problème de l'opportunité du sacrifice – implorer comme il faut – vers l'opportunité de l'entreprise – agir au bon moment –, ils se soustrayaient à l'arbitraire religieux pour entrer dans un univers fonctionnant de façon raisonnable, en un réseau de concordances énergétiques. Ils raffinèrent ensuite la pratique en adaptant la théorie. Plutôt que d'approcher les os du brasier, on apporta le feu sur l'os en tirant du foyer un brandon. Cette mutation allait se cristalliser définitivement avec l'apparition de la divination sur carapace de tortue.

LES CARAPACES DE TORTUE

Pour les Chinois, la tortue représente un modèle réduit du cosmos, avec sa carapace du dessus ronde et unie comme le ciel, et celle du dessous de forme plus carrée et divisée en secteurs comme la terre. Utiliser la tortue, c'est interroger l'univers. Pour les oracles, on utilise la carapace ventrale dont on a retiré les chairs, puis qu'on a polie, pour en éliminer toute trace d'humidité, ce qui, à la chaleur, altérerait les signes divinatoires et leur interprétation. Car il s'agit maintenant de lire et de mettre en ordre les multiples fissures que provoque sur la pièce la chaleur du brandon. Plus besoin de sacrifice ! L'officiant approche le tison d'un certain nombre de points de la face interne de la carapace et observe les craquelures qui apparaissent sur la face externe. Pour la première fois dans l'humanité, ce que nous, Occidentaux, appelons « hasard » a été apprivoisé. Les Chinois sont des archivistes impénitents. Soigneusement conservées et entreposées, les pièces oraculaires finissent par constituer une énorme banque de données. De plus, les officiants y graveront aussi des signes résumant comment le tirage a été effectué, les conclusions qui en ont été faites. Chaque brûlage est numéroté. La popularité du processus auprès des familles chinoises de haut rang va bientôt avoir un résultat écologique dramatique : la disparition des tortues d'eau douce en Chine septentrionale. Fu Xi, l'inventeur génial des hexagrammes, ne fera que recopier et interpréter en traits pleins et déliés les striures de tortue. Le *Yi Jing* qui en naquit est le fruit de ces observations et de leur interprétation en termes d'interaction énergétique entre le yin et le yang : l'alternance du jour et de la nuit, des saisons, de la pluie et du beau temps, des énergies positives et négatives.

LES 64 SITUATIONS TYPES

Texte fondateur de la civilisation chinoise, maître d'œuvre de sa philosophie du yin-yang et compagnon de son histoire depuis plus de trois millénaires, le *Yi Jing* est un ouvrage unique au monde, par son objet, son projet et sa modernité. Ni livre révélé comme la Bible ou le Coran, ni poème épique comme *L'Iliade* ou le *Ramayana*, le *Yi Jing* – littéralement *Le Classique* (*Jing*) *des changements* (*Yi*) – porte bien son nom puisqu'il traite de l'alternance cyclique, saisonnière, perpétuelle, la seule éternité aux yeux des Chinois.
Mais son argument n'est pas théorique ou spirituel, il est surtout pratique : permettre aux humains d'appréhender un univers mouvant pour s'y conformer avec la meilleure adéquation.
Mince plaquette de quelques dizaines de pages, l'énoncé du *Yi Jing* se résume à 64 situations types de la vie quotidienne. Chacune, synthétisée jusqu'à sa dynamique interne, est détaillée par de courtes phrases explicatives et nommée par un verbe d'action (« Avance », « Progresse ») ou une image symbolique (« la Floraison », « le Chaudron »).
Ces situations sont représentées à l'aide de figures linéaires formées d'un empilement de six traits, continus (yang) ou redoublés (yin), régis par une stricte logique positionnelle qui a permis l'élaboration d'un réseau complexe de relations réciproques entre elles et à l'intérieur d'elles-mêmes.
Ces schémas abstraits, ou hexagrammes, sont le résultat d'une réflexion approfondie menée au cours des siècles à partir des oracles sur carapaces de tortue, qui constituent aussi la première source de l'écriture idéographique chinoise. Les Chinois, peuple trop concret pour imaginer le futur prévisible, ne l'utilisent que pour s'informer sur la configuration momentanée du yin et du yang et à seule fin d'y adapter leur attitude de la manière la plus efficace. Cette recherche de l'adéquation harmonieuse avec le moment était, pour Confucius, l'acte moral par excellence.
Aujourd'hui, malgré une défaveur aggravée par l'expansion coloniale occidentale et renforcée par l'idéologie positiviste du régime communiste, le *Yi Jing* retrouve toute son importance, tant en Chine qu'en Occident. L'extraordinaire convergence entre la vision unitaire et évolutive qu'il propose et les récentes découvertes de la théorie du chaos dynamique et de l'organisation aléatoire des systèmes vivants lui assure une place de choix dans les sciences du XXIe siècle.
Ni plan du monde ni récit de sa création, mais description fractale de son fonctionnement, le *Yi Jing* nous ouvre les portes de la perception chinoise du réel, en nous aidant à la comprendre de l'intérieur. Il nous aide aussi à gérer de manière plus efficace les fluctuations de notre réalité quotidienne. Viser le mieux-être et la bonne santé, c'est d'abord savoir se situer dans une présence attentive, Ici et Maintenant. Le *Yi Jing* est l'outil idéal de cette quête universelle d'éveil de soi-même.

1 MÉTHODE DE CALCUL POUR TIRER L'ORACLE

1. Écris ta question, avec un verbe d'action dont tu es le sujet, et date-la.

2. Prends trois pièces, secoue-les dans tes mains réunies en conque, ouvre les mains et laisse tomber les pièces.

3. On attribue à pile le chiffre 2 de nature yin, et à face le chiffre 3 de nature yang. Note les trois chiffres correspondant aux côtés visibles des pièces tombées et fais-en la somme (résultat : 6, 7, 8 ou 9).

4. Convertis les chiffres obtenus en traits du *Yi Jing* à l'aide du codage ci-dessous.

5. Répète l'opération six fois de suite, note les résultats successifs sous forme d'une colonne en commençant par le bas (habitue-toi à noter de bas en haut les résultats).

6. Dessine ton hexagramme.
Attention : dans un hexagramme le premier trait est en bas. On le construit en allant du bas vers le haut.

CODAGE :	2 piles et 1 face	= 7	————————	c'est-à-dire Yang, trait plein
	2 faces et 1 pile	= 8	——— ———	c'est-à-dire Yin, trait brisé
	3 piles	= 6	———x———	c'est-à-dire Yin, trait brisé mutable
	3 faces	= 9	———o———	c'est-à-dire Yang, trait plein mutable

Prenons un exemple :
Question de Patrice, le 22 juin 2009 : « Comment vaincre ma fatigue ? »
Patrice a tiré successivement : 8, 8, 6, 6, 7 et 9, ce qui donne l'hexagramme ci-dessous.

7. Identifie l'hexagramme réponse grâce au tableau de la page suivante. Dans l'exemple ci-dessus, Patrice a obtenu l'hexagramme numéro 20. En cherchant dans le livre des Oracles, il a trouvé son nom : « Observe ».

EXEMPLE :	Trait supérieur	> 3 faces	= 9	———o———	trigramme supérieur
	Cinquième trait	> 2 piles, 1 pile	= 7	————————	
Hexagramme	Quatrième trait	> 3 piles	= 6	———x———	
réponse	Troisième trait	> 3 piles	= 6	———x———	trigramme inférieur
de Patrice	Deuxième trait	> 2 faces, 1 pile	= 8	——— ———	
	Premier trait	> 2 faces, 1 pile	= 8	——— ———	

8. Construis ton hexagramme de perspective. Lorsque l'hexagramme réponse comprend des traits mutables (résultats : 6 ou 9), on procède à leur mutation en transformant les traits discontinus mutables yin (notés —x—) en traits continus yang (———) et les traits continus mutables yang (—o—) en traits discontinus yin (— —). Les traits simples (7 ou 8) ne changent pas. Le nouvel hexagramme ainsi formé, appelé hexagramme de perspective, indique la propension propre à la situation. **Identifie-le sur le tableau p. 113.** Dans l'exemple, l'hexagramme de perspective est le 31, correspondant à l'Oracle « Incite ». La réponse à la question de Patrice est donc contenue dans les hexagrammes 20 et 31 :

EXEMPLE :	**Hexagramme réponse : 20. OBSERVE**		**Hexagramme de perspective : 31. INCITE**	
	9	———o———	mute en 8	——— ———
	7	————————	7	————————
	6	———x———	mute en 7	————————
	6	———x———	mute en 7	————————
	8	——— ———	8	——— ———
	8	——— ———	8	——— ———

2 TABLEAU D'IDENTIFICATION DES HEXAGRAMMES

	☰	☴	☲	☱	☷	☳	☵	☶
☰	1	9	14	43	11	34	5	26
☴	44	57	50	28	46	32	48	18
☲	13	37	30	49	36	55	63	22
☱	10	61	38	58	19	54	60	41
☷	12	20	35	45	2	16	8	23
☳	25	42	21	17	24	51	3	27
☵	6	59	64	47	7	40	29	4
☶	33	53	56	31	15	62	39	52

1. Repère les deux groupes de trois traits situés en haut et en bas de tes hexagrammes, sans tenir compte des mutations éventuelles.

2. Reporte-toi ensuite au tableau ci-contre.

3. Repère le groupe de la première ligne horizontale et le groupe du bas sur la colonne de gauche. Le numéro de l'oracle se situe au point de convergence de la ligne et de la colonne.

3 INTERPRÉTATION DE L'ORACLE

Examinons l'exemple de l'ORACLE 20

Le sens général de l'oracle passe d'abord par la compréhension de son titre : « Observe ». Le texte du **moment présent** est une photographie de ton organisation énergétique au moment où tu interroges l'oracle. L'Ici et Maintenant. Tu interprètes ce texte en le reliant à ce qui peut l'illustrer dans le moment présent de ta vie.

La **juste attitude** est la stratégie optimale à adopter en fonction de la situation décrite.

Les **commentaires** sont issus des travaux effectués par l'équipe de Taovillage et de Cyrille Javary, ils éclairent alors chaque oracle par des applications concrètes.

La **méditation** à laquelle renvoie l'hexagramme a été établie par l'équipe de thérapeutes de Taovillage pour intégrer dans ton corps la juste attitude proposée par l'hexagramme.

20. OBSERVE - Méditation n° 20 p. 192

Le moment présent. C'est le moment d'élever son point de vue. Observer le penseur en soi. Accepter la réalité. Regarder les choses en face éveille l'esprit.

La juste attitude. Ne te contente pas de la première impression. Apprends à voir au-delà des apparences.

Commentaires. Regarder les choses en face avec courage et discernement, aller au-delà du superficiel, élargir son point de vue. Percevoir ce qui nous échappe de prime abord nous permet d'avoir un regard juste et une influence positive sur les autres.

Pour les sages taoïstes, la méditation, l'observation, la contemplation permettent, en libérant des contingences matérielles, d'accéder à d'autres niveaux de conscience. Il en émerge une vision plus juste du réel, une sagesse affective, un détachement et une sérénité à l'égard de la perte, du déclin, de la mort, des énergies négatives qui, en se confrontant aux énergies positives, créent la dynamique de la vie. Elles sont manifestement aussi indispensables au Tao que le gain, la croissance et la vie.

4 INTERPRÉTATION DES TRAITS MUTABLES DE L'HEXAGRAMME RÉPONSE

Les traits mutables obtenus par un 6 (yin) ou par un 9 (yang) apportent un éclairage très fin parce qu'ils construisent, par mutation, l'hexagramme de perspective.
Quand les traits entrent en contradiction avec la nature de la juste attitude, ils ont toujours préséance sur elle. Lorsque plusieurs traits sont en mutation, il peut arriver qu'ils divergent entre eux. Il convient alors de savoir dépasser subtilement la contradiction ! Les traits mutables doivent se lire en commençant par le bas.

EXEMPLE : 20. OBSERVE

Traits mutables (commencer par le bas)

Le sixième trait (6 ou 9 en haut) décrit la sortie de la situation. On ne peut généralement plus intervenir à ce niveau, il faut se préparer à la transformation.

Le cinquième trait (6 ou 9 en 5) est celui du souverain. Il invite à prendre en main la situation et à s'y comporter de façon juste et opportune.

Le quatrième trait (6 ou 9 en 4) est le trait du ministre. Il évoque la communication entre le peuple (les trois traits inférieurs) et le souverain (cinquième trait).

Le troisième trait (6 ou 9 en 3) est le trait du passage de l'intérieur vers l'extérieur. Il souligne souvent des difficultés d'extériorisation et d'expression.

Le deuxième trait (6 ou 9 en 2) appelé place du préfet, évoque le travail et la gestion concrète de la situation.

Le premier trait (6 ou 9 en bas) décrit l'entrée dans la situation. La juste attitude est généralement un appel à la prudence.

L'hexagramme dérivé de chaque trait indique l'hexagramme que l'on obtiendrait si seul ce trait était mutable (ce qui peut être le cas). En simple complément au texte, il apporte un éclairage sur la problématique en jeu à ce niveau et propose la juste attitude de l'hexagramme. Son examen relève d'une gymnastique de l'esprit qui consiste en des allers-retours entre analyse et intuition, permettant peu à peu de comprendre le sens des traits, un domaine extrêmement riche que le joueur gagne à explorer par lui-même.

6 **6 Un 9 en haut :** Regarder la vie dans sa totalité oblige à être vigilant.
8 Unis-toi. *Accepte l'autorité nécessaire à l'union. Privilégie la bienveillance pour créer la solidarité.*

5 **Un 9 en 5 :** Regarde ta vie d'en haut, cela t'oblige à être vigilant.
23 Fatigue. *Lâche prise, calme le jeu, privilégie ton repos et ta tranquillité. Tiens compte de ceux qui sont en bas.*

4 **Un 6 en 4 :** Regarde ce beau royaume. Tu as avantage à accepter l'hospitalité d'un tel roi.
12 Adversité. *Tiens-toi à l'écart. Refuse toute compromission. Enracine-toi dans ta vérité.*

3 **Un 6 en 3 :** Regarde ta vie. Discerne ce qui t'a fait avancer et reculer.
53 Progresse pas à pas. *Ne crains pas les moments de recul. Agis sur toi, agis sur l'autre. Améliore chaque jour ta façon de vivre.*

2 **Un 6 en 2 :** D'un seul regard par la porte entrebâillée, tu englobes la situation. Il te reste à mener à terme.
59 Dénoue. *Ne te laisse pas emporter. Rassemble tes forces. Suis tes valeurs les plus hautes. Érige un temple à tes ancêtres.*

1 **Un 6 au début :** Un regard d'enfant n'a aucun recul. En position de commander, cela est gênant. En position inférieure, on n'en subit aucun préjudice.
42 Augmente. *Tensions et possibilités. Réorganise tes priorités, corrige tes erreurs. Adapte-toi à la nouvelle donne et prends des initiatives.*

LE CŒUR : 23 > FATIGUE / LE CONTRAIRE : 34 > LA FORCE

5 L'HEXAGRAMME DE PERSPECTIVE

Tu l'as compris : l'hexagramme de perspective s'obtient en transformant les traits mutables de l'hexagramme réponse en leur contraire. Si aucun trait de l'hexagramme réponse n'est mutable, il n'y a pas d'hexagramme de perspective. Cela signale que l'organisation énergétique du moment présent se trouve (à cet instant) dans une situation stabilisée (à tel ou tel niveau, dans telle ou telle figure).

En cas de mutation, le nouvel hexagramme représente l'avenir, le développement logique, l'amplification ultérieure de la situation initiale. Fruit de la mutation, l'hexagramme réponse traduit le changement, l'évolution. Pour l'interprétation de l'hexagramme de perspective, on ne retient que le titre, l'analyse du moment présent et la juste attitude conseillée, mais pas les traits (ceux-ci ne mutant plus).

EXEMPLE : 31. INCITE

Exercice n° 31 p. 195

Le moment présent. Le yin et le yang s'influencent réciproquement, favorisant l'attirance, l'émotion, le désir. Les sentiments se bousculent.
La juste attitude. Apprends à vivre les émotions qui te traversent sans en être déstabilisé. Génère une dynamique, choisis la bonne alliance.
Commentaires. Déclic subtil, comme un clin d'œil qui peut avoir des répercussions durables. Inciter est l'agir minimal qui déclenche une résonance. Il convient de la faire durer afin de la rendre féconde.

LE CŒUR / LE CONTRAIRE

Le sens de l'oracle peut être approfondi par son rapport avec deux autres hexagrammes, qui se trouvent en résonance avec lui :
1. Le cœur, qui enseigne sur les forces qui habitent au centre de l'oracle considéré. Il évoque la dynamique interne de la situation. D'où elle est venue.
2. Le contraire, qui permet de définir la situation opposée à l'oracle considéré. Il évoque ce que la situation n'est pas, ce qui peut s'avérer très utile en permettant d'éliminer de l'investigation les possibilités qui ne la concernent pas.

Lorsque tu examines un oracle en le comparant avec son cœur et avec son contraire – usant tour à tour de tes capacités d'analyse et d'intuition –, tu constateras que ces allers-retours t'aident à comprendre la réponse à ta question avec une finesse grandissante.

Le cœur de l'hexagramme n° 20 est : 23 > Fatigue

Le cœur est obtenu à partir des quatre traits centraux de l'oracle. L'opération consiste à dresser un nouvel hexagramme ayant comme groupe inférieur les traits 2, 3 et 4 de l'hexagramme réponse, et comme groupe supérieur ses traits 3, 4 et 5. Du fait que seuls les quatre traits centraux sont mis en jeu, plusieurs hexagrammes peuvent avoir le même cœur. Il est utile de regrouper tous les hexagrammes d'une même famille de traits centraux.

Le contraire de l'hexagramme n° 20 est : 34 > La Force

Le contraire d'un hexagramme est obtenu en remplaçant chacun des traits de l'hexagramme réponse, mutable ou non, par le trait de polarité inverse. Les traits yin deviennent des traits yang et inversement.

ORACLE 1

CRÉE

> Méditation nº 1 p. 188

Le moment présent

Les circonstances sont favorables. Tu es porté par un souffle créateur et puissant. Il convient de te renforcer pour tenir la distance. Le yang enclenche, le yin mène à terme. Afin d'être fructueuse, la situation requiert une grande capacité à endurer.

La juste attitude

Déploie ta créativité. Va de l'avant. Sois ferme, tenace et vigilant. Prends conscience de ton énergie intérieure et utilise-la à bon escient.

Commentaires

Élan créatif. Hexagramme composé uniquement de traits yang. L'instant possède un grand pouvoir de créativité, qui restera stérile s'il ne s'accouple pas au yin.

LE CŒUR : 1 > CRÉE / LE CONTRAIRE : 2 > SOIS RÉCEPTIF

À LIRE EN COMMENÇANT PAR LE BAS : TRAITS MUTABLES ET CONSEILS DE L'HEXAGRAMME DÉRIVÉ

6 **Un 9 en haut :** Dépasser le but, c'est comme ne pas l'atteindre. Ne va pas au-dessus de tes forces, la chute serait brutale.

43 Décide-toi. *Montre ta résolution. Perce l'abcès. Veille à ne pas augmenter la tension par une attitude agressive.*

5 **Un 9 en 5 :** Il faut parfois hâter la fin de certaines affaires. Voir celui en qui tu as confiance pour régler avec lui la juste stratégie.

14 Réalise. *Reconnais les bonnes actions. Atténue les fautes. Trouve les pistes de progrès. Ainsi tu obéis au ciel.*

4 **Un 9 en 4 :** Il y a un doute sur l'opportunité à poursuivre. Avancer ou reculer ? Sauter ou ne pas sauter ? Ne décide rien à l'avance, laisse-toi guider par les événements.

9 Apprivoise. *Sois doux dans tes paroles, prudent dans tes actions. Diminue la pression par la compréhension et la patience.*

3 **Un 9 en 3 :** Le terrain est glissant. Ne sois pas négligent, concentre-toi sur le danger. Sois sur tes gardes le jour… et veille la nuit.

10 Attention à la marche. *Regarde où tu mets les pieds. Observe les formes et les usages.*

2 **Un 9 en 2 :** Il est avantageux de voir celui en qui l'on a confiance et de lui demander conseil.

13 Sois cordial. *Distingue les choses et les êtres. Pour renforcer l'harmonie, accueille les différences.*

1 **Un 9 au début :** Ce n'est pas le moment d'entrer en action, la force créatrice n'est pas prête. Sois patient, fort, accueillant. Les temps vont bientôt s'accomplir.

44 Rencontre. *Sois souple et accueillant. Adapte-toi à ton opposé, il s'adaptera à toi.*

ORACLE 2

SOIS RÉCEPTIF

> Méditation n° 2 p. 188

Le moment présent

Pouvoir de la fécondité de la Terre. Ta générosité et ton envie de servir te portent. Il convient d'utiliser tes talents sans perdre ta direction. Le présage est heureux.

La juste attitude

Développe ta disponibilité. Écoute le silence. Sois présent pour les autres. Sois ouvert et cordial, soutiens tous les êtres vivants.

Commentaires

Matérialiser. Fonction d'accomplissement. Hexagramme composé uniquement de traits yin. Capacité à s'adapter et à tenir en toutes circonstances.

LE CŒUR : 2 > SOIS RÉCEPTIF / LE CONTRAIRE : 1 > CRÉE

À LIRE EN COMMENÇANT PAR LE BAS : TRAITS MUTABLES ET CONSEILS DE L'HEXAGRAMME DÉRIVÉ

6 **Un 6 en haut :** Deux forces se combattent. Les deux vont se blesser.

23 Fatigue. *Lâche prise, calme le jeu, privilégie ton repos et ta tranquillité. Tiens compte de ceux qui sont en bas.*

5 **Un 6 en 5 :** Sois réservé, souple et réceptif, tu peux convaincre sans paroles. La voie s'ouvre.

8 Unis-toi. *Accepte l'autorité nécessaire à l'union. Privilégie la bienveillance pour créer la solidarité.*

4 **Un 6 en 4 :** Ni blâme, ni éloge. Il y a danger, ne te mets pas en avant.

16 Ne t'emballe pas. *Tiens-toi à ce qui te parle, t'inspire et t'exalte. Entre dans le chant et la danse pour honorer ce qui te dépasse.*

3 **Un 6 en 3 :** Ta lumière n'est pas encore visible de tous. Au service d'un plus puissant, tu parviens à tes fins.

15 Sois modeste. *Diminue tes excès, travaille tes insuffisances. Concentre ta force intérieure pour t'affirmer dans la relation.*

2 **Un 6 en 2 :** Reste simple. Ton attitude confiante et noble fait que tout se transforme pour le meilleur autour de toi.

7 Mobilise-toi. *Sois tolérant envers tous. Organise tes troupes.*

1 **Un 6 au début :** Tu marches sur du givre. Prudence. Ne t'obstine pas dans tes mauvais penchants.

24 Reviens à la source. *Protège ce qui se réveille. Prépare tes forces dans le calme et le repos.*

DÉBUT DIFFICILE

> Méditation n° 3 p. 188

Le moment présent

Tout se disperse. Rien n'est encore établi. La situation est confuse. Les problèmes arrivent en même temps. Le mental s'emballe et s'inquiète. En de telles circonstances, on réfléchit avant d'entreprendre.

La juste attitude

Démêle ce qui n'est pas clair. Observe ta façon de penser. Distingue l'essentiel du secondaire en hiérarchisant tes priorités.

Commentaires

Les niveaux s'entremêlent, il convient de s'arrêter pour démêler ce qui est important de ce qui ne l'est pas. Prends le temps d'établir une stratégie à long terme.

LE CŒUR : 23 > FATIGUE / LE CONTRAIRE : 50 > CHAUDRON

À LIRE EN COMMENÇANT PAR LE BAS : TRAITS MUTABLES ET CONSEILS DE L'HEXAGRAMME DÉRIVÉ

6 **Un 6 en haut :** Difficulté à son comble. Le train est parti sans toi. Il y a de quoi être triste.

42 Augmente. *Tensions et possibilités. Réorganise tes priorités, corrige tes erreurs. Adapte-toi à la nouvelle donne et prends des initiatives.*

5 **Un 9 en 5 :** Occupe-toi des petites choses, ton action sera efficace. Préfère le yin.

24 Renouveau. *Reviens à la source. Protège ce qui se réveille. Prépare tes forces dans le calme et le repos.*

4 **Un 6 en 4 :** Recherche l'union et sois entreprenant, c'est le bon moment.

17 Suis. *Suis le mouvement. Conforme-toi au moment présent avec plaisir et sérénité. Insère-toi avec aisance dans le flux et laisse-toi porter.*

3 **Un 6 en 3 :** Qui sait chasser commence par s'y préparer. Ne t'enfonce pas dans la forêt au risque de t'y perdre.

63 Tout est en place. *Sois attentif à l'équilibre. Anticipe le retour du désordre pour ne pas lui paver la route.*

2 **Un 6 en 2 :** Seul, tu tournes en rond. L'union fera ta force. Allie-toi avec le danger. Maîtrise l'attente. Ne crains pas l'aridité, tu retrouveras la création.

60 Sois en mesure. *Prends le bon rythme. Pose les limites de ce qui est possible. Établis les règles pour donner ta pleine mesure.*

1 **Un 9 au début :** Organise-toi. Sois tenace. Prends ton temps.

8 Unis-toi. *Accepte l'autorité nécessaire à l'union. Privilégie la bienveillance pour créer la solidarité.*

APPRENDS

> Méditation n° 4 p. 188

Le moment présent

Fougue, impétuosité des débutants, jeunesse inexpérimentée. Douce folie de la jeunesse, l'ego s'emballe. Quand on est inexpérimenté, il faut savoir écouter les conseils.

La juste attitude

Sois plus rigoureux, assume tes actes. Commence par apprendre, mets de la suite dans tes idées.

Commentaires

Cette exubérance est riche de possibilités, mais doit être canalisée, affinée par l'éducation pour devenir fructueuse. Cet hexagramme arrive aussi quand on interroge trop souvent le *Yi Jing* sans tenir compte des conseils donnés. Il incite alors à ne plus l'interroger.

LE CŒUR : 24 > RENOUVEAU / LE CONTRAIRE : 49 > CHANGE

À LIRE EN COMMENÇANT PAR LE BAS : TRAITS MUTABLES ET CONSEILS DE L'HEXAGRAMME DÉRIVÉ

6 **Un 9 en haut** : Oppose-toi aux brigands. Mais n'utilise pas les mêmes armes, pour ne pas devenir un brigand toi-même.

7 Mobilise-toi. *Sois tolérant envers tous. Organise tes troupes.*

5 **Un 6 en 5 :** Le jeune fou réussit ce qu'il entreprend. La situation retrouve sa mobilité.

59 Dénoue. *Ne te laisse pas emporter. Rassemble tes forces. Suis tes valeurs les plus hautes. Érige un temple à tes ancêtres.*

4 **Un 6 en 4 :** On ne peut pas tout enseigner à tout le monde. Limite.

64 Tout est à faire. *Sois perspicace et attentif. Trouve une place à chaque chose. Économise tes forces pour tenir jusqu'au bout.*

3 **Un 6 en 3 :** Qui se laisse corrompre entraîne son malheur et celui de ceux qu'il rencontre.

18 Répare. *Corrige les dysfonctionnements. Élimine ce que le temps a détérioré. Occupe-toi des autres, élève ta conduite.*

2 **Un 9 en 2 :** Tolérance et indulgence, voilà comment le jeune fou peut maintenant être éduqué. Accueille ton yin pour féconder l'action.

23 Fatigue. *Lâche prise, calme le jeu, privilégie ton repos et ta tranquillité. Tiens compte de ceux qui sont en bas.*

1 **Un 6 au début :** Au jeune fou il faut donner des règles strictes pour commencer. Ne pas défaire trop tôt les entraves.

41 Diminue. *La perte est un allègement. Prends le temps de laisser décanter. Contiens ta colère. Modère tes passions.*

ORACLE 5

PATIENCE

> Méditation n° 5 p. 189

Le moment présent

Les circonstances sont prometteuses mais ce n'est pas encore le moment d'agir. Le temps est un allié. Il faut calmer son anxiété.

La juste attitude

Garde confiance. Bois, mange, renforce-toi par le repos, le plaisir et la joie.

Commentaires

Dans les moments où l'on ne peut pas faire avancer la situation, il convient de cultiver son endurance, de faire confiance au temps pour laisser au courant porteur la possibilité d'évoluer favorablement. Il est inutile de s'enfermer, mieux vaut aller vers l'autre et adopter une attitude conviviale. Le plaisir vient de l'extérieur, la joie vient de l'intérieur.

LE CŒUR : 38 > DIVERGENCE / LE CONTRAIRE : 35 > AVANCE AU GRAND JOUR

À LIRE EN COMMENÇANT PAR LE BAS : TRAITS MUTABLES ET CONSEILS DE L'HEXAGRAMME DÉRIVÉ

6 **Un 6 en haut :** Trois personnes arrivent qui n'étaient pas invitées. Accueille ce qui vient, tu en tireras grand profit.

9 Apprivoise. *Sois doux dans tes paroles, prudent dans tes actions. Diminue la pression par la compréhension et la patience.*

5 **Un 9 en 5 :** Attendre en mangeant et buvant est la meilleure façon d'attendre l'inattendu.

11 Floraison. *Laisse-toi porter par ce courant favorable. Veille à accompagner ce qui est en train d'éclore.*

4 **Un 6 en 4 :** Le mauvais sang ne fera rien. Tu dois sortir du cœur du problème. Regarde de l'extérieur.

43 Décide-toi. *Montre ta résolution. Perce l'abcès. Veille à ne pas augmenter la tension par une attitude agressive.*

3 **Un 9 en 3 :** L'attente dans la vase provoque l'enlisement. Les brigands guettent. Retenue ou fermeté, voilà le choix.

60 Sois en mesure. *Prends le bon rythme. Pose les limites de ce qui est possible. Établis les règles pour donner ta pleine mesure.*

2 **Un 9 en 2 :** L'attente sur le sable est propice aux disputes. Rien n'en sort mais au bout l'ouverture se fait.

63 Tout est en place. *Sois attentif à l'équilibre. Anticipe le retour du désordre pour ne pas lui paver la route.*

1 **Un 9 au début :** Attendre avec constance. Pas de faute.

48 Puise. *Console autrui, soulage-le de ses fatigues. Privilégie l'organisation commune et le soutien mutuel.*

ORACLE 6

PLAIDE TA CAUSE

> Méditation n° 6 p. 189

Le moment présent

Dans un conflit, chacun veut obtenir gain de cause. Pour en sortir, on considère d'abord ses devoirs puis ses droits.

La juste attitude

Défends ton point de vue, mais évite de pousser les choses à bout. Négocie en fonction de ce qui peut naître.

Commentaires

On négocie dans le règlement d'un conflit dont on est partie prenante. Il convient de défendre sa cause, de demander justice, mais sans être exigeant. Ne pas faire appel, la controverse ne doit pas être poussée à bout, mieux vaut être conciliant.

LE CŒUR : 37 > LE CLAN / LE CONTRAIRE : 36 > PRÉSERVE-TOI

À LIRE EN COMMENÇANT PAR LE BAS : TRAITS MUTABLES ET CONSEILS DE L'HEXAGRAMME DÉRIVÉ

6 **Un 9 en haut :** On perd en appel ce qu'on avait gagné au procès.

47 Épuisement. *Console autrui, soulage-le de ses fatigues. Privilégie l'organisation commune et le soutien mutuel.*

5 **Un 9 en 5 :** Tu finis par être pleinement entendu. La voie s'ouvre.

64 Tout est à faire. *Sois perspicace et attentif. Trouve une place à chaque chose. Économise tes forces pour tenir jusqu'au bout.*

4 **Un 9 en 4 :** Tu ne peux faire entendre ta cause. Reste calme et garde ta raison, elle te servira pour triompher de tes adversaires.

59 Dénoue. *Ne te laisse pas emporter. Rassemble tes forces. Suis tes valeurs les plus hautes. Érige un temple à tes ancêtres.*

3 **Un 6 en 3 :** Vivre sur l'acquis est dangereux. N'impose pas ta manière de faire. Au service d'un plus puissant, ne mène rien à terme.

44 Rencontre. *Sois souple et accueillant. Adapte-toi à ton opposé, il s'adaptera à toi.*

2 **Un 9 en 2 :** Ta cause est juste mais tu ne peux la faire entendre. Retire-toi chez toi, à la fin tout s'apaisera et tu seras entendu.

12 Adversité. *Tiens-toi à l'écart. Refuse toute compromission. Enracine-toi dans ta vérité.*

1 **Un 6 au début :** On discute, on pinaille, puis on finit par trouver un arrangement.

10 Attention à la marche. *Regarde où tu mets les pieds. Observe les formes et les usages.*

ORACLE 7

MOBILISE-TOI

> Méditation n° 7 p. 189

Le moment présent

C'est le temps de la lutte. Il faut se défendre. Discipline et endurance sont indispensables.

La juste attitude

Inverse la hiérarchie habituelle. Sois tolérant envers tous. Organise tes troupes.

Commentaires

C'est un moment pénible. En temps de guerre, le souverain remet le pouvoir au général, la hiérarchie est inversée. Pour lutter contre un envahisseur, il convient d'abandonner l'individualité au profit d'un objectif commun unique. Faire preuve de discernement, savoir regrouper ses forces.

LE CŒUR : 24 > RENOUVEAU / LE CONTRAIRE : 13 > SOIS CORDIAL

À LIRE EN COMMENÇANT PAR LE BAS : TRAITS MUTABLES ET CONSEILS DE L'HEXAGRAMME DÉRIVÉ

6 **Un 6 en haut :** La guerre est gagnée. Le roi distribue les récompenses et attribue les domaines.

4 Apprends. *Sois plus rigoureux, assume tes actes. Commence par apprendre, mets de la suite dans tes idées.*

5 **Un 6 en 5 :** Mobilisation générale. L'envahisseur est là. L'aîné doit commander l'armée ou la défaite sera sévère. Retiens avec opiniâtreté tes critiques.

29 Vertige. *Dépasse ta peur, ne crains pas les pièges. Affronte les dangers sans relâche, ils feront de toi un maître.*

4 **Un 6 en 4 :** Profite de la trêve. Reprends des forces.

40 Délivrance. *Lâche prise. Soulage la tension. Libère-toi du problème. Sois indulgent avec les autres et avec toi-même.*

3 **Un 6 en 3 :** Une armée ne doit avoir qu'un chef, sinon elle ne transporte que des cadavres.

46 Croissance. *Applique-toi aux petites choses et avance pas à pas. Il faut voir le sage et les puissants et monter en grade.*

2 **Un 9 en 2 :** Au milieu de l'armée, sois sans faute. Le roi trois fois te confère mandat.

2 Sois réceptif. *Développe ta disponibilité. Écoute le silence. Sois présent aux autres. Sois ouvert et cordial, soutiens tous les êtres vivants.*

1 **Un 6 au début :** Montre ta force pour éviter d'avoir à t'en servir. Qui pense à piller plutôt qu'à combattre a déjà perdu !

19 Approche-toi. *Penche-toi sur ce qui pousse pour l'aider à grandir. Prodigue tes conseils sans relâche.*

ORACLE 8

UNIS-TOI

> Méditation n° 8 p. 189

Le moment présent

La cohésion est nécessaire. On a besoin de regrouper les forces autour d'une direction unique.

La juste attitude

Accepte l'autorité nécessaire à l'union. Privilégie la bienveillance afin de créer la solidarité.

Commentaires

Mouvement d'unification. Il convient de s'organiser autour d'un centre, de s'associer aux autres dans la complémentarité. Créer l'union permet de sortir de l'inquiétude. Cet hexagramme est le seul qui incite à retirer le *Yi Jing*.

LE CŒUR : 23 > FATIGUE / LE CONTRAIRE : 14 > RÉALISE

À LIRE EN COMMENÇANT PAR LE BAS : TRAITS MUTABLES ET CONSEILS DE L'HEXAGRAMME DÉRIVÉ

6 **Un 6 en haut :** Une alliance suppose deux partenaires complémentaires. Tel n'est pas le cas. Dommage.

20 Observe. *Ne te contente pas de la première impression. Apprends à voir au-delà des apparences.*

5 **Un 9 en 5 :** L'alliance est éclatante. Laisse partir ceux qui ne veulent pas s'allier.

2 Sois réceptif. *Développe ta disponibilité. Écoute le silence. Sois présent aux autres. Sois ouvert et cordial, soutiens tous les êtres vivants.*

4 **Un 6 en 4 :** Tu as intérêt à chercher une alliance à l'extérieur. Elle te sera profitable.

45 Réunis. *Attache-toi à ce qui rassemble. Prends garde aux rivalités et aux désaccords éventuels.*

3 **Un 6 en 3 :** L'alliance avec des êtres mauvais nous rend mauvais.

39 Obstacle. *Analyse-toi en situation, observe ce qui t'arrête. Est-ce l'obstacle ou l'importance que tu lui donnes ?*

2 **Un 6 en 2 :** Tu as le sens de l'alliance envers toi-même et les tiens. Ce sentiment va t'aider.

29 Vertige. *Dépasse ta peur, ne crains pas les pièges. Affronte les dangers sans relâche, ils feront de toi un maître.*

1 **Un 6 au début :** Sincérité et confiance mutuelles sont porteuses d'un courant de bonne union.

3 Début difficile. *Démêle ce qui n'est pas clair. Observe ta façon de penser. Distingue l'essentiel du secondaire en hiérarchisant tes priorités.*

APPRIVOISE

> Méditation n° 9 p. 190

Le moment présent

Il y a des tensions, le but est encore loin. Ce qui est petit aujourd'hui deviendra grand avec le temps.

La juste attitude

Sois doux dans tes paroles, prudent dans tes actions. Diminue la pression par la compréhension et la patience.

Commentaires

Apprivoiser les difficultés et les tensions par une attitude compréhensive et tenace, préparer patiemment les réalisations futures. Il convient de maîtriser son énergie pour donner à sa créativité une forme aboutie.

LE CŒUR : 38 > DIVERGENCE / LE CONTRAIRE : 16 > NE T'EMBALLE PAS

À LIRE EN COMMENÇANT PAR LE BAS : TRAITS MUTABLES ET CONSEILS DE L'HEXAGRAMME DÉRIVÉ

6 **Un 9 en haut :** La pluie vient dissiper la tension. Il est temps que tu établisses l'harmonie, sans forcer.

5 Patience. *Garde confiance. Bois, mange, renforce-toi par le repos, le plaisir et la joie.*

5 **Un 9 en 5 :** Tu peux t'enrichir grâce à ton entourage, veille à partager le gain.

26 Maîtrise. *Sois conciliant. Pour trouver une issue, repense à toutes les fois où tu t'es déjà laissé emporter dans une situation analogue.*

4 **Un 6 en 4 :** Le mauvais sang disparaît, la vigilance revient. Les soucis s'envolent.

1 Crée. *Déploie ta créativité. Va de l'avant. Sois ferme, tenace et vigilant. Prends conscience de ton énergie intérieure et dépense-la à bon escient.*

3 **Un 9 en 3 :** Les époux se regardent de travers. En silence ils s'appellent mais ils ne s'entendent plus.

61 Le juste milieu. *Évite les sanctions irrémédiables. Sache faire confiance et pardonner.*

2 **Un 9 en 2 :** Que tu avances ou que tu recules, reste sur ta voie.

37 Le clan. *Donne du poids à tes actes, de la consistance à tes paroles. Tiens-toi à tes projets, respecte tes promesses.*

1 **Un 9 au début :** Que tu avances ou que tu recules, reste sur ta voie.

57 Accepte. *Expliquées avec patience, tes intentions auront plus d'influence. N'hésite pas à répéter tes directives pour faire avancer leur exécution.*

ORACLE 10

ATTENTION À LA MARCHE

> Méditation n° 10 p. 190

Le moment présent

La démarche est difficile. Le terrain est miné. Il importe de respecter les rituels.

La juste attitude

Regarde où tu mets les pieds. Observe les formes et les usages.

Commentaires

Attention, on est brusquement confronté à une force explosive ! Il faut marcher comme le tigre, avec précaution. Dans une situation difficile, avoir une conduite avenante et un comportement prudent et poli permet de désamorcer les pièges.

LE CŒUR : 37 > LE CLAN / LE CONTRAIRE : 15 > SOIS MODESTE

À LIRE EN COMMENÇANT PAR LE BAS : TRAITS MUTABLES ET CONSEILS DE L'HEXAGRAMME DÉRIVÉ

6 **Un 9 en haut :** Parvenu à la fin d'une entreprise, revois les actions dans le détail et tires-en des leçons pour l'avenir.

58 Échange. *Apprends en conversant avec tes amis. Sois serein. Exerce-toi avec eux.*

5 **Un 9 en 5 :** Marche résolument, mais en face du danger observe ta démarche.

38 Divergence. *Cherche un terrain d'entente pour défaire les tensions. Différencie-toi de ton entourage. Affirme ta position.*

4 **Un 9 en 4 :** Frayeur et effroi. On n'échappe pas au péril. Reste prudent et attentif.

61 Le juste milieu. *Évite les sanctions irrémédiables. Sache faire confiance et pardonner.*

3 **Un 6 en 3 :** Un borgne peut voir un peu, un boiteux peut marcher quand même. Mais à marcher sur la queue du tigre, on s'expose à un grand péril.

1 Crée. *Déploie ta créativité. Va de l'avant. Sois ferme, tenace et vigilant. Prends conscience de ton énergie intérieure et dépense-la à bon escient.*

2 **Un 9 en 2 :** La voie est ouverte devant toi, à condition que tu saches rester humble et généreux.

25 Réagis spontanément. *Ne prépare pas de stratégies. Fais confiance à ton intuition. Adapte-toi aux circonstances, prends soin de tous et de toutes.*

1 **Un 9 au début :** Mets-toi en marche, veille à ne pas te laisser guider par tes passions. Parcours le champ de la simplicité.

6 Plaide ta cause. *Défends ton point de vue, mais évite de pousser les choses à bout. Négocie en fonction de ce qui peut naître.*

ORACLE 11

FLORAISON

> Méditation n° 11 p. 190

Le moment présent

Ciel et terre se rencontrent et se complètent. Tout prospère, tout peut s'épanouir et se partager.

La juste attitude

Laisse-toi porter par ce courant favorable. Veille à accompagner ce qui est en train d'éclore.

Commentaires

C'est le printemps. Le moment est riche de possibilités, tout se met en mouvement. Dynamique qu'il convient d'accompagner en organisant les étapes. En partageant cette prospérité avec autrui, on aide au bien-être de tous.

LE CŒUR : 54 > TROUBLE / LE CONTRAIRE : 12 > ADVERSITÉ

À LIRE EN COMMENÇANT PAR LE BAS : TRAITS MUTABLES ET CONSEILS DE L'HEXAGRAMME DÉRIVÉ

6 **Un 6 en haut :** La terre du rempart s'écroule dans le fossé, début de décadence.

26 Maîtrise. *Sois conciliant. Pour trouver une issue, repense à toutes les fois où tu t'es déjà laissé emporter dans une situation analogue.*

5 **Un 6 en 5 :** Le grand épouse le petit. Union et échange promettent la prospérité et la félicité.

5 Patience. *Garde confiance. Bois, mange, renforce-toi par le repos, le plaisir et la joie.*

4 **Un 6 en 4 :** Un vol d'hirondelles n'apporte pas de profit… Pas d'enrichissement par les proches.

34 La force. *Puissance. Canalise ton énergie. Maîtrise la violence. Adopte la bonne attitude.*

3 **Un 9 en 3 :** Pas d'aller sans retour, pas d'ascension sans descente, difficultés en vue. Sors sans crainte, profite de ce qui nourrit.

19 Approche-toi. *Penche-toi sur ce qui pousse pour l'aider à grandir. Prodigue tes conseils sans relâche.*

2 **Un 9 en 2 :** Un désert à traverser, n'oublie pas ceux qui peuvent t'aider ni ceux que tu dois aider.

36 Préserve-toi. *Reste dans l'ombre, ne te mets pas en avant. Attends le retour de circonstances favorables.*

1 **Un 9 au début :** Comme les racines s'entremêlent sous la terre, tu es entouré d'un réseau d'amis qui agissent dans l'ombre pour t'aider dans tes entreprises.

46 Croissance. *Applique-toi aux petites choses et avance pas à pas. Il faut voir le sage et les puissants, et monter en grade.*

ORACLE 12

ADVERSITÉ

> Méditation n° 12 p. 190

Le moment présent

Les courants sont contraires. Rien ne fleurit plus. La communication est impossible. Attention aux mauvaises alliances.

La juste attitude

Tiens-toi à l'écart. Refuse toute compromission. Enracine-toi dans ta vérité.

Commentaires

C'est l'automne, le ciel et la terre ne se rencontrent plus, la nature décline, c'est le temps des filous. On ne peut pas s'opposer à un courant néfaste mais on peut s'en désolidariser, ne pas y prendre part. Mieux vaut refuser les gratifications.

LE CŒUR : 53 > PROGRESSE PAS À PAS / LE CONTRAIRE : 11 > FLORAISON

À LIRE EN COMMENÇANT PAR LE BAS : TRAITS MUTABLES ET CONSEILS DE L'HEXAGRAMME DÉRIVÉ

6 **Un 9 en haut :** Tout a une fin, enfin, te voilà libéré de l'adversité qui se fane sous tes yeux.

45 Réunis. *Attache-toi à ce qui rassemble. Prends garde aux rivalités et aux désaccords éventuels.*

5 **Un 9 en 5 :** Le blocage touche à sa fin, reste vigilant. Sois plein de vie et, telle la greffe du mûrier, étends tes ramifications.

35 Avance au grand jour. *Veille sur toi-même, ne compte que sur tes propres forces. Montre de quoi tu es capable. Cherche à être un soleil pour autrui.*

4 **Un 9 en 4 :** Tu as fait plus de la moitié du chemin, le courant mauvais va s'inverser.

20 Observe. *Ne te contente pas de la première impression. Apprends à voir au-delà des apparences.*

3 **Un 6 en 3 :** Si tu te comportes mal dans l'adversité, ta peine sera augmentée. Sache te contenter de ton sort.

33 Repli. *Prends tes distances, fermement et sans haine. Envisage les choses dans le long terme.*

2 **Un 6 en 2 :** Accepter une promotion maintenant est une stratégie à courte vue.

6 Plaide ta cause. *Défends ton point de vue, mais évite de pousser les choses à bout. Négocie en fonction de ce qui peut naître.*

1 **Un 6 au début :** Dans les moments d'adversité, il faut démêler les racines enchevêtrées et réunir le réseau qui peut te soutenir et t'aider.

25 Réagis spontanément. *Ne prépare pas de stratégies. Fais confiance à ton intuition. Adapte-toi aux circonstances, prends soin de tous.*

ORACLE 13

SOIS CORDIAL

> Méditation n° 13 p. 191

Le moment présent

S'accorder avec tous est difficile. La confrontation est nécessaire pour mieux se comprendre.

La juste attitude

Distingue les choses et les êtres. Va vers les autres. Pour renforcer l'harmonie, accueille les différences.

Commentaires

Regarder ce qui se ressemble, découvrir ce qui différencie. La voie s'ouvre pour qui sait comprendre et s'enrichir des différences des autres, avec sincérité et sans égoïsme. S'avancer vers l'autre ne signifie pas renoncer à son point de vue, mais prendre le risque de l'affirmer.

LE CŒUR : 44 > RENCONTRE / LE CONTRAIRE : 7 > MOBILISE-TOI

À LIRE EN COMMENÇANT PAR LE BAS : TRAITS MUTABLES ET CONSEILS DE L'HEXAGRAMME DÉRIVÉ

6 **Un 9 en haut :** Là où finalement on arrive à l'accord, c'est déjà un résultat. N'éprouve aucun regret.

49 Change. *Distingue clairement les moments opportuns. Établis ton calendrier et organise ton temps.*

5 **Un 9 en 5 :** L'accord avec tous se fait d'abord dans les larmes, puis dans la joie.

30 Lumière. *Ne te laisse pas éblouir. Tes pensées vont trop vite. Reste lucide afin de pouvoir éclairer les êtres et les choses.*

4 **Un 9 en 4 :** Assis sur un mur, on voit aussi bien dedans que dehors. Ne pas le franchir est une sage décision.

37 Le clan. *La famille est en désordre. Donne du poids à tes actes, de la consistance à tes paroles. Tiens-toi à tes projets, respecte tes promesses.*

3 **Un 9 en 3 :** Il y a des armes cachées dans les fourrés. Gravis la colline, même si pendant un certain temps tu ne vois rien venir.

25 Réagis spontanément. *Ne prépare pas de stratégies. Fais confiance à ton intuition. Adapte-toi aux circonstances, prends soin de tous et de toutes.*

2 **Un 6 en 2 :** Les intérêts égoïstes entraînent la partialité. Arriver à l'accord avec la famille élargie ne suffit pas.

1 Crée. *Déploie ta créativité. Va de l'avant. Sois ferme, tenace et vigilant. Prends conscience de ton énergie intérieure et dépense-la à bon escient.*

1 **Un 9 au début :** Arriver à l'accord avec l'entourage proche est bien peu.

33 Repli. *Prends tes distances, fermement et sans haine. Envisage les choses dans le long terme.*

RÉALISE

> Méditation n° 14 p. 191

Le moment présent

C'est le moment de concrétiser. Le potentiel est immense, il suffit de le faire advenir.

La juste attitude

Reconnais les bonnes actions, atténue les fautes, trouve les pistes de progrès, ainsi tu obéis au ciel.

Commentaires

Un grand pouvoir de réalisation se déploie. La durée entre le projet et son accomplissement se réduit au minimum. C'est le moment de passer du virtuel au réel, de déployer avec aisance son énergie créatrice, quelle que soit l'action envisagée.

LE CŒUR : 43 > DÉCIDE / LE CONTRAIRE : 8 > UNIS-TOI

À LIRE EN COMMENÇANT PAR LE BAS : TRAITS MUTABLES ET CONSEILS DE L'HEXAGRAMME DÉRIVÉ

6 **Un 9 en haut :** Le ciel vient jusqu'à toi parce que tu sais être humble.

34 La force. *Puissance. Canalise ton énergie. Maîtrise ta violence. Adopte la bonne attitude.*

5 **Un 6 en 5 :** Le courant est porteur, ton charisme inspire la confiance et pousse chacun à faire de son mieux.

1 Crée. *Déploie ta créativité. Va de l'avant. Sois ferme, tenace et vigilant. Prends conscience de ton énergie intérieure et dépense-la à bon escient.*

4 **Un 9 en 4 :** Ne dépasse pas tes limites, ne vis pas au-dessus de tes moyens.

26 Maîtrise. *Sois conciliant. Pour trouver une issue, repense à toutes les fois où tu t'es déjà laissé emporter dans une situation analogue.*

3 **Un 9 en 3 :** Participer à un grand rituel demande une certaine grandeur.

38 Divergence. *Cherche un terrain d'entente pour défaire les tensions. Différencie-toi de ton entourage. Affirme ta position.*

2 **Un 9 en 2 :** Tu peux conduire un grand char chargé si tu sais où aller.

30 Lumière. *Ne te laisse pas éblouir. Tes pensées vont trop vite. Reste lucide afin de pouvoir éclairer les êtres et les choses.*

1 **Un 9 au début :** Pas de relations avec le nuisible. Réfléchir aux difficultés permet d'agir.

50 Chaudron. *Prends soin de ton esprit et de ton corps. Perfectionne ton comportement, corrige-le pour t'établir à ta juste place.*

SOIS MODESTE

> Méditation n° 15 p. 191

Le moment présent

La retenue permet d'agir à bon escient et d'atteindre son objectif. La puissance du guerrier est dans sa maîtrise intérieure.

La juste attitude

Diminue tes excès, travaille sur tes insuffisances. Concentre ta force intérieure pour t'affirmer dans la relation.

Commentaires

Savoir tenir ses paroles et ses gestes, la force est dans la maîtrise. Concentrer sa force intérieure permet de s'affirmer dans ses relations avec l'extérieur.

LE CŒUR : 40 > DÉLIVRANCE / LE CONTRAIRE : 10 > ATTENTION À LA MARCHE

À LIRE EN COMMENÇANT PAR LE BAS : TRAITS MUTABLES ET CONSEILS DE L'HEXAGRAMME DÉRIVÉ

6 **Un 6 en haut :** Il faut lever des armées et punir tous les responsables.

52 Calme. *Écoute le silence derrière les bruits extérieurs et intérieurs. Sois attentif au moment présent. Ne laisse pas tes pensées s'éparpiller.*

5 **Un 6 en 5 :** Quand la bienveillance devient nuisible, il faut user d'autres stratégies.

39 Obstacle. *Analyse-toi en situation, observe ce qui t'arrête. Est-ce l'obstacle ou l'importance que tu lui donnes ?*

4 **Un 6 en 4 :** L'humilité elle-même a des limites. Cependant la modestie doit être agissante.

62 Petit excès. *Sois réaliste, attentif et courtois, évite tout excès. Sois économe dans la satisfaction de tes besoins.*

3 **Un 9 en 3 :** Quand la modestie devient difficile, seul un être accompli parvient à l'aboutissement.

2 Sois réceptif. *Développe ta disponibilité. Écoute le silence. Sois présent aux autres. Sois ouvert et cordial, soutiens tous les êtres vivants.*

2 **Un 6 en 2 :** La modestie s'entend dans la voix. Heureux présage.

46 Croissance. *Applique-toi aux petites choses et avance pas à pas. Il faut voir le sage et les puissants et monter en grade.*

1 **Un 6 au début :** L'humilité conduit à traverser les périls sain et sauf.

36 Préserve-toi. *Reste dans l'ombre, ne te mets pas en avant. Attends le retour de circonstances favorables.*

ORACLE 16

NE T'EMBALLE PAS

> Méditation n° 16 p. 191

Le moment présent

Ferveur, exaltation et enthousiasme. Il convient de les discipliner pour en tirer profit.

La juste attitude

Tiens-toi à ce qui te parle, t'inspire et t'exalte. Entre dans le chant et la danse pour honorer ce qui te dépasse.

Commentaires

Élan impulsif, exaltation, qui demandent à être canalisés et organisés dans la durée pour devenir productifs. Il convient de regrouper les forces, de mettre rapidement l'énergie à profit.

LE CŒUR : 39 > OBSTACLE / LE CONTRAIRE : 9 > APPRIVOISE

À LIRE EN COMMENÇANT PAR LE BAS : TRAITS MUTABLES ET CONSEILS DE L'HEXAGRAMME DÉRIVÉ

6 **Un 6 en haut :** Noyé dans les ténèbres, abusé par les plaisirs. Changer est salutaire.

35 Avance au grand jour. *Veille sur toi, ne compte que sur tes propres forces. Montre de quoi tu es capable. Cherche à être un soleil pour autrui.*

5 **Un 6 en 5 :** L'enthousiasme devient fébrile, le cœur reste solide.

45 Réunis. *Attache-toi à ce qui rassemble. Prends garde aux rivalités et aux désaccords éventuels.*

4 **Un 9 en 4 :** Comme des cheveux noués, tous se rassemblent autour de toi. Pas de doute, tu atteins la réalisation.

2 Sois réceptif. *Développe ta disponibilité. Écoute le silence. Sois présent aux autres. Sois ouvert et cordial, soutiens tous les êtres vivants.*

3 **Un 6 en 3 :** À trop rester au niveau des pâquerettes, on finit par ne plus pouvoir se relever.

62 Petit excès. *Sois réaliste, attentif et courtois, évite tout excès. Sois économe dans la satisfaction de tes besoins.*

2 **Un 6 en 2 :** Il faut savoir se séparer à temps. Domine ton enthousiasme et laisse passer la nuit.

40 Délivrance. *Lâche prise. Soulage la tension. Libère-toi du problème. Sois indulgent avec les autres et avec toi-même.*

1 **Un 6 au début :** Ton enthousiasme est bruyant. Il faut le maîtriser, sinon le malheur guette.

51 Secousse. *Ne te laisse pas désarçonner. Sers-toi de ton inquiétude pour aiguiser ton introspection.*

ORACLE 17

SUIS

> Méditation n° 17 p. 192

Le moment présent

Le courant est porteur. Il suffit d'un pas pour le suivre. Un peu d'aisance et de légèreté et la confiance s'installe.

La juste attitude

Conforme-toi au moment avec plaisir et sérénité. Insère-toi avec aisance et laisse-toi porter.

Commentaires

Faire le minimum pour se placer dans un courant porteur auquel on s'abandonne sereinement sans chercher à diriger. Confiant et détendu, s'insérer avec aisance et légèreté dans un flux favorable.

LE CŒUR : 53 > PROGRESSE PAS À PAS / LE CONTRAIRE : 18 > RÉPARE

À LIRE EN COMMENÇANT PAR LE BAS : TRAITS MUTABLES ET CONSEILS DE L'HEXAGRAMME DÉRIVÉ

6 **Un 6 en haut :** Si tu t'attaches obstinément, alors tu seras récompensé.

25 Réagis spontanément. *Ne prépare pas de stratégies. Fais confiance à ton intuition. Adapte-toi aux circonstances, prends soin de tous et de toutes.*

5 **Un 9 en 5 :** Heureux présage, à condition de ne pas se laisser bercer par l'euphorie.

51 Secousse. *Ne te laisse pas désarçonner. Sers-toi de ton inquiétude pour aiguiser ton introspection.*

4 **Un 9 en 4 :** Laisse-toi porter par le courant. Ne cherche pas à obtenir ce que tu désires à tout prix, cela gâcherait les possibilités de succès.

3 Début difficile. *Démêle ce qui n'est pas clair. Observe ta façon de penser. Distingue l'essentiel du secondaire en hiérarchisant tes priorités.*

3 **Un 6 en 3 :** Ferme est celui qui suit la voie de l'être d'expérience et quitte celle du petit enfant. Sois tenace et tu en tireras profit.

49 Change. *Distingue clairement les moments opportuns. Établis ton calendrier et organise ton temps.*

2 **Un 6 en 2 :** Faible est celui qui suit la voie du petit enfant et quitte celle de l'être d'expérience.

58 Échange. *Apprends en conversant avec tes amis. Sois serein. Exerce-toi avec eux.*

1 **Un 9 au début :** Si tu diriges ou si tu surveilles, un changement favorable s'opère. Tu as avantage à sortir par la grande porte et à chercher des relations à l'extérieur.

45 Réunis. *Attache-toi à ce qui rassemble. Prends garde aux rivalités et aux désaccords éventuels.*

RÉPARE

> Méditation n° 18 p. 192

Le moment présent

Dégradation et corruption. Il convient de revenir en arrière pour en analyser les causes et créer les conditions du renouveau.

La juste attitude

Corrige les dysfonctionnements. Élimine ce que le temps a détérioré. Occupe-toi des autres, élève ta conduite.

Commentaires

Remédier avec détermination à un courant de pourrissement. Réagir vigoureusement en opposition à ce que le temps a dégradé. Le moment possède un fort potentiel de régénération qui ne durera pas, il convient d'agir sans tarder pour inverser le processus.

LE CŒUR : 54 > TROUBLE / LE CONTRAIRE : 17 > SUIS

À LIRE EN COMMENÇANT PAR LE BAS : TRAITS MUTABLES ET CONSEILS DE L'HEXAGRAMME DÉRIVÉ

6 **Un 9 en haut :** Tu restes en dehors des modes et tendances, et tu as bien raison ; il y a bien assez de moutons.

46 Croissance. *Applique-toi aux petites choses et avance pas à pas. Il faut voir le sage et les puissants et monter en grade.*

5 **Un 6 en 5 :** Répare vigoureusement. L'action ne rencontre que louange.

57 Accepte. *Expliquées avec patience, tes intentions auront plus d'influence. N'hésite pas à répéter tes directives pour faire avancer leur exécution.*

4 **Un 6 en 4 :** Répare vigoureusement. Mais n'oublie pas que l'indulgence n'est pas toujours une erreur.

50 Chaudron. *Prends soin de l'esprit et du corps. Perfectionne ton comportement, corrige-le pour t'établir à ta juste place.*

3 **Un 9 en 3 :** Réparer vigoureusement demande d'agir fermement quitte à commettre de petites erreurs.

4 Apprends. *Sois plus rigoureux, assume tes actes. Commence par apprendre, mets de la suite dans tes idées.*

2 **Un 9 en 2 :** Réparer vigoureusement est inefficace quand la douceur s'impose.

52 Calme. *Écoute le silence derrière les bruits extérieurs et intérieurs. Sois attentif au moment présent. Ne laisse pas tes pensées s'éparpiller.*

1 **Un 6 au début :** Répare vigoureusement, tu hérites d'une situation où tu as à faire preuve de prudence.

26 Maîtrise. *Sois conciliant. Pour trouver une issue, repense à toutes les fois où tu t'es déjà laissé emporter dans une situation analogue.*

ORACLE 19

APPROCHE

→ Méditation n° 19 p. 192

Le moment présent

Les forces nouvelles qui s'éveillent doivent être accompagnées sans tarder.

La juste attitude

Penche-toi sur ce qui pousse pour l'aider à grandir. Prodigue tes conseils sans relâche.

Commentaires

Quelque chose est en train de pousser, la montée de la lumière est visible. Il convient de favoriser ce flux avant que le mouvement ne s'inverse. Les énergies neuves doivent être renforcées par l'échange avec des forces plus expérimentées.

LE CŒUR : 24 → RENOUVEAU / LE CONTRAIRE : 33 → REPLI

À LIRE EN COMMENÇANT PAR LE BAS : TRAITS MUTABLES ET CONSEILS DE L'HEXAGRAMME DÉRIVÉ

6 **Un 6 en haut :** S'approcher jusqu'au niveau du ciel : grandeur et bienveillance.

41 Diminue. *La perte est un allègement. Prends le temps de laisser décanter. Contiens ta colère. Modère tes passions.*

5 **Un 6 en 5 :** Un seul être aussi extraordinaire soit-il ne peut diriger le monde dans tous ses détails, un chef véritable ne commande qu'à son armée.

60 Sois en mesure. *Prends le bon rythme. Pose les limites de ce qui est possible. Établis les règles pour donner ta pleine mesure.*

4 **Un 6 en 4 :** Tu sers un prince de façon efficace, il n'a aucun reproche à te faire.

54 Trouble. *Ouvre les yeux et arme-toi de courage. Le temps peut lever le voile des illusions.*

3 **Un 6 en 3 :** S'approcher avec bienveillance n'est pas toujours du miel. Avoir réalisé cela permet de rebondir.

11 Floraison. *Laisse-toi porter par ce courant favorable. Veille à accompagner ce qui est en train d'éclore.*

2 **Un 9 en 2 :** L'approche est efficace. Alliance avec un prince. Tout est avantageux.

24 Renouveau. *Reviens à la source. Protège ce qui se réveille. Prépare tes forces dans le calme et le repos.*

1 **Un 9 au début :** L'approche est efficace, ouverture. Comme la lune éclaire la terre, ton influence positive rayonne doucement.

7 Mobilise-toi. *Sois tolérant envers tous. Organise tes troupes.*

ORACLE 20

OBSERVE

> Méditation n° 20 p. 192

Le moment présent

C'est le moment d'élever son point de vue. Observer le penseur en soi. Accepter la réalité. Regarder les choses en face éveille l'esprit.

La juste attitude

Ne te contente pas de la première impression. Apprends à voir au-delà des apparences.

Commentaires

Regarder les choses en face avec courage et discernement, aller au-delà du superficiel, élargir son point de vue. Percevoir ce qui nous échappe de prime abord nous permet d'avoir un regard juste et une influence positive sur les autres.

LE CŒUR : 23 > FATIGUE / LE CONTRAIRE : 34 > LA FORCE

À LIRE EN COMMENÇANT PAR LE BAS : TRAITS MUTABLES ET CONSEILS DE L'HEXAGRAMME DÉRIVÉ

6 **Un 9 en haut :** Regarder la vie dans sa totalité oblige à être vigilant.

8 Unis-toi. *Accepte l'autorité nécessaire à l'union. Privilégie la bienveillance pour créer la solidarité.*

5 **Un 9 en 5 :** Regarde ta vie d'en haut, cela t'oblige à être vigilant.

23 Fatigue. *Lâche prise, calme le jeu, privilégie ton repos et ta tranquillité. Tiens compte de ceux qui sont en bas.*

4 **Un 6 en 4 :** Regarde ce beau royaume. Tu as avantage à accepter l'hospitalité d'un tel roi.

12 Adversité. *Tiens-toi à l'écart. Refuse toute compromission. Enracine-toi dans ta vérité.*

3 **Un 6 en 3 :** Regarde ta vie. Discerne ce qui t'a fait avancer et reculer.

53 Progresse pas à pas. *Ne crains pas les moments de recul. Agis sur toi, agis sur l'autre. Améliore chaque jour ta façon de vivre.*

2 **Un 6 en 2 :** D'un seul regard par la porte entrebâillée, tu englobes la situation. Il te reste à la mener à terme.

59 Dénoue. *Ne te laisse pas emporter. Rassemble tes forces. Suis tes valeurs les plus hautes. Érige un temple à tes ancêtres.*

1 **Un 6 au début :** Un regard d'enfant n'a aucun recul. En position de commander, cela est gênant. En position inférieure, on n'en subit aucun préjudice.

42 Augmente. *Tensions et possibilités. Réorganise tes priorités, corrige tes erreurs. Adapte-toi à la nouvelle donne et prends des initiatives.*

ORACLE 21

MORDS ET UNIS

> Méditation n° 21 p. 193

Le moment présent

Un obstacle s'oppose à la réunion. Il convient de trancher dans le vif pour rétablir résolument l'harmonie.

La juste attitude

Clarifie les règles et fais-les respecter. Pour chaque faute, applique une sanction.

Commentaires

Dans une situation inextricable, chercher à démêler ne fait qu'emmêler davantage. Il convient alors d'agir énergiquement pour rétablir une relation harmonieuse. L'action déterminée produit des résultats rapides. L'énergie se doit de circuler.

LE CŒUR : 39 > OBSTACLE / LE CONTRAIRE : 48 > PUISE

À LIRE EN COMMENÇANT PAR LE BAS : TRAITS MUTABLES ET CONSEILS DE L'HEXAGRAMME DÉRIVÉ

6 **Un 9 en haut :** Entravé jusqu'au cou, on n'entend pas les avertissements. Pas de développement possible… pour l'instant.

51 Secousse. *Ne te laisse pas désarçonner. Sers-toi de ton inquiétude pour aiguiser ton introspection.*

5 **Un 6 en 5 :** L'obstacle s'écroule. Même les dangers qui guettent ne t'immobilisent pas.

25 Réagis spontanément. *Ne prépare pas de stratégies. Fais confiance à ton intuition. Adapte-toi aux circonstances, prends soin de tous et de toutes.*

4 **Un 9 en 4 :** Difficultés profitables, la situation s'améliore. Il faut rythmer son effort.

27 Nourris-toi. *Soigne chaque détail. Sois prudent dans tes paroles, et veille chaque jour à ce que tu manges et à ce que tu bois.*

3 **Un 6 en 3 :** À mordre d'un coup dans l'obstacle, on peut se casser une dent. Cela ne doit pas décourager, mais rendre vigilant.

30 Lumière. *Ne te laisse pas éblouir. Tes pensées vont trop vite. Reste lucide afin de pouvoir éclairer les êtres et les choses.*

2 **Un 6 en 2 :** Ton nez est hors d'usage. L'évaluation est faussée. Il faut prendre en considération les points de vue opposés.

38 Divergence. *Cherche un terrain d'entente pour défaire les tensions. Différencie-toi de ton entourage. Affirme ta position.*

1 **Un 9 au début :** Entraves aux pieds, chaque pas fait mal. Mets-toi quand même en marche.

35 Avance au grand jour. *Veille sur toi, ne compte que sur tes propres forces. Montre de quoi tu es capable. Cherche à être un soleil pour autrui.*

ORACLE 22

EMBELLIS

> Méditation n° 22 p. 193

Le moment présent

Un maquillage qui rend visible, par petites touches, ce qui brille à l'intérieur exalte la vraie beauté.

La juste attitude

Prends soin de ton apparence. Use de diplomatie. Clarifie les litiges sans dramatiser.

Commentaires

La qualité du cœur transparaît sur le visage. Harmoniser l'intérieur avec l'extérieur, le visible avec l'invisible, le fond avec la forme. Dissoudre les masques, se débarrasser des artifices permet de révéler le fond. Extérioriser, embellir, montrer la vraie nature des choses.

LE CŒUR : 40 > DÉLIVRANCE / LE CONTRAIRE : 47 > ÉPUISEMENT

À LIRE EN COMMENÇANT PAR LE BAS : TRAITS MUTABLES ET CONSEILS DE L'HEXAGRAMME DÉRIVÉ

6 **Un 9 en haut :** La beauté sera totale si tu sais faire le deuil de l'apparence.

36 Préserve-toi. *Reste dans l'ombre, ne te mets pas en avant. Attends le retour de circonstances favorables.*

5 **Un 6 en 5 :** Le respect d'un rituel envers ce qui te fonde est nécessaire pour atteindre ton but. La souplesse est un bon usage.

37 Le clan. *La famille est en désordre. Donne du poids à tes actes, de la consistance à tes paroles. Tiens-toi à tes projets, respecte tes promesses.*

4 **Un 6 en 4 :** Deux êtres se cherchent, bien qu'ils se soient déjà rencontrés. Sur un cheval blanc, une plume blanche est signe d'union.

30 Lumière. *Ne te laisse pas éblouir. Tes pensées vont trop vite. Reste lucide afin de pouvoir éclairer les êtres et les choses.*

3 **Un 9 en 3 :** Dépare-toi d'une mise superficielle, harmonise l'action et la pensée. La beauté se répandra autour de toi comme un parfum.

27 Nourris-toi. *Soigne chaque détail. Sois prudent dans tes paroles, et veille chaque jour à ce que tu manges et à ce que tu bois.*

2 **Un 6 en 2 :** La beauté vient d'un mouvement sans vanité. Soigne ta mise.

26 Maîtrise. *Sois conciliant. Pour trouver une issue, repense à toutes les fois où tu t'es déjà laissé emporter dans une situation analogue.*

1 **Un 9 au début :** Abandonne le faste et marche simplement. La beauté viendra de la modestie de tes pas.

52 Calme. *Écoute le silence derrière les bruits extérieurs et intérieurs. Sois attentif au moment présent. Ne laisse pas tes pensées s'éparpiller.*

FATIGUE

> Méditation n° 23 p. 193

Le moment présent

C'est un moment de fatigue et de découragement. Il est préférable de ne pas prendre d'initiative.

La juste attitude

Lâche prise, privilégie repos et tranquillité. Tiens compte de ceux qui sont en bas.

Commentaires

Il faut tenir bon. Moments où il convient de se reposer, de diminuer ses activités pour se renforcer. Élaguer les branches pour permettre à l'arbre de se renforcer en vue du retour du flux vital.

LE CŒUR : 2 > SOIS RÉCEPTIF / LE CONTRAIRE : 43 > DÉCIDE

À LIRE EN COMMENÇANT PAR LE BAS : TRAITS MUTABLES ET CONSEILS DE L'HEXAGRAMME DÉRIVÉ

6 **Un 9 en haut :** Aucun hiver ne résiste au dégel, mais qui s'enferme chez soi ne le voit pas. Regarde au loin et laisse-toi partir.

2 Sois réceptif. *Développe ta disponibilité. Écoute le silence. Sois présent aux autres. Sois ouvert et cordial, soutiens tous les êtres vivants.*

5 **Un 6 en 5 :** On puise force et courage en soi. Ténacité et endurance portent leurs fruits. Tout s'éclaire.

20 Observe. *Ne te contente pas de la première impression. Apprends à voir au-delà des apparences.*

4 **Un 6 en 4 :** Le lit est tellement usé qu'on n'y trouve plus de repos. Il faut se remettre en route.

35 Avance au grand jour. *Veille sur toi, ne compte que sur tes propres forces. Montre de quoi tu es capable. Cherche à être un soleil pour autrui.*

3 **Un 6 en 3 :** L'usure elle-même peut finir par s'user. Stabilise l'inquiétude qui te gagne.

52 Calme. *Écoute le silence derrière les bruits extérieurs et intérieurs. Sois attentif au moment présent. Ne laisse pas tes pensées s'éparpiller.*

2 **Un 6 en 2 :** Les traverses du lit sont vermoulues. Qui se sent abandonné doit économiser ses forces.

4 Apprends. *Sois plus rigoureux, assume tes actes. Commence par apprendre, mets de la suite dans tes idées.*

1 **Un 6 au début :** Les pieds du lit sont usés, le sommeil est perturbé et l'on discerne mal ce qui s'amorce.

27 Nourris-toi. *Soigne chaque détail. Sois prudent dans tes paroles, et veille chaque jour à ce que tu manges et à ce que tu bois.*

ORACLE 24

RENOUVEAU

> Méditation n° 24 p. 193

Le moment présent

C'est le début d'un nouveau cycle, le flux vital est de retour. Il faut revenir à la source. Il est bénéfique d'avoir un but.

La juste attitude

Protège ce qui se réveille. Prépare tes forces dans le calme et le repos.

Commentaires

Accompagner le mouvement qui s'amorce sans forcer cette dynamique. La lumière va remplacer l'obscurité. On est dans la phase initiale d'un potentiel qui se développera plus tard.

LE CŒUR : 2 > SOIS RÉCEPTIF / LE CONTRAIRE : 44 > RENCONTRE

À LIRE EN COMMENÇANT PAR LE BAS : TRAITS MUTABLES ET CONSEILS DE L'HEXAGRAMME DÉRIVÉ

6 **Un 6 en haut :** Retour en arrière. Toutes les affaires tournent mal pendant longtemps. Il faut se renforcer jour après jour.

27 Nourris-toi. *Soigne chaque détail. Sois prudent dans tes paroles, et veille chaque jour à ce que tu manges et à ce que tu bois.*

5 **Un 6 en 5 :** Retour en fanfare. Ce n'est pas le moment de regretter le passé.

3 Début difficile. *Démêle ce qui n'est pas clair. Observe ta façon de penser. Distingue l'essentiel du secondaire en hiérarchisant tes priorités.*

4 **Un 6 en 4 :** Retourne sur tes pas, reviens dans la bonne attitude, alors tu profiteras du renouveau.

51 Secousse. *Ne te laisse pas désarçonner. Sers-toi de ton inquiétude pour aiguiser ton introspection.*

3 **Un 6 en 3 :** Retour en hâte. Trop d'agitation met le renouveau en danger. Pour le protéger : calme et fermeté.

36 Préserve-toi. *Reste dans l'ombre, ne te mets pas en avant. Attends le retour de circonstances favorables.*

2 **Un 6 en 2 :** Retour en panne. Heureuse immobilité qui laisse la situation se dénouer.

19 Approche-toi. *Penche-toi sur ce qui pousse pour l'aider à grandir. Prodigue tes conseils sans relâche.*

1 **Un 9 au début :** Retourne aux sources de cette histoire, la chance t'y attend.

2 Sois réceptif. *Développe ta disponibilité. Écoute le silence. Sois présent aux autres. Sois ouvert et cordial, soutiens tous les êtres vivants.*

ORACLE 25

RÉAGIS SPONTANÉMENT

> Méditation n° 25 p. 194

Le moment présent

Qui ne sait pas s'adapter à ce qui survient court au désastre. Face à l'inattendu, qui est à l'écoute trouve l'attitude juste.

La juste attitude

Ne prépare pas de stratégies. Fais confiance à ton intuition. Adapte-toi aux circonstances, prends soin de tous et de toutes.

Commentaires

Répondre aux sollicitations du moment sans stratégie préalable. S'adapter rapidement à ce qui survient de manière imprévue et nous dépasse. Être en adéquation avec le cours naturel des choses permet de réagir de manière appropriée.

LE CŒUR : 53 > PROGRESSE PAS À PAS / LE CONTRAIRE : 46 > CROISSANCE

À LIRE EN COMMENÇANT PAR LE BAS : TRAITS MUTABLES ET CONSEILS DE L'HEXAGRAMME DÉRIVÉ

6 **Un 9 en haut :** Attention aux fautes d'inadvertance qui gâchent tout l'acquis. Alors, pas un mot, pas un geste qui ne soit réfléchi.

17 Suis. *Suis le mouvement. Conforme-toi au moment présent avec plaisir et sérénité. Insère-toi avec aisance dans le flux et laisse-toi porter.*

5 **Un 9 en 5 :** Quand trop de spontanéité rend fébrile, il faut savoir trancher.

21 Mords et unis. *Clarifie les règles et fais-les respecter. Pour chaque faute, applique une sanction. L'harmonie reviendra.*

4 **Un 9 en 4 :** Quand tout augmente en même temps, il faut prendre les mesures qui s'imposent.

42 Augmente. *Tensions et possibilités. Réorganise tes priorités, corrige tes erreurs. Adapte-toi à la nouvelle donne et prends des initiatives.*

3 **Un 6 en 3 :** Perdre tout ce qu'on avait protégé est bien injuste mais permet de s'ouvrir à un monde différent.

13 Sois cordial. *Distingue les choses et les êtres. Va vers les autres. Pour renforcer l'harmonie, accueille les différences.*

2 **Un 6 en 2 :** Moissonner sans labourer, cultiver sans défricher sont des situations bien étranges. Mieux vaut s'en tenir à son but.

10 Attention à la marche. *Regarde où tu mets les pieds. Observe les formes et les usages.*

1 **Un 9 au début :** Aller spontanément ouvre l'esprit et permet de discerner à quoi il faut dire non.

12 Adversité. *Tiens-toi à l'écart. Refuse toute compromission. Enracine-toi dans ta vérité.*

ORACLE 26

MAÎTRISE

> Méditation n° 26 p. 194

Le moment présent

Une grande force est là, qui doit être domptée. L'énergie mal contenue tourne à la violence.

La juste attitude

Pour trouver une issue, repense à toutes les fois où tu t'es déjà laissé emporter dans une situation analogue.

Commentaires

Apprivoiser une force riche de possibilités. Observer son corps de souffrance pour ne plus s'y identifier. Rechercher dans son passé ce qui se rejoue à chaque fois avec des acteurs différents, de façon à sortir de son fonctionnement habituel.

LE CŒUR : 54 > LE TROUBLE / LE CONTRAIRE : 45 > RÉUNIS

À LIRE EN COMMENÇANT PAR LE BAS : TRAITS MUTABLES ET CONSEILS DE L'HEXAGRAMME DÉRIVÉ

6 **Un 9 en haut :** Les nues sont dispersées, les oiseaux et les émois peuvent aller librement.

11 Floraison. *Laisse-toi porter par ce courant favorable. Veille à accompagner ce qui est en train d'éclore.*

5 **Un 6 en 5 :** La maîtrise du domptage passe à un moment par la douceur.

9 Apprivoise. *Sois doux dans tes paroles, prudent dans tes actions. Diminue la pression par la compréhension et la patience.*

4 **Un 6 en 4 :** Il faut canaliser l'enthousiasme qu'apportent les premiers fruits de l'effort.

14 Réalise. *Reconnais les bonnes actions, atténue les fautes, trouve les pistes de progrès, ainsi tu obéis au ciel.*

3 **Un 9 en 3 :** Tu es capable de perfection. Comme un excellent cheval, efforce-toi de poursuivre. Certaines difficultés peuvent être profitables.

41 Diminue. *La perte est un allègement. Prends le temps de laisser décanter. Contiens ta colère. Modère tes passions.*

2 **Un 9 en 2 :** Les essieux du char cèdent. Le mécanisme s'enraye, le masque tombe.

22 Embellis. *Prends soin de ton apparence. Use de diplomatie. Clarifie les litiges sans rien dramatiser.*

1 **Un 9 au début :** Il est profitable de renoncer à améliorer ce qui n'est pas encore assaini.

18 Répare. *Corrige les dysfonctionnements. Élimine ce que le temps a détérioré. Occupe-toi des autres, élève ta conduite.*

NOURRIS-TOI

> Méditation n° 27 p. 194

Le moment présent

Assouvir sa faim en observant ce dont on se nourrit et ce que l'on nourrit au fond de soi.

La juste attitude

Soigne chaque détail. Sois prudent dans tes paroles, et veille chaque jour à ce que tu manges et à ce que tu bois.

Commentaires

Cet hexagramme représente une bouche, la porte des aliments (vers l'intérieur) et des paroles (vers l'extérieur). Il convient de nourrir au quotidien et sans fin la situation et les acteurs. On opère un renforcement interne en examinant comment on se nourrit et quelle partie de soi on alimente.

LE CŒUR : 2 > SOIS RÉCEPTIF / LE CONTRAIRE : 28 > EXCÈS DE GRANDEUR

À LIRE EN COMMENÇANT PAR LE BAS : TRAITS MUTABLES ET CONSEILS DE L'HEXAGRAMME DÉRIVÉ

6 **Un 9 en haut :** La nourriture sort de la terre. Tu peux traverser la rivière, heureux présage.

24 Renouveau. *Reviens à la source. Protège ce qui se réveille. Prépare tes forces dans le calme et le repos.*

5 **Un 6 en 5 :** Ne t'écarte pas de la norme, tu ne pourrais pas traverser la rivière.

42 Augmente. *Tensions et possibilités. Réorganise tes priorités, corrige tes erreurs. Adapte-toi à la nouvelle donne et prends des initiatives.*

4 **Un 6 en 4 :** Le tigre guette avec les oreilles baissées. Poursuivre et poursuivre encore.

21 Mords et unis. *Clarifie les règles et fais-les respecter. Pour chaque faute, applique une sanction. L'harmonie reviendra.*

3 **Un 6 en 3 :** Dix ans sans agir valent mieux que s'écarter de ce qui nourrit.

22 Embellis. *Prends soin de ton apparence. Use de diplomatie. Clarifie les litiges sans rien dramatiser.*

2 **Un 6 en 2 :** Ne demande pas aux êtres différents de toi de te nourrir, de là viendraient des ennuis.

41 Diminue. *La perte est un allègement. Prends le temps de laisser décanter. Contiens ta colère. Modère tes passions.*

1 **Un 9 au début :** Suivre son appétit et ses désirs conduit à la dispersion et au malheur. Regarde ce que tu nourris.

23 Fatigue. *Lâche prise, calme le jeu, privilégie ton repos et ta tranquillité. Tiens compte de ceux qui sont en bas.*

EXCÈS DE GRANDEUR

> Méditation n° 28 p. 194

Le moment présent

La juste mesure est dépassée. Le fardeau est trop lourd. Il convient de trouver en soi la force de se surpasser.

La juste attitude

Ne redoute pas la solitude, vis la retraite sans en être abattu.

Commentaires

Il convient de garder les yeux fixés sur son but tout en cherchant en soi le surcroît de forces nécessaires pour affronter une situation exceptionnelle. Unifier ses forces permet de soutenir une lourde charge.

LE CŒUR : 1 > CRÉE / LE CONTRAIRE : 27 > NOURRIS-TOI

À LIRE EN COMMENÇANT PAR LE BAS : TRAITS MUTABLES ET CONSEILS DE L'HEXAGRAMME DÉRIVÉ

6 **Un 6 en haut :** Quand, tête baissée, on dépasse les bornes, ce ne sont pas les repères que l'on perd, c'est la tête.

44 Rencontre. *Sois souple et accueillant. Adapte-toi à ton opposé, il s'adaptera à toi.*

5 **Un 9 en 5 :** D'un vieux peuplier naissent des fleurs éclatantes. Une vieille femme épouse un jeune homme. Ni faute, ni éloge, les fleurs ne donnent pas toutes des fruits.

32 Tiens bon. *Sois courageux. Accepte le défi. Sois constant dans ton orientation. Arme ton cœur pour un long voyage.*

4 **Un 9 en 4 :** Un pilier dressé peut soutenir la maison. N'en rajoute pas, pour ne pas gêner ceux que tu protèges.

48 Puise. *Console autrui, soulage-le de ses fatigues. Privilégie l'organisation commune et le soutien mutuel.*

3 **Un 9 en 3 :** La poutre faîtière ploie. Céder à l'excès entraîne la ruine de la maison et bloque la vitalité.

47 Épuisement. *Va au fond des choses. Force la communication pour réaliser tes désirs.*

2 **Un 9 en 2 :** D'un vieux peuplier naissent des surgeons. Un vieil homme épouse une jeune fille. Sa descendance est assurée. Tout est possible.

31 Incite. *Apprends à vivre les émotions qui te traversent sans en être déstabilisé. Respire. Génère une dynamique, choisis la bonne alliance.*

1 **Un 6 au début :** Une natte de roseaux blancs protège le craintif et le pousse à agir.

43 Décide-toi. *Montre ta résolution. Perce l'abcès. Veille à ne pas augmenter la tension par une attitude agressive.*

ORACLE 29

VERTIGE

> Méditation n° 29 p. 195

Le moment présent

Lorsqu'on doit franchir ravin sur ravin, agir amène à se surpasser.

La juste attitude

Dépasse ta peur, ne crains pas les pièges. Affronte les dangers sans relâche, ils feront de toi un maître.

Commentaires

En s'entraînant par l'exercice, on apprend à dépasser la peur du vide et on finit par trouver les courants qui nous soutiennent. Éprouver sa force au contact des périls, vaincre l'angoisse en se forgeant dans l'épreuve.

LE CŒUR : 27 > NOURRIS-TOI / LE CONTRAIRE : 30 > LUMIÈRE

À LIRE EN COMMENÇANT PAR LE BAS : TRAITS MUTABLES ET CONSEILS DE L'HEXAGRAMME DÉRIVÉ

6 **Un 6 en haut :** Entravé par de grosses cordes, on reste d'abord un certain temps sans rien obtenir, avant que la situation ne redevienne fluide.

59 Dénoue. *Ne te laisse pas emporter. Rassemble tes forces. Suis tes valeurs les plus hautes. Érige un temple à tes ancêtres.*

5 **Un 9 en 5 :** Le ravin n'est pas encore comblé mais il est nivelé. Le passage est rendu possible mais il ne faut pas relâcher l'effort.

7 Mobilise-toi. *Sois tolérant envers tous. Organise tes troupes.*

4 **Un 6 en 4 :** Boire dans des coupes en terre plutôt que dans des calices dorés. La détermination vaut mieux que l'esbroufe.

47 Épuisement. *Va au fond des choses. Force la communication pour réaliser tes désirs.*

3 **Un 6 en 3 :** Ravin devant, ravin derrière. Situation périlleuse. Attendre et ne pas agir est plus prudent.

48 Puise. *Console autrui, soulage-le de ses fatigues. Privilégie l'organisation commune et le soutien mutuel.*

2 **Un 9 en 2 :** Dans le ravin, il y a un passage difficile. Tu peux rechercher avec succès de petits gains.

8 Unis-toi. *Accepte l'autorité nécessaire à l'union. Privilégie la bienveillance pour créer la solidarité.*

1 **Un 6 au début :** S'enfoncer vers l'abîme détourne des voies du ciel. Gare aux excès.

60 Sois en mesure. *Prends le bon rythme. Pose les limites de ce qui est possible. Établis les règles pour donner ta pleine mesure.*

ORACLE 30

LUMIÈRE

> Méditation n° 30 p. 195

Le moment présent

Tout ce qui brille n'est pas de l'or. Faire preuve de réalisme permet de mener à terme ses projets.

La juste attitude

Ne te laisse pas éblouir. Reste lucide afin de pouvoir éclairer les êtres et les choses. Pose la lumière de ta conscience.

Commentaires

Attention à ne pas se laisser berner par les apparences. Faire preuve de réalisme permet de mener à terme ses projets. Avant de chercher à s'élever, mieux vaut être assuré de la solidité de ses bases et renforcer son implantation dans la réalité quotidienne.

LE CŒUR : 28 > EXCÈS DE GRANDEUR / LE CONTRAIRE : 29 > VERTIGE

À LIRE EN COMMENÇANT PAR LE BAS : TRAITS MUTABLES ET CONSEILS DE L'HEXAGRAMME DÉRIVÉ

6 **Un 9 en haut :** Pour circonvenir une révolte, il faut punir les meneurs et pardonner aux suiveurs.

55 Abondance. *Sois le soleil à son zénith. N'hésite pas à trancher. Provoque l'exécution des peines.*

5 **Un 6 en 5 :** Le présage est heureux pour qui sait se renforcer dans la peine et les sanglots.

13 Sois cordial. *Distingue les choses et les êtres. Va vers les autres. Pour renforcer l'harmonie, accueille les différences.*

4 **Un 9 en 4 :** Jaillir, brûler, renoncer, vivre.

22 Embellis. *Prends soin de ton apparence. Use de diplomatie. Dénoue les litiges sans rien dramatiser.*

3 **Un 9 en 3 :** Soleil couchant. Il est temps de réagir et de battre tambour plutôt que de gémir.

21 Mords et unis. *Clarifie les règles et fais-les respecter. Pour chaque faute, applique une sanction. L'harmonie reviendra.*

2 **Un 6 en 2 :** Lumière. Tout réussit aux êtres qui voient juste.

14 Réalise. *Reconnais les bonnes actions, atténue les fautes, trouve les pistes de progression, ainsi tu obéis au ciel.*

1 **Un 9 au début :** Ta démarche est confuse. Maîtrise-toi et toute faute disparaîtra.

56 Voyage. *Sois attentif et perspicace. Veille à régler les différends et ne fais pas traîner les disputes.*

ORACLE 31

INCITE

> Méditation n° 31 p. 195

Le moment présent

Le yin et le yang s'influencent réciproquement, favorisant l'attirance, l'émotion, le désir. Les sentiments se bousculent.

La juste attitude

Apprends à vivre les émotions qui te traversent sans en être déstabilisé. Génère une dynamique, choisis la bonne alliance.

Commentaires

Déclic subtil, comme un clin d'œil qui peut avoir des répercussions durables. Inciter est l'agir minimal qui déclenche une résonance. Il convient de la faire durer afin de la rendre féconde.

LE CŒUR : 44 > RENCONTRE / LE CONTRAIRE : 41 > DIMINUE

À LIRE EN COMMENÇANT PAR LE BAS : TRAITS MUTABLES ET CONSEILS DE L'HEXAGRAMME DÉRIVÉ

6 **Un 6 en haut :** L'influence des paroles s'envole avec elles. Seuls les actes ont une portée dans le temps.

33 Repli. *Prends tes distances, fermement et sans haine. Envisage les choses dans le long terme.*

5 **Un 9 en 5 :** L'incitation disparaît, on se retrouve indécis comme un enfant. On rencontre un écho, tout regret s'évanouit.

62 Petit excès. *Sois réaliste, attentif et courtois, évite tout excès. Sois économe dans la satisfaction de tes besoins.*

4 **Un 9 en 4 :** Indécis comme un enfant. Tous se conforment à tes pensées. Tout regret disparaît.

39 Obstacle. *Analyse-toi en situation, observe ce qui t'arrête. Est-ce l'obstacle ou l'importance que tu lui donnes ?*

3 **Un 9 en 3 :** L'incitation est trop forte, elle blesse. Tiens-toi à ce que tu as déjà.

45 Réunis. *Attache-toi à ce qui rassemble. Prends garde aux rivalités et aux désaccords éventuels.*

2 **Un 6 en 2 :** Incitation à suivre passivement le mouvement. Reste en place et ton but viendra à toi.

28 Excès de grandeur. *Ne redoute pas la solitude, vis la retraite sans en être abattu. Concentre-toi sur ton énergie, recontacte ta vitalité.*

1 **Un 6 au début :** Incitation à se mettre en marche, à changer… Encore un effort.

49 Change. *Distingue clairement les moments opportuns. Établis ton calendrier et organise ton temps.*

ORACLE 32

TIENS BON

> Méditation n° 32 p. 195

Le moment présent

La continuité est bénéfique, l'endurance est salutaire. Par la persévérance, on avance vers son but.

La juste attitude

Sois constant dans ton orientation. Arme ton cœur pour un long voyage.

Commentaires

Avoir de l'endurance, ne pas se laisser émousser par les coups du sort pour tenir la distance. Garder son cap malgré les courants contraires qui retardent et empêchent d'avancer. Trouver en soi les forces nécessaires. Retourner à sa source intérieure. Cultiver le *qi*.

LE CŒUR : 43 > DÉCIDE / LE CONTRAIRE : 42 > AUGMENTE

À LIRE EN COMMENÇANT PAR LE BAS : TRAITS MUTABLES ET CONSEILS DE L'HEXAGRAMME DÉRIVÉ

6 **Un 6 en haut :** Tu t'agites, mais n'avances pas. Tu épuises tes forces. Il faut changer de niveau.

50 Chaudron. *Prends soin de l'esprit et du corps. Perfectionne ton comportement, corrige-le pour t'établir à ta juste place.*

5 **Un 6 en 5 :** Rester constant dans son attitude est facile pour qui sait être yin, et malaisé pour qui est trop yang.

28 Excès de grandeur. *Ne redoute pas la solitude, vis la retraite sans en être abattu. Concentre-toi sur ton énergie, recontacte ta vitalité.*

4 **Un 9 en 4 :** Pas d'oiseaux dans le champ. Ne gaspille pas tes forces inutilement.

46 Croissance. *Applique-toi aux petites choses et avance pas à pas. Il faut voir le sage et les puissants et monter en grade.*

3 **Un 9 en 3 :** Manquer de constance dans ta conduite ne t'apportera que gêne et honte.

40 Délivrance. *Lâche prise. Soulage la tension. Libère-toi du problème. Sois indulgent avec les autres et avec toi-même.*

2 **Un 9 en 2 :** Les regrets s'envolent.

62 Petit excès. *Sois réaliste, attentif et courtois, évite tout excès. Sois économe dans la satisfaction de tes besoins.*

1 **Un 6 au début :** Qui veut tenir la distance ne doit pas s'appesantir dès le début.

34 La force. *Puissance. Canalise ton énergie. Maîtrise la violence. Adopte la bonne attitude.*

ORACLE 33

REPLI

> Méditation n° 33 p. 196

Le moment présent

Retraite stratégique. Se retirer permet d'inverser une situation momentanément défavorable.

La juste attitude

Prends tes distances, fermement et sans haine. Envisage les choses dans le long terme.

Commentaires

La retraite doit être une stratégie, pas une débandade. Un recul décidé est efficace à long terme, une manière yin d'atteindre son but malgré des circonstances défavorables.

LE CŒUR : 44 > RENCONTRE / LE CONTRAIRE : 19 > APPROCHE

À LIRE EN COMMENÇANT PAR LE BAS : TRAITS MUTABLES ET CONSEILS DE L'HEXAGRAMME DÉRIVÉ

6 **Un 9 en haut :** La retraite est un succès, tu es victorieux sur tous les fronts.

31 Incite. *Apprends à vivre les émotions qui te traversent sans en être déstabilisé. Respire. Génère une dynamique, choisis la bonne alliance.*

5 **Un 9 en 5 :** La retraite est maîtrisée. Tu n'as pas encore atteint ton but mais de larges perspectives s'ouvrent.

56 Voyage. *Sois attentif et perspicace. Veille à régler les différends et ne fais pas traîner les disputes.*

4 **Un 9 en 4 :** La retraite commence à porter ses fruits. Ne t'en contente pas, vois plus grand.

53 Progresse pas à pas. *Ne crains pas les moments de recul. Agis sur toi, agis sur l'autre. Améliore chaque jour ta façon de vivre.*

3 **Un 9 en 3 :** La retraite n'est pas toujours facile. Ne panique pas, rassemble tous ceux qui peuvent t'aider.

12 Adversité. *Tiens-toi à l'écart. Refuse toute compromission. Enracine-toi dans ta vérité.*

2 **Un 6 en 2 :** Reculer n'est pas fuir. Une retraite décidée maintient l'ennemi à distance.

44 Rencontre. *Sois souple et accueillant. Adapte-toi à ton opposé, il s'adaptera à toi.*

1 **Un 6 au début :** Tu es en queue, ce n'est pas la meilleure place quand on bat en retraite. Il faut garder ton cap.

13 Sois cordial. *Distingue les choses et les êtres. Va vers les autres. Pour renforcer l'harmonie, accueille les différences.*

ORACLE 34

LA FORCE

> Méditation n° 34 p. 196

Le moment présent

La force demande à être apprivoisée. L'énergie bien maîtrisée se transforme en puissance.

La juste attitude

Puissance. Canalise ton énergie. Maîtrise la violence. Adopte la bonne attitude.

Commentaires

Canaliser une grande poussée d'énergie pour la rendre fructueuse, tenir sa puissance. La fougue, la vitalité peuvent devenir excessives, voire néfastes si elles ne sont pas tenues en bride. L'endurance est essentielle pour cela.

LE CŒUR : 43 > DÉCIDE / LE CONTRAIRE : 20 > OBSERVE

À LIRE EN COMMENÇANT PAR LE BAS : TRAITS MUTABLES ET CONSEILS DE L'HEXAGRAMME DÉRIVÉ

6 **Un 6 en haut :** Le jeune bélier se prend les cornes dans la haie. Il ne peut plus ni avancer ni reculer.

14 Réalise. *Reconnais les bonnes actions, atténue les fautes, trouve les pistes de progression, ainsi tu obéis au ciel.*

5 **Un 6 en 5 :** Maîtrise ton impulsivité, ne confonds pas force et puissance.

43 Décide-toi. *Montre ta résolution. Perce l'abcès. Veille à ne pas augmenter la tension par une attitude agressive.*

4 **Un 9 en 4 :** Aucun regret à avoir. La haie s'ouvre. La situation est parfaitement maîtrisée.

11 Floraison. *Laisse-toi porter par ce courant favorable. Veille à accompagner ce qui est en train d'éclore.*

3 **Un 9 en 3 :** L'être accompli obtient la victoire sans utiliser la puissance. L'être petit fonce sans réfléchir et se prend les cornes dans la haie comme un jeune bélier.

54 Trouble. *Ouvre les yeux et arme-toi de courage. Le temps peut lever le voile des illusions.*

2 **Un 9 en 2 :** La puissance est maîtrisée, la voie s'ouvre.

55 Abondance. *Sois le soleil à son zénith. N'hésite pas à trancher. Provoque l'exécution des peines.*

1 **Un 9 au début :** Une forte envie de se mettre en marche doit être canalisée si l'on ne veut pas que sa violence se retourne contre soi.

32 Tiens bon. *Sois courageux. Accepte le défi. Sois constant dans ton orientation. Arme ton cœur pour un long voyage.*

ORACLE 35

AVANCE AU GRAND JOUR

Méditation n° 35 p. 196

Le moment présent

Honneurs et promotion te mettent sous les feux de la rampe. Tu dois apparaître en pleine lumière malgré des conditions difficiles.

La juste attitude

Veille sur toi-même, ne compte que sur tes propres forces. Montre de quoi tu es capable. Cherche à être un soleil pour autrui.

Commentaires

Se montrer. Progresser au grand jour. On avance dans la difficulté. Il convient d'être réceptif, de répondre à l'appel sans se laisser éblouir. Avoir une vision de chef, prendre de la hauteur, faire apparaître ses talents personnels.

LE CŒUR : 39 > OBSTACLE / LE CONTRAIRE : 5 > PATIENCE

À LIRE EN COMMENÇANT PAR LE BAS : TRAITS MUTABLES ET CONSEILS DE L'HEXAGRAMME DÉRIVÉ

6 **Un 9 en haut :** Avancer dans la violence et la brutalité augmente le désordre. Modère ton enthousiasme pour ne pas perdre ce que tu as gagné.

16 Ne t'emballe pas. *Tiens-toi à ce qui te parle, t'inspire et t'exalte. Entre dans le chant et la danse pour honorer ce qui te dépasse.*

5 **Un 6 en 5 :** Quoi que tu gagnes, quoi que tu perdes, tu en tireras toujours un bénéfice.

12 Adversité. *Tiens-toi à l'écart. Refuse toute compromission. Enracine-toi dans ta vérité.*

4 **Un 9 en 4 :** La progression est minée par des nuisibles. Tiens bon.

23 Fatigue. *Lâche prise, calme le jeu, privilégie ton repos et ta tranquillité. Tiens compte de ceux qui sont en bas.*

3 **Un 6 en 3 :** On rencontre un écho, qui justifie l'avancée au grand jour.

56 Voyage. *Sois attentif et perspicace. Veille à régler les différends et ne fais pas traîner les disputes.*

2 **Un 6 en 2 :** Tu es seul dans l'incompréhension générale. Changer de point de vue apporte un appui.

64 Tout est à faire. *Sois perspicace et attentif. Trouve une place à chaque chose. Économise tes forces pour tenir jusqu'au bout.*

1 **Un 6 au début :** Parfois tu avances, parfois tu recules. Rien ne semble te porter. Reprends-toi.

21 Mords et unis. *Clarifie les règles et fais-les respecter. Pour chaque faute, applique une sanction. L'harmonie reviendra.*

ORACLE 36

PRÉSERVE-TOI

> Méditation n° 36 p. 196

Le moment présent

Il y a un conflit dont on n'est pas responsable. Il convient de se désengager d'une oppression pénible.

La juste attitude

Reste dans l'ombre, ne te mets pas en avant. Attends le retour de circonstances favorables.

Commentaires

Au cœur de l'oppression, seuls le courage et la ténacité permettent de traverser les difficultés. La tyrannie est cruelle parce qu'on y est confronté à son corps défendant. Ne pas chercher les causes du conflit crée les conditions du renouveau.

LE CŒUR : 40 > DÉLIVRANCE / LE CONTRAIRE : 6 > PLAIDE TA CAUSE

À LIRE EN COMMENÇANT PAR LE BAS : TRAITS MUTABLES ET CONSEILS DE L'HEXAGRAMME DÉRIVÉ

6 **Un 6 en haut :** L'obscurité est à son comble. D'abord élevé au ciel, puis enfoui sous terre. Il faut se stabiliser.

22 Embellis. *Prends soin de ton apparence. Use de diplomatie. Dénoue les litiges sans rien dramatiser.*

5 **Un 6 en 5 :** Obscurcir sa lumière à l'extérieur permet de la préserver.

63 Tout est en place. *Sois attentif à l'équilibre. Anticipe le retour du désordre pour ne pas lui paver la route.*

4 **Un 6 en 4 :** Saisi au cœur, tu sors par la grande porte sans rien dire.

55 Abondance. *Sois le soleil à son zénith. N'hésite pas à trancher. Provoque l'exécution des peines.*

3 **Un 9 en 3 :** L'oiseau est blessé au cours de la chasse. Pour atteindre la cible, la fébrilité est inefficace.

24 Renouveau. *Reviens à la source. Protège ce qui se réveille. Prépare tes forces dans le calme et le repos.*

2 **Un 6 en 2 :** L'oiseau est blessé à la patte. Tu peux t'échapper mais il te faudra avancer sans relâche.

11 Floraison. *Laisse-toi porter par ce courant favorable. Veille à accompagner ce qui est en train d'éclore.*

1 **Un 9 au début :** L'oiseau est blessé en vol, il laisse pendre ses ailes. Les temps sont durs mais ne te décourage pas, même si l'on dit du mal de toi.

15 Sois modeste. *Diminue tes excès, travaille tes insuffisances. Concentre ta force intérieure pour t'affirmer dans la relation.*

ORACLE 37

LE CLAN

> Méditation n° 37 p. 197

Le moment présent

Quelque chose ne va pas, la famille est en désordre. L'harmonie reviendra si chacun prend sa place.

La juste attitude

Donne du poids à tes actes, de la consistance à tes paroles. Tiens-toi à tes projets, respecte tes promesses.

Commentaires

Chacun prend sa place dans une longue suite de générations. La famille est en désordre si sa hiérarchie n'est pas respectée. Il convient de replacer le momentané dans une perspective à long terme. Être constant.

LE CŒUR : 64 > TOUT EST À FAIRE / LE CONTRAIRE : 40 > DÉLIVRANCE

À LIRE EN COMMENÇANT PAR LE BAS : TRAITS MUTABLES ET CONSEILS DE L'HEXAGRAMME DÉRIVÉ

6 **Un 9 en haut :** Tout est en place si l'on considère les événements de sa vie comme les générations successives d'un clan.

63 Tout est en place. *Sois attentif à l'équilibre. Anticipe le retour du désordre pour ne pas lui paver la route.*

5 **Un 9 en 5 :** Un clan qui s'incarne dans un leader n'a rien à craindre.

22 Embellis. *Prends soin de ton apparence. Use de diplomatie. Dénoue les litiges sans rien dramatiser.*

4 **Un 6 en 4 :** Ce qui enrichit le clan, c'est la diversité de ceux qui le composent.

13 Sois cordial. *Distingue les choses et les êtres. Va vers les autres. Pour renforcer l'harmonie, accueille les différences.*

3 **Un 9 en 3 :** Le clan est en désordre, on crie de tous côtés. Il faut maîtriser cette fièvre.

42 Augmente. *Tensions et possibilités. Réorganise tes priorités, corrige tes erreurs. Adapte-toi à la nouvelle donne et prends des initiatives.*

2 **Un 6 en 2 :** Inutile de pousser les choses, il faut simplement être présent et nourrir ce qui est en germe.

9 Apprivoise. *Sois doux dans tes paroles, prudent dans tes actions. Diminue la pression par la compréhension et la patience.*

1 **Un 9 au début :** On ne vit bien au milieu des autres que si l'on a un espace à soi.

53 Progresse pas à pas. *Ne crains pas les moments de recul. Agis sur toi, agis sur l'autre. Améliore chaque jour ta façon de vivre.*

DIVERGENCE

> Méditation n° 38 p. 197

Le moment présent

Personne n'est d'accord. La contradiction peut être féconde et dynamique si l'on trouve des points d'accord malgré les divergences.

La juste attitude

Cherche un terrain d'entente pour défaire les tensions. Différencie-toi de ton entourage. Affirme ta position.

Commentaires

Pour rendre fertiles des situations contradictoires, il faut d'abord expliquer sa position et rechercher ce qui a conduit l'autre à adopter la sienne. Puis rapprocher petit à petit les points de vue antinomiques en tenant compte des différences de tous.

LE CŒUR : 63 > TOUT EST EN PLACE / LE CONTRAIRE : 39 > OBSTACLE

À LIRE EN COMMENÇANT PAR LE BAS : TRAITS MUTABLES ET CONSEILS DE L'HEXAGRAMME DÉRIVÉ

6 **Un 9 en haut :** Perdu et effrayé, tu te crois agressé par tous alors que rien ne le justifie.

54 Trouble. *Ouvre les yeux et arme-toi de courage. Le temps peut lever le voile des illusions.*

5 **Un 6 en 5 :** Au point où tu en es, un bon coup de balai est ce qu'il y a de mieux à faire.

10 Attention à la marche. *Regarde où tu mets les pieds. Observe les formes et les usages.*

4 **Un 9 en 4 :** Isolé, rejeté, tu rencontres un être d'exception qui t'aidera à retrouver le meilleur de toi-même.

41 Diminue. *La perte est un allègement. Prends le temps de laisser décanter. Contiens ta colère. Modère tes passions*

3 **Un 6 en 3 :** Tu te crois pris dans un cauchemar, mais en fait tout va bien.

14 Réalise. *Reconnais les bonnes actions, atténue les fautes, trouve les pistes de progrès, ainsi tu obéis au ciel.*

2 **Un 9 en 2 :** Rencontre inattendue d'un maître. N'hésite pas à le suivre.

21 Mords et unis. *Explicite les règles et fais-les respecter. Pour chaque faute, applique une sanction. L'harmonie reviendra.*

1 **Un 9 au début :** Ce qui apparaît d'abord comme un malheur peut être bénéfique à la longue.

64 Tout est à faire. *Sois perspicace et attentif. Trouve une place à chaque chose. Économise tes forces pour tenir jusqu'au bout.*

ORACLE 39

OBSTACLE

> Méditation n° 39 p. 197

Le moment présent

Il y a un obstacle, il est inutile de s'évertuer à essayer de le franchir. Il est favorable de prendre de la hauteur et du recul.

La juste attitude

Analyse-toi en situation, observe ce qui t'arrête. Est-ce l'obstacle ou l'importance que tu lui donnes ?

Commentaires

L'obstacle est réel mais il est surdimensionné. Il faut prendre du recul en allant voir quelqu'un de bon conseil. Agir sur deux niveaux (intérieur, extérieur), extérioriser ce qui souffre en soi pour réévaluer les difficultés.

LE CŒUR : 64 > TOUT EST À FAIRE / LE CONTRAIRE : 38 > DIVERGENCE

À LIRE EN COMMENÇANT PAR LE BAS : TRAITS MUTABLES ET CONSEILS DE L'HEXAGRAMME DÉRIVÉ

6 **Un 6 en haut :** Plus tu avances, plus tu butes sur l'obstacle. Recule et tu avanceras.

53 Progresse pas à pas. *Ne crains pas les moments de recul. Agis sur toi, agis sur l'autre. Améliore chaque jour ta façon de vivre.*

5 **Un 9 en 5 :** Dans les temps difficiles, les amis sont un précieux réconfort.

15 Sois modeste. *Diminue tes excès, travaille tes insuffisances. Concentre ta force intérieure pour t'affirmer dans la relation.*

4 **Un 6 en 4 :** Plus tu avances, plus tu butes sur l'obstacle. Recule et la situation se débloquera.

31 Incite. *Apprends à vivre les émotions qui te traversent sans en être déstabilisé. Respire. Génère une dynamique, choisis la bonne alliance.*

3 **Un 9 en 3 :** Plus tu avances, plus tu butes sur l'obstacle. Recule et tu te recentreras.

8 Unis-toi. *Accepte l'autorité nécessaire à l'union. Privilégie la bienveillance pour créer la solidarité.*

2 **Un 6 en 2 :** Obstacle sur obstacle. Tu n'es pas en cause, seules les circonstances sont contraires. Patience.

48 Puise. *Console autrui, soulage-le de ses fatigues. Privilégie l'organisation commune et le soutien mutuel.*

1 **Un 6 au début :** Plus tu avances, plus tu butes sur l'obstacle. Recule et les éloges viendront à toi.

63 Tout est en place. *Sois attentif à l'équilibre. Anticipe le retour du désordre pour ne pas lui paver la route.*

ORACLE 40

DÉLIVRANCE

> Méditation n° 40 p. 197

Le moment présent

C'est le moment de tourner la page. Prendre conscience de tout ce dont on se charge inutilement est un bon moyen pour s'en dégager.

La juste attitude

Lâche prise. Soulage la tension. Libère-toi du problème. Sois indulgent avec les autres et avec toi-même.

Commentaires

Lâcher prise, découvrir le fardeau pour se libérer de ce qui pèse, prendre du recul pour considérer ce qui entrave. Différencier ce qui est passé de ce qui reste à faire permet d'ajuster son comportement et de tirer tout le profit de la situation.

LE CŒUR : 63 > TOUT EST EN PLACE / LE CONTRAIRE : 37 > LE CLAN

À LIRE EN COMMENÇANT PAR LE BAS : TRAITS MUTABLES ET CONSEILS DE L'HEXAGRAMME DÉRIVÉ

6 **Un 6 en haut :** S'alléger amène à prendre de la hauteur, à voir le monde avec l'acuité d'un épervier.

64 Tout est à faire. *Sois perspicace et attentif. Trouve une place à chaque chose. Économise tes forces pour tenir jusqu'au bout.*

5 **Un 6 en 5 :** Maîtriser le lâcher prise est un art difficile car on est toujours attiré vers le bas.

47 Épuisement. *Va au fond des choses. Force la communication pour réaliser tes désirs.*

4 **Un 9 en 4 :** Tu rencontres un soutien, qui t'aide à mieux t'alléger.

7 Mobilise-toi. *Sois tolérant envers tous. Organise tes troupes.*

3 **Un 6 en 3 :** Se griser de tout ce dont on s'est délivré alourdit de nouveau.

32 Tiens bon. *Sois courageux. Accepte le défi. Sois constant dans ton orientation. Arme ton cœur pour un long voyage.*

2 **Un 9 en 2 :** Tu t'es délivré d'un fardeau et tu en ressens déjà les bienfaits.

16 Ne t'emballe pas. *Tiens-toi à ce qui te parle, t'inspire et t'exalte. Entre dans le chant et la danse pour honorer ce qui te dépasse.*

1 **Un 6 au début :** Il n'y a rien à dire. Tu te sens soulagé, tout simplement.

54 Trouble. *Ouvre les yeux et arme-toi de courage. Le temps peut lever le voile des illusions.*

ORACLE 41

DIMINUE

> Méditation n° 41 p. 198

Le moment présent

Une perte peut aussi être vécue comme un allègement. Diminuer la quantité permet d'augmenter la qualité.

La juste attitude

Prends le temps de laisser décanter. Contiens ta colère. Modère tes passions.

Commentaires

Capacité à entrer dans un flux nouveau et fécond. Resserrer pour préparer une expansion future. Rééquilibrer les forces en présence et rechercher un équilibre entre manque et surplus sont les phases préalables à une augmentation à venir.

LE CŒUR : 24 > RENOUVEAU / LE CONTRAIRE : 31 > INCITE

À LIRE EN COMMENÇANT PAR LE BAS : TRAITS MUTABLES ET CONSEILS DE L'HEXAGRAMME DÉRIVÉ

6 **Un 9 en haut :** Ce que tu gagnes à diminuer, tu peux aussi en faire profiter tout le monde, avant de poursuivre ton chemin.

19 Approche-toi. *Penche-toi sur ce qui pousse pour l'aider à grandir. Prodigue tes conseils sans relâche.*

5 **Un 6 en 5 :** Tu maîtrises si bien le processus de diminution que rien ne peut te faire changer d'avis.

61 Le juste milieu. *Évite les sanctions irrémédiables. Sache faire confiance et pardonner.*

4 **Un 6 en 4 :** Réduis ton emportement à tout diminuer. Attention à ne pas te laisser emporter dans une spirale.

38 Divergence. *Cherche un terrain d'entente pour défaire les tensions. Différencie-toi de ton entourage. Affirme ta position.*

3 **Un 6 en 3 :** Diminue ce qui est en trop, augmente ce qui manque.

26 Maîtrise. *Sois conciliant. Pour trouver une issue, repense à toutes les fois où tu t'es déjà laissé emporter dans une situation analogue.*

2 **Un 9 en 2 :** Ce n'est pas le moment de réagir brutalement. Considère ce que tu gagnes.

27 Nourris-toi. *Soigne chaque détail. Sois prudent dans tes paroles, et veille chaque jour à ce que tu manges et à ce que tu bois.*

1 **Un 9 au début :** Une fois tes affaires finies, pars vite et réfléchis à l'opportunité de les diminuer.

4 Apprends. *Sois plus rigoureux, assume tes actes. Commence par apprendre, aie de la suite dans tes idées.*

AUGMENTE

> Méditation n° 42 p. 198

Le moment présent

Augmentation soudaine des tensions et des possibilités. La profusion est source de confusion, ce qui était secondaire devient primordial.

La juste attitude

Réorganise tes priorités, corrige tes erreurs. Adapte-toi à la nouvelle donne et prends des initiatives.

Commentaires

Phase d'expansion, augmentation des tensions et des pressions, mais aussi des possibilités. Il convient de laisser s'exprimer le riche potentiel en présence en opérant les transformations qui s'imposent pour gérer une possibilité de croissance.

LE CŒUR : 23 > FATIGUE / LE CONTRAIRE : 32 > TIENS BON

À LIRE EN COMMENÇANT PAR LE BAS : TRAITS MUTABLES ET CONSEILS DE L'HEXAGRAMME DÉRIVÉ

6 **Un 9 en haut :** La roue tourne. Plus rien n'augmente. Tu peux même subir une perte. Ne t'enferre pas dans la rigidité.

3 Début difficile. *Démêle ce qui n'est pas clair. Observe ta façon de penser. Distingue l'essentiel du secondaire en hiérarchisant tes priorités.*

5 **Un 9 en 5 :** Ne te pose pas de questions inutiles. Tu es dans un courant porteur, à toi de le faire durer.

27 Nourris-toi. *Soigne chaque détail. Sois prudent dans tes paroles, et veille chaque jour à ce que tu manges et à ce que tu bois.*

4 **Un 6 en 4 :** Agis dans la voie juste et tu seras respecté de tous.

25 Réagis spontanément. *Ne prépare pas de stratégie. Fais confiance à ton intuition. Adapte-toi aux circonstances, prends soin des autres.*

3 **Un 6 en 3 :** Dans une phase d'expansion, les ennemis augmentent aussi. Reste dans la voie juste.

37 Le clan. *La famille est en désordre. Donne du poids à tes actes, de la consistance à tes paroles. Tiens-toi à tes projets, respecte tes promesses.*

2 **Un 6 en 2 :** Même si ce qui augmente est encore imprécis, tu y crois et rien ne peut te faire changer d'avis.

61 Le juste milieu. *Évite les sanctions irrémédiables. Sache faire confiance et pardonner.*

1 **Un 9 au début :** Ne laisse pas passer ce flux positif sans te relier à lui.

20 Observe. *Ne te contente pas de la première impression. Apprends à voir au-delà des apparences.*

ORACLE 43

DÉCIDE

> Méditation n° 43 p. 198

Le moment présent

Accumulation de tensions dangereuses. Il faut ouvrir une voie, parler haut et clair, résolument et sans violence.

La juste attitude

Veille à ne pas augmenter la tension par une attitude agressive. Décide-toi. Montre ta résolution. Perce l'abcès.

Commentaires

Une force brutale est sur le point de déborder. Il convient d'ouvrir un passage pour laisser se déverser le trop-plein et résoudre les tensions. Plus de tergiversation, il faut s'exprimer sans crainte et sans agressivité après s'être assuré du bien-fondé de ses propos.

LE CŒUR : 1 > CRÉE / LE CONTRAIRE : 23 > FATIGUE

À LIRE EN COMMENÇANT PAR LE BAS : TRAITS MUTABLES ET CONSEILS DE L'HEXAGRAMME DÉRIVÉ

6 **Un 6 en haut :** Si tu es trop brutal, même tes appels au secours resteront sans réponse.

1 Crée. *Déploie ta créativité. Va de l'avant. Sois ferme, tenace et vigilant. Prends conscience de ton énergie intérieure et dépense-la à bon escient.*

5 **Un 9 en 5 :** Maîtrise résolument ta résolution. Agis dans la voie juste.

34 La force. *Puissance. Canalise ton énergie. Maîtrise la violence. Adopte la bonne attitude.*

4 **Un 9 en 4 :** *Tu parles, mais personne ne t'écoute. C'est irritant et ça te bloque. Tu te sens comme un bélier. Attends.*

5 Patience. *Garde confiance. Bois, mange, renforce-toi par le repos, le plaisir et la joie.*

3 **Un 9 en 3 :** Si ta force se voit sur ton visage, il restera fermé. L'homme accompli est résolu, il agit seul et rencontre son but malgré les rancœurs.

58 Échange. *Apprends en conversant avec tes amis. Sois serein. Exerce-toi avec eux.*

2 **Un 9 en 2 :** Vigilance, même si tu n'as rien à craindre des combats qu'on entend dans la nuit.

49 Change. *Distingue clairement les moments opportuns. Établis ton calendrier et organise ton temps.*

1 **Un 9 au début :** Une puissante avancée sans désir de gagner ne mène nulle part.

28 Excès de grandeur. *Ne redoute pas la solitude, vis la retraite sans en être abattu. Concentre-toi sur ton énergie, recontacte ta vitalité.*

ORACLE 44

RENCONTRE

> Méditation n° 44 p. 198

Le moment présent

Le yin et le yang se rencontrent et s'accueillent mutuellement. Aller vers l'autre mène à l'ouverture.

La juste attitude

Sois souple et accueillant. Adapte-toi à ton opposé, il s'adaptera à toi.

Commentaires

Le yin est en puissance, il va se développer. Il convient de se préparer à le recevoir, de s'ouvrir à lui. Rencontre entre la faculté d'action et la capacité de durer. Le ralentissement de l'activité, replacé dans un processus d'intériorisation, permet des perspectives fécondes.

LE CŒUR : 1 > CRÉE / LE CONTRAIRE : 24 > RENOUVEAU

À LIRE EN COMMENÇANT PAR LE BAS : TRAITS MUTABLES ET CONSEILS DE L'HEXAGRAMME DÉRIVÉ

6 **Un 9 en haut :** Aller à la rencontre avec agressivité ne favorise pas l'échange.

28 Excès de grandeur. *Ne redoute pas la solitude, vis la retraite sans en être abattu. Concentre-toi sur ton énergie, recontacte ta vitalité.*

5 **Un 9 en 5 :** La rencontre est féconde bien qu'encore inaboutie. Passer au niveau supérieur.

50 Chaudron. *Prends soin de l'esprit et du corps. Perfectionne ton comportement, corrige-le pour t'établir à ta juste place.*

4 **Un 9 en 4 :** La fécondité est absente, la voie se ferme, il faut l'accepter.

57 Accepte. *Expliquées avec patience, tes intentions auront plus d'influence. N'hésite pas à répéter tes directives pour faire avancer leur exécution.*

3 **Un 9 en 3 :** Danger. L'activité cesse un moment. C'est irritant, il faut se justifier.

6 Plaide ta cause. *Défends ton point de vue, mais évite de pousser les choses à bout. Négocie en fonction de ce qui peut naître.*

2 **Un 9 en 2 :** La fécondité est latente, mais encore inaccessible. Replie-toi, aucun commerce n'est profitable. Refuse l'hospitalité.

33 Repli. *Prends tes distances, fermement et sans haine. Envisage les choses dans le long terme.*

1 **Un 6 au début :** Ne te laisse pas emporter par ton élan. Ralentis pour accueillir ce qui germe.

1 Crée. *Déploie ta créativité. Va de l'avant. Sois ferme, tenace et vigilant. Prends conscience de ton énergie intérieure et dépense-la à bon escient.*

ORACLE 45

RÉUNIS

> Méditation n° 45 p. 199

Le moment présent

Se rassembler permet de raviver les liens. L'activité du groupe se recentre autour de ce qui le fonde.

La juste attitude

Attache-toi à ce qui rassemble. Prends garde aux rivalités et aux désaccords éventuels.

Commentaires

Rallier des forces qui se dispersent autour d'un projet clairement redéfini, rappeler à tous ce qui les réunit. Il est utile de rassembler les énergies autour d'un but commun.

LE CŒUR : 53 > PROGRESSE PAS À PAS / LE CONTRAIRE : 26 > MAÎTRISE

À LIRE EN COMMENÇANT PAR LE BAS : TRAITS MUTABLES ET CONSEILS DE L'HEXAGRAMME DÉRIVÉ

6 **Un 6 en haut :** On ne voit plus rien, on ne sent plus rien. Il faut se désengager.

12 Adversité. *Tiens-toi à l'écart. Refuse toute compromission. Enracine-toi dans ta vérité.*

5 **Un 9 en 5 :** L'union se fait dans l'ordre. Le regret disparaît mais la situation se fige.

16 Ne t'emballe pas. *Tiens-toi à ce qui te parle, t'inspire et t'exalte. Entre dans le chant et la danse pour honorer ce qui te dépasse.*

4 **Un 9 en 4 :** Le ciel t'aide, alors aide-toi et ne t'épargne pas.

8 Unis-toi. *Accepte l'autorité nécessaire à l'union. Privilégie la bienveillance pour créer la solidarité.*

3 **Un 6 en 3 :** Où que tu ailles, tu te sens seul. La douleur te suit. Sois attentif aux signes de reprise.

31 Incite. *Apprends à vivre les émotions qui te traversent sans en être déstabilisé. Respire. Génère une dynamique, choisis la bonne alliance.*

2 **Un 6 en 2 :** Tu te laisses attirer ; c'est une ouverture, mais il ne faut pas hésiter à miser gros.

47 Épuisement. *Va au fond des choses. Force la communication pour réaliser tes désirs.*

1 **Un 6 au début :** Est-ce désordre, est-ce réunion ? Il y a un mouvement, mais pas de finalisation. Ne crains rien, même si des rires fusent autour de toi.

17 Suis. *Suis le mouvement. Conforme-toi au moment présent avec plaisir et sérénité. Insère-toi avec aisance dans le flux et laisse-toi porter.*

ORACLE 46

CROISSANCE

> Méditation n° 46 p. 199

Le moment présent

Ce que l'on construit pierre par pierre aboutit finalement. Il convient d'envisager le processus dans le long terme.

La juste attitude

Applique-toi aux petites choses et avance pas à pas. Il faut voir le sage et les puissants et monter en grade.

Commentaires

Rassembler patiemment les forces internes qui demandent à pousser. La croissance n'est pas encore visible, la graine germe en terre mais les fruits seront longs à venir. Il convient de considérer le mouvement dans son ensemble et de poursuivre son but avec opiniâtreté en dépit des difficultés.

LE CŒUR : 54 > TROUBLE / LE CONTRAIRE : 25 > RÉAGIS SPONTANÉMENT

À LIRE EN COMMENÇANT PAR LE BAS : TRAITS MUTABLES ET CONSEILS DE L'HEXAGRAMME DÉRIVÉ

6 **Un 6 en haut :** La croissance s'enfonce dans les ténèbres. Seul s'en sort celui qui sait tenir sans relâche et réformer sans faiblesse.

18 Répare. *Corrige les dysfonctionnements. Élimine ce que le temps a détérioré. Occupe-toi des autres, élève ta conduite.*

5 **Un 6 en 5 :** La croissance se fait par étapes successives. Chaque jour s'ouvre un pétale.

48 Puise. *Console autrui, soulage-le de ses fatigues. Privilégie l'organisation commune et le soutien mutuel.*

4 **Un 6 en 4 :** Le roi se relie à ce qui fonde durablement l'activité de tous.

32 Tiens bon. *Sois courageux. Accepte le défi. Sois constant dans ton orientation. Arme ton cœur pour un long voyage.*

3 **Un 9 en 3 :** La croissance ne porte encore aucun fruit. Ne relâche pas tes efforts.

7 Mobilise-toi. *Sois tolérant envers tous. Organise tes troupes.*

2 **Un 9 en 2 :** Tout a un prix. Il ne faut pas hésiter à miser gros, mais agir avec retenue.

15 Sois modeste. *Diminue tes excès, travaille tes insuffisances. Concentre ta force intérieure pour t'affirmer dans la relation.*

1 **Un 6 au début :** La croissance est un jeu gagnant pour tous. Tout s'ouvre devant toi.

11 Floraison. *Laisse-toi porter par ce courant favorable. Veille à accompagner ce qui est en train d'éclore.*

ORACLE 47

ÉPUISEMENT

> Méditation n° 47 p. 199

Le moment présent

C'est un moment d'adversité. Parler sans être écouté est épuisant. Le message ne passe pas, c'est l'incompréhension.

La juste attitude

Va au fond des choses. Force la communication pour réaliser tes désirs.

Commentaires

On n'est pas compris par ceux à qui l'on s'adresse, on se retrouve seul. Il convient de faire preuve de la détermination nécessaire pour faire entendre ce que l'on a à dire. L'incompréhension rencontrée doit engager à puiser plus profondément dans ce qui enracine.

LE CŒUR : 37 > LE CLAN / LE CONTRAIRE : 22 > EMBELLIS

À LIRE EN COMMENÇANT PAR LE BAS : TRAITS MUTABLES ET CONSEILS DE L'HEXAGRAMME DÉRIVÉ

6 **Un 6 en haut :** Il convient de se jeter dans le vide pour trouver de nouveaux appuis. Qui hésite à s'expliquer maintenant le regrettera sûrement.

6 Plaide ta cause. *Défends ton point de vue, mais évite de pousser les choses à bout. Négocie en fonction de ce qui peut naître.*

5 **Un 9 en 5 :** On ne sent plus rien, on n'avance pas. Pourtant, la communication finit par atteindre son but si l'on se tient à l'essentiel.

40 Délivrance. *Lâche prise. Soulage la tension. Libère-toi du problème. Sois indulgent avec les autres et avec toi-même.*

4 **Un 9 en 4 :** Le carcan se desserre. La voie s'ouvre un peu mais il convient de rester sur ses gardes.

29 Vertige. *Dépasse ta peur, ne crains pas les pièges. Affronte les dangers sans relâche, ils feront de toi un maître.*

3 **Un 6 en 3 :** À l'extérieur tout appui est douloureux. À l'intérieur la force semble absente. Il convient de se surpasser.

28 Excès de grandeur. *Ne redoute pas la solitude, vis la retraite sans en être abattu. Concentre-toi sur ton énergie, recontacte ta vitalité.*

2 **Un 9 en 2 :** On est tenté par des pots-de-vin. Il convient de se tenir à l'essentiel et de rassembler ses forces.

45 Réunis. *Attache-toi à ce qui rassemble. Prends garde aux rivalités et aux désaccords éventuels.*

1 **Un 6 au début :** La souche est nue, rien n'y pousse encore. Pendant tout un temps, aucune aide. Ne t'enferme pas dans la tristesse.

58 Échange. *Apprends en conversant avec tes amis. Sois serein. Exerce-toi avec eux.*

ORACLE 48

PUISE

> Méditation n° 48 p. 199

Le moment présent

Symbole de lien entre les humains, le puits nourrit et relie. Tirer son eau ne l'épuise pas mais le ressource. Organisation et partage. Communauté d'échange.

La juste attitude

Console autrui, soulage-le de ses fatigues. Privilégie l'organisation commune et le soutien mutuel.

Commentaires

Centre d'échanges, le puits est un lieu où l'on se retrouve et communique. Il est le symbole d'un système bien ordonné, d'une organisation mutuelle harmonieuse et féconde. Source invisible disponible pour chacun, il n'appartient à personne et sert à tous.

LE CŒUR : 38 > DIVERGENCE / LE CONTRAIRE : 21 > MORDS ET UNIS

À LIRE EN COMMENÇANT PAR LE BAS : TRAITS MUTABLES ET CONSEILS DE L'HEXAGRAMME DÉRIVÉ

6 **Un 6 en haut :** Ce qui vient du puits est fécond. Ne le recouvre pas, fais-en profiter tout le monde.

57 Accepte. *Expliquées avec patience, tes intentions auront plus d'influence. N'hésite pas à répéter tes directives pour faire avancer leur exécution.*

5 **Un 9 en 5 :** L'eau du puits est pure et fraîche, on peut s'y désaltérer.

46 Croissance. *Applique-toi aux petites choses et avance pas à pas. Il faut voir le sage et les puissants et monter en grade.*

4 **Un 6 en 4 :** Le puits est maçonné. On peut y aller boire.

28 Excès de grandeur. *Ne redoute pas la solitude, vis la retraite sans en être abattu. Concentre-toi sur ton énergie, recontacte ta vitalité.*

3 **Un 9 en 3 :** Une eau claire au fond du puits. Nul ne s'en désaltère, quelle tristesse ! Il convient de savoir traverser ce moment pénible.

29 Vertige. *Dépasse ta peur, ne crains pas les pièges. Affronte les dangers sans relâche, ils feront de toi un maître.*

2 **Un 9 en 2 :** On ne puise pas d'eau avec une jarre percée si on ne veut pas se bloquer soi-même.

39 Obstacle. *Analyse-toi en situation, observe ce qui t'arrête. Est-ce l'obstacle ou l'importance que tu lui donnes ?*

1 **Un 6 au début :** Si un puits contient de la vase, on ne peut y boire. Il est bon d'attendre qu'il se clarifie.

5 Patience. *Garde confiance. Bois, mange, renforce-toi par le repos, le plaisir et la joie.*

ORACLE 49

CHANGE

> Méditation n° 49 p. 200

Le moment présent

Un changement de pouvoir doit intervenir au moment propice. Il est temps de rejeter ce qui ne fonctionne plus.

La juste attitude

Distingue clairement les moments opportuns. Établis ton calendrier et organise ton temps.

Commentaires

Muter, muer, rejeter, abandonner un système qui ne fonctionne plus. Enclencher au bon moment une remise à jour radicale.

LE CŒUR : 44 > RENCONTRE / LE CONTRAIRE : 4 > APPRENDS

À LIRE EN COMMENÇANT PAR LE BAS : TRAITS MUTABLES ET CONSEILS DE L'HEXAGRAMME DÉRIVÉ

6 **Un 6 en haut :** Qui est accompli se transforme en profondeur avec la force d'une panthère.

13 Sois cordial. *Distingue les choses et les êtres. Va vers les autres. Pour renforcer l'harmonie, accueille les différences.*

5 **Un 9 en 5 :** Qui est grand n'a pas besoin d'oracle. Il transforme tout autour de lui avec la puissance d'un tigre.

55 Abondance. *Sois le soleil à son zénith. N'hésite pas à trancher. Provoque l'exécution des peines.*

4 **Un 9 en 4 :** Le changement s'amorce de lui-même. Ne regrette rien.

63 Tout est en place. *Sois attentif à l'équilibre. Anticipe le retour du désordre pour ne pas lui paver la route.*

3 **Un 9 en 3 :** Le moment est malvenu. Ne bouge pas avant que tous ne soient convaincus de la nécessité du changement.

17 Suis. *Suis le mouvement. Conforme-toi au moment présent avec plaisir et sérénité. Insère-toi avec aisance dans le flux et laisse-toi porter.*

2 **Un 6 en 2 :** Le jour J est venu. N'hésite pas à enclencher le grand chambardement.

43 Décide-toi. *Montre ta résolution. Perce l'abcès. Veille à ne pas augmenter la tension par une attitude agressive.*

1 **Un 9 au début :** Ne t'agite pas. Retiens-toi, comme on entrave un bœuf avec une lanière de cuir.

31 Incite. *Apprends à vivre les émotions qui te traversent sans en être déstabilisé. Respire. Génère une dynamique, choisis la bonne alliance.*

ORACLE 50

CHAUDRON

> Méditation n° 50 p. 200

Le moment présent

Épurer l'ancien, pour produire du nouveau. Par la transmutation, on atteint le subtil, on se relie au ciel.

La juste attitude

Prends soin de l'esprit et du corps. Perfectionne ton comportement, corrige-le pour t'établir à ta juste place.

Commentaires

Un effort d'affinage d'une situation parvenue à son terme permet de revaloriser son action. Passer à un niveau supérieur, du visible à l'invisible. Moment véritablement alchimique où l'on peut transformer le plomb du passé en or de l'avenir.

LE CŒUR : 43 > DÉCIDE / LE CONTRAIRE : 3 > DÉBUT DIFFICILE

À LIRE EN COMMENÇANT PAR LE BAS : TRAITS MUTABLES ET CONSEILS DE L'HEXAGRAMME DÉRIVÉ

6 **Un 9 en haut :** Chaudron aux anses de jade. Grande fortune. On est en passe d'atteindre le niveau supérieur.

32 Tiens bon. *Sois courageux. Accepte le défi. Sois constant dans ton orientation. Arme ton cœur pour un long voyage.*

5 **Un 6 en 5 :** Chaudron aux anses solides et facile à utiliser. La transmutation s'accomplit.

44 Rencontre. *Sois souple et accueillant. Adapte-toi à ton opposé, il s'adaptera à toi.*

4 **Un 9 en 4 :** Les pieds du chaudron se brisent. La nourriture est répandue. Quel gâchis !

18 Répare. *Corrige les dysfonctionnements. Élimine ce que le temps a détérioré. Occupe-toi des autres, élève ta conduite.*

3 **Un 9 en 3 :** Le chaudron n'a pas d'anses. Impossible de le sortir du feu et de servir le succulent ragoût qu'il contient.

64 Tout est à faire. *Sois perspicace et attentif. Trouve une place à chaque chose. Économise tes forces pour tenir jusqu'au bout.*

2 **Un 9 en 2 :** Chaudron plein. Ton partenaire est fébrile, pourtant ce n'est pas à toi de faire le premier pas vers lui.

56 Voyage. *Sois attentif et perspicace. Veille à régler les différends et ne fais pas traîner les disputes.*

1 **Un 6 au début :** Chaudron renversé, pieds en l'air. C'est la seule façon de vider ce qui l'obstrue et de poser les bases d'un devenir.

14 Réalise. *Reconnais les bonnes actions, atténue les fautes, trouve les pistes de progrès, ainsi tu obéis au ciel.*

ORACLE 51

SECOUSSE

> Méditation n° 51 p. 200

Le moment présent

Coup de tonnerre, secousse violente qui surprend et réveille, provoque l'effroi puis le rire et pousse à réagir.

La juste attitude

Ne te laisse pas désarçonner. Sers-toi de ton inquiétude pour aiguiser ton introspection.

Commentaires

Moment propice à un redémarrage. Mobiliser l'énergie pour sortir de sa torpeur et remédier à une situation qu'on a laissé croupir. Il convient d'accompagner cette énergie et de la nourrir par l'endurance afin de la rendre féconde.

LE CŒUR : 39 > OBSTACLE / LE CONTRAIRE : 57 > ACCEPTE

À LIRE EN COMMENÇANT PAR LE BAS : TRAITS MUTABLES ET CONSEILS DE L'HEXAGRAMME DÉRIVÉ

6 **Un 6 en haut :** L'ébranlement s'épuise en toi mais gagne ton entourage. L'inquiétude t'étreint. Réagis vite, mais tranche en douceur.

21 Mords et unis. *Clarifie les règles et fais-les respecter. Pour chaque faute, applique une sanction. L'harmonie reviendra.*

5 **Un 6 en 5 :** La secousse va et vient. Danger de blocage.

17 Suis. *Suis le mouvement. Conforme-toi au moment présent avec plaisir et sérénité. Insère-toi avec aisance dans le flux et laisse-toi porter.*

4 **Un 9 en 4 :** La secousse perd en violence et gagne en profondeur.

24 Renouveau. *Reviens à la source. Protège ce qui se réveille. Prépare tes forces dans le calme et le repos.*

3 **Un 6 en 3 :** La secousse se ranime, il est bon de rester vigilant.

55 Abondance. *Sois le soleil à son zénith. N'hésite pas à trancher. Provoque l'exécution des peines.*

2 **Un 6 en 2 :** Danger. Il est possible qu'on perde quelque chose. Au bout du compte, par ton effort, tu obtiendras un résultat.

54 Trouble. *Ouvre les yeux et arme-toi de courage. Le temps peut lever le voile des illusions.*

1 **Un 9 au début :** La secousse survient. Tu es d'abord surpris, puis tu en ris. Pas d'affolement.

16 Ne t'emballe pas. *Tiens-toi à ce qui te parle, t'inspire et t'exalte. Entre dans le chant et la danse pour honorer ce qui te dépasse.*

ORACLE 52

CALME

> Méditation n° 52 p. 200

Le moment présent

Rien n'avance plus. Tout résiste. On ne voit plus ses proches. Il convient de ramener le calme en soi.

La juste attitude

Reste centré sur la réalité présente. Ne laisse pas tes pensées s'éparpiller.

Commentaires

Pour stabiliser, il convient de commencer par se pacifier à l'intérieur de soi sans chercher à contrôler l'ensemble de la situation. Calmer le corps apaise le cœur. Tenir ses pensées permet de passer à autre chose et de se rapprocher de son centre.

LE CŒUR : 40 > DÉLIVRANCE / LE CONTRAIRE : 58 > ÉCHANGE

À LIRE EN COMMENÇANT PAR LE BAS : TRAITS MUTABLES ET CONSEILS DE L'HEXAGRAMME DÉRIVÉ

6 **Un 9 en haut :** Succès. Calme olympien, tout s'ouvre à toi.

15 Sois modeste. *Diminue tes excès, travaille tes insuffisances. Concentre ta force intérieure pour t'affirmer dans la relation.*

5 **Un 6 en 5 :** Maîtrise tes paroles, elles ont autant de portée que tes actes.

53 Progresse pas à pas. *Ne crains pas les moments de recul. Agis sur toi, agis sur l'autre. Améliore chaque jour ta façon de vivre.*

4 **Un 6 en 4 :** Qui sait se calmer avant d'agir atteint toujours son but.

56 Voyage. *Sois attentif et perspicace. Veille à régler les différends et ne fais pas traîner les disputes.*

3 **Un 9 en 3 :** Décontracte-toi, décrispe ton dos, détends ton cœur.

23 Fatigue. *Lâche prise, calme le jeu, privilégie ton repos et ta tranquillité. Tiens compte de ceux qui sont en bas.*

2 **Un 6 en 2 :** Calme ta tendance à faire le mouton. Reprends-toi, même si cela te chagrine.

18 Répare. *Corrige les dysfonctionnements. Élimine ce que le temps a détérioré. Occupe-toi des autres, élève ta conduite.*

1 **Un 6 au début :** Calme ton envie d'avancer. Tiens-toi et découvre ce que tu te caches.

22 Embellis. *Prends soin de ton apparence. Use de diplomatie. Clarifie les litiges sans rien dramatiser.*

ORACLE 53

PROGRESSE PAS À PAS

> Méditation n° 53 p. 201

Le moment présent

Le cheminement est difficile mais l'avancée certaine. Trois pas en avant, un pas en arrière. En progressant par étapes, les efforts portent finalement leurs fruits.

La juste attitude

Ne crains pas les moments de recul. Agis sur toi, agis sur l'autre. Améliore chaque jour ta façon de vivre.

Commentaires

Progression graduelle, avancées rapides suivies de moments de stagnation, voire de régression. Par une suite d'efforts répétés, on avance malgré les revers et les déceptions. Il convient de tenir quelles que soient les circonstances, de développer des qualités d'endurance et d'adaptabilité.

LE CŒUR : 64 > TOUT EST À FAIRE / LE CONTRAIRE : 54 > TROUBLE

À LIRE EN COMMENÇANT PAR LE BAS : TRAITS MUTABLES ET CONSEILS DE L'HEXAGRAMME DÉRIVÉ

6 **Un 9 en haut :** L'oiseau progresse seulement jusqu'à la colline. On repart en avant après un pas en arrière.

39 Obstacle. *Analyse-toi en situation, observe ce qui t'arrête. Est-ce l'obstacle ou l'importance que tu lui donnes ?*

5 **Un 9 en 5 :** L'oiseau progresse jusqu'à la montagne et peut voir au-delà de l'aridité actuelle.

52 Calme. *Écoute le silence derrière les bruits extérieurs et intérieurs. Sois attentif au moment présent. Ne laisse pas tes pensées s'éparpiller.*

4 **Un 6 en 4 :** L'oiseau progresse jusqu'à l'arbre et trouve un appui qui assure le repli.

33 Repli. *Prends tes distances fermement, sans haine. Envisage les choses dans le long terme.*

3 **Un 9 en 3 :** L'oiseau progresse jusqu'à la colline, mais n'avance pas plus. Tout se ferme. Tiens bon, c'est provisoire.

20 Observe. *Ne te contente pas de la première impression. Apprends à dépasser les apparences.*

2 **Un 6 en 2 :** L'oiseau progresse jusqu'à des roches plates. Stabilité. Boire, manger, faire la fête, présage d'ouverture.

57 Accepte. *Expliquées avec patience, tes intentions auront plus d'influence. N'hésite pas à répéter tes directives pour faire avancer leur exécution.*

1 **Un 6 au début :** L'oiseau progresse jusqu'à la rive, puis s'arrête. Pour qui, comme l'enfant, ne voit pas loin, il y a danger.

37 Le clan. *La famille est en désordre. Donne du poids à tes actes, de la consistance à tes paroles. Tiens-toi à tes projets, respecte tes promesses.*

TROUBLE

> Méditation n° 54 p. 201

Le moment présent

L'illusion fausse l'alliance. On est emporté malgré soi. Avant d'aller plus loin, il faut clarifier ses vraies motivations.

La juste attitude

Ouvre les yeux et arme-toi de courage. Le temps peut lever le voile des illusions.

Commentaires

On est confronté à une situation que l'on n'a pas choisie. Se prêter à cette conjoncture peut être productif à terme. Quand il est impossible d'agir directement sur une situation, mieux vaut faire preuve de patience.

LE CŒUR : 63 > TOUT EST EN PLACE / LE CONTRAIRE : 53 > PROGRESSE PAS À PAS

À LIRE EN COMMENÇANT PAR LE BAS : TRAITS MUTABLES ET CONSEILS DE L'HEXAGRAMME DÉRIVÉ

6 **Un 6 en haut :** L'alliance ne peut être fondée sur de fausses raisons.

38 Divergence. *Cherche un terrain d'entente pour défaire les tensions. Différencie-toi de ton entourage. Affirme ta position.*

5 **Un 6 en 5 :** La lune brille parce qu'elle est face au soleil. Tu touches une récompense mais tu n'as rien fait pour.

58 Échange. *Apprends en conversant avec tes amis. Sois serein. Exerce-toi avec eux.*

4 **Un 9 en 4 :** Alliance reportée. Pas de précipitation. Attends de rencontrer le bon partenaire.

19 Approche-toi. *Penche-toi sur ce qui pousse pour l'aider à grandir. Prodigue tes conseils sans relâche.*

3 **Un 6 en 3 :** Tu cherches l'alliance, sans respecter les règles. Fais marche arrière pour être plus efficace.

34 La force. *Puissance. Canalise ton énergie. Maîtrise la violence. Adopte la bonne attitude.*

2 **Un 9 en 2 :** Un borgne peut quand même voir. Bien que troublé par des faux-semblants, tu trouves en toi une énergie vivifiante.

51 Secousse. *Ne te laisse pas désarçonner. Sers-toi de ton inquiétude pour aiguiser ton introspection.*

1 **Un 9 au début :** Un boiteux peut quand même marcher. Bien qu'entravé par tes illusions, tu peux encore t'en sortir.

40 Délivrance. *Lâche prise. Soulage la tension. Libère-toi du problème. Sois indulgent avec les autres et avec toi-même.*

ORACLE 55

ABONDANCE

> Méditation n° 55 p. 201

Le moment présent

La profusion entrave la poursuite du développement. Éliminer le surplus favorise la circulation de l'énergie.

La juste attitude

Sois le soleil à son zénith. N'hésite pas à trancher. Provoque l'exécution des peines.

Commentaires

Excès de vitalité qu'il importe de canaliser pour éviter le trop-plein. La végétation se renforce quand on l'élague, la vigne taillée produit de belles grappes. Adopter une position centrée permet d'éclairer chaque chose justement, la maîtrise de la lumière par l'ombre éclaire sans éblouir.

LE CŒUR : 28 > EXCÈS DE GRANDEUR / LE CONTRAIRE : 59 > DÉNOUE

À LIRE EN COMMENÇANT PAR LE BAS : TRAITS MUTABLES ET CONSEILS DE L'HEXAGRAMME DÉRIVÉ

6 **Un 6 en haut :** À force de te protéger, de t'enfermer, tu te retrouves seul. Trois ans sans visites.

30 Lumière. *Ne te laisse pas éblouir. Tes pensées vont trop vite. Reste lucide afin de pouvoir éclairer les êtres et les choses.*

5 **Un 6 en 5 :** Enfin tes mérites sont reconnus, et tu reçois récompenses et éloges.

49 Change. *Distingue clairement les moments opportuns. Établis ton calendrier et organise ton temps.*

4 **Un 9 en 4 :** Un rideau cache la lumière. En plein jour, tu peux voir l'étoile Polaire comme un maître rencontré par hasard.

36 Préserve-toi. *Reste dans l'ombre, ne te mets pas en avant. Attends le retour de circonstances favorables.*

3 **Un 9 en 3 :** Les étoiles en plein jour ! Mieux vaut t'asseoir et te reprendre, sinon tu vas te casser le bras à force de marcher la tête en bas.

51 Secousse. *Ne te laisse pas désarçonner. Sers-toi de ton inquiétude pour aiguiser ton introspection.*

2 **Un 6 en 2 :** Un rideau cache la lumière. En plein jour, tu peux voir l'étoile Polaire et ainsi trouver ton chemin.

34 La force. *Puissance. Canalise ton énergie. Maîtrise la violence. Adopte la bonne attitude.*

1 **Un 9 au début :** Tu rencontres par hasard un partenaire. Alliance provisoire mais fructueuse.

62 Petit excès. *Sois réaliste, attentif et courtois, évite tout excès. Sois économe dans la satisfaction de tes besoins.*

ORACLE 56

VOYAGE

> Méditation n° 56 p. 201

Le moment présent

On est loin de chez soi, hors de ses repères et sans appui, on mesure ses faiblesses et on découvre ses forces.

La juste attitude

Sois attentif et perspicace. Règle les différends et ne fais pas traîner les disputes.

Commentaires

Voyager amène des désagréments passagers, mais aussi des opportunités fécondes qui ouvrent de nouvelles perspectives. On a avantage à observer d'abord, à se montrer discret et réservé. On est hors de son réseau habituel. Dans une situation périlleuse, on ne trouvera pas de soutien.

LE CŒUR : 28 > EXCÈS DE GRANDEUR / LE CONTRAIRE : 60 > SOIS EN MESURE

À LIRE EN COMMENÇANT PAR LE BAS : TRAITS MUTABLES ET CONSEILS DE L'HEXAGRAMME DÉRIVÉ

6 **Un 9 en haut :** L'oiseau volage ravage son nid. Le voyageur qui d'abord rit, pleure ensuite.

62 Petit excès. *Sois réaliste, attentif et courtois, évite tout excès. Sois économe dans la satisfaction de tes besoins.*

5 **Un 6 en 5 :** La première flèche est perdue. La deuxième atteint la cible. Éloges. Tu ne dois pas en rester là.

33 Repli. *Prends tes distances, fermement et sans haine. Envisage les choses dans le long terme.*

4 **Un 9 en 4 :** Voyageur installé à l'étape. Tu obtiens reconnaissance et travail, mais cela ne rend pas ton cœur joyeux.

52 Calme. *Écoute le silence derrière les bruits extérieurs et intérieurs. Sois attentif au moment présent. Ne laisse pas tes pensées s'éparpiller.*

3 **Un 9 en 3 :** Voyageur, attention au feu ! Il réchauffe, mais peut aussi brûler si tu ne prends pas garde.

35 Avance au grand jour. *Veille sur toi, ne compte que sur tes propres forces. Montre de quoi tu es capable. Cherche à être un soleil pour autrui.*

2 **Un 6 en 2 :** Voyageur en vue de l'étape. On vient à ton aide. Garde tes biens précieusement.

50 Chaudron. *Prends soin de l'esprit et du corps. Perfectionne ton comportement, corrige-le pour t'établir à ta juste place.*

1 **Un 6 au début :** Le voyageur qui se laisse éblouir n'en tire que désagréments.

30 Lumière. *Ne te laisse pas éblouir. Tes pensées vont trop vite. Reste lucide afin de pouvoir éclairer les êtres et les choses.*

ORACLE 57

ACCEPTE

> Méditation n° 57 p. 202

Le moment présent

C'est un moment de contrainte qui pousse à se courber. En s'y adaptant, sans perdre de vue son objectif, on peut donner une forme nouvelle à la situation.

La juste attitude

Expliquées avec patience, tes intentions auront plus d'influence. N'hésite pas à répéter tes directives pour faire avancer leur exécution.

Commentaires

La situation prend un tour différent de celui qu'on avait prévu ; il convient de s'y adapter, comme la racine contourne la pierre pour poursuivre son chemin sous la terre. Élargir sa vision, accepter les modifications du moment tout en gardant à l'esprit le but qu'on s'est fixé.

LE CŒUR : 38 > DIVERGENCE / LE CONTRAIRE : 51 > SECOUSSE

À LIRE EN COMMENÇANT PAR LE BAS : TRAITS MUTABLES ET CONSEILS DE L'HEXAGRAMME DÉRIVÉ

6 **Un 9 en haut :** Accepte ce qui te vient de la nuit et des souvenirs, quitte à perdre travail et reconnaissance.

48 Puise. *Console autrui, soulage-le de ses fatigues. Privilégie l'organisation commune et le soutien mutuel.*

5 **Un 9 en 5 :** Tout est avantageux si tu sais accepter pleinement et te renouveler activement.

18 Répare. *Corrige les dysfonctionnements. Élimine ce que le temps a détérioré. Occupe-toi des autres, élève ta conduite.*

4 **Un 6 en 4 :** Ce que tu as su accepter te rapporte déjà quelque chose.

44 Rencontre. *Sois souple et accueillant. Adapte-toi à ton opposé, il s'adaptera à toi.*

3 **Un 9 en 3 :** Ce que tu acceptes à la hâte se figera rapidement.

59 Dénoue. *Ne te laisse pas emporter. Rassemble tes forces. Suis tes valeurs les plus hautes. Érige un temple à tes ancêtres.*

2 **Un 9 en 2 :** Accepte ce qui te vient de la nuit et des souvenirs, et intègre-le petit à petit.

53 Progresse pas à pas. *Ne crains pas les moments de recul. Agis sur toi, agis sur l'autre. Améliore chaque jour ta façon de vivre.*

1 **Un 6 au début :** Qu'on lui dise d'avancer ou de reculer, un bon soldat accepte sans discuter.

9 Apprivoise. *Sois doux dans tes paroles, prudent dans tes actions. Diminue la pression par la compréhension et la patience.*

ORACLE 58

ÉCHANGE

> Méditation n° 58 p. 202

Le moment présent

La bonne humeur aplanit les différends. Communiquer dans la joie établit l'harmonie.

La juste attitude

Apprends en conversant avec tes amis. Sois serein. Exerce-toi avec eux.

Commentaires

L'humeur joyeuse est communicative. S'exprimer sereinement et avec légèreté permet d'apprendre mieux. Avoir un rapport amical et détendu aide à dépasser les difficultés inhérentes à la vie en collectivité. Quand tout est joie, la mesure est juste.

LE CŒUR : 37 > LE CLAN / LE CONTRAIRE : 52 > CALME

À LIRE EN COMMENÇANT PAR LE BAS : TRAITS MUTABLES ET CONSEILS DE L'HEXAGRAMME DÉRIVÉ

6 **Un 6 en haut :** Si ton bonheur ne te suffit pas, es-tu sûr que ce soit le bonheur ?
10 Attention à la marche. *Regarde où tu mets les pieds. Observe les formes et les usages.*

5 **Un 9 en 5 :** Reste vigilant. On cherche à t'endormir par des paroles mielleuses.
54 Trouble. *Ouvre les yeux et arme-toi de courage. Le temps peut lever le voile des illusions.*

4 **Un 9 en 4 :** L'échange n'est pas encore établi. La fébrilité n'est pas la joie de vivre.
60 Sois en mesure. *Prends le bon rythme. Pose les limites de ce qui est possible. Établis les règles pour donner ta pleine mesure.*

3 **Un 6 en 3 :** Il n'y a pas d'échange pour qui confond joie et divertissement.
43 Décide-toi. *Montre ta résolution. Perce l'abcès. Veille à ne pas augmenter la tension par une attitude agressive.*

2 **Un 9 en 2 :** Entente entre deux personnes pleines de bonne volonté. La voie s'ouvre.
17 Suis. *Suis le mouvement. Conforme-toi au moment présent avec plaisir et sérénité. Insère-toi avec aisance dans le flux et laisse-toi porter.*

1 **Un 9 au début :** Quand tout le monde est d'accord, il n'y a plus besoin de mots.
47 Épuisement. *Va au fond des choses. Force la communication pour réaliser tes désirs.*

ORACLE 59

DÉNOUE

> Méditation n° 59 p. 202

Le moment présent

Un flux torrentiel emporte tout ce qui était figé. On perd ses repères mais aussi ses rigidités.

La juste attitude

Ne te laisse pas emporter. Rassemble tes forces. Suis tes valeurs les plus hautes. Érige un temple à tes ancêtres.

Commentaires

Les repères disparaissent au profit d'une nouvelle donne. La glace qui fond fluidifie ce que le gel avait rigidifié. La crue emporte tout sur son passage et redonne de la mobilité à ce qu'on croyait définitivement fixe.

LE CŒUR : 27 > NOURRIS-TOI / LE CONTRAIRE : 55 > ABONDANCE

À LIRE EN COMMENÇANT PAR LE BAS : TRAITS MUTABLES ET CONSEILS DE L'HEXAGRAMME DÉRIVÉ

6 **Un 9 en haut :** Le flux retombe. Tu ne dois pas redouter ce passage à vide.

29 Vertige. *Dépasse ta peur, ne crains pas les pièges. Affronte les dangers sans relâche, ils feront de toi un maître.*

5 **Un 9 en 5 :** Le flux atteint ton centre vital et met à l'épreuve toutes tes structures.

4 Apprends. *Sois plus rigoureux, assume tes actes. Commence par apprendre, mets de la suite dans tes idées.*

4 **Un 6 en 4 :** Au milieu de ton groupe, le flux dissout les tensions et rend les conflits gérables.

6 Plaide ta cause. *Défends ton point de vue, mais évite de pousser les choses à bout. Négocie en fonction de ce qui peut naître.*

3 **Un 6 en 3 :** Rentré à l'intérieur de toi, tu laisses le flux dissoudre les rigidités.

57 Accepte. *Expliquées avec patience, tes intentions auront plus d'influence. N'hésite pas à répéter tes directives pour faire avancer leur exécution.*

2 **Un 9 en 2 :** Monter sur la table permet d'observer le flux qui progresse sans se mouiller.

20 Observe. *Ne te contente pas de la première impression. Apprends à voir au-delà des apparences.*

1 **Un 6 au début :** Délivre-toi de ce qui te fige.

61 Le juste milieu. *Évite les sanctions irrémédiables. Sache faire confiance et pardonner.*

ORACLE 60

SOIS EN MESURE

> Méditation n° 60 p. 202

Le moment présent

C'est le moment de prendre le rythme. Le présage est heureux si les règles sont bonnes. La loi des hommes doit suivre la loi de l'univers.

La juste attitude

Pose les limites de ce qui est possible. Établis les règles pour donner ta pleine mesure.

Commentaires

Trouver le bon rythme pour avancer sans s'essouffler. Réguler sans contraindre, harmoniser. Il convient de trouver l'équilibre entre fermeté et souplesse. Imposer des barrières trop rigides produirait l'effet contraire.

LE CŒUR : 27 > NOURRIS-TOI / LE CONTRAIRE : 56 > VOYAGE

À LIRE EN COMMENÇANT PAR LE BAS : TRAITS MUTABLES ET CONSEILS DE L'HEXAGRAMME DÉRIVÉ

6 **Un 6 en haut :** Trop de mesure devient une contrainte, pas une aide.
61 Le juste milieu. *Évite les sanctions irrémédiables. Sache faire confiance et pardonner.*

5 **Un 9 en 5 :** Sois doux et l'on viendra à toi. Entreprends et tu te surpasseras.
19 Approche-toi. *Penche-toi sur ce qui pousse pour l'aider à grandir. Prodigue tes conseils sans relâche.*

4 **Un 6 en 4 :** La mesure juste apporte la paix.
58 Échange. *Apprends en conversant avec tes amis. Sois serein. Exerce-toi avec eux.*

3 **Un 6 en 3 :** Sans mesure, tu n'es jamais satisfait et tu gémis.
5 Patience. *Garde confiance. Bois, mange, renforce-toi par le repos, le plaisir et la joie.*

2 **Un 9 en 2 :** Fais attention. Il n'est pas encore temps de sortir dans le monde.
3 Début difficile. *Démêle ce qui n'est pas clair. Observe ta façon de penser. Distingue l'essentiel du secondaire en hiérarchisant tes priorités.*

1 **Un 9 au début :** Trouve le rythme pour être en mesure de sortir de chez toi.
29 Vertige. *Dépasse ta peur, ne crains pas les pièges. Affronte les dangers sans relâche, ils feront de toi un maître.*

LE JUSTE MILIEU

> Méditation n° 61 p. 203

Le moment présent

Tu as la force de la juste place. Le cœur vide de préjugés, on va sans crainte à la rencontre de l'autre.

La juste attitude

Évite les sanctions irrémédiables. Sache faire confiance et pardonner.

Commentaires

Une force invincible due à l'assurance d'être à sa place dans la continuité. Assurance qui permet d'apaiser les querelles les plus vives et d'établir des rapports sincères.

LE CŒUR : 27 > NOURRIS-TOI / LE CONTRAIRE : 62 > PETIT EXCÈS

À LIRE EN COMMENÇANT PAR LE BAS : TRAITS MUTABLES ET CONSEILS DE L'HEXAGRAMME DÉRIVÉ

6 **Un 9 en haut :** Le cri du faisan monte jusqu'au ciel. C'est bien d'avoir confiance, mais monter trop haut entraîne la chute.

***60 Sois en mesure.** Prends le bon rythme. Pose les limites de ce qui est possible. Établis les règles pour donner ta pleine mesure.*

5 **Un 9 en 5 :** Unis comme les maillons d'une chaîne, seule la rouille peut vous corrompre.

***41 Diminue.** La perte est un allègement. Prends le temps de laisser décanter. Contiens ta colère. Modère tes passions.*

4 **Un 6 en 4 :** La lune presque pleine, le couple se sépare. Pas de faute.

***10 Attention à la marche.** Regarde où tu mets les pieds. Observe les formes et les usages.*

3 **Un 6 en 3 :** Tu rencontres ton double. Tu chantes et tu pleures, tu attaques et tu recules.

***9 Apprivoise.** Sois doux dans tes paroles, prudent dans tes actions. Diminue la pression par la compréhension et la patience.*

2 **Un 9 en 2 :** Deux cœurs comme deux oiseaux chantent et se font écho. Rencontre renversante.

***42 Augmente.** Tensions et possibilités. Réorganise tes priorités, corrige tes erreurs. Adapte-toi à la nouvelle donne et prends des initiatives.*

1 **Un 9 au début :** La préparation est bon signe. N'en rajoute pas.

***59 Dénoue.** Ne te laisse pas emporter. Rassemble tes forces. Suis tes valeurs les plus hautes. Érige un temple à tes ancêtres.*

PETIT EXCÈS

> Méditation n° 62 p. 203

Le moment présent

Folie des grandeurs et incertitude. Il convient de réviser les objectifs à la baisse.

La juste attitude

Sois réaliste, attentif et courtois, évite tout excès. Sois économe dans la satisfaction de tes besoins.

Commentaires

Ne pas se faire d'illusions. Ne pas se lancer dans de vastes projets, mais tout organiser dans les moindres détails. La ténacité est profitable dans les petites choses.

LE CŒUR : 28 > EXCÈS DE GRANDEUR / LE CONTRAIRE : 61 > LE JUSTE MILIEU

À LIRE EN COMMENÇANT PAR LE BAS : TRAITS MUTABLES ET CONSEILS DE L'HEXAGRAMME DÉRIVÉ

6 **Un 6 en haut :** L'oiseau qui s'envole est pris au filet. Tout s'écroule.

56 Voyage. *Sois attentif et perspicace. Veille à régler les différends et ne fais pas traîner les disputes.*

5 **Un 6 en 5 :** Les nuages s'épaississent mais il n'y a pas encore de pluie. La situation est en train de changer. Accompagne le mouvement qui s'enclenche.

31 Incite. *Apprends à vivre les émotions qui te traversent sans en être déstabilisé. Respire. Génère une dynamique, choisis la bonne alliance.*

4 **Un 9 en 4 :** Aller de l'avant mène au danger. Reste sur tes gardes. N'agis pas.

15 Sois modeste. *Diminue tes excès, travaille tes insuffisances. Concentre ta force intérieure pour t'affirmer dans la relation.*

3 **Un 9 en 3 :** Modère-toi car une blessure est possible. Protège-toi car personne ne le fera à ta place.

16 Ne t'emballe pas. *Tiens-toi à ce qui te parle, t'inspire et t'exalte. Entre dans le chant et la danse pour honorer ce qui te dépasse.*

2 **Un 6 en 2 :** Respecte la hiérarchie. Tu n'atteins pas le roi, mais le ministre. C'est ce qui peut t'arriver de mieux.

32 Tiens bon. *Sois courageux. Accepte le défi. Sois constant dans ton orientation. Arme ton cœur pour un long voyage.*

1 **Un 6 au début :** L'oiseau qui s'envole trop haut finit par retomber.

55 Abondance. *Sois le soleil à son zénith. N'hésite pas à trancher. Provoque l'exécution des peines.*

ORACLE 63

TOUT EST EN PLACE

> Méditation n° 63 p. 203

Le moment présent

Tout est en ordre, à quelques détails près. Une fois l'ordre achevé, le désordre s'installe petit à petit. Ce qui est immuable, c'est le changement.

La juste attitude

Sois attentif à l'équilibre. Anticipe le retour du désordre pour ne pas lui paver la route.

Commentaires

Passage de l'ordre au désordre. On ne peut que retarder son retour. L'ordre et le désordre sont des éléments dynamiques. Il convient d'examiner les obstacles pour mieux les franchir en étant attentif au moindre détail.

LE CŒUR : 64 > TOUT EST À FAIRE / LE CONTRAIRE : 64 > TOUT EST À FAIRE

À LIRE EN COMMENÇANT PAR LE BAS : TRAITS MUTABLES ET CONSEILS DE L'HEXAGRAMME DÉRIVÉ

6 **Un 6 en haut :** Ne cherche pas à tout prix à maintenir les conditions passées. Relativise.

37 Le clan. *La famille est en désordre. Donne du poids à tes actes, de la consistance à tes paroles. Tiens-toi à tes projets, respecte tes promesses.*

5 **Un 9 en 5 :** Seule une attitude vraie et consistante procure le bonheur. Ne te montre pas.

36 Préserve-toi. *Reste dans l'ombre, ne te mets pas en avant. Attends le retour de circonstances favorables.*

4 **Un 6 en 4 :** Les vêtements de soie aussi peuvent devenir des haillons. Reste sur tes gardes.

49 Change. *Distingue clairement les moments opportuns. Établis ton calendrier et organise ton temps.*

3 **Un 9 en 3 :** Défends ton territoire. Demande au besoin de l'aide à des gens importants.

3 Début difficile. *Démêle ce qui n'est pas clair. Observe ta façon de penser. Distingue l'essentiel du secondaire en hiérarchisant tes priorités.*

2 **Un 6 en 2 :** Ne poursuis pas ce que tu viens de perdre. Avant sept jours, tu le retrouveras.

5 Patience. *Garde confiance. Bois, mange, renforce-toi par le repos, le plaisir et la joie.*

1 **Un 9 au début :** Freine tes roues. La difficulté n'est pas là où tu crois.

39 Obstacle. *Analyse-toi en situation, observe ce qui t'arrête. Est-ce l'obstacle ou l'importance que tu lui donnes ?*

ORACLE 64

TOUT EST À FAIRE

> Méditation n° 64 p. 203

Le moment présent

Rien n'est en place, il convient de passer du désordre à l'ordre. Tout est difficile, tout est possible. L'ordre naît du chaos.

La juste attitude

Sois perspicace et attentif. Trouve une place à chaque chose. Économise tes forces pour tenir jusqu'au bout.

Commentaires

Quand on doit traverser un passage difficile, il convient de faire preuve d'endurance. Entreprendre ne vaut que si l'on aboutit. La seule bataille qu'il ne faut pas perdre, c'est la dernière.

LE CŒUR : 63 > TOUT EST EN PLACE / LE CONTRAIRE : 63 > TOUT EST EN PLACE

À LIRE EN COMMENÇANT PAR LE BAS : TRAITS MUTABLES ET CONSEILS DE L'HEXAGRAMME DÉRIVÉ

6 **Un 9 en haut :** Tout est fait. Tu fêtes ta réussite. Trinque joyeusement sans perdre la tête.

40 Délivrance. *Lâche prise. Soulage la tension. Libère-toi du problème. Sois indulgent avec les autres et avec toi-même.*

5 **Un 6 en 5 :** Le chef accomplit la mise en ordre. Tout regret s'évanouit. Tu es porté par un courant de justice.

6 Plaide ta cause. *Défends ton point de vue, mais évite de pousser les choses à bout. Négocie en fonction de ce qui peut naître.*

4 **Un 9 en 4 :** Ton territoire est consolidé. Reçois-en les bienfaits et récompense ceux qui t'ont aidé.

4 Apprends. *Sois plus rigoureux, assume tes actes. Commence par apprendre, mets de la suite dans tes idées.*

3 **Un 6 en 3 :** La mise en ordre atteint un niveau supérieur. Ne force pas les choses.

50 Chaudron. *Prends soin de l'esprit et du corps. Perfectionne ton comportement, corrige-le pour t'établir à ta juste place.*

2 **Un 9 en 2 :** Tu es énergique et fonceur, mais tu dois freiner tes roues pour atteindre ton but.

35 Avance au grand jour. *Veille sur toi, ne compte que sur tes propres forces. Montre de quoi tu es capable. Cherche à être un soleil pour autrui.*

1 **Un 6 au début :** Jette-toi à l'eau sans précipitation et poursuis avec endurance.

38 Divergence. *Cherche un terrain d'entente pour défaire les tensions. Différencie-toi de ton entourage. Affirme ta position.*

LE LIVRE DES MÉDITATIONS

LA RÉVÉLATION DU MIROIR

Tout cela est un rêve ?
Oui certes, nous sommes dans un conte. Le tien.
Tu es Marouf l'oiseleur. Marouf, un jour, se prend à rêver
d'une caravane fabuleuse, dont les richesses lui sont destinées.
Il l'imagine, il parle d'elle, tant et si bien qu'un jour
elle devient réelle et finit par arriver jusqu'à lui.

TAO

QUATRIÈME LIVRE

Se connecter au « moment présent » comme le *Yi Jing* le propose n'est pas un exercice destiné à la seule activité de l'esprit, comme pourraient nous le faire croire nos habitudes occidentales – tout simplement parce que notre mental n'offre qu'une « conscience conditionnée », incapable d'analyser toutes les composantes des énergies en présence à un moment T. Les méditations du *Grand Livre des transformations*, ou *Yi Jing*, nous proposent de ressentir et d'explorer le « moment présent » en nous permettant d'accéder à d'autres états de conscience.

Pour les sages taoïstes, la méditation, l'observation, la contemplation, la visualisation sont des activités de la conscience qui permettent de se libérer des contingences matérielles chères au mental. Elles représentent les portes qui mènent à une conscience physique accrue du « moment présent », de l'« Ici et Maintenant ». C'est à ce moment que nous pouvons atteindre des niveaux de « présence consciente » ou de « conscience élargie » d'où peut émerger une vision plus juste du Réel.

Se connecter au « moment présent », en nous mettant en état de « conscience élargie », nous apporte une sagesse affective de détachement et de sérénité à l'égard de la perte, du déclin et de la mort, qui est aussi indispensable au Tao que le gain, la croissance et la vie. Cette « conscience élargie » commence le plus souvent à s'éveiller dès que nous portons notre attention sur le champ énergétique de notre corps (ou corps subtil), ce que l'on appelle le *qi* (ou *chi*, ou *ki*), que l'on compare habituellement à un fleuve ou à un courant d'énergie. En portant notre attention sur notre corps énergétique, nous en prenons conscience et nous pouvons remonter le cours du fleuve jusqu'à sa source.

Le *qi* est mouvement. La source est immobile. Elle n'en est pas moins pleine de vitalité. Elle est notre « Être » le plus profond. Le *qi* est le lien entre le monde visible, physique, et la source, qui appartient au monde invisible et constitue néanmoins notre être profond.

COMMENT SE SERVIR DES MÉDITATIONS DE CE LIVRE ?

Chacun des 64 exercices du présent livre des Méditations – auxquels renvoient les 64 hexagrammes du livre des Oracles – est composé de trois parties :

1. Un rituel d'introduction, destiné à nous connecter le plus vite possible à notre être profond.

2. Le thème spécifique de l'exercice méditatif, qui invite à nous mettre dans un état de conscience propice à une compréhension optimale de l'oracle que nous avons tiré.

3. Un rituel de sortie, qui nous aide à mieux réaliser l'apport de la méditation, et surtout à mieux ressentir ce qu'elle a modifié dans notre corps, dans notre cœur et dans notre esprit.

Les rituels de début et de fin sont essentiels. Il est important de les respecter.

LES DEUX TYPES DE MÉDITATION

• 1. Les huit méditations des trigrammes

Ce sont des méditations puissantes, qui préparent aux exercices méditatifs des 64 hexagrammes. Elles requièrent un endroit calme et silencieux. Ces méditations de base favorisent une vision plus lucide de ce que l'on entend par « réel », « moment présent », ou « Ici et Maintenant ». Leur pratique régulière facilite la « conscience élargie », la clarté, la vigilance, la sollicitude, la compassion et la joie véritable. De ce fait, elles stimulent notre système immunitaire.

• 2. Les 64 méditations des hexagrammes

Les 64 méditations auxquelles t'invitent les 64 hexagrammes sont de petits exercices intérieurs, qui t'aident d'abord à prendre conscience du champ énergétique de ton corps, sans que tu aies à réfléchir à ce qui se passe, mais en le ressentant. De cette manière, tu ne laisses pas le mental prendre la direction de ta conscience et tu passes rapidement de la « conscience conditionnée » à la « conscience élargie ».

Certains de ces exercices peuvent être pratiqués en toutes circonstances, dans le bus, dans un jardin, dans une file d'attente, etc. Ils durent entre une et six minutes (ou plus longtemps si tu en éprouves le désir). D'autres exigent un endroit calme et silencieux, comme les méditations de base des trigrammes. D'autres encore demandent à ce que tu notes les idées qui te viennent sur ton carnet de route.

Ces méditations ont l'avantage de t'aider à te dissocier facilement de ton mental, de ton ego, de ton « corps de souffrance » (cf. p. 225) et de te connecter avec ton corps énergétique, notamment par la prise de conscience de ta respiration. Cette dernière constitue le départ de toute méditation efficace pour « être » dans son corps. Les méditations des hexagrammes ont ceci de particulier qu'elles allient le *faire*, l'action qui représente le pôle positif yang, et l'*être*, la contemplation qui constitue le pôle réceptif yin. Le rôle du premier est actif puisqu'il vise à stimuler la personne pour atteindre un objectif. Comme le pôle positif et le pôle négatif d'un générateur électrique, l'être et le faire sont nécessaires pour que circule l'énergie.

Pour accroître l'efficacité des méditations des oracles, il est bon de s'y préparer en pratiquant au préalable, plusieurs fois, les méditations de base des trigrammes.

NB : Bien méditer et visualiser demande un apprentissage. Rien ne peut remplacer la force de l'exemple et la profondeur de la transmission vivante. Il est utile d'avoir un partenaire qui lit le texte lentement, en laissant un temps entre deux suggestions et en prenant note de tes réponses quand il t'est demandé de raconter. Vous trouverez des vidéos pour faciliter votre initiation sur www.taovillage.com

MÉDITATION DU CIEL

POUR MIEUX HABITER SON CORPS ET SE DONNER CRÉATIVITÉ, FORCE, INITIATIVE

Installe-toi sur une chaise. Tiens ta colonne vertébrale droite, cela rend plus alerte. Garde les yeux ouverts. Prends trois respirations lentes et profondes pour te recentrer. Commence par expirer par la bouche, lentement, profondément, puis reprends ton inspir au niveau du ventre. Ensuite, laisse ta respiration se faire d'elle-même, simplement en portant ton attention sur ton expir et ton inspir.

Concentre ensuite ton attention sur le champ d'énergie de ton corps, ce que l'on appelle le *qi*. Commence par ta main gauche, c'est le plus facile, fais en sorte de sentir sa vitalité, son champ vibratoire. Ressens-les de l'intérieur. Prends ton temps. Dès que tu sens les premiers picotements, ton champ d'énergie physique est activé. Alors, fais de même pour l'autre main, jusqu'à ce que les champs énergétiques de tes deux mains soient à peu près en équilibre. Tu peux maintenant étendre cette perception à tout ton corps : pieds, jambes, abdomen, poitrine, bras, tête... Rapidement tu vas ressentir un état de présence vigilante et alerte à tout ce qui t'entoure. Comme si l'ensemble de tes cellules se réveillaient joyeuses. Privilégie ces sensations qui te font sentir bien vivant. Maintenant, tu habites mieux ton corps.

Pour terminer, concentre-toi sur ton ressenti. Es-tu conscient que quelque chose s'est déjà modifié dans ton corps, dans ton cœur, dans ton esprit ? Prends une longue respiration et note ce que tu retiens de cette expérience sur ton carnet de route.

MÉDITATION DU VENT

POUR ACCEPTER LE MOMENT PRÉSENT

Prends trois respirations lentes et profondes pour te recentrer. Commence par expirer par la bouche, lentement, profondément, puis reprends ton inspir au niveau du ventre. Ensuite, les yeux fermés, laisse ta respiration se faire d'elle-même, simplement en portant ton attention sur ton expir et ton inspir.

La voie la plus directe qui mène à la paix intérieure est l'acceptation du moment tel qu'il est. Le mot « oui » te permet d'entrer dans le moment présent. Fais en sorte de dire oui à celui que tu vis maintenant, quel qu'il soit. Accepte-le tel qu'il est. Dès que cela sera fait, tu ressentiras immédiatement plus de vitalité dans ton corps. En disant oui, entièrement, profondément, tu ressens une vigilance accrue et tes perceptions sensorielles sont beaucoup plus vives. Ta vision change, ton ouïe se fait plus fine, ton odorat, ton goût, ton ressenti... Peu à peu, tu peux presque percevoir la vitalité de tout ce qui t'entoure, celle de la nature et des objets.
Si ce qui t'arrive dans le moment présent est pénible – accident, perte, maladie... –, accepte-le aussi. La vie veut te dire quelque chose, même si tu ne comprends pas ce que c'est.
Laisse-toi aller dans l'Ici et Maintenant et à tout ce qui peut surgir. C'est alors que le pouvoir et la force vont se montrer. En oubliant ton petit moi qui te maintient dans l'illusion du « j'aime/j'aime pas », ton ego s'efface par le simple fait que tu admets le moment présent. L'illusion s'évanouit naturellement quand tu acceptes d'être présent.

Maintenant concentre-toi sur ton ressenti : es-tu conscient que quelque chose s'est déjà modifié dans ton corps, dans ton cœur, dans ton esprit ? Prends une longue respiration et note ce que tu retiens de cette expérience sur ton carnet de route.

MÉDITATION DU FEU

LA QUÊTE DE LA LUCIDITÉ

Cette méditation peut se faire n'importe où.
Tiens ta colonne vertébrale droite.
Garde les yeux ouverts.
Prends trois respirations lentes et profondes.

Sois présent en tant qu'observateur de ton mental, c'est-à-dire de tes pensées, de tes émotions et de tes réactions à des situations précises. Par exemple, pense à ton problème du moment. Accorde au moins autant d'attention à ta façon de réagir, en pensées, en émotions, en ressenti, en actes, qu'à la situation ou à la personne qui te fait réagir. Remarque cette tendance répétitive avec laquelle ton attention se fixe sur le passé ou le futur. Il s'est passé ceci, il arrivera cela. Ne juge pas, n'analyse pas ce que tu observes. Prends note uniquement du flux de tes pensées. Ressens les émotions qui te traversent, sans t'y accrocher. Surveille tes réactions. Que se passe-t-il au niveau de ton corps ? Fais en sorte de repérer les liens entre ton corps, tes émotions et tes pensées. Entre dans ta conscience adulte. Dès que tu te situes en observateur de toi-même, tu te mets à ressentir une présence calme, qui t'observe de derrière le contenu de ton mental. Laisse monter ce ressenti. Il est plus puissant et plus sage que ton mental. Deviens cet observateur silencieux, lucide, clair, vif et de plus en plus joyeux.

Après, concentre-toi sur ton ressenti :
es-tu conscient que quelque chose s'est déjà modifié
dans ton corps, dans ton cœur, dans ton esprit ?
Prends une longue respiration et note
ce que tu retiens de cette expérience
sur ton carnet de route.

MÉDITATION DE LA BRUME

COMMUNICATION, JOIE, LÉGÈRETÉ

Tiens ta colonne vertébrale droite. Ferme les yeux.
Prends trois respirations lentes et profondes.
Commence par expirer par la bouche, lentement,
profondément, puis reprends ton inspir
au niveau du ventre...

Porte ton attention sur ton corps. Fais en sorte de le sentir de l'intérieur. Est-il vivant ? Sens-tu la vitalité dans tes mains, tes bras, tes jambes, tes pieds, ton abdomen, ta poitrine ? Sens-tu le subtil champ énergétique qui infuse tout ton corps et vitalise chaque organe et chaque cellule ? Si rien ne se passe à cette étape, concentre-toi sur tout ce que tu peux ressentir. Ne serait-ce qu'un petit picotement dans tes mains ou tes pieds. Cela suffit pour le moment. Fixe simplement ton attention sur cette sensation. Ton corps s'anime alors.
Fais en sorte de le ressentir simultanément dans toutes les parties de ton corps, comme s'il s'agissait d'un seul et unique champ énergétique, qui permet aux autres parties de communiquer entre elles. Maintiens ta vigilance sur ton corps subtil pendant quelques instants. Ne te mets pas à y *penser* : sens-le ! Plus tu y accordes d'attention, plus la sensation se clarifie et s'intensifie. Tu vas avoir l'impression que chacune de tes cellules se vivifie et devient joyeuse, légère. Accorde plus d'intérêt à la sensation qu'à toute image ou pensée. Ouvre les yeux et maintiens partiellement ton attention sur ton corps énergétique en regardant autour de toi dans la pièce. Ton corps subtil devient alors le lien entre ta « conscience conditionnée » et ta « conscience élargie », ta véritable nature. Tu entres en état d'éveil.

Après, concentre-toi sur ton ressenti :
es-tu conscient que quelque chose s'est déjà modifié
dans ton corps, dans ton cœur, dans ton esprit ?
Prends une longue respiration
et reprends tes activités.

MÉDITATION DE LA TERRE

ÉCOUTER LE SILENCE POUR ÊTRE DISPONIBLE AU MOMENT PRÉSENT

Cette méditation demande un endroit calme pour écouter... le silence entre les bruits. Tiens ta colonne vertébrale droite, cela rend plus alerte. Ferme les yeux. Prends trois respirations lentes et profondes pour te recentrer. Commence par expirer par la bouche, lentement, profondément. Reprends ton inspir au niveau du ventre. Puis laisse ta respiration se poursuivre d'elle-même, simplement en portant ton attention sur l'expir et l'inspir.

Prends conscience du silence autour de toi. Cela t'est possible dès que tu écoutes le silence, à l'arrière-plan des sons. Tout bruit émerge forcément du silence. Sois disponible et accueillant pour identifier le silence en en prenant conscience. Adapte ta vigilance à la conscience de l'épaisseur du silence, derrière les sons. Lorsque tu entends le silence, ton mental s'éclipse. Le silence extérieur conscientisé t'amène au silence intérieur, à la paix intérieure. Tu es plus disponible au moment présent, tu peux l'accueillir.
Dès cette étape franchie, tu sens ta présence grandir. Fais en sorte d'écouter avec chacune de tes cellules pour que ton corps énergétique tout entier soit plus vigilant. Accueille le silence et sois conscient de ce qui se produit ; sois disponible à ce qui en émerge. Ce qui subsiste, c'est toi-même ! Une nouvelle sensation de vie est là. Deviens conscient de ton être dans l'espace du moment présent. Un espace amplifié qui se trouve dans et autour des choses. Donne-toi à cet espace. Tu abordes l'état d'éveil...

Après, concentre-toi sur ton ressenti : es-tu conscient que quelque chose s'est déjà modifié dans ton corps, dans ton cœur, dans ton esprit ? Prends une longue respiration et note ce que tu retiens de cette expérience sur ton carnet de route.

MÉDITATION DU TONNERRE

LES VOYELLES POUR SE REMETTRE EN ROUTE APRÈS UNE SECOUSSE

Installe-toi sur une chaise. Il s'agit de chanter avec tous tes corps, en expirant trois fois, jusqu'au bout de ton souffle, chaque voyelle avec détermination et en faisant résonner toute la colonne phonatoire. Chaque voyelle produit en toi un travail particulier. Insiste sur les voyelles qui te sont difficiles.

Chante le A : aaaaaaaaaaa
En t'ouvrant sur l'énergie du cosmos, le son A régénère, alimente et rend conscient ton corps énergétique.
Chante le É : éééééééééééé
En concentrant l'énergie que le cosmos te donne, le son É te pousse à entrer dans le réel. Il nettoie ton système nerveux.
Chante le I : iiiiiiiiii
Le son I, qui pour la plupart des gens est l'un des plus difficiles à chanter fort, t'aide à concrétiser tes aspirations, à les réaliser.
Chante le U : uuuuuuuuuuu
Le son U t'aide à te débarrasser des résidus énergétiques qui entravent ton éveil.
Chante le O : oooooooooooooooo
Le son O te permet de faire le tour de tes motivations, de tes actions et de leurs résultats. Et il t'invite à les offrir au monde.
Chante le OU : ouououououou
Par le son OU, tu calmes les tensions actives et entame un processus de recueillement.
Murmure le AUM : aaaaaaaauauauaummmmm
Le son AUM accompagne ta plongée au sein de la lumière pacifiante et du silence au-delà de tous les sons.

Ensuite, concentre-toi sur ton ressenti : es-tu conscient que quelque chose s'est déjà modifié dans ton corps, dans ton cœur, dans ton esprit ? Prends une longue respiration et reprends tes activités.

MÉDITATION DE L'EAU

POUR STIMULER SON SYSTÈME IMMUNITAIRE, VAINCRE SES PEURS ET S'APPORTER PROFONDEUR ET ENDURANCE

Cette méditation d'autoguérison s'avère efficace dès le début d'une maladie. En cas de maladie déclarée, il faut la pratiquer plusieurs fois par jour.

Le matin au réveil, le soir au coucher, et quand tu le peux dans la journée, allonge-toi, ferme les yeux et prends trois respirations lentes et profondes. Puis laisse ta respiration se faire d'elle-même, simplement en en prenant conscience.
Choisis différentes parties de ton corps pour y centrer ton attention : d'abord tes mains, puis tes pieds, tes jambes, ton abdomen, ta poitrine, tes bras, ta tête, tout cela est toi.
Aussi intensément que tu le peux, sens d'abord l'énergie vitale dans chacune de ces parties de toi-même, en restant une vingtaine de secondes sur chacune d'elles. Puis laisse ton attention parcourir ton corps à la manière d'une vague qui déferlerait sur toi, des pieds à la tête, et vice versa, plusieurs fois de suite.
Prends conscience de ton corps énergétique dans sa totalité, comme un champ unique. Concentre-toi sur cette sensation durant quelques minutes. Pendant toute la durée de l'exercice, sois intensément présent dans chaque cellule de ton corps. Dès que ton mental attire ton attention sur autre chose, ou quand tu te perds un peu dans tes pensées, accepte-le. Dès que tu le remarques, fais en sorte de revenir vers ton corps énergétique et laisse les vagues opérer.

Après, concentre-toi sur ton ressenti :
es-tu conscient que quelque chose s'est déjà modifié dans ton corps, dans ton cœur, dans ton esprit ?
Prends une longue respiration
et repars à tes activités.

MÉDITATION DE LA MONTAGNE

MÉDITATION DE LA MARCHE CONSCIENTE, POUR OBTENIR RIGUEUR, COHÉSION, CALME ET SOLIDITÉ

Cette méditation se fait en marchant, le dos bien droit.

Marche pour le seul plaisir de marcher. Si possible en pleine nature, dans un jardin, en forêt, à la montagne. Fais en sorte de marcher lentement, en concentrant ton attention sur chacun de tes pas. Prends conscience du moindre de tes mouvements, de ton équilibre, de la façon dont tu lèves le pied puis le reposes sur le sol, d'abord le talon, puis la plante, puis les orteils, et comment l'autre pied fait de même. Dirige ton regard à environ trois mètres devant toi, vers le sol. Concentre-toi sur cette marche et fais en sorte, en même temps, d'écouter les sons qui t'entourent, les oiseaux, le vent, les bruits des environs. Focalise ton attention sur le silence qui enveloppe les sons. Apprécie-le. Éveille aussi ton regard, prends conscience des végétaux autour de toi, des arbres, des fleurs, des nuages, mais ne te distrais pas de ta marche. Tu lèves le pied, tu le reposes, tu respires en conscience. Éveille-toi à tes ressentis. Dès que tu auras le bon rythme, tu pourras te sentir libre, assuré, calme et solide. Aime chaque pas que tu fais.

Après, concentre-toi sur ton ressenti :
es-tu conscient que quelque chose s'est déjà modifié dans ton corps, dans ton cœur, dans ton esprit ?
Prends une longue respiration
et repars à tes activités.

64 MÉDITATIONS

AVANT DE COMMENCER LES MÉDITATIONS DE 1 À 8

Installe-toi sur une chaise. Tiens ta colonne vertébrale droite, cela rend plus alerte. Garde les yeux ouverts. Prends trois respirations lentes et profondes pour te recentrer. Commence par expirer par la bouche, lentement, profondément, puis reprends ton inspir au niveau du ventre. Ensuite, laisse ta respiration se faire d'elle-même, simplement en portant ton attention sur ton expir et ton inspir.

M1 / CRÉE

> Pour commencer : voir conseils plus haut

Comment s'exprime ta créativité ? Prends le temps de visualiser sept façons que tu as d'être créatif dans ta vie d'aujourd'hui. Exploites-tu ton potentiel ? Imagine dans le détail comment tu peux te montrer encore plus créatif dans le moment présent, seul et avec les autres. Et maintenant, demande à ta conscience dans quel secteur tu négliges tes talents de créateur. Note ce qui te vient à l'esprit, une image, une parole, une sensation. Quelles décisions aurais-tu besoin de prendre pour soutenir au mieux les élans de ton souffle créateur ?

> Pour terminer : voir conseils plus bas

M2 / SOIS RÉCEPTIF

> Pour commencer : voir conseils plus haut

Sois à l'écoute de ce qui t'arrive. Écoute le silence, celui qui existe entre les bruits. Tu as la capacité de rendre ce moment fécond. Fais venir à ton esprit ce que veut dire pour toi « être ouvert aux autres », « être souple et accueillant », « être disponible ». C'est la clé de cette situation. Imagine comment cela changerait ta vie, tes relations en famille, au travail, avec les amis, dans tes engagements associatifs. À qui dois-tu te rendre disponible plus particulièrement ? Imagine comment va évoluer cette situation. En le faisant, prends ton temps.

> Pour terminer : voir conseils plus bas

M3 / DÉBUT DIFFICILE

> Pour commencer : voir conseils plus haut

Tout début est difficile. Il convient avant tout d'éclaircir la situation. Vois comment ton mental et tes émotions tendent à emmêler les choses... Réfléchis aux raisons positives pour lesquelles cela se produit. Fais de même pour les obstacles qui viennent de toi, de tes doutes, de tes peurs. Demande-toi à qui tu peux t'unir pour te sentir plus fort. Précise ce qui, pour toi, est l'essentiel, les valeurs que tu veux défendre, la hiérarchie de tes priorités. Imagine ta quête accomplie et établis, étape par étape, une stratégie qui te permettra de mener ton projet à son terme.

> Pour terminer : voir conseils plus bas

M4 / APPRENDS

> Pour commencer : voir conseils plus haut

Dans la situation où tu te trouves, l'ego a tendance à s'emballer. Réalise que nous sommes sans cesse en position d'élève de la vie. Que vas-tu apprendre aujourd'hui ? Prends contact avec ton corps énergétique. Ressens ce bouillonnement qui accompagne le besoin de découvrir et d'entreprendre. Quel que soit ton âge, tu as besoin d'être guidé dans les domaines où tu es encore inexpérimenté. Auprès de qui pourrais-tu demander conseil ? Dès que tu l'auras identifié, prends la décision d'aller voir cette personne ressource.

> Pour terminer : voir conseils plus bas

PENDANT LES MÉDITATIONS DE 1 À 8

Ces visualisations peuvent se faire les yeux fermés si tu es accompagné. L'accompagnateur lit alors le texte lentement, en laissant un temps de silence entre deux phrases. Tu peux aussi enregistrer le texte et l'écouter de la même façon.

M5 / PATIENCE

> Pour commencer : voir conseils plus haut

Dans cette situation, il convient de ne pas se presser. Sois patient. Confie ton projet aux soins de l'univers, accueille le moment présent, puis laisse le temps au temps. Cultive la confiance en faisant le bilan des bonnes choses que la vie t'a déjà données. Prends soin de toi, donne-toi la permission de t'adonner au repos. Détends ton corps et ressens le plaisir d'être simplement vivant, ici et maintenant. Prends conscience que cette attitude positive stimule ton système immunitaire et tes mécanismes d'autoguérison.

> Pour terminer : voir conseils plus bas

M6 / PLAIDE TA CAUSE

> Pour commencer : voir conseils plus haut

Examine tranquillement les éléments du conflit, extérieur et intérieur. Que s'est-il passé exactement ? Identifie les faits concrets en évitant les projections. Mets-toi à la place de l'autre. Quels sont tes devoirs ? Compte tenu des valeurs qui sont les tiennes, identifie-les avec précision, en termes de relation, de responsabilité, de jurisprudence éventuellement. Tu dois plaider ta cause. Imagine que tu rencontres l'autre partie. Que pourrais-tu lui dire qui pourrait faire naître une situation gagnant-gagnant ? Imagine et raconte.

> Pour terminer : voir conseils plus bas

M7 / MOBILISE-TOI

> Pour commencer : voir conseils plus haut

C'est le moment d'agir. Avant de te lancer, plusieurs choses sont à faire : le bilan de tes atouts, forces, compétences, capacités, qualités intérieures. Comment vas-tu les utiliser dans cette situation ? Quels sont les éléments à combattre ? Sont-ils externes ou internes ? Qui sont tes alliés ? Comment vas-tu établir la discipline nécessaire à la victoire ? Qui va assurer le commandement ? Sais-tu que, pour mener à bien une action collective, il faut un chef qui rassemble, qui sache rester cordial tout en étant ferme et déterminé ? Imagine et raconte.

> Pour terminer : voir conseils plus bas

M8 / UNIS-TOI

> Pour commencer : voir conseils plus haut

Ne reste pas seul dans cette situation. Imagine que tu regroupes tes forces intérieures : quelles sont-elles ? Et tes forces extérieures ? Relie-toi à l'énergie de l'univers. Et pour que l'union avec les autres soit fructueuse, anticipe la manière dont tu vas mettre au service de la situation tes qualités de sincérité et de bienveillance autour d'un seul et unique objectif. Organise-toi, afin de faire coopérer l'ensemble des forces qui sont en jeu. Quand tu l'auras fait, n'oublie pas que cet hexagramme t'invite à tirer un nouvel oracle.

> Pour terminer : voir conseils plus bas

À LA FIN DE CHACUNE DES MÉDITATIONS DE 1 À 8

Maintenant, concentre-toi sur ton ressenti. Es-tu conscient que quelque chose s'est déjà modifié dans ton corps, dans ton cœur, dans ton esprit ? Note ce qu'il ressort de cet exercice sur ton carnet de route.

AVANT DE COMMENCER LES MÉDITATIONS DE 9 À 16

Installe-toi sur une chaise. Tiens ta colonne vertébrale droite, cela rend plus alerte. Garde les yeux ouverts. Prends trois respirations lentes et profondes pour te recentrer. Commence par expirer par la bouche, lentement, profondément, puis reprends ton inspir au niveau du ventre. Ensuite, laisse ta respiration se faire d'elle-même, simplement en portant ton attention sur ton expir et ton inspir.

M9 / APPRIVOISE

> **Pour commencer : voir conseils plus haut**

Fais en sorte de comprendre la situation et les acteurs en lice. Examine la promesse du moment présent et ses difficultés. Prends du recul. Imagine le calendrier à venir en adoptant la juste attitude préconisée par l'oracle. Auprès de qui peux-tu partager ton inquiétude ? Cultive la patience et la persévérance, pratique l'écoute du silence. Puis, pour que ton objectif te soit toujours bien présent à l'esprit, imagine-le en dessin. Représente-le à ta façon, de manière réaliste, analogique ou symbolique. L'énergie qui s'en dégagera va te conforter dans ta voie.

> **Pour terminer : voir conseils plus bas**

M10 / ATTENTION À LA MARCHE

> **Pour commencer : voir conseils plus haut**

Imagine-toi en train d'entreprendre prudemment ce que tu as décidé de faire, sans t'emballer, en restant réaliste, car des difficultés sont là. Envisage ces difficultés... Quelles sont les forces contraires, les éléments hostiles ? Établis le calendrier des actions que tu as besoin d'accomplir jour après jour, pour en venir à bout. La prudence est la meilleure façon de progresser sans entrave et d'adopter une stratégie payante sur le long terme. Comprends la leçon de vie qui t'est proposée dans cette traversée. Remercie l'univers.

> **Pour terminer : voir conseils plus bas**

M11 / FLORAISON

> **Pour commencer : voir conseils plus haut**

Le flux du Tao est bénéfique dans cette situation. Imagine ça : la chance te sourit ! Laisse-toi guider et porter par la facilité, par la grâce du moment présent. Où te mène le courant porteur dont l'oracle te parle ? Quelque chose est en train de naître que tu dois accompagner. Quoi donc ? Et comment ? Avec qui peux-tu partager ces richesses à venir ? Fais confiance à la vie et exprime ta gratitude pour ce passage qui appelle la joie et la sérénité.

> **Pour terminer : voir conseils plus bas**

M12 / ADVERSITÉ

> **Pour commencer : voir conseils plus haut**

Le moment présent te demande de te mettre en retrait. Évalue la situation et repère les obstacles, les courants hostiles, les énergies négatives. Repère la ou les personnes qui pourraient t'être néfastes. Identifie les valeurs que tu veux défendre dans cette situation. Envisage concrètement comment te préserver, te protéger et te mettre à l'écart. Imagine que tu cultives ta force intérieure, que tu renforces tes pratiques de ressourcement pour garder ton cap pendant ce passage, dans l'attente du renouveau. Cela va te rendre plus fort.

> **Pour terminer : voir conseils plus bas**

PENDANT LES MÉDITATIONS DE 9 À 16

Ces visualisations peuvent se faire les yeux fermés si tu es accompagné.
L'accompagnateur lit alors le texte lentement, en laissant un temps de silence entre deux phrases.
Tu peux aussi enregistrer le texte et l'écouter de la même façon.

M13 / SOIS CORDIAL

> Pour commencer : voir conseils plus haut

La coopération est un art difficile, mais enrichissant. Oser se dire est nécessaire. Accueillir l'autre dans sa différence tout autant. Quelles sont tes qualités dans ce domaine : franchise ? courage ? écoute ? empathie ? ouverture ? tolérance ? compréhension ? Quelles sont tes faiblesses ? propension à juger l'autre ? à être partial ? au retrait ? Quoi d'autre ? Quels sont les besoins non satisfaits qui se cachent derrière ces attitudes ? Sois sincère envers toi-même, et envisage ce que tu es prêt à améliorer. Comment pourrais-tu aller à la rencontre des besoins de l'autre ?

> Pour terminer : voir conseils plus bas

M14 / RÉALISE

> Pour commencer : voir conseils plus haut

Regarde bien. Prends conscience que tout est en place pour que tu passes à l'action. Il te suffit de mobiliser ton énergie et de clarifier ta direction, tu mèneras à bien tes projets. Fais en sorte de programmer ta réussite. Visualise les étapes de ton parcours, comme font les sportifs de haut niveau avant une compétition. Comment pourrais-tu faire mieux ? Il y a des pistes de progrès. Le souffle créateur est avec toi. Par quel pas vas-tu commencer ? Où en seras-tu demain ? Dans un mois ? Imagine ton parcours de gagnant. Raconte.

> Pour terminer : voir conseils plus bas

M15 / SOIS MODESTE

> Pour commencer : voir conseils plus haut

Le moment est fécond. Il serait facile de s'en prévaloir avec arrogance. Cependant, l'orgueil n'est ici pas de mise. En prendre conscience et cultiver la retenue est un atout précieux. Dans cette situation, la modestie est de bon aloi. Concentre-toi sur le ressenti de ta force intérieure, afin de prendre ta juste place dans la relation. Imagine que tu sais faire preuve d'humilité vis-à-vis de ton entourage. Quelles en sont les répercussions ? Sens-tu la confiance qui s'installe en toi ? Et en l'autre vis-à-vis de toi ? Cette énergie positive est une spirale vertueuse.

> Pour terminer : voir conseils plus bas

M16 / NE T'EMBALLE PAS

> Pour commencer : voir conseils plus haut

Calme-toi. Maîtrise ton enthousiasme, sans l'éteindre pour autant. Tu as besoin de discipline pour pouvoir transformer cet élan qui pourrait se révéler éphémère s'il n'est pas concrétisé en un projet durable. Pour profiter de ce moment d'exaltation, imagine minutieusement ses phases de réalisation. Hiérarchise tes priorités. Imagine les étapes de ton plan à court, moyen et long termes. Quels sont les ressources dont tu as besoin ? Imagine et raconte.

> Pour terminer : voir conseils plus bas

À LA FIN DE CHACUNE DES MÉDITATIONS DE 9 À 16

Maintenant, concentre-toi sur ton ressenti. Es-tu conscient que quelque chose s'est déjà modifié dans ton corps, dans ton cœur, dans ton esprit ? Note ce qu'il ressort de cet exercice sur ton carnet de route.

AVANT DE COMMENCER LES MÉDITATIONS DE 17 À 24

Installe-toi sur une chaise. Tiens ta colonne vertébrale droite, cela rend plus alerte. Garde les yeux ouverts. Prends trois respirations lentes et profondes pour te recentrer. Commence par expirer par la bouche, lentement, profondément, puis reprends ton inspir au niveau du ventre. Ensuite, laisse ta respiration se faire d'elle-même, simplement en portant ton attention sur ton expir et ton inspir.

M17 / SUIS

> Pour commencer : voir conseils plus haut

Laisse-toi aller avec confiance dans le courant porteur du moment présent. Invite-toi à être encore plus détendu et léger, pour profiter des énergies en présence. Ferme les yeux et imagine que tu te laisses flotter au fil de l'eau dans une jolie petite rivière ou un beau ruisseau, et admire le paysage qui défile sous tes yeux.Tu n'as rien à faire d'autre que de profiter avec joie et sérénité du mouvement qui te porte. Applique maintenant cette image à la situation d'aujourd'hui. De quel courant s'agit-il ? Comment peux-tu concrètement t'y insérer ?

> Pour terminer : voir conseils plus bas

M18 / RÉPARE

> Pour commencer : voir conseils plus haut

Regarde bien. Analyse les causes qui ont amené avec le temps la dégradation de la situation. Elle doit être repensée avec de nouveaux paramètres. Tu as besoin de réagir et d'agir. Il y a un changement de cap à effectuer. Quel est-il ? Fais en sorte de profiter du fort potentiel de régénération de ce moment ; il ne durera pas. Quels remèdes apporter maintenant ? Qu'est-il souhaitable d'arrêter ? Ou de corriger ? Imagine le travail à faire pour remédier à ce qui s'est dégradé avec le temps et libère ta créativité.

> Pour terminer : voir conseils plus bas

M19 / APPROCHE

> Pour commencer : voir conseils plus haut

C'est un moment de vitalité jubilatoire et plein de promesses. Quelque chose est en train de naître qui demande ton attention et ta bienveillance. Saisis ce moment favorable, avant que le mouvement ne s'inverse, pour faciliter la route de ce qui va grandir. Tu peux accompagner cet élan en établissant le calendrier idéal. À quoi dois-tu être vigilant au quotidien pour accompagner au mieux le jaillissement actuel ? Quelles sont les forces expérimentées internes et externes qui peuvent être mises en œuvre ? Imagine quels en seraient les bénéfices.

> Pour terminer : voir conseils plus bas

M20 / OBSERVE

> Pour commencer : voir conseils plus haut

Considère la situation d'aujourd'hui avec ta conscience élargie, là où tu peux avoir une prise de recul pleine d'acuité. Il y a sans doute une chose que tu ne veux pas voir... Observe la scène d'un autre point de vue. Imagine que tu t'éloignes de la terre. D'autres champs de forces apparaissent, d'autres chemins, d'autres solutions. Prends-en conscience et explore ces nouvelles options que ce regard élargi t'apporte. Fais appel aux forces invisibles, pour t'aider à choisir. Privilégie l'essentiel, développe tes ressources intérieures, regarde les choses derrière les choses.

> Pour terminer : voir conseils plus bas

PENDANT LES MÉDITATIONS DE 17 À 24

Ces visualisations peuvent se faire les yeux fermés si tu es accompagné.
L'accompagnateur lit alors le texte lentement, en laissant un temps de silence entre deux phrases.
Tu peux aussi enregistrer le texte et l'écouter de la même façon.

M21 / MORDS ET UNIS

> Pour commencer : voir conseils plus haut

Regarde la situation. Elle semble inextricable. Les obstacles rencontrés demandent à ce que tu agisses énergiquement. Quelles sont les mises au point urgentes à faire ? les choses à trancher ? à sanctionner ? les règles à rappeler ? les actions à entreprendre ? C'est en intervenant vigoureusement, de façon déterminée, que tu parviendras à rétablir l'harmonie, prémisse d'une union future. Imagine-toi en train de faire les mises au point énergiques que tu sais devoir exécuter. Quels en seront les bénéfices ?

> Pour terminer : voir conseils plus bas

M22 / EMBELLIS

> Pour commencer : voir conseils plus haut

Dans cette situation, la façon dont tu es perçu par les autres doit jouer en ta faveur. Il importe que tu sois conscient de ton image auprès des autres. Comment en prends-tu soin ? Comment la mets-tu en valeur ? Es-tu en cohérence entre ce que tu penses, dis et fais ? La vraie beauté ne s'arrête pas à l'apparence. Harmonise le fond et la forme. Que se passerait-il si tu osais te montrer aujourd'hui plus accueillant? plus joyeux ? plus conciliant ? Imagine-toi laissant paraître tes qualités de cœur, permettant d'être apprécié à ta juste valeur.

> Pour terminer : voir conseils plus bas

M23 / FATIGUE

> Pour commencer : voir conseils plus haut

Le moment présent est empreint de découragement. Prends la mesure de ta fatigue, peut-être même de ton épuisement. Accueille cet état de fait. Lâche la tension. Lâche prise. Contente-toi d'en faire le moins possible, pour privilégier ton repos et lui donner du temps. Ne prends pas d'initiative. Calme ton inquiétude. Détends ton corps en relaxant tous tes muscles et sens l'énergie du renouveau doucement et lentement t'habiter.

> Pour terminer : voir conseils plus bas

M24 / RENOUVEAU

> Pour commencer : voir conseils plus haut

Le flux vital est de retour. Prends-en conscience et ressens-le dans ton corps énergétique. Il s'agit de ne pas le gaspiller, de prendre le temps de l'affermir. Identifie tes objectifs et nourris ta motivation en te reliant à ce fil. Prépare calmement le déploiement de tes forces tout en les ménageant. Des groupes se forment sur des valeurs communes, tu peux t'appuyer sur eux. Imagine ce que tu peux faire pour accompagner tranquillement cette dynamique nouvelle. Quelles en sont les perspectives ?

> Pour terminer : voir conseils plus bas

À LA FIN DE CHACUNE DES MÉDITATIONS DE 17 À 24

Maintenant, concentre-toi sur ton ressenti. Es-tu conscient que quelque chose s'est déjà modifié dans ton corps, dans ton cœur, dans ton esprit ? Note ce qu'il ressort de cet exercice sur ton carnet de route.

AVANT DE COMMENCER LES MÉDITATIONS DE 25 À 32

Installe-toi sur une chaise. Tiens ta colonne vertébrale droite, cela rend plus alerte. Garde les yeux ouverts. Prends trois respirations lentes et profondes pour te recentrer. Commence par expirer par la bouche, lentement, profondément, puis reprends ton inspir au niveau du ventre. Ensuite, laisse ta respiration se faire d'elle-même, simplement en portant ton attention sur ton expir et ton inspir.

M25 / RÉAGIS SPONTANÉMENT

> Pour commencer : voir conseils plus haut

L'oracle t'invite à être à l'écoute du moment présent, le cœur et l'esprit débarrassés de toute idée préconçue. Tu dois t'adapter à ce contexte et y répondre de façon souple. Tu as un choix à faire pour éviter un désastre. Or, dans ces circonstances, seule ton intuition peut te guider vers l'action juste. Aie confiance en ta petite voix intérieure. Que te dit-elle ? Écoute-la jusqu'au bout et tiens compte de son message. La solution qu'elle te souffle est probablement la meilleure.

> Pour terminer : voir conseils plus bas

M26 / MAÎTRISE

> Pour commencer : voir conseils plus haut

Observe-toi. Prends conscience de ton corps énergétique. Une grande force est là. Elle est difficile à contenir, difficile à canaliser, et pourrait tourner à la violence. Fais en sorte de la maîtriser pour la mettre à ton service. Examine quelle situation du passé tu es en train de reproduire. C'est un scénario que tu dois déjouer pour utiliser cette énergie à ton profit. N'hésite pas à sortir de ton fonctionnement routinier. Trouve plusieurs ressources, intérieures et extérieures, et ancre-les à l'intérieur de toi. Identifie le cheminement qui te sera profitable, étape par étape.

> Pour terminer : voir conseils plus bas

M27 / NOURRIS-TOI

> Pour commencer : voir conseils plus haut

Une nourriture est bonne quand elle satisfait un vrai besoin, et quand elle est juste pour le corps qu'elle doit nourrir. Au niveau physique, comment t'alimentes-tu ? Au niveau psychologique, es-tu satisfait de tes pensées et de tes paroles en ce moment ? Au niveau spirituel, fais le point sur tes rituels et pratiques, méditations, lectures, échanges... Qu'aurais-tu besoin de modifier ou d'améliorer sur chacun de ces niveaux ? Décide d'un premier changement : aussi petit soit-il, il te mettra sur le chemin de la transformation.

> Pour terminer : voir conseils plus bas

M28 / EXCÈS DE GRANDEUR

> Pour commencer : voir conseils plus haut

L'oracle te prévient : « La juste mesure est dépassée. Le fardeau est trop lourd. » Tu traverses une situation yang. Quelles forces dois-tu mobiliser ? Énumère les qualités à développer... Elles sont en toi et t'aideront à faire face, même si la tâche est lourde et la solitude nécessaire. Envisage les possibles que cette situation recèle. Visualise étape par étape la progression vers ton objectif, en te connectant avec des sensations de calme, de confiance, de solidité. Respire et sens ta force intérieure pour entreprendre ce que tu as à faire.

> Pour terminer : voir conseils plus bas

PENDANT LES MÉDITATIONS DE 25 À 32

Ces visualisations peuvent se faire les yeux fermés si tu es accompagné.
L'accompagnateur lit alors le texte lentement, en laissant un temps de silence entre deux phrases.
Tu peux aussi enregistrer le texte et l'écouter de la même façon.

M29 / VERTIGE

> Pour commencer : voir conseils plus haut

Face aux périls du moment présent, accueille les résonances de ta peur, dans ton corps et ton mental. Accepte-les. La prise de conscience est le premier pas pour surmonter ces vagues émotionnelles. Imagine-toi traversant un ravin sur un pont suspendu au-dessus du vide. Concentre-toi sur ta respiration pour maîtriser ta peur. Elle laisse alors la place à une force empreinte de tranquillité. Ancre en toi ta joie et ta fierté quand tu abordes l'autre rive. Transpose ce ressenti dans la situation actuelle et, t'appuyant sur cette qualité, ose avancer. Mets-toi en route !

> Pour terminer : voir conseils plus bas

M30 / LUMIÈRE

> Pour commencer : voir conseils plus haut

L'oracle te propose d'être réaliste et de rester lucide, pour éclairer d'une juste lumière la réalité de la situation. En quoi vois-tu plus haut que la situation ne le permet ? Quelles sont les bases solides sur lesquelles tu peux prendre appui ? Quels sont les pièges que tu peux déjouer à l'avance ? Compare-toi à un arbre... Pour que tu puisses monter très haut, enracine-toi profondément dans le sol. Ressens alors ta force et ta solidité, puis envisage concrètement quelles actions sont opportunes pour aller avec sécurité dans le cheminement qui te préoccupe.

> Pour terminer : voir conseils plus bas

M31 / INCITE

> Pour commencer : voir conseils plus haut

C'est un moment excitant, où le cœur peut s'emballer. Il y a des attractions, des fantasmes, des désirs. Prends conscience que cette excitation est provisoire et peut s'épuiser très vite. Tes émotions se bousculent dans cette situation foisonnante. Identifie-les et accueille-les. Quelles résonances suscitent-elles en toi et autour de toi ? Évalue comment et avec qui tu peux t'allier pour poursuivre cette dynamique naissante et l'installer dans la durée.

> Pour terminer : voir conseils plus bas

M32 / TIENS BON

> Pour commencer : voir conseils plus haut

C'est un passage difficile qui demande de la patience, de la bonté, de l'indulgence et du courage. Il s'agit d'endurer les effets négatifs et inévitables du moment présent, pour atteindre l'objectif que tu poursuis. Sois constant dans cette orientation. Fais en sorte de trouver en toi les forces nécessaires, retourne à ta source intérieure pour alimenter ta persévérance. Arme ton cœur pour un long voyage. Imagine-toi sur une longue route, t'arrêtant parfois en chemin pour te reposer, te restaurer, avant de reprendre résolument ton chemin, en affrontant les obstacles un par un.

> Pour terminer : voir conseils plus bas

À LA FIN DE CHACUNE DES MÉDITATIONS DE 25 À 32

Maintenant, concentre-toi sur ton ressenti. Es-tu conscient que quelque chose s'est déjà modifié dans ton corps, dans ton cœur, dans ton esprit ? Note ce qu'il ressort de cet exercice sur ton carnet de route.

AVANT DE COMMENCER LES MÉDITATIONS DE 33 À 40

Installe-toi sur une chaise. Tiens ta colonne vertébrale droite, cela rend plus alerte. Garde les yeux ouverts. Prends trois respirations lentes et profondes pour te recentrer. Commence par expirer par la bouche, lentement, profondément, puis reprends ton inspir au niveau du ventre. Ensuite, laisse ta respiration se faire d'elle-même, simplement en portant ton attention sur ton expir et ton inspir.

M33 / REPLIE-TOI

> Pour commencer : voir conseils plus haut

L'instant présent est momentanément défavorable. Il est judicieux de se mettre en retrait. Évalue les avantages d'une stratégie de retraite. Que peut-elle t'apporter à court terme ? à moyen terme ? à long terme ? Que te permet-elle d'éviter à court terme ? à moyen terme ? à long terme ? Étudie les moyens à mettre en place pour que cette retraite se fasse sans heurts relationnels. Ne reste pas seul dans ce moment de repli. Ce recul décidé sera efficace à long terme, une manière yin d'atteindre ton but.

> Pour terminer : voir conseils plus bas

M34 / LA FORCE

> Pour commencer : voir conseils plus haut

Contacte la force qui te traverse en ce moment et qui cherche à s'exprimer. Laisse défiler le chemin, pour que cette énergie se transforme en puissance. Prends conscience des multiples façons de la canaliser pour rendre la situation plus féconde. Concrètement, comment « allumer tes clignotants » pour te protéger des risques de débordement – fatigue, excès de stress, etc. ? Envisage les ressources auxquelles tu peux faire appel pour maîtriser cette puissance.

> Pour terminer : voir conseils plus bas

M35 / AVANCE AU GRAND JOUR

> Pour commencer : voir conseils plus haut

C'est le moment de montrer ta valeur et d'oser te mettre en avant. Tu dois monter sur scène, malgré la difficulté de la situation. Imagine comment tu vas éclairer autrui. Quels sont les dons, les talents innés et acquis, les qualités et compétences que tu te reconnais ? Liste ensuite ceux que les autres t'attribuent... Compare les deux listes... Ajuste le sentiment intime de ta propre valeur. C'est à toi de jouer, le moment présent compte sur toi ! Montre de quoi tu es capable.

> Pour terminer : voir conseils plus bas

M36 / PRÉSERVE-TOI

> Pour commencer : voir conseils plus haut

Prends conscience que tu n'es pas responsable de cette situation affligeante. Il faut que tu caches ta lumière provisoirement, sous peine d'être blessé. Évalue les mesures à prendre pour préserver tes forces. Il y en a plusieurs. Imagine que, pour te ressourcer, tu prennes appui sur ton rituel préféré, celui que tu te sens en mesure de pratiquer régulièrement, jusqu'à ce que la situation s'éclaircisse. Quels en seront les bénéfices ? Raconte !

> Pour terminer : voir conseils plus bas

PENDANT LES MÉDITATIONS DE 33 À 40

Ces visualisations peuvent se faire les yeux fermés si tu es accompagné.
L'accompagnateur lit alors le texte lentement, en laissant un temps de silence entre deux phrases.
Tu peux aussi enregistrer le texte et l'écouter de la même façon.

M37 / LE CLAN

> Pour commencer : voir conseils plus haut

Dans le moment présent, la hiérarchie du clan n'est pas respectée. Prends-en conscience et visualise chacun occupant exactement sa juste place. Et toi quelle est ta place ? Te le demander te permettra de répondre plus subtilement à la question posée. Évoque les qualités que cette position requiert de ta part. Imagine les répercussions au sein de ton clan : comment se réorganise-t-il ? Quelles en sont les conséquences ?

> Pour terminer : voir conseils plus bas

M38 / DIVERGENCE

> Pour commencer : voir conseils plus haut

Personne n'est d'accord. Des points de vue différents s'affrontent. Tu peux diminuer ces tensions en procédant par étapes : 1/ Remémore-toi les faits dans leur chronologie sans jugement ni évaluation ; 2/ Identifie les sentiments de chacun : triste, mécontent, en colère, seul ; 3/ Recherche les besoins non satisfaits qui s'expriment (besoin de reconnaissance, de sécurité, de justice, de tendresse) ; 4/ Imagine enfin les demandes que chacun pourrait faire à l'autre sans que cela soit des exigences. Prends le temps nécessaire pour changer ton point de vue sur la situation.

> Pour terminer : voir conseils plus bas

M39 / OBSTACLE

> Pour commencer : voir conseils plus haut

Quelque chose t'empêche d'avancer. Tu te sens bloqué par un obstacle. Peut-être lui accordes-tu trop d'importance ? Identifie tes émotions, accepte-les, donne-toi un moyen de les exprimer, afin de pouvoir prendre le recul nécessaire. Passe de ta conscience d'enfant qui retrouve une blessure connue à ta conscience d'adulte qui va dédramatiser la situation en élargissant ton point de vue. Identifie la personne de bon conseil que tu vas aller voir.

> Pour terminer : voir conseils plus bas

M40 / DÉLIVRANCE

> Pour commencer : voir conseils plus haut

C'est le moment de lâcher prise, c'est-à-dire de t'abandonner au courant de la vie plutôt que de lui résister. Cette page de ta vie demande à être tournée. Renonce à ta résistance intérieure. Prends conscience que la situation te libère d'un fardeau, vois-tu lequel ? Le lâcher prise est purement intérieur, il n'est pas de la résignation. Lorsque tu auras accepté le moment présent, tu verras l'action juste t'apparaître.

> Pour terminer : voir conseils plus bas

À LA FIN DE CHACUNE DES MÉDITATIONS DE 33 À 40

Maintenant, concentre-toi sur ton ressenti. Es-tu conscient que quelque chose s'est déjà modifié dans ton corps, dans ton cœur, dans ton esprit ? Note ce qu'il ressort de cet exercice sur ton carnet de route.

AVANT DE COMMENCER LES MÉDITATIONS DE 41 À 48

Installe-toi sur une chaise. Tiens ta colonne vertébrale droite, cela rend plus alerte. Garde les yeux ouverts. Prends trois respirations lentes et profondes pour te recentrer. Commence par expirer par la bouche, lentement, profondément, puis reprends ton inspir au niveau du ventre. Ensuite, laisse ta respiration se faire d'elle-même, simplement en portant ton attention sur ton expir et ton inspir.

M41 / DIMINUE

> Pour commencer : voir conseils plus haut

Prends conscience que la structure énergétique du moment présent te demande de lâcher quelque chose. Identifie-le. Il y a un deuil à faire. Tu vas avoir à traverser les différentes étapes de son processus : le déni, la révolte, le marchandage, la dépression, l'acceptation. Cela a déjà commencé ! Où en es-tu du processus ? Fais le point sur l'étape actuelle pour mieux aborder la suivante. Fais aussi en sorte de mettre en avant ce que cette diminution va t'apporter en termes de soulagement, de choix nouveaux, de liberté, de nouvelles opportunités. Ancre le tout dans ta conscience.

> Pour terminer : voir conseils plus bas

M42 / AUGMENTE

> Pour commencer : voir conseils plus haut

Ce qui s'amplifie maintenant t'oblige à une réorganisation. C'est une phase d'expansion. Il est utile de donner une nouvelle hiérarchie à tes priorités. Identifie ces priorités, établis une hiérarchie : quelles sont les décisions à prendre, les changements à opérer afin de t'adapter au mieux à cette nouvelle donne et tirer profit du riche potentiel en présence ? Prends conscience des réformes nécessaires pour agrandir ton champ d'action.

> Pour terminer : voir conseils plus bas

M43 / DÉCIDE

> Pour commencer : voir conseils plus haut

Une grande énergie monte et risque de déborder. Cela nécessite de te montrer résolu. Identifie les décisions qui s'imposent dans ce contexte difficile et tendu. Liste-les posément. Ancre-les dans ta conscience, fermement. Prépare-toi à les transmettre à l'entourage concerné, d'une manière qui allie fermeté et souplesse. Cela en facilitera l'accueil. Pratique la respiration consciente avant de t'exprimer, afin de gagner en assertivité. Visualise ce qui en résulte.

> Pour terminer : voir conseils plus bas

M44 / RENCONTRE

> Pour commencer : voir conseils plus haut

C'est le moment où le yin va petit à petit remplacer le yang. Prends conscience de la rencontre inéluctable des principes féminin et masculin. Comment cette rencontre se manifeste-t-elle dans ta vie actuellement ? Adopte la bonne attitude, fais en sorte d'être dans l'accueil, pour que le souple rencontre le ferme. Aller vers l'autre mène à l'ouverture. Prends conscience de ce qui, dans ta vie, te demande d'adopter une attitude yin. Dans quelle domaine ? Comment peux-tu t'y adapter ? Explore ce moment.

> Pour terminer : voir conseils plus bas

PENDANT LES MÉDITATIONS DE 41 À 48

Ces visualisations peuvent se faire les yeux fermés si tu es accompagné.
L'accompagnateur lit alors le texte lentement, en laissant un temps de silence entre deux phrases.
Tu peux aussi enregistrer le texte et l'écouter de la même façon.

M45 / RÉUNIS

> Pour commencer : voir conseils plus haut

Pour dissoudre les tensions, prends conscience que la réunion des forces est souhaitable. Tu as besoin d'aide pour pouvoir continuer. Fais alliance ! Prends conscience des visions et des souhaits de chacun des protagonistes. Qu'est-ce qui peut les réunir ? Quelles sont leurs valeurs ? leur raison d'être ? Quels rituels faut-il mettre en place pour rassembler tes alliés autour de ce projet ? Identifie les actions à court, moyen et long termes que vous devrez mettre en place. Décide d'en parler avec chacun, pour vérifier tes hypothèses et accueillir leurs suggestions.

> Pour terminer : voir conseils plus bas

M46 / CROISSANCE

> Pour commencer : voir conseils plus haut

Prends conscience que le moment est à la concentration des forces internes, pour assurer la croissance de ce qui va fleurir. La croissance n'est pas encore visible, les fruits seront longs à venir. Visualise cette floraison. Fais en sorte de nourrir ta confiance, en prévoyant les étapes à franchir. Identifie les sages qui peuvent t'aider. Il n'y a pas de crainte à avoir, mais des actions à entreprendre. Imagine ces actions. Fortifie ton endurance par la pratique de ressourcement intérieur de ton choix. Précises-en les modalités pour établir une sorte de rituel quotidien.

> Pour terminer : voir conseils plus bas

M47 / ÉPUISEMENT

> Pour commencer : voir conseils plus haut

Prends conscience que tu n'es pas compris par ceux à qui tu t'adresses. C'est un facteur capital d'épuisement. Tu traverses un moment d'épreuve, de fatigue et de découragement, qui t'invite à prendre du recul et à te surpasser. Malgré les difficultés à te faire entendre, continue à communiquer sur ce qui est essentiel pour toi. Précise avec qui. Comprends que cette situation est positive dès que tu fais preuve de courage et de détermination. Choisis le moment opportun et, avant de t'exprimer, concentre-toi sur ta respiration abdominale, elle te donnera de la force.

> Pour terminer : voir conseils plus bas

M48 / PUISE

> Pour commencer : voir conseils plus haut

Prends conscience des forces de vie visibles et invisibles, les tiennes et celles des membres de ta communauté. Ces forces proviennent d'une même source : fais en sorte de les relier. Elles peuvent se multiplier par le partage et le soutien mutuel. L'organisation harmonieuse des échanges permettra à chacun de s'en nourrir. Pour que chacun y accède, quels détails peux-tu modifier dans tes attitudes, tes paroles, tes actions ?

> Pour terminer : voir conseils plus bas

À LA FIN DE CHACUNE DES MÉDITATIONS DE 41 À 48

Maintenant, concentre-toi sur ton ressenti. Es-tu conscient que quelque chose s'est déjà modifié dans ton corps, dans ton cœur, dans ton esprit ? Note ce qu'il ressort de cet exercice sur ton carnet de route.

AVANT DE COMMENCER LES MÉDITATIONS DE 49 À 56

Installe-toi sur une chaise. Tiens ta colonne vertébrale droite, cela rend plus alerte. Garde les yeux ouverts. Prends trois respirations lentes et profondes pour te recentrer. Commence par expirer par la bouche, lentement, profondément, puis reprends ton inspir au niveau du ventre. Ensuite, laisse ta respiration se faire d'elle-même, simplement en portant ton attention sur ton expir et ton inspir.

M49 / CHANGE

> Pour commencer : voir conseils plus haut

Prends conscience que le moment présent exige un renouvellement profond. Identifie ce qui est devenu caduc dans ton fonctionnement actuel. Tu vas passer à un niveau de conscience supérieur. Quels sont les changements à effectuer : quoi, où, quand, comment ? Choisir le bon moment et l'attitude juste pour leur mise en place garantira le succès. Prends contact avec ta puissance intérieure afin d'être déterminé dans tes interventions. N'oublie pas de noter ensuite chaque fruit de cette visualisation.

> Pour terminer : voir conseils plus bas

M50 / CHAUDRON

> Pour commencer : voir conseils plus haut

C'est un moment vraiment magique. Tu as tous les éléments pour bien identifier ta conscience d'enfant et ta conscience d'adulte et pour passer à un niveau supérieur. Tu n'es qu'à un pas de la transformation alchimique du vulgaire métal de la souffrance en or de la conscience. Examine ce que tu as dans ton chaudron. Identifie dans ton comportement ce qui te freine habituellement. Corrige-toi et imagine-toi dans un mois, trois mois, un an. À chaque étape, évalue le progrès dans toutes ses dimensions. Tu vas devenir un autre.

> Pour terminer : voir conseils plus bas

M51 / SECOUSSE

> Pour commencer : voir conseils plus haut

Prends conscience de ce que la brusquerie de l'événement actuel te procure en termes de sensations physiques : tensions, excitation, fatigue, nervosité ; d'émotions : colère, joie, souci, tristesse, peur ; de pensées : images, scénarios, élucubrations mentales. Dans ce bouleversement, décèle les éléments positifs qui vont te permettre d'éliminer le vieux pour créer du neuf. Puis visualise comment tu vas ensuite accompagner ce renouveau dans la durée.

> Pour terminer : voir conseils plus bas

M52 / CALME

> Pour commencer : voir conseils plus haut

Rien n'avance plus. Le moment présent te semble contraire et ton mental cherche à lui résister. Fais en sorte de calmer ton corps, ton cœur et ton esprit, plutôt que de vouloir contrôler la situation. Prends conscience du silence autour de toi. Le silence extérieur t'amène à la paix intérieure. Tu es plus disponible au moment présent, tu peux l'accueillir, l'accepter... Ne cherche pas à contrôler autre chose que tes pensées qui s'emballent. Reste centré sur le moment présent.

> Pour terminer : voir conseils plus bas

PENDANT LES MÉDITATIONS DE 49 À 56

Ces visualisations peuvent se faire les yeux fermés si tu es accompagné. L'accompagnateur lit alors le texte lentement, en laissant un temps de silence entre deux phrases. Tu peux aussi enregistrer le texte et l'écouter de la même façon.

M53 / PROGRESSE PAS À PAS

> Pour commencer : voir conseils plus haut

Le cheminement est difficile, mais l'avancée certaine. Prends conscience que le moment présent demande une progression harmonieuse et graduelle. Les instants de recul font partie intégrante du processus. Accepte-les. Fais en sorte d'avancer malgré ces revers et ces déceptions passagères. Travaille sur toi-même. Suis la stratégie des petits pas. Sois endurant. Prends le temps de vivre pleinement, afin de nourrir ton énergie : visualise les détails précis qui vont améliorer chaque jour ta façon de vivre.

> Pour terminer : voir conseils plus bas

M54 / TROUBLE

> Pour commencer : voir conseils plus haut

L'alliance qui t'est proposée te trouble. Tu es emporté malgré toi par des flux d'attirance que tu ne peux maîtriser. Avant d'aller plus loin, tu dois prendre conscience de tes vraies motivations et comprendre celles d'autrui. Il importe de te conformer à cette situation non choisie, de l'accepter, pour en tirer profit. Elle peut être productive à terme. Le moment présent demande lucidité et courage. Quelles ressources peux-tu trouver pour renforcer la patience nécessaire ? Accepte l'instant tel qu'il est, tu vas ressentir immédiatement plus de vitalité dans ton corps.

> Pour terminer : voir conseils plus bas

M55 / ABONDANCE

> Pour commencer : voir conseils plus haut

Prends conscience que le foisonnement du moment présent exige de te débarrasser d'un « trop-plein ». Derrière sa richesse apparente, la profusion cache toujours son lot d'ennuis, de surmenage et de chagrins. Tu ne pourras grandir qu'en élaguant des branches. Vois-tu lesquelles ? Envisage ce que tu as besoin d'éliminer, de diminuer, de changer. Le renforcement de ta pratique intérieure sera le meilleur garant de la validité de tes choix. Entre dans ta conscience d'adulte.

> Pour terminer : voir conseils plus bas

M56 / VOYAGE

> Pour commencer : voir conseils plus haut

Prends conscience que tu es en terrain inconnu, hors de ton réseau habituel. C'est un enseignement de l'univers, une opportunité pour apprendre la prudence. Concentre-toi sur les perturbations que cela entraîne en toi au niveau physique, psychologique, spirituel. Ensuite, anticipe les bienfaits de cette déstabilisation temporaire. Dans cette période de transition, porte ton attention sur ce qui se passe en toi et autour de toi. Vois-tu comment cette traversée va te grandir ? Quels sont les rituels à respecter maintenant ?

> Pour terminer : voir conseils plus bas

À LA FIN DE CHACUNE DES MÉDITATIONS DE 49 À 56

Maintenant, concentre-toi sur ton ressenti. Es-tu conscient que quelque chose s'est déjà modifié dans ton corps, dans ton cœur, dans ton esprit ? Note ce qu'il ressort de cet exercice sur ton carnet de route.

AVANT DE COMMENCER LES MÉDITATIONS DE 57 À 64

Installe-toi sur une chaise. Tiens ta colonne vertébrale droite, cela rend plus alerte. Garde les yeux ouverts. Prends trois respirations lentes et profondes pour te recentrer. Commence par expirer par la bouche, lentement, profondément, puis reprends ton inspir au niveau du ventre. Ensuite, laisse ta respiration se faire d'elle-même, simplement en portant ton attention sur ton expir et ton inspir.

M57 / ACCEPTE

> **Pour commencer : voir conseils plus haut**

Prends conscience que cette situation demande que tu l'acceptes complètement. Fais en sorte de dire oui à ce que tu vis actuellement. Accepte ce qui est. Prends conscience que se plier à ce moment de contrainte est le seul moyen pour pouvoir agir sur la situation. Pense à ton objectif. Obéis au flux du Tao avec souplesse. Renouvelle tes explications à qui de droit, rends l'événement providentiel. Dès que tu auras conscientisé ce oui au moment présent, tu ressentiras aussitôt plus de vitalité dans ton corps. Imagine les conséquences bénéfiques de cette attitude, étape par étape.

> **Pour terminer : voir conseils plus bas**

M58 / ÉCHANGE

> **Pour commencer : voir conseils plus haut**

Prends conscience de la joie qui pourrait se manifester avec ton entourage, ici et maintenant. Imagine que tu associes fermeté, puissance et douceur, que tu te connectes avec ton corps énergétique, et ressens la joie qui émerge de chacune des cellules de ton corps et qui peut irradier tout autour de toi. Laisse-la monter et s'exprimer. Ce champ de bonne humeur est communicatif. C'est le chemin vers le succès de ta quête. « Quand tout est joie autour de toi, la mesure est juste. » Médite sur cette phrase des *Dialogues avec l'ange*. Entre dans une conscience en lien avec l'univers.

> **Pour terminer : voir conseils plus bas**

M59 / DÉNOUE

> **Pour commencer : voir conseils plus haut**

L'oracle évoque une situation de crue. Imagine : les flots montent, emportant tout sur leur passage. Ce qui était rigide devient mobile, fluide. Ce qui était noué se dénoue... Qu'en est-il pour toi ? Identifie tes craintes inutiles. Ce changement sera profitable à terme. Maintenant, envisage les opportunités que cette situation est susceptible d'ouvrir, si tu ne cèdes pas à l'affolement. Choisis-en une en fonction de son réalisme et de tes valeurs.

> **Pour terminer : voir conseils plus bas**

M60 / SOIS EN MESURE

> **Pour commencer : voir conseils plus haut**

L'oracle te conseille de prendre le rythme. Prends conscience que tu peux trouver le tempo juste pour ta vitalité. Imagine que tu danses avec les tâches quotidiennes que tu dois effectuer, et fais la part entre ce qui est possible et ce qui serait utopique. Envisage cela sur un nouveau rythme, ni trop rapide, ni trop lent, avec le souffle juste qui permet de reconnaître tes limites et celles des autres. Quand tu en ressens le besoin, clarifie les règles : tu sauras les faire respecter avec diplomatie.

> **Pour terminer : voir conseils plus bas**

PENDANT LES MÉDITATIONS DE 57 À 64

Ces visualisations peuvent se faire les yeux fermés si tu es accompagné. L'accompagnateur lit alors le texte lentement, en laissant un temps de silence entre deux phrases. Tu peux aussi enregistrer le texte et l'écouter de la même façon.

M61 / LE JUSTE MILIEU

> Pour commencer : voir conseils plus haut

Tu as le sentiment d'être à la juste place. Prends conscience de la force que cela te donne. Concentre-toi sur tous tes muscles. Contracte-les légèrement, puis relaxe-les. Concentre-toi sur tes sensations physiques de détente, de calme. Expérimente les sentiments de tranquillité, de solidité, de confiance qui sont associés, et ancre en toi un profond sentiment de sécurité. Reste en contact avec cette rectitude. Prépare-toi à gérer les relations avec ceux qui t'entourent dans l'écoute et le non-jugement.

> Pour terminer : voir conseils plus bas

M62 / PETIT EXCÈS

> Pour commencer : voir conseils plus haut

Tu as la tentation de te lancer dans de grands projets. Quels sont-ils ? Dans un premier temps, lâche la bride à tes rêves : laisse défiler les images, les rêves qui t'habitent. Imagine et raconte. Dans un deuxième temps, évalue ce qu'il est réaliste d'avoir comme objectif aujourd'hui. Retiens seulement ceux que tu es sûr de pouvoir atteindre. Ce processus de réduction des objectifs n'implique pas de te couper les ailes. Au contraire, tu seras mieux en mesure de prendre ton envol à une hauteur que tu pourras maintenir dans la durée. Ancre cela dans ta conscience.

> Pour terminer : voir conseils plus bas

M63 / TOUT EST EN PLACE

> Pour commencer : voir conseils plus haut

L'oracle te précise que si tout est en ordre actuellement, cette apogée appelle son déclin. Comment envisages-tu le désordre à venir ? Laisse défiler le scénario. Identifie obstacles et opportunités, puis imagine les ressources intérieures et extérieures qui te seront utiles sur ta route afin de t'y préparer. Quand tu auras rouvert les yeux, n'oublie pas de noter ce qui ressort de cette expérience. Le changement étant la loi, l'ordre actuel sera forcément modifié. Ancre dans ta conscience comment sortir de l'illusion de l'immuabilité.

> Pour terminer : voir conseils plus bas

M64 / TOUT EST À FAIRE

> Pour commencer : voir conseils plus haut

Prends conscience que tu es dans une période de transition. Un cycle s'achève, tu amorces une période nouvelle. La tâche est énorme, fais en sorte de passer en revue ce que tu as à accomplir. En vue d'une progressive remise en ordre, imagine-toi éliminant petit à petit les éléments de la situation qui te semblent devenus inutiles, inadéquats. Liste maintenant les éléments qui te semblent amorcer une dynamique d'avenir. Réveille tes qualités de prudence, de discernement et d'endurance. Que t'apportent-elles dans cette situation ? Ancre le tout dans ta conscience.

> Pour terminer : voir conseils plus bas

À LA FIN DE CHACUNE DES MÉDITATIONS DE 57 À 64

Maintenant, concentre-toi sur ton ressenti. Es-tu conscient que quelque chose s'est déjà modifié dans ton corps, dans ton cœur, dans ton esprit ? Note ce qu'il ressort de cet exercice sur ton carnet de route.

TAO

CINQUIÈME LIVRE

LE LIVRE DES RESSOURCES

LE TRÉSOR EST LÀ…
Un vrai rêve est comme un enfant désiré.
Si on le nourrit d'assez de force et d'amour, il finit par venir au monde. Tu as peur ? De quoi ?
De tes démons ? Tu as des armes dans tes bagages.
C'étaient des oiseaux. Ils étaient quarante.
Ensemble, ils étaient l'univers !

ACCEPTER CE QUI EST

To be or not to be

Dans son livre *Le Pouvoir du moment présent*, l'auteur germano-canadien Eckhart Tolle reprend à son compte les philosophies des maîtres orientaux sur l'acceptation. Selon eux, l'inconscience ordinaire, l'illusion, la conscience conditionnée sont toujours reliées à la non-acceptation de l'Ici et Maintenant. Fais-tu partie de ceux qui souhaitent toujours être ailleurs que leur ici et dont le maintenant n'est jamais assez bien ? En t'observant, essaie de voir si tel est le cas… et si ça l'est, essaie l'acceptation inconditionnelle du moment présent. Où que tu sois, sois-y totalement ; quoi que tu fasses, fais-le à fond ; quoi que tu aies, possède-le pleinement. Si ta situation, ici, maintenant (et non dans ta tête), est intolérable et te rend malheureux, trois possibilités s'offrent à toi : te retirer de cette situation, la changer si tu peux, ou l'accepter.

La non-acceptation est une forme de résistance inconsciente à ce qui est. Sur le plan de la pensée, la résistance est un jugement. Sur le plan émotionnel, c'est une forme de négativité. Cette résistance est génératrice de souffrance. Plus tu es capable d'accepter le moment présent, plus tu seras libéré de la souffrance et du mental. Si tu ne peux rien faire pour rectifier la situation, alors accepte-la en laissant tomber toute résistance intérieure. Lâche prise. L'ego, qui adore s'apitoyer sur son sort, ne pourra plus subsister. En agissant ainsi, tu te libères intérieurement de la situation et tu la verras peut-être changer sans aucun effort de ta part. Une chose est sûre : tu seras libre.

S'il y a quelque chose à faire que tu ne fais pas, ne culpabilise pas. Accepte-le. Ou tu agis tout de suite, ou tu acceptes ton inactivité, ta passivité, ta paresse. Revendique ton choix. Sois aussi paresseux ou inactif que possible, tu en sortiras bientôt – ou peut-être pas. D'une façon ou d'une autre, il n'y aura ni conflit intérieur, ni résistance, ni négativité. Cela vaut aussi pour les situations extrêmes. Si tu vis une tyrannie, soit tu lui échappes (physiquement ou mentalement), soit tu luttes, soit tu l'acceptes… Seule façon paradoxale de t'en libérer – sinon, elle te tyrannisera vraiment, je veux dire dans ton âme.

Acceptation et santé

Le fait de ne pas accepter endurcit la cuirasse de l'ego. Tu perçois le monde autour de toi comme une menace permanente. Cela s'accompagne de pensées compulsives visant à médire des autres par le jugement ou par le besoin de rivaliser et de dominer. C'est également vrai pour ton corps physique, qui devient dur et rigide en raison de tes résistances psychologiques. De la tension se crée dans diverses parties du corps, et celui-ci tout entier se contracte. La libre circulation de l'énergie se restreint. Le massage, le qi gong, l'acupuncture peuvent aider à restituer cette circulation. Mais, sauf si tu fais du lâcher prise une pratique quotidienne, cela ne sera qu'un soulagement temporaire des symptômes puisque la cause, c'est-à-dire le comportement de résistance, n'a pas été résolue.

Lorsque tu te surprends en train de te plaindre, par des paroles ou en pensée, de ce que les autres font ou disent, de ton cadre de vie, etc., c'est toujours un refus d'accepter ce qui est. Tu te crées une attitude de victime. Alors, change la situation en passant à l'action ou en t'exprimant, si c'est nécessaire ou possible. Ou encore accepte-la. Tout le reste n'est que folie.

À Lire…

- *Le Pouvoir du moment présent*, Eckhart Tolle, éd. Ariane.

VOIR AUSSI :
Dialogue corps-esprit > p. 235
Responsabilité et culpabilité > p. 305
Écoute de toi-même > p. 238

VOIR QUESTION :
Quel mieux-être cherches-tu ? > p. 40

ACCOMPAGNEMENT DE L'AUTRE

La bonne attitude

La première ressource est l'écoute authentique, qui demande qualité de présence, empathie, patience et respect de l'autre, même s'il est diminué physiquement ou psychiquement. Cette qualité d'écoute est très difficile. Elle demande un travail sur toi. En effet, elle implique de ne pas réagir selon ces schémas habituels que sont jugements, *a priori*, vouloir pour l'autre, conviction que l'on détient des solutions à sa place, pour au contraire le laisser exprimer ses émotions, ses pensées et ses sentiments… Or que se passe-t-il le plus souvent ? Si quelqu'un exprime détresse, découragement ou colère, nous essayons tout de suite de le calmer par des paroles rassurantes, raisonnables, encourageantes. Croyant lui faire du bien, en fait, nous l'empêchons d'en dire plus, d'aller jusqu'au bout de son expression verbale et émotionnelle. La première règle est donc de se taire et d'écouter.

Éviter les obstacles

L'obstacle à la qualité de cette écoute est souvent la peur que nous avons d'être témoins d'une souffrance face à laquelle nous serons impuissants, d'être renvoyés à nous-mêmes dans une identification que nous préférons refuser. Ce vieillard dans sa détresse te rappelle que toi aussi tu avances en âge, tu ne seras pas toujours jeune. Tu es mortel. L'écouter, c'est prendre le risque d'être touché et peut-être déstabilisé par rapport à ton équilibre du moment. Cependant, ce mécanisme d'évitement n'est pas aussi protecteur qu'il paraît. Il oblige à consacrer de l'énergie pour refouler certaines pensées, il entraîne également à se distancier des sentiments, ce qui rend moins souple dans la manière d'être, pas complètement vivant et communicant. En effet, la vie affective est faite d'émotions et l'échange avec les autres se nourrit dans le partage du vécu. Nous avons à oser lever les tabous, entendre les questions qui nous sont posées, parler de ce qui nous angoisse tous.

Décoder la demande

Une personne qui souffre ne peut pas toujours nous faire clairement des demandes, souvent à cause d'une inhibition affective. La tentation de l'entourage est alors de chercher des solutions. Cependant, cette attitude ne respecte pas suffisamment l'autre, ne lui donne pas le rôle de sujet. Mieux vaut prendre le temps d'explorer pas à pas où il en est pour l'aider à formuler ses demandes et le faire participer à la recherche de solutions. Quand le discours est peu cohérent, cela ne veut pas dire qu'il n'a pas de sens, mais celui-ci est caché. Il appartient à l'entourage d'accompagner la personne dans les méandres de sa pensée pour en saisir la continuité associative. Cela ne nous oblige pas à être complice d'une attitude délirante, mais à y chercher le fil conducteur. Pour t'y aider, la technique des questions ouvertes est très opérante. En explorant ce à quoi correspondent les paroles, il est possible de comprendre le besoin sous-jacent. Tenter de faire d'abord revenir à la réalité serait créer un obstacle supplémentaire car les constructions mentales dont il s'agit sont probablement des réactions de fuite par rapport au caractère insupportable de cette réalité. Face à ces manques, c'est la qualité de notre écoute respectueuse qui peut redonner à la personne le sentiment de son identité.

Émettre le message

Pour être reçu avec exactitude, un message d'aide, verbal ou gestuel, doit tenir compte des particularités, des possibilités de réception de l'interlocuteur. Quelques points sont à prendre en considération :

– Le climat : un lieu et un moment de calme ; une attitude ouverte et accueillante.

– Le rythme : apprécier le degré de lenteur nécessaire pour que la personne puisse nous suivre. Si l'on est trop rapide, elle se sent dépassée.

– L'intonation : le ton de la voix doit être bienveillant sans être infantilisant.

– Le contenu : les mots employés doivent être clairs ; les phrases courtes, le vocabulaire adapté au contexte culturel du sujet.

– Le toucher apporte à certaines personnes une qualité de réconfort, un climat de chaleur qui leur permettent de se sentir plus proches et de se confier.

<u>**À lire...**</u>

- *La chaleur du cœur empêche nos corps de rouiller*, Marie de Hennezel, éd. Robert Laffont.
- *Accompagner la vie de la naissance à la mort*, Caroline Chavelli, éd. Le Rocher.
- *Réapprivoiser la mort*, Patrice van Eersel, éd. Le Livre de Poche.
- *La Mort apaisée : chroniques d'une infirmière en soins palliatifs*, Élise Gagnet et Michaëlle Gagnet, éd. La Martinière.

VOIR AUSSI :

Deuil > p. 234
Occulter la mort > p. 278
Préparé au changement > p. 290

VOIR QUESTION :

Quelle énergie t'apportent les autres ? > p. 86

ACUPUNCTURE

L'acupuncture agit sur la santé en stimulant grâce à des aiguilles certaines parties de la peau correspondant aux circuits des méridiens, ces fameux canaux invisibles, repérés par la médecine chinoise, par lesquels circule l'énergie du *qi*. Le but est de réguler l'énergie vitale et d'avoir une action sur les fonctions physiologiques et organiques correspondantes. Une cartographie détaillée des points d'acupuncture, des méridiens et de leurs liens avec les organes et les fonctions du corps permet un large éventail d'interventions. Ainsi, l'acupuncture est notamment conseillée pour soulager la douleur et elle s'avère extraordinairement efficace contre les nausées des premiers mois de la grossesse et/ou des chimiothérapies anticancer. Dans l'optique taoïste, il s'agit d'une méthode interventionniste lourde, qu'une pratique quotidienne du qi gong permet d'éviter le plus possible.

<u>**À lire...**</u>

- *Guérir par la médecine chinoise*, Philippe Maslo et Marie Borrel, éd. Presses du Châtelet.
- *Précis de médecine chinoise*, Éric Marié, éd. Dangles.
- *L'Atlas corps, esprit et harmonie*, Paul Hougham, éd. Guy Trédaniel.
- *Guérir...*, David Servan-Schreiber, éd. Robert Laffont.
- *Dictionnaire pratique de l'acupuncture et du shiatsu*, Pierre Crépon, éd. Sully.

VOIR AUSSI :

Plusieurs corps > p. 288
Pensée est énergie (La) > p. 283
Qi gong > p. 296

VOIR QUESTION :

Qu'est-ce qui perturbe la bonne circulation de ton énergie ? > p. 66

ÂGE

Tous centenaires ?

Notre société est entrée dans une nouvelle ère. Les plus de 50 ans vont bientôt représenter la moitié de la population, les plus de 65 ans le tiers, et les plus de 90 ans sont déjà légion, promis à devenir centenaires. C'est une nouveauté inouïe. Pourtant, les médias en parlent très peu, ou de manière réductrice, tronquée, caricaturale. Vieillir est une maladie, la mort est omniprésente mais taboue. Gouvernés par la logique du spectacle, nous sommes ainsi tous peu ou prou devenus des Dorian Gray, prêts à tricher et à nous perdre dans tous les divertissements plutôt que d'affronter la réalité de notre inéluctable métamorphose et, tapie juste derrière, de notre mortalité. Combien d'années faudra-t-il pour que nous comprenions que la vieillesse est non seulement socialement indispensable à tous, remplissant une fonction précise, mais qu'elle représente une étape magnifique, la possibilité de dépasser ses névroses pour accéder enfin à ce que la culture universelle nomme la sagesse – et sous une forme à créer de toutes pièces ? « Comme tu as vécu, tu vieilliras », dit l'adage. Jeunes gens de tous les âges, ne perdez donc pas de temps ! Même s'il existe aussi des sessions de rattrapage.

Idées fausses

Car la vision pervertie de la vieillesse, insidieusement infiltrée dans notre vision du monde, s'avère truffée d'idées fausses que de plus en plus de chercheurs dénoncent, preuves à l'appui. Ainsi, parmi des dizaines d'exemples, prends l'idée que l'esprit d'un vieillard se dégrade naturellement et qu'il n'y a rien de plus normal. Le neurologue anglais R. B. Cattell a montré que si l'intelligence fluide (réaction et calcul rapides, capacité surtout innée) baissait au-delà de 70 ans, l'intelligence cristallisée (expérience appliquée et jugement sensé, capacités surtout acquises) ne cessait au contraire d'augmenter. Dans une veine approchante, le fameux Mihaly Csikszentmihalyi, directeur du département de psychologie de l'université de Chicago, passionné par la créativité, a réussi à démontrer avec rigueur que l'inspiration créatrice s'intensifait chez les chercheurs demeurés actifs, qu'il s'agisse de scientifiques, de philosophes ou d'artistes. Les exemples abondent, donc, remettant en cause la plupart des rumeurs négatives sur la vieillesse. Bonne nouvelle puisqu'il apparaît que, pour celui qui sait se donner à la vie avec passion (la vraie question est évidemment là), les vieux jours ne seront pas du tout aussi tragiques que ce qu'en disent les médias et les spécialistes, obnubilés par les cas pathologiques que leurs professions les amènent à fréquenter quotidiennement. Moyennant quoi, il s'agit de réaffirmer, contre le jeunisme ambiant, l'importance cruciale du rôle des seniors dans toute communauté harmonieuse. C'est une question vitale pour l'Occident, dont les premiers *baby-boomers* sont en train de franchir le seuil des 60 ans. Redevenir fier d'être vieux, voilà la question. De tout temps, la représentation idéale des anciens est la sagesse, l'indulgence, la stabilité, la mémoire, l'enracinement, la gratuité, le désintéressement, l'introduction au sacré... À l'inverse, une civilisation dont les personnes âgées ont honte charrie forcément des tonnes d'angoisse. C'est une civilisation morte. Les jeunes ne s'y trompent pas, qui ont certes envie d'adultes compréhensifs, accueillants, en bonne santé et éventuellement capables de danser le rock'n'roll, mais certainement pas de faux jeunes qui leur feraient plutôt pitié.

À lire...

- *Une vie en plus ? La longévité, pour quoi faire ?*, Joël de Rosnay, Jean-Louis Servan-Schreiber, François de Closets et Dominique Simonet, éd. du Seuil.
- *Le Réveil de Mathusalem ? L'avenir appartient à ceux qui savent vieillir*, Frank Schirrmacher, éd. Robert Laffont.
- *Une nouvelle vie pour les seniors*, P. Hofman, éd. Albin Michel.
- *La Chance de vieillir*, Michel Billé, éd. L'Harmattan.

VOIR AUSSI :
Contempler > p. 224
Créativité > p. 226
Méditer/Méditation > p. 271
Vieillir > p. 336

VOIR QUESTION :
Pourquoi le demander maintenant ? > p. 42

AGIR OU SUBIR ?

Rien de tel qu'un épisode difficile dans notre vie pour vérifier notre capacité à l'autonomie. Abandonné en amour ? Licencié de notre emploi ? Victime d'un accident ? Atteint d'un handicap ? Obligé de tout quitter ? Soudain, le temps de la théorie est révolu : nous sommes au pied du mur. Sommes-nous assez libres intérieurement ? Avons-nous des repères internes suffisamment forts pour pouvoir faire face à la tourmente qui menace de nous faire chavirer ? Sur quoi nous appuyer pour survivre et rebondir ? C'est la question qu'aident à résoudre tout travail sur soi et toutes les psychothérapies, et nulle ne s'y attache avec autant d'optimisme que la programmation neurolinguistique (PNL), puisque, selon Jane Turner, « sa croyance fondamentale est qu'une intention positive existe dans tout phénomène. La question n'est donc pas : en quoi est-ce positif ? mais : quel est le besoin sous-jacent qui demande une réponse et a pour l'instant trouvé cette issue-là ? ». Forts d'une vingtaine d'années de pratique, Jane Turner et son collègue Bernard Hévin, mais aussi Nelly Bidot et le docteur Bernard Morat, défendent l'efficacité de cette méthode pour panser tes blessures et faire face aux changements que la vie t'impose. Mêlant de nombreux conseils et des exemples tirés de toutes les situations possibles, ils dessinent les grandes lignes d'une véritable stratégie de réussite. Agir ou subir ? Leur choix est clair. Redresse-toi, camarade, tu peux agir – même si parfois agir signifie lâcher prise.

À lire...

- *Construire sa vie adulte*, J. Turner et B. Hévin, éd. InterÉditions.
- *Que faire quand la vie vous malmène... Agir ou subir ?*, Nelly Bidot, Bernard Morat, éd. InterÉditions.

VOIR AUSSI :
Motivation > p. 273
Placebo > p. 285
Sens de ta vie > p. 311

VOIR QUESTION :
Comment est né ton désir ? > p. 44

AIDE D'UN PSYCHO-THÉRAPEUTE

Innombrables sont les raisons de consulter un thérapeute et, une fois d'accord, d'entamer une thérapie. Cela va d'une envie, plutôt jubilatoire, de mieux se connaître, à celle, criante d'urgence, de ne plus souffrir le martyre. Toi seul peux décider d'entreprendre cette démarche. Car les seuls critères objectifs sont des caps à ne pas franchir. Même dans les cas extrêmes d'injonction thérapeutique ou d'internement forcé, il appartient au patient de vouloir vraiment se faire aider, pour que l'on puisse espérer un résultat positif. Il arrive à tout le monde de perdre parfois le contact avec la réalité – ou la motivation à se lever le matin –, sans aller jusqu'à la folie ou la dépression – inutile de te dire que si tu te retrouves dans l'un de ces derniers cas, une aide professionnelle te sera vitale ! Il existe cependant certains signes qui devraient t'inciter à t'adresser à un professionnel : troubles somatiques, messages de ton entourage, sentiment perdurant de tristesse ou d'isolement, ressassement de souvenirs malheureux, impression d'être bloqué dans une situation sans issue, mésestime persistante de toi... Le choix du thérapeute repose lui aussi sur un délicat mélange de subjectivité et d'objectivité. Certaines thérapies conviennent mieux à certains problèmes que d'autres, mais ta décision finale dépendra aussi du contact avec le thérapeute, et des croyances que tu cultives envers sa spécialité. Tu gagneras donc à t'informer en fonction de tes buts – t'entretenir avec plusieurs spécialistes peut s'avérer utile.

À lire...

- *Psychothérapies*, Tobie Nathan, éd. Odile Jacob.
- *Comment bien choisir son psy ?*, Pierre et Sylvie Angel, éd. Le Livre de Poche.
- *Les Nouveaux Psys : ce que l'on sait aujourd'hui de l'esprit humain*, Cédric Routier, Pascal de Sutter, Violaine Guéritault et Jacques Van Rillaer, éd. Les Arènes.

VOIR AUSSI
Art-thérapie > p. 213
Psychanalyse > p. 293
Psychogénéalogie > p. 293

VOIR QUESTIONS
Comment prends-tu soin de toi ? > p. 76
Sur qui et sur quoi peux-tu compter ? > p. 84

AIDER SOI (S')

L'état adulte est caractérisé par le fait que nous sommes devenus autonomes, c'est-à-dire susceptibles de subvenir à nos besoins. Pour ceux qui sont élémentaires, cela ne pose pas en général de problèmes majeurs. Ainsi, les adultes sont censés être indépendants, s'habiller, se laver, manger seuls, travailler... Mais prenons-nous soin de notre personne avec toute l'attention requise ? Pour beaucoup d'entre nous, il y a des failles. Nous sommes souvent négligents dans certains domaines comme par exemple ne pas se préparer un vrai repas si l'on est seul, ne pas consulter rapidement en cas de survenue d'un symptôme inquiétant, ne pas prendre le temps de se reposer, de se relaxer alors que l'on est très stressé, etc. Comment comprendre ces attitudes ?

Panser le passé

Toute douleur ou malaise, estime le médecin suisse Daniel Dufour, réveille chez certains une blessure d'abandon réelle ou imaginaire, qui déclenche une recherche inconsciente de retour à l'état de dépendance du nourrisson, un appel camouflé à être pris en charge par une autre personne qui sera alors comme un substitut maternel. Cette quête inconsciente risque de survenir plus particulièrement dans les moments d'excès de stress, de souffrance physique ou morale ou de vulnérabilité. Le soin que je ne m'accorde pas, j'attends qu'il me soit prodigué par l'autre, qu'il m'apporte alors à la fois aide physique, soutien moral et réassurance. Chez d'autres, la raison profonde est à rechercher dans les messages parentaux, éducatifs, du style : « Ne sois pas égoïste ! Occupe-toi des autres plutôt que de te regarder le nombril », et une vigilance constante est alors nécessaire pour faire taire cette petite voix intérieure et la remplacer par des permissions.

S'accepter

S'aider soi demande d'être au clair avec ses motivations profondes. Cela nécessite d'avoir identifié ses vrais besoins dans chacun des trois corps, et d'être capable de s'autoriser à y répondre. C'est savoir puiser dans ses ressources internes, celles du corps (respiration consciente, relaxation...), celles du cœur (prendre en compte ses émotions, être attentif à ne pas les refouler, nourrir ses relations), celles de l'esprit (le recours à l'imaginaire, à la reliance aux forces invisibles...). S'aider soi implique aussi parfois de demander à d'autres de nous apporter leur soutien dans une démarche consciente, adulte. Nous sommes alors dans l'interdépendance, le stade de la maturité.

À lire...

- *La Blessure d'abandon*, Daniel Dufour, éd. de l'Homme.

VOIR QUESTION
Qu'est-ce que cela apporterait aux autres ? > p. 50

ALIMENTATION

« Que ton aliment soit ton médicament et ton médicament, ton aliment », disait Hippocrate, fondateur de la médecine en Occident. Sage conseil maintenant à l'esprit de beaucoup, mais comment faire ? Disons déjà que, pour Hippocrate, l'exercice physique était tout aussi important qu'une nourriture saine. Au-delà, il te faudra – tous les avis convergent – te forger un régime adapté à ton budget, à tes goûts et à tes habitudes, mais aussi aux spécificités de ton organisme, voire à ses déficiences. Car sur ce point la phrase du maître grec est aussi un indice. Si ton alimentation joue sur ton état de santé – comme le savent tous les médecins quand ils signalent ce qu'il faut éviter de manger –, il est logique de penser qu'elle puisse également servir de thérapie dans certains cas. Son avantage est d'être un terrain sur lequel tu peux agir sans trop de difficulté. Après tout, il faut bien manger tous les jours. Et cette tâche t'incombe.

Un peu de bon sens

Il est difficile de se repérer dans le labyrinthe de régimes, de conseils, de produits en tous genres (naturels, biologiques, diététiques, complémentaires ou alicamentaires). Tu n'as pas intérêt, aujourd'hui, à te décourager trop vite. Confusion et conseils contradictoires règnent sur les innombrables régimes. Surinformation et désinformation jouent à cache-cache dans le royaume alimentaire. Il y a de quoi commettre des bêtises. S'ajoute à cela la rupture des transmissions culinaires ancestrales, ce qu'on appelle désormais la médicalisation nutritionnelle, qui risque de faire perdre les plus élémentaires instincts à la plupart d'entre nous, les ultracitadins. Les nouveaux spécialistes nous mettent en garde contre les régimes dogmatiques et les extrapolations déraisonnables, en appelant à un peu de bon sens. Celui de nos grands-mères, proposent par exemple le docteur Puget et la comédienne Régine Teyssot. Des insomnies ? Mange des épinards ou des lentilles. De l'eczéma ? Une cure de carottes peut faire l'affaire. De l'acné ? Choisis de bonnes tomates.

> **« La vie est courte, l'art est long, l'occasion fugitive, l'expérience trompeuse, le jugement difficile. »**
> Hippocrate

Une vision holistique

Heureusement, il semble que nous assistions actuellement à un mouvement d'unification de cette problématique. Les nouveaux nutrithérapeutes se reconnaissent en effet de plus en plus dans une vision holistique et écologique, associant explicitement :
– santé humaine et santé de la terre
– santé de la terre et type d'agriculture
– type d'agriculture et vision du monde

Certes, cette simplification théorique n'est pas toujours évidente à appliquer. Dans un premier temps, la vision holistique risque même de compliquer encore le labyrinthe de l'alimentairement correct. Citons en exemple le fameux précepte très en vogue aujourd'hui « cinq fruits et légumes par jour au moins tu mangeras ». Holistiquement parlant, il faudrait absolument que ces fruits et légumes soient biologiques mais aussi biodynamiques. Or, c'est plus cher et pas toujours évident à trouver. Mais, plutôt que de te nourrir de *junk food* et de conserves, il vaut quand même mieux manger cinq légumes et fruits achetés au supermarché. Sache cependant que, au vu des dernières découvertes – l'exploration scientifique de la relation alimentation/système immunitaire nous apporte depuis quelques années des avancées prodigieuses –, tout semble indiquer qu'il serait bon, et même vivement conseillé, de manger des aliments provenant de l'agriculture biologique !

À lire...

- *La Nutrition consciente*, Marion Kaplan, éd. Grancher.
- *Dégustez les plantes sauvages : promenades en pleine nature et recettes gastronomiques*, François Couplan et Marc Veyrat, éd. Sang de la Terre.
- *La nature nous sauvera*, François Couplan, éd. Albin Michel.
- *Le Régime Shapiro*, Howard Shapiro, éd. Marabout.
- *La Méthode acide-base*, Hervé Grosgogeat, éd. Odile Jacob.
- *Mes remèdes de grand-mère*, Henry Puget et Régine Teyssot, éd. Minerva.
- *Ayurvéda. La vie est un équilibre*, Maya Tiwari, éd. Guy Trédaniel.

VOIR AUSSI
Ayurveda > p. 215
Immunité et alimentation > p. 259
Nutrithérapie > p. 277
Système immunitaire > p. 319

VOIR QUESTIONS
Comment écoutes-tu ton corps ? > p. 78
À quels besoins dois-tu accorder plus d'importance ? > p. 92

ALTRUISME NATUREL

Malgré l'adage du poète latin Horace « l'homme est un loup pour l'homme », l'humanité n'avance pas à cloche-pied sur la seule jambe de la compétition. Coopération, don, générosité, entraide en sont autant d'exemples. Nous ne sommes pas aussi méchants que nous le croyons – ou qu'on veut nous le faire croire. Dans la plupart des situations humaines, c'est l'altruisme qui prévaut. Loin d'être angéliste, c'est le constat que dressent de très sérieux penseurs, opposés à la vision réductrice d'un darwinisme mal interprété. Avec l'espèce humaine, la sélection naturelle s'est mise à éliminer l'élimination.

À lire...

- *La Pensée hiérarchique et l'évolution*, Patrick Tort, éd. Aubier.
- *La Filiation de l'homme*, Charles Darwin, éd. Syllepse.

VOIR AUSSI
Neurones miroirs > p. 275

VOIR QUESTIONS
Comment ça va ? > p. 38
Qu'est-ce que cela apporterait aux autres ? > p. 50

ANALYSE TRANSACTIONNELLE (AT)

Créée par le psychiatre Eric Berne (1910-1970), cette psychothérapie est également une théorie de psychiatrie sociale, selon les mots de son concepteur, parce qu'elle propose d'étudier le psychisme des personnes en analysant leurs relations. Elle tire d'ailleurs son nom du mot « transaction » qui désigne un échange, verbal ou non. La méthode s'appuie sur une conception nouvelle de notre psychisme, dans lequel Berne voit trois états du moi (parent, enfant, adulte) dont chacun doit occuper la bonne place au bon moment. L'état enfant est celui d'où proviennent la créativité, le jeu, l'intuition, les pulsions et les sentiments ; il peut être spontané, intuitif et créateur, mais aussi capricieux, rebelle ou soumis. L'état parent est responsable, réconfortant et protecteur. Il représente le sens éthique et les normes, bases du respect de soi et d'autrui ; il est civilisé, mais peut être critique, dévalorisant et contraignant. Quant à l'état adulte, il sert de fonction équilibrante entre le parent et l'enfant, sachant quand lâcher du lest à l'un ou l'autre ; il évalue, réfléchit et fonctionne de manière rationnelle en fonction de la situation, sans être ni négatif ni positif – mais aussi sans beaucoup d'émotion. À cause de notre enfance et des schémas inconscients qu'elle nous a laissés, chacune de ces facettes de notre personnalité peut provoquer des comportements inadéquats, des maladies psychosomatiques et même des névroses et des psychoses. Souvent pratiquée en groupe, sans que ce soit une règle, l'analyse transactionnelle permet de découvrir qui parle en nous et comment, mais aussi qui parle chez l'autre, afin de mieux harmoniser les différents états du moi, en soi-même et dans la relation. Une bonne part de nos problèmes de communication vient du décalage entre les états respectifs des moi des interlocuteurs. Dans une relation équilibrée, l'enfant en moi s'adresse à l'enfant en l'autre par exemple pour s'amuser. Le parent en moi s'adresse au parent en l'autre par exemple pour porter un jugement. Et l'adulte en moi s'adresse à l'adulte en l'autre par exemple pour prendre une décision. L'analyse transactionnelle est très indiquée pour les personnes qui rencontrent des difficultés relationnelles. Elle se pratique en travail de groupe, une ou deux fois par semaine, sur une durée allant de six mois à plusieurs années.

À lire...

- *L'Analyse transactionnelle au quotidien*, B. Raquin, éd. Jouvence.
- *Le Triple Moi*, Gysa Jaoui, éd. Robert Laffont.

VOIR AUSSI
Communication non violente (CNV) > p. 221
Coopérer > p. 224
Rackets émotionnels > p. 299

ANCÊTRES

Toujours présents

Grands-parents et ancêtres, qui avaient disparu de la scène au profit du triangle papa/maman/bébé, reviennent. Le transgénérationnel a le vent en poupe. Les Occidentaux redécouvrent qu'il est essentiel d'honorer les aïeux car ils font partie de nous. Les honorer peut signifier les connaître, les analyser, les accuser, les dissoudre, les remercier, les aimer... Nombreuses sont les écoles de psychogénéalogie. La thérapeute énergéticienne suisse Gabrielle Ricq-Chapuis a ainsi fait de la dimension psychogénéalogique et des corps énergétiques les deux piliers de sa méthode transrationnelle, née d'une synthèse d'abord personnelle, car elle fut très malade, puis professionnelle, quand elle osa appliquer à ses patients ce qu'elle avait testé sur elle. Quand elle ausculte un patient, la thérapeute dit qu'elle ressent très vite au niveau de quel corps se situe la cause première du problème. Cela peut être le corps physique, mais souvent il faut remonter aux autres corps (électromagnétique, émotionnel, mental, causal, spirituel), donc presque toujours aux ancêtres, pour « désamorcer le fichier qui bloque le logiciel » et ainsi libérer la personne.

Passé recomposé

Cet enthousiasme est cependant tempéré par certains, et non des moindres puisqu'on y compte l'une des fondatrices de la psychogénéalogie, Anne Ancelin-Schützenberger : « En psychogénéalogie, lorsque l'on fait son génosociogramme, on mentionne tout, absolument tout ce qui a pour nous une existence et une importance : vivants ou morts, humains mais aussi animaux, objets, arbres, maisons, paysages, piano, guitare, rosier du jardin de la grand-tante, mouton du voisin, lapin préféré de vos vacances quand vous aviez cinq ans, héros de roman ou personnages historiques... Ainsi, en ce qui me concerne, Socrate et Sherlock Holmes ont une existence aussi réelle, dans mon propre génosociogramme, que mon arrière-grand-mère adorée, Hélène, disparue quand j'avais sept ou huit ans. » (*Nouvelles Clés*, n° 60)

À lire...

- *Guérir des blessures familiales*, Gabrielle Ricq-Chapuis, éd. Dervy.
- *Psychogénéalogie*, Anne Ancelin-Schützenberger, éd. Payot.
- *J'ai mal à mes ancêtres*, Patrice van Eersel et Catherine Maillard, éd. Albin Michel.

VOIR AUSSI
Psychogénéalogie > p. 293

VOIR QUESTIONS
Qu'est-ce que cela apporterait aux autres ? > p. 50
Quelle énergie t'apportent les autres ? > p. 86

ANCRAGE

Un ancrage est simplement un déclencheur, au sens des petites clochettes du fameux Pavlov. Un événement que ton cerveau a conservé dans son contexte, en couleur et en stéréo, avec toutes les sensations d'origine. Il te suffit de croiser, volontairement ou non, l'un des éléments de ce souvenir pour que l'ensemble de la scène te revienne. Ainsi, certains de ces éléments te mettront de bonne humeur, d'autres te rendront mal à l'aise.

Il est heureusement possible de manier volontairement ces ancrages, une fois que tu es conscient de leur existence – outil important de la programmation neurolinguistique et de la sophrologie. Lors d'une formidable journée ou d'une grande réussite, tu peux décider d'en conserver la mémoire vivante en toi. Plus tard, l'évocation de ce souvenir te regonflera, en t'apportant la même énergie que le premier jour. Tu peux aussi fabriquer des ancrages à partir de simples souvenirs, et pas seulement au moment où tu vis les choses. Ce sera moins fort, peut-être, mais tout aussi utilisable. Ainsi, la remémoration d'un moment de compétence passé pourra te resservir au présent ou au futur, surtout si tu prends le temps de bien ancrer en toi cette compétence, de manière physique, au moment où tu t'en souviens – en respirant pleinement ou en fermant doucement une main. Il te suffit d'un déclencheur, quel qu'il soit, pourvu que tu t'en souviennes.

Un ancrage ne s'use que si l'on ne s'en sert pas. Plus tu utiliseras ton ancrage (image intérieure, geste, phrases répétées, etc.), plus il deviendra puissant. Un fort ancrage positif pourra alors littéralement désactiver un ancrage négatif involontaire – un mauvais souvenir. Pense d'abord au mauvais souvenir, puis déclenche ton ancrage positif. Respire bien fort et constate que l'émotion négative s'estompe. Tu t'es débarrassé d'un mauvais ancrage.

À lire...

- *Les Secrets de la communication*, Richard Bandler et John Grinder, éd. de l'Homme.

VOIR AUSSI

Déclencheur > p. 230
Compétences > p. 222
Programmation neurolinguistique (PNL) > p. 293
Sophrologie > p. 317

VOIR QUESTIONS

Dans ton meilleur souvenir, d'où tires-tu ta vitalité ? > p. 80
Quel rituel quotidien pourrais-tu mettre en place ? > p. 100

ANIMAL

Dans le jeu du portrait chinois, que choisis-tu à la question « Si tu étais un animal... » ? Aigle, faucon, ours, serpent, castor, papillon, tortue, chien, loup, corbeau, souris, renard, lapin, cheval, dauphin, baleine ? Voici les leçons qu'ils enseignent, inspirées du très beau livre *Les Cartes-Médecine* de Jamie Sams et David Carson.

L'aigle représente l'esprit, l'habileté à vivre dans le domaine de l'esprit tout en restant branché et équilibré dans le domaine terrestre. Il apporte l'éveil et l'illumination, enseigne à regarder vers les hautes sphères, à aimer l'ombre aussi bien que la lumière.

Le faucon s'apparente au messager, il enseigne à observer le milieu qui nous entoure. Il aide à saisir en plein vol une occasion en or, à examiner notre vie d'un plan plus élevé afin de mieux distinguer les obstacles qui freinent notre envol.

L'ours a pour force l'introspection. Il nous fait comprendre que chaque être détient la capacité de faire le calme, d'entrer dans le silence et de savoir. Il s'apparente à l'intuition.

Le serpent symbolise la transmutation du cycle vie/mort/renaissance. C'est l'énergie de l'intégrité, l'habileté de tout expérimenter volontairement et sans résistance, afin de parvenir à la sagesse.

Le castor est un bâtisseur, attaché à la famille et au chez-soi. Être d'action, il évoque la puissance et la fierté du travail accompli, l'esprit d'équipe, l'harmonie.

Le papillon s'apparente à la transformation. C'est l'esprit, doublé de l'habileté qu'a celui-ci à se connaître lui-même, voire de se modifier.

La tortue est le plus ancien symbole de la planète Terre ; elle personnifie la déesse de l'énergie et la mère éternelle. Sa carapace nous enseigne comment nous protéger des blessures, de l'envie, de la jalousie et de l'inconscience des autres. Elle souligne également les dangers de bousculer le cours des choses, et de laisser mûrir nos idées avant de les exposer au grand jour.

Le chien symbolise la fidélité. Il transmet le sens du service aux autres, la compréhension profonde et compatissante. Il représente les bénévoles, les philanthropes, les infirmières, les conseillers, les prêtres ou les soldats. Il s'agit de la fidélité envers les autres, mais aussi, et surtout, envers soi.

Le loup est un maître. Il dépiste et initie les idées nouvelles. Il témoigne de la capacité à être membre d'une société tout en vivant selon ses propres rêves et idées.

Le corbeau détient la magie qui permet d'apprendre à connaître ses peurs intimes, afin de favoriser un changement de conscience. Il est le messager de l'inconscient, ou encore de l'inconnu.

La souris aime l'examen minutieux. Cela lui confère une grande puissance et une grande faiblesse. Il est bon de porter attention au moindre détail, mais il faut savoir ne pas s'y perdre.

Le renard illustre le camouflage, l'habileté à se fondre dans le milieu pour devenir invisible. Il comprend l'adaptabilité, l'astuce, la capacité d'observer, de s'intégrer, et la rapidité dans la pensée et l'action.

Le lapin représente la peur. Ce à quoi tu résistes persistera, ce que tu crains le plus, tu le vivras. En effet, plus on redoute une chose, plus notre énergie se positionne sur cette crainte, et attire donc à nous ce que nous refusons.

Le cheval donne la puissance. Cela nous aide à travailler pour obtenir un meilleur équilibre de notre bouclier, et comprendre notre cheminement dans son ensemble. Cette puissance réunit la compassion, la tendresse, l'enseignement, l'amour, le partage des dons, les talents et les habiletés.
Le dauphin est souffle et énergie, souffle de vie. Il s'agit d'entrer en communication avec les rythmes de la nature, de respecter chaque cellule de notre corps. Le souffle facilite les prises de conscience et aide à nettoyer son corps.
La baleine représente l'archiviste, la bibliothèque de la terre. Elle nous ramène au langage originel, le son, qui porte en lui l'ensemble de la destinée. Qui connaît son origine connaît son futur.

À lire...
- *Les Cartes-Médecine*, Jamie Sams et David Carson, éd. du Roseau.

VOIR QUESTION
Dans ton meilleur souvenir, d'où tires-tu ta vitalité ? > p. 80

APPROCHE CENTRÉE SUR LA PERSONNE (ACP)

La plus connue des thérapies dites humanistes, l'ACP, a été inventée par le psychologue américain Carl Rogers au début des années 1960. Cette thérapie ne s'intéresse pas à la maladie ou au problème du patient. Elle n'emploie plus d'ailleurs les mots « patient » et « thérapeute » mais « client » et « facilitateur ». Le client est une personne unique qui, aidée d'une autre personne, va chercher en elle les moyens de trouver ses propres réponses en développant sa capacité d'autoévaluation et en s'appropriant son existence. L'ACP insiste sur la qualité interpersonnelle de la rencontre. Une attitude humaine, chaleureuse et encourageante est un point clé de sa pratique. Car seule la qualité de la relation permet de créer les conditions favorables à l'évolution du client. Selon Carl Rogers (1902-1987), trois attitudes facilitatrices doivent être adoptées : l'authenticité, la compréhension empathique favorisant un climat d'enseignement non directif, et l'acceptation positive inconditionnelle. En effet, la majorité des problèmes psychologiques viennent du fait que nous n'avons pas été aimés de manière inconditionnelle par nos parents. Le client doit donc se sentir inconditionnellement respecté et pas jugé. Le facilitateur doit éprouver de la considération pour lui, pour ses opinions, pour ses ressentis, pour sa personne. L'ACP est recommandée aux personnes souffrant de stress, d'angoisse ou de difficultés à communiquer. Le client détermine le rythme de la thérapie, qui peut durer de 10 à 50 séances.

À lire...
- *Le Développement de la personne*, Carl Rogers, éd. Dunod.

VOIR AUSSI
Cohérence > p. 219
Communication non violente (CNV) > p. 221

AROMATHÉRAPIE

Bien que diverses techniques employant des corps gras permettent d'extraire de certaines plantes une huile dite essentielle, car porteuse de leur parfum, c'est avec l'alambic que l'aromathérapie a pu se développer pleinement, avant de donner naissance à la chimie moderne. Autant dire que ces extraits sont puissants : quelques gouttes contiennent les principes actifs de kilos de plantes. Cette pratique a deux facettes : l'utilisation d'odeurs pour atteindre des états psychiques spécifiques, et celle d'huiles essentielles comme médicaments. Les deux ont vu leur efficacité scientifiquement confirmée par de nombreuses études. Avec la phytothérapie et l'homéopathie, l'aromathérapie est un des outils majeurs de l'automédication largement employée pour soulager les maladies bénignes. La force des essences, comme le démontre depuis un demi-siècle l'école qui va de Jean Valnet à Jean-Pierre Willem, est de mettre en action non seulement des molécules adaptées depuis des dizaines de millions d'années à la vie, mais des mélanges de molécules, dans des combinaisons que l'industrie pharmaceutique est loin de pouvoir encore songer à imiter. Mais il faut être sur ses gardes car les essences de plantes peuvent être extrêmement puissantes. Elles sont à utiliser avec prudence.

À lire...
- *Aromathérapie*, Jean Valnet, éd. Le Livre de Poche.
- *Les Huiles essentielles : médecine d'avenir*, Jean-Pierre Willem, éd. du Dauphin.

ART-THÉRAPIE

Depuis toujours, les sociétés ont utilisé des éléments artistiques pour soigner leurs malades, mais c'est seulement en 1950, à l'occasion d'une importante exposition d'œuvres de malades mentaux, que fut fondée la Société internationale de psychopathologie de l'expression donnant naissance à l'art-thérapie. Cette forme de psychothérapie utilise la création artistique (dessin, peinture, collage, sculpture...) pour prendre contact avec son intériorité, l'exprimer et se transformer. Sans se préoccuper de la qualité ou de l'apparence de l'œuvre finale, la démarche thérapeutique consiste à laisser progressivement surgir ses images intérieures, qui peuvent être autant le reflet d'expériences du passé que de rêves auxquels on aspire. Le geste créateur fait appel au corps qui se met en mouvement pour créer une œuvre concrète ; dans le même élan, il sollicite l'imagination, l'intuition, la pensée et les émotions. Les images ou les formes ainsi créées, en plus de dévoiler certains aspects de soi, peuvent générer une vision et des comportements nouveaux qui contribueront

à des guérisons physiques, émotives ou spirituelles. Quand un traumatisme a été trop violent, surtout dans l'enfance, cette approche thérapeutique permet d'opérer des transferts affectifs sur des objets transitionnels. L'enfant abusé, par exemple, dessinera, racontera ou interprétera une scène de marionnette pour exprimer sa souffrance indirectement, dans une sorte de clair-obscur de sa conscience, où il se sentira en sécurité.
Se soigner par la création est indiqué pour ceux qui ne souhaitent pas ou ne peuvent pas entreprendre une psychothérapie classique ou une psychanalyse, notamment pour les enfants. Les séances peuvent durer trois heures et la longueur de la cure dépend de l'individu et de sa problématique.

À lire...

- *L'Art-Thérapie*, Jean-Pierre Klein, éd. PUF.

VOIR AUSSI

Sécurité de base > p. 311
Traumatisme infantile > p. 329

ATTENTION

À l'heure des contrôleurs aériens et de la surveillance des centrales nucléaires, le fonctionnement de l'attention est devenu un sujet majeur pour les neurosciences et la psychologie cognitive. Les premières tentent d'établir comment les informations sensorielles sont analysées et filtrées par le système nerveux avant d'éveiller notre attention. Elles semblent donner raison aux conceptions quantiques ou holographiques du cerveau, puisqu'on observe qu'un *stimulus* sensoriel est traité simultanément – et non successivement – par plusieurs centres de contrôle situés dans chacun des étages du cerveau (reptilien, limbique, néocortical). Si tu tiens à l'image plus parlante du cerveau ordinateur, disons que ta faculté d'attention ne dépend pas d'une unité centrale, mais de plusieurs, chacune faisant son traitement en relation avec les autres et en même temps. L'attention suppose un éveil de tous les sens que ne comporte pas nécessairement la concentration. La psychologie, quant à elle, a permis de clarifier ses différentes composantes. Ainsi, elle peut être intense ou diffuse, volontaire ou réflexe, active ou passive, transitoire ou soutenue. Ses fonctions varient également beaucoup : sélection des informations à traiter en priorité (à quoi fais-tu attention ?), activation des ressources mentales ou physiques (comment gères-tu les infos portées à ton attention ?), contrôle (automatique ou intentionnel).

Double sens

La science est donc loin de proposer une définition univoque de l'attention, ce qui reviendrait presque à prétendre avoir cerné le phénomène de la conscience. Mais le langage apporte une nuance pleine d'intérêt : le mot « attention » possède deux sens, selon qu'elle porte sur un objet ou une personne. D'un côté, la tension de ton esprit quand tu es attentif, de l'autre la prévenance dont tu fais preuve en te montrant attentionné envers autrui. Tout se passe comme si la langue française – depuis l'origine car le verbe latin *ad-tendo*, « tendre vers », a aussi ces deux sens – voulait que l'attention, en passant des choses aux humains, se teinte de bienveillance. Ce mot te pose donc une double question. À quoi fais-tu attention dans ta vie ? Et avec quoi fais-tu attention, ton cœur ou ton esprit ? En d'autres termes, quelle bienveillance mets-tu dans l'attention que tu portes aux objets ou à autrui ?

VOIR AUSSI

Écoute de l'autre > p. 237
Écoute de toi-même > p. 238
Présents > p. 290
Observation > p. 278
Ouverture à la spiritualité > p. 281

VOIR QUESTIONS

Comment ça va ? > p. 38
Comment écoutes-tu ton corps ? > p. 78
Comment peux-tu enrichir ta vie relationnelle ? > p. 94

AUTOHYPNOSE

Une idée diffuse, mais couramment admise, ferait de notre inconscient une instance négative, potentiellement dangereuse, voire violente. Seul le conscient serait lumineux. Depuis Jung et Erickson, on sait qu'il n'en est rien. Notre inconscient sait tout de nous et n'oublie rien. Il est « nous à l'intérieur de nous » et peut s'avérer un allié positif précieux. L'hypnose ericksonienne et la nouvelle hypnose sont là pour le prouver. Il s'agit de formes d'hypnose douce, plus ou moins profonde, que tu peux même pratiquer tout seul, dans certains cas. Il existe de nombreux livres pour t'indiquer comment procéder – bien que l'apprentissage soit plus facile avec l'aide d'un hypnothérapeute. Il s'agit en somme de voyager dans tes mondes intérieurs, apparemment imaginaires, en réalité bien reliés à ta vie et à tes soucis. Même avec les enfants, la technique est extraordinairement efficace, notamment en utilisant les contes. Une fois entré dans l'état d'autohypnose, tu peux sans difficulté visualiser l'origine d'un problème (même des décennies après ou même sous forme symbolique, pour atténuer l'émotion), demander de l'aide pour agir efficacement sur ce problème, le traiter à ta manière, te protéger des agressions ou des influences négatives, te ressourcer et trouver de l'inspiration, créer, revivre. Il te faudra d'abord bien apprendre à atteindre l'état d'autohypnose, sans lequel rien n'est possible, et veiller ensuite à chacune de tes séances à bien t'y replacer.

À lire...

- *Méthodes faciles d'autohypnose*, J.-P. Guyonnaud, éd. Grancher.
- *Hypnose et santé*, Olivier Lockert, éd. IFHE.
- *Je me libère par l'hypnose. L'inconscient au service du bien-être*, Lise Bartoli, éd. Plon.

- *Aide-toi, ton corps t'aidera*, Anne-Marie Filliozat et Gérard Guasch, éd. Albin Michel.

VOIR AUSSI

Hypnose > p. 256
Placebo > p. 285

VOIR QUESTION

Peux-tu imaginer ta quête accomplie ? > p. 46

AUTOMASSAGE *DO-IN*

L'efficacité de l'acupuncture n'est plus à démontrer, mais elle ne peut être pratiquée que par des professionnels. Heureusement, il existe une approche plus simple, accessible à tous, qui repose sur la même vision des méridiens au long desquels circule (plus ou moins bien, c'est tout le problème) l'énergie vitale du *qi*. Cela s'appelle le *do-in* – déformation japonaise de l'expression *tao-yinn*, que l'on trouve déjà dans le très ancien *Livre de médecine interne de l'Empereur jaune*, où elle désigne un automassage que des dizaines de générations de paysans et de moines chinois ont pratiqué, aussi bien pour prévenir le mal que pour s'en guérir. Redécouvert il y a un siècle, le *do-in* connaît une nouvelle vie et un succès grandissant. Avec ses deux façons de masser un point, ses cinq ou six postures de massage, sa centaine de points répartis sur les méridiens, cette technique ouvre sur une grille de lecture du ressenti, mais peut aussi soulager de nombreuses maladies, troubles ou accidents.

À lire...

- *Guérir par l'auto-massage do-in*, Jocelyne Aubry et Ho Han Chang, éd. Presses du Châtelet.

AYURVEDA

La médecine ayurvédique puise ses sources dans les *Védas*, un ensemble de textes sacrés de l'Inde antique à l'origine de l'hindouisme. Au début, il y a plus de 5000 ans, les principes de guérison reposaient essentiellement sur le son ou la parole. Les hymnes étaient alors des médicaments. Leur simple récitation avait, selon le texte, le pouvoir de soigner toute chose. Puis rapidement la pharmacopée s'est enrichie de nouvelles pratiques : traitements à base de plantes ou de minéraux, opérations chirurgicales, massages, yoga. La médecine ayurvédique est la plus vieille médecine du monde. Elle s'intéresse à tous nos maux mais dans une vision plus large que la médecine occidentale, car elle intègre la santé au sens large, incluant aussi l'hygiène de vie et de l'esprit. Elle est peu pratiquée en France, mais certains de ses remèdes sont cependant devenus célèbres comme les massages, les régimes diététiques ou le yoga. Sa grande spécificité est de repérer dans la personne humaine un triangle Air/Feu/Eau, dont la combinatoire permet de nous classer par type d'énergie vitale.

À lire...

- *Techniques d'ayurveda pour votre bien-être quotidien : ses effets sur le corps et le mental*, Indrajit Garai, éd. du Dauphin.

VOIR AUSSI

Types d'énergie vitale > p. 333

BESOIN

Sais-tu que l'expression et la reconnaissance des besoins est un des quatre piliers de la communication non violente (CNV) ? Il serait bien imprudent de croire en effet, face à la complexité de l'être humain, que tes besoins véritables ne concernent que ta survie. Car tes besoins sont autant physiques (alimentation, sommeil, exercice) que psychologiques (être aimé, reconnu, te réaliser), ou existentiels, voire spirituels (avoir des buts, donner sens à ta vie). Établir la liste et la cartographie de nos besoins fait l'objet de nombreuses études, dont la plus fameuse est certainement la pyramide des besoins du psychologue américain Abraham Maslow. Le Jeu du Tao, à sa façon, te propose lui-même une grille des besoins, avec sa *quête holistique*. Pour Marshall Rosenberg, fondateur de la CNV, savoir identifier tes besoins est essentiel, car c'est ce qui permet l'équilibre et la justesse du rapport à l'autre. Chaque fois qu'un de ces besoins fondamentaux ne trouve pas une satisfaction adéquate, se développe un état de stress plus ou moins important selon le degré de frustration. Le cumul et la prolongation de ces agents stressants usent ta résistance, tant émotionnelle que mentale, déprimant ton système immunitaire. Bien connaître tes besoins est une première étape, pas toujours facile si tu as été éduqué dans l'idée qu'il faut s'occuper des autres plutôt que de soi-même. La question à te poser est pourtant simple. Que faudrait-il, sur chacun des plans physique, psychique et spirituel, pour que ta vie soit meilleure ? Une invitation à te demander ce qui pour toi compte vraiment, à identifier en toi ce désir essentiel dont le psychologue Paul Diel fit le moteur de sa psychologie de la motivation. Tu pourras ensuite repérer les manques, évaluer les ressources susceptibles de les pallier, et te mettre au travail ! Par chance, c'est exactement la démarche du Jeu du Tao.

À lire...

- *Devenir le meilleur de soi-même : besoins fondamentaux, motivation et personnalité*, Abraham Harold Maslow, éd. Eyrolles.

- *Les mots sont des fenêtres (ou bien ce sont des murs)*, Marshall Rosenberg, éd. La Découverte.
- *Psychologie de la motivation*, Paul Diel, éd. Payot.

VOIR AUSSI

Écoute de toi-même > p. 238
Manque > p. 266
Motivation > p. 273
Quête holistique > p. 355

VOIR QUESTIONS

Quel mieux-être cherches-tu ? > p. 40
Comment est né ton désir ? > p. 44

BIBLIOTHÉRAPIE

La lecture d'un livre peut-elle suffire pour aller mieux ? Tout amoureux de la littérature te dira que, comme une rencontre, certains livres peuvent changer ta vie. Mais, comme pour une rencontre, il faut y être prêt. Ne gardes-tu pas ainsi le souvenir de lectures qui t'ont soudain fait voir la réalité autrement, ou t'ont semblé rassembler en un propos cohérent des idées que tu avais plus ou moins intuitivement à l'esprit ? Parfois, la découverte semble magique : tu as certaines pensées en tête et tu tombes sur un livre qui les illumine… Pour Christophe André, psychiatre et auteur de plusieurs *best-sellers*, il ne faut pas hésiter à parler de bibliothérapie. « Un livre peut énormément aider, dit-il (*Nouvelles Clés*, n° 60). Nous avons tous dans nos vies des livres qui ont joué ce rôle, parce qu'ils nous avaient émus et convaincus que c'était possible. […] Nous disposons d'études montrant, chiffres à l'appui, que la bibliothérapie est un outil de changement possible. » Évidemment, pour être vraiment thérapeutique, la lecture ne suffit pas et doit être complétée par une réflexion personnelle, reconnaît Christophe André. Il ne s'agit pas non plus d'oublier que, au-delà d'un certain seuil de souffrance, la consultation d'un professionnel est indispensable.

À lire…

- *Guide de psychologie de la vie quotidienne*, ouvrage collectif, éd. Odile Jacob.

VOIR AUSSI

Guérir > p. 253
Placebo > p. 285
Information > p. 260

VOIR QUESTION

Pourquoi le demander maintenant ? > p. 42

BIENFAITS DE LA NATURE

« La nature fait de son mieux, à chaque moment, pour que nous allions bien. Allons, nature n'est qu'un autre nom pour santé ! » écrivait le philosophe américain Thoreau depuis sa retraite au fond des bois. Pour en rester aux situations extrêmes, des enquêtes épidémiologiques ont montré que des prisonniers ayant vue sur une forêt allaient moins souvent à l'infirmerie que leurs codétenus ne voyant que la cour (Moore, *Journal of Environmental Systems*, 1982), et que des effets analogues jouaient sur la convalescence en hôpital (Ulrich, *Science*, 1984) ou sur la productivité des employés de bureau (Kaplan, *Landscape & Urban Planning*, 1993). Les responsables seraient les endorphines, hormones du bien-être que le spectacle de la nature inciterait notre cerveau à sécréter. Nature agréable à l'œil, certes, mais il s'en faut de beaucoup pour que ces effets soient ressentis par tous quand il s'agit non plus de la voir mais de s'y plonger ! Le regretté François Terrasson, chercheur au Muséum national d'histoire naturelle, remarquait ainsi que nous ne sommes pas nombreux à envisager sans crainte l'idée de passer une nuit à la belle étoile, et encore moins à y dormir comme un loir. Il proposait cet exercice aux citadins. La majorité le supporte plutôt mal et une autre minorité, pas du tout. La peur de la nature est profondément ancrée en la plupart d'entre nous, liée aux notions de danger, d'inconfort, de peine laborieuse. À l'heure d'un territoire domestiqué, d'une technique triomphante, cette peur et ce désir de maîtrise sont-ils encore de mode ? Pour Theodore Roszak, professeur d'histoire et directeur de l'institut d'écopsychologie à l'université de Californie, une nouvelle discipline, appelée « écopsychologie », est nécessaire. L'idée est de considérer que la planète et les êtres humains ont des besoins communs et qu'ils forment un seul et même ensemble. Par ce biais, l'homme peut alors retrouver les vérités issues de sa communion avec l'univers tout entier. Aujourd'hui, toujours selon Theodore Roszak, la crise de l'environnement réveille chez beaucoup un besoin de retour à des valeurs fondamentales. L'essentiel est donc de renouer le lien entre l'homme et la nature.

À lire…

- *La Peur de la nature*, François Terrasson, éd. Sang de la Terre.
- *L'Homme planète*, Theodore Roszak, éd. Stock.

VOIR AUSSI

Croyances > p. 227
Médecine préventive > p. 269
Mouvement > p. 274

VOIR QUESTION

Sur qui et sur quoi peux-tu compter ? > p. 84

BONHEUR

Une question de survie

La biologie fait du bonheur un but clair mais une affaire ambiguë. En effet, tout organisme vivant réagit positivement ou négativement aux éléments extérieurs, en fonction de ses impératifs de survie. Il recherche les conditions qui lui conviennent et les objets qui le nourrissent, et évite celles et ceux qui l'agressent. Résultat, la complexification croissante du système nerveux gérant ces échanges a abouti, chez l'humain, à un système punition/récompense dans lequel plaisir et douleur empruntent exactement les mêmes voies. Seuls le cerveau et son cocktail d'hormones font varier le curseur, provoquant des réactions absolument opposées de l'organisme tout entier. Bonheur et malheur forment donc un couple indissociable, dans lequel corps et esprit sont également impliqués, déterminant l'identification, la gestion et la satisfaction de nos appétits. La bonne nouvelle est que tu es programmé pour aller mieux ! Même si l'idée d'un programme te hérisse, la recherche du bonheur et l'aversion pour le malheur est la loi même de la vie. Il en résulte une autre vérité simple. Le bonheur, les pensées et émotions positives font du bien à la santé… et vice versa ! Aussi évidentes soient-elles, ces vérités suggèrent quelques pistes sur la complémentarité à cultiver entre le physique, l'affectif, l'intellectuel et le spirituel dans la recherche du bonheur et de la bonne santé.

Un héritage contradictoire

Mobiliser les différentes dimensions de ton être peut s'avérer difficile si l'objectif reste flou ; or, sur le bonheur, il n'y a pas deux thèses qui s'affrontent, mais une multitude. Leur seul point d'accord est que le bonheur représente le but de toutes nos actions, l'objet de tous nos désirs. Ensuite, l'affaire se corse, tant les avis divergent sur sa nature et les moyens d'y accéder. Le bonheur se dérobe quand on le cherche et, quand il est là, on l'oublie. Il semble n'exister qu'au passé ou au futur. Comment le définir, sans le confondre avec plaisir, satisfaction, sagesse ou vertu ?
Encore faut-il accepter l'idée qu'il soit possible ! Les traditions philosophiques, religieuses ou spirituelles ne vont pas dans ce sens. Toutes en font peu ou prou un état recherché par tous, mais à jamais inaccessible. Pascal allait très loin dans son analyse, en défendant que même les suicidés ont cette quête à l'esprit, mais que « jamais personne, sans la foi, n'est arrivé à ce point où tous visent continuellement » (*Pensées*, 181, 1670). Le seul vrai bonheur, c'est le salut, impossible en ce monde. La vie est une vallée de larmes, ont longtemps dit les religions – « tout est souffrance » constitue la première noble vérité du bouddhisme. Sagesse et résignation conduisent à la sérénité, seul moyen d'être heureux.

Une promesse jamais remplie

Il fallut donc une certaine présomption aux rebelles américains pour inscrire la recherche du bonheur au chapitre des droits humains inaliénables dans leur Déclaration d'indépendance de 1776, ou au révolutionnaire français Saint-Just pour s'exclamer en 1794 : « Le bonheur est une idée neuve en Europe. » L'idée était pourtant dans l'air. Quelques décennies plus tôt, l'économiste écossais Adam Smith avait fait de cette quête, plus que de la satisfaction des besoins, le moteur de l'activité économique. La foi dans les pouvoirs de la raison aidant, le bonheur ici-bas semblait désormais possible. Le progrès technique en montrait la voie.
Tu hérites donc de deux traditions contradictoires. La première lie ton bonheur à l'acceptation joyeuse de ton sort – l'acteur américain Christopher Reeve, rendu hémiplégique par une chute de cheval, se réjouissait parce que cet accident l'avait ouvert aux autres. La seconde le relie à l'amélioration de ta condition. Malgré les apparences, ce n'est pas un critère plus objectif, dès lors que tes besoins vitaux sont comblés – Adam Smith reconnaissait que l'être humain travaille plus pour des colifichets que pour se nourrir. Car ton idée du bonheur repose surtout sur des comparaisons – on n'est ainsi, paraît-il, jamais trop riche. Compromis entre des besoins – matériels, affectifs, sociaux, spirituels – demandant à être sinon comblés, du moins harmonieusement satisfaits, le bonheur est bien d'abord un ressenti.

VOIR AUSSI

Communication non violente (CNV) > p. 221
Joie > p. 262
Leçon de bonheur > p. 264
Sens de ta vie > p. 311
Sérénité > p. 314
Tâche achevée > p. 322

VOIR QUESTIONS

Qu'est-ce que cela t'apporterait ? > p. 48
Quel rituel quotidien pourrais-tu mettre en place ? > p. 100

CENTIÈME SINGE

Singes et patates douces

Tout changement dans une société nécessite deux clés, la conscience et la masse critique. Des scientifiques japonais l'ont mis en évidence en observant des macaques locaux (*macaca fuscata*) à l'état sauvage, sur une période de 30 ans, sur l'île de Koshima. Les singes de Koshima n'avaient aucun contact avec les hommes et, chaque semaine, des hélicoptères déversaient sur l'île des tonnes de nourriture – dont des patates douces, que les singes appréciaient comme des friandises. Par contre, ils aimaient moins la terre qui s'incrustait dans la peau des fruits à l'occasion de leur projection sur le sol. Aussi passaient-ils beaucoup de temps à les éplucher. Jusqu'au jour où l'un d'entre eux (une guenon) eut l'idée d'aller laver sa patate douce dans l'eau de mer. Un curieux phénomène s'est alors produit. Les observateurs notèrent que les premiers à suivre l'exemple de la guenon furent les jeunes singes, puis les autres femelles. Les vieux singes, rivés à leurs habitudes, se montraient les plus réticents et observaient ce manège avec des grimaces réprobatrices. À l'automne 1958, un certain nombre de singes de Koshima lavaient leurs patates douces – leur nombre exact demeure inconnu.

Saut de conscience

Supposons que, lorsque le soleil se leva un matin, il y avait 99 singes sur l'île de Koshima qui avaient appris à laver leurs patates douces. Supposons qu'un peu plus tard ce matin-là, un centième singe apprit à laver les patates. Alors, quelque chose d'étonnant se produisit. Ce soir-là, presque tous les singes de la tribu se mirent à laver leurs patates douces avant de les manger. Un peu comme si l'énergie additionnelle de ce centième singe créait une sorte de percée scientifique ! Mais la chose la plus surprenante observée par ces scientifiques fut que l'habitude de laver les patates douces se transmit de façon inexpliquée et simultanée à des colonies de singes habitant d'autres îles, ainsi qu'à la troupe de singes de Takasakiyama sur le continent.

Cette expérience, qui fit l'objet de plusieurs articles dans la revue *Primates* (2 : 43-60, 6 : 1-30) et d'un livre (*The Hundredth Monkey*, Keyes), te montre que, pour qu'un changement s'opère, il faut en premier lieu un petit groupe de pionniers non coercitifs donnant l'exemple de l'accession à une conscience plus élevée. Dans un second temps, lorsque le nombre de ces pionniers atteint une masse critique, le changement devient soudainement une partie intégrante de la conscience de l'ensemble de la communauté. Au niveau individuel, c'est la prise de conscience qui est la clé. Au niveau collectif, c'est le nombre. Entre les deux, la masse critique est la solution. Le reste se fera naturellement. Chaque personne qui change est donc primordiale pour changer le monde car chacun d'entre nous peut être le centième singe. Seras-tu celui-là ?

VOIR AUSSI
Intelligence collective > p. 260
Résonance morphique > p. 303

VOIR QUESTION
Comment ton mieux-être peut-il améliorer l'état de la planète ? > p. 104

CHANGEMENT

Sais-tu que changer dépend de ta capacité à apprendre ? C'est évident pour les changements auxquels tu aspires. Entre vouloir et agir, il faut passer par la case savoir ! Savoir ce que tu veux, quoi et comment faire… Mais c'est tout aussi vrai pour les changements que la vie t'impose. S'ils sont bons, en goûter les plaisirs ne t'interdit pas d'en repérer les causes et d'apprendre à les reproduire ; et s'ils sont mauvais, ces tâches peuvent devenir vitales – même s'il s'agit cette fois d'apprendre à ne pas les reproduire !

Mais, comme le notent trois psychologues canadiens dans un livre défendant une « pédagogie de l'énaction » (cf. Empuissancement), connaître et apprendre sont des actes dynamiques, et non des opérations abstraites, « désincarnées », disent-ils, qui se dérouleraient simplement dans la pensée. C'est bien au contraire dans la relation qu'entretient l'homme avec son environnement que la connaissance et l'apprentissage s'effectuent. Ces derniers mobilisent l'être tout entier, qui s'engage et se rend disponible, présent, ici et maintenant.

Faisant appel à la disponibilité de l'esprit zen, la focalisation sur l'Ici et Maintenant de ta situation te permet de t'engager dans le changement en mobilisant toutes tes ressources. Si les choses tournent mal, au moins tu auras appris, tu pourras lâcher prise. De toute façon, changer implique un « vécu de perte ». Et invite à relativiser les perspectives d'avenir.

« Ne proclame aucun homme heureux avant qu'il soit mort ! » avertissait le sage athénien Solon en s'adressant à Crésus, le riche roi de Lydie – à juste titre puisque celui-ci finit mal. En période de changement, concentre-toi sur le présent, sans craindre l'avenir. C'est aussi le seul véritable moyen d'enseigner, soutiennent les pédagogues canadiens, pour qui le but de l'éducation est de favoriser l'épanouissement de cette disponibilité en invitant la personne à une quête sans fin d'une intériorité toujours plus profonde avec le monde. Le monde change, ta vie change, tout change ? Danse !

À lire…

- *Énaction. Apprendre et enseigner en situation*, Denise Morel, Domenico Masciotra et Wolff-Michael Roth, éd. De Boeck.

VOIR AUSSI
Crise spirituelle > p. 227
Mouvement > p. 274
Saut quantique > p. 310
Empuissancement > p. 241

VOIR QUESTION
Qu'est-ce que cela t'apporterait ? > p. 48

CHANTER

Il fut un temps où nous chantions à toutes les occasions de la vie, qu'elles soient grandes et petites. Sur les peintures médiévales, les gens sont souvent figurés la bouche ouverte. C'est qu'ils chantaient tout le temps ! Or, non seulement nous ne chantons plus, mais nous avons totalement oublié que nous chantions.

Et c'est très dangereux, estime la professeure de chant anglaise Jill Purce, disciple de Stockhausen et grande avocate du chant comme facteur de développement et de thérapie : « Je pense que chanter est le seul moyen que nous ayons de nous accorder (comme un instrument de musique), d'accorder les différentes parties de nos corps, qui sont autant de systèmes résonnants. Précisons : cette régulation ne fonctionne que si nous nous écoutons chanter. Chanter/s'écouter chanter forme une sorte de circuit d'attention, incroyablement efficace. »

Magie du chant
« Quand vous parlez, vous emprisonnez les voyelles entre des murs de consonnes très serrés, explique Jill Purce. Le divin est tout juste évoqué. Alors que loooooorsqueee voouus chaaaantez, les voyeeelles peeeeeuuuvent reeeeespiiiirer eeeeeentreeee leurs peeeeeetiiiits muuuuurs de coooooonsonnes ! Alors seulement les voyelles peuvent déployer leur magie. Il m'a fallu des années de pratique du chant harmonique pour commencer à comprendre. Quand vous prononcez une consonne, vous faites vibrer vos os, votre squelette. Les consonnes vous mettent en résonance avec le monde matériel, le corps. Lorsque vous prononcez une voyelle, c'est l'énergie autour de vous, l'énergie cosmique que vous modulez. Chanter un mantra, c'est donc d'abord, grâce aux voyelles, invoquer l'Esprit, longuement – et voilà pourquoi les voyelles sont sacrées –, pour finalement Lui demander de bien vouloir influencer la matière, de descendre en elle. Seules, les voyelles pures vous feraient rester dans les nues. Il faut les consonnes pour les faire entrer en contact avec le monde. Faites l'essai sur vous-mêmes : tendez vos mains et chantez MMMMM, vous sentez vos doigts vibrer ? Maintenant dites AAAAAA, OOUUUUUU, c'est plus subtil, mais net : l'espace alentour se met à vibrer à son tour. » (*Nouvelles Clés*, n° 26) Tu n'es pas convaincu, ce discours te semble trop ésotérique, trop spiritualiste ? Faut-il te parler des bienfaits mesurés du chant, de musicothérapie ? Allons, chanter fait du bien, est agréable, ne demande pas d'effort et ne coûte rien !

__À lire…__
- *La Spirale mystique*, Jill Purce, éd. Médicis.
- *La Voix énergie, instrument de nos émotions*, Jacques Bonhomme, éd. Dangles.

VOIR AUSSI
Art-thérapie > p. 213
Respiration > p. 303

VOIR QUESTION
Comment prends-tu soin de toi ? > p. 76

CLÉS DU BON SOMMEIL

– Le rythme : respecter tes propres biorythmes et des horaires de sommeil réguliers garantit une bonne récupération.
– L'alimentation : évite les dîners trop tardifs, trop riches, gras, arrosés, épicés. Pour ne pas surcharger ton système digestif, mange léger et calmement le soir.
– Le calme : relaxation, méditation, prière, lecture sont les moyens les plus évidents d'évacuer le stress, sans oublier la promenade du soir.
– La respiration : une chambre aérée, silencieuse, avec une température inférieure à 17 degrés et une atmosphère légèrement humide, rassemble les conditions idéales à l'endormissement.
– Le rire : il facilite le sommeil, c'est prouvé scientifiquement.
– L'état d'esprit : il faut avoir confiance en la capacité de ton corps à récupérer et à bien dormir, et avoir envie de plonger dans le sommeil. Paradoxalement, comment vouloir lâcher prise ?
– Faire l'amour : les câlins du soir libèrent des endorphines, plus efficaces que les somnifères, surtout chez les hommes.

VOIR QUESTION
À quels besoins dois-tu accorder plus d'importance ? > p. 92

COHÉRENCE

Choisissons ce terme pour traduire le concept de *congruence* mis en avant par Carl Rogers (1902-1987), professeur de psychologie à l'université de Chicago et père de la psychologie positive humaniste. C'était pour lui le facteur clé de toute aide thérapeutique et même de toute relation humaine. Si tu veux être entendu – et l'on peut ajouter, si tu veux aller bien –, il faut que tes actes soient en cohérence avec tes paroles, et tes paroles avec tes pensées. Gregory Bateson, fondateur de l'école de Palo Alto et ardent promoteur du systémisme, avait montré combien une contradiction entre les paroles et le langage corporel d'une mère pouvait induire – tout en non-dits – une double contrainte à l'origine des plus sévères schizophrénies. Si l'incohérence peut être source de trouble, la cohérence induit, quant à elle, des bienfaits. Pour Carl Rogers, aucune aide ni aucun enseignement ne pouvaient être efficaces sans elle.

« Ou bien parais tel que tu es ou bien sois tel que tu parais. »
Jalâl ud Dîn Rûmi (1207-1273)

C'est fidèle à ce noble héritage que le docteur Thierry Janssen reprend aujourd'hui le concept comme troisième condition de la santé. Fluidité et confiance – les deux premières – ne vont pas sans demander en effet une certaine cohérence entre les intentions, les pensées, les paroles et les actes. Selon lui, la vie semble réclamer cette cohérence pour pouvoir se manifester et se déployer pleinement. On le voit au niveau biologique. Dès que tout est en cohérence, la vie prolifère. Si quelque chose d'incohérent s'insinue dans le système, tout s'effondre. « C'est la même chose pour les humains, les sociétés, les civilisations, défend Janssen. Souvent, j'entends des patients en souffrance physique ou psychologique me dire qu'ils devinent une incohérence de leur vie derrière les tensions corporelles et/ou émotionnelles qu'ils ressentent. Être à l'écoute objective de soi permet de détecter nos tricheries… la vie nous demande de ne pas tricher. » À l'heure où les critères collectifs deviennent flous, il serait bon de se souvenir que, pour Rogers comme pour Bateson et Janssen, la cohérence est un critère qui vaut également pour la santé des sociétés.

À lire...
- *La maladie a-t-elle un sens ?*, Thierry Janssen, éd. Fayard.
- *La Relation d'aide et la psychothérapie*, Carl Rogers, ESF éditeur.

VOIR AUSSI
Fluidité > p. 250
Confiance > p. 222
Communication non violente (CNV) > p. 221
Double contrainte > p. 237
Sens de ta vie > p. 311
Sérénité > p. 314
Tâche achevée > p. 322

VOIR QUESTIONS
Qu'est-ce que cela t'apporterait ? > p. 48
As-tu repéré des circonstances qui déclenchent ou aggravent ton problème ? > p. 64
Connais-tu le pouvoir des mots ? > p. 82

COHÉRENCE CORTICO-CARDIAQUE

L'idée est d'harmoniser le cerveau émotionnel en synchronisant les rythmes cérébraux avec ceux du cœur – une sorte de méditation qui pourrait se pratiquer n'importe où. Tout part d'une découverte récente : tout un réseau de neurones, dans et autour du muscle cardiaque, fonctionne comme un mini-cerveau semi-autonome, capable de prendre ses propres décisions. En fonction de ce qu'il sent, le cœur bat différemment, plus ou moins vite, avec une cohérence plus ou moins régulière, et bien sûr en relation avec le cerveau émotionnel, dans un jeu permanent d'influences mutuelles. Neurologues et cardiologues commencent donc à parler d'un système cœur-cerveau.
Essaie de te rappeler un souvenir particulièrement touchant, avec un de tes enfants, ou avec un amour, ou un ami, tu vas ressentir une vague de chaleur dans ta poitrine – et dans ces circonstances, le cœur se met à battre de façon différente : il entre en cohérence, ses variations de rythme se régularisent. C'est l'une des sept méthodes non conventionnelles que David Servan-Schreiber recommande dans son fameux livre *Guérir...* Quand il travaillait aux États-Unis, David Servan-Schreiber avait remarqué que les gens qui pratiquaient le zen ou le yoga développaient la capacité d'entrer facilement en cohérence cortico-cardiaque. Mais s'il s'adressait à un chef d'entreprise stressé en lui conseillant de pratiquer le yoga, ce dernier avait tendance à ne pas suivre cette recommandation. Par contre, s'il lui disait : « Je vous branche sur mon ordinateur et, en quelques minutes, je vous apprends comment faire entrer votre physiologie en cohérence, ce qui fera que le stress n'aura plus prise sur vous et que vous pourrez à nouveau fonctionner de façon optimale, non seulement dans votre tête, mais dans votre corps, minimisant ainsi vos rides, vos inflammations, vos risques de dépression, d'anxiété, vos problèmes de tachycardie, et maximisant au contraire vos capacités à résoudre les problèmes, vite et bien » – là, il le convainquait tout de suite ! Cela dit, l'idéal est de rechercher cette cohérence intérieure le plus souvent possible, surtout dans les situations stressantes – embouteillages, conflits professionnels, familiaux, conjugaux, et même pendant l'amour ! Cela optimise tes énergies positives.

À lire...
- *Guérir...*, David Servan-Schreiber, éd. Robert Laffont.

VOIR AUSSI
Attention > p. 214
Méditer/Méditation > p. 271
Dialogue corps-esprit > p. 235

COÏNCIDENCES

Fais-tu partie de la confédération secrète des collectionneurs de coïncidences, mentionnée par Arthur Koestler dans sa biographie sur Paul Kammerer, le plus connu d'entre eux ? En 1919, après 20 ans de recherche sur le sujet, celui-ci en proposa un classement – et en déduisit une loi des séries qui lui valut bien des critiques, d'autant qu'il finit fou. Ce classement concerne aussi bien la typologie des coïncidences (noms, chiffres, lieux, situations, etc.) que leur morphologie, répartie en trois types :
- Les coïncidences directes, classées en ordre selon le nombre d'événements successifs. Par exemple, le 20 du mois, on te donne la place 20 dans le train (premier ordre), quelques jours plus tard il t'arrive la même chose avec ta place de cinéma (deuxième ordre), etc.
- Les coïncidences parallèles (classées en puissance). Exemple : deux personnes qui ne se connaissent pas te parlent du même livre (puissance 1), et tu le reçois d'une troisième peu après (puissance 2), etc.
- Les coïncidences indirectes (classées en nombre de paramètres). Exemple : à 200 km de distance, deux femmes nées la même année meurent le même jour suite à la chute d'un arbre (quatre paramètres : femmes, année, jour, arbre) ; on apprend que leur inhumation sera célébrée par deux pasteurs portant les mêmes noms et prénoms : six paramètres, etc.

Sans être aussi pointilleux que Kammerer, tu peux utiliser ce classement pour mieux distinguer les coïncidences qui parsèment ta vie. La démarche, en insufflant un peu de rationalité là où elle manque souvent, aide autant à écarter les fausses coïncidences (en faisant surgir leur cause jusqu'alors dissimulée) qu'à s'habituer aux vraies, celles que le hasard seul semble pouvoir expliquer. Monde étrange, magique ? La loi de cause à effet à laquelle nous sommes habitués pour déchiffrer les événements ne s'applique plus ici. Un autre sens serait-il à trouver ?

À lire...
- *L'Étreinte du crapaud*, Arthur Koestler, éd. Calmann-Lévy.

VOIR AUSSI
Idéogramme chinois du hasard > p. 257

VOIR QUESTION
Pourquoi le demander maintenant ? > p. 42

COMMUNICATION

Parler à deux

Parmi les obstacles à une bonne communication, il y a ce que Jacques Salomé, expert français en éducation à la relation, appelle les autosaboteurs. Chacun de nous a les siens. Pourquoi toujours commencer par m'adresser à l'autre en l'agressant, alors qu'au fond j'aimerais lui parler gentiment ? Pourquoi promettre des choses que je ne ferai finalement jamais ? Pourquoi dire oui à tout le monde, m'empêchant ainsi de faire ce que j'aime vraiment ? Pourquoi refuser toute nouveauté, pour ensuite me sentir enfermé ? Pourquoi passer mon temps à autojustifier mes erreurs, me spoliant ainsi ? Jacques Salomé a souvent parlé de ses propres autosaboteurs – qu'il a dû désamorcer l'un après l'autre au cours de sa vie. Si ces empêcheurs de vivre sont si difficiles à éliminer, c'est que nous les prenons pour des parts de nous-mêmes : « Je suis comme ça, je n'y peux rien » est le slogan de tous les autosaboteurs. L'essentiel de l'art de communiquer selon Salomé tient à apprendre à dire je plutôt que tu, à clarifier ses propres besoins et à les exprimer posément, plutôt que de projeter sur l'autre des reproches qui ne le concernent souvent pas.

Changer de registre

L'école américaine de Palo Alto propose des stratégies de changement ludiques et faciles à mettre en œuvre, qui consistent à faire l'inverse de ce qu'on a toujours fait et, ainsi, à inciter l'autre à faire autrement lui aussi. Ainsi, entraîne-toi d'abord à repérer la boucle interactionnelle qui t'unit à telle personne, par exemple : « Dès qu'elle élève la voix, et indépendamment de son message, je me fais tout petit. » Garde cela en tête et à la prochaine conversation, quand cette personne élève la voix, redresse-toi, laisse ta cage thoracique occuper tout son espace, et attends… Note ce que fait alors ton interlocuteur… Tu es déjà passé d'une relation complémentaire d'acceptation de ce qui t'est dit à une relation symétrique de non-acceptation et de droit de tenir une opinion différente. Les relations harmonieuses sont celles où les interlocuteurs équilibrent relation symétrique et relation complémentaire. Paul Watzlawick a émis cette hypothèse lorsque, cherchant à évaluer les résultats de ses thérapies pour les couples, il questionnait ces derniers sur les circonstances de leur rencontre. Chaque couple en demande de thérapie avait un mode privilégié de relation, complémentaire ou symétrique, alors que les deux ou trois couples harmonieux sollicités pour cet exercice afin de crédibiliser son outil d'évaluation passaient d'un mode symétrique à un mode complémentaire sans heurts, et sans que cela soit prévisible pour un tiers interlocuteur.

<u>**À lire…**</u>

- *Sur l'interaction*, P. Watzlawick et John Weakland, éd. Points Essais.
- *Analyse transactionnelle et psychothérapie*, Eric Berne, éd. Payot.
- *À qui ferais-je de la peine si j'étais moi-même ?*, Jacques Salomé, éd. de l'Homme.
- *Heureux qui communique. Pour oser se dire et être entendu*, Jacques Salomé et Françoise Malnuit, éd. Pocket.
- *Papa, maman, écoutez-moi vraiment*, Jacques Salomé, éd. J'ai Lu.

VOIR AUSSI
Attention > p. 214
Changement > p. 218
Communication non violente (CNV) > p. 221
Conseils au *buddy* (partenaire de jeu) > p. 223
Thérapie familiale > p. 326

VOIR QUESTIONS
Qu'est-ce que cela t'apporterait ? > p. 48
Comment peux-tu enrichir ta vie relationnelle ? > p. 94

COMMUNICATION NON VIOLENTE (CNV)

Cette méthode, établie dans les années 1970 par le psychologue américain Marshall Rosenberg, s'inspire de la philosophie de Gandhi et des recherches sur l'empathie menées par Carl Rogers (1902-1987), maître et collègue de Rosenberg à l'université de Chicago. Elle a pour ambition de supprimer nos mauvaises habitudes de pensée et surtout d'expression de nos mal-être. Car, à l'exception de quelques individus naturellement empathiques, nous sommes tous conditionnés à nous méfier des autres, et nous communiquons sur la défensive, souvent avec violence. Il s'agit donc d'apprendre à communiquer autrement, afin d'exprimer ses besoins sans blesser l'autre. La CNV repose sur les règles d'or du bien-dire, résumées par les lettres OSBD : O pour observation sans jugement, S pour sentiment exprimé, B pour besoin identifié, D pour demande précise. Mais la technique ne fait pas tout. L'essentiel est de ne pas voir l'autre comme ennemi. Pour redécouvrir l'empathie, la source selon Gandhi de notre véritable nature, on doit commencer par mieux communiquer avec soi et apprendre à s'aimer.
Employée avec des résultats mitigés dans la résolution des conflits (succès au Timor-Oriental, échec en Palestine), la CNV s'avère adaptée pour aplanir les liens professionnels ou familiaux conflictuels.

<u>**À lire…**</u>

- *La Communication non violente au quotidien*, Marshall Rosenberg, éd. Jouvence.

VOIR AUSSI
Mots > p. 273
Règle d'or du bien-dire > p. 301

VOIR QUESTION
Connais-tu le pouvoir des mots ? > p. 82
Qu'est-ce que cela apporterait aux autres ? > p. 50

COMPASSION

Faut-il remercier nos neurones miroirs qui, à travers nos cinq sens, nous rendent capables (tout comme les grands singes) non seulement d'empathie, mais aussi de souffrir avec (en latin *cum passere*) ? La compassion est ce sentiment fort qui naît de la rencontre et de la mise en résonance avec une personne qui souffre. C'est se montrer sensible à la douleur d'autrui et chercher à lui apporter toute l'aide et le réconfort possibles, en l'écoutant et non en lui imposant nos propres désirs. La différence avec l'empathie se situe sans doute au niveau de l'implication. La personne compatissante fait preuve d'une attitude de profonde solidarité avec celui ou celle qui souffre en faisant abstraction de tout critère personnel. Mère Teresa, sœur Emmanuelle, l'abbé Pierre ou le dalaï-lama, notre époque adore les grandes figures qui illustrent cette vertu. Nous ne devrions pas être surpris s'il s'agit de religieux. Toutes les grandes religions ne considèrent-elles pas la compassion comme la manifestation la plus évoluée de l'amour ? Pour les bouddhistes, il s'agit de l'une des grandes vertus, qui peut même s'adresser aux animaux et à tous les êtres vivants. L'un des bouddhas se nomme le Bouddha de la compassion.

VOIR AUSSI

Écoute de l'autre > p. 237
Empathie > p. 240
Neurones miroirs > p. 275

VOIR QUESTION

Quelle relation entretiens-tu avec l'invisible ? > p. 96

COMPÉTENCES

Un mot piège

Longtemps simple capacité à faire, la compétence professionnelle prend de plus en plus une dimension totale faisant appel à des qualités multiples. Cela n'est pas sans injustice, au point qu'on se demande parfois si l'expertise technique n'est pas le dernier critère dans le jugement porté sur certains – capitaines d'industrie ou de la finance, par exemple. Connaissances techniques, savoir théorique, comportement, attitude, tour de main, savoir-vivre, savoir communiquer : la vie professionnelle est devenue si complexe que, pour la plupart, notre personne entière se trouve mobilisée – au risque de se sentir humainement déconsidéré quand cette vie devient chaotique. Si tu as le sentiment qu'il t'en est trop demandé, prends tes distances par rapport à l'idéal projeté par les médias. Nul ne peut être, sur tous les plans, au top niveau !

Le bilan

Démarche dynamique plus que photographie figée de ton passé, un bilan de compétences, pour être vecteur de changement, doit recenser et décrire tes échecs autant que tes réussites. Inscris sur ton carnet de route ce que tu aimes et ce que tu n'aimes pas faire, ce que tu sais et ne sais pas faire. Connaître tes limites est aussi porteur qu'oser voir, sans fausse pudeur, tes talents.
Une première entrée dans un bilan de compétences peut être chronologique. Trace sur une feuille une ligne du temps qui reprend ta formation initiale et les connaissances que tu as acquises, et chacun de tes contrats de travail avec leurs principales missions et réalisations.
La deuxième entrée est celle des « J'ai aimé faire… Je n'ai pas aimé faire… », que tu peux compléter par une liste de « J'aurais aimé faire… » ou « J'ai toujours rêvé de… ». Puis confronte ces listes à celle de tes réalisations. Vois-tu comme elles se complètent lorsque tu y inclus les moyens utilisés, les résultats obtenus, les difficultés surmontées ?
Mais il existe aussi des façons beaucoup plus holistiques de faire le bilan de ce que tu vaux réellement. Connais-tu le système de reconnaissance de la (vraie) richesse (Wealth Acknowledgement System) ?

À lire…

- *La PIE, méthode nouvelle de recherche d'emploi*, Daniel Porot, éd. d'Organisation.

VOIR AUSSI

Talents à développer > p. 323
WAS (Wealth Acknowledgment System ou système de reconnaissance de richesse) > p. 340

VOIR QUESTION

Quelles sont tes forces ? > p. 74

CONFIANCE

Une des conditions de la santé selon Thierry Janssen, la confiance envers la vie comme envers soi est une aptitude bien plus enrichissante que le simple fatalisme. Mais une bonne part de notre personnalité s'est au contraire forgée en réponse à des peurs, venues de notre éducation ou de mauvaises expériences. Pour être fluide, il faudrait apprendre à reconnaître ses défenses et les peurs qui se cachent derrière, choses que nul n'aime affronter de face ! Comment faire ? On devine la réponse. Le corps, bien sûr ! « Wilhelm Reich et Alexander Lowen ont montré depuis longtemps que chacune de nos peurs et de nos défenses engendre une contracture musculaire, une contention physique, explique le médecin bruxellois. D'où l'intérêt d'adjoindre une pratique corporelle comme le yoga, le taï-chi, le qi gong ou le Feldenkrais à tout travail psychanalytique ou psychothérapeutique. »

À lire…

- *La maladie a-t-elle un sens ?*, Thierry Janssen, éd. Fayard.

VOIR AUSSI

Cohérence > p. 219
Fluidité > p. 250
Sérénité > p. 314

VOIR QUESTIONS

Quelles sont tes forces ? > p. 74
Connais-tu le pouvoir des mots ? > p. 82

CONSCIENCE COLLECTIVE

À la fois utopique et réel, merveilleux et impressionnant, voilà un concept plus que jamais à l'ordre du jour. Le philosophe matérialiste Karl Marx visualisait, au milieu du XIXe siècle, l'avènement d'une humanité nouvelle, qui articulerait l'épanouissement individuel à l'émergence d'une conscience collective. Cette nouveauté inouïe constituait, selon lui, l'aboutissement logique de la lutte des classes et du rapport des forces productives. À l'autre bout du spectre philosophique, le paléontologue chrétien Pierre Teilhard de Chardin prévoyait lui aussi, au début du XXe siècle, l'émergence d'une conscience collective, dépassant l'individu et s'étendant à toute l'humanité, comme aboutissement logique de l'évolution de la complexité et de l'esprit. Il avouait avoir saisi l'énormité du phénomène dans les tranchées de la Première Guerre mondiale, en voyant s'élancer les vagues de soldats sous la mitraille. S'inspirant des travaux du géologue russe matérialiste Vladimir Vernadsky, qui distinguait en observant la surface du globe terrestre une lithosphère, une biosphère et, plus récente, une technosphère faite de nos outils, Teilhard de Chardin reprit également le terme de noosphère (du grec *noos*, pensée) pour désigner l'avènement attendu d'une conscience collective, constituée de la somme des éveils individuels interconnectés et appelée à réaliser l'union entre les humains, mais aussi, à terme, entre toutes les parties de l'univers…

Ces différentes utopies ont commencé à connaître des balbutiements de réalisation, sous la forme, notamment, du village global visualisé par Marshall McLuhan dans les années 1960 – à la fois société du spectacle et mondialisation réelle de la conscience humaine. Ces thèmes, chers à certains auteurs de science-fiction comme Isaac Asimov ou Pierre Bordage, ont eu tendance, à la fin du XXe siècle, à passer de la sphère politique ou religieuse (rêves marxiste ou teilhardien) à la sphère technologique et civile (Internet, réseaux des Créatifs culturels, etc.). L'articulation entre désir d'un épanouissement individuel et intérêt d'un développement collectif reste problématique, mais les enjeux de plus en plus urgents de la crise mondiale, écologique, économique et sociale, poussent au dépassement de ces contradictions.

Certains visionnaires actuels de la conscience collective – comme l'association TheTransitionner (www.thetransitioner.org) ou l'association Transformation Personnelle/Transformation Sociale – définissent le phénomène par les caractéristiques suivantes :

– l'intelligence collective a trait aux aspects externes, méthodologiques et opérationnels permettant à un collectif d'augmenter son intelligence en tant qu'unité ;

– la sagesse collective implique l'accès à la sagesse et à ses manifestations au niveau collectif. Un groupe de personnes empreintes de sagesse ne saura pas nécessairement comment se comporter avec sagesse de manière collective, du fait d'un manque d'intelligence collective. Ainsi cette dernière est-elle un présupposé nécessaire à l'émergence de la sagesse collective ;

– la conscience collective est le sens de la conscience du groupe que chaque membre du collectif ressent. C'est un espace auquel il peut se référer à tout moment pour sentir quel est le contexte et ce qui semble vouloir en émerger. Trois conditions sont essentielles pour que la conscience collective puisse se manifester : la richesse partagée (le sens des qualités et apports de chacun), la vulnérabilité partagée (l'humanité en l'autre) et un langage partagé (pour se comprendre).

En nous engageant sur le chemin de l'intelligence collective, nous participons à la manifestation de la conscience collective, c'est-à-dire à un projet nous demandant d'incarner l'empathie générale, aussi appelée amour.

À lire…

- *Karl Marx ou l'esprit du monde*, J. Attali, éd. Le Livre de Poche.
- *Le Phénomène humain*, Pierre Teilhard de Chardin, éd. du Seuil.
- *Les Créatifs culturels en France*, éd. Yves Michel.
- *Leadership et confiance*, Alain Duluc, éd. Dunod.
- *L'Intelligence collective. Pour une anthropologie du cyberespace*, Pierre Lévy, éd. La Découverte.

VOIR AUSSI

Coopérer > p. 224
Empathie > p. 240
Intelligence collective > p. 260
Résonance morphique > p. 303
Systémique > p. 321

VOIR QUESTIONS

Quelle énergie t'apportent les autres ? > p. 86
Comment ton mieux-être peut-il améliorer l'état de la planète ? > p. 104

CONSEILS AU *BUDDY* (PARTENAIRE DE JEU)

Outre la lecture approfondie de ce manuel, ton assistant dans ce jeu gagnera à s'inspirer de l'approche des conseils en santé holistique dont Anne-Marie Filliozat fixait ainsi les objectifs lors d'une conférence à La Haye, en 1991, sur l'aide aux personnes atteintes de cancer : « Les conseils en santé holistique accompagnent les malades, traités médicalement par ailleurs, en leur apprenant à stimuler leurs capacités naturelles d'autoguérison et à découvrir leur propre compétence à s'occuper d'eux. Chaque événement de la vie demande un effort d'adaptation qui concerne l'organisme tout entier, corps et psychisme inextricablement mêlés. Cela ne va pas sans remise en question. Le rôle du conseiller de santé consiste à accompagner le malade dans ce questionnement, quel qu'il soit. Il ne peut certes pas lui apporter de nouveaux objectifs, mais il peut jouer le rôle de révélateur en lui permettant d'expri-

mer ses besoins, ses désirs, dans des voies de réalisation qui lui sont propres. Par ailleurs il invite le malade à pratiquer la relaxation et la visualisation. La première visera à réduire les tensions musculaires, créer une détente mentale, permettre un vécu corporel différent, développer l'écoute de soi, stimuler les liaisons psyché-soma, amener un changement progressif de l'image du corps. L'activité de visualisation, outre qu'elle contribue à ces différents projets, permet d'envoyer au corps des messages positifs qui auront un effet direct sur le système immunitaire et la balance hormonale par l'intermédiaire du système limbique. Elle participera à la transformation de l'affect espoir en modifications physico-chimiques, stimulera le processus d'élaboration psychique des conflits impliqués dans le malêtre et celui de la découverte de soi. Le projet visé est d'apprendre à chacun à diminuer l'impact des agents stressants, à développer une écoute des besoins du corps et du psychisme, en vue de maintenir un équilibre psychosomatique satisfaisant. »

VOIR QUESTION
Que vas-tu faire pour ton mieux-être ? > p. 98

CONTEMPLER

Contempler, ce n'est pas te perdre dans un objet, mais l'accueillir en toi pour affiner ta perception, tout en restant attentif aux messages transmis par tes autres sens et aux réactions de ton corps. En se recueillant, les contemplatifs accueillent le monde en eux. Jacques Arnould, chercheur au Centre national d'études spatiales et moine dominicain, trouve dans la contemplation un terrain de conciliation entre les sciences et la religion. « Contempler, c'est ouvrir les portes à l'imagination, dit-il. Voilà pourquoi l'observation du ciel s'y prête si bien. Selon le moment et notre histoire personnelle, nous pouvons tout projeter sur lui : espoirs, peurs, bonheurs, malheurs, etc. Mais il n'est pas qu'un miroir, il est aussi objet de fascination : attirant car il offre l'expérience d'une perte de soi-même dans un infini nous dépassant absolument, et repoussant car porteur d'éventuels dangers. Se pose alors, comme pour tout objet contemplé, la question de l'auteur et de ses intentions. » Ce n'est pas sans raison que la contemplation est un support de méditation pour nombre de traditions spirituelles.
Un grand défenseur contemporain de la contemplation est l'agriculteur biologique et militant écologiste Pierre Rabhi. Pour lui, la folie du monde actuel se résume dans la facilité avec laquelle nous jaugeons le monde qui nous entoure en termes de « tonnes de matériau » (à transformer, ou à vendre, ou à consommer), plutôt que de le contempler. Il pense que c'est une erreur majeure, disant : « Nous sommes des contemplatifs, au moins autant que des producteurs, sinon beaucoup plus ! »

À lire...
- *La Part du colibri. L'espèce humaine face à son devenir*, Pierre Rabhi, éd. de l'Aube.
- *Conscience et environnement. La symphonie de la vie*, Pierre Rabhi, éd. Le Relié.
- *La Marche à l'étoile*, Jacques Arnould, éd. Albin Michel.

VOIR AUSSI
Méditer/Méditation > p. 271

VOIR QUESTIONS
Comment prends-tu soin de toi ? > p. 76
À quels besoins dois-tu accorder plus d'importance ? > p. 92

COOPÉRER

1 + 1 = 2 est une opération parfois fausse, tout comme est erronée l'idée selon laquelle l'évolution des espèces fut entièrement déterminée par la compétition. Comme le botaniste Jean-Marie Pelt le répète dans plusieurs livres, la coopération – hors même les processus de parasitisme et d'osmose – est un moteur évolutif aussi important, précisément dans la mesure où elle favorise la survie. On remarque des phénomènes de coopération dès les formes de vie primitives, telles que les bactéries, dont certaines se sacrifient quand les conditions deviennent adverses, se transformant en spores protectrices pour les autres. Tu as certainement déjà expérimenté cette force qui fait qu'un collectif atteint un résultat supérieur à la somme des compétences individuelles. La qualité des interactions entre les individus crée la compétence collective, et non leur simple addition.
La coopération est la mise en synergie des compétences et des responsabilités pour atteindre un but commun. Pour l'être humain, cette intelligence collective signifie à la fois l'énergie de cohésion et d'organisation entre cellules et organes à l'intérieur du corps, et entre individus dans la société. Le terme intelligence est une invitation à mesurer la qualité des buts assignés aux actions collectives dans lesquelles tu t'engages. L'un des meilleurs moyens trouvés pour favoriser la coopération humaine a trop souvent été, jusqu'à présent, la lutte contre un ennemi commun. À l'heure de la bombe atomique, cette voie mène désormais au gouffre. En réfléchissant à la meilleure façon de vivre ensemble, en expérimentant différentes manières de nous mettre en relation, en posant l'intention de manifester l'intelligence collective avec sagesse et conscience, nous favorisons la vie, nous nourrissons l'unité, nous œuvrons à l'évolution de l'humanité et à notre propre épanouissement. Plusieurs outils ont été éprouvés pour mettre en œuvre cette coopération comme l'empuissancement, le *feed-back*, l'écoute bienveillante et la création d'une vision partagée sur le but et les valeurs... C'est en tout cas l'un des thèmes existentiels majeurs de la population grandissante des Créatifs culturels.

À lire...

- *Le Grand Roman des bactéries*, Martine Castello et Vahé Zartarian, éd. Albin Michel.
- *Solidarités chez les plantes, les animaux et les humains*, Jean-Marie Pelt, éd. Fayard.

VOIR AUSSI

Communication non violente (CNV) > p. 221
Empuissancement > p. 241
Intelligence collective > p. 260

VOIR QUESTIONS

Quelle énergie t'apportent les autres ? > p. 86
Comment peux-tu enrichir ta vie relationnelle ? > p. 94

CORPS

Ton corps, tout comme ta mémoire inconsciente, conserve le souvenir d'absolument tout ce que tu as vécu. Championne de la résistance contre la violence faite aux enfants, la grande psychothérapeute suisse Alice Miller affirme que cette violence mine beaucoup de gens leur vie durant. Car la plupart des thérapies négligent le fait qu'une personne cassée dans son enfance (y compris par des parents lui voulant du bien) n'a pas accès à ses véritables ressentis. Malgré ses efforts, ses émotions restent muettes. Du coup, elle n'a qu'une issue, inconsciente, qui est de tomber malade. Son corps absorbe tout, en silence. Et le principal barrage qui l'empêche de guérir est l'obligation morale d'aimer ses parents. Pour honorer ce commandement, nous sommes prêts à saboter notre intuition, même si elle nous pousse en sens inverse. Pour illustrer son propos, Alice Miller prend dix célébrités maltraitées dans leur enfance, dont Dostoïevski, Kafka, Rimbaud, Mishima et Proust, qui vécurent la torture du conflit entre le corps et la morale. Elle cite aussi abondamment des tyrans martyrisés dans leur enfance... La solution ? Essentiellement rencontrer des thérapeutes, qui nous aiment tels que nous sommes vraiment. Or, assure Alice Miller, les thérapeutes restent trop neutres, attachés à la chimie et finalement moralistes, quoi qu'ils pensent. Ils ne sont pas assez aimants. On n'est jamais obligé d'aimer ses parents, insiste-t-elle, anticonformiste.

À lire...

- *Notre corps ne ment jamais*, Alice Miller et Léa Marcou, éd. Flammarion.
- *Mon corps le sait*, Catherine Aimelet-Perissol et Sylvie Alexandre, éd. Robert Laffont.
- *Ton corps dit : « Aime-toi ! »*, Lise Bourbeau, éd. E.T.C.
- *Le Langage émotionnel du corps. L'approche somato-émotionnelle, chemin de libération*, Roger Fiammetti et Luc Nefontaine, éd. Dervy.

VOIR AUSSI

Corps de souffrance > p. 225
Plusieurs corps > p. 288
Être psychosomatique > p. 246
Quête holistique > p. 355

VOIR QUESTION

Comment est né ton désir ? > p. 44

CORPS DE SOUFFRANCE

Présent en tous

La plupart de nos émotions proviennent d'une réaction de notre corps à nos pensées. Que la situation soit réelle ou non, la réaction du corps dépend du filtre de nos pensées, de ce que notre ego, le moi que nous nous sommes fabriqué, désigne comme concept de bien et de mal, de goût et de dégoût au fil de notre vie. Le corps ne fait pas la différence entre une situation réelle et une pensée. Il réagit aux circonvolutions de l'ego et, lorsque ce dernier s'emballe dans une spirale de pensées négatives, cela génère un flot d'émotions toxiques pour le corps – colère, anxiété, ressentiment, tristesse – car elles dérangent la circulation de l'énergie, troublent le cœur, le système immunitaire, la digestion, etc. La souffrance est alors disproportionnée aux faits qui l'ont provoquée, il s'agit d'une réaction excessive.
Toute émotion négative non acceptée laisse une mémoire de la douleur dans les cellules vivantes, intelligentes, organisées de notre corps. La somme des mémoires négatives crée un champ énergétique autonome, que certains psychothérapeutes, tel Eckhart Tolle, appellent « corps de souffrance ». Ce corps a sa vie propre et existe plus ou moins puissamment dans chaque être humain. Il a deux modes d'existence : l'état latent ou l'état actif. C'est une entité rouée qui comme l'ego aime prendre le contrôle de notre personnalité.
Le corps de souffrance a sa propre intelligence primitive et ressemble un peu à un animal rusé, dont le principal objectif est la survie. Ce corps a périodiquement besoin de se nourrir, d'absorber une énergie dont la fréquence est analogue à la sienne. Toute émotion négative, tout drame, toute douleur peut lui servir de nourriture. Le corps de souffrance est un accro du malheur. Bien sûr, il est assez choquant de s'apercevoir que quelque chose en nous recherche le conflit et a du goût pour la douleur (qu'elle soit tournée vers soi ou vers l'autre), et peu d'entre nous l'admettent.
Lorsque ton corps de souffrance prend possession de toi, tu deviens son jouet et tu joues un rôle soit de victime, soit de bourreau. Tu peux t'entendre dire que tu refuses cette souffrance. Mais si tu t'observes bien, tu verras où tes pensées entretiennent quelque part les conflits biologiques ou relationnels. Pour bon nombre de traditions, toute souffrance est une illusion. Mais est-ce vrai pour toi ? Le savoir ou le croire n'en fait pas une vérité. Cela te libère-t-il de la souffrance ? Ce qui nous préoccupe ici, c'est comment actualiser cette vérité, c'est-à-dire comment en faire une réalité dans ta vie.

Comment en sortir ?

Prendre conscience que tu as un corps de souffrance est la première étape pour t'en désidentifier. Cette simple désidentification l'empêche alors de contrôler tes pensées et, ce faisant, il ne peut plus se nourrir. Une fois que le lien l'unissant à tes pensées est coupé, il commence à perdre de l'énergie. Quand il est identifié, il ne peut plus prétendre être toi. Les émotions cessent alors de te submerger et tu prends conscience de la réalité du moment présent sans que la mémoire du passé la déforme. C'est ce qu'enseigne la PRI (Past Reality Integration), en identifiant les stratégies de défense que notre ego à mises en place. L'auto-observation est une arme puissante. Le corps de souffrance craint d'être dévoilé. Sa survie dépend de ton identification à lui et de ta peur de souffrir – de ton inconscience. Dès que tu l'observes, l'identification est rompue. Et une dimension supérieure de ta conscience entre en jeu, qu'Eckhart Tolle appelle la « présence ». Tu découvres ton être intérieur, sa puissance, tu te relies au pouvoir de l'instant présent, ici et maintenant.

Ton corps de souffrance pointe son nez en fonction de certains déclencheurs : une phrase, un geste, un regard, des problèmes d'argent ou d'amour, etc. Aussi, dès que l'un d'eux apparaît, sois sur tes gardes. Prends conscience de l'émotion qui se crée dans ce corps de souffrance, accepte-la. Il n'est pas question de lutter contre l'ego ou le corps de souffrance. Mais tu ne t'identifieras plus à ton émotion. Si tu te trouves alors avec ton compagnon ou ta compagne, il te suffit de lui dire : « Ce que tu as dit (ou fait) vient de déclencher mon corps de souffrance. » Et encourage-le (ou la) à t'adresser la même remarque si tu déclenches le sien. De cette façon, vos corps de souffrance ne détruiront pas votre relation. Au lieu de revenir à l'inconscience, vous entrerez dans la conscience.

À lire...

- *Mettre en pratique le pouvoir du moment présent*, Eckhart Tolle, éd. Ariane.

VOIR AUSSI

PRI (Past Reality Integration) > p. 291

Syndrome de douleur globale > p. 319

Tout est souffrance > p. 327

Traitements antidouleur > p. 328

VOIR QUESTIONS

As-tu repéré des circonstances qui déclenchent ou aggravent ton problème ? > p. 64

À quels besoins dois-tu accorder plus d'importance ? > p. 92

CRÉATIVITÉ

Privilège humain

Nous avons tous une ressource de créativité à laquelle nous pouvons faire appel quand nous manquons d'inspiration. Quelqu'un qui vit en trouvant sans arrêt de nouvelles manières de faire plaisir (aux autres et à lui-même), de mieux vivre, d'accroître la quantité de joie et de sourire dans le monde où il vit, celui-là est un grand créateur... Notre créativité spontanée, généralement instinctive, peut être stimulée dans des proportions dont nous n'avons pas idée ! Peut-être appelles-tu différemment cette partie de toi qui t'aide à trouver des solutions en cas de problème, celle qui a le sens pratique ou qui est maligne, celle qui t'a déjà tiré d'affaire plusieurs fois. Inconscient, petite voix intérieure ou *daemon* comme pour Socrate, donne-lui le nom que tu veux et, quand tu en as besoin, invite-la à se manifester quelque part dans ton corps. Oui, dans ton corps ! La sensation de sa présence est le signe qu'elle est d'accord pour jouer le jeu. Demande-lui alors de te proposer au moins trois projets qui pourraient te faire avancer.

Ingrédients de base

Le processus inventif se déroule en cinq étapes, selon un découpage proposé dès 1926 par le psychologue Georges Wallas et confirmé par toutes les études ultérieures : information, incubation, illumination, vérification et formulation. Son collègue Abraham Maslow, trois décennies plus tard, dressa le portrait d'un « état d'esprit créatif » fondé sur l'étude des personnalités historiquement connues comme exceptionnellement créatives. Ces individus toléraient tous l'incertitude, ils étaient spontanés en pensée et en initiative. Ils se concentraient sur le problème à résoudre et non sur leur intérêt. Ils possédaient un solide sens de l'humour, prenant plaisir à inventer et à jouer. Par ailleurs, ils rebondissaient rapidement après avoir essuyé un échec. Enfin, ils étaient tous préoccupés par le bien-être de l'humanité. Les inventifs avaient su garder également une profonde intuition qui leur venait d'une sensibilité très vive au monde. Comme le bébé qui grandit en apprenant à aiguiser son regard, à développer son flair, son palais, à s'enrichir grâce aux contacts, à s'ouvrir à l'écoute, ils avaient poursuivi leur apprentissage pour mieux se créer et créer toute leur vie. Le professeur de psychologie Mihaly Csikszentmihalyi ajoute aujourd'hui une notion de flux ou flot pour affirmer que la créativité est avant tout un mouvement, qui entraîne ces personnes – dont il a aussi fait l'étude – à témoigner sans cesse d'une curiosité infinie. Le psychothérapeute québécois Benoît Rancourt confirme qu'une personne qui réalise tous ses potentiels reste en apprentissage permanent, alors que le névrosé, lui, « apprend à ne plus apprendre ». Pour cela, il ne faut pas fuir ses peurs, mais les explorer. C'est en effet derrière elles que se cachent la liberté et la créativité. Il faut oser être authentiquement toi, quelles que soient tes faiblesses, et cesser de (te) faire du cinéma, sur tous les plans. Cela signifie également, selon Benoît Rancourt, franchir les différentes étapes d'un développement physique, psychologique et spirituel où la conscience progressivement s'éveille, grandit, se clarifie. La clé décisive se joue sur un seul mot : « OUI » comme Ouverture, Unification et Intelligence.

Quelques trucs

Il n'y a pas de méthode, mais il existe de nombreux trucs. Tous s'inspirent peu ou prou de cet état d'esprit évoqué par Maslow :

– Aiguise tes perceptions, notamment en surprenant tes sens.

– Développe ta curiosité, cultive l'humour. Injonctions paradoxales ? Eh bien justement, c'est l'un des grands outils de l'école systémique : si tu le prends comme un clin d'œil de la vie et comme un exercice, sauter sur chaque occasion de faire exactement ce que tu crains t'apportera au mieux des succès, au pire des surprises !

– Apprends à ruminer la même idée. Toute création passe par l'acquisition de compétences. Dans le *Geïdo*, la voie des arts japonais, l'élève copie (étape *shu*), puis casse méthodiquement le moule (*ha*) avant de pouvoir créer (*ri*). *Shu-ha-ri* est le chemin de la maîtrise.

– Laisse courir. Phase importante du processus d'invention, l'incubation est le moment mystérieux, quand parlent les rêves, les signes, les synchronicités.

– Partage, donne, échange. La créativité gagne à se frotter à tout.

À lire...

- *Savoir développer sa créativité*, Brigitte Bouillerce et Emmanuel Carré, éd. Retz.
- *La Créativité*, Mihaly Csikszentmihalyi, éd. Robert Laffont.
- *Être humain, la nature humaine et sa plénitude*, Abraham Maslow, éd. Organisation.
- *Franchir les étapes de la conscience*, B. Rancourt, éd. Quebecor.

VOIR AUSSI

Fluidité > p. 250

VOIR QUESTION

Qu'est-ce que cela t'apporterait ? > p. 48

CRISE SPIRITUELLE

Expérience de l'étrange

Savons-nous comment notre corps, nos sens, nos états subjectifs, notre psyché, nos personnalités, notre âme, notre esprit, tous ces aspects de nous-mêmes, s'articulent en un être unique ? Yogi expérimenté, travaillant avec des maîtres indiens et tibétains, Dennis Boyes prend à bras-le-corps la variété des troubles psychologiques – de l'homosexualité refoulée à l'autisme, en passant par la mélancolie, le sentiment d'abandon ou la paranoïa – pour faire le point sur les questions vitales qu'elles soulèvent.

Confusion par ignorance

Stanislav Grof commença sa carrière à Prague dans les années 1960 en expérimentant les effets du LSD en psychiatrie. Il est le spécialiste des états modifiés de conscience et le créateur de la respiration holotropique. Pour lui, la confusion par ignorance nous fait rater, collectivement et individuellement, de grands potentiels de changement. Inventeur de la notion de matrices périnatales, qui relie nos réactions face aux difficultés à la façon dont nous avons vécu les différentes phases de la naissance, il déplore que « la psychiatrie universitaire se réfère à un modèle du psychisme limité à l'histoire postnatale de l'individu et fasse montre d'un fort parti pris matérialiste et biologique ». Le résultat est que « les psychiatres ne sont pas en mesure de faire la différence entre les crises psycho-spirituelles – ou même de simples états mystiques non compliqués – et une grave maladie mentale, en raison de l'étroitesse de leur cadre conceptuel ». Or dans le même temps, note-t-il, « nous avons assisté à une expérimentation massive des “technologies du sacré” – qu'elles soient de source aborigène ou moderne –, ainsi que des techniques d'altération de la conscience pouvant mener à une ouverture spirituelle ».

État d'urgence

Jouant sur le double sens du mot *emergency* (urgence et émergence), Grof propose le terme *spiritual emergency* pour désigner ces états. À la suite d'Abraham Maslow – qui les qualifiait de « paroxystiques » – et de Walter Pahnke qui en précisa les critères dans les années 1960, il en donne les caractéristiques : sentiment d'unité intérieure et extérieure, forte émotion positive, transcendance du temps et de l'espace, sens du sacré, caractère numineux (plein de sens) mais aussi paradoxal et ineffable de l'expérience, réalité des intuitions, effets secondaires positifs. Quant aux états eux-mêmes, Grof s'inspire aussi bien de son expérience que de sa connaissance du chamanisme ou de Jung pour les différencier : crise chamanique, éveil de la *kundalini*, épisodes de conscience unitive, renouveau psychologique soudain, crise d'ouverture médiumnique, expérience de vie antérieure, communication avec des esprits-guides, expérience proche de la mort, contact extraterrestre, état de possession, alcoolisme et dépendance aux drogues, autant d'états limites qui n'entraînent ni le même vécu ni les mêmes conséquences.

À lire...

- *Évolution intérieure et problèmes psychologiques*, Dennis Boyes, éd. Dervy.
- *Pour une psychologie du futur*, Stanislav Grof, éd. Dervy.
- *Chamane, le chemin des immortels*, Paul Degryse, éd. Dervy.

VOIR AUSSI

Motivation > p. 273
Sens de ta vie > p. 311
Traverser une crise > p. 330

VOIR QUESTION

Comment est né ton désir ? > p. 44

« C'est la nuit qu'il est beau de croire à la lumière. »
Edmond Rostand

CROYANCES

Croire ou apprendre ?

Les médecins Sophie Silcret-Grieu et Nathalie Szapiro-Manoukian ont eu l'amusante idée d'aller vérifier, le plus sérieusement possible, une centaine de vieilles idées reçues sur la santé dont nous avons hérité de nos ancêtres, par exemple : 1. les carottes donnent la peau rose ; 2. il faut attendre deux heures après un repas avant de se baigner ; 3. on peut perdre ses cheveux après un choc ; 4. les femmes vivant en communauté ont leurs règles en même temps ; 5. les bébés naissent davantage à la pleine lune ; 6. la soupe fait grandir ; 7. les myrtilles sont bonnes pour la vue ; 8. la masturbation rend sourd ; 9. les taches blanches sur les ongles indiquent un manque de calcium ; 10. l'ail fortifie le cœur ; 11. le chocolat constipe ; etc. Les résultats sont édifiants. Les trois quarts de ces croyances sont fausses, complètement fausses ! Parmi les exemples cités, seuls le 3 et le 10 sont vrais ! Plus grave est le constat que dresse Catherine Solano, médecin elle aussi, quand ces croyances conduisent à négliger les faits nouveaux qui s'accumulent sur la médecine corps-esprit. Dans son livre, elle se dit étonnée par les comportements de certains patients. Elle parle de « résistances » de personnes qui, alors qu'elles ont été affectées par un cancer, refusent de lire *Anticancer* de David Servan-Schreiber. Elles sont persuadées que ce livre est inutile et mensonger, et qu'il ne sert en réalité qu'à redonner le moral aux malades. Elle tente de les convaincre du contraire, mais, souvent, elle échoue et se heurte à des réactions butées, déclenchées par l'angoisse des patients.

Croire ou nier ?

Bref, nos croyances nous empêchent d'envisager la réalité sous un angle neuf. Aveuglés par nos réponses toutes faites, sans même nous en rendre compte, nous sommes alors incapables de nous poser de nouvelles questions.

C'est ainsi, estime le docteur Thierry Janssen, que nous vivons aujourd'hui encore à la lumière de dogmes bien obscurs. Il rappelle qu'à la fin du XVIIe siècle, des philosophes comme John Locke clamaient haut et fort : « La négation de la nature est la voie du bonheur » ! Thierry Janssen rappelle aussi qu'à cette époque, on considère la nature comme une ennemie que l'homme doit apprendre à maîtriser. Aujourd'hui encore, note l'auteur, cette pensée perdure malheureusement. Il n'est qu'à voir la manière dont on s'obstine parfois à vouloir nier à tout prix notre propre nature. Il concède toutefois que la vision occidentale née de la pensée des Lumières a permis bien des avancées, mais qu'elle occulte la manière dont la vie fonctionne vraiment, à savoir non pas comme un immense ensemble de molécules, mais dans un réseau de relations complexes. Un véritable « tissage » qu'il est urgent d'étudier au XXIe siècle.

À lire...

- *Docteur, on m'a dit que...*, Sophie Silcret-Grieu et Nathalie Szapiro-Manoukian, éd. J'ai Lu.
- *Anticancer*, David Servan-Schreiber, éd. Robert Laffont.
- *Prévenir*, Catherine Solano, éd. Robert Laffont.
- *Vivre le cancer du sein autrement*, T. Janssen, éd. Robert Laffont.

VOIR AUSSI
Libérer des images négatives (Te) > p. 264
Placebo > p. 285

VOIR QUESTION
Qu'est-ce qui t'en a empêché jusqu'ici ? > p. 52

CUIRASSES

Cuirasse caractérielle

On doit à Wilhelm Reich (1897-1957), psychiatre et psychanalyste autrichien dissident de Freud, émigré aux États-Unis où sa carrière ne fut pas sans heurts, d'avoir théorisé la façon dont les divers traumatismes que nous subissons s'inscrivent dans notre corps, sous la forme de « cuirasses » autant psychiques que corporelles. Dans l'introduction à *La Fonction de l'orgasme*, écrit en 1945, Reich explique que l'homme a une structure caractérielle qui reproduit une civilisation patriarcale et autoritaire vieille de plusieurs millénaires. Cette structure se caractérise par une cuirasse contre la nature en lui-même et contre la misère sociale extérieure à lui-même. D'origine non pas biologique mais sociale et économique, cette cuirasse constitue l'ensemble des attitudes caractérielles types qu'un individu développe pour limiter ou bloquer ses excitations émotionnelles – métaphoriquement, c'est une cotte de mailles tissée de défenses et de refoulements. Dotée d'une certaine mobilité, elle se relâche face à une situation plaisante et se resserre si la situation est perçue comme dangereuse ou déplaisante. Plus elle est rigide, plus la cuirasse caractérielle entraîne une distorsion et une limitation dans les possibilités d'échange avec le monde, les autres et soi-même. Ce qui, selon Reich, distingue une structure caractérielle saine d'une structure caractérielle névrosée, c'est la capacité de la cuirasse à s'ouvrir ou à se refermer, en fonction du contexte.

Cuirasse musculaire

Cette cuirasse caractérielle se double d'une cuirasse musculaire qui témoigne de son inscription dans le corps. L'analyse caractérielle proposée par Reich permet d'établir une relation entre la cuirasse musculaire et le refoulement des affects, se manifestant par exemple dans la répétition mécanique d'un mouvement, ou dans la rigidité du corps – maladie dont souffrent nombre d'Occidentaux.

Dotée d'une structure segmentaire que Reich compare à celle d'un ver, la cuirasse musculaire est divisée en anneaux formant un angle droit avec la colonne vertébrale et comprenant les organes et groupes de muscles qui entretiennent un contact fonctionnel entre eux. Au nombre de sept, ces anneaux correspondent chacun à un blocage spécifique empêchant les excitations affectives de parcourir librement le corps. Reich décrit ces sept niveaux de façon détaillée dans *L'Analyse caractérielle*.

Comment t'en débarrasser ?

Voici l'avis de Gérard Guasch, spécialiste de Reich : « Afin de permettre au patient de se défaire, au moins partiellement, du carcan de ses cuirasses caractérielle et corporelle, l'analyse reichienne cherche à libérer les émotions anciennement retenues, les résidus traumatiques encore actifs et, de façon plus générale, l'agressivité bloquée et la sexualité réprimée (les deux pulsions fondamentales). Pour cela, l'analyste reichien emploie divers modes d'approche, corporels et verbaux, qui vont agir sur la dynamique affective du sujet. Tout en assouplissant les défenses et en libérant les émotions, son but est de remettre en circulation l'énergie stagnante, de restaurer l'équilibre végétatif, de dégager les obstacles qui entravent la pulsation vitale de l'organisme et, par extension, de favoriser l'orgasme et l'abandon amoureux pour amener le sujet à un "surcroît d'être" et à jouir plus intensément de la vie. »

Cette proposition, ambitieuse, s'accompagne pourtant d'une grande humilité dans la pratique car il ne s'agit ni de forcer, ni de percer, ni de briser, mais, au travers d'un dialogue verbal et corporel soutenu, de favoriser des ouvertures, des changements, des remaniements aidés par des prises de conscience, une élaboration mentale progressive.

Le décuirassement se fait couche par couche, depuis les interactions de la dynamique relationnelle et sociale jusqu'aux couches les plus profondes du fonctionnement biologique, en travaillant le corps niveau par niveau et en analysant les conflits dynamiques, le matériel refoulé, les résistances, le transfert.

À lire...

- *La Fonction de l'orgasme*, Wilhelm Reich, éd. L'Arche.
- *L'Analyse caractérielle*, Wilhelm Reich, éd. Payot.
- *Quand le corps parle. Pour une autre psychanalyse*, Gérard Guasch, éd. Sully.
- *Le Déclic, transformer la douleur qui détruit en douleur qui guérit*, M. L. Labonté, éd. de l'Homme.
- *Votre corps a une mémoire*, Myriam Brousse et Valérie Péronnet, éd. Fayard.

VOIR AUSSI

Peur > p. 284
Phobies > p. 284
Qualités de nos défauts > p. 296
Système nerveux végétatif > p. 320

VOIR QUESTION

Qu'est-ce qui perturbe la bonne circulation de ton énergie ? > p. 66

CULPABILITÉ

Tous coupables ?

Pas facile de se sentir innocent en ce monde, pas vrai ? Tant de choses concourent à faire de nous des coupables ! Et je ne parle pas seulement des journaux télévisés, qui nous culpabilisent au spectacle des malheurs et de notre impuissance avant de nous proposer la consommation comme remède. Non, ça remonte bien plus loin ! Les religions nous chargent en Occident du péché originel commis par Adam et Ève ; et en Orient d'une dette, qui l'est tout autant. « Tout être en naissant naît comme une dette due aux dieux, aux saints, aux ancêtres, aux hommes », dit ainsi le *Satapatha Brahmana*, texte hindouiste de la première heure. Malheur à toi si tu ne respectes pas, ici, la loi divine, et, là, tes devoirs d'humain. D'autant que la psychanalyse développe les mêmes opinions. Pour Freud, le sentiment de culpabilité est un fondement non seulement de la société (coupable du meurtre du père tout-puissant qui avait seul accès aux femmes) mais aussi de notre psychisme individuel, puisqu'il sert d'outil à la création du surmoi, l'instance qui condamne, et de moteur à sa relation avec le moi, l'instance qui désire. Pour sa disciple Melanie Klein, la culpabilité est même antérieure à la transmission des interdits, prenant sa source dans la position dépressive du nourrisson qui découvre, entre trois et six mois, que sa mère est un objet à la fois aimé et haï.

Comment s'en sortir ?

La culpabilité est l'ingrédient majeur de la dépression infantile précoce (DIP) dont souffre tout enfant peu ou prou, estime le psychanalyste Moussa Nabati. Elle peut être due à un manque d'amour réel ; elle est surtout alimentée par cette tendance qu'ont les petits humains de culpabiliser pour toutes les souffrances auxquelles ils assistent. Si nos parents ont été malheureux, même passagèrement, nous portons en nous la croyance viscérale que c'est notre faute. Même chose si nous sentons inconsciemment que nous servons à réparer une union fragilisée ou à remplacer un enfant défunt : nous nous sentons coupables – puisque pas aimés pour nous-mêmes. Résultat : « La DIP et la culpabilité gênent l'accès au bonheur en empêchant la libido de circuler librement et de façon fluide à travers la totalité de la maison/soi et du verger de l'identité plurielle », écrit le psychanalyste. Seuls le désamorçage de cette culpabilité et la compréhension des rôles qu'elle nous a fait jouer – en paraissant gentil et altruiste, par exemple – vont calmer l'enfant en nous et permettre à l'adulte de s'épanouir, sans dépendance d'aucune sorte. Convaincu de l'importance de la Loi pour canaliser les pulsions (laissées libres, elles nous emprisonnent, quoi qu'en disent les hédonistes), Moussa Nabati n'en ouvre pas moins une voie originale : il s'agit de « devenir soi, adulte, individué, psychologiquement autonome, défusionné par rapport à la matrice maternelle... ».

La part d'ombre

La tâche risque d'être difficile, car sur ce plan la société n'aide guère, chacune apportant son lot d'interdits spécifiques. La culpabilité cache aussi souvent un sentiment de toute-puissance, signale le psychologue Yves-Alexandre Thalmann dans un livre au titre provocant. À ses yeux, « elle nous évite la douloureuse prise de conscience de nos limites et de notre impuissance face à certains événements de la vie ». Il convient donc, chaque fois que tu éprouves ce sentiment, d'approfondir la réflexion sur toi afin d'en démêler les raisons. *Idem* si tu as tendance à te croire sans tache alors qu'une petite voix te souffle que tu as mal agi – ou que d'autres t'en accusent ! Poussé à l'extrême, un sentiment de culpabilité prolongé et sans raison peut demander une psychothérapie. Mais quand il est bénin, c'est une invitation à te connaître, à faire la part – tout en pesant leurs défauts et leur valeur – entre la morale sociale imposée par un groupe, la morale objective voulant que tu ne fasses pas à autrui ce que tu ne voudrais pas qu'il te fasse, et une morale plus positive, animée par l'amour. Heureuse invitation en forme de rappel à l'ordre, notait Boris Cyrulnik dans un entretien pour *Nouvelles Clés*, n° 43 : « Comme l'a montré le Dr Mengele, qui vivait dans la beauté, la philosophie, Bach, la famille, tout en commettant ses crimes à Auschwitz au nom du bien de l'humanité, on peut très bien se sentir au fond de soi très vertueux et commettre des choses effrayantes : il suffit de dissocier le réel de la représentation que l'on s'en fait. » Le sentiment de culpabilité n'a donc pas que du mauvais. S'il est fondé – je doute que le tien le soit sur de tels crimes ! –, il ouvre la voie à l'expiation, au changement, au pardon, à l'oubli. Te connaître, c'est aussi accepter ta part d'ombre. Comment, sinon, t'amélioreras-tu ?

À lire…

- *L'Homme aux rats*, Sigmund Freud, éd. PUF.
- *Deuil et dépression*, Melanie Klein, éd. Payot.
- *Le Bonheur d'être soi*, Moussa Nabati, librairie Arthème Fayard 2006.
- *Au diable la culpabilité !*, Y.-A. Thalmann, éd. Jouvence.

VOIR AUSSI

Responsabilité et culpabilité > p. 305

VOIR QUESTION

As-tu conscience de ta puissance ? > p. 88

DÉCISION

As-tu déjà réfléchi à la manière dont tu prends tes décisions ? Les Romains parlaient de *consultum* ou de *decretum*, selon qu'une décision faisait suite à une délibération ou à une obligation. Notre langue a choisi de faire dériver ce terme d'un autre mot, signifiant coupure mais aussi arrangement (*decisio*). Tu as donc là une panoplie de méthodes : soupeser la situation, attendre d'être forcé, trancher ou négocier. Attention cependant ! Même si nombre de tes actes sont simplement réflexes et nombre de tes décisions ne sont jamais suivies d'effet, la décision est un moment à proprement parler tragique. Elle se situe pile à la frontière entre ton monde intérieur et la réalité. Tant que tu la prends, elle n'est qu'une pensée ; dès que tu l'exécutes – la pauvre ! –, elle disparaît pour devenir une action. Tu peux toujours vouloir revenir dessus, c'est parti – à moins que tu puisses la corriger ! On comprend que certains préfèrent s'en remettre au hasard ou à leur intuition, ou que d'autres se montrent maladivement hésitants ! Prendre des décisions est un défi posé à ta raison, aussi permanent qu'ultime. Permanent, parce que plus tu t'appliques à raisonner sur tes choix, plus ceux-ci s'élargissent ; et ultime parce qu'il n'y a pas de fin aux « pourquoi ceci plutôt que cela » et que, au bout du compte, la raison doit se taire et ton choix se fixer. La démarche n'est pas simple, mais elle est assez claire : rechercher l'information, éclaircir les enjeux, réfléchir, consulter des tiers, écouter ton intuition et faire confiance au hasard… et à ta perspicacité !

« Ne nous laissons pas duper par l'analyse académique qui voudrait opérer un distingo, dans le temps, entre plusieurs moments de la démarche volontaire : délibération, décision, action. La deuxième ne prend pas simplement la suite de la première, ni la troisième celle de la deuxième. »
Tariq Demens

À lire…

- *Éthique, médecine et société. Comprendre, réfléchir, décider*, sous la dir. d'Emmanuel Hirsch, éd. Vuibert.

VOIR AUSSI

Créativité > p. 226
Engagement > p. 243
Motivation > p. 273

VOIR QUESTION

Que vas-tu faire pour ton mieux-être ? > p. 98

DÉCLENCHEUR

Les psychologues anglophones nomment cela un *trigger* (en français, une gâchette). Tu as certainement déjà senti, en réaction à une parole ou à un comportement, quelque chose se déclencher automatiquement en toi. Tu n'as pas eu le temps d'y réfléchir que déjà tu

es dans une émotion, voire tu as déjà réagi verbalement. Tu as été déclenché ou *triggered* ! Tu remarqueras aussi que tu peux déclencher les autres. Si tu t'y complais, attention, tu peux devenir un expert en manipulation !
En réalité, c'est toi qui es responsable de tes déclencheurs internes (c'est la boucle responsabilité/engagement/implication). Ta conscience peut t'aider à calmer ces petits démons et à décider à chaque instant si oui ou non tu veux être atteint par cette situation. Les grandes traditions spirituelles parlent du calme intérieur et du détachement. La maîtrise, voire l'apaisement, de ses propres déclencheurs en fait partie. Tu peux considérer cela comme un jeu : traquer chaque déclenchement, te demander ce que cela cache derrière (peur puis besoin) et comment tu peux faire autrement. Tu joues avec nous ?

VOIR AUSSI
Besoin > p. 215
Engagement > p. 243

VOIR QUESTION
As-tu repéré des circonstances qui déclenchent ou aggravent ton problème ? > p. 64

DÉFINITION DE LA SANTÉ PAR L'OMS

Permets-moi de te lire solennellement un extrait du préambule de la Constitution de l'Organisation mondiale de la santé, daté du 22 juillet 1946 :
« Les États parties à cette Constitution déclarent, en accord avec la Charte des Nations Unies, que les principes suivants sont à la base du bonheur des peuples, de leurs relations harmonieuses et de leur sécurité :
– La santé est un état de complet bien-être physique, mental et social, et ne consiste pas seulement en une absence de maladie ou d'infirmité.
– La possession du meilleur état de santé qu'il est capable d'atteindre constitue l'un des droits fondamentaux de tout être humain, quelles que soient sa race, sa religion, ses opinions politiques, sa condition économique ou sociale.
– La santé de tous les peuples est une condition fondamentale de la paix du monde et de la sécurité ; elle dépend de la coopération la plus étroite des individus et des États.
– Les résultats atteints par chaque État dans l'amélioration et la protection de la santé sont précieux pour tous.
– L'inégalité des divers pays en ce qui concerne l'amélioration de la santé et la lutte contre les maladies, en particulier les maladies transmissibles, est un péril pour tous.
– Le développement sain de l'enfant est d'une importance fondamentale : l'aptitude à vivre en harmonie avec un milieu en pleine transformation est essentielle à ce développement.
– L'admission de tous les peuples au bénéfice des connaissances acquises par les sciences médicales, psychologiques et apparentées est essentielle pour atteindre le plus haut degré de santé.
– Une opinion publique éclairée et une coopération active de la part du public sont d'une importance capitale pour l'amélioration de la santé des populations.
– Les gouvernements ont la responsabilité de la santé de leurs peuples : ils ne peuvent y faire face qu'en prenant les mesures sanitaires et sociales appropriées.
Acceptant ces principes dans le but de coopérer entre elles et avec tous autres pour améliorer et protéger la santé de tous les peuples, les parties contractantes acquiescent à ladite. »

VOIR AUSSI
Sept piliers de la santé (Les) > p. 314
Quête holistique > p. 355

VOIR QUESTION
Comment ça va ? > p. 38

DÉPENDANCE

T'es-tu déjà senti pris dans une spirale incontrôlable de consommation ou de comportements destructifs que ni la raison ni l'intelligence ne pouvaient arrêter ? Si oui, peut-être es-tu vulnérable aux dépendances. En France, depuis le début des années 1990 – bien après la psychiatrie américaine –, les spécialistes de la toxicomanie, de l'alcoolisme et des troubles alimentaires se sont associés pour reconnaître une similitude et un terrain commun à différents comportements de dépendance. Abus de tranquillisants, de tabac ou de chocolat, de travail effréné, de cocaïne, d'amours fusionnelles et d'achats compulsifs, de jeux vidéo, d'Internet… quel que soit l'objet, les mécanismes sont similaires – même dans la spéculation financière et le système boursier –, ont montré les psychiatres Marc Valleur et Jean-Claude Matysiak dès 2002.

Tous dépendants ?

Dépendants dès la naissance, accros aux jupes de notre mère ou de tout adulte pourvoyant à nos besoins, nous apprenons à travers ces premiers liens à réguler nos attachements futurs. Pour Boris Cyrulnik (*Nouvelles Clés*, n° 6), « la dépendance humaine repose sur un curieux paradoxe : "Je dépends d'une autre pour devenir moi-même… mon autonomie dépend de son état mental." Dépendre pour être libre, vous vous rendez compte ? Un enfant sécurisé par sa dépendance biologique et affective apprend qu'il peut conquérir le monde, alors qu'un enfant abandonné découvre qu'il est soumis tant il a besoin des autres ».
Sur le chemin de la croissance humaine, il peut en effet y avoir toutes sortes de ratés. Des situations d'insécurité ou de manque profond qui, plus tard et notamment à l'adolescence, poussent à chercher des calmants affectifs. Selon Boris Cyrulnik : « La drogue peut tenir ce rôle sécurisant comme un éclair

de bien-être dans une vie embrumée. L'alcool peut apaiser celui qui est inhibé par l'angoisse ou qui a peur des relations affectives. Le médicament tranquillisant apporte quelques heures de soulagement, comme tout ce qui engourdit l'esprit peut soulager ceux qui sont crispés par la peur de vivre. Une télévision ronronnante produit des images sans sens qui médusent le psychisme et l'empêchent de penser pour le plus grand soulagement des anxieux. La levée de l'inhibition donne un sentiment d'aisance, un bref bonheur qui invite à recommencer ce plaisir facile, cette sensation insensée. »

Reconnaître la dépendance

Comment identifier la dépendance abusive ? Tous produits ou comportements destructeurs confondus, celle-ci repose sur trois grands mécanismes :

– La compulsion : je perds mon libre arbitre face à tel produit ou comportement. C'est le syndrome du « je ne peux m'en empêcher » : « Je ne voulais pas allumer cette cigarette, ou ramener un dossier à finir à la maison... mais je l'ai fait malgré tout. »

– L'obsession : même dans les moments où je ne succombe pas, tout mon espace mental est envahi par des images obsédantes liées à cette consommation. C'est le syndrome du « je ne pense qu'à ça » : « J'en suis à mon deuxième verre, je boirai à nouveau dans l'après-midi, et à l'heure de l'apéritif aussi. »

– L'accoutumance ou assuétude : je suis obligé d'augmenter les doses ou de multiplier les comportements pour obtenir le plaisir ou l'apaisement éprouvés lors de l'expérience initiale. C'est le syndrome du toujours plus : « Au début je fumais un joint dans la journée ; désormais je me réveille et me couche avec du cannabis dans la tête... »

S'en sortir

C'est en reconnaissant sa vulnérabilité à la dépendance qu'on amorce la possibilité d'en guérir. Les Alcooliques Anonymes vont jusqu'à reconnaître que l'on n'en sort jamais vraiment, l'envie restant toujours présente. Il s'agit ensuite de prendre conscience qu'on ne peut pas s'en libérer tout seul. Demander de l'aide, posture particulièrement difficile pour celui qui souffre d'une maladie des liens, est une étape décisive. Il existe de nombreux lieux et centres d'accueil spécialisés dans toutes les formes de dépendances. Les dépendants y sont compris et assistés. La bonne nouvelle : on peut sortir d'une dépendance, même à l'héroïne ou à l'alcool. Mauvaise nouvelle : il faut souvent changer en profondeur, revisiter toutes ses manières de penser et de vivre. Le chemin de la psychothérapie, un travail émotionnel exigeant, semble incontournable pour celui qui veut retrouver le plaisir d'une existence sans béquille ou substitut contraignant.

À lire...

- *Les Addictions*, Marc Valleur et Jean-Claude Matysiak, éd. Armand Colin.
- *Se libérer de ses dépendances*, Frédérique de Gravelaine et Pascale Senk, éd. Pocket.

VOIR AUSSI
Toujours plus > p. 327

VOIR QUESTION
Pourquoi as-tu mal ? > p. 58

DÉPRESSION

La dépression se distingue de la déprime selon des critères bien précis. Une personne en dépression non seulement présente les symptômes émotionnels de la déprime (fatigue, tristesse, insomnie, manque de motivation...), mais ces derniers ont une telle intensité que la personne ne peut plus assurer le quotidien, que ce soit travail professionnel ou même tâches ménagères. Par ailleurs, ses capacités relationnelles sont altérées. Il est donc très difficile de sortir seul de cet état. L'aide d'un spécialiste psychothérapeute est indispensable, d'autant plus que certaines personnes souffrent de troubles bipolaires nécessitant un traitement médicamenteux spécifique. Confondre déprime et dépression est très fréquent, non seulement en raison de la similitude de certains symptômes mais aussi parce que fréquemment une personne entre en dépression à la suite de déprimes successives mal gérées.

Selon l'OMS, 5 % des personnes habitant les pays développés souffrent aujourd'hui d'une dépression, et 17 % – une sur six ! – en subiront au moins une au cours de leur vie. Les prévisions en font pour 2020 la deuxième cause d'invalidité après les cardiopathies, alors qu'elle occupait la cinquième place en 2002. Le plus paradoxal, dans cette affaire, c'est qu'un épisode dépressif majeur se soigne assez facilement. Grâce aux médicaments, bien sûr, même s'il faut compter avec les effets secondaires des antidépresseurs, et prévenir contre l'usage des anxiolytiques, contre-indiqués mais souvent prescrits du fait qu'ils présentent moins de risques et ont une action plus rapide. Pendant longtemps, seules les cures analytiques représentaient une alternative aux médicaments, mais les dernières décennies ont vu la floraison de nombreuses formes plus actives de psychothérapie. Parmi elles, les thérapies comportementales ont le vent en poupe, principalement parce qu'elles sont brèves et donnent des résultats rapides. Notamment la psychologie cognitive, qui semble poser les bonnes questions : à quoi, et comment, pensent les dépressifs ?

Dans le foisonnement actuel des psychothérapies, souviens-toi de ceci : une méthode peut convenir à une personne et pas à une autre, et il est parfois fructueux de cheminer pendant une période avec une certaine forme de psychothérapie, et ensuite de faire appel à une autre.

Et pour une personne soignée avec des médicaments ? Il est très utile d'associer une approche psychothérapique afin d'avoir la possibilité d'une évolution vers le sevrage des antidépresseurs.

Ressources

Pour briser le double cycle infernal (l'hyperidéation ou rumination d'idées noires et des questions sans réponse, mais aussi la rechute, qui arrive dans 50 % des cas), rien de tel que la rencontre… avec un grain de raisin de Corinthe. C'est ainsi que la MBCT, ou thérapie cognitive basée sur la pleine conscience, initie les patients dépressifs à la notion de pleine conscience : un raisin sec qu'ils doivent toucher, palper, humer et même écouter, puis sucer, mordre et avaler, en concentrant leur attention sur les sensations qu'il provoque en eux. Suivra ensuite, à raison de huit séances hebdomadaires de deux heures en groupe et d'une heure par jour de pratique solitaire, un véritable entraînement à la pleine conscience ou attention soutenue – traductions de l'anglais *mindfulness*, l'idée au cœur de cette méthode. Attention au corps et notamment à la respiration, présence véritable à soi-même lors d'activités routinières, repérage des mécanismes qui conduisent les pensées à devenir sombres, apprentissage de moyens pour les éviter (en les laissant défiler, comme des nuages) : cet arsenal thérapeutique semble inspiré d'une sagesse orientale. Le bouddhisme, en effet, a servi à l'origine, quand Jon Kabat-Zinn, méditant bouddhiste mais aussi titulaire d'un doctorat au MIT en biologie moléculaire, décida d'adapter les pratiques méditatives à un environnement médical occidental, ouvrant un centre de réduction du stress à l'école de médecine du Massachusetts en 1979. Formalisée en thérapie pour la dépression par des psychologues anglais des universités d'Oxford et d'Exeter, introduite en francophonie par Pierre Philippot, professeur de psychologie à l'université de Louvain, la MBCT a montré, selon plusieurs études concordantes, qu'elle réduisait de moitié le risque de rechute. Elle commence à être pratiquée en France, notamment par l'équipe de Christophe André à l'hôpital Sainte-Anne de Paris.

À lire…

- *Où tu vas, tu es*, Jon Kabat-Zinn, éd. J'ai Lu.
- *La Thérapie cognitive basée sur la pleine conscience*, Zindel Segal, Mark Williams et John Teasdale, éd. De Boeck.

VOIR AUSSI

Fatigue aux mille visages > p. 248

VOIR QUESTIONS

Pourquoi as-tu mal ? > p. 58
As-tu repéré des circonstances qui déclenchent ou aggravent ton problème ? > p. 64

DÉPRIME

La déprime est une fluctuation normale de notre humeur, à ne pas confondre avec une vraie dépression, état de maladie qui demande à être soigné. La déprime fait partie du flux émotionnel qui accompagne les conduites d'adaptation à la vie. De même que nous avons des biorythmes, nous traversons des cycles plus ou moins longs d'humeur basse marquée par la tristesse. Par ailleurs, certains événements de la vie nous entraînent dans une déprime de plus ou moins longue durée. Tout changement significatif nous bouscule émotionnellement et nous amène à traverser une phase de tristesse. Cette déprime est normale quand elle ne perdure pas et n'empêche pas d'assumer les choses essentielles de la vie ; elle devient pathologique quand elle se prolonge et qu'elle entrave trop la vie quotidienne.
Nous avons hérité de notre éducation un gendarme intérieur qui a pris progressivement le relais des parents de notre enfance, et qui est souvent plus sévère encore qu'ils ne l'ont été. L'essentiel se passe donc dans notre tête et dans notre cœur. Chaque nouvelle expérience entre en résonance avec les vieilles expériences de notre petite enfance, et de ce fait nous sommes extrêmement sensibles au jugement des autres sur nous-mêmes et encore plus à notre jugement interne, héritier de notre passé.
Notre niveau d'aspiration, à la mesure de notre besoin de reconnaissance, est tel qu'il devient bien difficile d'être complètement satisfait de soi. Mettant la barre très haut, nous courons à tout moment le risque de ne pas réussir à l'atteindre, et de traduire alors cet échec par la constatation douloureuse de « je suis mauvais ». Il en résulte un vécu de perte : la perte de l'espoir toujours présent d'être à la hauteur, bon, estimé, apprécié, aimé, etc. Or le manque d'amour, la perte d'un lien signifiant, est ce que le psychisme redoute le plus et vit comme une menace vitale. Cette perte ou son idée nécessite un processus de deuil, c'est-à-dire un travail interne pour accepter le manque. Dans ce cheminement, lorsque nous nous bloquons dans la tristesse liée au manque, nous restons dans un état de déprime qui nous empêche d'investir notre énergie dans la nouveauté.

Ressources

Face à la déprime, la meilleure ressource est la prise de conscience de son origine : quelle perte (réelle ou imaginaire, même minime) a pu déclencher cette tristesse ? Accueille ces moments d'émotion, ne cherche pas à te convaincre que tu n'as aucune raison d'être triste. Évalue, pour la relativiser, si l'expérience vécue aujourd'hui a un lien avec des expériences du passé.
Souvent aussi la déprime s'accompagne d'un sentiment de culpabilité, contre lequel tu peux lutter autrement que par le déni ou l'accusation d'autrui. Dès que tu ressens une culpabilité non fondée, identifie la nature de la souffrance en te posant la question : « Dans cette situation, qu'est-ce qui me fait mal, qu'est-ce qui me révolte ? » Le sentiment de culpabilité est généralement une colère retournée contre soi qui n'a pas pu s'exprimer. Même si ces sentiments paraissent

illogiques, mieux vaut les prendre en compte : l'émotion n'est pas de l'ordre de la pensée logique, nos vagues émotionnelles ne se jugent pas, elles s'accueillent. Nous avons besoin d'extérioriser les émotions négatives, de ne pas les réprimer, de les évacuer hors du corps, par la parole par exemple, qui peut aller jusqu'au cri, par le dessin, l'écriture, les gestes, etc. Il ne s'agit évidemment pas de laisser nos colères se répandre sans contrôle sur les autres mais d'apprendre à gérer cette énergie de la colère de telle façon qu'elle ne se retourne pas contre nous. Il ne s'agit pas non plus de nier nos responsabilités, quand nous avons mal agi !

VOIR AUSSI
Dépression > p. 232

VOIR QUESTION
Où as-tu mal ? > p. 56

DÉSIR ESSENTIEL

Le Jeu du Tao doit beaucoup à la notion de désir essentiel. L'être humain est avant tout un être de désir. On en connaît la pyramide d'Abraham Maslow, mais ce fut aussi un apport fondamental du philosophe et psychologue austro-français Paul Diel. Pour ce dernier, l'origine de ce désir se situe dans la faculté que possédaient nos lointains ancêtres, les premiers organismes vivants, à réagir au milieu en fonction de la satisfaction de leurs besoins. Le premier de ces besoins primitifs est de se conserver. Paul Diel l'appelle la pulsion matérielle ou nutritive. Le deuxième est celui de conserver l'espèce : c'est la pulsion sexuelle. Le troisième, nommé pulsion évolutive, conduit les espèces à se transformer sous la pression du milieu, pour donner naissance à de nouvelles formes d'organisation, aussi bien psychiques que physiques, mieux adaptées parce que plus satisfaisantes.

Au fil de l'évolution, ces trois pulsions primitives s'élargissent. Chez l'Homme, la pulsion matérielle devient sociale, la pulsion sexuelle se fait affective et la pulsion évolutive se mue en pulsion spirituelle. Cette dernière devient même prédominante et prend la forme de ce que Paul Diel appelle le désir essentiel, en opposition aux désirs multiples, plus matériels, dictés par les pulsions sociales et affectives.

La satisfaction du désir essentiel passe par la mise en application de valeurs morales telles que le juste, le bon, le beau. Pour offrir des perspectives d'accomplissement, les désirs multiples doivent être harmonisés par le désir essentiel. Sinon, une part de toi ne sera jamais satisfaite : la réussite professionnelle est trop chèrement payée si l'on gâche sa vie affective à la gagner, les prouesses sexuelles finissent par générer le dégoût de soi, l'amour exclusif de l'esprit porte en lui le germe de l'échec. Moralité : l'accomplissement d'un désir repose sur l'équilibre de ce qu'il cherche à satisfaire.

À lire...

- *L'Homme et ses motivations*, Alain Bavelier, éd. Retz.
- *Psychologie de la motivation*, Paul Diel, éd. Payot.

VOIR AUSSI
Joie > p. 262
Motivation > p. 273
Sens de ta vie > p. 311
Sérénité > p. 314
Tâche achevée > p. 322

VOIR QUESTIONS
Qu'est-ce que cela t'apporterait ? > p. 48
Imagine ta quête accomplie : en quoi ta vie a-t-elle changé ?> p. 102

DEUIL

Les travaux d'Elisabeth Kübler-Ross et d'autres psychologues sur l'observation et l'accompagnement des personnes en fin de vie ont permis de déterminer qu'un processus de deuil se déroule en plusieurs étapes et reste le même quelle que soit la perte subie, qu'il s'agisse d'une personne chère, d'un lieu, d'un objet, d'un travail, d'un idéal, d'une illusion... ou de la vie.

– Le premier stade est celui du déni face au choc. La peur suscitée par la situation nouvelle est telle que la personne ne peut pas comprendre, et encore moins accepter ce qui lui arrive. Elle dit généralement : « Mais, ce n'est pas possible ! » Selon l'importance de la perte à assumer, il lui faudra plus ou moins de temps pour intégrer l'information.

– La deuxième étape est celle de la révolte, qui s'exprime dans des phrases telles que : « C'est injuste ! Qu'est-ce que j'ai fait au Bon Dieu pour qu'il me traite comme cela ? » Mais la colère ne permettant pas que les choses s'arrangent, la personne envisage d'agir.

– Aussi la troisième étape peut-elle être appelée le marchandage ou la négociation. Devant l'évidence d'une situation imposée (par les circonstances ou l'entourage), la personne commence à entrevoir la possibilité de faire des compromis : « Je pourrais m'y résoudre si j'obtenais tels arrangements, telles garanties, bref si je pouvais garder ce à quoi je tiens. »

– Si malheureusement il s'avère que la perte est irrémédiable, alors s'amorce la quatrième étape, celle de la dépression. Le découragement s'installe. L'émotion dominante est alors la tristesse, souvent accompagnée d'angoisse. La personne pleure la (ou les) perte(s) subie(s) ou à subir. Une forme de dépression dite blanche, qui peut survenir quand il s'agit d'un événement particulièrement douloureux, risque de passer inaperçue ou de n'être pas suffisamment prise en compte. La personne n'exprime rien, se renferme ; elle peut paraître calme, tranquille, alors qu'en fait elle se mure dans une attitude de pseudo-indifférence, ayant coupé la communication avec autrui. Parfois, ce comportement s'accompagne de refus plus ou moins passifs, de s'alimenter par exemple.

Quand tous ces stades sont traversés (le plus souvent facilités par un accompagnement profondément humain, fait de soutien physique et d'écoute fraternelle et tolérante), un état d'acceptation est possible. La personne décide de cesser de lutter, de tourner la page. Accepter, c'est être prêt à lâcher ce à quoi on tient, soit pour investir son énergie ailleurs, soit – si c'est la fin de vie – pour se laisser aller dans le processus du mourir. Alors s'ouvre une zone étonnante, où il arrive que la personne change en quelque sorte de rôle, passant de la victime à l'enseignant de vie.

À lire...

- *Les Derniers Instants de la vie*, Elisabeth Kübler-Ross, éd. Labor et Fides.
- *La Mort intime. Ceux qui vont mourir nous apprennent à vivre*, Marie de Hennezel, éd. Pocket.
- *La Source noire*, Patrice van Eersel, éd. Le Livre de Poche.

VOIR AUSSI
Accompagnement de l'autre > p. 206
Occulter la mort > p. 278
Préparé au changement > p. 290
Tâche inachevée > p. 323

VOIR QUESTIONS
Pourquoi le demander maintenant ? > p. 42
Pourquoi as-tu mal ? > p. 58
Quelles sont tes peurs ? > p. 60

DIALOGUE CORPS-ESPRIT

As-tu déjà eu peur au point d'en avoir la colique ? Tout ce qui se passe dans notre psyché (idées, images, croyances, sentiments) a une répercussion sur notre corps et vice versa, par le biais de l'émotion qui se situe à l'articulation du psychique et du somatique. Prendre conscience au quotidien de cette unité corps-esprit peut nous procurer du mieux-être et se montrer bénéfique pour notre santé. La pratique de la respiration consciente et de la relaxation est une manière simple et efficace d'entretenir ce dialogue psyché-soma. Au cours de ces moments privilégiés, tu peux te mettre à l'écoute de tes sensations, des messages émanant du corps, et, au moyen d'images mentales positives (visualisation > p. 337), stimuler des interactions favorables entre le corps et l'esprit. Ton intention, porteuse d'un but, peut être de corriger un déséquilibre, de stimuler le système immunitaire, de réguler le système neurovégétatif, etc.

Nos productions imaginaires (rêves, fantasmes, rêveries, songes, visions...) nous renseignent sur notre monde intérieur et peuvent nous questionner sur le sens de ce qui nous arrive, particulièrement quand nous sommes confrontés à un mal-être, à une souffrance, à une maladie. Enfin, elles nous rendent conscients de la merveilleuse complexité de notre corps et nous rappellent que celui-ci est doté d'un pouvoir d'autoguérison. Quels que soient les traitements médicaux, leur rôle est de contribuer à la remise en route des systèmes d'autoguérison et d'aider à rétablir l'homéostasie.

À lire...

- *Aide-toi, ton corps t'aidera*, Anne-Marie Filliozat et Gérard Guasch, éd. Albin Michel.

VOIR AUSSI
Être psychosomatique > p. 246
Émotions > p. 239

VOIR QUESTION
Comment écoutes-tu ton corps ? > p. 78

DIEU D'EINSTEIN

Dans *Comment je vois le monde*, Albert Einstein avoue qu'il voudrait comprendre comment Dieu a créé le monde. Ce qui compte pour lui, c'est de pénétrer la pensée divine ! Pareil désir pourrait paraître mégalomaniaque, ou totalement naïf. Mais le savant le plus célèbre du XXe siècle ne parlait pas sans humour. Il disait : « Le hasard, c'est quand Dieu se promène incognito. » Sa démarche était en fait profondément humble. Nous pourrions résumer sa pensée par ces mots : « Chaque fois que j'ai découvert quelque chose de neuf, je me suis émerveillé. Chaque fois que je me suis émerveillé, je me suis incliné. Chaque fois que je me suis incliné, j'ai découvert quelque chose de neuf. » Dans *Le Dieu cosmique*, Jacques Languirand et Jean Proulx ont rassemblé des textes de chercheurs, surtout scientifiques, qui se sont interrogés sur la transcendance (plusieurs vidéos sont disponibles sur le sujet, notamment www.repere.tv/?p=296 et www.repere.tv/?p=368). Parmi ces savants, nous trouvons plusieurs des fondateurs de la science moderne, de Descartes à Darwin, de Newton à Schrödinger. Leurs conclusions rejoignent souvent celle des mystiques, tels Eckhart ou Novalis, ou celles de penseurs contemporains, de Reeves à Sheldrake, de Campbell à Krishnamurti, qui cherchent tous à marier intelligemment spiritualité et raison. De leurs interrogations passionnées se dégage le profil d'une nouvelle religion naturelle, parfaite pour répondre à la soif du XXIe siècle.

À lire...

- *Comment je vois le monde*, Albert Einstein, éd. Flammarion.
- *Le Dieu cosmique*, Jacques Languirand, éd. Le Jour.

VOIR AUSSI
Contempler > p. 224
Intuition > p. 261
Méditer/Méditation > p. 271
Prière > p. 291
Remercier > p. 302

VOIR QUESTION
Quelle relation entretiens-tu avec l'invisible ? > p. 96

DONNER

Même en se référant seulement au modèle scientifique en vigueur qui fait de toi un animal, il y a place pour le don et l'altruisme. Plusieurs études ont en effet établi, ces dernières décennies, que de nombreuses espèces savaient se montrer généreuses au-delà des circonstances habituelles du soutien aux proches ou de la coopération au sein d'un groupe. Une expérience menée sur des singes capucins, publiée en juillet 2008 dans les *Proceedings of The National Academy of Sciences* (États-Unis), montre combien donner nous vient de loin. Laissées face au choix d'obtenir un morceau de pomme pour elles-mêmes ou d'en obtenir deux (un pour elles et un pour un autre capucin visible derrière une cloison transparente), les femelles observées ont opté pour la seconde solution dans 50 % des cas lorsque l'autre capucin était un inconnu, 60 % lorsqu'il appartenait au même groupe et 70 % quand c'était un parent proche. Mieux : si, dans les cas où elles se montraient égoïstes, elles mangeaient leur bout de pomme en tournant le dos à l'autre, quand elles donnaient, elles lui faisaient face, comme pour partager réellement le repas !

La générosité animale prévaut plus de la moitié du temps : voilà un coup de plus porté à l'image d'une évolution entièrement dominée par la lutte pour la domination et la survie du plus apte... Mais cette générosité a des limites. Elle baisse si la nourriture qui est donnée à l'autre est meilleure que celle reçue par le donneur – connaîtra-t-on un jour l'origine du sentiment d'injustice ? – et davantage encore si la cloison est rendue opaque – une importance de la vision qui renvoie aux neurones miroirs. Les théories qui réduisaient l'altruisme au calcul à long terme (la réciprocité retardée) ou au désir de reconnaissance sociale (l'adaptation inclusive) prennent également du plomb dans l'aile. Car l'égoïsme conséquent (« aide l'autre, l'autre t'aidera ») est peut-être encore plus égoïste que conséquent. D'autres études montrent que, chez les humains, les actes de générosité s'accompagnent d'une sécrétion d'ocytocine, hormone du bien-être particulièrement appréciée par le système immunitaire. Prodiguer le bien fait du bien. « C'est ce que vous donnez qui vous rend riches ! » proclamait l'écrivain Jean Giono dans *Que ma joie demeure*, récit d'une utopie. Dans le deuxième tome de sa *Méthode*, le philosophe Edgar Morin le formule autrement : l'hypercomplexité de l'époque demande une « nouvelle fraternité », dont le but est de faire en sorte que tous les processus de rivalité ne se transforment pas en « domination/exploitation/asservissement ». L'idée, c'est de changer notre fonctionnement : au lieu de vouloir nous défendre contre ce qui est étranger, comme nous le faisons depuis l'enfance, nous devons percevoir dans autrui l'identité que nous avons en commun avec lui (« ego alter et alter ego »).

À lire...

- *La Méthode*, t. 2, *La Vie de la Vie*, Edgar Morin, éd. du Seuil.
- *Que ma joie demeure*, Jean Giono, éd. Le Livre de Poche.

VOIR AUSSI
Conscience collective > p. 223
Empathie > p. 240
Neurones miroirs > p. 275

VOIR QUESTION
Quelle énergie t'apportent les autres ? > p. 86

DOS

Mal de dos, mal du siècle ? Plus la civilisation progresse, moins nous nous mouvons. À cause de l'ordinateur, toute une partie de l'humanité se trouve menacée de dos prématurément voûté. Pour quitter cette statique de bureau (et de voiture), beaucoup de gens vont dans des gymnases, où ils pratiquent souvent des mouvements rapides, extrêmes et violents. Une certaine douceur leur manque à l'évidence. Porter son ego dans un torse bombé signifie souvent que l'on ne veut rien savoir de sa fragilité. Or, la verticalité n'est pas de l'ordre de l'ego, mais de l'humilité et de l'accueil. Pour l'ostéopathe Philippe Druelle, qui a soigné aussi bien les danseurs étoiles de l'Opéra de Paris que les hockeyeurs des Nordiques de Montréal, la raison est simple : « Notre civilisation détruit un certain nombre d'équilibres dont le bouc émissaire est la colonne vertébrale. Le dos sert de zone réflexe au stress, aux chocs émotionnels, aux peurs... Ces déséquilibres peuvent varier à l'infini, venir par exemple d'accidents de voiture, d'accouchements difficiles. Tout le monde est tombé sur le coccyx, tout le monde s'est cogné le front... » Un choc cervical peut ainsi se transformer en quelques semaines en maux de tête, pertes d'équilibre, tensions musculaires, problèmes de bassin ou de posture générale, problèmes oculaires ou même comportementaux de type dépressif, maniaque, phobique ! « On ne fait pas toujours la relation entre la cause et l'effet parce que le corps compense, explique Philippe Druelle. Le dos devient indirectement le dépotoir symptomatologique d'un tas de causes anciennes qui s'ajoutent les unes aux autres. » Du coup, tout peut se traduire par un mal au dos : l'approche d'un infarctus ou d'un ulcère à l'estomac, mais aussi un déplacement de l'isthme utérin lors d'un accouchement, ou un dysfonctionnement hépatique, vésiculaire ou intestinal, des causes posturales telle qu'une arche plantaire affaissée, une lésion compensée pendant des années qui ressurgit quand on vieillit, ou quand un surcroît de tension, de pression ou d'émotion vient la réveiller...

Propos recueillis par Francine Montpetit du site de santé québécois www.passportsante.com

À lire...

- *Ce sacré mal de dos*, Michel Dupuis, éd. Alain Stanké.
- *Vivez bien avec votre dos*, Jean-Paul Pianta, éd. du Rocher.
- *La Santé de votre dos*, John Tanner, éd. Hachette.

VOIR AUSSI
Corps > p. 225

VOIR QUESTION
As-tu repéré des circonstances qui aggravent ton problème ? > p. 64

DOUBLE CONTRAINTE

Concept marquant l'entrée de la pensée systémique en psychologie, la double contrainte ou double lien (*double bind*) est l'un des principaux dysfonctionnements de la communication mis en évidence dans les années 1940 par l'anthropologue anglais Gregory Bateson et le psychiatre américain Jurgen Ruesch, après quatre ans passés à observer les relations entre patients, thérapeutes et familles à l'hôpital psychiatrique de San Francisco. Comme nombre de ces dysfonctionnements, la double contrainte repose souvent sur une contradiction entre message verbal et message corporel. Elle devient pathogène quand elle s'accompagne d'une impossibilité de communiquer sur la communication, de métacommuniquer.

Exemple : une mère rend visite à son fils, interné pour une crise de schizophrénie. Heureux de la revoir, celui-ci la serre dans ses bras, mais immédiatement elle se contracte, montrant imperceptiblement que l'étreinte lui est désagréable. Le fils recule, prend à son tour ses distances. Aussitôt, sa mère demande : « Eh bien, tu ne m'aimes plus ? » Le fils bredouille et rougit. « Il ne faut pas, morigène la mère, être gêné et avoir peur de tes sentiments. » Le jeune homme sombre alors dans le mutisme, puis agresse violemment un infirmier. Que lui est-il arrivé ? Il a été soumis à une double contrainte : le message vocal est venu culpabiliser sa réaction pourtant appropriée au premier message corporel de sa mère. Contradiction insurmontable, aggravée par un commentaire qui, en transposant le problème sur le terrain de sa propre personnalité, lui a interdit d'aborder ce qu'il a pourtant ressenti chez sa mère.

Si l'exemple est extrême, nous ne manquons pas d'occasions de soumettre nos proches à des doubles contraintes plus anodines, mais tout aussi néfastes pour l'entente et la communication. C'est qu'elles sont des pièges de la communication elle-même, et non les fruits d'une volonté de nuire. Ainsi, l'affirmation « avec toi j'ai toujours tort » enferme dans le paradoxe autant celui qui parle que celui qui écoute. Les communications familiales abondent de telles situations, particulièrement en cas de conflit. Une mère ordonne à ses enfants de se laver les dents tout en leur reprochant de ne pas y penser par eux-mêmes. Pourquoi le feraient-ils puisqu'elle le leur ordonne ? Un père conseille à l'adolescent timide d'être plus spontané. Comment peut-on se *forcer* à être *spontané* ? Une femme exige d'un homme qu'il soit plus fort et la domine, un mari hurle à son épouse d'arrêter sa crise d'hystérie, et tous se lamentent que leurs injonctions n'aient aucun effet ! « Il faut être généreux », dit la mère à son fils, lui reprochant dès le lendemain d'avoir donné son goûter. On fait une remontrance, suivie d'un « de toute façon, ce que je dis ne sert jamais à rien » qui en détruit l'impact…

Les occasions sont innombrables, mais les remèdes sont simples. Pour éviter de pratiquer le double lien, il suffit d'être cohérent. Pour ne pas le subir, il est indispensable de le mettre à jour, de le dénoncer, de métacommuniquer.

À lire…

- *Le Langage du changement*, Paul Watzlawick, éd. du Seuil.
- *Vers une écologie de l'esprit*, Gregory Bateson, éd. du Seuil.

VOIR AUSSI
Cohérence > p. 219
Rire > p. 308
Sens de ta vie > p. 311
Sérénité > p. 314
Tâche achevée > p. 322

VOIR QUESTION
As-tu repéré des circonstances qui déclenchent ou aggravent ton problème ? > p. 64

ÉCOUTE DE L'AUTRE

Se mettre vraiment à l'écoute de l'autre n'est pas chose facile. As-tu déjà fait cette constatation ? À peine quelqu'un te parle de lui, tu réagis au quart de tour et exprimes quelque chose qui vient de toi : ton ressenti, ton expérience, un jugement, un conseil, une réassurance… Même un message positif est à ce moment-là un obstacle à la communication parce que l'autre n'a pas eu la possibilité d'aller au bout de sa pensée. De fait, il s'installe alors une sorte de jeu de ping-pong : chacun se renvoie la balle et cela devient une discussion, ce n'est plus de l'écoute. Pas étonnant alors que ton interlocuteur ne se sente ni entendu ni compris. Pour y remédier, une règle très simple à appliquer : si tu veux vraiment être en écoute, tais-toi. Laisse l'autre s'exprimer jusqu'au bout, accueille son émotion, respecte ses silences, sans l'interrompre. C'est dur le silence, n'est-ce pas ? D'autant plus que pendant ce temps, plein de réponses se bousculent dans ta tête ! C'est pour cela que toi aussi tu as besoin d'être écouté vraiment… quand ce sera ton tour.

À lire…

- *Parents efficaces*, Thomas Gordon, éd. Marabout.

VOIR AUSSI
Accompagnement de l'autre > p. 206
Communication non violente (CNV) > p. 221

VOIR QUESTION
Comment peux-tu enrichir ta vie relationnelle ? > p. 94

ÉCOUTE DE TOI-MÊME

Prendre en compte notre unité corps-esprit nécessite que nous soyons suffisamment attentifs à notre ressenti, à nos émotions et à nos besoins. Dans notre culture marquée par la pensée binaire, même si ce n'est pas exprimé ainsi, nous sommes censés écouter d'abord les autres, cela est jugé comme la bonne attitude. La mauvaise attitude consisterait à être surtout à l'écoute de soi, attitude stigmatisée par les mots « égoïsme » et « égocentrisme ». Sortons de ce dilemme en prenant en compte la globalité de la personne.
Pour se développer harmonieusement, l'enfant a besoin de communiquer avec autrui, de partager et de faire ensemble. Quand il entre en relation avec l'autre, le jeune enfant ne cesse pas pour autant de s'écouter ; en s'ajustant à l'autre, il répond à une de ses nécessités fondamentales de socialisation. C'est l'éducation qui, en lui demandant de tenir compte de l'autre quel que soit son désir, l'amène trop souvent à rejeter son besoin à l'arrière-plan. Ainsi, l'écoute de soi n'est pas antinomique d'une écoute de l'autre.
Par ailleurs, l'expression « s'écouter » appelle souvent un deuxième sens implicite, celui de la paresse, du laisser-aller et du manque de dynamisme. Combien de parents disent à leur enfant : « Ne reste pas sans rien faire, occupe-toi » ? Il y a chez beaucoup d'adultes la crainte que l'enfant inoccupé rêve et, de ce fait, s'éloigne trop de la réalité, se perde dans ses rêveries. Et là on touche encore un autre point : le manque de valeur accordée à l'intériorité, et son corollaire dans l'éducation, l'absence d'apprentissage aux pratiques centrées sur la conscience de soi.
Un juste amour de soi se développe depuis le début de la vie grâce à la qualité des soins corporels et de l'attention aimante et rassurante des parents. Le moi corporel ne demande par la suite qu'à être pris en considération, écouté et compris. Un juste amour de soi se manifeste à travers mille détails de notre vie quotidienne : la manière de prendre soin de son corps à travers la toilette, l'attention portée aux sensations corporelles pendant les multiples actes de la vie, la satisfaction suffisante de nos besoins, tant physiques que psychologiques…

À lire…
- *La Puissance secrète de votre personnalité*, Daniel Alleman, éd. Médicis.

VOIR QUESTION
Quel mieux-être cherches-tu ? > p. 40

ÉCOUTER TES ÉMOTIONS

Trop souvent, nous tombons malades parce que nous ne savons écouter ni notre corps ni notre psyché subconsciente. Nous ne comprenons pas ce qui nous arrive et le mal redouble. Le premier objectif est donc de nous réconcilier avec nous-mêmes, en nous déculpabilisant et en nous rappelant la légitimité des grandes émotions de base (la peur, la colère, la tristesse…) et des réactions types face à l'adversité (fuite, lutte, repli sur soi). Quand notre pensée ose à nouveau se fonder sur la sensation éprouvée, le corps retrouve sa cohérence. Cessant d'être nié, il guérit. Une pédagogie du risque qui nous entraîne dans la logique de la vie.
Psychothérapeute et médecin, Catherine Aimelet-Périssol, auteur de plusieurs ouvrages, s'est associée avec une spécialiste du corps, masseuse et instructrice de shintaïdo, Sylvie Alexandre, pour présenter un *Traité de logique émotionnelle* dans lequel ce système émotif est réhabilité à sa juste place. Pour le Dr Catherine Aimelet-Périssol, nos structures les plus archaïques, notre fameux cerveau reptilien qu'elle appelle notre crocodile, sait pertinemment que l'arrêt du mouvement, c'est la mort, explique-t-elle dans *Nouvelles Clés*, n° 60 : « Il nous informe donc à intervalles réguliers – à sa manière : par des douleurs et des malaises – sur les zones où nous sommes menacés de paralysie mortifère. J'étouffe, je n'en peux plus, je suis oppressée, je suis coincée, j'ai les nerfs en pelote, je suis humiliée, j'ai la gorge nouée, ou les jambes coupées, ou l'estomac en boule… Toutes ces sensations sont des messages signalant une tâche à accomplir – qui peut être simplement de ne pas oublier de respirer ! Le seul fait de reconnaître le message nous libère déjà beaucoup. Notre crocodile va lâcher son emprise : son message est passé, la douleur s'estompe. »
Le problème, c'est que cette information, venue des couches vitales et primaires, entre en conflit avec d'autres informations, venues des cortex intermédiaire et supérieur, qui poussent par exemple la personne à imiter ses aînés et à strictement limiter ses actions à ce que sa mémoire a déjà répertorié. Se lancer dans l'inconnu et la nouveauté ne peut pas être répertorié. Respirer amplement, ouvrir ses ailes, sortir des sentiers battus, libérer sa créativité, cela ne se fait pas dans ta famille ? Inconsciemment, tu t'interdiras cette liberté. Les structures supérieures s'opposent aux pulsions vitales du crocodile.
« Ce conflit peut se traduire par de l'angoisse, de la peur, de la panique, de la colère (contre ceux qui nous limitent dans notre désir d'épanouissement, de libération et de libido), d'agressivité (sur l'autre ou sur soi), ou alors de dépression, où l'on se donne à vivre la mortification, comme une information qui dirait : "Voilà ce que ça fait de ne pas vivre". Malheureusement cette non-vie peut devenir un terrain familier, qui rassure et permet, par exemple, de se positionner en éternelle victime. Chez certaines personnes, l'idée même de s'en sortir a disparu de l'imaginaire et c'est à l'accompagnant thérapeutique de les obliger à passer la barre et à

visualiser l'inconcevable : écouter son désir profond, ouvrir ses ailes. Lorsqu'on y parvient, le résultat peut se révéler soudain de manière spectaculaire. Tous les traits de la personne changent. Elle a entrevu la perspective de son propre épanouissement. C'est très émouvant. Vient alors la seconde étape : son entourage va-t-il accepter un tel changement ? De prime abord, évidemment non. Il s'agit donc de pousser l'imagination un cran plus loin : ressentir quels bénéfices les autres tireraient du fait que nous persistions dans une voie nouvelle. Parfois l'entourage lui-même est trop raide et l'on se dirige alors vers une séparation. Il arrive qu'achever sa tâche passe, par exemple, par un divorce, un changement de travail, un déménagement... Retrouver sa mobilité, physique et psychique, cela se paye, mais c'est vital. »

À lire...

- *Mon corps le sait. À l'écoute de notre conscience psychocorporelle*, Catherine Aimelet-Périssol et Sylvie Alexandre, éd. Robert Laffont.

VOIR AUSSI

Attention > p. 214
Corps de souffrance > p. 225
Empuissancement > p. 241
Écoute de toi-même > p. 238
Lâcher prise > p. 263
Massage > p. 268

VOIR QUESTION

Comment écoutes-tu ton corps ? > p. 78

EMDR ET EMT (EYE MOVEMENT DESENSITIZATION AND REPROCESSING ET EYE MOVEMENT TECHNIQUE)

C'est par hasard, lors d'une promenade, que la psychologue américaine Francine Shapiro découvrit en 1987 que ses petites pensées négatives obsédantes disparaissaient quand elle faisait aller et venir ses yeux, rapidement et répétitivement, de gauche à droite. Il ne lui en fallut pas davantage pour proposer l'exercice à ses collègues, l'expérimenter auprès de ses patients et créer l'EMDR, avec des résultats probants – surtout pour ces états de stress posttraumatique (ESPT) que provoquent guerres, attentats, violences sexuelles ou catastrophes naturelles. Devenue chercheuse au célèbre Mental Research Institute de Palo Alto, le docteur Shapiro a reçu en 2002 le prix Sigmund Freud, la plus haute distinction mondiale en psychothérapie.

La méthode ne s'applique pas qu'aux grands chocs, mais également aux traumatismes avec un petit t, comme l'EMDR nomme les expériences pénibles laissant un souvenir empreint de souffrance. Après avoir évalué cette dernière sur une échelle d'intensité et de pouvoir incapacitant, le patient est appelé, tout en restant dans son souvenir et dans son émotion, à fixer attentivement les mouvements que le thérapeute fait avec sa main, de gauche à droite, devant lui. Une quinzaine d'allers et retours cadencés, amples et précis, ni lents ni rapides, larges d'un mètre environ, suivis d'une pause pour une nouvelle évaluation, sont ainsi répétés jusqu'à apaisement.

S'il y a de l'hypnose là-dedans – et d'autres choses issues de la sophrologie, du comportementalisme ou des sciences cognitives, avoue Francine Shapiro –, le fonctionnement cérébral de sa méthode reste largement inconnu. « Chaque événement douloureux laisse une marque dans le cerveau, propose le Dr David Servan-Schreiber, qui enseigne l'EMDR en France. Celui-ci effectue alors un travail de "digestion" permettant aux émotions qui accompagnent le souvenir de se désactiver. À moins que le traumatisme ait été trop fort ou ait frappé à une période où nous étions particulièrement vulnérables ! Dans ce cas, les images, les pensées, les sons, les émotions et les sensations liés à l'événement sont stockés dans le cerveau, prêts à se réactiver au moindre rappel du traumatisme. Dans l'EMDR, le mouvement oculaire "débloque" l'information traumatique et réactive le système naturel de guérison du cerveau pour qu'il complète son travail. »

L'EMDR ne peut être appliquée que par des professionnels, mais sa fille aînée, l'EMT (Eye Movement Technique), est ouverte à tous et peut même se pratiquer sur soi. Le principe reste le même. Isolé et au calme, tu t'imprègnes du problème qui te travaille (frustration, jalousie, remords, culpabilité, angoisse, phobie, nausée, céphalée ou autre douleur) et, une fois que tu y es (quelque part entre le désagrément et l'horreur), tu balances tes yeux de droite à gauche, ou tu te tapotes alternativement la cuisse droite et la gauche. Personne ne peut expliquer pourquoi, mais ce processus a des chances notoires de te soulager (te rendant indifférent au problème), puis de te guérir parfois en quelques minutes !

À lire...

- *EMDR. Une révolution thérapeutique*, Jacques Roques, éd. Desclée de Brouwer.
- *Des yeux pour guérir*, Francine Shapiro et Margot Silk Forrest, éd. du Seuil.
- *Comprendre et pratiquer l'EMT*, Fred Friedberg, éd. InterÉditions.

VOIR AUSSI

Hypnose > p. 256

ÉMOTIONS

Nous avons déjà parlé d'émotions à plusieurs reprises, en particulier en nous intéressant à la colère, la plus réprimée, mais sans en avoir encore donné une définition. Il est temps maintenant de nous interroger sur sa nature, sa fonction, son rôle dans notre économie affective. Étymologiquement, « émotion » vient du latin *ex movere*, ce qui signifie mouvement vers l'extérieur. Elle fait donc partie de notre élan vital. Elle est une réponse d'adaptation à notre monde environnant. Ainsi, le concept d'émotion sert de ciment à notre unité corps-

esprit. Quand nous sommes profondément émus, nous l'éprouvons à la fois dans notre corps physique et dans notre affectivité ; nous ne pouvons pas les dissocier l'un de l'autre. La conséquence directe est qu'à chaque moment de notre vie nos émotions modulent notre vécu corporel et affectif. La vie même est émotion ; que nous en soyons conscients ou non, notre cerveau limbique enregistre en permanence un climat intérieur, où domine une des cinq émotions fondamentales (que nous partageons d'ailleurs avec les animaux) : peur, colère, tristesse (qui s'associent souvent à un vécu désagréable ou pénible), joie et amour (qui s'associent généralement à un vécu agréable).

Cinq émotions de base colorent tous nos mouvements de vie. Chacune d'elles a un rôle à jouer dans notre économie psychosomatique :

– la peur nous permet de faire face au danger, ou de l'éviter ;

– la colère est une énergie offensive qui nous permet de défendre notre territoire, de préserver notre intégrité, d'aller à la recherche de la satisfaction de nos besoins ;

– la tristesse fait naître les pleurs qui soulagent nos chagrins ;

– la joie stimule le plaisir de vivre, nos échanges avec le monde ;

– l'amour favorise l'ouverture aux autres, le partage, l'intimité, et bien sûr la perpétuation de l'espèce dans le cas d'un rapprochement sexuel.

Quant à la multitude de nos sentiments, ce sont comme les branches et les feuilles d'un arbre dont le tronc serait constitué de nos cinq émotions fondamentales. Ce monde émotionnel foisonnant, qu'en faisons-nous dans un environnement où les débordements affectifs ont mauvaise presse ? Chacun se débrouille comme il peut, en ayant le plus souvent comme viatique les messages parentaux et culturels qui vont en majorité dans le sens d'une répression pure et simple. Or, l'émotion est psychophysiologique. Elle se situe à l'articulation de la psyché et du soma. Qu'elle soit agréable ou désagréable, socialement admise ou non, l'émotion a toujours le même destin : un temps de charge au cours duquel il y a une montée des tensions musculaires, affectives, mentales ; et un second temps au cours duquel ces tensions cherchent à se décharger en vue d'un soulagement. La peur se décharge par le cri, la colère par les gestes et/ou la parole, la tristesse par les larmes, l'amour et la joie par des mouvements, des mimiques et des sons. Si ce processus de charge/décharge est entravé, cette énergie reste à l'intérieur de toi et crée des tensions, des blocages, des restrictions de la circulation énergétique, avec des conséquences sur ta santé et ton bien-être.

À lire...

- *L'Intelligence émotionnelle*, Daniel Goleman, éd. Robert Laffont.
- *La Force des émotions*, Christophe André et François Lelord, éd. Odile Jacob.
- *La Solution intérieure*, Thierry Janssen, éd. Fayard.

VOIR AUSSI

Bonheur > p. 216
Écouter tes émotions > p. 238
Médecine corps-esprit > p. 268

VOIR QUESTIONS

Peux-tu imaginer ta quête accomplie ? > p. 46
Où as-tu mal ? > p. 56
Quelles sont tes forces ? > p. 74
Dans ton meilleur souvenir, d'où tires-tu ta vitalité ? > p. 80
À quels besoins dois-tu accorder plus d'importance ? > p. 92

EMPATHIE

Ce qui est fou à l'époque actuelle, c'est le paradoxe entre le chaos mondial et la précision ultra-fine de tout ce que l'imagerie neurocorticale est capable de nous apprendre sur ce qui se passe en nous à chaque seconde, quand nous percevons, pensons, croyons, agissons. Cela devrait pourtant bouleverser notre vision du monde et nous rendre subtils, car, en décortiquant la genèse neurorelationnelle de nos organes, la science accorde alors une place formidable au pouvoir que l'esprit a sur le corps. Quand un singe regarde un autre singe agir, il met en branle les mêmes processus neuronaux que s'il agissait lui. Même chose quand il rêve qu'il se trouve dans telle ou telle situation. Chez l'humain, dont l'imagination est immense, cette imbrication du réel et de l'imaginaire va au-delà du concevable, éclairant notamment les notions de placebo et de nocebo (bonheur et malheur activant paradoxalement les mêmes circuits, presque jusqu'au bout). La neurologie cognitive n'a qu'une vingtaine d'années, et déjà ses découvertes se comptent par milliers.

En France, l'éthologue et psychiatre Boris Cyrulnik les vulgarise avec génie. Et l'on découvre comme lien central, à l'origine animale de l'empathie et de la morale, une enveloppe affective sensorielle qui fait souffrir un mammifère quand un congénère qu'il connaît souffre aussi. Elle est d'ailleurs essentielle au développement de l'enfant. « Chez l'enfant, explique Cyrulnik, il y a d'abord une longue période d'intelligence sans parole. Il décode le monde non par des mots, mais grâce à des images. Puis, vient le stade de la parole maîtrisée, vers trois ans. La parole récitée, elle, c'est-à-dire la capacité à faire un récit sur soi, n'arrive qu'à sept ans, quand les connexions du lobe préfrontal de l'anticipation se sont connectées au circuit de la mémoire – sans quoi vous ne seriez pas capable de vous faire une représentation du temps. Or, toute cette maturation neurologique et hormonale ne se fait que si vous avez cette enveloppe affective autour de vous. Une enveloppe qui, donc, respire, avec flux et reflux, inspiration et expiration, diastole et systole. La vie fonctionne ainsi : par contraste. » La compassion commence dans notre cerveau primitif. Plus tard, nous la portons aux nues.

À lire...

- *La Chair de l'âme*, Boris Cyrulnik, éd. Odile Jacob.

VOIR AUSSI

Empathie > p. 240
Inconscient à inconscient (D') > p. 259
Neurones miroirs > p. 275
Résonance morphique > p. 303
Télépathie > p. 324

VOIR QUESTIONS

Comment ça va ? > p. 38
Qu'est-ce que cela apporterait aux autres ? > p. 50
Quelle énergie t'apportent les autres ? > p. 86

EMPUISSANCEMENT

Sans tomber dans l'illusion de la toute-puissance, beaucoup peut être fait pour t'apporter de la force au quotidien. D'où l'apparition d'un concept en management dans les années 1990, l'*empowerment*, mot difficile à traduire. Les Québécois disent « empuissancement », certains parlent de redonner le pouvoir, d'autres d'énaction, de potentialisation ou de capacitation. Comme son nom l'indique, l'*empowerment* est le processus d'acquisition d'un pouvoir (*power*) : le pouvoir de travailler, de gagner son pain, de décider de son destin, de sa vie sociale en respectant les besoins et les termes de la société, le pouvoir de se guérir… L'autonomie d'une personne lui permet d'exister dans la communauté sans constituer un fardeau pour cette dernière. Une personne dans son pouvoir est une force pour la communauté. Il s'agit, en fait, d'une attitude spécifique envers autrui : voir le meilleur en lui, le plus haut, le plus lumineux, et le guider, l'éclairer, lui donner l'environnement, les formations, la confiance nécessaire pour que de lui-même il prenne le chemin de sa réalisation. Tu peux voir cela comme être un guide qui facilite le chemin d'autrui. Sauf que, dans la vie, chacun peut *empowerer* son prochain.

À la maison

En tant que parent, tu peux manifester la confiance que tu as envers tes enfants, les encourager dans leurs idées – même les plus saugrenues –, les inciter à apprendre dans les domaines qui les passionnent, les écouter, surtout qu'avec l'accroissement vertigineux de la conscience, le décalage de génération est plus fort qu'autrefois. Ce sont souvent eux les novateurs et nous les vieux singes ! Comme conjoint ou ami, tu peux aussi adopter l'attitude d'*empowerment*, rassurer, écouter, soutenir ton partenaire qui change de profession ; informer, éclairer ton ami dans ses aspirations à une vie plus saine…

Au travail

Quel beau terrain d'exercice ! Tu peux livrer des *feed-back* constructifs, repérer les talents de chacun et les aider à les développer, mettre en place une organisation coopérative, prôner et porter les valeurs les plus hautes comme la responsabilité, l'engagement, l'implication, l'autonomie, la bienveillance, l'écoute, le comportement citoyen, la communication saine… Tu peux même faire de l'*empowerment* une façon d'être entre tous les membres de l'équipe.

Partout

Dans la culture bwiti des Pygmées du Gabon, chacun est invité à critiquer de façon constructive et à féliciter d'un mot (*Bassé*) ce qu'il voit chez ses amis, ses pairs et même ses maîtres. Comment évoluer si personne ne nous montre nos axes de progrès, si personne ne nous félicite, si personne ne nous fait miroir ? Le mot est neuf, mais l'attitude existe depuis toujours.

À lire…

- *L'Empowerment. Quatre outils pour changer l'entreprise*, S. Moriou, éd. Presses du management.

VOIR AUSSI

Centième singe > p. 217
Communication non violente (CNV) > p. 221
Intelligence collective > p. 260
Talents à développer > p. 323
Toute-puissance > p. 328

VOIR QUESTION

As-tu conscience de ta puissance ? > p. 88

ENDOMORPHINES

Du bien-être à l'extase, tu as tout en toi pour faire le voyage. Corps ou esprit peuvent servir l'un et l'autre comme point de départ. Tu es le bienvenu dans ce laboratoire interne, appelé système opiacé car destiné à l'origine à combattre la douleur. Au centre un gène, qui s'exprime uniquement dans notre cerveau le plus archaïque, commandant à deux glandes (hypophyse et hypothalamus) de synthétiser une vaste gamme de produits. Des endorphines surtout, qui provoquent l'euphorie du coureur ou inondent le corps lors de l'orgasme. Encore mal connues – leur découverte date de 1975 –, ces morphines endogènes semblent se réjouir aussi bien de l'exercice physique que d'une bonne blague. Ainsi l'humour qui nous fait rire – processus mental des plus complexes et subjectifs – déclenche grâce à elle dans notre corps une multitude de bienfaits mesurables. Et, à l'inverse, l'exercice physique comme seule thérapie a prouvé son efficacité contre la dépression et d'autres troubles de l'humeur. L'extase mystique de la future sainte Thérèse, fruit de la prière, atteint en intensité l'ivresse des sommets ressentie par les alpinistes de l'Annapurna, qui en oublient leurs pieds gelés.

Le docteur Jacques Vigne, s'appuyant sur une étude montrant que les endorphines sont impliquées dans l'effet placebo contre la douleur, pense qu'elles agissent aussi dans la méditation. Il rappelle que « la sécrétion des endorphines est maximum en une minute, et semble influencée, en plus de l'effort, par des facteurs psychologiques. Elle dure en plateau pendant 15 minutes pour s'effacer en 45 minutes. Les endorphines semblent avoir pour fonction de donner une euphorie, un oubli de la douleur qui permet de se surpasser. On les a impliquées dans l'euphorie du combat qui permet à quelqu'un dont le bras, par exemple, vient d'être arraché par un obus, de continuer à tirer de l'autre bras. Les endorphines augmentent la glycémie et la palatabilité, c'est-à-dire le plaisir pris à manger les aliments ». (*Nouvelles Clés*, n° 31)

À lire...
- *Biologie des émotions*, Catherine Belzung, éd. De Boeck.

VOIR AUSSI
Bienfaits de la nature > p. 216
Plaisir > p. 286

VOIR QUESTION
Qu'as-tu fait pour aller mieux ? > p. 62

ÉNERGIE

Mais de quoi parle-t-on avec le mot « énergie » ? La ressource disponible sur terre provient essentiellement du soleil, et nous ne recevons que 30 % de l'énergie électromagnétique qu'il nous envoie (le reste est réfléchi par la haute atmosphère et la surface). Les végétaux en absorbent 3 % qu'ils transforment en énergie biochimique (chaîne alimentaire et réserves en énergies fossiles). À un niveau plus élémentaire, l'équation d'Einstein $E = mc^2$ établit une équivalence entre matière et énergie (l'énergie de tout objet est égale à sa masse multipliée par le carré de la vitesse de la lumière) ; quatre forces (gravitationnelle, nucléaire forte, électromagnétique et nucléaire faible) assurant la cohésion de la matière, selon la physique actuelle.

Les Orientaux ont-ils donc compris tout cela mieux que nous, avec leur concept de *qi* ? « En fait, le *qi* n'est pas concret comme une sorte d'énergie solaire qu'il s'agirait de capter, estime le docteur Liu Dong, autrefois médecin des présidents chinois et aujourd'hui professeur aux États-Unis et maître de qi gong en France. Le but d'une pratique énergétique n'est pas d'apporter un carburant, mais de communiquer avec le cosmos pour produire de la joie. » Pensée orientale ou universelle ? N'est-ce pas quand nous sommes joyeux que nous avons le plus d'énergie ? Les mathématiques oseront-elles un jour énoncer l'équation de l'allégresse ? Ce serait étrange. Mais qu'importe ! Il s'agit d'abord de ressentir cette joie de vivre, montant du fond de toi et harmonisant tes désirs, tes valeurs et ton insertion dans l'environnement en un même alignement. Le reste est secondaire. Et la question de l'énergie et du combat contre la fatigue devient donc : comment vivre dans la joie intérieure, quel que soit le contexte où tu vis ?

À lire...
- *Qi gong*, Liu Dong, éd. Grancher.

VOIR AUSSI
Acupuncture > p. 207
Plusieurs corps > p. 288
Énergie vitale > p. 242
Pensée est énergie (La) > p. 283

VOIR QUESTION
Qu'est-ce qui perturbe la bonne circulation de ton énergie ? > p. 66

ÉNERGIE VITALE

Elle t'habite à tout instant – sinon, tu serais mort – mais elle reste pourtant insaisissable. Ainsi, quand tu es épuisé, surtout moralement, une simple information – comme un coup de fil amoureux – peut te redonner instantanément toute ta forme, au point que tu as envie de traverser la ville en courant. N'est-ce pas le signe qu'en réalité tu n'as jamais manqué d'énergie, mais que cette dernière trouvait en toi un barrage, qui l'empêchait de circuler ? L'énergie vitale se confondrait-elle avec l'énergie psychique ?

Brillant endocrinologue devenu l'apôtre de la médecine psychosomatique aux États-Unis, le médecin indien Deepak Chopra n'hésite pas à tirer des leçons radicales de l'influence réciproque entre vitalité et énergie psychique. Dans le premier de ses *best-sellers*, il décrit les règles permettant de vaincre la fatigue ou de dominer le stress. Après avoir défini sa personnalité (grâce à l'ayurveda), il faut « contrôler son énergie par une gymnastique », « aménager son lieu de vie », « profiter des bienfaits des aliments les plus énergétiques », mais aussi « apprendre à capter les flux d'énergie circulant dans la nature » en « ouvrant notre conscience à la véritable texture de l'univers » qui est faite de pure énergie, condensée ici et là en matière. Plus simplement, le docteur Chopra prétend répondre à la question : « Pourquoi les vagues, le vent, la faune ou la flore ne sont-ils jamais fatigués, alors que les humains le sont si souvent ? » En acceptant sereinement le monde tel qu'il est, tu pourrais devenir aussi infatigable que la houle de l'océan. De tels discours ne vont pas sans irriter certains, qui s'insurgent contre cet anthropocentrisme appliqué aux flux d'énergie naturelle. Heureusement, Deepak Chopra n'est pas le seul à affirmer, depuis quelques décennies, l'unité entre esprit et matière.

Héritiers d'un dualisme moderne établissant une dichotomie entre le corps et l'esprit, n'ayant pas étendu à notre concret les résultats de la mécanique quantique, nous manquons d'un modèle pour exprimer le lien qui existe entre les deux. Il faut aller le chercher dans une tradition plus ancienne, ou extrême-orientale, où un continuum est maintenu entre corps et esprit – et entre tous les niveaux du vivant. Tant du côté de la Grèce antique qu'en Chine, en Inde ou au Japon, cette liaison est résumée sous la forme de concepts que l'on traduit chez nous par énergie. Les Grecs parlaient de *pneuma*, les Chinois parleront du *qi*, prononcé « tchi », les Indiens du *prana*, les Japonais du *ki*. Et nous, Occidentaux, nous avons du mal à comprendre, cherchant à savoir s'il s'agit d'une force électromagnétique, nucléaire, mécanique, ou calorique... Et nous ne trouvons pas. Personne n'a isolé la moindre particule d'« orgone », comme l'appelait le psychanalyste Wilhelm Reich qui insistait sur sa nature sexuelle. « Nous devrions nous rappeler, dit le Dr Thierry Janssen, auteur de nombreux livres sur la médecine corps-esprit, qu'énergie vient du grec *energia*, qui veut simplement dire "force en action". Ce concept flou permet à toutes les médecines plus intuitives et holistiques – justement grâce à son imprécision – de montrer qu'elles agissent à tous les niveaux de l'individu, sans le cloisonner. C'est un continuum entre matière et pensée. » (*Nouvelles Clés*, n° 49)

À lire...

- *Cette énergie qui est en vous*, Deepak Chopra, éd. J'ai Lu.

VOIR AUSSI

Contacte ton corps énergétique > p. 66
Types d'énergie vitale > p. 333

VOIR QUESTION

Dans ton meilleur souvenir, d'où tires-tu ta vitalité ? > p. 80

ENFER, C'EST LES AUTRES (L')

« L'enfer, c'est les autres », penses-tu parfois en citant la phrase célèbre de Jean-Paul Sartre dans la pièce *Huis clos*, où trois inconnus sont condamnés à vivre ensemble pour l'éternité. Les autres et leurs regards, leurs exigences, leurs commentaires, comme autant de limites à ta liberté et à ta spontanéité... Entre tes proches et leurs disputes, les voisins qui t'énervent, et tous ces « ils » plus ou moins responsables de tes ennuis ou des malheurs de l'époque – sans parler de ces multitudes lointaines réputées menaçantes pour ton mode de vie ; je parie qu'il t'arrive de te dire que tu vivrais mieux tout seul, ou du moins entouré de gens toujours en accord avec toi, semblables à toi, en quelque sorte. Il est des moments où la beauté de la rencontre, l'enrichissement par la différence et la vision humaniste de la mondialisation semblent de belles idées complètement irréalistes. L'enfer, c'est les autres, un point c'est tout ! Et voilà enclenché le Yo-Yo entre amour et haine, entre vision angélique et vision diabolique d'autrui ! Comment en sortir ? Les précisions apportées par Sartre sur cette fameuse phrase – dans l'introduction à l'enregistrement de sa pièce sur disque, en 1965 – offrent une piste précieuse. La première anecdote est savoureuse : en 1943, raconte-t-il, l'idée de *Huis clos* lui est venue de l'envie de réunir sur scène trois amis sans qu'aucun n'ait un rôle plus long que l'autre, afin d'éviter toute jalousie entre eux. Le respect de chacun poussé à l'extrême, avoue que ce n'est pas mal, comme prétexte à une pièce assimilant l'enfer à l'enfermement éternel avec autrui ! Mais Sartre avait un souci plus philosophique, qui à son avis a mal été compris. Pour la plupart des gens, Sartre a voulu dire par cet aphorisme que nos rapports avec les autres sont toujours compliqués, et donc infernaux. Mais tel n'était pas le but du philosophe qui a dû s'expliquer pour qu'on comprenne le sens qu'il conférait à son fameux « L'enfer, c'est les autres ». Ce qu'il entend par là, c'est que, si nos rapports avec les autres sont empoisonnés, parfois tordus, alors l'autre est cet enfer. L'autre est pour nous le moyen le plus important pour nous connaître nous-mêmes. En effet, lorsque nous essayons de nous comprendre, nous utilisons toujours les connaissances que les autres ont sur nous. Nous jugeons avec les moyens qu'ils nous ont donnés pour nous juger. À chaque fois que nous affirmons quelque chose sur nous-mêmes, le jugement de l'autre intervient. Par conséquent, lorsque nos relations avec l'autre sont négatives, il existe une véritable dépendance à autrui, et bien des personnes vivent un enfer parce qu'elles sont entièrement tributaires de ce jugement.

À lire...

- *Huis clos*, Jean-Paul Sartre, éd. Gallimard.

VOIR AUSSI

Altruisme naturel > p. 210
Inconscient à inconscient (D') > p. 259
Oui à tout le monde > p. 280

VOIR QUESTION

As-tu repéré des circonstances qui déclenchent ou aggravent ton problème ? > p. 64

ENGAGEMENT

Responsabilité

Lorsque nous blâmons les autres, la société, l'environnement, l'extérieur, nous renonçons à notre pouvoir. Par cette démission, nous offrons à ces énergies externes un pouvoir illimité. Qui peut tenir tes frontières ? Qui peut savoir ce qui est bon pour toi ? Qui peut choisir quelle réaction adopter face à une situation donnée ? Qui est dans ta tête, dans tes émotions et dans ton corps ? Toi, toi et toujours toi ! Toi seul peux donc faire quelque chose. Les autres peuvent t'aider en fonction de ce que tu décides, mais jamais ils ne pourront mâcher ou respirer à ta place. Or, derrière la peur de ta propre lumière, se cache la peur des responsabilités. Eh oui ! tu es le seul maître de ta vie. C'est angoissant car tu es obligé de te regarder en face. Mais c'est rassurant car il n'y a donc que toi à changer.

Engagement

Une fois que tu as décidé de prendre tes responsabilités, tu peux t'engager : te donner un but et focaliser toutes tes forces sur ce dernier. Tu dois être le capitaine du bateau qui garde le cap envers et contre tout ; il peut décider de faire escale, de changer de direction selon les vents, de prendre telle ou telle route. Mais toujours il garde en tête sa destination finale. Cet engagement apporte toute l'énergie nécessaire à la réalisation de ta quête. C'est un rayon laser de toutes les forces visibles et invisibles, il est net, précis, donc efficace. Ton engagement rassemble les forces de vie et te garantit le succès.

Implication
Ta quête exige ton implication. Cela arrive lorsque chacune de tes pensées, paroles, actions est au service de ton engagement. C'est la passion qui te donne le courage de faire ta gymnastique tous les matins, c'est l'autorisation de dépenser argent et temps pour ton bien-être. C'est le facteur facilitant le développement de comportements tournés vers tes objectifs. Le spécialiste de l'apprentissage Chris Argyris, professeur à Harvard, parle de « carburant interne » : « L'implication est le fondement de l'énergie humaine, c'est elle qui dynamise notre esprit. Sans elle, on ne saurait mettre en œuvre une nouvelle initiative, une nouvelle idée. »
Tu peux demander à ton *buddy* (partenaire de jeu) de t'aider à maintenir ton engagement et ton implication. Par exemple, en l'invitant clairement à te signaler lorsqu'il trouve que tu te disperses, ou à te téléphoner régulièrement pour te poser des questions sur tes actions quotidiennes. Tu lui donneras l'occasion de t'*empowerer* et tu avanceras vers ton but. Mais rappelle-toi que tu es le seul responsable !

À lire...
- *Éloge du mariage, de l'engagement et autres folies*, Christiane Singer, éd. Albin Michel.
- *Conversations avec Dieu*, Neale Donald Walsh, éd. Ariane.
- *La Responsabilité, l'engagement et la culpabilité*, Lise Bourbeau, éd. E.T.C.

VOIR AUSSI
Enfer, c'est les autres (L') > p. 243
Motivation > p. 273
Empuissancement > p. 241

VOIR QUESTION
Que vas-tu faire pour ton mieux-être ? > p. 98

ENNÉAGRAMME
À la naissance, nous avons tous perdu contact avec notre essence profonde – condition sine qua non pour constituer un ego et vivre en humain. Toutes les pertes de contact ne sont pas semblables. Une ancienne tradition les regroupe en neuf familles. Avec un trait commun : à la place du trou insupportable de la perte et de l'oubli, s'est constituée notre personnalité, que nous prenons pour notre nature, alors qu'elle n'en est que l'imitation, soulageante, mais frustrée. Les neuf familles de perte recouvrent neuf types d'ego, donc d'illusions, mais aussi neuf façons de retrouver notre essence, au prix d'une incontournable épreuve. Es-tu plutôt : réformiste, sauveur, battant, créateur, penseur, gardien, généraliste, meneur ou pacificateur ? Le travail sur l'ennéagramme est le fruit d'un long héritage ésotérique, sa diffusion récente revenant à Claudio Naranjo, psychiatre chilien à qui le mystique bolivien Oscar Ichazo avait transmis sa version modernisée de cet outil millénaire dont le grand Gurdjieff disait qu'il était « à la fois le mouvement perpétuel et la pierre philosophale ».

À lire...
- *Les Neuf Visages de l'âme*, Sandra Maitri, éd. Payot.

ENVIRONNEMENT POLLUÉ
« On soigne les malades atteints du cancer, et non l'environnement qui est lui-même malade », s'insurge le professeur Dominique Belpomme, président de l'Association française pour la recherche thérapeutique anticancéreuse (Artac) et directeur du Centre d'évaluation de la recherche sur le cancer (Cerc). « Qu'on scrute le ciel, qu'on regarde la terre, qu'on analyse les problèmes de santé, tous les clignotants scientifiques sont au rouge... » Avec le professeur Belpomme, un millier de personnalités scientifiques ont signé, en 2004, l'Appel de Paris, une déclaration internationale sur les dangers sanitaires de la pollution chimique. Cancers, malformations congénitales, stérilités, allergies, maladies dégénératives du système nerveux sont en très grande partie liés à la pollution de notre environnement. L'apparition de nombreuses épidémies infectieuses telles que le sida, la maladie de chikungunya ou la grippe aviaire est également la conséquence directe ou indirecte des activités humaines. L'humanité pourra-t-elle se dégager du piège dans lequel elle s'est progressivement enfermée ? Aujourd'hui, l'enfance et même l'espèce humaine sont en danger, si nous continuons à polluer l'environnement et à détruire la planète comme nous le faisons. Malheureusement, ce message n'est pas entendu, alors même que des solutions existent. Le docteur Belpomme propose un programme d'union nationale axé sur la préservation de notre santé et de l'environnement, et adresse une lettre ouverte aux femmes et hommes politiques pour les exhorter à agir, avant qu'il ne soit trop tard. Et toi, agis-tu ? Comme le défenseur de l'agriculture biologique Pierre Rabhi, promoteur d'une insurrection des consciences, fais-tu partie de la « conspiration des colibris », qui savent qu'ils peuvent peu mais apportent leur goutte d'eau pour éteindre l'incendie ?

À lire...
- *Ces maladies créées par l'homme*, Dominique Belpomme, éd. Albin Michel.
- *Nous pouvons nous dépolluer*, G.-É. Séralini, éd. Josette Lyon.
- *La Part du colibri. L'espèce humaine face à son devenir*, Pierre Rabhi, éd. de l'Aube.

VOIR AUSSI
Pollution > p. 289
Planète > p. 287

VOIR QUESTION
Pourquoi as-tu mal ? > p. 58

ESTIME DE SOI
Estime et confiance
Estime et confiance en soi ont évidemment des similitudes : quand

tu réussis, l'une et l'autre augmentent ; et les gens imbus d'eux-mêmes font souvent preuve d'une confiance en eux démesurée. Mais alors que la confiance se construit avant tout sur une confrontation avec le réel, l'estime dépend, quant à elle, des idées sur toi-même et des valeurs que tu cultives. Aussi peut-on, paradoxalement, avoir confiance en soi et même réussir tout en se tenant en piètre estime. « Il n'est pas facile de donner une définition simple et qui ne soit pas trop idéologique de l'estime de soi, note le psychosociologue Jacques Salomé. L'estime de soi est la rencontre de plusieurs mouvements qui vont coexister ou se combattre à l'intérieur d'une personne dans ses ajustements ou affrontements avec son entourage. » Construite dans l'enfance grâce au « biberon relationnel » des messages positifs qui nous sont adressés par les proches (parents, éducateurs et, dans l'adolescence, nos pairs), elle se nourrit des appréciations de nos partenaires amoureux, nos amis ou nos collègues tout au long de la vie. Elle se valide aussi avec la qualité de nos expériences, par la façon dont nous accueillons, amplifions et dynamisons les messages reçus et les intégrons dans une réussite validée par un résultat.

Prendre soin de soi

Point trop n'en faut, bien sûr. Mais la vie se charge de ramener à la raison ceux qui ont tendance à trop se prendre pour des personnes importantes, tandis qu'elle n'aide guère ceux qui souffrent d'une image dévaluée d'eux-mêmes. À cela deux raisons, considère l'immense majorité des psychothérapeutes : d'abord, pour beaucoup, soi-même est une entité méprisable. Ne nous répète-t-on pas depuis l'enfance qu'il ne faut pas se regarder le nombril, ni s'observer dans la glace, ni s'occuper de soi ? Psychologue de formation, la journaliste Odile Chabrillac s'insurge et retourne les vieux interdits en prescriptions ! « Ne pas s'occuper de soi, dit-elle, conduit le monde à sa perte. Il faut au contraire fortifier le socle individuel, à partir duquel la vie pourra croître et rayonner. Un socle qu'au début, il faut défendre bec et ongles – Si vous n'avez pas le temps, volez-le ! » dit l'auteur, qui propose quelques règles simples : éliminer le superflu, ralentir tous azimuts, ne suivre la mode que quand elle plaît vraiment, s'entraîner tous les jours, s'interdire l'autodestruction, pratiquer le sourire intérieur, étendre le soin à tous les domaines (de la gym à la culture générale), s'inventer des rituels (du lever au coucher), apprendre aux enfants la différence entre estime de soi et égoïsme. Et surtout prendre tranquillement du plaisir à vivre.

Briser le cercle vicieux

La seconde raison est encore plus paralysante, comme l'a montré le psychiatre Christophe André, car c'est un cercle vicieux : manquant d'estime de toi, tu cultives sur toi-même des idées négatives largement fondées sur des préjugés (« je suis nul », « je vais rater »...). Elles t'interdisent de t'affirmer. Donc tu n'agis pas, ce qui ne fait que confirmer ton incapacité. Résultat : la réalité semble te donner raison. Seule solution, affirme Christophe André : briser le cycle infernal. Pour cela – même si c'est difficile –, commence par mieux t'aimer, aussi nul crois-tu être. Puis agis, en évaluant tes forces et tes faiblesses (mieux vaut ne pas viser trop haut au début). Cela signifie prendre des décisions, te fixer des objectifs accessibles et t'y tenir, agir sur le réel tout en prenant soin de toi. Enfin, il convient de t'affirmer avec les autres – et non pas en mode défensif. Tu peux parfaitement, tout en respectant autrui, exprimer tes besoins, tes réticences, tes désirs, apprendre à dire non. Peu à peu, par l'action, naîtront des résultats sur lesquels tu pourras te construire. As-tu d'ailleurs le choix ? La vie te pousse.

<u>**À lire...**</u>

- *L'Estime de soi*, Christophe André et François Lelord, éd. Odile Jacob.
- *C'est décidé, je pense à moi !*, Odile Chabrillac, éd. Plon.
- *Oser être soi*, Jacques Salomé, éd. Le Relié.
- *Et si nous inventions notre vie ?*, Jacques Salomé, éd. Le Relié.

VOIR AUSSI
Confiance > p. 222
Retrouver ta confiance > p. 307
Politique des petits pas > p. 288

VOIR QUESTION
Quelles sont tes forces ? > p. 74

ÉTIOPATHIE

Inventée dans les années 1970 par le Français Christian Trédaniel, l'étiopathie (du grec *aïtia*, cause, et *pathos*, souffrance) s'appuie sur des concepts légèrement différents de sa sœur jumelle, l'ostéopathie. Empruntant des idées à la systémique et à la cybernétique, elle considère l'individu comme un système ouvert, composé d'un ensemble d'éléments en interaction, eux-mêmes sous-systèmes formés d'autres éléments. Établissant des analogies entre organes et machines, le diagnostic fait appel aux connaissances en anatomie, physiologie et biologie, mais aussi au déterminisme, à la systémique et à la cybernétique. Le traitement étiopathique de « normalisation structurale » s'accomplit par une manipulation qui rejoint la tradition des rebouteux. En observant que les mêmes effets sont souvent issus des mêmes causes, les étiopathes ont réussi à établir des suites, qui ne sont autres que l'enchaînement des troubles organiques ayant provoqué la pathologie pour laquelle le patient vient consulter. Ils considèrent ainsi, par exemple, que l'immense majorité des angines à récidive sont provoquées par un désordre articulaire des vertèbres cervicales qui, du fait de micro-déplacements anodins, modifie la circulation locale, irrite la gorge et favorise le développement des bactéries. Au lieu de s'attaquer aux bactéries, l'étiopathe, par la remise en place du cou, fera disparaître définitivement l'angine en deux ou trois interventions.

VOIR AUSSI
Ostéopathie > p. 280

ÊTRE PSYCHOSOMATIQUE

Un vieux débat

Ce mot vient du grec *psukhê*, âme, et *sôma*, corps, et derrière l'évidence qu'il énonce – tu es un être fait des deux – se cache un débat quant à savoir si et comment ils agissent l'un sur l'autre. Contrairement à ce qu'on croit, la dispute ne date pas d'hier. Socrate en témoignait déjà. Dans le récit de Platon où il parle du « connais-toi toi-même » (*Charmide* > p. 27), il oppose les Thraces aux Grecs et affirme : « Si la plupart des maladies échappent aux médecins grecs, la raison en est qu'ils méconnaissent le tout dont ils devraient prendre soin ; car, quand le tout est en mauvais état, il est impossible que la partie se porte bien. En effet, disent les Thraces, c'est de l'âme que viennent pour le corps et pour l'homme tout entier tous les maux et tous les biens. »

Depuis les écoles s'opposent, les unes affirmant la primauté du corps, les autres celle de l'esprit. Avec l'avènement de l'anatomopathologie et l'avancée des sciences analytiques au XIXe siècle, les premières semblaient l'avoir emporté. Les secondes reviennent aujourd'hui en force, sous la triple poussée des avancées de la psychologie, des découvertes neuroscientifiques et d'une conception plus écologique de la maladie.

Les théories psychosomatiques

Actuellement, on peut schématiquement distinguer quatre grands courants dans l'abord psychosomatique de l'être humain :

1. L'approche psychanalytique freudienne, marquée par la reconnaissance de l'inconscient et la théorie du conflit intrapsychique entre pulsions et défenses. Cette position aboutit parfois à donner au psychisme un rôle exclusif dans le déclenchement des phénomènes morbides les plus divers. Avec cette psychogenèse outrancière, « la psychosomatique a retrouvé l'âme... elle a perdu le corps », dit le docteur Denis Demarque, auteur de plusieurs livres de référence sur l'homéopathie. La journaliste Sophie Dominique Rougier, sans nier les errements de la médecine moderne, insiste quant à elle sur les raccourcis simplistes de certains courants psychosomatiques, « porte ouverte aux sectes ». Tous deux rappellent à bon escient la rigueur dont toute démarche rationnelle doit faire preuve – y compris face à l'antisectarisme, parfois sectaire !
2. L'approche corticoviscérale ne souffre pas de ce problème : à la suite de Pavlov et dans une perspective très matérialiste, elle met l'accent sur les réflexes conditionnés et sur l'importance de l'activité nerveuse centrale dans le déclenchement de maladies comme l'hypertension artérielle ou l'ulcère de stress. Les progrès de la recherche sur le cerveau apportent actuellement au moulin de cette démarche beaucoup de grain à moudre.
3. Une autre approche s'est développée, notamment en Allemagne, à partir de la philosophie du *Dasein* (philosophie de l'« être-au-monde »), dans une perspective existentielle qui insiste sur les rapports de l'homme avec son environnement. Gregory Bateson et l'école de Palo Alto, avec le systémisme, lui ont donné un élan singulier.
4. Enfin, dépassant ces différents courants, tout en se nourrissant d'eux, a émergé dans la seconde moitié du XXe siècle une discipline, ou plutôt une transdiscipline, qui connaîtra probablement un grand avenir au XXIe siècle : la psycho-neuro-immuno-endocrinologie confirme toutes les intuitions psychosomatiques, en leur donnant une démonstration magistrale, prouvant, jusqu'au niveau moléculaire, une vérité de base. Sous ces différents visages, l'être humain constitue un seul et même système hypercomplexe et merveilleux !

À lire...
- *Aide-toi, ton corps t'aidera*, Anne-Marie Filliozat et Gérard Guasch, éd. Albin Michel.
- *Le Charmide*, Platon, éd. Flammarion.
- *L'Homéopathie, médecine de l'expérience*, Denis Demarque, éd. Boiron.
- *C'est psychosomatique. Est-ce le bon diagnostic ?*, Sophie Dominique Rougier, éd. Albin Michel.

VOIR AUSSI
Psycho-neuro-immuno-endocrinologie (PNIE) > p. 294
Systémique > p. 321

VOIR QUESTION
Quel mieux-être cherches-tu ? > p. 40

ÉVOLUER

Pourquoi crois-tu que l'on dise de tel ou tel d'entre nous : « C'est quelqu'un de vraiment très humain », ou au contraire : « Ce type est totalement inhumain » ? Ferais-tu cette distinction à propos d'un cheval, d'un chien ou d'un hibou ? Tu ne dirais pas : « Cet oiseau est vraiment très hibou », ni : « Il est terriblement inhibou », n'est-ce pas ? Il ne viendrait à personne l'idée de jauger la vachité d'une vache. Elle peut être plus ou moins épanouie, mais elle est vache. [...] Même un maïs transgénique à l'ADN manipulé ne possède pas, une fois engendré, la liberté flottante d'être plus ou moins lui-même. Alors que nous, nous l'avons !

Cette indétermination est à la fois vertigineuse et rassurante. Elle signifie que nous ne serons jamais à 100 % finis, donc que tout sera toujours possible, ce qui est exaltant. Et, à l'opposé de ce que certains pourraient craindre, cette affirmation est au contraire une garantie *contre* les totalitarismes, qui prétendent arrêter l'humain à une idée figée préconçue.

Dans le même ordre d'idées, dire que le monde et la vie n'ont aucun sens, c'est avant tout suggérer que, pour la vie et le monde non humains, la question ne se pose tout simplement pas. Elle ne se pose qu'avec l'humain et pour lui seul. Les quarks, les atomes, les minéraux, les bactéries, les végétaux, les animaux se contrefichent du sens ! Le sens, c'est justement à l'humain de le trouver, de l'inventer, de le donner. Comment ? En prenant conscience que sa caractéristique la plus exclusive est de pouvoir, entre sa naissance et sa mort, *évoluer*. Changer et même se métamorphoser. Passer d'un statut à un autre. Une plante ou un animal meurent dans le statut où ils sont nés. L'humain, pas forcément. Il ne s'agit pas d'une extrapolation, ni d'une métaphore. C'est peut-être même la seule chose réelle dont nous puissions être sûrs : nous allons mourir un jour, mais avant cela il aura existé, pour chacun de nous, la possibilité d'une évolution, c'est-à-dire la possibilité de vivre, d'aimer, de créer. De *se* créer. Contrairement aux apparences, nous attribuer cette faculté et ce privilège incroyables n'est pas de l'arrogance. Cela passe au contraire par une étonnante humilité. Seul, l'humain ne se mettrait jamais debout. Mowgli marche à quatre pattes. L'humain a besoin de l'autre pour se redresser, plus exactement pour se dresser, pour se tenir droit, dans tous les sens du mot. L'évolution individuelle est une affaire collective, qui a ses accompagnateurs. Nous pouvons nous aider les uns les autres à évoluer.

À lire...
- *Le Cinquième rêve*, Patrice van Eersel, éd. Grasset.
- *La Source blanche*, Patrice van Eersel, éd. Grasset.

VOIR AUSSI
Motivation > p. 273
Mouvement > p. 274
Féliciter (Te) > p. 250

VOIR QUESTIONS
Quel mieux-être cherches-tu ? > p. 40
Que vas-tu faire pour ton mieux-être ? > p. 98

EXPRESSION ARTISTIQUE

Qu'est-ce que l'art ? Pourquoi serait-il réservé aux artistes ? Chacun peut partir de soi, de ses douleurs, de ses maux, pour les transformer en quelque chose de beau. Mais comment faire, quand on n'a aucun don spécifique ? « Indiquer un art plutôt qu'un autre serait très délicat, explique le docteur Jean-Pierre Klein, pédopsychiatre et spécialiste de l'art-thérapie (*Nouvelles Clés*, n° 19). Il faut par exemple repérer le rapport au corps. À quelqu'un de complètement bloqué, on ne va pas proposer la danse – mais à quelqu'un de très à l'aise, qui roule des mécaniques, non plus. Une personne à l'imaginaire figé, on ne va pas lui proposer d'inventer des histoires – mais à un bavard qui ne ferme jamais la bouche non plus. Il faut se situer entre le trop grand confort et le trop grand inconfort. Essentiellement parce que la méthode procède par surprise. Tout d'un coup, la personne est saisie parce qu'elle produit. » Te transformer par la création ? Le défi n'est pas inaccessible. D'autant qu'il ne s'agit pas de te prendre la tête, car cette démarche, que la psychologue québécoise Alexandra Duchastel appelle « médecine de l'âme », vise précisément à outrepasser le mental. Idée de base : l'imaginaire précède toujours le conscient. C'est à travers nos rêves, nos imageries mentales, nos dessins, nos improvisations que notre psyché nous prévient et nous prépare, en nous envoyant des images symboliques. Mais les symboles sont subtils, attention de ne pas les écraser par des interprétations trop rapides ! Ainsi, il vaut mieux tenter de dessiner, de peindre ou de danser ses rêves plutôt que de les mettre dans des boîtes verbales. L'important ne sera pas le résultat final, peut-être maladroit, mais ce que tu auras ressenti en faisant. Et tu n'as rien à perdre à tenter le coup !

À lire...
- *La Voie de l'imaginaire*, Alexandra Duchastel, éd. Quebecor.
- *L'Art-Thérapie*, Jean-Pierre Klein, éd. PUF.

VOIR AUSSI
Art-thérapie > p. 213
Créativité > p. 226

VOIR QUESTIONS
Comment prends-tu soin de toi ? > p. 76
À quels besoins dois-tu accorder plus d'importance ? > p. 92

FAMILLE

Structure collective très puissante puisqu'elle semble s'adapter aux bouleversements que lui inflige la modernité (salariat des femmes, divorce, maîtrise de la procréation...), la famille n'en fonctionne pas moins selon certaines lois communes à tout groupe. Outre les liens affectifs nés de sa raison d'être (le soin aux enfants), elle dispose pour renforcer sa cohésion des deux outils des collectifs humains : les mythes, qui l'inscrivent dans le temps, et les rituels, qui affirment les valeurs qu'elle cultive.

Mythes et rites

– Les mythes : ils renvoient directement à la réalité de second ordre dont parle le psychologue systémiste Paul Watzlawick, où les choses sont vraies parce que nous y croyons. Ce sont les histoires que la famille se raconte sur elle-même. Rencontre du couple fondateur forcément romanesque, anecdotes héroïques, récits choisis permettent de créer une identité familiale et de réguler les relations avec l'extérieur en transmettant une certaine image. Celles qui concernent les ancêtres, souvent mensongères, expliquent nombre de délégations transgénérationnelles : dans les oublis se cachent des secrets qui pèsent. Une famille n'existe pas sans mythes qui l'inscrivent dans le temps, lui écrivent une histoire, lui fabriquent une image et aideront les adultes à donner du sens aux souvenirs de leur enfance. Quelle part de ton héritage veux-tu cultiver, transmettre, ignorer ?

– Les rituels familiaux : ce sont souvent de simples habitudes chargées de sens. Chez les uns on joue de la musique, chez d'autres on fait du sport, ailleurs enfin chacun fait ce qu'il veut. Musique, sport ou liberté, plus que des choix ludiques, témoignent des valeurs que la famille privilégie : esthétisme, dynamisme ou autonomie. Une certaine acceptation des rites familiaux te permettra de comprendre d'où te vient une partie de tes valeurs, afin d'en juger les qualités, de les comparer et de les enrichir. Si tu adoptes systématiquement des rites opposés à ceux de ta famille d'origine pour aller à l'encontre de ses valeurs sans avoir pesé ce qui te déplaît en elles, tu en es encore prisonnier. L'attitude inverse, qui consiste à confondre valeurs et rites, rend l'autonomie tout aussi impossible : elle conduit à transformer des valeurs familiales en règles universelles et empêche la prise de distance permettant de se constituer une morale personnelle. Ce n'est plus « chez moi, on fait ceci », mais « il est naturel de faire ceci », avec le rejet que cette forme impersonnelle implique envers ceux qui se comportent différemment. Quelles valeurs as-tu reçues ? Quelles valeurs transmettre ?

Vision du monde

Donner du sens aux relations grâce au temps et à un système de valeurs, tel est le rôle commun aux mythes et aux rituels. Mais ce sens aboutit à une vision du monde, et même à une façon de l'appréhender, ce que le psychiatre Jacques Miermont appelle une *épistémè*, terme grec signifiant science, et qu'il définit comme la « capacité à comprendre une situation donnée, à raisonner à partir de celle-ci, à juger des attitudes à adopter en fonction de cette compréhension et des raisonnements qu'elle suscite ». C'est, ajoute-t-il, « la disposition qui permet à une personne de prendre une distance par rapport aux effets des rituels et des mythes ».

Autrement dit, ta famille est à l'origine non seulement de ta conception du monde, mais aussi de ta manière de penser elle-même. Si elle cultive des valeurs esthétiques, elle tentera de développer chez toi l'intuition et la sensibilité – ce qui ne veut pas dire qu'elle fera de toi un artiste ! Dans une famille qui privilégie l'intelligence, le rationalisme sera roi. Et les phénomènes étranges éclatent plutôt chez celles pour qui l'irrationnel existe, ce que les études sociologiques sur la parapsychologie ont confirmé. Autant de grilles de lecture différentes qui trouvent leur source dans cette *épistémè* familiale, et donnent naissance à des appréhensions différentes de la réalité.

Comme le fait à l'échelle d'une société l'*épistémè* collective – mélange des connaissances scientifiques et des doctrines philosophiques d'une époque donnée –, la façon de penser qui vient de ta famille agit en toi non pas de façon rationnelle, mais à partir d'intuitions et de certitudes pour la plupart inconscientes. Quand de plus cette façon de penser est partagée par la société tout entière, se forment les bases de ce que les penseurs modernes appellent un paradigme : une conception du monde qui nous invite à changer sans tarder, tant elle est devenue mortifère, et tant les vieux modes de pensée s'avèrent désormais caducs. Le moment serait-il venu pour toi de changer de paradigme ?

À lire...

- *L'Écologie des liens*, Jacques Miermont, éd. ESF.
- *La Thérapie familiale en changement*, Mony Elkaïm, éd. Les Empêcheurs de penser en rond.
- *Une logique de la communication*, P. Watzlawick et col., éd. du Seuil.

VOIR AUSSI
Ancêtres > p. 211
Homéostasie > p. 256
Intelligence collective > p. 260
Psychogénéalogie > p. 293
Thérapie familiale > p. 326
Vie collective > p. 336

VOIR QUESTION
Comment ça va ? > p. 38

FATIGUE AUX MILLE VISAGES

Un message

Physiologiquement, la fatigue joue un rôle de protection, t'alertant sur une baisse de tes forces afin que tu n'ailles pas plus loin dans tes dépenses énergétiques. C'est un signal d'alarme – attention, changement de rythme – qui sert à t'éviter l'état d'épuisement. Si tu n'écoutes pas le message, si tu ne te donnes pas les moyens de récupérer, tu cours le risque d'être entraîné dans une spirale descendante. Ainsi, une fatigue physique qui dure sans que de réels efforts puissent lui être reliés peut résulter d'une maladie épuisant l'organisme, ou d'une carence métabolique – une carence en fer est un exemple assez courant. Il revient alors au médecin d'en rechercher les causes et de contribuer à y porter remède.

Fatigue physique

Si l'effort physique en est l'origine, ou un surcroît d'activité sans stress particulier, tu te sentiras reposé après un temps de récupération, et bientôt apte à nouveau à continuer tes activités. Cette fatigue physique peut même procurer une sorte de bien-être, parce que l'effort fourni permet de soulager des tensions corporelles, te donne la satisfaction d'avoir fait bouger ton corps. L'exercice intensif (seulement s'il ne l'est pas trop) procure même une sorte d'euphorie, en raison de la production d'endorphines, molécules du bien-être sécrétées par le cerveau.

Fatigue morale

La fatigue liée à l'excès de stress, elle, est plus complexe. Elle touche à la fois le corps et le mental. Elle apparaît quand ta capacité de résistance aux agents stressants a été dépassée. Tu risques alors d'entrer dans la phase d'épuisement. La fatigue tend à devenir chronique, elle dure longtemps, ne cède pas à des moments convenables de repos, exprime souvent une déprime sous-jacente. Elle se manifeste par un manque d'entrain, un sentiment de lassitude, une incapacité à aller de l'avant et une apathie. Dans cette situation, l'énergie ne circule plus. Le vécu émotionnel, si tu t'autorises à le ressentir, est de l'ordre de la tristesse. La dépression guette.

Trop plein, trop vide

Mentionnons aussi une deuxième distinction pour caractériser la fatigue : elle peut provenir par trop-plein ou par un vide. Par trop-plein, elle correspond à un excès de dépenses : trop d'activités, d'émotions non exprimées, de tensions corporelles et/ou mentales, d'exigences faites à soi-même, de soucis, de rumination mentale. Par vide, elle vient signaler un manque de stimulations, d'activités, d'élan vital, de goût de vivre, un ennui ou une perte du sens de la vie. Notre vitalité subit des hauts et des bas. Si nous nous maintenons dans les hauts coûte que coûte, c'est au prix d'une usure plus grande de l'organisme d'une part, et d'autre part d'une méconnaissance de nos mouvements émotionnels, nous rendant de ce fait moins à notre écoute. Si nous nous maintenons toujours dans les bas, c'est une perte de vitalité quasi permanente, une diminution du goût de vivre, bref, ce n'est pas très réjouissant. Être dans une forme fluctuante, c'est se trouver en conformité avec les besoins fondamentaux de notre organisme, qui sont ceux d'une alternance. De ce fait, nous gérons mieux le stress de la vie, nous nous connaissons mieux, en particulier sur le plan de nos émotions, et nous préservons notre santé.

<u>**À lire...**</u>

- *Soigner la fatigue par la médecine chinoise*, Yves Réquéna et Marie Borrel, éd. Guy Trédaniel.

VOIR AUSSI

Déprime > p. 233

VOIR QUESTION

Quel mieux-être cherches-tu ? > p. 40
Pourquoi as-tu mal ? > p. 58

FAUX SELF

Masques ou facettes ?

Nous portons tous des masques dont nous changeons au gré des situations et de nos relations. Tant mieux, en un sens : ils sont la preuve de notre capacité d'adaptation. Le problème surgit quand l'un d'entre eux nous colle à la peau sans que nous puissions nous en défaire : nous sommes alors bloqués sur un seul registre, tantôt convaincus qu'il reflète notre être véritable, tantôt frustrés qu'il ne nous permette pas d'en exprimer toute la richesse. Le pédiatre et psychanalyste anglais Donald Winnicott a appelé « faux self » cette personnalité d'emprunt. Il suggère que le bébé, pendant la période où il ne différencie pas encore le moi et le non-moi, face à une mère pas suffisamment bonne (personne maternante trop bonne ou pas assez), développe un personnage pour correspondre à l'idée qu'il se fait de ce que sa mère attend de lui. C'est un rôle imposé par les proches ou par l'enfant lui-même pour survivre.

Vrai self – faux self

Le faux self fait référence au *self*, terme difficilement traduisible puisqu'il correspond au soi et au moi. Le vrai self est défini par Winnicott comme « la position théorique d'où proviennent le geste spontané et l'idée personnelle. Le geste spontané est le vrai "self" en action. Seul le vrai "self" peut être créateur et seul le vrai "self" peut être ressenti comme réel ». Le faux self désigne au contraire une instance qui s'est constituée pour s'adapter à une situation plus ou moins anormale et contraignante. Autrement dit, un soi sain est un processus de synthèse et d'adaptation entre la vie intérieure et les relations au monde extérieur, qui produit une sensation de continuité, le sentiment de rester soi dans toutes les circonstances de la vie. Le soi sain se forme au début de la vie par la libre circulation de la respiration corporelle et par la sensation d'être aimé, accepté par les parents pour soi-même. Alors qu'un faux self construit un personnage en réponse à la peur inconsciente de certaines émotions et de certains affects non reconnus en nous. L'enfant ne va plus avoir confiance en ce qu'il ressent, il va croire ce que disent les parents, il niera ses émotions et ses besoins, ce qui se traduira sous forme de problèmes musculaires, de blocage de la respiration, de somatisations et de création d'un faux self mental dissocié du corps.

Entrer dans ta vérité

Winnicott envisage deux formes extrêmes du faux self : celui qui ne peut que faiblement employer des symboles et pense comme on lui dit de penser, et celui qui développe une grande intelligence critique, résultat d'une sursollicitation du cerveau afin de compenser les carences affectives de l'environnement. On remarque ainsi que la pratique de la méditation peut être un calvaire pour certains et une fuite pour d'autres. Les premiers ont peur de la solitude et ne décompensent que quand ils perdent leurs points d'appui : ils gagneront à méditer. Les seconds sont au contraire très attirés par la méditation : les concepts de non-moi, de non-attachement, de vacuité leur parlent car ils entrent en résonance avec leur sensation de vide. Ils vont alors se créer un personnage méditant (orgueil spirituel > p. 280) non dénué de bonne conscience, qui gagnerait à se confronter au réel.

Toi aussi, en certaines occasions, tu as pu te rendre compte de l'épaisseur de ton masque, eu l'impression de ne pas être toi sans savoir qui est toi. Là, tu rencontres ton faux self ! Advient alors une période inconfortable : tu ne disposes plus des ressources de ton personnage et tu ne reconnais pas encore celles de ton être véritable. Tu peux traverser une période d'apathie mentale, un désarroi dans tes relations... c'est bon signe ! Peu à peu, le vrai self va prendre sa place. Tes proches peuvent alors tenter de faire ressurgir la pantomime, celle à laquelle ils sont habitués. Tiens bon ! Ta vulnérabilité est puissance ! Ta nudité est courage ! Développe de la compassion et de l'amour pour toi.

À lire...

- *Processus de maturation chez l'enfant*, Donald Winnicott, éd. Payot.
- *La Nature humaine*, Donald Winnicott, éd. Gallimard.
- *Fragments d'un enseignement inconnu*, V. Ouspensky, éd. Stock.

VOIR AUSSI

Cohérence > p. 219

Cuirasses > p. 228

Désir essentiel > p. 234

Écoute de toi-même > p. 238

VOIR QUESTION

Qu'est-ce qui perturbe la bonne circulation de ton énergie ? > p. 66

FÉLICITER (TE)

On a observé à maintes reprises et de plusieurs façons que notre organisme est plus sain et disponible lorsqu'il est bien nourri. Si la nourriture au sens propre est indispensable à une bonne santé du corps, la nourriture psychologique qu'est la reconnaissance est tout aussi vitale, y compris pour le corps, puisqu'il reflète en partie notre mental. Elle fait partie des besoins fondamentaux de l'être humain : se sentir exister dans le regard d'autrui, savoir que l'on a de la valeur, à ses propres yeux et à ceux des autres. Pour satisfaire ce besoin nous pourrions faire n'importe quoi, et tout se passe comme s'il n'y en avait pas assez pour tout le monde. Alors, nous la gardons, nous l'économisons, nous la négocions, nous la contrefaisons, nous la détournons, créant le trouble en nous et autour de nous, dans notre peur de manquer.

La reconnaissance est bonne pour la santé physique et psychologique. Elle est aussi gratuite, illimitée. La reconnaissance peut se donner de mille et une façons, un sourire, un regard, un mot, un geste ou une attitude. Elle peut concerner la personne elle-même, ou ce qu'elle fait. Et pourtant, nous en manquons bien souvent. T'est-il déjà arrivé de manquer de reconnaissance ? Sais-tu en demander, l'accepter, en donner ou la refuser lorsqu'elle ne te convient pas ? Sais-tu t'en donner, de façon inconditionnelle ? Sais-tu célébrer tes réussites ?

À lire...

- *Aime-toi, la vie t'aimera*, Catherine Bensaid, éd. Robert Laffont.
- *Que dites-vous après avoir dit bonjour ?*, Eric Berne, Tchou.

VOIR AUSSI

Confiance > p. 222

Remercier > p. 302

VOIR QUESTION

Quel rituel quotidien pourrais-tu mettre en place ? > p. 100

FLEURS DE BACH

Edward Bach (1886-1936) était un médecin anglais, convaincu que la racine première de toute maladie se trouvait dans un trouble de l'âme. Il consacra les dix dernières années de sa vie à l'étude et à la reconnaissance des formes de comportement provoquées par sept grands mal-être : peur, solitude, incertitude, découragement, manque d'intérêt pour le présent, hypersensibilité aux influences et aux idées et préoccupation excessive au bien-être des autres. Le docteur Bach ressentit alors de façon visionnaire comment les fleurs, quintessence du végétal, pouvaient nous soigner à un niveau très subtil, en amont de nos symptômes, en révélant au fond de chacun de nous le principe d'équilibre correspondant. Ces remèdes floraux adaptés à chaque problème psychologique atteignirent finalement le nombre de 38 préparations florales, et une 39e préparation – la plus connue (qui consiste en un mélange de cinq remèdes synergiques) – appelée *Rescue Remedy* ou Remède d'urgence. Ces préparations d'extraits de plantes sont connues sous le nom de fleurs de Bach.

À lire...

- *La Guérison par les fleurs*, Edward Bach, éd. Courrier du Livre.
- *Le Grand Livre des fleurs de Bach*, Elide Guastalla, éd. De Vecchi.

FLUIDITÉ

Le corps d'abord

Première des trois conditions de la santé selon le docteur Thierry Janssen – avec la confiance et la cohérence –, la fluidité est l'atout primordial. Elle favorise la circulation de l'information, permet l'harmonisation des différentes dimensions de ton être – garantie d'une bonne santé. De perdre ta fluidité – en n'ayant plus ta capacité à mettre en mots tes sensations physiques et tes ressentis émotionnels – tu risques de provoquer ou de favoriser l'apparition de troubles bien connus, souvent qualifiés de psychosomatiques, type ulcère de l'estomac, asthme, eczéma ou autres maladies chroniques. Seulement voilà ! La fluidité ne se commande pas – ce serait comme vouloir se forcer à être naturel. Suis le sens de l'évolution, conseille Thierry Janssen : partons du corps ! « Il faut apprendre à le délier, le détendre, pour libérer les sensations et, du coup, les émotions qui y sont enfouies. Et, seulement alors, mettre des mots sur ce que nous expérimentons. Des études montrent que le simple fait de respirer profondément et de mouvoir son corps rééquilibre le fonctionnement du cerveau, en particulier la balance entre les émotions négatives (peur, colère, anxiété...) et les émotions positives (joie, enthousiasme...). »

Flot et flux

Le psychologue Mihaly Csikszentmihalyi, décidé à trouver une réponse scientifique à la question du bonheur, a interrogé des milliers de personnes et fini par aboutir à un état de conscience particulier, qu'il a baptisé fluidité, ou expérience optimale. Le dénominateur commun de tous les bonheurs peut être résumé par cette phrase, qui revient souvent dans la description précise de l'état heureux : « Toutes mes énergies formaient un flot. » Autrement dit : « Mon état intérieur se trouvait en cohérence, à l'opposé du chaos. » Cela a l'air tout simple. Y parvenir de manière consciente n'est pas évident. Mais possible ; Mihaly Csikszentmihalyi montre par de multiples exemples comment s'y prendre. C'est une démarche volontaire, mais pas volontariste : le flot nous dépasse tellement ! En réalité, quelle que soit la situation objective (même supposée paradisiaque ou infernale), ton bonheur ou ton malheur ne dépendent fondamentalement que de la façon dont tu appréhendes cette situation. Découvrir que la science psychologique peut nous apprendre à manœuvrer cette appréhension est une bonne nouvelle.

À lire...

- *La maladie a-t-elle un sens ?*, Thierry Janssen, éd. Fayard.
- *Vivre, la psychologie de l'expérience optimale*, Mihaly Csikszentmihalyi, éd. Pocket.

VOIR AUSSI

Cohérence > p. 219
Confiance > p. 222
Évoluer > p. 246
Mouvement > p. 274

VOIR QUESTIONS

Qu'est-ce que cela t'apporterait ? > p. 48
Quelles sont tes forces ?
Connais-tu le pouvoir des mots ? > p. 82

FORME

Les scientifiques font une distinction entre l'énergie et la forme – ou entre l'énergie et l'information. Les deux sont bien distinctes, bien qu'inséparables : toute énergie est forcément porteuse d'un minimum d'information et toute information est forcément portée par une énergie. Mais nous, simples humains, quand nous disons que nous avons de l'énergie, ou au contraire que nous en manquons, de quoi parlons-nous : de l'énergie ou de la forme ? Nous disons souvent : « Je suis en pleine forme ! » ou : « Ce matin, c'est pas la forme ? ». Ces mots sont-ils là par hasard ? Réponse du docteur Thierry Janssen :
« En réalité, énergie et information sont deux façons d'aborder la nature des mêmes choses. Il est amusant de constater que le problème de l'Occident, qui est en même temps son atout, c'est qu'il a éprouvé le besoin d'explorer chacune de ces facettes le plus loin qu'il a pu, séparément du reste. Ce faisant, il a réussi à développer la science et toutes les technologies modernes, mais il s'est aussi enfermé dans des modes d'existence et d'expérience cloisonnés. Les Extrême-Orientaux n'ont pas atteint notre niveau technologique, précisément parce qu'ils n'ont jamais séparé comme nous la nature des choses en concepts distincts. Pour eux, énergie et forme sont confondues. L'avantage de cette limite, c'est qu'ils n'ont pas perdu le continuum et qu'ils interviennent, avec un seul outil (le *qi* chinois ou le *prana* indien, qui rappellent le *pneuma* des anciens Grecs), simultanément aux différents niveaux de l'être. Cette convergence, que notre psycho-neuro-immunologie commence à retrouver, montre comment on passe du psychisme au système nerveux, en descendant jusqu'à l'expression cellulaire et génétique du corps. »

À lire...

- *La maladie a-t-elle un sens ?*, Thierry Janssen, éd. Fayard.
- *26 Décisions pour retrouver la forme*, Pierre Vican, éd. Presses du Châtelet.
- *77 Façons d'avoir la pêche...*, Catherine Barry, éd. Presses de la Renaissance.

VOIR AUSSI

Contacte ton corps énergétique > p. 66
Énergie > p. 242
Respiration > p. 303
Respiration holotropique > p. 304
Définition de la santé par l'OMS > p. 231

VOIR QUESTION

Dans ton meilleur souvenir, d'où tires-tu ta vitalité ? > p. 80

GENTILLESSE

Ose donc la gentillesse et la générosité, reflets de ta qualité intérieure, comme t'y invite le sous-titre du livre *L'Art d'être bon*, écrit par le cancérologue suédois Stephan Einhorn. Nourri d'études neurologiques et sociologiques très sérieuses, il témoigne des nombreux avantages qu'il y a à être sincèrement et simplement gentil. Selon son éditeur français, Fabrice

Midal, « ce livre est imprégné d'une constatation : être bon n'a rien à voir avec la fausse gentillesse, cette forme d'agressivité passive où les gens sourient tout le temps, alors qu'on sent un malaise derrière. La gentillesse est au contraire une forme d'intelligence très fine et certainement pas mièvre. La gentillesse exige l'audace d'être vrai, alors que se forcer à essayer d'être gentil vous coupe de votre vérité. » (*Nouvelles Clés*, n° 60) Il ne s'agit pas de morale. Par un travail pointu, à la fois psychologique et phénoménologique, Einhorn montre que, dans la vie, on s'en sort beaucoup mieux par la bonté que par son contraire. Le livre s'ouvre d'ailleurs par un épisode étonnant où l'auteur, médecin dont un patient vient de mourir, évite une faute professionnelle, justement parce qu'il a été bon et que la famille du défunt le reconnaît. Être bon nous est bénéfique à tous les niveaux, individuel et collectif. Comme si la sélection naturelle avait favorisé chez les humains l'émergence des instincts altruistes, simplement parce que ces derniers sont plus adaptés et préservent mieux le groupe. La recette est au fond assez simple : il te suffit de considérer, *a priori* et jusqu'à preuve du contraire, tout être humain comme un potentiel ami.

À lire...

- *L'Art d'être bon*, Stephan Einhorn, éd. Belfond.

VOIR AUSSI

Compassion > p. 222
Empathie > p. 240
Joie > p. 262

VOIR QUESTION

Quelle énergie t'apportent les autres ? > p. 86

GESTALT-THÉRAPIE

La Gestalt-thérapie, du verbe allemand *gestalten* qui signifie mettre en forme, a été fondée par Fritz Perls, psychiatre et psychanalyste allemand émigré aux États-Unis. Se situant dans une optique dynamique, elle s'intéresse aux processus et à leur accomplissement, c'est-à-dire à l'ajustement permanent entre un individu et son environnement : comment entrons-nous en contact avec nous-mêmes, avec les autres, avec notre milieu ? Cet ajustement est par définition en perpétuel changement. La mise en scène de nos émotions, le monodrame, l'amplification des gestes révélateurs du corps font partie de la cure, souvent théâtralisés de façon collective afin d'en mettre en évidence les racines inconscientes. Le but est de devenir créateur de sa vie, en essayant d'inventer de nouvelles manières d'être au monde dans l'Ici et Maintenant.
Surtout employée comme outil de développement personnel ou collectif – par exemple par des artistes pour épanouir leur potentiel ou par des entreprises pour créer une dynamique de groupe –, la Gestalt-thérapie reste avant tout une psychothérapie. Elle est, à ce titre, selon le directeur de l'école parisienne de Gestalt, Gonzague Masquelier, « surtout adaptée aux problèmes relationnels, familiaux ou de couple, et aux difficultés existentielles telles que dépression, solitude ou troubles du comportement alimentaire ou sexuel ».
La Gestalt peut aussi se pratiquer en groupe de 10 à 12 personnes, en week-ends. Le thérapeute s'implique personnellement, proposant des expérimentations et des jeux de rôle dont le client est à la fois acteur et metteur en scène.

À lire...

- *La Gestalt-thérapie aujourd'hui. Choisir sa vie*, Gonzague Masquelier, éd. Retz.
- *La Gestalt, une thérapie du contact*, Serge et Anne Singer, éd. Hommes et Groupes.

GRATITUDE

Souvent, tu formules un merci de circonstance, un merci de convenance. Sans réaliser que ce mot porte en lui ce à quoi tous les humains aspirent : de la reconnaissance. En disant merci avec le cœur, tu reconnais le don, le geste ou la parole de l'autre. Tu donnes de la valeur à l'échange. Pourquoi t'en prives-tu ? Il peut y avoir plusieurs raisons :
– As-tu peur d'être redevable ? Tentes-tu d'annuler le don en offrant à ton tour un contre-don ? Un plus beau cadeau, un plus grand éloge ? Abstiens-toi et profite.
– Es-tu gêné ? Sais-tu toi-même donner ? Ne dis-tu pas « de rien » quand on te dit « merci » ? Tu dénatures l'échange, tu le rends fade et sans valeur. Dommage !
– N'en vois-tu pas l'importance ? Penses-tu que tout cela t'est dû ? N'éprouves-tu aucune reconnaissance ? Tu as de la chance de te considérer si hautement.
– Ne trouves-tu pas les mots ? Sais-tu au moins ce que tu ressens ? Explore tes émotions avant de te demander de les exprimer.
– Te méfies-tu de l'autre ? Crois-tu qu'il t'achète avec ce cadeau ou ces mots doux ? Peut-être. Peut-être pas. Ne sois pas si sûr de toi.
– Es-tu honteux ? Penses-tu ne pas mériter tant d'attention ? Cesse de vouloir être si parfait, si complet. Tes failles, l'autre peut les combler.
Si tu éprouves encore des difficultés, remercie sans te forcer à le dire. Avec un regard, un sourire, un geste. En exprimant ce qui se passe sincèrement en toi. Et n'oublie pas de remercier ceux qui te donnent chaque jour du bonheur.

« Les hommes ne s'attachent point à nous en raison des services que nous leur rendons, mais en raison de ceux qu'ils nous rendent ! »
Eugène Labiche

Robert Emmons, psychologue qui fut professeur à l'université de Californie et à Berkeley, se passionne pour la gratitude. C'est un pionnier. À la fois par des enquêtes de terrain, par l'étude de différentes traditions spirituelles et par des recherches psychologiques de pointe, il démontre, de façon brillante et plaisante, que le fait d'être reconnaissant et de remercier change notre santé, nos comportements, notre carrière, nos relations amoureuses, bref notre vie. À la différence des approches psychologiques se focalisant sur ce qui ne va pas, le nouveau courant de la psychologie positive, auquel appartiennent Tal Benshahar et Robert Emmons, cherche à comprendre les comportements, les vertus, les actions, les accents positifs et à les cultiver. La gratitude, ça se construit ! Un travail profond, reposant sur de vraies recherches et non pas sur une magie facile et factice.

À lire...
- *Merci ! Quand la gratitude change nos vies*, R. Emmons, éd. Belfond.

VOIR QUESTION
Imagine ta quête accomplie : en quoi ta vie a-t-elle changé ? > p. 102

GROUPES DE PAROLE

En 1989, le cancérologue David Spiegel, membre orthodoxe de l'école médicale de Stanford, décide de mener une étude pour prouver qu'il n'existe pas de lien significatif entre la maladie de ses patients et leur vie affective. Il invite une moitié de sa clientèle féminine, atteinte du cancer du sein, à participer, une fois par semaine pendant une heure et demie, à un groupe de parole où chacune peut parler de sa maladie et nouer des amitiés. L'expérience dure un an. En 1994, David Spiegel constate, stupéfait, que l'espérance de vie des femmes qui ont pu se confier et se lier d'amitié a été le double de celles qui n'ont pas été invitées à le faire. En fait, seules les femmes du premier groupe vivent encore. David Spiegel révise alors totalement sa vision et travaille depuis sur ce sujet difficile : l'incidence des émotions sur l'évolution du cancer du sein. Selon lui, les groupes de parole permettent aux femmes d'évacuer le stress et de participer à une expérience sociale. Objectif explicite de ces réunions : aider les autres et s'aider à avoir un meilleur moral et une meilleure qualité de vie. Mais aussi vivre plus longtemps. Sur une dizaine d'études scientifiques effectuées jusqu'à maintenant pour vérifier la justesse de cette approche, la moitié a révélé un lien direct entre la thérapie d'expression et de soutien et une survie prolongée. Avant de se lancer dans l'expérience de ces thérapies, David Spiegel craignait que les discussions en viennent à déprimer encore plus chacune des participantes. Mais le phénomène inverse se produit. Dans les groupes, il insiste pour que chaque femme exprime ses émotions, en commençant par la terrible peur qui la tenaille et le sentiment de perte de contrôle que suscite une telle maladie. « Partager ainsi ses angoisses permet à la femme de prendre conscience qu'elle n'est pas seule à vivre une telle chose », dit aujourd'hui le professeur Spiegel. David Spiegel affirme aussi que les participantes aux groupes deviennent des expertes qui recueillent beaucoup d'informations sur ce qui leur arrive et qui les partagent. Se produit alors le phénomène de l'aidant aidé par le soutien qu'il apporte. En tentant de soutenir quelqu'un d'autre, ils progressent eux-mêmes, car ils finissent par comprendre ce qu'ils ne seraient pas arrivés à saisir seuls. De même, la femme tourmentée par la peur du cancer en viendra à s'aider plus facilement si elle soutient ses semblables atteintes du même mal. En somme, conclut Spiegel, la thérapie d'expression et de soutien encourage les patients à bien cerner leurs émotions, mais aussi à démystifier leurs peurs, à apprivoiser la crainte de mourir et la mort elle-même, à revoir leurs priorités, à renforcer leur réseau social, à améliorer les communications avec autrui, en particulier avec la famille et les médecins, et enfin à mieux contrôler la douleur.

À lire...
- *Anticancer*, David Servan-Schreiber, éd. Robert Laffont.

VOIR AUSSI
Conscience collective > p. 223
Mots > p. 273
Parole délivre (La) > p. 282

VOIR QUESTIONS
Qu'est-ce que cela apporterait aux autres ? > p. 50
Connais-tu le pouvoir des mots ? > p. 82

GUÉRIR

La question, ici, est bien de guérir et non de se soigner. Quelle est la différence ? Ces verbes renvoient tous deux à la fois à une intervention extérieure, plutôt orientée vers les symptômes, et une reconstruction totale de la personne, corps, âme et esprit. Mais, comme l'ont montré les travaux de l'anthropologue Georges Devereux, créateur de l'ethnopsychiatrie, une guérison s'inscrit toujours dans un contexte culturel où les croyances et les conceptions sur l'humain et sur la maladie jouent un rôle primordial. Ainsi, de prime abord, les médecines traditionnellement pratiquées en Asie te donneraient l'impression de venir d'une autre planète. La façon tibétaine de comprendre le corps et la vie remonte à une époque reculée et semble sans rapport avec notre biologie. Si elle utilise des éléments qui nous sont familiers, en particulier des plantes, cette médecine part de prémisses chamaniques, revues par la culture bouddhiste, où rien ne ressemble à ce que nous connaissons. Les microbes y côtoient les esprits et la réincarnation fait partie des dangers qui guettent le mourant.

Le plus extraordinaire, pour un moderne, c'est que cette médecine obtient des résultats que nos thérapeutes à l'esprit ouvert disent excellents, notamment pour tout ce qui concerne la prévention et les troubles chroniques – c'est le cas de l'auteur de *Guérir...*, le docteur David Servan-Schreiber, pour qui la rencontre avec les médecins tibétains de Dharamsala fut justement décisive. Le cinéaste suisse Franz Reichle le montre dans un livre où il s'entretient avec Tenzin Choedrak, l'un des rares médecins tibétains ayant survécu à l'invasion chinoise. Devenu médecin personnel du dalaï-lama, celui-ci expose, crûment et humblement, la science médicale du Tibet. Viennent ensuite des témoignages de plusieurs médecins suisses, allemands et autrichiens, qui se sont intéressés à ces soins. Leurs regards aident à s'y retrouver dans ce mélange magico-thérapeutique où, sinon, un esprit occidental pourrait facilement se perdre. Ils montrent que la puissance de la technologie occidentale ne doit pas nous éblouir au point de nous empêcher de reconnaître les approches des autres cultures. C'est plutôt par une étude approfondie des différents domaines de compétences, et par le mariage des meilleures pratiques, que l'on peut tirer profit d'échanges aujourd'hui permis par la mondialisation.

De la même façon que nous tombons rarement malades pour une seule raison, mais pris dans un processus multifactoriel (où peuvent concourir l'hérédité, les traumatismes infantiles, le mode alimentaire, la pollution, la vie relationnelle, la situation économique, etc.), notre guérison tient, elle aussi, souvent à un bouquet de facteurs, où entrent en jeu notamment, en plus des éventuels traitements d'urgence (antibiotiques, chirurgie, sérums...) et sur le plus long terme, une vie physiquement plus équilibrée, une harmonisation et une pacification de notre vie affective, la redécouverte d'un sens à donner à l'existence, un retour de la joie de vivre.

À lire...

- *Guérir...*, David Servan-Schreiber, éd. Robert Laffont.
- *Essais d'ethnopsychiatrie générale*, G. Devereux, éd. Gallimard.
- *L'Art de guérir*, Franz Reichle, éd. Désiris.

VOIR QUESTIONS

Quel mieux-être cherches-tu ? > p. 40

Qu'est-ce que cela apporterait aux autres ? > p. 50

HAPTONOMIE

L'haptonomie a été fondée après 1945 par Frans Veldman, un médecin néerlandais choqué par les atrocités de la Seconde Guerre mondiale. L'expression est construite à partir du grec ancien *hapsis* signifiant tact, sens, sentiment, et *nomos* qui désigne la loi, la règle, la norme. L'idée est d'établir un contact tactile pour rendre sain, entier, pour guérir, pour confirmer l'autre dans son existence. En effet, pour Veldman, l'épanouissement affectif et la santé psychique de l'humain sont dépendants de la confirmation affective qu'il reçoit de ses semblables et particulièrement de ses proches. Cette science du toucher affectif est particulièrement utile pour fonder une relation parent-bébé et cela dès la grossesse, mais elle peut s'appliquer aussi tout au long de notre vie jusqu'à l'accompagnement des mourants. Le lien peut même se passer de contact physique. Les effets de la présence d'autrui sur une femme en train d'accoucher ont pu être mesurés par des moyens tant objectifs (taux de neurotransmetteurs dans le sang) que subjectifs (impression de douleur). La présence d'un médecin classique dans la salle de travail augmente de façon significative la douleur de la parturiente, alors qu'un médecin attentionné et haptothérapeute la fait fortement baisser. Nous sommes, pour la plupart, totalement inconscients des influences que nous exerçons les uns sur les autres. Il existe des moyens pour que cela change. L'haptonomie en est un.

À lire...

- *Haptonomie. Science de l'affectivité*, Frans Veldman, éd. PUF.
- *Haptonomie, amour et raison*, Frans Veldman, éd. PUF.
- [DVD] *Catherine Dolto. L'haptonomie périnatale*, coll. Circo, éd. Gallimard/CNRS.
- *Mettre au monde*, Patrice van Eersel, éd. Albin Michel.

VOIR AUSSI

Sécurité de base > p. 311

HARCÈLEMENT

Yes, sir !

Le harcèlement au travail, qu'il soit sexuel ou moral, est caractéristique d'un supérieur hiérarchique qui ne peut s'estimer lui-même qu'en dévalorisant ses collaborateurs, en les mettant sous emprise. Usant de sa position de pouvoir, il subordonne une promotion à des faveurs sexuelles, ou recourt systématiquement à des humiliations ténues et imperceptibles pour l'entourage, et disqualifie les compétences professionnelles de ses collaborateurs.

Échapper à cela n'est pas insurmontable. Dès que ton supérieur approche de ton bureau pour critiquer, non la tâche que tu as accomplie, mais ta personne, prends une inspiration et expire tout doucement en te posant de plus en plus lourdement sur ton siège. Quand tu es calé, n'écoute pas le contenu de ses paroles, ne cherche pas à contre-argumenter pour défendre ton travail. Non, réponds simplement, comme le ferait un soldat anglais devant son supérieur : « Oui, monsieur ! Que puis-je faire pour réparer ma faute ? » On appelle cela du sabotage bienveillant, et l'effet est garanti. L'impact en sera décuplé, si tu es debout devant le bureau de ton chef, que tu t'es solidement planté sur tes pieds avant de proférer le « Oui, monsieur ! ».

Saboter en amplifiant

Rappelle-toi, il ne sert à rien de lutter contre un tel déferlement émotionnel, mieux vaut te dire que cela ne te concerne pas, que tu es juste là par hasard, et que le seul moyen de calmer le jeu, au sens où l'entendent Eric Berne et l'analyse transactionnelle, est d'en revenir au sabotage bienveillant : aller dans le sens donné par ton supérieur et amplifier jusqu'à l'absurde son besoin de surpuissance. Attention, pas d'arrogance, ni d'ironie dans ton attitude, juste de l'humilité !

S'il s'agit de harcèlement sexuel, il est probable que si tu te jettes sur la ceinture de son pantalon pour la défaire, où que vous soyez, en criant des « oh oui ! », tu devrais calmer assez rapidement ses ardeurs.

À lire...

- *Des jeux et des hommes*, Eric Berne, éd. Stock.
- *Le Harcèlement moral. La violence perverse au quotidien*, Marie-France Hirigoyen, éd. Pocket.
- *Malaise dans le travail : harcèlement moral, démêler le vrai du faux*, Marie-France Hirigoyen, éd. La Découverte.

VOIR AUSSI

Communication non violente (CNV) > p. 221
Analyse transactionnelle (AT) > p. 211

VOIR QUESTION

Pourquoi as-tu mal ? > p. 58

HÉRITÉES DE NOTRE FAMILLE

Défenses, croyances et peurs viennent souvent davantage de l'éducation que de l'expérience personnelle. Parfois même, elles sont un héritage psychogénéalogique. Quels messages as-tu reçus, enfant ? Et dans quelle mesure t'ont-ils construit ? Dans le langage de l'analyse transactionnelle fondée par le psychiatre américain Eric Berne dans les années 1950, on qualifie certains de ces messages de prescripteurs. Exemples :

– Sois fort, n'exprime pas tes émotions, retiens-toi en bloquant ta respiration au niveau du diaphragme, ravale tes larmes, tes rages.
– Calme-toi, tempère ton enthousiasme, tes joies, autrement dit, inhibe-toi et ne les éprouve plus.
– Dépêche-toi, ne respecte pas tes rythmes personnels, aligne-toi sur les demandes de l'entourage.
– Sois parfait, ne tiens pas compte de tes limites ; recherche l'idéal donc l'impossible, ce qui te voue à l'insatisfaction permanente, et aux tensions corporelles qui vont avec.
– Essaie encore, ne te détends pas, ne relâche pas la pression.
– Fais plaisir : ne tiens pas compte de tes besoins ; sois attentif à satisfaire l'autre et non pas toi.

Prendre conscience des messages prescripteurs que tu as reçus sera d'une grande aide – moyennant l'appui d'un thérapeute s'ils ont été trop cassants, s'ils t'ont bloqué dans tes élans. Mais un travail sur le corps, la respiration et la relaxation t'aidera également à lâcher prise et à prendre tes distances avec les effets psychocorporels qu'ils peuvent avoir eus. Par ailleurs, la psychologie cognitive a amplement montré que la mémoire nous joue de nombreux tours, notamment en teintant nos souvenirs aux couleurs du présent, mais aussi en préférant les bons souvenirs aux mauvais. Certains ont ainsi tendance à embellir démesurément leur enfance, mais, même si ce n'est pas ton cas, je suis certain que tu as tout un lot de bons moments à te remémorer. Ne manque pas d'en cultiver la mémoire, cela fait partie du jeu !

À lire...

- *Wilhelm Reich, biographie d'une passion*, Gérard Guasch, éd. Sully.
- *Le Jeu cosmique*, Stanislav Grof, éd. du Rocher.

VOIR AUSSI

Ancêtres > p. 211
Confiance > p. 222
Psychogénéalogie > p. 293

VOIR QUESTION

Qu'est-ce qui t'en a empêché jusqu'ici ? > p. 52

HOMÉOPATHIE

L'homéopathie (du grec *homoeos* signifiant semblable et *pathos* désignant maladie) se base sur un principe de similitude déjà décrit par Hippocrate au Ve siècle avant notre ère. La substance qui provoque chez l'homme ou l'animal certains symptômes maladifs peut guérir ces symptômes ou d'autres qui sont semblables. *Similia similibus curentur*, les semblables sont guéris par les semblables ! L'idée a été redécouverte au XVIIIe siècle par le médecin allemand Samuel Hahnemann, après qu'il se fut aperçu que l'écorce de quinquina provoquait chez un individu en bonne santé les symptômes de la fièvre tierce (paludisme), alors qu'elle les supprimait chez un individu malade.

L'apport d'Hahnemann est d'avoir compris qu'une substance pouvait avoir des actions différentes en fonction de sa dose. Il eut l'idée de diminuer la quantité de substance pharmacologique par des dilutions successives, découvrant alors que, très paradoxalement (et pour des raisons que les scientifiques de pointe commencent tout juste à deviner, par l'étude de l'électromagnétisme et de ses effets sur l'eau), ce procédé renforçait l'efficacité du médicament au lieu de l'appauvrir – à condition que la préparation soit agitée vigoureusement (ou dynamisée) avant chaque dilution. Le résultat, ce sont les fameuses petites granules et autres préparations délivrées par le médecin après un long entretien avec le patient. Car il s'agit de connaître et de traiter la personne, beaucoup plus que

de s'occuper de sa maladie. L'homéopathie est une voie thérapeutique qui traite plus le terrain que l'agent pathologique. La recherche du type de personnalité du patient constitue donc le cœur de la méthode – surtout pour les adeptes de l'approche dite uniciste. « Chaque détail compte, explique le docteur Rajan Sankaran, connu pour cette approche, la façon de s'habiller, ou de se chausser, ou de boutonner sa veste, de bouger les mains, de s'asseoir, de raconter : tout cela nous donne des indices sur la personnalité à qui nous avons affaire. L'énoncé des symptômes pour lesquels la personne consulte ne suffit pas. Sa réponse doit être habitée d'énergie (le patient élève le ton, s'investit émotionnellement dans son discours, fait de grands gestes) et s'exprimer à plusieurs niveaux (sensations corporelles, impressions mentales, émotions, souvenirs, récits, rêves, fantasmes…) en allant à chaque fois à peu près dans le même sens. Tant que les réponses divergent, même si elles sont intenses, on ne tient pas le secret de la personne, on reste en surface. Il faut trouver la connexion générale. » (*Nouvelles Clés*, n° 45)
Bien que faisant toujours l'objet de controverses, l'homéopathie est largement utilisée dans le monde – 30 % des Européens y ont recours.

À lire…
- *Le Larousse de l'homéopathie*, sous la dir. de Philippe Servais, éd. Larousse.
- *Guide familial de l'homéopathie*, Alain Horvilleur, éd. Le Livre de Poche.
- *L'Homéopathie de a à z*, Jean-Louis Masson, éd. Marabout.

HOMÉOSTASIE

L'équilibre avant tout

Bien que l'idée semble tenir de l'évidence, elle est relativement récente. On la doit à Claude Bernard qui déclarait en 1865, dans son *Introduction à l'étude de la médecine expérimentale* : « Tous les mécanismes vitaux, quelque variés qu'ils soient, n'ont toujours qu'un but, celui de maintenir l'unité des conditions de la vie dans le milieu intérieur. » Le terme « homéostasie », issu de deux mots grecs signifiant état (*stasis*) semblable (*homoios*), a été forgé au début du XXe siècle par le physiologiste américain Walter Cannon, également créateur de l'expression *Sagesse du corps*, ouvrage dans lequel il écrit, en 1932 (éd. La Nouvelle Revue critique) : « Les réactions physiologiques coordonnées qui maintiennent la plupart des équilibres dynamiques du corps sont si complexes et si particulières aux organismes vivants qu'il a été suggéré qu'une désignation particulière soit employée pour ces réactions : celle d'homéostasie. » Depuis, cette dynamique du retour à l'équilibre a été étendue à de nombreux autres domaines (physique, chimie, mécanique et surtout cybernétique, où elle explique le mécanisme de *feed-back*), tout en restant une propriété principalement attribuée aux organismes vivants.

Homéostasie personnelle

Pour un être vivant en effet, la recherche de l'homéostasie se situe à tous les niveaux. La cellule s'en préoccupe activement, jouant pour l'obtenir sur la perméabilité de sa membrane, la rétro-inhibition de la chaîne enzymatique ou la répression de ses gènes codants. Chez l'humain, cette recherche résume, en partie, l'action du système neurovégétatif – c'est en étudiant celui-ci que Cannon eut l'idée du terme. Mais cette régulation se voit accorder aujourd'hui une dimension grandissante. Les neurologues modernes, tel Antonio Damasio, insistent sur le rôle qu'y jouent les émotions et les sentiments, nous invitant à entrevoir différemment leurs modes de fonctionnement. Pour eux, les émotions signalent des états internes du corps et les relations du corps avec le monde. Ce n'est plus tant : « J'ai peur donc je fuis, je suis triste donc je pleure » que : « J'ai peur car je fuis, je suis triste car je pleure. » L'émotion est une régulation, une adaptation qui fait passer le corps d'un état à un autre. Participant à la stabilité et à l'adaptation de l'organisme, elle fait donc partie des processus d'homéostasie, cette dernière étant l'ensemble de ces régulations accumulées au cours de l'évolution.

À lire…
- *Le Sentiment même de soi, corps, émotions et conscience*, Antonio Damasio, éd. Odile Jacob.

VOIR AUSSI
Systémique > p. 321

VOIR QUESTION
Quel mieux-être cherches-tu ? > p. 40

HYPNOSE

Du magnétisme à la psychanalyse

Magnétisme humain, fluide animal, somnambulisme artificiel, influence physique de l'homme sur l'homme, Franz-Anton Mesmer, abbé Joseph Faria, marquis de Puységur, James Braid enfin, qui inventa en 1841 le mot hypnose (du grec *hypnos*, sommeil)… Longue est la liste de mots à entrer dans ton moteur de recherche, ou à chercher dans des livres, pour t'informer sur l'histoire de l'hypnose. Je t'y invite ! Elle résume tout le débat à propos de l'importance de l'esprit sur la santé. Ajoute Charcot, Freud, Janet, Liébault, Bernheim, l'école de Nancy et celle de la Salpêtrière. Et tu verras s'ouvrir un autre débat, pour savoir si l'hypnose elle-même est sommeil naturel orienté par la suggestion ou état pathologique lié à l'hystérie – débat à l'origine de la psychiatrie et de la psychanalyse.

Mystérieuse mais efficace

En 1923, Milton Erickson fonde ce qui deviendra l'hypnose thérapeutique moderne, grâce à une technique d'accompagnement permissive et des suggestions douces, indirectes. Dans cet état, le patient reste à demi conscient du phénomène, dont il pourra garder le souvenir, comme celui d'un rêve. L'hypnose s'est rapidement développée aux États-Unis, où 60 % des psychiatres y ont recours. En France, elle fut longtemps l'apanage du monde médical, pour remplacer l'anesthésie générale en chirurgie ou pour les accouchements. Sa réhabilitation en psychothérapie date des années 1950, avec Léon Chertok, pour qui l'hypnose était au cœur de la relation entre thérapeute et patient – toute cure comportant une part d'hypnose et d'autohypnose. L'hypnose étant l'agent relaxant non pharmacologique le plus puissant que l'on connaisse, son utilisation se développe dans l'aide au traitement des maladies lourdes comme le cancer mais aussi des maladies dites « psychosomatiques ». Les thérapeutes éclairés cherchent en effet constamment à montrer que, dans toute maladie, le psychisme est en interaction avec le corps.

Un autre état de conscience

Si l'hypnose bien conduite n'a plus à prouver son efficacité, ses mécanismes psychologiques demeurent encore inconnus. L'appauvrissement de la motricité ainsi que l'effacement de toute communication habituelle ont pu donner l'impression que le processus correspondait au sommeil, ou s'en approchait. En fait, il n'en est rien. Les récentes recherches par électroencéphalographie ont démontré l'absence de similitude entre le sommeil et l'hypnose. L'état hypnotique est donc considéré comme une sorte de veille paradoxale, à mettre en parallèle du sommeil paradoxal qui permet les rêves. Les études effectuées grâce à l'imagerie cérébrale montrent que l'hypnose agit de différentes façons, en fonction des suggestions employées. L'anesthésie hypnotique, par exemple, provoque l'inhibition des réseaux cérébraux normalement activés par la douleur, seules les aires de la perception restant actives. Mais la suggestion d'un mouvement accompli alors qu'on reste assis activera les aires visuo-spatiales tout en bloquant les aires motrices.

En 1998, une équipe française a apporté la preuve scientifique, par tomographie par émission de positrons (TEP), que l'hypnose était un état physiologique spécifique, différent par au moins quatre zones du cerveau de la veille ordinaire, de la rêverie éveillée ou même de la visualisation. Le précunéus servant à l'imagerie mentale est désactivé et l'électroculogramme révèle des mouvements des yeux impossibles à simuler à l'état de veille ordinaire. Les zones cérébrales activées sont majoritairement situées dans l'hémisphère gauche, ce qui correspond à un processus de reconstruction d'images mentales, puis de mise en mouvement et de maintien de ces images. Malgré ces données physiologiques, la magie de l'hypnose, comme celle de la conscience elle-même, reste intacte.

Récente évolution de la technique hypnotique d'origine, l'hypnose humaniste d'Olivier Lockert ne travaille plus seulement sur l'inconscient, mais sur la conscience. Grâce à l'utilisation de processus spécifiques, le thérapeute aide la personne à gommer la fracture entre conscient et inconscient, lui apportant une prise de conscience, une vision holistique de lui-même et de la vie qui l'aidera à traiter ses problèmes physiques et psychologiques les plus existentiels. Solide outil thérapeutique de travail sur le corps et l'esprit, l'hypnose est une clé précieuse de découverte de soi et constitue un défi de plus pour les chercheurs du XXIe siècle.

À lire...

- *Hypnose, cours pratique complet*, Olivier Lockert, éd. IFHE.
- *Traité pratique de l'hypnose*, Milton Erickson, Ernst Rossi, Sheila Rossi, éd. Grancher.
- *Hypnose humaniste*, Olivier Lockert, éd. IFHE.

VOIR AUSSI
Autohypnose > p. 214
Prise de conscience > p. 292
Rêve > p. 307

VOIR QUESTION
Connais-tu le pouvoir des mots ? > p. 82

IDÉOGRAMME CHINOIS DU HASARD

La science occidentale repose sur le hasard, maître aveugle du non-sens. Fait étrange, cette force absurde prend un visage harmonieux quand on passe en Chine, royaume du grand vide cosmique, où le hasard est symbolisé par un oiseau se posant sur une branche, et où les savants consultent volontiers l'oracle du *Yi Jing*.

Pour savoir le sens d'un mot dans une langue étrangère, le meilleur moyen est de consulter un dictionnaire. On trouve à l'article « hasard », dans les lexiques français-chinois, deux idéogrammes : *Ou* et *Peng*. Mais pour être sûr du statut de ce mot dans une civilisation si différente, il faut aussi pratiquer l'opération inverse : chercher les sens de ces mots dans un glossaire chinois-français. Tout devient éloquent : parmi les sens courants et usuels de *Ou* et *Peng*, celui de hasard tel que nous l'imaginons n'intervient qu'en fin de liste, témoignant d'un usage récent, et uniquement destiné à la traduction des textes étrangers. En revanche, les sens premiers de ces idéogrammes sont pair, parité, couplage, association et appariement. Ils tournent tous autour de l'idée de mise en relation de deux éléments. Curieuse manière de nommer le hasard !

L'emblème traditionnel du hasard en Occident est une pièce

de monnaie lancée en l'air. C'est peut-être une des raisons pour lesquelles l'interrogation du *Yi Jing* avec trois pièces est plus ou moins inconsciemment dévalorisée dans nos mentalités. Mais le plus grave, aux yeux des Chinois, c'est que l'image que nous utilisons pour nous représenter le hasard est tronquée. Une pièce ne peut pas rester éternellement en l'air, elle doit finir par retomber, sur un côté ou sur un autre. Comme si notre impossibilité à penser le hasard nous avait amenés à privilégier pour sa représentation une situation impossible. Les Chinois ne voient pas les choses de la même manière. Le plus important pour eux est à quel moment la pièce se pose, car alors on peut lire la qualité de l'instant et s'y conformer au mieux. Comme emblème du hasard, ils ont choisi un bel animal – le loriot rieur qui sait se poser si élégamment. Messagers du ciel, les oiseaux sont, de toutes les créatures vivantes, celles qui sont le moins soumises aux contingences terrestres. Leur vol est totalement libre. Le génie chinois est d'avoir choisi cette image de liberté pour en faire le symbole du couplage parfait avec l'instant. Volant où bon leur semble, les loriots se posent aussi toujours là où ils le souhaitent. Avec cette liberté, ils se posent donc toujours là où ils le doivent. C'est-à-dire à l'endroit où leur couplage avec la situation est le plus adéquat. C'est pour cette raison qu'ils sont pour les humains des maîtres à imiter. Le rôle du *Yi Jing* est de nous enseigner ce que les oiseaux font naturellement. On comprend alors que le hasard chinois soit d'une tout autre nature que le nôtre.

À lire...

- *Yi Jing*, Cyrille Javary et Pierre Faure, éd. Albin Michel.

VOIR AUSSI

Décision > p. 230

VOIR QUESTION

Pourquoi le demander maintenant ? > p. 42

IMAGINER

Folle du logis

L'imagination a la cote en ce moment. Tu penses tout de suite à l'artiste, à la créativité, à la volonté de se projeter en avant, de façonner d'autres possibles. En ces temps de rationalisme mortifère, je suis le premier tenté de t'inviter à y faire largement appel. Mais la voie du milieu m'impose cependant un conseil : garde-toi de confondre les différents sens de ce mot ambigu ! De la faculté de penser par images à celle de créer des chimères et des idées sans fondement, il y a une distance que le dictionnaire franchit allègrement, mais qu'il vaut mieux éviter de parcourir trop vite, dans la vraie vie. Héritiers d'un siècle où l'imagination foisonnante de la Renaissance avait tourné au cauchemar des guerres de Religion, les philosophes classiques soumirent cette faculté aux critiques les plus sévères : « partie décevante dans l'homme, maîtresse d'erreur et de fausseté » pour Pascal, elle fut la cible favorite du moraliste cartésien Malebranche, à qui elle doit son nom de « folle du logis ».

Puissant atout

Elle n'en reste pas moins active et inévitable, reconnaissait Malebranche, puisqu'elle est liée au corps et mère des passions, sans lesquels rien ne se fait. Pour le meilleur comme pour le pire, notre cerveau a la capacité de reproduire la réalité perçue, en images mentales plus ou moins fidèles. Il peut même en créer qui ne le seront plus du tout, et inventer le surréalisme. Sans doute doit-il à cette capacité la formidable évolution qu'il a connue depuis les premiers hominidés. Tu peux ainsi, doté d'un néocortex formé pour l'anticipation, te projeter, imaginer, avec ou sans images, à peu près tout : bonheur, malheur, situations, émotions, pensées, raisonnements et théories.

L'imagination, donc, n'est pas l'ennemie du raisonnement mais son carburant. Elle était pour Darwin « l'une des plus hautes prérogatives de l'homme, une faculté par laquelle il réunit d'anciennes images et idées, indépendamment de sa volonté, créant ainsi de brillants et nouveaux résultats ».

Née de la métaphore

Le langage est un espace dans lequel nous naviguons, entre mots-images et pensées métaphoriques. Notre cerveau ne fait pas de différence entre image et réalité, ce qui devrait te faire entrevoir l'influence primordiale de tes productions mentales sur ta chimie intérieure.

Tu comprendras dès lors pourquoi je défends, par ailleurs, les bienfaits aujourd'hui prouvés de la pensée positive : en imaginant des situations de guérison, tu aides ton corps et ton psychisme à guérir. Mais quel que soit le problème, aussi bénin soit-il, cela ne saurait suffire ! Pour que l'imaginer devienne réalité, il faut aussi agir – ne serait-ce qu'en examinant tes croyances, souvent imaginaires elles aussi. Agir avec raison, c'est-à-dire en partant des connaissances et données que tu peux acquérir.

N'est-ce pas ainsi, imaginant de folles solutions et les testant ensuite, que procède l'intelligence humaine ?

À lire...

- *De l'imagination*, Nicolas de Malebranche, éd. Pocket.
- *Métaphores*, Olivier Lockert, éd. IFHE.
- *Les Métaphores dans la vie quotidienne*, George Lakoff et Mark Johnson, éd. de Minuit.
- *Neurosciences*, Dale Purves, éd. De Boeck.
- *De chair et d'âme*, Boris Cyrulnik, éd. Odile Jacob.

VOIR AUSSI

Manque de sens > p. 266
Mots > p. 273
Neurones miroirs > p. 275

VOIR QUESTIONS

Peux-tu imaginer ta quête accomplie ? > p. 46
Quelles sont tes forces ? > p. 74

IMMUNITÉ ET ALIMENTATION

Quel rapport entre notre alimentation et le système ultrasophistiqué qui régit notre immunité ? Eh bien, c'est que tout a commencé par là ! Le Dr Olivier Soulier explique pourquoi le fait de réfléchir à notre alimentation nous amène à nous poser la question de l'origine même de notre identité : « Peu après notre conception, dit-il, quand nous étions embryon, notre intestin, notre placenta et notre cordon ombilical sont nés des mêmes cellules du même *endoderme*. Notre premier contact avec le monde extérieur est donc passé par notre intestin. C'est là que s'est jouée la première différenciation entre moi et non-moi. L'individuation démarre par notre ventre, par nos tripes ! » (*Nouvelles Clés*, n° 49)
Très schématiquement, à ce niveau élémentaire, la question a donc été, pour chacun de nous, de savoir comment manger le monde et bien le digérer pour devenir soi. Après notre naissance, pendant des années encore, nous avons systématiquement fourré dans notre bouche tous les objets que nous rencontrions, pour savoir quel goût avait le monde et s'il était mangeable.
La complexité du monde vivant, que nous avalons pour le faire devenir nous, se déploie à plusieurs niveaux. Mais, hélas ! c'est toujours quand cette dernière se brise que nous en prenons conscience...
Ainsi, en amont, où les végétaux poussent, base de toute notre chaîne alimentaire et où l'agriculture moderne a cru pouvoir doper la croissance végétale en lui fournissant en particulier des millions de tonnes d'azote sous forme d'engrais de synthèse, les nutritionnistes postmodernes sont obligés de pousser un cri d'alarme. En plusieurs milliards d'années, la vie a mis au point un ensemble de processus d'échanges subtils, reposant sur d'inextricables alliances entre bactéries, champignons et racines végétales, produisant dans l'humus les milliers de nutriments qui nous sont vitaux. Or, sans parler de l'effet destructeur des montagnes de poisons insecticides ou herbicides quotidiennement déversés de par le monde, cet ensemble subtil se trouve d'emblée anéanti par les lourds apports de l'agriculture intensive. Artificiellement gavées, les plantes rompent en quelque sorte leurs alliances de base avec les bactéries et les champignons qui cessent donc de produire leur formidable éventail d'essences et d'oligo-éléments et s'en vont vivre d'autres aventures, par exemple en allant se nourrir des feuilles, des écorces ou encore des tiges de leurs anciens alliés, désormais drogués.
À l'autre extrême, en aval, à table, la complexité n'est pas moins grande. Manger ne consiste pas seulement à avaler de la substance, du concret, c'est aussi s'alimenter de façon symbolique, sociale et affective. Aimer quelqu'un, c'est vouloir le manger, et parfois même tout cru ! Montrer à quelqu'un qu'on l'aime, c'est bien le nourrir. S'alimenter n'est pas un acte linéaire consistant à mettre des aliments dans sa bouche et à laisser l'organisme les assimiler, puis éliminer les déchets. Cela est beaucoup plus complexe. Et les nouvelles approches holistiques de la santé et de l'alimentation montrent que cela soulève d'immenses problèmes économiques et politiques.

À lire...

- *Immunonutrition. Se nourrir selon son immunité*, Dominique Rueff, Bernard Weber, Camille Lieners et William Amzallag, éd. François-Xavier de Guibert.
- *Anticancer*, David Servan-Schreiber, éd. Robert Laffont.
- *L'Alimentation saine. Principes fondamentaux du végétalisme permettant de recouvrer l'immunité organique naturelle*, Henri-Charles Geffroy, éd. Dangles.

VOIR AUSSI
Alimentation > p. 209
Nutrithérapie > p. 277

VOIR QUESTION
Qu'as-tu fait pour aller mieux > p. 62

INCONSCIENT À INCONSCIENT (D')

Pensée des premiers jours

Étrange phénomène que cette communication immédiate et sans mots qui s'établit parfois entre les êtres. Quasi tous les psychologues et psychothérapeutes témoignent l'avoir vécue avec leurs patients. Pourtant elle ne fait guère l'objet d'études, alors que la découverte des neurones miroirs vient bouleverser la donne. Après la psychologue Djohar Si Ahmed, qui avouait que la capacité de certains psychotiques à lire dans son esprit l'avait conduite à s'ouvrir à la parapsychologie, le psychanalyste Didier Dumas avance une explication qui rejoint celle qu'elle esquissait alors. Pour lui, notre appareil à percevoir et à nous exprimer s'enracine, au stade fœtal, dans le musculaire et les sensations, pour s'associer chez le bébé aux images, et ne se connecter aux mots que vers l'âge de trois ans. La racine de la conscience humaine se situe non dans le registre des mots, mais dans celui des sensations et des images. « Cette première structuration de l'esprit par des sensations et des images n'est pas, après l'acquisition du langage, refoulée dans l'inconscient aussi radicalement que l'a formulé Freud, qui y voyait la "barrière du refoulement originaire". Le langage ne la repousse qu'à l'arrière-plan de l'esprit où elle reste sous-jacente à la pensée adulte et continue d'y jouer un rôle important. Pour la plupart d'entre nous, cette structure prélangagière de l'esprit œuvre en sourdine, pour n'occuper le devant de la scène que dans les rêves et la sexualité. Mais chez certaines personnes, dont les enfants psychotiques font partie, elle est responsable de la plupart des phénomènes mentaux que la psychanalyse classique n'a pas su expliquer : l'hypnose, la voyance, la médiumnité, la duplication de la langue parentale ou la communication d'inconscient à inconscient. »

Moi ou non-moi ?

La psychologue Catherine Dolto, tout en reconnaissant avoir vécu cette communication dans sa pratique, rappelle, dans un entretien avec Patrice van Eersel, qu'elle est le fait de moments très spéciaux : « Quand je dis qu'un vrai contact peut faire que les métaphores du patient en face de vous sortent soudain de votre bouche – je vais soudain me mettre à parler de cachalot, de carburateur ou de football, alors que cela m'est totalement étranger –, cela relève bien sûr de la communication d'inconscient à inconscient, mais sans qu'il soit besoin de supposer un "fondu" originaire. Je ne pense pas que nous fassions jamais "qu'un" avec notre mère, ni avec qui que ce soit. Ce n'est pas la même chose que de se sentir en "connivence" avec autrui – notamment dans un "moi/ma maman". Je crois que si nous pouvons avoir un "moi/ma maman", c'est parce que nous avons d'abord un moi et que chacun est sujet de son histoire, dès la conception. L'haptonomie nous le montre quotidiennement : le fœtus a son propre vouloir. À mon sens, on ne fait donc jamais "qu'un" avec l'autre, mais on a accès à son inconscient. » Crois-moi : la découverte des neurones miroirs est en train de tout bouleverser !

__À lire...__

- *Parapsychologie et psychanalyse*, Djohar Si Ahmed, éd. Dunod.
- *L'Ange et le fantôme*, Didier Dumas, éd. de Minuit.
- *Mettre au monde*, Patrice van Eersel, éd. Albin Michel.

VOIR AUSSI
Empathie > p. 240
Neurones miroirs > p. 275
Résonance morphique > p. 303
Télépathie > p. 324

VOIR QUESTION
Qu'est-ce que cela apporterait aux autres ? > p. 50

INFORMATION

Trop d'informations tue l'information

En matière de santé, difficile de ne pas céder au sentiment d'être submergé d'informations : le moindre magazine lui consacre une page. Le rayon santé et bien-être du libraire déborde, Internet offre son foisonnement multilingue. Comment s'y retrouver ? La recherche d'informations sur la santé présente pourtant un aspect un peu effrayant. Avant la visite chez le médecin, elle risque de te faire prendre une banale affection pour une maladie grave, voire d'entretenir ton éventuelle hypocondrie ! Quant aux gens chez qui l'on vient de diagnostiquer une pathologie sérieuse, le fait de se diriger sur le maximum de sites traitant de cette maladie leur permet de lire des informations très dures, avec l'effet d'un véritable nocebo. Il faut alors avoir un esprit très positif pour encaisser le choc !

S'informer pour lutter

Selon Philippe Presles, médecin, diplômé d'HEC et rédacteur en chef du site en accès libre www.e-sante.fr, deuxième site médical du réseau francophone après Doctissimo, ce phénomène n'est pas quelque chose de nouveau : « Quand les gens n'avaient pas Internet, ils cherchaient aussi. C'est l'aventure de toute personne à qui l'on vient d'annoncer qu'elle a une maladie grave. À partir du diagnostic, deux sources d'angoisse s'opposent. La première, très forte, c'est l'impression de n'être pas assez informé. Vous vous retrouvez dans le noir. La seconde, c'est d'être inondé par trop d'informations. Il n'existe pas d'équilibre parfait entre les deux. [...] À notre époque, pour les gens qui veulent vraiment se battre pour leur santé, il y a énormément de possibilités. Et Internet est un outil merveilleux, pour trouver des pistes, des spécialistes, des témoignages, des recettes... Mais personne ne dit que c'est simple. » (*Nouvelles Clés*, n° 60)

__À lire...__

- *Prévenir...*, Catherine Solano, Philippe Presles, éd. Robert Laffont.

VOIR AUSSI
Médecine préventive > p. 269
Nocebo > p. 276
Placebo > p. 285

VOIR QUESTIONS
Qu'est-ce qui t'en a empêché jusqu'ici ? > p. 52
Pourquoi as-tu mal ? > p. 58

INTELLIGENCE COLLECTIVE

Différentes formes

Membre des développeurs de logiciels libres, chercheur en sciences humaines, Jean-François Noubel est un conférencier connu dans le domaine des formes de l'intelligence collective – capacité, pour un groupe d'individus, à formuler son futur et à y parvenir dans un contexte complexe. Outre l'intelligence en essaim (ou en banc), inaccessible aux humains, il en distingue trois (*Nouvelles Clés*, n° 52).

Une intelligence collective originelle, que les humains possèdent comme les loups ou les dauphins, leur permettant de réussir ensemble ce qu'aucun ne parviendrait à faire seul. Cette intelligence de la tribu – et, aujourd'hui encore, du petit groupe – engendre des structures caractérisées par les échanges et les relations, où le *leadership* vient d'une expertise reconnue par le groupe et tourne en fonction des situations. « Mais elle a ses limites, prévient Jean-François Noubel : le nombre et la distance. Il faut être dans le même espace physique, et assez peu nombreux pour pouvoir se sentir, s'entendre, se parler. Au-delà d'un certain seuil, il y a trop de bruit, trop de complexité. »

S'est donc installée une nouvelle forme d'intelligence collective, dite pyramidale car elle fonctionne selon le principe de la hiérarchie. Son émergence repose sur l'invention de l'écriture, qui a permis de structurer des groupes plus importants.

« Une minorité dirige, la majorité exécute, la chaîne de commande se répartit en niveaux, explique le chercheur. Jusqu'à présent, ce système a bien rempli son rôle, celui de faire de grandes choses avec un grand nombre de participants. Il a posé les infrastructures techniques, les briques fondamentales, de la prochaine évolution de notre espèce. Aujourd'hui nous faisons tous partie à la fois de petites structures où l'on fonctionne en intelligence collective originelle – on recherche tous ça, l'évolution a conçu nos corps pour cela – et de grandes organisations faisant appel à l'intelligence pyramidale, complètement hiérarchisées. »

Mais l'avenir appartient, estime Jean-François Noubel, à une forme aujourd'hui en germe dans le monde de l'informatique, car fondée sur le savoir : l'intelligence globale. « Le système pyramidal est fondé sur la propriété, donc sur la rareté qui donne au produit sa valeur marchande. Mais le savoir, par nature, n'est pas rare. Il a fallu créer, grâce aux brevets, une rareté artificielle. Microsoft crée un logiciel, en garde la propriété industrielle et vend des licences d'exploitation. En intelligence globale, on passe à un tout autre système, où l'on ne rémunère pas la propriété, mais la valeur ajoutée du travail reconnue par le collectif. Le logiciel devient un bien public. [...] Le principe n'est plus la compétition et la propriété, mais l'excellence et le partage. La recherche et le développement, par exemple, passent entièrement dans le domaine public, au lieu d'être secrets et propriétarisés. »

Défi du siècle

Cela paraît utopique quand on ne connaît pas, mais je t'invite à ne pas céder au scepticisme devant quelque chose qui existe déjà et fonctionne ! Dans le secteur de l'énergie, par exemple, une étude menée en Allemagne a montré que l'on pourrait, par une judicieuse combinaison des ressources (éolien, solaire, thermique, hydraulique, carbone...), atteindre non pas l'autarcie de chacun mais une interdépendance au sein d'un réseau comptant des millions de producteurs/consommateurs, et dont la complexité peut être gérée grâce à la technologie, sans passer par des structures hiérarchisées. « En intelligence globale, chacun peut devenir émetteur d'énergie et d'information, mais aussi de monnaie, d'éducation, de santé, de nourriture..., défend Jean-François Noubel. Tous les domaines de la vie sociale sont concernés. De nouvelles proximités s'installent, non plus géographiques, mais fondées sur de nouveaux territoires symboliques qui rapprochent, indépendamment de la distance. On a ainsi des communautés de valeurs, ou de projet, ou d'action... Tout ça n'est pas facile, surtout que nous avons été éduqués à l'école de l'individualisme. Mais le global porte plus de conscience collective que le pyramidal, donc plus de liberté. La relation de l'individu au tout s'en trouve renforcée. »

VOIR AUSSI

Conscience collective > p. 223
Planète > p. 287
Préparé au changement > p. 290

VOIR QUESTIONS

Qu'est-ce que cela apporterait aux autres ? > p. 50
Comment ton mieux-être peut-il améliorer l'état de la planète ? > p. 104

INTUITION

Une faculté prouvée

Ne t'est-il jamais arrivé de sentir une personne (ou une situation) du premier coup d'œil, si vite qu'avec mauvaise conscience tu as décidé de te faire une opinion plus construite – ce qui t'a pris du temps et égaré dans des méandres – alors que ta première impression était la bonne ? Le journaliste Malcolm Gladwell liste des exemples dans un *best-seller* aux États-Unis pour montrer que les personnes réussissant le mieux sont celles qui font confiance à ce phénomène. Cette capacité de discernement instantané est très étudiée aujourd'hui. Gerard Hodgkinson, dans *A Fundamental Bridging Construct in the Behavioral Sciences* (British Psychological Society) a analysé les recherches effectuées ces dernières années. Il conclut : « La plupart des intuitions vérifiées ont lieu quand la personne est pressée par le temps, ou dans une situation de surcharge d'informations, ou devant un danger grave, tous moments où l'analyse de la situation est difficile ou impossible. » Le cerveau traite si vite les souvenirs et les informations reçues au présent que la décision est inconsciente. La conscience n'a accès qu'au résultat : quelque chose va ou ne va pas.

« L'intuition n'est pas seulement la source de toute connaissance, elle est la connaissance même ; c'est la seule [...] qui nous fasse voir à proprement parler, la seule que l'homme s'assimile réellement, qui le pénètre tout entier, et qu'il puisse appeler vraiment sienne. »
Arthur Schopenhauer,
Le Monde comme volonté et comme représentation

Souvenir animal ?

Même si elle s'appuie sur des études ayant soumis l'intuition à l'épreuve de la science, cette vision est loin d'être partagée par certains, qui estiment que cette faculté peut intervenir dans des circonstances plus calmes, voire faire l'objet d'un entraînement. Pour eux, il ne s'agit pas d'instinct – ou alors d'une réminiscence d'un instinct très ancien, proche de la sensibilité dont témoignent les plantes ou les amibes. Certes, le processus est aussi rapide qu'un réflexe de survie, mais il peut intégrer toutes sortes de données faisant appel à l'intelligence et à la culture. Selon les chercheurs (Charles Richet ou Camille Flammarion hier, Djohar Si Ahmed, Ruppert Sheldrake ou Mario Varvoglis aujourd'hui), il ne s'agirait pas plus de l'inconscient au sens freudien mais d'une intelligence subconsciente, capable de voir, de comprendre et de décider en un éclair et dont nous nous servons très peu ! Pourtant, que fait d'autre le psychothérapeute capable de prévoir l'issue d'un mariage rien qu'en écoutant les conjoints discuter quelques minutes ? Ou l'entraîneur de tennis qui sait que le joueur va réaliser une double faute avant que la raquette ne frappe ?

Prudence

Éliane Gauthier, voyante qui témoigne dans ses livres des liens entre l'intuition et la psychanalyse, t'invite toutefois à ne pas prendre l'intuition pour une véritable connaissance. Elle pense en premier lieu à celle qui est directe, quand tu es juge et partie, pris dans ta propre histoire. « Nous sommes faits de strates différentes, l'intuition juste est une réponse que nous portons au plus profond de nous, dans ce lieu de silence intérieur accessible seulement par la méditation, la prière, le décrochement de l'ego en tant que bruit. Mais nous sommes aussi un mélange de peurs et de désirs qui font écran à cette véritable intuition. Le "moi, je" nous conduit alors sur une fausse route. Souvent, quand des gens dont vous connaissez la problématique disent : "Ah oui, je sens bien ça !", vous vous apercevez que leurs paroles sont parasitées parce qu'ils projettent de leur histoire dans leurs sensations. [...] Malgré mes capacités intuitives, qui marchaient si bien pour mes amis, il m'a fallu des années pour arrêter d'avoir la certitude, à chacun de ses retards, qu'un accident grave était arrivé à l'homme avec qui je vis. Il m'a fallu comprendre, grâce à la thérapie, combien cette peur avait été ancrée en moi par la mort successive des hommes de ma famille. J'ai cessé depuis longtemps de me tirer les cartes. Cela ne marchait que lorsqu'il s'agissait de sujets qui n'avaient pas d'importance pour moi ! » (*Nouvelles Clés*, n° 36)

À lire...

- *La Force de l'intuition*, Malcolm Gladwell, éd. Robert Laffont.
- *Le Psychiatre et la voyante, le dialogue improbable*, Éliane Gauthier et Jean Sandretto, éd. Almora.

VOIR AUSSI
Créativité > p. 226

VOIR QUESTIONS
Pourquoi le demander maintenant ? > p. 42
Que vas-tu faire pour ton mieux-être ?> p. 98

JOIE

La voix de l'enfant

L'enfant innocent saute de joie sans raison. Tel un animal, il est simplement heureux d'être. Il ne connaît ni l'espoir ni la peur du lendemain. Il peut rire des heures entières pour rien – et l'homme des origines lui ressemble sans doute. De plus en plus noué par ses névroses, l'enfant mûrissant s'attache bientôt à faire dépendre sa joie d'un acte à venir, d'une raison valable, d'un avoir. Il attend. Il espère. Et la magie se brise. Parfois, il se surprend encore à bondir tel un chiot euphorique, mais une question jaillit en lui :
« Pourquoi es-tu si joyeux, petit crétin?
– Eh bien, parce que...
– Parce que quoi ?
– Euh, voyons... »
Et le malheureux, au lieu de hausser les épaules et de s'en aller rire de plus belle, se pique au jeu. Tel est son sort. Il se met à réfléchir, fouille l'avenir avec fébrilité, renverse les tiroirs des heures, des jours, des mois à venir, pour y découvrir une raison valable, rationnelle, d'être si joyeux. Au début, cela peut être très simple : sa mère ou son père viennent de rentrer du travail, on attend la visite d'un oncle, on a parlé d'un repas qu'il aime – qu'importe, pourvu qu'il ait un alibi à sa joie de vivre ! Mais l'exigence s'amplifie, inexorablement. Pour une telle euphorie, il faudrait une explication très forte. S'il ne trouve rien, ou si sa joie s'avère soudain exagérée, vu l'extrême petitesse de l'alibi : « Malheur à moi, je jubilais alors que je n'avais aucune raison de le faire ! » Et c'est la chute.

La voix de l'ange

Ainsi nous nous coupons de notre ange. Car ce dernier nous dit, dans les célèbres *Dialogues avec l'ange* : « Je ne suis présent que dans la joie. » Or, à l'en croire, la vraie joie prend sa source très loin des alibis et des illusions de notre monde consumériste. Fondamentalement, aucune possession terrestre ne peut l'expliquer. L'expérience des quatre amis des *Dialogues avec l'ange* en offre une démonstration stupéfiante : ils dansaient dans l'œil du plus hideux des cyclones, aux portes de la Shoah, qui allait bientôt les engloutir !
Habiter pleinement son corps dans la pure joie d'exister, cela peut se résumer en un seul petit verbe, qui tinte clair et magique aux mémoires que la vie n'a pas trop saccagées : jouer.
Notre véritable fonction d'humain se situerait dans le prolongement du jeu, s'enracinerait dans l'état d'esprit du gamin en train de jouer. Comme si, se révélant par contraste, l'une des plus graves maladies de l'homme moderne venait de ce qu'il ne sait plus jouer – lui dont l'esprit est à ce point perverti qu'il continue à user de ce mot quand il s'agit de désigner son exact inverse : jouer

pour des médailles, jouer pour de l'argent. « Pour » quoi jouent les petits chats ? « Pour » quoi jouent les dauphins ? « Pour » quoi jouent les enfants ?
(D'après *La Source blanche*, Patrice van Eersel, éd. Grasset et Le Livre de Poche.)

VOIR AUSSI
Sens de ta vie > p. 311
Sérénité > p. 314
Sexualité > p. 315
Tâche achevée > p. 322

VOIR QUESTIONS
Qu'est-ce que cela t'apporterait ? > p. 48
Imagine ta quête accomplie : en quoi ta vie a-t-elle changé ? > p. 102

KINÉSIOLOGIE

Pour la kinésiologie, notre corps n'est que mouvement. L'exercice le plus simple proposé par cette pratique est le test musculaire, supposé apporter des réponses à toutes sortes de questions, un peu comme un pendule mais en interrogeant le corps. On le pratique à deux. Le testé se tient debout, le bras gauche à l'horizontale, sans plier le coude. Le testeur lui fait face, appuyant sa main gauche sur l'épaule droite de son camarade, et lui posant la main droite sur le poignet gauche. L'exercice consiste, pour le testeur, à pousser, certes fermement mais très brièvement, sur le poignet du testé ; et, pour ce dernier, à résister de toute sa force. Ce n'est pas un bras de fer, mais un test visant à constater la présence ou l'absence de ressort musculaire ; il est important de ne jamais fatiguer le muscle indicateur puisqu'il devra resservir, souvent plusieurs fois de suite, pour d'autres essais. En principe, au premier stade du test, le bras ne cède généralement pas. Par contre, si l'on répète l'opération en faisant subir à la personne testée une influence stressante ou affaiblissante (par exemple en lui proposant de penser à une situation désagréable), son bras manquera de ressort et cédera. Le test musculaire donne donc deux réponses : une forte ou une faible, indiquant directement l'effet d'une influence sur l'apport énergétique corporel d'un sujet.

À lire...
- *Kinésiologie, le plaisir d'apprendre*, Paul Dennison, éd. Le Souffle d'Or.

VOIR AUSSI
Mouvement > p. 274

LÂCHER PRISE

Lâcher prise ou laisser aller ? Ce sont des notions voisines, mais le sont-elles vraiment ? Toutes les deux supposent la fin d'une tension, la libération d'une pression, l'abandon d'une prétention. Elles se ressemblent donc dans la phase initiale, où l'humilité oblige même les plus fiers à admettre la réalité de leurs faiblesses, de leurs dépendances, de leur aliénation. Mais le lâcher prise vise à déshabiller l'individu de ses illusions pour le recentrer, alors que le laisser aller aurait plutôt tendance à lui faire baisser les bras devant celles-ci. Comment atteindre le premier sans tomber dans le second ?
Guy Finley, à la fois fin psychologue et malicieux conseiller en savoir-vivre, te lance une invitation simple : retrouver l'attitude que tu avais, enfant, face au mystère de la vie. À cette époque, qu'est-ce qui ne t'apparaissait pas mystérieux ? Tout l'était ! Tu nageais dans le merveilleux. Tu vivais. Et en cela, tu étais un grand sage. Mais, face aux mystères infinis de la vie, l'adulte se cabre et refuse de lâcher prise. Et si c'était cela qui nous rendait malades, stressés, rabougris ? Pour Guy Finley, le salut est dans la redécouverte du mystère infini qui porte un nom : le soi, c'est-à-dire cette part du divin qui palpite au fond de chacun, à 100 % indépendant de toutes les circonstances (mais nous avons du mal à le comprendre), y compris des pires souffrances. Flavia Mazelin Salvi et Érik Pigani, journalistes au magazine *Psychologies*, proposent quant à eux 12 leçons concrètes pour lâcher prise, tirées de la philosophie zen : jardiner ton temps, cultiver la simplicité, prendre soin de ton dos, respirer en paix, marcher en conscience, cuisiner comme un *tenzo*, plonger dans la sérénité, te relaxer en musique, t'initier à l'art de l'encens, t'offrir une pause thé, écouter ton jardin intérieur, méditer sans modération...

À lire...
- *Vivre et lâcher prise*, Guy Finley, éd. de l'Homme.
- *Bien-être zen au quotidien*, Flavia Mazelin Salvi et Érik Pigani, éd. Le Livre de Poche.
- *Il n'y a ni mort ni peur*, Thich Nhat Hanh, éd. La Table ronde.

VOIR AUSSI
Communication non violente (CNV) > p. 221
Contempler > p. 224
Rire > p. 308
Sérénité > p. 314

VOIR QUESTIONS
Qu'est-ce que cela t'apporterait ? > p. 48
À quoi sert ta souffrance ? > p. 68

LEÇON DE BONHEUR

Si, commencé avec huit étudiants en 2004, le cours de pensée positive du psychologue et philosophe Tal Benshahar est devenu le plus suivi de la prestigieuse université Harvard en quelques semestres, c'est parce que ses travaux pratiques ont convaincu les étudiants, en les rendant concrètement plus heureux. Les Américains sont pragmatiques. L'idée de la banqueroute affective leur va droit au cœur. Selon Tal Benshahar, l'âme humaine, à l'image d'une entreprise, n'est pas à l'abri d'une faillite !
Or, les chiffres sont stupéfiants : plus l'Occident s'est enrichi, plus ses habitants sont devenus déprimés. Il n'y a pas que les Américains que le paradoxe secoue : 52 % des Britanniques se disaient très heureux en 1957 contre 36 % en 2005 ! Inspiré par les grands penseurs de la psychologie et de la spiritualité, Tal Benshahar avoue que son ambition est de traduire sans les trahir les découvertes de la psychologie positive en exercices pratiques.

La théorie du hamburger

Simplicité est, en effet, le maître mot. Car le bonheur est simple. Il est fondé sur la capacité à conjuguer plaisir et sens, bonheur présent et bonheur futur. Le professeur américain l'illustre grâce à sa théorie du hamburger. Être heureux, c'est trouver en même temps du sens à sa vie et du plaisir à vivre (le hamburger parfait, bon et sain à la fois). L'absence de l'un et de l'autre rend à coup sûr malheureux (hamburger aussi malsain qu'infect). Mais l'hédoniste qui cultive son seul plaisir (hamburger bon mais pas très sain) aura tôt ou tard besoin de sens ; tandis que sacrifier son plaisir pour sa carrière, un idéal ou un bonheur futur conduit tôt ou tard à la frustration – comme le hamburger de régime, végétarien mais sans goût. La théorie te semble un peu simpliste ? Dans sa préface à la traduction française du livre de Tal Benshahar, le psychiatre Christophe André remarque : « Les principes et les fondamentaux qui nous permettent d'aller bien sont tous d'une grande simplicité, et la plupart sont connus depuis longtemps. Notre problème, c'est que nous ne les appliquons pas. » Il ajoute qu'il y a deux sortes de simplicité : en deçà ou au-delà de la complexité. La première est naïve, la seconde est sage.

Ressources

Apprends à échouer ou tu échoueras à apprendre. Autorise-toi à être humain, accepte tes faiblesses et tes défaillances comme sources de leçons. Lutte contre le stress en cessant de tout vouloir réussir en même temps. Ménage-toi des instants pour la réflexion et le repos. Adopte une hygiène de vie (alimentation, sommeil, exercice physique). Tiens un journal intime. Cela t'aidera à exprimer tes émotions, surtout si tu es un homme, traditionnellement peu habitué à le pratiquer. Ces bienfaits ont été démontrés dans de nombreux domaines, comme la lutte contre l'obésité, avec un doublement de la perte de poids (*American Journal of Preventive Medicine*, août 2008).

À lire...

- *L'Apprentissage du bonheur*, Tal Benshahar, traduit de l'anglais par H. Collon, © Belfond, un département de Place des éditeurs, 2008, pour la traduction française.
- *L'Art du bonheur. Sagesse et sérénité au quotidien*, Dalaï-lama, éd. J'ai Lu.

VOIR AUSSI
Bonheur > p. 216
Joie > p. 262
Plénitude > p. 287

VOIR QUESTION
Comment peux-tu enrichir ta vie relationnelle ? > p. 94

LIBÉRER DES IMAGES NÉGATIVES (TE)

Entre deux pôles

Notre cerveau enchaîne les images sans discontinuer. Selon notre humeur et les événements que nous traversons, elles sont plaisantes ou déplaisantes, voire anxiogènes. À l'heure où l'on prend conscience du pouvoir de la pensée positive, les émergences incontrôlables de pensées négatives suscitent la crainte. En ayant telle image d'échec, telle idée d'événement malheureux, est-il possible de se faire du mal ? Remettons les pendules à l'heure : pour son fondateur Émile Coué, pratiquer la pensée positive ne consiste pas à se convaincre continuellement que tout va pour le mieux dans le meilleur des mondes. Ce serait vouloir se maintenir dans un monde magique fait uniquement de lumière, de beauté, de bonté, sans aucune ombre. Or nous savons que ce n'est pas la réalité de la vie. Tout domaine comporte sa part d'ombre. Tout dans la nature fonctionne sur le principe des opposés. Cependant, il reste vrai que les images agréables, les pensées optimistes nous font du bien, stimulent notre système immunitaire, nous aident à réussir nos projets.

Comment faire ?

Pour inverser le rapport entre images positives et négatives, entraîne-toi à orienter le flux de tes pensées au cours de moments privilégiés durant lesquels tu choisis le contenu de ton mental au lieu de le laisser vagabonder. Il ne s'agit pas de lutter contre les idées noires – qui délivrent parfois un message à déchiffrer –, mais de rééquilibrer les plateaux de la balance entre les deux pôles. Certaines personnes, prisonnières d'une négativité récurrente en raison de souffrances passées, auront besoin de faire un travail auprès d'un thérapeute.
La gestion des émergences d'idées négatives consiste donc à les accepter comme l'autre face de la pièce de monnaie, à ne pas s'en

formaliser ou s'y laisser enfermer, à cultiver les positives à chaque opportunité de la vie (le verre à moitié plein) et lors de moments privilégiés de relaxation. L'important est de ne pas t'y accrocher. Il te suffit d'imaginer que les images défilent dans ton mental comme sur un écran de télévision. Lorsque surviennent des contenus déplaisants, appuie – toujours en imagination – sur avance rapide jusqu'à ce qu'une image positive arrive. Fais alors un arrêt sur image et profite le plus possible de l'atmosphère agréable de cette pensée, image ou scène. Tu peux produire tes propres films, en procédant au montage qui t'apporte le plus de plaisir. Cela devient alors ludique et joyeux. Tu t'entraîneras ainsi à trouver dans ton vécu ce qui peut être mis sur le plateau positif de la balance, augmentant ainsi ta confiance dans la vie et en toi sans tout voir en rose pour autant !

À lire...

- *La Maîtrise de soi-même par l'autosuggestion consciente*, Émile Coué, éd. Renaudot et Cie.

VOIR AUSSI

Être psychosomatique > p. 246
Guérir > p. 253
Nocebo > p. 276
Placebo > p. 285
Visualisation > p. 337

VOIR QUESTION

Peux-tu imaginer ta quête accomplie ? > p. 46

LISTE ABOMINABLE DES INNOMBRABLES PEURS

L'abandon, le chômage, les autres, l'ennui, les araignées, les grands espaces, les petits, la foule, la faim, l'hypocrisie, la nature, le noir, la souffrance, la guerre, grossir, maigrir, vieillir, le mensonge, les microbes, la solitude, le travail, la vie, la violence, l'avion, les oiseaux, la police, la pollution, être en retard ou en avance, être filmé, les patrons, la famille, la fin du monde, l'eau, le feu, les chefs de service, les jeunes des quartiers, l'orage, le vide, les ghettos, l'uniforme, l'alcool, les drogues, le réchauffement climatique, les miroirs, la pauvreté, la manipulation génétique, n'importe quoi. Tout. La mort... « La seule chose que nous devons craindre est la peur elle-même », disait cependant le président Roosevelt, qui reprenait là un thème connu de beaucoup de spiritualités, notamment biblique et bouddhique.

VOIR AUSSI

Peur > p. 284
Confiance > p. 222

VOIR QUESTION

Quelles sont tes peurs ? > p. 60

MALADE

Celui ou celle qui tombe malade n'a généralement qu'une idée : se relever et guérir. Peu lui importe de savoir s'il a guéri parce que les antibiotiques ont tué ses bactéries, que l'acupuncture l'a libéré de son asthme, que l'homéopathie l'a débarrassé de ses allergies, que la phytothérapie lui a rendu son sommeil, ou encore que la psychanalyse a dissous son angoisse. « Mais pourquoi ne pas aller au-delà ? » demande le docteur Jean-Pierre Muyard. Ce psychiatre, qui a longtemps travaillé avec des psychotiques, est également acupuncteur, homéopathe et ostéopathe. Pour lui, nous ne pouvons pas nous contenter d'une rémission des symptômes et l'appeler guérison. Il nous faut évaluer les raisons de la maladie et comprendre de quoi la personne souffrante doit guérir. Dans *Pourquoi tombons-nous malades ? Pour une médecine de la « personne »*, il nous invite à réaliser combien notre vision de la maladie est souvent naïve et caricaturale. La plupart du temps, nous la vivons comme une invasion ennemie : des microbes barbares ou des poisons malveillants nous attaquent. Il faut tout de suite leur déclarer la guerre, les pourfendre, les repousser, si possible les exterminer jusqu'au dernier ! Cette vision nous fait passer à côté de l'essentiel. Non qu'il n'y ait pas d'agents agressifs (notamment, de plus en plus, des poisons chimiques, déversés par les activités humaines), mais parce que les réponses du corps malade sont d'une subtilité qui alors nous échappe. Pour ne prendre qu'un exemple, la fièvre est une réaction normale de l'organisme, signalant une mobilisation interne et visant plusieurs objectifs, dont l'expulsion de toxines et l'élimination de certaines bactéries qui ne supportent pas une élévation de température ; se dépêcher de faire faire cesser la fièvre n'est donc pas forcément une bonne chose.

Cette vision guerrière de la maladie et de ses remèdes nous projette dans une spirale d'agressivité ascendante, car les armes thérapeutiques utilisées sont d'autant plus violentes que la menace ennemie est grande. Face au cancer, à la tuberculose, ou à une infection par le VIH, plus d'hésitation. C'est la guerre totale et tous les moyens sont bons, même si leurs effets secondaires s'avèrent dévastateurs. Il ne s'agit pas de nier la vertu de certains traitements très durs, mais de réaliser qu'ils ne devraient représenter qu'une exception, et non pas donner le ton de toutes les autres formes de thérapie. Une médecine intelligente ne travaille pas contre (les microbes, la maladie, le corps), mais avec.

À lire...

- *Pourquoi tombons-nous malades ? Pour une médecine de la*

« *personne* », Jean-Pierre Muyard, éd. Fayard.
- *Guérir et mieux soigner. Un médecin à l'écoute de sa maladie*, Pascal Hammel, éd. Fayard.

VOIR AUSSI

Fatigue aux mille visages > p. 248
Guérir > p. 253
Placebo > p. 285
Quête holistique > p. 355

VOIR QUESTION

Quel mieux-être cherches-tu ? > p. 40

MANGES-TU CORRECTEMENT ?

Plus parlant que la pollution, plus insidieux que la crise économique, le désordre alimentaire mondial est un symptôme majeur de la folle démesure qui a saisi la civilisation depuis quelques décennies, débouchant sur de multiples paradoxes aussi absurdes que révoltants. Une partie de l'humanité souffre de la faim, une autre de maladies provoquées par une alimentation trop abondante, trop riche, trop sucrée, trop salée, trop carnée, trop acide, etc. – sans parler de l'addition, tout au long du cycle, de produits chimiques de synthèse aux effets nocifs largement documentés. Inutile d'en rajouter. Dans ce domaine comme dans bien d'autres, nombre d'experts compétents tirent la sonnette d'alarme depuis longtemps. À moins de considérer comme enviable un avenir de science-fiction fait de villes-bulles et de cultures hydroponiques, il est temps de sortir d'une vision technocratique et productiviste de notre rapport à la nature qui nous conduit à la détruire, après l'avoir dominée puis exploitée. Au regard des enjeux, on peut penser que la révolution écologique, si elle passe par des prises de conscience, se fera en partie dans nos assiettes. Avec sa vision systémique, l'approche agroécologique semble en effet aujourd'hui la seule à témoigner de cette rationalité sur laquelle s'appuie la science, dont l'un des fondateurs illustres – Hippocrate, père de la médecine – fut celui-là même qui refusa de faire des dieux la cause des maladies et édicta la règle : « Que ton aliment soit ton médicament et ton médicament, ton aliment. »

<u>**À lire...**</u>
- *Bon, propre et juste*, Carlo Petrini et Slow Food, éd. Yves Michel.
- *Le Véritable Régime crétois. Les secrets de la longévité*, François Couplan, éd. Fayard.
- *Changez d'alimentation. L'atout bio !*, Henri Joyeux, Luc Joyeux et Jean Joyeux, éd. François-Xavier de Guibert.

VOIR AUSSI

Alimentation > p. 209
Bienfaits de la nature > p. 216
Définition de la santé par l'OMS > p. 231
Environnement pollué > p. 244
Médecine préventive > p. 269
Temps libre > p. 325

VOIR QUESTION

Comment prends-tu soin de toi ? > p. 76

MANQUE

Pour comprendre ton manque, il faut être capable de discerner avec exactitude sa nature. Exprimer ses manques – qu'elle appelle besoins – est l'une des priorités de la communication non violente (> p. 221). Car, bien souvent, on est incapable de définir et de nommer avec précision ce vide et plus encore sa cause : « J'ai soif d'autre chose », mais de quoi ? Tout le travail de réflexion consiste donc à arriver à exprimer avec clarté le manque dont tu souffres. Comprendre le manque permet de mettre en œuvre des stratégies pour le combler, sachant qu'il y aura toujours des manques que nous ne pourrons pas supprimer comme le manque d'amour quand nous étions enfant, la mort ou le départ d'un être cher, le manque de talent, de beauté, de jeunesse... S'il y a trop de décalage entre le désir de combler le manque et la réalité, ou si le prix à payer pour changer le réel est trop fort, le désir doit être dissous par un travail intérieur d'acceptation. Ce n'est pas une résignation ! Toutes les philosophies assurent qu'ensuite l'énergie libérée fait rebondir la vie vers de nouveaux projets.

VOIR AUSSI

Besoin > p. 215
Écoute de toi-même > p. 238

VOIR QUESTION

Pourquoi le demander maintenant ? > p. 42

MANQUE DE SENS

Se demander « Quelles sont mes raisons de vivre ? » est certainement la question numéro un. Question à la fois philosophique et psychologique, qui implique tout : état intérieur, relations aux autres, capacité à agir, valeurs, spiritualité. S'appuyant sur de nombreuses enquêtes, le psychologue Jacques Lecomte, enseignant à l'université de Nanterre et à l'Institut catholique, regroupe cette vaste problématique dans un essai érudit et généreux, qui fait entrer en scène tous les auteurs comptant en la matière, de Socrate à Paul Diel, en passant par Kierkegaard, Tolstoï, Viktor Frankl, Marie-Madeleine Davy ou Jacques Salomé. Pour lui comme pour ces maîtres, le bonheur et la santé reposent fondamentalement sur deux piliers qui sont le bien-être et le sens. Dans des combinaisons certes très diverses, mais dont les extrêmes ne laissent pas planer d'équivoque. Le héros idéaliste sacrifie tout son bien-être pour donner à sa mort un sens maximum et le jouisseur cynique nage dans tant de bien-être qu'il s'y noie, faute de sens. Mais en réalité, loin de ces figures théoriques, nous ne cessons, tout au long de notre vie, de rechercher l'équilibre entre ces extrêmes. Avec trois grandes sources de sens : l'amour (érotique, amical, parental...), l'action (professionnelle,

artistique, humanitaire...) et la vie intérieure (quête de soi, intégration de la souffrance, prière...). Comment ces trois sources de sens se combinent-elles dans ta vie ?
Toute quête de sens aborde, à un moment ou à un autre, aux rives de la philosophie. Depuis les Grecs antiques, celle-ci n'est-elle pas « amour de la sagesse » et désir d'éveiller en soi et en l'autre l'accès au beau, au bon, au vrai, que nous masque le voile des illusions ? Pour le médecin et psychothérapeute suisse Gérard Dorsaz, qui s'est livré à un retour sur les fondements historiques de la philosophie et sur son évolution jusqu'à nous, cette démarche à la fois humaniste et scientifique ne peut faire l'économie d'un noyau essentiel : la spiritualité. Sans se départir d'un esprit méthodique et mesuré, le thérapeute s'enflamme et accuse les approches qui, depuis le XVIIIe siècle, ont réduit l'aventure humaine à des jeux de causalité dénués de sens et athées. Pour lui, ancien freudien enthousiaste, l'Occident se trahit en réduisant ses racines chrétiennes à leurs dimensions historique et culturelle. Rejoignant les humanistes Carl Rogers (1902-1987) ou Viktor Frankl, et les chrétiens William Glasser, Emmanuel Mounier ou les fondateurs des Alcooliques Anonymes, il aboutit à une vision puissante d'un Jésus thérapeute (> livre de la Légende, p. 13).

« Un bon psychothérapeute n'a pas à se soucier de savoir s'il travaille sur le plan psychique ou spirituel. Sa tâche revient à prendre soin de l'âme d'autrui, c'est-à-dire de sa personne, qui se définit paradoxalement par sa relation aux autres. »
Tariq Demens, chroniqueur à *Nouvelles Clés*

__À lire...__
- *Donner un sens à sa vie*, Jacques Lecomte, éd. Odile Jacob.
- *Psycho-spiritualité, l'alliance qui guérit*, Gérard Dorsaz, éd. Presses de la Renaissance.
- *Autobiographie d'un épouvantail*, Boris Cyrulnik, éd. Odile Jacob.

VOIR AUSSI
Cohérence > p. 219
Évoluer > p. 246
Crise spirituelle > p. 227

VOIR QUESTION
As-tu repéré des circonstances qui déclenchent ou aggravent ton problème ? > p. 64

MARCHER

Bon pour le corps

C'est l'une de nos premières spécificités humaines : nous sommes des bipèdes intégraux. Cela représente un extraordinaire ensemble de mécanismes, mettant en jeu notre squelette, nos muscles et notre système nerveux, endocrinien ou immunologique, et exerçant une influence décisive sur notre manière de voir le monde, de ressentir et de penser. Selon les endocrinologues, marcher une heure par jour est un exercice excellent pour la santé – à condition que l'effort soit léger, fournissant ainsi des endorphines excellentes pour le moral. Mais il y a 36 façons de marcher. Un observateur attentif et exercé pourrait te dire : « Montre-moi comment tu marches, je te dirai comment tu vas, quelles sont tes forces, et quelles faiblesses tu devrais corriger. » Or la marche est une activité aux vertus ignorées. Nous marchons la plupart du temps comme des automates. Pourtant, du moment où nous marchons à l'âge d'un an environ, quel formidable enchaînement d'exercices il nous a fallu mobiliser pour pouvoir finalement faire un premier pas ! Selon Cristina Cuomo, spécialiste de la physio-pathologie du sport à l'université de Nice Sophia-Antipolis, c'est en grande partie en revenant à cette initiation primordiale et à ses 12 gestes archétypaux que nous pouvons rééduquer notre manière de marcher et, du coup, améliorer de façon impressionnante toute notre santé : physique, mentale, relationnelle, émotive... Un retour à la base hautement bénéfique ! Car la marche ouvre aussi au monde. Le regretté Jacques Lacarrière a beaucoup participé à faire connaître la culture grecque et les bonheurs de la randonnée. Il a écrit en 1973, dans un livre sans cesse réédité depuis : « Rien ne me paraît plus nécessaire aujourd'hui que de découvrir ou redécouvrir nos paysages et nos villages en prenant le temps de le faire. Savoir retrouver les saisons, les aubes et les crépuscules, l'amitié des animaux et même des insectes, le regard d'un inconnu qui vous reconnaît sur le seuil de son rêve. La marche seule permet cela. Cheminer, musarder, s'arrêter où l'on veut, écouter, attendre, observer. Alors, chaque jour est différent du précédent, comme l'est chaque visage, chaque chemin. »

Bon pour l'esprit

Pratiquée en conscience, cette technique simplissime et pourtant pleine de secrets est recommandée par toutes les traditions spirituelles, car elle délivre du poids des pensées et permet de retrouver l'unité de l'être. Plus qu'un simple exercice de santé, la marche peut devenir une véritable méditation, par la déconnexion qu'elle permet avec les activités courantes et par le contact ressourçant avec l'environnement, pour peu qu'on y porte une forme d'attention particulière. Dans un essai où ils appuient leurs exposés sur leur propre expérience mais aussi sur les pratiques pédestres des grands méditants dans l'histoire des spiritualités, Jacques Vigne, psychiatre installé en Inde, et Michel Jourdan, écrivain vivant en ermite dans la nature, montrent que dans les cas les plus poussés la marche, associée à la répétition d'une formule sacrée, peut mener à un état supérieur de conscience. Poésie, méditation, acte sacré : que faut-il de plus pour t'inviter à découvrir les bonheurs de cette activité des plus simples ?

À lire...
- *La Marche et ses bienfaits*, Cristina Cuomo, éd. du Dauphin.
- *Chemin faisant*, Jacques Lacarrière, librairie Arthème Fayard, 1977.
- *Cheminer, contempler*, M. Jourdan et J. Vigne, éd. Albin Michel.

VOIR AUSSI
Méditer/Méditation > p. 271

VOIR QUESTION
Sur qui ou sur quoi peux-tu compter > p. 84

MASSAGE

La pratique du massage remonte à l'Antiquité. Les Égyptiens pratiquaient déjà la réflexologie plantaire, les Hindous s'adonnaient au massage ayurvédique et les Chinois aux formes qui ont donné le shiatsu nippon. Au XIXe siècle, le massage sportif s'est développé dans les pays nordiques. Aujourd'hui, il existe de nombreuses nouvelles techniques de massage : massage californien, haptonomie, somatothérapie, etc. Dans tous les cas, le corps devient messager de notre histoire. En le massant, on aide le patient à prendre conscience de ses manques, de ses besoins, de ses émotions refoulées en partant du corps et du ressenti de la personne. En combinant le massage avec l'approche reichienne des cuirasses psychocorporelles, Ida Rolf a inventé un massage psychologique appelé *rolfing* – qui peut entraîner des réactions violentes. À l'inverse, la méthode de Moshé Feldenkrais joue la douceur des micromouvements et des micromassages, qui laissent parler le corps de façon chuchotée. Quant au drainage lymphatique, il vise à remettre en circulation les liquides des fascias, ces tissus prodigieux et encore mal connus qui enveloppent tous nos organes et dont l'ostéopathie fut la première à réaliser qu'ils jouaient un rôle capital dans l'autorégulation de la santé, le drainage des toxines, la réparation musculaire.

À lire...
- *Le Livre du massage*, Susan Mumford, éd. Flammarion.
- *Guide du massage au quotidien*, Marie Borrel et Denise Valenciennes, éd. Solar.
- *Le Drainage lymphatique : théorie et pratique*, Albert Leduc, Olivier Leduc et Alexandre Pissas, éd. Masson.
- *Le Livre du shiatsu. Vitalité et santé à travers l'art du toucher*, Paul Lundberg et Florence Collet, éd. Courrier du Livre.

VOIR AUSSI
Ayurveda > p. 215

MÉDECINE CORPS-ESPRIT

Pouvons-nous influer volontairement sur notre santé ? Notre corps a-t-il la capacité de s'autoguérir, comme l'affirment le psychiatre français David Servan-Schreiber et l'urologue et psychothérapeute belge Thierry Janssen ? C'est la question centrale de la médecine corps-esprit, pour laquelle la résolution des troubles passe par l'harmonie entre le cerveau émotionnel, le cerveau rationnel et le corps. Les circonstances stressantes de la vie sont parfois inévitables (personne ne choisit la pauvreté, le chômage, la discrimination). L'hérédité prédispose plus ou moins bien certains d'entre nous à affronter les tensions. Et la prière, peut-être la forme la plus ancienne de médecine corps-esprit, n'est pas un médicament de substitution à la pénicilline. Pourtant ces méthodes améliorent l'efficacité des traitements. En témoignent les ateliers de visualisation, de méditation et les autres moyens de relaxation mis en place par Jim Gordon, le fondateur du Center for Mind-Body Medicine, à Washington, à l'intention des cancéreux. La méditation n'y traite pas les cellules malignes, mais en apaisant l'organisme, en atténuant les effets secondaires de la chimiothérapie et en stimulant les défenses immunitaires, elle participe à la guérison des patients. Les maladies liées au stress défient souvent les remèdes conventionnels, et lorsque nous persistons à prendre anxiolytiques et antidépresseurs, les effets secondaires de ces pilules sont plus néfastes parfois que leurs bienfaits. La médecine corps-esprit qui tient compte du patient dans sa globalité, avec son humeur et ses états d'âme, et bannit la surenchère chimique pour soigner les affections de nos âmes, offre une approche aussi efficace que logique. Selon des recherches récentes, les effets positifs de ces approches sur le système immunitaire pourraient être attribuables à l'influence que la conscience (pensées, croyances, émotions, sentiments) aurait via le cerveau émotionnel sur le système endocrinien. Par la réponse de relaxation qu'elle met en œuvre, elle invite en effet notre corps à passer de la prédominance du système sympathique (qui génère le choc biochimique antistress) à la dominance parasympathique (rythme cardiaque lent, baisse de la pression artérielle, métabolisme et immunité optimale). « La plus grande erreur dans le traitement est la séparation que font certains médecins entre l'esprit et le corps », disait déjà Socrate, il y a quelque 2 500 ans. « Les soldats blessés vainqueurs se rétablissent plus vite que les vaincus », observait de son côté Ambroise Paré au XVIe siècle. Autrement dit, pour guérir son corps, il faut guérir sa vie. Et la plupart des médecines ancestrales – tibétaine, chinoise, amérindienne, aborigène – ne font rien d'autre que l'affirmer depuis des millénaires.

Avec l'avancée de la pharmacologie aux XIXe et XXe siècles, les médecins occidentaux avaient perdu cette relation. Forts de la toute-puissance allopathique, ils avaient banni de leur pratique la prise en compte des sentiments et des émotions – trop vagues, trop peu quantifiables. Ce que nous observons aujourd'hui n'est pas un retour au passé mais la synthèse des croyances ancestrales avec la science moderne et leur intégration dans celle-ci.

À lire...

- *La Solution intérieure*, Thierry Janssen, éd. Fayard.
- *Aide-toi, ton corps t'aidera*, Gérard Guash et Anne-Marie Filliozat, éd. Albin Michel.
- *Mind Your Heart. A Mind/Body Approach to Stress Management, Exercise, and Nutrition for Heart Health*, Herbert Benson et Aggie Casey, éd. Simon & Schuster (États-Unis).
- *La Médecine réinventée*, Larry Dossey, éd. Vivez Soleil.

MÉDECINE CURATIVE

Trop mécaniste ?

Faut-il hurler avec les loups contre la médecine occidentale allopathique, médicamenteuse à l'excès, soumise aux pressions de l'industrie et aux *diktats* d'une Sécurité sociale au déficit abyssal ? Tu aurais la partie facile, tout comme tu pourrais aisément chanter *a contrario* avec les sirènes qui nous rappellent les fabuleux progrès de la médecine moderne, toute cartésienne soit-elle. Faut-il choisir son camp ? Adoptons plutôt une autre approche : tirer enseignement des propos tenus par les tenants de cette médecine eux-mêmes. Ainsi le professeur Didier Sicard, qui fut mandarin à l'hôpital Cochin et président du Comité consultatif national d'éthique, n'a pas de mots assez durs pour critiquer la « médicalisation de la société », la « logique mercantile », les « acquis empêchant la réflexion ». Pour lui, le choix de critères techniques – paramètres mesurables et applicables à tous – conduit à désigner un responsable pour chaque maladie, et donc à ignorer que le critère choisi n'est qu'un élément d'un système fort complexe. Présenté de manière absolue, le critère devient règle. Un taux de cholestérol bas étant forcément bon pour éviter les maladies cardio-vasculaires, par exemple, toute personne ayant un taux élevé gagnera à se soigner pour éviter celles-ci. Et, justement, les médicaments existent. « Mais on oublie là l'essentiel, affirme Didier Sicard : il faudra traiter 1 000 malades pour éviter trois accidents vasculaires, ce qui signifie que 997 personnes prendront le médicament pour rien. »

Trop parcellaire ?

À cette critique de la vision mécaniste du corps s'en ajoute une autre, venue également de l'*establishment* médical, qui porte sur la réduction de l'individu à son seul corps physique. Conséquence : l'individu se retrouve – au sens figuré – « découpé en morceaux ». Inaugurant un colloque sur la dépression il y a quelques années, le professeur Jacques Touchon, doyen de la faculté de médecine de Montpellier, déclarait : « La médecine occidentale a fait des progrès véritablement extraordinaires, mais malheureusement au prix d'une fragmentation de l'être, et sa tendance actuelle n'est pas de soigner l'homme mais de soigner une partie de l'homme. Nous avons oublié, me semble-t-il, cet aspect essentiel du soin, de la relation d'aide – c'est-à-dire de la médecine –, qui est l'appréhension de l'être souffrant comme une globalité. » Dans de nombreux pays occidentaux, les thérapies alternatives trouvent leur place, apportant une vision holistique de l'être qui pousse la médecine officielle à élargir ses conceptions. Les premières y gagneront l'occasion de tester leur efficacité, la seconde celle d'ouvrir sa rationalité à toute la dimension humaine.

À lire...

- *La Médecine sans le corps*, Didier Sicard, éd. Plon.
- *Guérir...*, David Servan-Schreiber, éd. Robert Laffont.
- *La Solution intérieure*, Thierry Janssen, éd. Fayard.
- *100 maladies du XXIe siècle. Solutions naturelles*, Jean-Pierre Willem, éd. Testez.

VOIR AUSSI

Alimentation > p. 209
Médecine préventive > p. 269
Système immunitaire > p. 319

VOIR QUESTION

Qu'as-tu fait pour aller mieux ? > p. 62

MÉDECINE PRÉVENTIVE

« Il vaut mieux prévenir que guérir », ce précepte semble forgé au coin du bon sens le plus commun. Pourquoi alors préférons-nous généralement tomber malades, puis guérir, plutôt que de prévenir et rester sains ? Est-ce par paresse, parce que la prévention exige une vigilance constante et de petits sacrifices ? Ou parce que cela demande de la sagesse et qu'être sage, c'est ennuyeux ? En 2006, trois ans après la publication de *Guérir... sans psychanalyse ni médicaments*, de David Servan-Schreiber, deux jeunes médecins, Catherine Solano et Philippe Presles, lançaient *Prévenir... alzheimer, cancers, infarctus, et vivre en pleine forme plus longtemps*, un livre qui repoussait le défi un cran plus loin : prévenir ne vaut-il pas mieux que guérir ? Cet ouvrage s'est vendu à plus de 20 000 exemplaires, ce qui est très honorable en France aujourd'hui. Mais comparé au million d'exemplaires du livre de David Servan-Schreiber, le déséquilibre est frappant : tout se passe comme si, pour la plupart d'entre nous, guérir était un verbe beaucoup plus attirant que prévenir.

Trop d'effort... ou de responsabilité ?

Pour le Dr Solano, cette réaction est normale. « Guérir, c'est supposer que, face à un problème, il existe une solution, dit-elle. Alors que prévenir, c'est dire à quelqu'un qui n'a pas de problème : "Vous pourriez en avoir un !" Personne n'aime entendre ça. Certains disent : "Oui, mais si on n'a plus le droit de rien faire, ça ne vaut pas la peine", et du coup, ils ne font effectivement rien. Or, il y a des toutes petites choses qu'ils pourraient faire facilement et qui ont un grand effet. Mais la plupart des gens s'imaginent que cela demande de gros efforts, et ils n'ont pas envie de les faire. » D'autant que, du côté des médecins, la situation n'est guère meilleure. Ils ne sont pas formés pour cela, et comment intervenir en amont ? Du coup, pour beaucoup d'entre eux, la prescription de médicaments remplace même d'autres thérapies moins intrusives. « Dans mon métier de sexologue, constate l'auteur de *Prévenir...*, je suis frappée de voir que, par exemple pour soigner les troubles de l'érection, on prescrit des médicaments, mais on oublie totalement la rééducation du périnée, qui est pourtant très efficace. Prescrire du Viagra, ça prend au médecin 30 secondes, enseigner comment muscler et assouplir l'entrejambe, c'est tout de suite une demi-heure. C'est lamentable, mais c'est comme ça. [...] Tout ça pourquoi ? Parce que des labos font des investissements énormes sur certains produits et inondent ensuite le marché de pub, avec conférences de presse et compagnie, si bien que tout le monde connaît le Viagra, mais personne la rééducation du périnée. C'est vrai pour énormément de méthodes : celles que l'on ne peut breveter et qui ne rapportent pas d'argent sont condamnées à rester dans l'ombre. »

Une idée dévoyée

Et l'action de l'État y contribue grandement, en France en tout cas, si l'on en croit le docteur Philippe Servais, l'un des chefs de file français de l'approche uniciste, voie royale de l'homéopathie : « Ce que les autorités sanitaires actuelles appellent "prévention" n'est rien d'autre qu'un dépistage, qui consiste à explorer mécaniquement l'individu par tous les trous, pour vérifier s'il ne prépare pas quelque chose. » Servais évoque alors les coloscopies et autres mammographies en précisant qu'« on se situe là dans le diagnostic précoce, pas dans la prévention qui, elle, aide à rester en bonne santé, à ne pas tomber malade. Il y a donc d'emblée un abus de langage grave à signaler. » Il poursuit en disant ceci : « Quant aux mesures réellement préventives que prône notre système de santé, elles sont terriblement pauvres : il s'agit essentiellement d'interdire tout contact avec des produits comme l'amiante, et de décourager la consommation d'alcool, de tabac et d'aliments riches en mauvais cholestérol. »

Des réticences naturelles

Auteur d'ouvrages cruciaux où il passe en revue tous les liens corps-esprit, le docteur Thierry Janssen est moins sévère, plaçant nos réticences envers la prévention sur un autre terrain. D'abord, fait-il remarquer, nous devons reconnaître avec humilité que souvent la compréhension des maladies nous échappe. Plus la recherche progresse, plus on se rend compte que la plupart des pathologies sont d'origine multifactorielle et qu'il n'est pas facile d'identifier toutes les causes qui conspirent à l'émergence d'une maladie. « Lorsque nous y parvenons, dit le médecin belge, il n'est pas aisé d'exercer une influence sur l'ensemble de ces causes. Parfois, nous croyons agir efficacement à un niveau de prévention, mais sommes absolument inconscients des nombreuses autres mesures qu'il serait nécessaire de prendre pour éviter la dégradation de notre santé. »

Que faire ?

Pour Philippe Servais, une véritable prévention passe par une consultation. Mais il est nécessaire que celle-ci s'intéresse au terrain et notre médecine ignore de quoi il s'agit. Des médecines comme celles des Indiens ou des Chinois s'en préoccupent d'abord, le plus loin possible en amont. « Ainsi, donne comme exemple l'homéopathe, leur système de prise de pouls permet aux acupuncteurs chinois de mesurer la circulation des énergies et de dire : "Telle énergie est en baisse dans votre méridien du rein. Pour le moment, vous allez bien, mais si vous ne changez pas ceci ou cela dans votre vie, d'ici un an, il risque de vous arriver des ennuis." En homéopathie, nous agissons souvent de la même façon. La question que cette approche soulève est absolument cruciale : qu'est-ce qui me rend soudain vulnérable à un virus ou à une bactérie qui, jusque-là, laissait mon organisme indifférent ? Accuser l'agent extérieur est la plupart du temps absurde. Les microbes sont là tout le temps, mais pourquoi, à certains moments, les laissons-nous nous perturber ? Voilà le vrai sujet. »

L'exercice physique

Le docteur Catherine Solano insiste sur l'avantage d'une démarche « à petits pas ». Dans l'ensemble, il vaut mieux prendre une seule bonne habitude et la garder toute ta vie que de prétendre changer sur tous les plans et d'abandonner au bout de quelques jours. Elle met également en avant l'importance fondamentale des exercices physiques. Même un peu de mouvement vaut mieux que rien. Le « bon minimum » d'exercice pour rester d'attaque serait, par exemple, trois fois 20 minutes de marche par semaine. Pour une bonne prévention, il faudrait parcourir 15 000 pas par jour (l'équivalent de 45 minutes de marche). Et une bonne suée par semaine ne fait pas de mal non plus !

L'alimentation

Une grande partie de la bonne santé passe par une excellente alimentation – plusieurs articles du livre des Ressources montrent son importance. L'un des petits changements faciles que suggèrent les auteurs de *Prévenir...* est de remplacer l'huile de tournesol par l'huile de colza, beaucoup plus riche en oméga 3. Le seul effort à fournir est d'y penser en faisant tes courses, ça vaut le coup – et pour certains un autre petit effort pour s'habituer au goût ! Un changement plus important serait de manger du poisson trois fois par semaine. Quant aux fruits et légumes, il faut savoir qu'au départ la consigne des nutritionnistes était d'en manger dix par jour. Mais les autorités ont craint le découragement des consommateurs, et ils sont donc descendus à cinq. C'est dommage. Puisqu'en réalité on peut facilement atteindre les dix, quand on sait que chaque épice et chaque condiment comptent. Catherine Solano t'encourage à consommer beaucoup d'ail, d'oignon, de persil, de ciboulette, d'échalotes, de curcuma, de poivre noir (ces deux derniers sont très antioxydants, contre le cancer, anti-Alzheimer), etc. – dans le maximum de plats, parce que ça potentialise les effets de tous les composants végétaux. Préfère également la salade de fruits aux fruits isolés, avec beaucoup de baies rouges... Bref, tous les conseils de David Servan-Schreiber dans *Guérir...*, et aussi ceux du cancérologue québécois Richard Béliveau dans son passionnant livre *Les Aliments contre le cancer*. Des conseils auxquels nos trois spécialistes ajoutent l'importance de la bonne humeur, de l'affection et du sentiment de sens.

À lire...

- *Prévenir...*, Catherine Solano, Philippe Presles, éd. Robert Laffont.
- *Le Larousse de l'homéopathie*, coll. sous la dir. de Philippe Servais, éd. Larousse.
- *La Solution intérieure*, Thierry Janssen, éd. Fayard.
- *Cuisiner avec les aliments contre le cancer*, Richard Béliveau, éd. Robert Laffont.
- *Guérir...*, David Servan-Schreiber, éd. Robert Laffont.

VOIR AUSSI
Alimentation > p. 209
Immunité et alimentation > p. 259
Médecine curative > p. 269
Système immunitaire > p. 319

VOIR QUESTION
Qu'as-tu fait pour aller mieux ? > p. 62

MÉDECINE TRADITIONNELLE CHINOISE

Vieille de 6000 ans, la médecine chinoise est le fruit d'un amalgame de théories et de pratiques venues non seulement de Chine mais aussi de Corée, du Japon, du Vietnam et d'autres pays asiatiques. Elle comprend donc une multitude d'écoles de pensée parmi lesquelles la plus connue est la Médecine traditionnelle chinoise (MTC). Son objectif est de maintenir l'harmonie de l'énergie vitale (le *qi*) à l'intérieur du corps ainsi qu'entre le corps et les éléments extérieurs. Si la MTC a comme premier objectif d'entretenir la santé et de prévenir les maladies, elle permet aussi de soigner la plupart des problèmes de santé (ponctuels ou chroniques), dont les troubles cutanés, musculo-squelettiques, neurologiques, digestifs, respiratoires, génitaux, hormonaux, de même que certaines infections et certains problèmes émotifs. Elle utilise surtout cinq pratiques : acupuncture, herbes médicinales, diététique, massage (*tui na*), exercices énergétiques (qi gong, taï-chi).

À lire...

- *Médecine traditionnelle chinoise*, Jean-Marc Kespi, éd. Marabout.
- *Abrégé de médecine traditionnelle chinoise*, Michel Deydier-Bastide, éd. Désiris.

VOIR AUSSI
Acupuncture > p. 207
Qi gong > p. 296

MÉDITER/MÉDITATION

« Méditer, c'est se soigner », dit le docteur Frédéric Rosenfeld, psychiatre lyonnais et auteur d'un livre faisant le point sur les bienfaits des pratiques méditatives. Les données qui le prouvent s'accumulent, psychologiques bien sûr, mais aussi physiques, allant des rhumatismes au cancer, en passant par les troubles respiratoires, digestifs, neurologiques ou même immunitaires, et couvrant globalement toutes les pathologies du stress.
Mais que veut dire méditer, au juste ? « Ce n'est pas une simple rêverie. C'est d'abord une action », répond le médecin, pratiquant lui-même. Il faut apprendre certaines postures (telle la position du lotus, au yoga), ou des mouvements précis (comme les formes du taï-chi). C'est une expérience impliquant des sensations et des perceptions, mais aussi un voyage intérieur qui réveille la mémoire corporelle et amène à connaître sur soi des choses que l'on ignorait. « Seulement voilà, en pratiquant un peu, on découvre que toute connaissance débouche sur plus de mystère. La méditation devient alors l'expérience de ce mystère, touchant à la poésie, voire au silence... » On ne médite donc pas toujours en restant immobile, assis en lotus. Sans parler du yoga ou de certaines prières, aux gestes bien codifiés, les méditations zen, tibétaine ou vipassana ne sont pas toujours statiques. On y apprend la marche méditative, par exemple. Quant au taï-chi ou à son grand ancêtre, le qi gong, tout en mouvements, ils sont qualifiés de pratiques méditatives dans toutes les publications scientifiques. Et le terme pourrait s'appliquer à nombre d'arts martiaux, pourvu qu'on s'y exerce avec la bonne posture mentale. Car c'est là l'essentiel. Jon Kabat-Zinn, l'homme qui a introduit la méditation dans la médecine occidentale – en l'intégrant dès 1979 dans un programme de réduction du stress –, appelle cette posture mentale la pleine conscience (*mindfulness*). C'est la capacité à considérer tout ce qui vient à la conscience – sensation, émotion, pensée – en étant à la fois complètement présent et détaché, acceptant tout sans agrippement, avidité ni aversion. Tout vient et passe, comme les nuages dans le ciel : observation et tolérance envers l'impermanence des choses. Avec cette posture mentale, et de l'entraînement, la méditation se prête à presque toutes les activités.

Comment faire ?

Selon tous les spécialistes, il faut d'abord trouver un lieu de paix et créer le calme en toi. En essayant de te concentrer sur le souffle et sur la sensation physique qu'il produit : l'air dans tes narines, ta poitrine qui se gonfle puis se dégonfle, ton ventre qui suit le mouvement. Relâche tes muscles ainsi que ton esprit. Laisse passer tes pensées comme des nuages dans le ciel, sans t'y attacher, en revenant régulièrement à ta respiration. Si ça ne marche pas, ne t'accroche pas, ce n'est pas grave, ça fonctionnera la prochaine fois. Essaie petit à petit. L'essentiel n'est pas la position mais l'état d'esprit. Le maître zen Deshimaru a dit : « Le grand moi (celui qui cherche la sagesse) regarde le petit moi (agité, frivole, mesquin, préoccupé, anxieux). » Son disciple, l'éditeur Marc de Smedt, ajoute : « L'être calme regarde l'être frénétique. Et cette seule prise de distance permet le lâcher prise salutaire [...].» Et si tu n'y parviens pas, essaie de méditer en groupe !

À lire...

- *Au cœur de la tourmente, la pleine conscience*, J. Kabat-Zinn, éd. Poche.
- *Méditer, c'est se soigner*, Frédéric Rosenfeld, éd. Les Arènes.
- *ABC de la méditation*, Isabelle Clerc, éd. Grancher.
- *S'asseoir et méditer*, Rolf Sovik, éd. Le Jour.

VOIR AUSSI
Contempler > p. 224
Respiration > p. 303
Silence > p. 316

VOIR QUESTIONS
Comment prends-tu soin de toi ? > p. 76
Comment écoutes-tu ton corps ? > p. 78
Quel rituel quotidien pourrais-tu mettre en place ? > p. 100

MENTAL ET EGO

Le mental peut être assimilé à la faculté d'intelligence et de réflexion. C'est un magnifique outil si nous nous en servons à bon escient, mais souvent il tourne comme une machine folle. Nous nous identifions alors si totalement à ce flux continuel de pensées involontaires et aux émotions qui en résultent que nous n'en sommes plus le maître. Nous ne nous servons plus du mental, mais lui se sert de nous. Et cela pose un problème : nous croyons être notre mental. C'est la méprise inhérente à la condition humaine. L'outil a pris possession de nous. Tant que nous n'en avons pas conscience, nous prenons une partie de nous-même, le « je qui pense », pour ce que nous sommes, notre « être ». Ce sentiment du moi créé uniquement par nos pensées peut définir aussi notre ego. Il est constitué de souvenirs, de raisonnements, de points de vue, d'interprétations, de réactions, d'opinions conditionnés par notre passé. Lorsque nous disons « je », c'est généralement l'ego qui parle, un agrégat de souvenirs et de concepts. L'ego, le mental, est complètement conditionné par le passé sous deux aspects qui sont le contenu et la structure. Le contenu est interchangeable : tout ce à quoi tu peux ajouter le mot « mon » fait l'affaire. Mon travail, mon enfant, mon argent, ma maison, ma voiture, ma vie, ma pensée, mon corps... Le fait de renforcer ton identité par une identification avec l'avoir est l'une des caractéristiques de la structure de l'ego. Elle s'appuie sur le besoin d'en avoir plus qui, ne pouvant être satisfait, nous apporte malaise, anxiété et insatisfaction. L'ego n'existe que par l'identification. Dès que tu confères à quelque chose ton sentiment du moi, il devient alors partie prenante de ton identité.
Une autre forme d'identification de l'ego est le corps. Elle pousse bien des gens à se sous-estimer parce que, dans un monde gouverné par les stéréotypes médiatiques, ils se trouvent moches ou différents. Elle est inévitablement cause de souffrance. Mal-être si mon ego me trouve laid, souffrance différée si mon ego me trouve beau car mon corps est destiné à vieillir, mourir et se putréfier. L'ego aime aussi s'identifier à un corps en souffrance. Devant la maladie, le handicap, l'ego se forge une identité de personne mal portante et s'y accroche. La maladie n'est plus alors un avertissement, le symptôme d'un dysfonctionnement à réparer, mais un statut entériné par le mental et l'ego. L'ego peut enfin s'identifier à des formes de pensées agglutinées et répétitives, des voix qui nous parlent et font de notre vie un cauchemar. La bonne nouvelle est qu'il est simple d'en sortir. La seule chose à faire est d'apprendre à se dissocier du mental. Chaque fois que tu crées une discontinuité dans le courant des pensées et en observant le penseur en toi, ta vraie conscience s'intensifie. Tu peux même entendre la voix qui parle dans ta tête. Cela sous-entend que tu ne prends plus autant au sérieux le contenu de ton mental et que le sens que tu as de ton moi profond n'en dépend plus.

À lire...

- *Le Pouvoir du moment présent*, Eckhart Tolle, éd. Ariane.

VOIR AUSSI
Aide d'un psychothérapeute > p. 209
Confiance > p. 222
Méditer/Méditation > p. 271
Présents > p. 290
Ouverture à la spiritualité > p. 281

VOIR QUESTION
À quoi sert ta souffrance ? > p. 68

MÉTHODE ALEXANDER

Le coup de génie de Frederick Matthias Alexander (1869-1955) – un comédien australien qui cherchait désespérément à guérir d'une aphonie – fut de comprendre que « nous sommes nos gestes ». Partant de cette découverte sur lui-même, Alexander a mis au point une méthode pour rendre aux gestes leur naturel, dissolvant les innombrables tensions qui emprisonnent notre corps (notamment notre nuque, nos épaules, notre dos), libérant du coup une énorme énergie, à tous les niveaux de l'être. Cette méthode, aujourd'hui utilisée dans le monde entier, en particulier chez des acteurs comme Juliette Binoche, se décline en une série d'exercices simples. Il s'agit d'abord de s'observer, immobile et en mouvement – pour saisir à quel point nos gestes civilisés sont forcés, faussent nos perceptions et déboussolent nos vies –, puis, de reconquérir des espaces de liberté. Une invitation à remplacer notre volontarisme épuisant par une concentration naturelle et sereine.

À lire...

- *Habiter son corps. La méthode Alexander*, Christine Hardy, Laurence Schifrine, Saverio Tomasella, éd. Eyrolles.

VOIR AUSSI

Mouvement > p. 274

MOTIVATION

Ce mot recouvre deux idées : la volonté d'arriver à un objectif et les raisons qui nous font agir. Dans le premier cas, la motivation pourrait être comparée à une réserve d'énergie psychique. Sans un minimum d'entrain, rien ne se fait, rien ne se crée. Elle est notre force motrice, qui nous invite à passer à l'action et rend vivant et efficace ce que nous faisons. Les raisons qui nous motivent sont, elles, multiples et plus complexes. Nous devons au psychologue Abraham Maslow une pyramide des motivations qui, de la base au sommet, distingue cinq niveaux de besoins correspondant à une forme de motivation – tout besoin d'ordre supérieur ne pouvant être satisfait que si les précédents le sont. À la base, les besoins physiologiques expliquent nos motivations instinctives. Ensuite, les besoins de sécurité et de protection entraînent recherche d'un toit, d'un travail ou d'une bonne assurance. Puis viennent les besoins de plénitude sentimentale et d'appartenance, sources de motivations affectives, que reflète la volonté de faire partie d'un couple, d'une famille, d'un groupe. Ensuite arrive le besoin d'estime de soi, qui incite à développer ses talents sociaux. Enfin, apparaît au sommet de la hiérarchie le besoin d'accomplissement, qui renvoie au désir de se réaliser à travers une œuvre, un engagement. Certaines motivations peuvent être trompeuses, comme l'a rappelé le psychanalyste Alfred Adler, car elles sont issues de perceptions exaltées d'autrui ou de soi. Dans son ouvrage *Psychologie de la motivation*, le philosophe Paul Diel souligne aussi que l'aspiration à la satisfaction qui anime tout être vivant n'est, chez l'homme, jamais entièrement ni durablement satisfaite, et que sa déception relative se traduit par un malaise intérieur toujours plus ou moins présent en chacun. Diel l'appelle « coulpe » ou « insuffisance vitale ». Contre cet état de fait, tu n'es pas démuni, affirme le philosophe. Tu peux toujours pallier cette insatisfaction en faisant le tri entre tes motivations.

À lire...

- *Psychologie de la motivation*, Paul Diel, éd. Payot.
- *Devenir le meilleur de soi-même. Besoins fondamentaux, motivation et personnalité*, Abraham H. Maslow, éd. Eyrolles.

VOIR AUSSI

Besoin > p. 215
Désir essentiel > p. 234
Écoute de toi-même > p. 238

VOIR QUESTIONS

Quel mieux-être cherches-tu ? > p. 40
Sur qui et sur quoi peux-tu compter ? > p. 84

MOTS

En approfondissant son concept de résilience, qui explique comment les humains peuvent se sortir des pires situations, Boris Cyrulnik nous sensibilise, entre autres, à l'immense pouvoir des mots. Dans *De chair et d'âme* et dans *Autobiographie d'un épouvantail*, il analyse l'importance – en bien comme en mal – des mots que les autres nous envoient et des histoires que nous nous racontons, sur nous-mêmes et sur les nôtres. En conclusion, un seul mot peut te faire basculer du paradis en enfer. « Nous sommes façonnés par la convergence de tous les récits qui nous parviennent depuis notre naissance, dit l'éthologue aujourd'hui célèbre. Généralement, la fierté aide à vivre, alors que la honte peut empoisonner toutes nos réactions émotionnelles et comportementales. Or, un même fait peut nous rendre fier ou honteux selon les récits alentours. Dans certaines tribus d'Afrique, l'enfant premier-né est forcément donné en adoption à une autre famille, pour qui il devient un porte-bonheur : cela donne des enfants fiers, qui a priori se portent bien. C'est l'inverse au Japon, où l'adopté est un enfant de la honte, ce qui donne des êtres souvent timides, mal à l'aise, plus enclins à la dépression. Un autre exemple est celui des enfants orphelins à qui l'on a raconté, en 1944, que leurs pères s'étaient courageusement battus contre les nazis avant de mourir. Ces pères-là étaient morts dans la vie réelle, mais pas dans la représentation, et leurs enfants ont pu se structurer autour d'un sentiment de fierté. Jusqu'au jour où, certaines archives devenant publiques, certains apprennent que leur père est bien mort en 1944, mais fusillé pour collaboration avec l'ennemi. D'un seul coup, ceux-là sont passés de la fierté à la honte, avec souvent une chute dans la dépression : tout leur monde intime est bouleversé. » (*Nouvelles Clés*, n° 60)

À lire...

- *Autobiographie d'un épouvantail*, Boris Cyrulnik, éd. Odile Jacob.

VOIR AUSSI

Communication non violente (CNV) > p. 221
Résilience > p. 302

VOIR QUESTION

Comment est né ton désir ? > p. 44

MOUVEMENT

Ils sont nombreux, depuis Héraclite et son « toutes choses s'écoulent », à faire du mouvement l'essence même du monde et de la vie. Nietzsche voit en lui « la véritable immortalité qui existe : ce qui a été une fois mis en mouvement est dans la chaîne totale de tout l'être, comme un insecte dans l'ambre enfermé et éternisé ». Il en est de même pour Bergson : « L'univers n'est pas fait, mais se fait sans cesse. » Tout est mouvement, inconcevable durée, « chose spirituelle ou imprégnée de spiritualité » que tu captes grâce à ta mémoire, ton esprit n'étant lui-même que durée (si tu n'avais que des perceptions, tu verrais tout arrêté). À la même époque (début du XXe siècle), les savants Hilbert et Poincaré débattaient sur les fondements de la géométrie. Pour le premier, c'était une pure affaire de logique mathématique et de raisonnement. Alors que pour Poincaré les concepts de la géométrie s'ancraient dans les sensations corporelles du mouvement : se représenter un point, c'était s'imaginer le mouvement à faire pour l'atteindre. Un siècle plus tard, Alain Berthoz, neurophysiologiste et professeur au Collège de France, rappelle que le mouvement est à la base de l'évolution du cerveau. Il prend plusieurs exemples : qu'il s'agisse de fuir un prédateur, d'exprimer ses émotions, de parler, d'escalader, de maintenir l'équilibre... Toutes les activités corticales s'accompagnent et s'expriment par le mouvement. Mais un siècle après Bergson, nous commençons tout juste à comprendre pourquoi il parlait avec gravité de l'« illusion cinématographique » : comme le Canada Dry se faisant passer pour du gin, le septième art nous fait croire que la technologie moderne a su capter l'essence du mouvement et l'enfermer dans des cassettes. Alors qu'il n'en est rien. De ce point de vue, l'Occident contemporain se cherche encore. Sa culture ne comprend encore la nature que sous l'angle de la dissection. Mais il y a de l'espoir. Nous appartenons à une société qui a pris conscience de la laideur de sa gestuelle quotidienne. Mille écoles de mouvement se sont (r)ouvertes depuis un siècle – artisanales, artistiques, sportives, voire spirituelles. À quoi s'ajoute le contact de moins en moins inégalitaire avec les peuples venus d'ailleurs, le plus souvent du Sud, éblouissants de beauté dans le moindre de leurs mouvements de cil ou de doigt.

De ce bouillonnement, émergent quelques axes. Le kinésiologue Paul Dennison défend l'idée que « le mouvement est la clé de l'apprentissage ». C'est aussi la conviction des arts martiaux venus d'Orient. On connaît le taï-chi, et son ancêtre le qi gong, ou le reïki. On sait moins que le karaté a également engendré une forme aux vertus hautement thérapeutiques. Il s'agit initialement du karaté de l'école Shotokaï, matrice du *shintaïdô* d'Hiroyuki Aoki, qui forma notamment le Français Albert Palma. Le génie du premier fut de comprendre que l'une des techniques martiales les plus rigoureuses de notre temps (l'école de karaté de Maître Egami) pouvait, en intégrant l'énergie réceptrice du yin à la dynamique offensive du yang, engendrer une nouvelle forme de gymnosophie, propre non seulement à donner forme à une saine jeunesse, mais surtout à rééduquer – littéralement – les citadins contemporains, jeunes ou vieux, athlétiques ou malades, mais tous en pleine dégénérescence gestuelle et d'autant plus menacés que les sports de spectacle, mis en scène par les démiurges de l'illusion cinématographique, donnent le change. Le génie du second, Albert Palma, est de savoir catalyser la symbiose entre ce surgissement extrême-oriental et la culture européenne, rappelant au passage d'innombrables racines oubliées ou révélant les prémonitions gestuelles de quelques-uns de nos penseurs, de Bachelard à Giono, qui furent de parfaits taoïstes. Passer d'une technique de combat à un art martial a provoqué une métamorphose essentielle, dont nous pouvons aujourd'hui tous bénéficier.

À lire...

- *La Pensée et le mouvant*, Henri Bergson, éd. PUF.
- *Le Sens du mouvement*, Alain Berthoz, éd. Odile Jacob.
- *Le Peuple de la main*, Albert Palma, éd. Jean-Paul Bayol.

VOIR AUSSI

Corps > p. 225
Haptonomie > p. 254
Kinésiologie > p. 263
Méthode Alexander > p. 272
Ostéopathie > p. 280
Qi gong > p. 296
Reïki > p. 302

VOIR QUESTIONS

Comment ça va ? > p. 38
À quels besoins dois-tu accorder plus d'importance ? > p. 92

MUSICOTHÉRAPIE

T'es-tu déjà demandé pour quelles raisons étranges la nature avait fait de nous des êtres musicaux ? Le pouvoir de la musique sur le corps et l'esprit est connu depuis les hommes de Neandertal, mais ce n'est qu'au XXe siècle que l'on a pu confirmer scientifiquement ses effets. De multiples études ont permis de montrer que l'écoute de certaines mélodies pouvait avoir des répercussions physiologiques et psychologiques sur l'organisme. La musique et le rythme ayant une grande puissance émotionnelle, l'écoute attentive de sonorités peut aussi faire ressurgir des émotions traumatisantes et les apaiser. Partant de ce constat, se sont développées depuis les années 1960 des thérapies qui se servent de la vibration musicale pour soigner. Leur modalité dépend du thérapeute qui peut pratiquer selon deux axes :

– la musicothérapie active, qui favorise l'expression de soi et privilégie des techniques d'intervention comme le chant, l'improvisation

instrumentale ou gestuelle, la composition de chansons ou l'exécution de mouvements rythmiques au son de la musique ;
– la musicothérapie réceptive, fondée sur l'écoute d'extraits musicaux ou de sons. Le programme sonore est établi après un entretien et un test de réceptivité musicale. Le patient jouit d'une cure sonore personnalisée. Compte tenu de son effet sur le système nerveux central, la musicothérapie est conseillée pour réduire le stress et l'anxiété. Elle soulage la douleur et favorise l'endormissement. Elle contribue au développement de l'enfant et elle améliore les performances sensorielles et cognitives. Elle ne connaît pas de contre-indication.

À lire...
- *Découvrir la musicothérapie*, Édith Lecourt, éd. d'Organisation.
- *La Spirale mystique*, Jill Purce, éd. Médicis.
- *La Voix énergie. Instrument de nos émotions*, Jacques Bonhomme, éd. Dangles.
- *Musicophilia. La musique, le cerveau et nous*, Oliver Sacks, éd. du Seuil.

VOIR AUSSI
Art-thérapie > p. 213
Chanter > p. 218
Respiration > p. 303

NATUROPATHIE

La naturopathie se base sur la doctrine d'Hippocrate : « La maladie est due à un encrassement des "humeurs" de l'organisme (sang, lymphe, bile, liquide céphalorachidien), et les symptômes pathologiques (toux, fièvre, éruptions...) ne sont que des crises de purification humorale et d'élimination toxique. » La naturopathie aura pour but d'aider à cette purification, par des méthodes naturelles. Mais elle va plus loin puisqu'elle intègre aussi l'énergie vitale des traditions orientales et de la pensée vitaliste, ainsi que les blocages psychologiques comme origine de l'encrassement des humeurs. Pour garder la santé, il faut donc utiliser des moyens naturels : alimentation équilibrée, bonne hygiène de vie... Utilisant pour son diagnostic une grille de lecture de l'apparence morphologique et la palpation pour déceler l'engorgement des tissus, le naturopathe s'appuie pour ses prescriptions sur des techniques anciennes et récentes comme la diététique, l'aromathérapie, la phytothérapie, la sophrologie, le yoga, la relaxation, l'hypnose, les massages, le shiatsu... Les traitements vont des infusions aux exercices physiques, en passant par l'autohypnose ou le jeûne.

À lire...
- *Votre première visite chez le naturopathe*, coll. sous la dir. de Daniel Kieffer, éd. Le Souffle d'Or.
- *Livre blanc de la naturopathie*, coll. de la Fédération française de naturopathie, éd. Yves Michel.

VOIR QUESTION
Sur quoi peux-tu compter ? > p. 84

NEURONES MIROIRS

La découverte du siècle ?

Disons-le sans ambages. La découverte des neurones miroirs, en 1995, est l'une des plus importantes percées scientifiques des dernières décennies ! Tout a commencé dans le laboratoire du professeur Giacomo Rizzolatti, chercheur et enseignant en physiologie à l'université de Parme, en Italie. Le savant et son équipe étudient un singe, dont ils ont couvert le crâne de capteurs reliés à un puissant scanner. Lors d'une pause, les chercheurs se découpent une pizza et se servent, sous le regard du singe. Dring ! Le scanner du singe se met à sonner chaque fois que l'un d'eux tend la main vers un nouveau morceau de nourriture. Et les chercheurs observent que la zone active dans son cerveau est celle qui correspond au mouvement de la main : sans bouger, le singe prend neuronalement un bout de pizza ! Ainsi commence une formidable étape de l'exploration scientifique. Giacomo Rizzolatti et son équipe ont analysé comment, au moment où l'animal voit quelqu'un faire un geste intéressant, son cerveau met en branle le même processus. En 1996, les scientifiques italiens annoncent la découverte d'un processus mimétique qui nous concerne tous : chaque fois que nous voyons une autre personne agir, surtout si elle nous paraît semblable à nous, des neurones miroirs se mettent en branle dans notre cerveau, qui imite celui du modèle. En peu de temps, les laboratoires de neurophysiologie du monde entier exploitent cette nouvelle donnée.

Répercussions sans fin

Depuis, les observations s'accumulent. C'est apparemment grâce aux neurones miroirs que notre appareil neuronal s'est structuré, pendant les deux ou trois années qui ont suivi notre naissance, par mimétisme de nos parents ou des personnes s'occupant de nous. Pour Boris Cyrulnik, le neurone miroir serait à la base de l'empathie, de la relation, de la compassion, de la culture. La découverte des neurones miroirs n'a pas fini de provoquer des remous dans la pensée humaine. Elle montre par exemple que notre cerveau moteur ne fonctionne pas comme un robot qui aurait appris à effectuer certains gestes découpés en une succession de mouvements mécaniques, mais qu'il est entièrement habité par l'idée de l'action tout entière : ce n'est pas le mouvement du bras pour prendre la pizza, puis celui de porter la main à la bouche, etc., qui sont engrammés, mais l'action de saisir pour manger, le geste avec son intention. Un pavé dans la mare du réductionnisme ! Mieux : les neurones miroirs offrent une vérification expérimentale d'une théorie philosophique, celle du désir mimétique proposée par René Girard dans les années 1960.

Origine du mimétisme

Résumons la théorie de Girard. Notre désir est toujours mimétique : inspiré par, ou copié sur, le désir de l'autre. L'autre me désigne l'objet de mon désir, il devient donc à la fois mon modèle et mon rival. De cette confrontation naît la violence, évacuée collectivement dans le sacré par le biais du sacrifice d'une victime – le bouc émissaire. René Girard, professeur de littérature comparée des universités de Stanford et de Duke, membre de l'Académie française, avait jeté les bases d'une nouvelle anthropologie, associant la violence et le religieux, dès les années 1960. En 1981, Jean-Michel Oughourlian, ami de Girard, médecin et professeur de psychologie à la Sorbonne, montrait que cette théorie permet de comprendre des phénomènes étranges tels que la possession – négative ou positive –, l'envoûtement, l'hystérie, l'hypnose… L'hypnotiseur, en prenant possession, par la suggestion, du désir de l'autre, fait disparaître le moi, qui s'évanouit littéralement. Et surgit un nouveau moi, un nouveau désir, qui est celui de l'hypnotiseur. Selon le professeur, ce moi apparaît avec tous ses attributs : une nouvelle conscience, une nouvelle mémoire, un nouveau langage et de nouvelles sensations. Si l'hypnotiseur dit : « Il fait chaud » bien qu'il fasse frais, le nouveau moi prend ces sensations suggérées au sens littéral et il sent vraiment la chaleur et se déshabille.

Tout-puissant mimétisme ?

Impossible de rester assis quand la *ola* emporte la foule autour de toi ? Tes neurones miroirs sont mobilisés par la pression mimétique de l'entourage. Les campagnes publicitaires sont des luttes acharnées entre marques voisines pour prendre possession, par la suggestion, des neurones miroirs des spectateurs. Et c'est encore la suggestion qui explique pourquoi les membres d'un groupe en viennent à s'exprimer de la même façon… Quant à savoir quelle place il reste pour la liberté humaine si tous nos désirs ne sont qu'imitation, la réponse de Jean-Michel Oughourlian est simple : « La liberté n'est pas un cadeau que l'homme recevrait, au départ, entier et terminé. Ce que l'on reçoit, c'est la capacité de se libérer progressivement, non pas tant du désir mimétique lui-même que de la rivalité à laquelle il pousse. »

À lire…

- *Les Neurones miroirs*, Giacomo Rizzolatti, Corrado Sinigaglia, trad. Marilène Raiola, éd. Odile Jacob.
- *Des choses cachées depuis la fondation du monde*, René Girard, Jean-Michel Oughourlian, Guy Lefort, éd. Grasset.
- *Un mime nommé désir*, J.-Michel Oughourlian, éd. Carnets Nord.
- *De chair et d'âme*, Boris Cyrulnik, éd. Odile Jacob.
- *Les Bienveillantes*, Jonathan Littel, éd. Gallimard.

VOIR AUSSI
Compassion > p. 222
Empathie > p. 240

VOIR QUESTION
Peux-tu imaginer ta quête accomplie ? > p. 46

NOCEBO

Si *placebo* signifie « je plairai », *nocebo* désigne « je causerai du tort », c'est-à-dire l'effet inverse. L'exemple le plus célèbre est celui de ces patients qui ressentent les effets annexes des médicaments qu'ils croient avoir pris alors qu'il n'en est rien (*Journal of the American Medical Association*, fév. 2002), mais on a aussi établi que se croire enclin à des troubles cardiaques donne quatre fois plus de risques d'en avoir à long terme (la Framingham Study, qui dure depuis 1948), ou que craindre de mourir lors d'une opération en augmente fortement la probabilité… « atteignant presque 100 % pour ceux qui aspirent presque à mourir pour retrouver une personne chère préalablement disparue », selon le docteur Herbert Benson, professeur à Harvard, qui fonda le célèbre Mind Body Institute. « Dans cette prédiction autoréalisatrice, estime le docteur Arthur Barsky, autre psychiatre bostonien auteur de plusieurs études, il nous reste à déterminer la part jouée par le médecin. » Le nocebo ne relève donc pas tant d'une intention de nuire que d'une dérive d'intentions positives. Pensons au risque que font courir les messages sur les dangers du tabac adressés à des gens qui, déjà, fument… L'enfer est pavé de bonnes intentions !

VOIR AUSSI
Placebo > p. 285

NOS PENSÉES CRÉENT LE MONDE

Notre corps, par le biais de nos cinq sens, ne capte du monde extérieur que des informations électrochimiques, des vibrations qui excitent nos réseaux neuronaux. À partir de ces informations physiques, notre cerveau produit du sens. Ainsi se fabrique notre monde intérieur : pensées, sentiments, images mentales sur lesquels s'appuie notre vision du monde. Le monde tel que nous le voyons est donc une construction personnelle, que nous soyons des milliards à la voir de la même manière ne change rien au mécanisme, sauf qu'il y a cette fois une élaboration d'un consensus de conscience qui rend nos croyances plus solides. Dans l'ouvrage *Nos pensées créent le monde*, coécrit par une journaliste scientifique et un polytechnicien, les auteurs expliquent que ce mécanisme se retrouve également chez les autres êtres vivants. Les animaux et les végétaux possèdent aussi leur carte intérieure de décryptage du monde. Le règne minéral, lui, abolit carrément la distinction entre dedans et dehors, entre esprit et matière, car à l'échelle de l'infiniment petit la matière se comporte plus comme une pensée que comme un objet physique. Tout se passe donc comme si esprit et matière n'avaient aucune raison d'être séparés, parce qu'en réalité ces deux notions ne sont que les deux facettes d'une même chose : une information, une bulle de sens, une pensée qui se manifesterait sous forme énergétique et vibratoire. On comprend mieux pourquoi notre cerveau secrète de la pensée alors que l'on observe seulement des réactions électrochimiques. Si l'univers fonctionne de cette manière, s'il n'y a pas de réelle différence entre matière et esprit, il est donc techniquement possible de changer le cours des choses en modifiant nos croyances. Toute la psychologie positive est fondée sur ce principe, et l'effet placebo en est la manifestation la plus éclatante. En changeant ton regard sur le monde, tu changes aussi ton histoire car le dehors est à l'image du dedans. Mais attention : nos pouvoirs créatifs ont des limites, parce que nous ne sommes pas les seuls à penser et à créer le monde, d'autres humains, les animaux, les végétaux et le minéral ont aussi leur petite idée sur la question – et le réel s'est ainsi peu à peu figé. Les conceptions auxquelles invite la mécanique quantique n'ont rien d'un retour à la pensée magique !

À lire...

- *Nos pensées créent le monde*, Martine Castello et Vahé Zartarian, éd. JMG Éditions.

VOIR AUSSI

Placebo > p. 285
Rire > p. 308

VOIR QUESTION

Connais-tu le pouvoir des mots ? > p. 82

NUTRITHÉRAPIE

L'un des premiers médecins contemporains à s'être intéressé aux origines alimentaires de nos maladies est Jean Seignalet (1936-2003), immunologiste et professeur à la faculté de Montpellier. Publié en 1996 et réactualisé quatre fois depuis, son livre *L'Alimentation, ou la troisième médecine* jette les bases d'une nouvelle discipline, que Seignalet avait lui-même baptisée nutrithérapie. Il ne s'agit pas de s'imaginer que l'on pourrait tout soigner de cette façon, mais ne pas en tenir compte serait totalement irresponsable. Leucémie, glomérulonéphrite, maladies de Parkinson et d'Alzheimer, rhumatismes, dermatoses ou scléroses... une bonne part de nos maladies contemporaines sont affectées, causées ou aggravées par la nourriture. À titre d'exemple, 40 % des cancers des hommes d'aujourd'hui auraient une origine alimentaire (60 % pour les femmes !).

Les grands facteurs cancérigènes alimentaires sont aujourd'hui reconnus. L'ingestion de graisses saturées, surtout animales et surtout cuites, est à limiter, voire proscrire. L'excès de cuisson s'avère dangereux quelles que soient les denrées. Selon le professeur Seignalet (qui connaissait le célèbre docteur Kousmine dont il reconnaissait en partie la valeur du régime), la température de cuisson ne devrait jamais dépasser 250 °C, le mieux étant d'utiliser la vapeur à température douce (moins de 100 °C) et de manger cru beaucoup plus souvent que nous ne le faisons – si bien que les détracteurs du chercheur le qualifiaient volontiers de crudivoriste ou d'instinctothérapeute, ce qu'il n'était pas. Les autres facteurs alimentaires pathogènes répertoriés par Jean Seignalet ne t'étonneront pas : excès de sucres raffinés ou d'alcool, produits animaux dopés aux hormones stéroïdes, végétaux cultivés à l'aide de produits phytosanitaires sont autant de perturbateurs des systèmes endocriniens et immunologiques à l'origine des pires maladies.

Que faire ?

Jean Seignalet et aujourd'hui son collègue Henri Joyeux rappellent volontiers que les produits xénobiotiques, qui perturbent nos systèmes endocrinien et immunitaire, sont généralement stockés dans le tissu gras de réserve de l'organisme et qu'ils peuvent être éliminés par une sudation régulière, stimulée par une activité physique forte au moins deux fois par semaine. Mais leurs conseils principaux portent directement sur l'alimentation. Décourageant, quelle que soit la maladie, la consommation des laitages et des viandes, surtout trop cuites, ils font partie des premiers partisans du régime méditerranéen – appelé aussi régime crétois aux États-Unis – et sont des champions particulièrement vifs des fruits et légumes frais, insistant sur l'importance de :

- la vitamine C et les oligo-éléments zinc et sélénium, essentiels au système immunitaire, présents dans les poissons et fruits de mer ;
- les végétaux fibreux ;
- les antioxydants, antivieillissement et anticancer, présents dans de nombreuses salades (lutéine de la laitue, lycopène de la tomate...) ;
- l'acide oléique de l'huile d'olive ;
- les acides gras essentiels, dont les oméga 3 des poissons des mers froides (sardines, maquereaux, etc.) ;
- les phytohormones des céréales et fruits de saison, légumes frais, légumineuses (lentilles, haricots, pois chiches, soja) ;
- les polyphénols du vin, pris avec modération et (détail important) au milieu du repas ;
- les flavonoïdes du thé vert ;
- la vitamine A (pour les lignées cellulaires sanguines, la vision, la qualité protectrice de la peau) ;
- les laits végétaux (riz, soja, amande, seigle, orge, blé...).

L'une des principales contributions de Jean Seignalet a été par ailleurs de mettre au jour le Nutritional Steal Syndrom. Il désignait ainsi le fait que le cancer est un voleur nutritionnel, qui se gloutonne de ce que l'organisme possède de meilleur dans ses réserves énergétiques, par exemple les glucoses hépatiques ou musculaires, stockés sous forme de glycogène. Pour contrecarrer les méfaits du prédateur, les anciens cancérologues pronaient le jeûne, dans l'intention d'affamer le cancer. Le professeur Seignalet opta pour une politique inverse, obtenant des résultats bien meilleurs en donnant aux malades des mélanges extrêmement nourrissants, contenant les 28 nutriments de base dont l'organisme a besoin pour son équilibre.

À lire
- *L'Alimentation, ou la troisième médecine*, Jean Seignalet et Henri Joyeux, éd. de l'Œil.

VOIR AUSSI
Alimentation > p. 209
Psycho-neuro-immuno-endocrinologie (PNIE) > p. 294
Système immunitaire > p. 319

OBSERVATION

Ton héritage culturel n'influence pas seulement la manière dont tu abordes les choses ou les gens, mais aussi la façon même dont tu les observes. Plusieurs études le prouvent. L'une d'elles, parue dans le *Journal of Personality and Social Psychology* (mars 2008), met en évidence que, quand on leur demande d'identifier l'émotion dominante d'un personnage situé au premier plan d'une image, sept Canadiens sur dix ne tiennent pas compte de l'expression des personnages au second plan. Pour le même nombre de Japonais, c'est au contraire la relation entre les personnages, et non l'individu seul, qui détermine leur jugement. L'auteur canadien de l'enquête invoque la tradition du *kuuki wo yomu*, ou « sentir le vent », pour expliquer cette attention portée sur l'ensemble de l'image plutôt qu'à un seul sujet. Une piste à suivre pour élargir ton champ d'observation ?

VOIR AUSSI
Attention > p. 214
Information > p. 260
Présents > p. 290

VOIR QUESTION
Quelle relation entretiens-tu avec l'invisible ? > p. 96

OCCULTER LA MORT

L'évitement

Quoi que nous fassions pour l'oublier, la connaissance de la mort est là, tapie au fond de nous. Une seule chose est certaine dans notre devenir : nous mourrons un jour. Cette perspective nous fait d'autant plus peur que nous échangeons peu sur ce sujet, et chacun se ressent très seul face à son angoisse. Il y a différentes stratégies face à cette peur. La majorité de nos contemporains adoptent l'évitement. Dans une enquête récente, la moitié des Français interrogés sur le sujet donnaient des réponses qu'on peut regrouper en une phrase magique et conjuratoire : « La mort, tant que je n'y pense pas, elle n'existe pas. » Et tout est fait, surtout dans les grandes villes, pour que nous l'oubliions : suppression des marques extérieures de deuil, discrétion et rapidité des cérémonies funéraires, etc.

Pour beaucoup d'entre nous, la mort la moins horrible est celle qui survient sans qu'on s'en rende compte, en dormant de préférence ; et si une personne de notre entourage est menacée d'une fin prochaine, nous estimons de notre devoir de la protéger de la connaissance de cette menace. Jusqu'au XVIIIe siècle, chacun considérait au contraire de son devoir d'avertir un proche de sa mort probable, afin qu'il s'y prépare, car ce moment était considéré comme le plus important de sa vie. L'occultation de la mort est donc un phénomène récent ; et également restreint à notre culture occidentale. La plupart des autres cultures ont abordé et affrontent la mort d'une tout autre manière, ne se préoccupant pas seulement d'ailleurs du devenir de notre être dans un hypothétique au-delà, mais aussi de la préparation du mourant, du soutien nécessaire au passage. L'accompagnement du mourant fait partie de la vie quotidienne.

Aujourd'hui en Occident, nous devons réapprendre les gestes et les paroles de cette dernière solidarité. Le mouvement pour les soins palliatifs nous a mis sur cette voie. Venant des pays anglo-saxons, initié par les travaux d'Elisabeth Kübler-Ross et de quelques autres, il nous a rappelé les besoins des mourants : l'information, l'écoute des émotions liées au deuil, le soulagement de la douleur physique et morale, un soutien pour pouvoir se mettre en paix avec soi et les autres, une présence de qualité...

Recueillir la parole

Autrefois, et cela se pratique encore sous d'autres cieux, les proches avaient le souci de recueillir les paroles des mourants comme des enseignements. En témoignent de nombreux textes, dans l'histoire, la littérature (*Fable du laboureur* de Jean de La Fontaine). Comme si l'approche de la mort donnait à l'homme une meilleure connaissance de ce qu'est la vie, une sagesse lui permettant de séparer le contingent de l'essentiel, de dégager un peu mieux le sens général de l'existence. En ne nous permettant pas une communication émotionnelle sur le sujet, nous nous privons de ces messages. Probablement cela contribue-t-il au fait que beaucoup de personnes ne savent plus donner sens à ce qu'ils vivent et se perdent dans le contingent.

Si nous parvenons à changer notre regard sur la vieillesse, à y voir un temps d'achèvement plutôt que celui de la détérioration, nous trouverons des ressources pour traverser cette dernière étape quand le moment en sera venu, et nous pourrons aider les personnes âgées de notre environnement à soutenir leur élan de vie jusqu'au terme du parcours, quelles qu'en soient les difficultés. Pour que notre milieu culturel soit porteur de ces valeurs, il est nécessaire de ne pas occulter la mort, y compris auprès des enfants ; qu'ils puissent nous en parler, nous questionner sans nous mettre en malaise. Exprimer leurs émotions liées aux processus de deuil les aide à accepter les pertes successives auxquelles la vie les confronte inéluctablement. Pour cela, il est impératif que nous ayons appris à gérer dans notre propre existence les diverses ruptures d'attachement, et que nous ayons moins peur de la mort. S'il n'est pas donné à tous de croire, comme Mircea Eliade, que « le miracle de la mort ne réside pas dans ce qu'elle achève, mais dans ce qu'elle inaugure », chacun doit un jour ou l'autre dépasser Rimbaud et son irréaliste « Je me révolte contre la mort », et se réconcilier avec l'inéluctable.

À lire...

- *Nous ne nous sommes pas dit au revoir*, M. de Hennezel, éd. Pocket.
- *Réapprivoiser la mort*, Patrice van Eersel, éd. Le Livre de Poche.

VOIR AUSSI

Accompagnement de l'autre > p. 206
Deuil > p. 234
Préparé au changement > p. 290

VOIR QUESTION

À quoi sert ta souffrance ? > p. 68

ON SOUFFRE PLUS DANS LA PASSIVITÉ

« On le sait aujourd'hui de façon scientifique : l'idée que l'on se fait d'une douleur ou d'un événement peut nous faire davantage souffrir que le fait de vivre l'expérience soi-même. Des recherches ont par exemple été menées aux États-Unis sur des frères dont l'un partait au front et se retrouvait blessé, alors que l'autre restait à l'arrière : quand on mesurait leurs taux de cortisol respectifs, indicateur de la douleur, celui qui était au front souffrait moins dans son corps que celui qui était resté chez lui. [...] Aujourd'hui, nous savons que c'est la réalité. Et les théories de l'action l'expliquent très bien. Quelles que soient vos souffrances, si vous pouvez agir, même dans un camp de concentration, même dans un avion en train de tomber, même pris par les glaces, vous maîtrisez quelque peu la situation, ne serait-ce que d'un epsilon. Alors que quand vous souffrez pour quelqu'un d'autre, vous imaginez et ne pouvez rien faire. Et cela rend la souffrance – et le traumatisme – beaucoup plus grands. [...] Votre souffrance peut [...] se trouver dramatiquement accrue si vous êtes influencés par des conditionnements transgénéalogiques, c'est-à-dire des tâches inachevées de vos aïeux, sur lesquelles vous n'avez *a priori* aucune prise, du moins tant que vous ignorez que cela se travaille. »
Anne Ancelin-Schützenberger (*Nouvelles Clés*, nº 60).

VOIR AUSSI

Agir ou subir ? > p. 208
Responsabilité et culpabilité > p. 305

VOIR QUESTION

Quelles sont tes peurs ? > p. 60

ORGANISATIONS

L'un des grands défis de l'humanité actuelle est d'inventer un type d'organisation « en bonne santé », qui soit capable de résoudre les problèmes écologiques, sociaux et éducatifs qui se posent à tous. Les collectivités doivent pouvoir compter sur l'adhésion, la créativité et l'engagement de tous, citoyens et collaborateurs. Pourtant, elles sont freinées par des problèmes internes (difficultés de communication, conflits interservices, bureaucratie, etc.). Pour entrer dans l'ère de l'intelligence collective, il est urgent de changer les règles de communication inconscientes qui perpétuent ces problèmes. À la recherche de nouvelles architectures capables de créer des organisations en bonne santé, les chercheurs de Taovillage ont découvert une forme de management collaboratif fonctionnant avec les quatre règles de la « sociocratie » – mot inventé par Auguste Comte pour désigner le prochain horizon de la démocratie, où l'humain, même minoritaire, est remis au centre.
La première règle sociocratique est un mode de prise de décision « par consentement ». Aucune décision affectant le fonctionnement de l'organisation n'est prise tant que l'un des membres y oppose une objection argumentée. L'objection n'est plus synonyme d'obstruction, mais d'identification des limites, qui deviennent les conditions de réalisation de la proposition. Le processus permet de faciliter l'identification de ces conditions et la mise en pratique des décisions.
Par ailleurs, l'organisation de type pyramidal, dont le pouvoir s'exerce de haut en bas, n'est pas outillée pour engendrer des mécanismes efficaces de retour de l'information du bas vers le haut. Pour y remédier, l'idée est de créer dans l'organisation des « cercles de concertation », dont le principe organisateur est le feed-back et non le pouvoir. C'est la seconde règle : mise en place d'une structure de concertation préalable à chaque niveau de la hiérarchie. Chaque cercle nomme en interne un animateur de séance et un secrétaire.
La troisième règle est celle du « double lien ». Ordinairement, le responsable d'une équipe siège sur deux cercles : le sien et celui de son supérieur hiérarchique. Il représente ainsi le seul lien reliant

deux cercles. Le retour d'information en pâtit. L'idée sociocratique consiste à compléter le système existant, en ajoutant un autre lien : le cercle inférieur nomme un représentant, qui siège avec le responsable de l'équipe au cercle supérieur. Son rôle est juste de véhiculer l'information. La quatrième règle est appelée « l'élection sans candidat ». Un des pouvoirs les plus importants, pour une équipe, est celui de choisir ses membres et de décider des responsabilités que l'on va confier à chacun. Dans la nouvelle organisation, le choix et l'affectation des personnes dans une fonction se fait sur la base du consentement des membres présents, et ce après discussion ouverte dans le cercle.
Des évaluations formelles ont démontré que les organisations fonctionnant ainsi (notamment en Hollande et au Québec) connaissaient un accroissement du niveau de la productivité de 30 à 40 %, une réduction du taux d'absentéisme et une implication accrue du personnel. Managers et salariés trouvent un plaisir nouveau dans le travail. Plus faciles à gérer, ces organisations font preuve d'une capacité exceptionnelle à innover, à se régénérer et à réagir aux imprévus. Elles peuvent être perçues comme des êtres collectifs « en bonne santé ».

À lire...
- *Le Jeu du Tao. Comment devenir le héros de sa propre légende*, éd. Albin Michel/Taovillage.
- *La Cinquième Discipline*, Peter Senge, éd. First.

À voir...
www.taovillage.com

VOIR AUSSI
Conscience collective > p. 223
Groupes de parole > p. 253
Intelligence collective > p. 260

VOIR QUESTION
Comment ton mieux-être peut-il améliorer l'état de la planète ? > p. 104

ORGUEIL SPIRITUEL

Tu connais l'orgueil matériel, mais connais-tu l'orgueil spirituel ? Dans la découverte de toi-même et des mondes spirituels, ton mental va te construire un monde parfait. Tu auras l'impression d'être un grand méditant ou une personne de cœur, tu parleras d'amour comme solution à tout, et pourtant tu seras toujours focalisé sur toi avec un grand souci de ta propre évolution, de tes blessures et de tes guérisons. Et que dire de ta vie réelle, de tes actes ? Tu préféreras la fuite plutôt que de t'engager dans la mise en pratique de tes grandes idées.
Pourtant, ce n'est qu'en te frottant au monde, en passant à une vraie conscience collective, en amenant tes ombres vers la lumière et surtout en lâchant complètement prise que tu pourras commencer le véritable chemin vers l'humilité.

VOIR AUSSI
Conscience collective > p. 223
Lâcher prise > p. 263

VOIR QUESTION
As-tu conscience de ta puissance ? > p. 88

OSTÉOPATHIE

S'inspirant de la tradition des rebouteux, la plus ancienne thérapie utilisée par l'homme, l'ostéopathie lui apporte une explication. Inventée par le médecin américain Andrew Taylor Still (1828-1917), elle part du principe que les maux physiques ou psychologiques ont des résonances partout dans le corps. L'organisme formant un tout en permanente interaction mécanique et fonctionnelle, il ne faut jamais s'arrêter à un symptôme, mais remonter les chaînes de causalité, à la fois dans l'espace – un mal de dos peut être l'effet d'un orteil coincé – et dans le temps – la pratique des ostéopathes expérimentés leur permet de remonter jusqu'à l'enfance du patient rien qu'en le palpant avec subtilité et vigilance, pour repérer son très subtil mécanisme respiratoire primaire. La main, par les manipulations, représente l'outil essentiel tant du diagnostic que du traitement. Trois techniques de l'ostéopathie peuvent être pratiquées. La première est dite structurelle (incluant les manipulations vertébrales et articulaires) ou *Thrusts Technics*, la deuxième viscérale (qui intéresse les organes) et la troisième crânienne. Selon diverses études, cette médecine soulage la douleur, facilite la grossesse et l'accouchement, contribue à soigner la sciatique, la dépression, les troubles intestinaux et l'hypertension. L'ostéopathie est également à l'origine de découvertes fondamentales en ce qui concerne la mobilité des os du crâne. Fait remarquable, non enseigné à l'université : tout notre organisme est enveloppé de tissus très fins, les fascias, mettant en lien nos intestins ou notre cœur avec notre cerveau ou avec nos orteils. Les fascias respirent ou pulsent de façon imperceptible. C'est la fameuse respiration primaire.

À lire...
- *L'Ostéopathie : techniques et exercices pour tous*, Pascal Pilate et Hélène Caure, éd. Eyrolles.
- *Se soigner par l'ostéopathie*, Gilles Mondoloni, éd. Odile Jacob.
- *L'Ostéopathie exactement*, Lionelle et Marielle Issartel, Viola Frymann, éd. Robert Laffont.

VOIR AUSSI
Étiopathie > p. 245
Massage > p. 268
Mouvement > p. 274

OUI À TOUT LE MONDE

« Accepter..., écrivent Jacques Salomé et Sylvie Galland. C'est un mot immense, un mot-ouverture, un mot couleur d'utopie, qui souvent recouvre et voile un labyrinthe intérieur de refus, de désirs contradictoires, de peurs, d'hésitations et de précautions défensives. On dit oui, et puis on s'en veut. »

Et pourquoi penses-tu que le bébé sache spontanément dire non bien avant oui ? La nature fait bien les choses. Savoir refuser est le début de la constitution d'une personnalité. Il ne faut pas s'arrêter là, bien sûr. Le refus systématique te ferait passer à côté de la vie. Mais apprends à dire non quand tu sens les choses ainsi, et ton oui n'en sera que plus ouvert et plus fort. Et les occasions ne manquent pas ! Au déjeuner dominical chez les beaux-parents, à quelqu'un qui s'invite, à un patron qui demande un travail à la dernière minute, à une vendeuse qui essaie de te vendre un horrible pantalon.

Seulement voilà, on dit oui. Si tel est ton cas, il est temps de changer. Tu peux t'inspirer des conseils de Marie Haddou, psychologue clinicienne et auteure d'un livre où elle décrit de nombreuses situations à l'aide d'exemples authentiques, et propose une transformation en deux étapes : comprendre puis mettre en pratique. Commence par raisonner. De quoi as-tu peur en disant non ? Ces peurs sont-elles fondées ? As-tu peur d'être perçu comme un individu agressif ou d'être rejeté ? Parfois, le désir de ne pas décevoir nous conduit à cette autocensure qui entame notre énergie quotidienne. Évite la fuite et le mensonge chronique. Affirme-toi et fais valoir tes droits !

Attention, il ne s'agit pas non plus de tomber dans le non à tout, qui ne mène à rien et est souvent le signe d'un trouble psychiatrique. Apprendre à dire non nous oblige à faire face aux peurs qui nous piègent à notre insu.

À lire...

- *Les Mémoires de l'oubli*, J. Salomé et S. Galland, éd. Albin Michel.
- *Savoir dire non*, Marie Haddou, éd. J'ai Lu.
- *Dire non, ça s'apprend*, Dominique Fromm, éd. Dangles.

VOIR AUSSI

Lâcher prise > p. 263
Rire > p. 308
Aider soi (S') > p. 209

VOIR QUESTION

Qu'est-ce qui t'en a empêché jusqu'ici ? > p. 52

OUVERTURE À LA SPIRITUALITÉ

La référence à la spiritualité peut sembler plus difficile à celui qui n'a aucun ressenti de transcendance. Les repères manquent et le chemin n'est pas montré. C'est comme s'enfoncer dans une forêt sombre sans même une lanterne pour s'éclairer. Dans cette situation, il y a nécessité de supposer l'existence de la Lumière, de trouver une confiance quelque part dans les idées, les croyances, les livres, les témoignages des autres, etc. Mais tout cela risque de rester à un niveau intellectuel. L'expérience de l'engagement serait-elle une lanterne valable ? Prendre le parti de se laisser guider par la Lumière même quand on ne la voit pas et ne la sent pas ; développer en soi et autour de soi les conditions pour qu'elle émerge, c'est faire le pari du sens, le pari de Pascal. Concrètement, ce peut être poser la question du sens des événements, interroger les signes et les symboles, envisager la souffrance comme une initiation, dans les situations les plus obscures et difficiles chercher le point de lumière. Ce parti pris s'applique bien sûr autant dans la relation à soi-même que dans la relation à l'autre.

La communication qui, à l'évidence, circule entre les êtres, cette communication d'inconscient à inconscient dont parlent les psychanalystes, n'est-elle pas fondamentalement de l'ordre de l'esprit ? Certains l'appelleront énergie psychique, d'autres énergie cosmique, vibration, information, conscience, Dieu, souffle... Au-delà des mots, ne s'agit-il pas de la même chose qui nous relie à un ailleurs et qui comportera toujours sa dose de mystère ?

À lire...

- *La Rage de l'absolu*, Denise Desjardins, éd. La Table ronde.
- *La Quête de guérison : médecine et religions face à la souffrance*, ouv. coll., éd. Bayard.

VOIR AUSSI

Communication non violente (CNV) > p. 221
Joie > p. 262
Sens de ta vie > p. 311
Sérénité > p. 314
Tâche achevée > p. 322

VOIR QUESTIONS

À quoi sert ta souffrance ? > p. 68
Quelle relation entretiens-tu avec l'invisible ? > p. 96

PANEL

Aujourd'hui, le monde du mieux-être bénéficie d'innombrables méthodes, techniques, voies, issues aussi bien des traditions de sagesse que de la pratique et de la recherche du monde moderne. Il nous est impossible ne serait-ce que de les citer toutes, et encore moins de te les décrire en détail. Mais il y a quelques pistes, qui peuvent t'ouvrir quelques portes intéressantes.

Acupuncture > p. 207
Analyse transactionnelle (AT) > p. 211
Approche centrée sur la personne (ACP) > p. 213
Aromathérapie > p. 213
Art-thérapie > p. 213
Automassage *do-in* > p. 215
Ayurveda > p. 215
Cohérence cortico-cardiaque > p. 220
Communication non violente (CNV) > p. 221

EMDR et EMT (Eye Movement Desensitization and Reprocessing et Eye Movement Technique) > p. 239
Ennéagramme > p. 244
Étiopathie > p. 245
Fleurs de Bach > p. 250
Gestalt-thérapie > p. 252
Haptonomie > p. 254
Homéopathie > p. 255
Hypnose > p. 256
Immunité et alimentation > p. 259
Kinésiologie > p. 263
Mouvement > p. 274
Massage > p. 268
Médecine corps-esprit > p. 268
Médecine traditionnelle chinoise > p. 271
Méthode Alexander > p. 272
Musicothérapie > p. 274
Naturopathie > p. 275
Nutrithérapie > p. 277
Ostéopathie > p. 280
Pilates > p. 285
Phytothérapie > p. 284
Programmation neurolinguistique (PNL) > p. 293
Psychanalyse > p. 293
Qi gong > p. 296
Réflexologie > p. 300
Reïki > p. 302
Respiration holotropique > p. 304
Sophrologie > p. 317
Thérapies comportementales et cognitives (TCC) > p. 326
Thérapie familiale > p. 326
Yoga > p. 341

À lire...

- *Encyclopédie pratique de la nouvelle médecine occidentale et alternative pour tous les âges*, ouv. coll., éd. Robert Laffont.
- *Guide des médecines naturelles*, J.-E. Altherr, éd. Flammarion.

VOIR QUESTION

À quels besoins dois-tu accorder plus d'importance ? > p. 92

PARDON

Selon Marguerite Kardos, spécialiste de la médecine antique sumérienne, la capacité de pardonner constituait pour cette tradition l'un des trois critères de la santé – avec le don de remercier et d'être joyeux, l'absence de pardon étant à l'inverse source de maladie.

Autre esprit éclairé, la théologienne protestante Lytta Basset présente la quintessence d'une recherche de plus de dix années sur le sujet, avec les grandes étapes de cet incontournable travail de pacification avec le passé.

Dans une enquête comprenant de nombreux témoignages, la journaliste Guillemette de Sairigné montre combien le pardon traverse encore aujourd'hui toute l'expérience humaine, de la guerre à l'amour, de la santé au crime, de l'innocence à la responsabilité.

Les exemples les plus poignants concernent évidemment la guerre et ceux que le philosophe Vladimir Jankélévitch appelait les « surdoués du pardon ». Mais le pardon ne manque pas non plus dans la vie quotidienne de tout un chacun, démontre l'auteur. « Mon but, dit-elle, était de laïciser le pardon, de le rendre accessible à tout le monde et pas seulement aux chrétiens, même si je suis obligée d'admettre que les "surdoués" les plus frappants sont souvent imprégnés de foi christique. »

Il s'agit surtout de comprendre que le pardon est une notion moderne. Débordant le domaine spirituel, il intéresse toutes les sciences humaines, aussi bien la psychologie que la médecine, la philosophie et l'anthropologie. Dans le monde chaotique d'aujourd'hui, il est l'une des clés de l'évolution humaine.

À lire...

- *Au-delà du pardon. Le désir de tourner la page*, Lytta Basset, éd. Presses de la Renaissance.
- *L'Homme qui a tué mon frère*, Brigitte Sifaoui, éd. Albin Michel.
- *Mille pardons !*, Guillemette de Sairigné, éd. Robert Laffont.

VOIR AUSSI

Communication non violente (CNV) > p. 221
Guérir > p. 253

VOIR QUESTIONS

Quelle énergie t'apportent les autres ? > p. 86
À quels besoins dois-tu accorder plus d'importance ? > p. 92

PAROLE DÉLIVRE (LA)

Beaucoup d'anciennes traditions affirment que le moindre mot humain crée une forme, bonne ou mauvaise, avec laquelle il faut ensuite compter. D'où l'étonnement inquiet des cultures traditionnelles devant ce qu'elles considèrent comme l'irresponsabilité des hommes modernes, pour qui tout le monde est censé pouvoir dire n'importe quoi sans que cela ait de conséquence. Les psychothérapies comme la psychanalyse ont retrouvé l'ancienne vision : c'est par le langage que nos esprits se forment. Le nouveau-né ne différencie pas son propre corps de celui de sa mère. Peu à peu, ses sens, en particulier ses yeux, l'aident à distinguer le moi du non-moi, mais à condition que l'amour et la conscience de ses parents soient là pour l'aider à transformer ses sensations, d'abord en images, puis en mots. Dans cette optique, le mal ou le péché originel serait tout ce qui est non imagé, non pensé, non dit – autant de fermetures dont la psychogénéalogie nous apprend aujourd'hui qu'elles peuvent être pathogènes sur plusieurs générations.

Ce qui nous rend humain dans la petite enfance, c'est la parole. Comment cela fonctionne-t-il ? Didier Dumas propose l'explication suivante. Si l'on considère toute communication comme un champ de relations vibratoires, d'une certaine façon aucune séparation n'existe, puisque dans un espace vibratoire rien n'est vraiment séparé : ce que nous voyons, ce sont des vibrations qui relient nos yeux aux objets regardés ; ce que nous entendons, ce sont des vibrations qui relient des bouches à des oreilles ; nos sensations érotiques se déploient dans un espace vibratoire commun ; sans la mise à distance qu'opèrent

les images et les mots dans notre fonctionnement cérébral, nous ne vivrions pas comme séparés les uns des autres.
Ce processus fait que le mental s'enracine tout d'abord dans le musculaire. C'est l'origine même de la psychanalyse. Freud considérait ses patientes hystériques comme les véritables inventeurs de sa science. Que se passe-t-il dans l'hystérie ? Des sensations brutes, innommables ou indicibles, s'expriment à travers des troubles corporels, des paralysies ou d'autres symptômes, qui ne parviennent pas à se métamorphoser en images, et encore moins en mots. La cure psychanalytique permet à ces sensations innommables de devenir des images grâce aux rêves. Puis, en racontant ces derniers à son psychanalyste, les images de l'analysé se transforment en mots. Inversement, lorsque la « peau de sensation » devient imperméable, se bloque ou se déconnecte des autres registres mentaux (images et mots), apparaissent des symptômes corporels, par lesquels le corps cherche à s'exprimer coûte que coûte, parfois jusqu'à la maladie. En bref, la parole est ce qui nous rend humain, à l'origine, et peut aussi nous délivrer de l'inhumanité, lorsque celle-ci étend sur nous son voile d'absence et de mort.

À lire...
- *La Bible et ses fantômes*, Didier Dumas, éd. Desclée de Brouwer.

VOIR AUSSI
Verbe est créateur (Le) > p. 335

VOIR QUESTION
Connais-tu le pouvoir des mots ? > p. 82

PENSÉE EST ÉNERGIE (LA)

Faute de pouvoir la mesurer autrement que par ses effets, la science occidentale peine à intégrer cette force de vie qui semble vouloir échapper à l'équation énergétique la plus célèbre du monde : $E = mc^2$.

« Grâce à la biologie fondamentale, on sait que les cellules communiquent entre elles par ondes radio, ultraviolet, infrarouge, disait le regretté Jean-Pierre Lentin, journaliste scientifique spécialiste des rapports entre l'électromagnétisme et la santé. Dans cette énergie, l'information (fréquence et modulation) est plus importante que la puissance. Une voie s'ouvre pour expliquer l'acupuncture : certaines protéines agiraient comme des semi-conducteurs. Traversées de courants très faibles, elles dessineraient en quelque sorte les méridiens. Ce serait comme pour l'influx nerveux : le corps humain n'a pas de pile, mais nos nerfs et nos muscles sont parcourus en permanence de courants électrochimiques dont l'énergie provient précisément des cellules concernées : les échanges d'électrons (chimiques) produisent des courants (électriques). » (*Nouvelles Clés*, n° 29)

Une énergie palpable ?

« Expliquer ce qui n'est encore qu'une hypothèse demanderait un long développement, poursuivait Jean-Pierre Lentin. On ignore par exemple quelles protéines présentes dans le corps pourraient "s'aligner" pour dessiner ces fameux méridiens. Peut-être aussi manquons-nous simplement d'appareils assez sensibles pour détecter les phénomènes électrochimiques parcourant ce système de distribution énergétique que constituent les méridiens ? Après tout, il nous a fallu longtemps pour comprendre les mécanismes électrochimiques de l'influx nerveux – pourtant bien ressenti quand on se cogne le coude ! » À mesure que nous la cernons, cette énergie nous échappe. On pense à la force originelle accompagnant le big bang. Ou à l'élan vital dont parlaient les philosophes dits « vitalistes », qui pensaient que toute la nature est imprégnée de « germes de vie » porteurs de l'énergie divine. Ils nous ramènent tout droit au souffle divin dont parlent toutes les religions. Autrement dit, au mystère.

À lire...
- *Ces ondes qui tuent, ces ondes qui sauvent*, Jean-Pierre Lentin, éd. Albin Michel.
- *Nouvelles Clés*, n° 29, article de Jean-Pierre Lentin.

VOIR AUSSI
Nos pensées créent le monde > p. 276

VOIR QUESTION
Comment ton mieux-être peut-il améliorer l'état de la planète ? > p. 104

PETITE VOIX

Les voix du ciel sont étonnantes ! Ainsi Eileen Caddy confie que c'est aux toilettes que se fit entendre sa petite voix, alors qu'elle vivait le déchirement d'une séparation. Sa voix lui enjoignait de planter un potager dans la terre inculte de la côte nord de l'Écosse, battue par les vents. Les esprits de la nature, les Devas, l'inspirèrent ensuite dans son jardinage, lui suggérant d'employer des techniques inédites qui se révélèrent terriblement efficaces. Depuis 1962, la communauté de Findhorn, où Krishnamurti avait coutume de séjourner, s'est développée autour du jardin potager luxuriant d'Eileen Caddy et est devenue un pôle majeur du développement personnel en Europe. Une quête individuelle sincèrement menée, à l'écoute de ta voix intérieure, peut déboucher sur une action qui te dépasse – et à laquelle le monde alors répond – pour rejaillir sur la communauté humaine.

À lire...
- *La Petite Voix*, Eileen Caddy, éd. Le Souffle d'Or.
- *Dialogues avec l'ange*, ouv. coll., éd. Aubier.

VOIR AUSSI
Intuition > p. 261

VOIR QUESTION
Que vas-tu faire pour ton mieux-être ? > p. 98

PEUR

Un atout

Pour oser en vanter les louanges, il faut distinguer la peur de la phobie, de l'angoisse ou de l'anxiété. La grande différence tient à ce que ces dernières n'ont pas de raison d'être, étant des peurs sans objet ou irraisonnées. La peur des araignées ou des rats, par exemple, est une phobie. La peur vraie est immédiate, réaction réflexe de l'organisme à une information perçue comme un danger. Et, en cela, elle nous sauve, mobilise nos ressources pour l'affrontement ou la fuite. Quant à la peur qui ne trouve pas d'issue dans la lutte ou l'évitement, elle peut servir de nourriture à nombre de dysfonctionnements physiques et psychiques, liés à l'excès de stress, et de cause à ses sœurs déjà mentionnées. Elle s'accompagne alors des mêmes manifestations : pâleur, accélération de la respiration et du rythme cardiaque, boule dans la gorge, sueur, diarrhée, jambes qui flageolent... Le stress a mille visages et de multiples sources !

Un handicap

Il convient cependant de ne pas perdre la tête, surtout en cas de panique collective : de nombreuses expériences, menées notamment par l'industrie aéronautique, ont montré qu'en cas d'accident réel les mouvements de foule prennent une allure combative et désordonnée qui réduit les chances de survie, ralentissant les flux plutôt que les accélérant. Il y a un pas entre peur animale qui sauve et peur humaine, soumise à bien d'autres facteurs que le danger qui la provoque. Filles et garçons n'ont pas peur de la même façon. Au début de la vie, la petite fille est statistiquement plus stable émotionnellement que le petit garçon et a donc moins peur. Mais, ensuite, les rôles sociaux et le contexte culturel tendent à masquer la peur des hommes et à révéler celle des femmes. Il n'empêche qu'une personne sur deux connaît un dérèglement de ce mécanisme, et une sur dix à un point tel que son existence devient insupportable. Certains jours, n'as-tu pas l'impression que la peur tapisse notre vie et que nous sommes hantés par la hantise de la peur ?

Un outil

La peur n'en reste pas moins utile, et c'est sans doute la raison pour laquelle nous aimons le suspense ou les films d'horreur. Le médecin psychiatre Christophe André estime que nous y cherchons des piqûres de rappel. Selon lui, nous vivons dans des sociétés si sécurisées que nous ne comprenons pas combien nos lointains ancêtres étaient habités à tout instant, sinon par la peur, du moins par une vigilance aiguë. Ce mécanisme existe toujours en nous. Mais il peut aussi se gripper, ce qui ne serait pas une bonne chose, car nul ne sait si un danger ne le guette pas. Voilà pourquoi notre instinct nous pousse à faire de temps en temps des essais, comme on teste les sirènes le premier mercredi du mois !

Il ne faudrait cependant pas en abuser, comme le font les médias pour rendre nos cerveaux disponibles à la publicité, accusent de nombreux critiques allant du philosophe américain Noam Chomsky, connu pour ses positions radicales, jusqu'aux très libéraux chroniqueurs anglais de la revue *Spiked*, en passant par l'écologiste français Guy Hascoët. La peur est mauvaise conseillère. La Grande Peur de juillet 1789, aux causes obscures, déclencha des ravages à travers la France.

À lire...

- *Psychologie de la peur*, Christophe André, éd. Odile Jacob.

VOIR AUSSI

Cuirasses > p. 228
Liste abominable des innombrables peurs > p. 265
Phobies > p. 284

VOIR QUESTION

Pourquoi le demander maintenant ? > p. 42

PHYTOTHÉRAPIE

Les molécules de synthèse de nos médicaments ne savent pas reproduire l'action intégrale des molécules naturelles, dont elles sont généralement inspirées. Dans la plante, la molécule agit en synergie avec d'autres molécules, selon des mécanismes subtils que la synthèse ne parvient pas toujours à reproduire. S'il n'est pas question de dénigrer le pouvoir des médicaments issus de l'industrie chimique, ni sa capacité à inventer de nouveaux produits actifs, il faut reconnaître que nombre de nos maux pourraient être soignés par un retour aux plantes, raisonné et nourri des connaissances modernes.

À lire...

- *Nouveaux remèdes naturels*, Jean-Marie Pelt, éd. Marabout.
- *Phyto-aromathérapie pratique*, Marcel Bernardeau, éd. Dangles.

VOIR AUSSI

Aromathérapie > p. 213

PHOBIES

Médecin psychiatre à l'hôpital Sainte-Anne à Paris et auteur prolifique, Christophe André compare volontiers nos phobies aux inflammations déclenchées par notre système immunitaire pour nous protéger des corps étrangers. « Le problème surgit, dit-il, quand l'inflammation se déclenche inopinément et que nous faisons une allergie. Eh bien, beaucoup d'humains ont des sortes d'allergies psychiques qui les mettent en état de panique, alors que rien ne les menace. Ils se mettent à avoir "peur d'avoir peur", élaborent des phobies qui peuvent devenir très handicapantes. Si un adulte sur deux connaît des peurs excessives, on estime qu'entre 5 % et 10 % des Français souffrent de phobies graves aujourd'hui. Heureusement, nous savons comment les soigner et rendre leur existence à nouveau viable. » À ses yeux, en effet, les thérapies comportementales et cognitives ou même l'EMDR (Eye Movement Desensitization and Reprocessing) sont bien plus efficaces pour ce genre de problèmes que la psychanalyse : nous, humains, pouvons contrôler nos peurs en nous y confrontant, alors que les animaux ne le peuvent pas et fuient. « Dans notre espèce, dit Christophe André, la peur n'est pas exactement innée, ni gravée à jamais, même si nous avons d'incontestables prédispositions à certaines peurs – mais plus culturelles que génétiques. La psychanalyse nous a apporté le meilleur comme le pire, dans une certaine confusion, mélangeant en particulier thérapie et développement personnel. Quand un patient souffre, je me dois de le soulager et de lui permettre de retrouver une vie quotidienne "normale". Qu'il ait ensuite le désir d'en savoir plus sur lui-même, sur son enfance ou sur sa transgénéalogie, très bien : j'appelle ça du développement personnel et c'est autre chose. » Sans prendre parti dans cette polémique, remarquons que la psychanalyse nous a appris que nos phobies n'étaient pas toutes liées à un événement traumatisant. Même s'il est parfois bon d'en rechercher la cause, il faut savoir qu'elles sont souvent le produit d'un déplacement, grâce auquel notre peur maintient dans l'inconscient ses véritables motifs. La peur d'être mordu par un cheval dont témoignait le petit Hans, cas célèbre qui permit à Freud de livrer en 1909 son analyse de la phobie, n'avait pas grand-chose à voir avec les chevaux !

À lire...

- *Psychologie de la peur : craintes, angoisses et phobies*, Christophe André, © Odile Jacob, 2004.
- *Réussir à surmonter peurs, anxiétés et phobies*, Stéphane Ruzinek et Helen Kennerley, éd. Dunod.

VOIR AUSSI
Écouter tes émotions > p. 238
Peur > p. 284
EMDR > p. 239

VOIR QUESTION
Quelles sont tes peurs ? > p. 60

PILATES

Cette gymnastique fut inventée au début du XXe siècle par Joseph Pilates – un homme au parcours extraordinaire ! – et s'appuie sur le contrôle et le développement des muscles profonds, notamment de ceux qui, sous le pelvis et le bassin, assurent le maintien de la colonne vertébrale. C'est le renforcement de la structure musculo-squelettique qui est visé. La méthode – que Pilates ne prit pas la peine de breveter – a montré ses bienfaits dans la rééducation post-traumatique et a bénéficié de l'engouement de nombreux danseurs professionnels.

À lire...

- *La Méthode Pilates*, Caroline Brie et Lynne Robinson, éd. Marabout.

PLACEBO

« Je plairai »

En latin, *placebo* signifie « je plairai », terme adopté par saint Jérôme (340-420) pour traduire le psaume 116 de la Bible, dédié au culte des morts. Au verset 9, le récitant promet : « Je plairai au Seigneur dans le monde des vivants » (*placebo Domino in regione vivorum*). Introduit sous ce titre dans la liturgie catholique des vêpres à la fin du Moyen Âge, le psaume devient célèbre au point de désigner la cérémonie entière. On dit alors « aller à placebo » pour les vêpres, puis, de plus en plus péjorativement, « chanter un placebo » pour désigner l'affirmation ostensible de la foi. En 1803, en pleine période scientiste, le mot entre dans le dictionnaire médical anglais pour qualifier « tout remède prescrit davantage pour faire plaisir au patient que pour lui être utile ».

Illusion efficace

Tout le monde connaît aujourd'hui ce faux médicament qui agit comme un vrai simplement parce qu'on croit qu'il l'est, et la question n'est plus de prouver son efficacité. Depuis les années 1950, les études comparatives nécessaires pour commercialiser de nouveaux médicaments l'ont suffisamment rencontré pour que, crédité d'un taux de guérison variant de 10 à 70 % selon les pathologies, cette cause soit entendue. Une recherche menée à l'université de Colombie-Britannique (*Science*, vol. 213, 2001) a montré, grâce à l'observation par imagerie cérébrale de l'activité neuronale de patients parkinsoniens, qu'un traitement placebo provoquait dans le cerveau et le reste du corps exactement le même phénomène que la molécule du traitement réel (ici l'apomorphine, qui stimule la production de dopamine dont la carence est responsable de la maladie). Depuis cette expérience, les résultats s'accumulent dans les laboratoires pour confirmer le phénomène : le cerveau de patients dépressifs ayant répondu positivement au placebo du Prozac montre des changements similaires à ceux induits par le médicament (*American Journal of Psychiatry*, 159, 2002) ; le simple fait de dire à des patients que l'on va atténuer leur douleur provoque déjà dans leur cortex une réaction qui active le réseau producteur d'opiacés naturels (*Science*, vol. 295, 2002). Faut-il enfin mentionner les innombrables études qui, depuis la première en 1959, ont montré que l'effet placebo fonctionnait même en chirurgie ?

Pouvoir des mots

Le simple pouvoir de la parole suffit à déclencher une réaction positive. Cela redonne toute son importance au médecin, comme le montre une autre étude célèbre citée par la revue médicale *The Lancet* (vol. 344, 1994). Un médecin de famille de Southampton a choisi dans sa clientèle 200 patients qui se plaignaient de troubles vagues : douleurs diverses, toux, stress, fatigue, autant de maux pour lesquels il est difficile de faire un diagnostic précis. Séparant ces patients en deux groupes, il affirma avec conviction aux premiers qu'ils se rétabliraient bientôt, et aux seconds, il dit simplement : « Je ne suis pas sûr de savoir ce dont vous souffrez. » Lors du rendez-vous deux semaines plus tard, 64 % des patients du premier groupe allaient mieux contre 39 % du second.

Mystère de l'influence

Si nous avons ce pouvoir de guérir, pourquoi cela ne marche-t-il pas à chaque fois ? Pourquoi seulement en moyenne un patient sur trois bénéficie-t-il de cet effet ? Difficile de répondre, car le profil psychologique d'un sujet sensible au placebo ne dépend pas de facteurs quantifiables. Les deux sexes sont également concernés et les études n'ont montré aucun lien avec le quotient intellectuel ou l'émotivité des patients. L'effet placebo repose sur la délicate alchimie de la confiance envers une personne. La personnalité, le charisme, l'attention portée, la compassion sont des armes dont les soignants disposent. Mais le rituel médical, la notoriété, les titres et compétences et même le prix de la consultation jouent aussi leur rôle – sans parler de la couleur, de la forme, de la posologie et surtout du prix du médicament. De son côté, le malade doit se trouver dans une attitude de confiance et d'attente positive – quoique, curieusement, les personnes réagissant favorablement à l'hypnose ne semblent pas plus sensibles à l'effet placebo.

Pouvoir de l'esprit

Comment acquérir cette attitude ? Peut-on l'induire ? Comment l'utiliser, puisque l'effet placebo marche et que l'on commence à l'observer scientifiquement ? Telles sont les questions pragmatiques autour desquelles se joue une nouvelle approche de la santé, comme le montrent l'explosion aux États-Unis de la médecine corps-esprit, la poussée des thérapies alternatives et la reconnaissance internationale des médecines traditionnelles, toutes plus ouvertes à ces interactions. Et si le mouvement s'accompagne d'un renouveau de pratiques archaïques comme le chamanisme, c'est qu'il s'agit bien d'abord d'une réconciliation entre la pensée scientifique – forcée par l'effet placebo de reconnaître le pouvoir de l'esprit sur le corps – et la pensée magique à l'œuvre dans toute croyance.

Cette pensée, venue de la nuit des temps et appelée « mentalité primitive » par l'anthropologue Lucien Lévy-Bruhl, se caractérise par une loi de participation entre le monde physique et le monde spirituel, selon laquelle les êtres, les idées, les objets et les phénomènes sont tous reliés. Dans cette vision du monde, la foi, l'intention, la croyance – et donc le rite – comptent autant pour la guérison que les remèdes ou les interventions chirurgicales. Mais comme l'a montré un autre anthropologue, Claude Lévi-Strauss, la « pensée sauvage » n'est ni irrationnelle ni illogique, car elle fait appel à une raison propre et avant tout pratique, tenant plus du bricolage que de la théorie. Comme le bricoleur, en effet, expliquait l'auteur de *Tristes Tropiques*, elle ne s'appuie pas sur des schémas préconçus mais sur un savoir-faire qui procède en fonction des occasions. Une thérapie au cas par cas ? Voilà qui devrait convenir à notre époque allergique aux doctrines. La médecine moderne pourrait également y gagner – la découverte des neurones miroirs (> p. 275) l'y incite fortement. Se rappelant que sa pratique est avant tout œuvre humaine, elle s'ouvrirait alors à d'autres dimensions (l'intuition, le rire, l'empathie ?). Qui sait quelle nouvelle science naîtrait d'un tel acquis ?

D'après Sylvain Michelet, *Psychologies Magazine*, nov. 2004.

À lire...

- *Le Mystère du placebo*, Patrick Lemoine, éd. Odile Jacob.
- *L'Effet placebo, un voyage à la frontière du corps et de l'esprit*, Ivan Godfroi, éd. Socrate.
- *La Solution intérieure*, Thierry Janssen, éd. Fayard.

VOIR AUSSI
Guérir > p. 253
Neurones miroirs > p. 275
Être psychosomatique > p. 246
Visualisation > p. 337

VOIR QUESTIONS
Peux-tu imaginer ta quête accomplie ? > p. 46
Qu'as-tu fait pour aller mieux ? > p. 62
Connais-tu le pouvoir des mots ? > p. 82

PLAISIR

On le sait depuis toujours, la quête de plaisir est le pôle moteur de l'action. Même une amibe, à la recherche de nourriture dans sa flaque, cherche le plaisir, c'est-à-dire le rééquilibrage de ses taux chimiques internes (son « homéostasie ») ! La découverte des centres du plaisir dans le cerveau mammifère ne date que de 1954, quand James Olds et Peter Milner, neurologues à l'université McGill de Montréal, ont observé que les rats appréciaient les impulsions électriques qu'ils leur infligeaient dans des zones bien précises du cerveau. On a découvert bientôt que ces zones étaient assez nombreuses, situées en plusieurs points de l'encéphale (avec une prédilection pour les aires les plus archaïques), et qu'elles se trouvaient toujours proches de centres dont l'excitation provoque la douleur. Ainsi était établie l'existence d'un vaste réseau punition/récompense destiné au renforcement positif ou négatif des comportements. On sait aujourd'hui qu'il joue un rôle majeur, en maintenant le cortex tout entier en état d'éveil grâce à une excitation légère et diffuse. En exagérant un peu, tu es déterminé jusque dans le simple fait d'être conscient par une formidable machinerie moléculaire qui, à l'aide d'hormones, de neurotransmetteurs et d'infimes courants électrochimiques, discerne en permanence le bon et le mauvais pour toi. Déterminé ? Pas si sûr : lui aussi soumis à ce réseau, ton néocortex s'offre le luxe de pouvoir le soumettre à son tour. Et c'est ainsi que, par le simple jeu de leur pensée, les masochistes jouissent de souffrir ! T'en faut-il plus pour te convaincre que là où tu cherches ton plaisir, tu es ?

Évidemment, le plaisir est une boucle sans fin. À peine l'homéostasie atteinte, le manque revient, et il faut recommencer. S'enfermer dans cette seule quête matérielle, et donc se comporter comme un être sans néocortex, c'est rater sa tâche humaine. D'où la tentation de condamner le plaisir, comme le font beaucoup de dogmes, notamment religieux. Mais interdire le plaisir revient à torturer le corps physique, et donc à annihiler la base même de l'être. D'où la force du droit au plaisir, dans la charte de l'homme et de la femme libres. Certes, ce plaisir soumis à des contingences doit être dépassé, ou sublimé, pour permettre l'accès à une dimension supérieure, gratuite, rayonnante d'amour et indépendante du contexte, c'est-à-dire la joie.

VOIR AUSSI
Homéostasie > p. 256
Joie > p. 262
Rire > p. 308
Sexualité > p. 315
Temps libre > p. 325

VOIR QUESTIONS
Qu'est-ce que cela t'apporterait ? > p. 48
Qu'est-ce qui t'en a empêché jusqu'ici ? > p. 52
Imagine ta quête accomplie : en quoi ta vie a-t-elle changé ? > p. 102

PLANÈTE

Les atteintes à la planète comme les injures faites au corps ne finissent-elles pas, un jour ou l'autre, par être sanctionnées ? Dans un livre bouleversant, Yves Paccalet, philosophe naturaliste savoyard, et Michel Chast, généraliste parisien, échangent les expériences avec leurs patients respectifs et font entrer le corps humain et la planète bleue dans une résonance passionnante. Les parallèles établis par les auteurs sont nombreux et troublants. Les maladies et accidents qui touchent la Terre et ses habitants se ressemblent de manière troublante. Ici, nous épuisons nos corps avec une pléthore de malbouffe. Là, nous épuisons la planète en lui réclamant trop d'énergie. Ici, le drogué fonctionne à la coke. Là, une économie s'avère totalement accrochée à la croissance. Ou encore nous utilisons sans précaution des produits à effets nocifs à long terme. Là, nous découvrons que la pollution met des années à atteindre nos nappes d'eau. Aux troubles respiratoires des humains répondent ceux de l'atmosphère, à leur croyance dans la toute-puissance de la technique répond l'accident de Tchernobyl. Les maladies de la peau rejoignent celles de l'humus, l'empoisonnement du sang rappelle la pollution des eaux, et l'on pourrait pousser plus loin les analogies. Voire nous y perdre, cédant à une nouvelle forme de sociobiologie. Gardons-nous de tomber dans ces travers douteux. Mais constatons combien, objectivement et symboliquement, nous partageons un destin commun avec la biosphère. Notre santé est liée à celle de la Terre. C'est une alliance à la vie, à la mort.

À lire…

- *Soigner l'homme, soigner la Terre*, Yves Paccalet et Michel Chast, éd. JC Lattès.
- *Pour sauver la planète, sortez du capitalisme*, Hervé Kempf, éd. du Seuil.
- *La Raison du plus faible*, Jean-Marie Pelt et Franck Steffan, éd. Fayard.

VOIR AUSSI
Pollution > p. 289

VOIR QUESTION
Comment ton mieux-être peut-il améliorer l'état de la planète ? > p. 104

PLÉNITUDE

Le concept de plénitude rassemble deux idées : à la fois une forme spécifique du bonheur et un critère de bonne santé. La plénitude est ce bien-être intense que l'on ressent quand tout semble s'allier pour que tout soit parfait. « L'homme ne sera adulte que le jour où son cerveau pourra contenir dans sa plénitude et dans sa simplicité la notion divine », affirmait Victor Hugo. Bonheur toujours éphémère : la plénitude absolue perdure rarement. Faut-il même le souhaiter ? « L'esprit humain vit de différence, l'écart existe, la plénitude le laisse inerte », rappelait Paul Valéry. Plus terre à terre, la nouvelle médecine pychosomatique considère la santé comme un équilibre général. La plénitude de l'humain est une harmonie interne et externe, ce sentiment de se sentir entier. Un corps sain dans un esprit sain, comme le prônait Cicéron ? Oui, mais la bonne nouvelle, c'est qu'il existe des outils agissant directement sur ce lien si fondamental entre les deux. Un exercice ? Remémore-toi un événement ou un moment de ta vie au cours duquel tu t'es senti plein de vitalité. Raconte-le dans ton carnet de route avec un maximum de détails : que ressentais-tu alors dans ton corps, dans ton cœur, dans ta tête ? Ferme les yeux, détends ton corps et savoure cette intense sensation de vitalité que tu viens de te remémorer. Sens-la à nouveau circuler dans toutes tes cellules. Elle t'appartient.

VOIR AUSSI
Joie > p. 262
Sens de ta vie > p. 311
Sérénité > p. 314
Sexualité > p. 315
Tâche achevée > p. 322

VOIR QUESTIONS
Qu'est-ce que cela t'apporterait ? > p. 48
Imagine ta quête accomplie : en quoi ta vie a-t-elle changé ? > p. 102

PLUSIEURS CORPS

Nombreux sont ceux qui défendent aujourd'hui que nous n'avons pas un seul corps, mais plusieurs. Le psychanalyste Didier Dumas s'inspire autant de sa discipline que de la médecine chinoise pour redéfinir les trois corps de la vision taoïste dans une terminologie moderne.

Le premier est notre corps physique, ou moléculaire, le seul dont les frontières soient visibles et que la science occidentale reconnaisse.

Le deuxième est notre corps énergétique, constitué de cette force énigmatique qui différencie un corps vivant d'un paquet de viande, et que les scientifiques auraient tendance à rapprocher de l'énergie quantique, ou énergie du vide. C'est, en effet, uniquement parce qu'il y a du vide dans la matière que les choses peuvent bouger, s'animer et vivre. Les ésotéristes du XIXe siècle, tels les théosophes, parlaient de « corps éthérique » : à l'époque, le vide était scientifiquement considéré comme un éther continu. Aujourd'hui, on le verrait plutôt comme constitué d'une multitude de particules virtuelles. Les taoïstes le disent à leur manière depuis des millénaires : l'idéogramme chinois désignant un point d'acupuncture signifie vide, caverne, grotte. Et Didier Dumas explique que l'acupuncture agit sur ce corps. Il précise : « Le corps de vide se perçoit et s'exprime à travers ces vibrations particulières que sont les sensations. En psychanalyse, il est ce qu'on pourrait appeler la *peau de sensations*, nos enveloppes énergétiques et sensitives. »

En troisième vient le « corps d'image », enveloppe mentale qui nous permet, à l'aide de la seule pensée, de nous projeter jusqu'à l'autre bout de l'univers. Il est constitué de tout ce qui est de l'ordre de la représentation. Selon Didier Dumas, c'est le *tselem*, le « vêtement de l'âme » de la mystique juive. On l'appelle aussi le corps émotionnel, car il est le siège des affects qui animent nos rapports aux autres et à l'univers. Il est assez semblable à l'*image inconsciente du corps* de Françoise Dolto, qui est aussi la mémoire spatio-temporelle de nos émotions. Un psychanalyste serait donc tenté de l'appeler « corps de représentation ». C'est à bord de ce corps que nous nous embarquerions pour le monde des rêves ou pour vivre une expérience proche de la mort ou une sortie de corps.

Cela dit, toujours selon Didier Dumas, la représentation n'est pas le plus étrange des mystères mentaux. Le plus étrange est que nous puissions donner un sens aux choses, au monde, à notre vie ! La représentation seule peut être absurde. D'où l'idée d'un quatrième niveau, qui serait le champ reliant les trois corps et donnant un sens à l'ensemble. Didier Dumas trouve cependant plus commode d'appeler ce champ « corps de sens ». Celui-ci correspond à ce que les psychanalystes appellent la construction du sujet ou du Je. Pour Rudolf Steiner, fondateur de l'anthroposophie, ce corps de sens serait une instance que la vie terrestre aurait pour but premier de construire, et cette construction serait celle à bord de laquelle nous pourrions éventuellement nous déplacer après la mort à condition que ce corps soit assez construit avant de mourir.

À lire...

- *Et si nous n'avions toujours rien compris à la sexualité ?*, Didier Dumas, éd. Albin Michel.
- *Taoïsme et corps humain*, Catherine Despeux, éd. Guy Trédaniel.
- *Réapprivoiser la mort*, Patrice van Eersel, éd. Le Livre de Poche.

VOIR AUSSI
Acupuncture > p. 207
Contacte ton corps énergétique > p. 66
Corps de souffrance > p. 225

VOIR QUESTIONS
Quel mieux-être cherches-tu ? > p. 40
Qu'est-ce que cela t'apporterait ? > p. 48
Où as-tu mal ? > p. 56

POLITIQUE DES PETITS PAS

Peut-être t'est-il déjà arrivé de prendre de grandes résolutions pour changer de vie (faire du sport, t'inscrire à un groupe de méditation, apprendre une langue) et te retrouver découragé, parce que finalement tu n'as rien fait, à cause de trop de contraintes. Conseillère en ressources humaines, Françoise Réveillet propose de prendre le problème à l'envers. Sachant que tu n'as vraiment pas beaucoup de temps, pratique de petits exercices – éveil, assouplissement, automassage, respiration, relaxation – à faire en quelques minutes à peine et en toutes sortes d'occasions : au lit le matin, au moment de la toilette, en t'habillant, en marchant dans la rue, assis à ton bureau, en faisant du repassage, ou même en bâillant ou en pleurant !

Mais ces conseils vont bien au-delà de la simple gymnastique, car cette méthode pour régler nos problèmes – quels qu'ils soient – tient du miraculeux. Elle est pourtant très humble. Les Japonais, qui l'ont apprise du statisticien et consultant américain William Deming après la guerre, l'appellent voie du *kaizen*, ou voie de l'amélioration continue. Sa devise : « Le plus grand voyage commence par un pas. » Ayant constaté que la plupart des gens (ou organisations) désirent changer, mais n'y arrivent pas – affolés par l'idée qu'il faut se jeter à l'eau pour apprendre à nager, car on change tout ou rien –, des psys ont repris le principe et inventé une façon de changer par très très petites étapes. Pourquoi ? Pour ne pas réveiller l'hippocampe, ce cerveau primitif qui s'éveille en nous à la moindre peur, excellent pour fuir, mais néfaste pour évoluer.

Chef de file de cette école, le psychologue Robert Maurer, professeur à l'école de médecine de l'université de Californie à Los Angeles, raconte comment il a lui-même redécouvert la méthode, en commençant par éliminer une frite par jour de ses menus trop copieux.

Résultat : 20 kg perdus en 18 mois. Les autres exemples qu'il cite sont encore plus stupéfiants. Un homme redoute de se mettre à l'anglais ; il accepte d'apprendre un mot par semaine. Une femme surendettée va retirer un objet, un seul, de son Caddie avant d'arriver à la caisse. Un homme trop stressé va repérer chaque soir un point douloureux de son corps et respirer trois fois. Les résultats sont prodigieux. En six mois, grâce à l'absence de peur, le paysage intérieur de ces personnes va radicalement changer. Du monde professionnel à l'univers sentimental, de la santé au relationnel, la méthode des petits pas, économe et applicable par tous, constitue malgré sa modestie une prodigieuse aide pour changer.

À lire...
- *Un petit pas peut changer votre vie*, Robert Maurer, éd. Anne Carrière.
- *Dix minutes pour soi*, Françoise Reveillet, éd. Flammarion.
- *Prévenir...*, Catherine Solano et Philippe Presles, éd. Robert Laffont.

VOIR AUSSI
Attention > p. 214
Changement > p. 218
Empuissancement > p. 241
Médecine préventive > p. 269
Qualités de nos défauts > p. 296

VOIR QUESTIONS
Qu'as-tu fait pour aller mieux ? > p. 62
Quel rituel quotidien pourrais-tu mettre en place ? > p. 100

POLLUTION

Le docteur David Servan-Schreiber, dont les best-sellers *Guérir...* et *Anticancer* ne mentionnent que des méthodes à 100 % prouvées par la science, rappelle dans le dernier deux faits établis : face au risque de cancer, notre mode de vie compte infiniment plus que nos gènes ; et nous avons tous des cancers qui dorment en nous, mais que nos mécanismes de défense éliminent sans même nous en informer à condition que notre terrain (écologique, physique, émotionnel, mental) soit sain – ce qui s'avère « infiniment plus facile dans les cultures non occidentales », estime l'auteur. Mais si son second livre porte pour sous-titre *Prévenir, lutter et mieux vivre avec ses défenses naturelles*, c'est que chacun de nous peut augmenter ses barrières contre le cancer de façon naturelle – et, si celui-ci est déjà installé, renforcer ses attaques contre lui, et améliorer ses conditions et sa durée de vie. Comment ? Eh bien, tout simplement, en modifiant sa façon de vivre, au moins un peu, et notamment son alimentation.

Le « paradoxe américain »

Les Américains mangent désormais de moins en moins de graisses et continuent pourtant à devenir obèses et à avoir le cancer ! Pourquoi ? C'est le Français Gérard Ailhaud qui a démontré qu'en réalité toute la chaîne alimentaire était pervertie. Les vaches et les poules ne mangeant plus d'herbes ni de graines naturelles, elles donnent du lait, de la viande ou des œufs où le rapport entre oméga 3 et oméga 6 se trouve gravement perturbé (passant de 1/5 à 1/15). Or, les oméga 6 sont notoirement pro-inflammatoires, donc favorables au cancer, alors que les oméga 3 ont une action contraire. Le docteur Gérard Ailhaud a également montré que le rapport entre oméga 3 et oméga 6 de toute la chaîne alimentaire pouvait se rééquilibrer en modifiant une partie seulement de la nourriture pour animaux (par exemple en leur adjoignant des graines de lin, cuites d'une certaine façon).

Vive le biologique !

À éviter, selon David Servan-Schreiber : le sucre (blanc ou roux), les farines raffinées, les huiles riches en oméga 6 (de maïs et de soja), la margarine, les produits hydrogénés... Mais la liste est longue des denrées qui littéralement « nourrissent le cancer » ! L'autre bonne nouvelle vient de deux études, modestes mais sans ambiguïté, prouvant qu'en ingérant une nourriture biologique les enfants voient leurs taux de poisons dans le sang, parfois affolants, baisser en quelques jours, jusqu'à des taux dix fois plus bas. Le changement, non mesuré, vaut aussi pour les adultes. Contrairement aux idées reçues alimentant le défaitisme, tu n'es pas sans moyen pour éviter certaines pollutions : outre l'action collective, il suffit parfois de petits changements dans ton mode de vie. Passons au biologique !

À lire...
- *Anticancer*, David Servan-Schreiber, éd. Robert Laffont.
- *Consommer responsable*, Pascal Canfin, éd. Flammarion.
- *Ma Terre est une femme*, Jacques Rocher, éd. Presses de la Renaissance.

VOIR AUSSI
Environnement pollué > p. 244
Alimentation > p. 209

VOIR QUESTION
As-tu repéré des circonstances qui déclenchent ou aggravent ton problème ? > p. 64

PRENDRE TA PLACE

Un jour où l'autre, il faut sortir de son confort et prendre toute sa place, ce qui ne veut pas dire se confronter à autrui pour en avoir une meilleure, motivation conduisant tout droit au principe de Peter, qui veut que l'on aspire souvent aux fonctions pour lesquelles on n'est précisément pas fait. Autant dire qu'une bonne ambition doit reposer sur une sacrée connaissance de soi, sans concessions ni fausse modestie. Prendre sa place ne veut pas dire non plus s'imposer aux autres. Au contraire, cela signifie qu'il faut apprendre à vivre avec autrui. C'est tout l'enjeu du contrat social : lorsque tu t'affirmes dans le cadre du droit, tu acceptes implicitement que les autres en fassent autant. Si

tu y renonces, tu favorises la diminution de tes libertés.
D'ailleurs, en y réfléchissant bien, as-tu seulement le choix ? En effet, au terme de ta vie, c'est bien toi qui l'auras menée ! Selon la spécialiste du tarot et de la numérologie Claude de Milleville, auteur de nombreux ouvrages de développement personnel, en réalité, tu n'as pas vraiment le choix. Pour reprendre sa métaphore, quand tu entres dans la « forêt de la vie », tu dois franchir les sept arbres de la connaissance. Le premier s'appelle « Entreprendre ». Tu ne peux rien faire sans ce premier pas. Tu l'as su dès l'enfance ; en osant lâcher la main de ta mère, tu as choisi de risquer la chute, pour apprendre à marcher. Ensuite vient le deuxième arbre, « Apprendre ». Tu découvres le monde et, devenant plus conscient, tu passes au troisième arbre, « Comprendre ». Étape cruciale et longue, car avant de poursuivre ton évolution, il te faut prendre ta place dans ton environnement et épanouir ta créativité. Alors seulement, tu atteins l'arbre « Prendre ». Puis, ayant suffisamment pris, l'arbre « Communiquer » (avec les autres) te devient accessible. C'est par les autres que tu t'ouvres à l'arbre « Aimer », étape incontournable pour atteindre le septième arbre : « Te reposer » (au septième jour, c'est normal !). Alors, tu peux profiter de ce que tu as créé. Chacun de nous peut trouver son paradis terrestre. Le seul devoir que nous ayons, c'est d'être heureux, et de partager tout naturellement cette joie avec les autres.

À lire...
- *Les Sept Clés du bonheur*, Claude de Milleville, éd. Solar.

VOIR AUSSI
Cohérence > p. 219
Confiance > p. 222
Fluidité > p. 250
Sérénité > p. 314

VOIR QUESTION
Qu'est-ce qui t'en a empêché jusqu'ici ? > p. 52

PRÉPARÉ AU CHANGEMENT

Accepter

Tout changement comporte une perte dont il faut faire le deuil. Pour que ce processus soit mené à son terme, il est nécessaire que toutes les étapes soient franchies. Les unes le seront rapidement, les autres demanderont beaucoup de temps. Il peut y avoir des retours en arrière, des chevauchements, des arrêts. L'un des facteurs entrant en jeu pour faire obstacle au cheminement, ou au contraire le faciliter, reste l'influence de l'entourage. À chaque étape, des attitudes spécifiques peuvent aider la personne à mieux s'adapter à la situation, et c'est d'autant plus nécessaire que la perte ou la menace de perte est importante.

Accompagner

Ainsi, quand nous avons à annoncer une nouvelle grave ou douloureuse à quelqu'un, en particulier une menace de mort, il faut doser nos paroles et prendre du temps pour écouter. Par la suite, il sera utile de revenir une ou plusieurs fois sur l'information pour qu'elle soit complètement entendue et intégrée. Quand la colère se manifeste, il s'agit d'accueillir l'expression de l'agressivité : la personne se dégagera peu à peu de son sentiment de révolte et se préparera à s'ajuster à la nouvelle réalité. Au stade de la négociation, quand elle reprend espoir, il est souhaitable que les interlocuteurs, sans être complices d'un retour vers le déni, soient coopérants dans la recherche de compromis, au moins temporaires. Puis, quand le découragement s'installe, il est très important d'autoriser l'expression des pleurs en notre présence, attentive mais silencieuse, et, seulement après l'extériorisation de l'émotion, d'apporter du réconfort. S'il s'agit d'un état de dépression blanche, une intervention active de la part de l'entourage est nécessaire pour stimuler la personne à reprendre la communication, quitte à ce que ce désespoir muet se transforme en réactions explosives, bousculantes pour les autres mais moins difficiles à vivre pour l'intéressé. Enfin, quand l'acceptation est obtenue, la personne est dans un état de tranquillité affective qui atteste qu'elle est au terme de son parcours, prête pour accueillir le nouveau.

VOIR AUSSI
Accompagnement de l'autre > p. 206
Deuil > p. 234
Occulter la mort > p. 278

VOIR QUESTION
Qu'as-tu appris dans le Monde du Feu ? > p. 70

PRÉSENTS

Les maîtres spirituels de toutes les traditions ont toujours fait de la présence à l'Ici et Maintenant la clé d'accès à l'éveil spirituel. Ces enseignements sont pourtant peu suivis, car cette présence doit être ressentie, et non pensée, pour engendrer des transformations.

As-tu déjà été vraiment présent ?

Dans les situations où tu risques ta vie, cette présence se produit naturellement. Ta personnalité, avec son passé et son avenir, s'efface pour laisser la place à une intense et consciente présence, calme, vigilante, éveillée et libérée des circonvolutions de la pensée et du fardeau de la personnalité. Les actions et les comportements qui répondent à ces situations naissent de cet état de conscience. Si tu pratiques l'escalade, la course automobile, certains arts martiaux ou d'autres activités demandant une grande concentration, tu connais cette obligation d'être dans l'instant.
N'est-ce pas d'ailleurs en partie pour cette raison que tu les pratiques ? Mais il n'est pas nécessaire de risquer ta vie pour connaître cet état. Pense à d'autres moments de présence intense, lorsque devant un merveilleux coucher de soleil,

un panorama magnifique, tout à coup, l'instant présent revêt une telle beauté que tu en restes stupéfait, ému, l'esprit calme, totalement dans l'instant. Tu ressens ta propre présence avec une intensité et une joie telles que toute pensée, toute émotion, ton corps physique ainsi que le monde extérieur deviennent relativement insignifiants.

La présence à l'autre est du même ressort

Lorsque tu écoutes quelqu'un, ne le fais pas avec ta tête ; tu peux le faire avec tout ton corps. Concentre-toi sur le champ énergétique de ton corps subtil pendant un temps. Fais taire ta machine à penser pour obtenir cet espace de calme qui te permet d'écouter véritablement, sans que ton mental interfère. Ainsi, tu laisses de la place à l'autre, de la place pour être. C'est un précieux cadeau que tu offres à ton interlocuteur. La plupart des gens ne savent pas écouter parce que l'essentiel de leur attention est monopolisé par leurs propres pensées et non par ce que l'autre personne est en train de dire.

<u>À lire...</u>
- *Le Pouvoir du moment présent. Guide d'éveil spirituel*, Eckhart Tolle, éd. Ariane.

VOIR AUSSI
Accepter ce qui est > p. 206

VOIR QUESTIONS
Comment ça va ? > p. 38
Quelle relation entretiens-tu avec l'invisible ? > p. 96
Quel rituel quotidien pourrais-tu mettre en place ? > p. 100

PRI (PAST REALITY INTEGRATION)

La PRI, mise au point par la psychologue hollandaise Ingeborg Bosch Bonomo, enseigne une méthode pour redécouvrir le présent comme un cadeau, à mesure que nous aiguisons notre conscience. L'idée de base est que l'enfant ne reçoit jamais totalement ce dont il a besoin, personne n'étant capable de combler son attente infinie. Ne pouvant affronter cette réalité trop menaçante pour lui, l'enfant la refoule et met en place cinq stratégies de défense : le déni des besoins (DDB), « Ce n'est pas grave si ma mère me punit, je peux l'endurer » ; le faux pouvoir (FP), « C'est la faute à ma sœur » ; le faux espoir (FE), « Si je suis très sage, mes parents vont se réconcilier » ; la défense primaire (DP), « C'est normal qu'on ne m'aime pas, je ne suis qu'un nul » ; la peur (P), « Je vais me cacher dans un trou et plus personne ne pourra me menacer ». Ces stratégies sauvent la vie de l'enfant. Le problème, c'est que l'adulte les conserve inconsciemment. En niant la vérité sur son enfance, sa conscience se retrouve divisée en deux, avec une moitié adulte et une moitié restée infantile, fonctionnant comme si l'ancienne menace était toujours de mise. Le problème surgit lorsque l'adulte se heurte à un « symbole » (une personne ou une situation lui rappelant le passé, sans qu'il en soit conscient). Il ressent soudain des émotions qu'il ne s'explique pas : irrité, victime (FP), stressé, dans l'urgence (FE), déprimé, coupable (DP) , angoissé, paralysé (P), peu capable de contacter ses émotions et ses ressentis (DDB). Ces émotions négatives prennent une dimension disproportionnée par rapport à la situation réelle, signalant qu'il est passé de sa conscience d'adulte à sa conscience d'enfant et à ses mécanismes de défense. La PRI affirme que nous ne pouvons pas réparer le passé, parce que c'est le passé : l'enfant en nous ne peut être guéri, parce qu'il n'y a plus d'enfant en nous ! La seule solution est de céder à la vieille douleur de l'enfance, de la ressentir pleinement et de faire la différence entre le passé et le présent, pour démanteler les mécanismes de défense. La douleur devient alors une cicatrice, elle n'est plus une plaie béante, car elle n'est plus niée par le système de défense. La vieille douleur de l'enfance ne fait plus mal. Elle n'est plus qu'un souvenir, désagréable, mais rien de plus. En PRI, il est utile de ne pas être consolé. Selon cette approche, en effet, aussi bien intentionnée soit-elle, la consolation nous éloigne toujours de notre émotion, et donc de l'intégration. Mais il n'y a pas lieu de s'inquiéter : une fois pleinement revécues, les émotions se résorbent d'elles-mêmes. La PRI nous demande de renverser nos défenses : au lieu de fuir nos anciennes douleurs refoulées, il s'agit de prendre contact avec elles, pour découvrir qu'elles ne peuvent plus nous faire du mal, au présent. Le résultat est que nous nous retrouvons dans un présent étonnamment léger.

<u>À lire...</u>
- *Guérir les traces du passé*, Ingeborg Bosch Bonomo, éd. de l'Homme.
- *Illusions*, Ingeborg Bosch Bonomo, éd. l'Homme.
- *Bon, propre et juste*, Carlo Petrini et Slow Food, éd. Yves Michel.

VOIR AUSSI
Corps de souffrance > p. 225
Présents > p. 290
Accepter ce qui est > p. 206

VOIR QUESTION
Où as-tu mal ? > p. 56

PRIÈRE

Pour éviter un débat sans issue entre spiritualisme et matérialisme, affirmons que les bienfaits de la prière, s'ils semblent démontrés, n'apportent aucune preuve de l'existence de Dieu. Tout athée convaincu pourra donc les assimiler à l'effet placebo. De même, il ne faut pas confondre prière et pratique religieuse. L'effet neurologique de la prière est cependant aujourd'hui bien documenté : prier s'accompagne d'émissions d'ondes thêta (et non alpha, comme le supposaient les études antérieures), traduisant un apaisement du système nerveux central comparable à la première phase du sommeil ou à l'état de relaxation procuré par la méditation. Comme lors de la réponse de relaxation mise en évidence par le professeur Benson, les indices biologiques du stress (notamment le taux de cortisol) diminuent. On a également constaté que la récitation du rosaire (150 *Ave Maria* en latin) ou du *mantra* yogique *om-mani-padme-om* entraîne un ajustement de la respiration à six cycles par minute – un rythme particulièrement bénéfique pour le cœur, les poumons, l'oxygénation du sang et la résistance à l'effort (*Archives of Internal Medicine*, nov. 2001). Enfin, de récentes observations par imagerie cérébrale confirment que les effets de la prière s'apparentent à ceux de la méditation : l'activité cérébrale, concentrée dans le cortex préfrontal et l'hémisphère droit, entraînerait une activation du système nerveux parasympathique induisant un renforcement du système immunitaire. Mais cet état entraînerait également une inhibition du lobe pariétal supérieur impliqué dans le traitement des informations sur l'espace et le temps. Une étude a montré que des malades qui savaient qu'un groupe d'individus priait pour eux pendant les deux semaines suivant leur opération cardiaque avaient connu davantage de complications que ceux qui ne savaient pas si l'on allait prier pour eux ou s'ils faisaient partie d'un groupe de contrôle (*American Heart Journal*, avr. 2006). Les premiers auraient-ils augmenté leur angoisse ou moins pris la responsabilité de leur guérison, sachant que d'autres priaient pour eux ? Comme dit le proverbe arabe : « Aie confiance en Dieu, mais attache ton chameau ! »

À lire...

- *La Prière, un remède pour le corps et l'esprit*, Larry Dossey, éd. Le Jour.
- *La Biologie de Dieu*, Patrick Jean-Baptiste, éd. Noétis.
- *Pourquoi « Dieu » ne disparaîtra pas*, Andrew Newberg, Eugene D'Aquilli et Vince Rause, éd. Sully.

VOIR AUSSI
Dialogue corps-esprit > p. 235

VOIR QUESTION
Sur qui et sur quoi peux-tu compter ? > p. 84

PRISE DE CONSCIENCE

Une ouverture

Survenant parfois comme un déclic, parfois après une lente maturation, c'est un étrange phénomène que celui de la prise de conscience. La façon dont *Homo sapiens sapiens*, l'être qui sait qu'il sait, devient conscient de quelque chose reste pour lui un profond mystère.

Si l'on s'essaie à une lecture biologique, l'information vient rapidement montrer son caractère essentiel : c'est à partir de l'information qu'une cellule ou une bactérie décidera d'assimiler ou de rejeter les molécules présentes dans son environnement. Un appel évident à développer ta sensorialité, et à la diriger aussi bien vers l'extérieur que vers ton propre corps qui, par ses réactions, peut te faire prendre conscience de bien des choses non perçues.

Le passage en revue du corps est ainsi l'un des exercices clés de toutes les méthodes visant la pleine conscience, concept d'origine bouddhiste désignant une attention consciente maximale et aujourd'hui utilisé pour lutter contre le stress ou la dépression. Sans prise de conscience de ton corps, tu risques d'être réveillé par l'épuisement, la douleur ou la maladie.

Une ressource

Tu risques aussi de te couper de tes ressources, estime le psychologue jungien Jacques Dechance en s'appuyant sur le philosophe allemand Karlfried Dürckheim, le maître bouddhiste zen Deshimaru et les moines orthodoxes du mont Athos : « Il faut souvent un déclic, une prise de conscience pour se rendre compte que même lorsqu'on est à bout, tendu et fatigué, l'énergie vitale est encore là. On peut retrouver ce contact par des exercices corporels très simples. Faites, par exemple, l'expérience volontaire de bloquer votre souffle en fin d'expiration ; vous ne tiendrez que quelques secondes, voire une ou deux minutes sans inspirer car, que nous le voulions ou non, la respiration reprend d'elle-même. Ça respire en moi, un souffle de vie beaucoup plus fort que tout me traverse. C'est une expérience toute simple mais qui peut être importante pour se rendre compte que l'élan est là, même si nous avons perdu la connexion. »

Exercices

Pour t'entraîner à aiguiser cette perception de ton état interne, Jacques Dechance te propose de pratiquer au quotidien ces exercices :

– Porte plus particulièrement attention à tous les premiers mouvements, à tous les commencements : début d'une journée, premier regard du matin, première rencontre avec un collègue, première parole, début d'un travail, d'une relation. Prends le temps de sentir comment tu es, ce que tu éprouves à ce moment-là.

– Fais chaque jour l'un de ces exercices pour sentir ton élan vital.

Le soleil : en faisant partir la voix du plexus solaire et en laissant le son se prolonger jusqu'au bout des doigts, courir les bras grands ouverts, en chantant le mot « soleil » et en restant longtemps sur le son « eil », un son qui suscite la joie jusqu'à illuminer le regard.

Le centre vital : à la fin d'une expiration, compresser cinq à sept secondes le centre vital (le *hara*, trois doigts sous le nombril), puis laisser rebondir le ventre et jaillir l'inspir.

Le flux lumineux : debout les pieds dans la terre, bras levés, au soleil en pleine nature, visualise un flux lumineux qui ressource et te traverse de la terre vers le ciel et du ciel vers la terre pour s'harmoniser dans un rayonnement bienfaisant.

– Retrouve la sensation de humer en respirant différentes huiles essentielles ou le parfum subtil des fleurs printanières. Prends le temps de sentir l'énergie vitale passer à travers ce parfum dans tes narines. Ainsi ton énergie se nourrit et se renouvelle.

– C'est aussi le moment de te poser les bonnes questions : qu'est-ce que veut dire renaître pour toi ? À quoi as-tu envie de renaître ? Comment oses-tu vivre tes désirs ?

À lire...

- *Une créativité à toute épreuve*, Jacques Dechance, éd. Le Souffle d'Or.

VOIR AUSSI
Évoluer > p. 246
Guérir > p. 253
Saut quantique > p. 310
Sens de ta vie > p. 311

VOIR QUESTION
Pourquoi le demander maintenant ? > p. 42

PROGRAMMATION NEUROLINGUISTIQUE (PNL)

La PNL a été mise au point, de façon très rationnelle, en 1972, aux États-Unis, par John Grinder, professeur de linguistique, et Richard Bandler, mathématicien et psychothérapeute, à partir de l'observation minutieuse des comportements des meilleurs thérapeutes de l'époque et de la mise en évidence de leurs caractéristiques communes, au-delà des écoles. Cette technique a pour but de nous aider à communiquer avec les autres, en décortiquant nos manières de réagir. Selon notre nature, nous percevons l'environnement à travers nos sens privilégiés : la vue ou l'ouïe prédominent, mais le toucher compte également, chaque individu étant plutôt visuel, auditif ou kinesthésique. Le thérapeute s'adapte à notre mode de connaissance, pour nous aider à nous remémorer des moments heureux, ou à découvrir des dons inexploités. Mieux connaître ses moments de réussite permet de se construire une boîte à outils personnelle utile dans les situations difficiles. La PNL est particulièrement efficace pour résoudre des problèmes ponctuels, pour se sentir plus à l'aise en société ou diminuer des troubles de somatisation. Nombre de ses pratiques, telle celle de l'ancrage, sont employées dans le *coaching*. Elle se pratique seul ou en groupe. Le nombre de séances dépend des buts visés.

À lire...

- *Un cerveau pour changer*, Richard Bandler, éd. InterÉditions.
- *La Programmation neuro-linguistique*, Dora Pannozzo-Mochon, éd. Quintessence.

PSYCHANALYSE

Bien que l'on soit allongé sur un divan, pour permettre un état de relaxation, et que le corps somatique soit bel et bien engagé dans l'opération, cette technique passe essentiellement par la parole. Le but est de faire ressurgir du fond de notre inconscient les éléments clés de nos souffrances, à travers un discours improvisé en association libre et l'analyse des rêves. Dans l'école freudienne et, plus encore, dans sa suite lacanienne, le psychanalyste ne fournit ni conseil ni explication, si ce n'est pour relever un lapsus ou un détail significatif dans les propos de l'analysant. La cure s'accompagne d'un phénomène de transfert sur l'analyste : il devient ainsi une sorte d'agent catalyseur, qui attire sur lui et cristallise les sentiments confus dont le patient se décharge, à mesure que le matériau problématique (traumatismes, refoulements, frustrations, etc.) remonte de son inconscient, d'abord sous la forme d'images (rêves, fantasmes), puis, en séance, sous la forme de mots. La fréquence des séances est généralement d'une à trois par semaine, et une analyse peut durer plusieurs années. Les pionniers bouclaient leur cure en deux ou trois ans, mais la tendance est allée vers l'allongement de ce temps, jusqu'à aujourd'hui une moyenne de huit ans. Par son mouvement de dévoilement quasi géologique, l'analyse permet de décrypter les mécanismes cachés de notre psyché, pour mieux affronter par la suite les difficultés extérieures.

Largement décriée au nom de sa lenteur et de son efficacité inégale (elle-même se refuse à dire qu'elle guérit la névrose, mais promet seulement de vivre avec plus de lucidité et donc mieux), la psychanalyse reste une référence importante – notamment en France –, ne serait-ce qu'en raison de la pénétration de ses concepts dans la pensée contemporaine : l'existence de l'inconscient, par exemple, est aujourd'hui acquise. Elle est cependant secouée par des conflits d'école, dus en partie aux dissensions entre son fondateur, Sigmund Freud, et ses divers disciples devenus dissidents tels que Jung, Adler, Ferenczi ou Reich qui sont chacun à l'origine d'une école spécifique.

À lire...

- *Cinq leçons sur la psychanalyse*, Sigmund Freud, éd. Payot.
- *Psychopathologie de la vie quotidienne*, Sigmund Freud, éd. Payot.
- *Développement de la psychanalyse*, ouv. coll., éd. PUF.
- *Écrits*, Jacques Lacan, éd. du Seuil.
- *Le Livre noir de la psychanalyse. Vivre, penser et aller mieux sans Freud*, Catherine Mayer, Mikkel Borch-Jacobsen, Jean Cottraux et Didier Pleux, éd. 10/18.

VOIR AUSSI
Mots > p. 273
Parole délivre (La) > p. 282

PSYCHOGÉNÉALOGIE

Une pratique en vogue

Voilà quelques années que l'on entend parler de la psychogénéalogie et que certains en font usage, lors de thérapies, avec des méthodes qui en sont issues. Cela ne va pas de soi, d'admettre que ce qui s'est passé dans la vie de tes ancêtres (et continue de se passer dans ton arbre généalogique, celui-ci se situant hors temps) influe sur tes états de conscience et sur ta santé physique. Ou encore que tes pensées et tes actes puissent être manipulés par les inaccomplissements, les non-dits et le mal-être de tes aïeux, deux, trois, quatre générations avant toi. Et pourtant, souvent, cela semble bel et bien se passer ainsi : à notre insu, nous faisons tout pour souffrir et parfois pour mourir, par solidarité avec nos ancêtres ! Heureusement, d'incroyables thérapies ont fait leur apparition, au confluent de la psychologie moderne et des anciens cultes des ancêtres, qui peuvent nous libérer de ces déterminismes aveugles.

Étranges transmissions

Les nombreux ouvrages transgénérationnels disponibles, souvent nourris de pratique clinique, illustrent les mécanismes invisibles de la transmission des maladies du fait de problèmes généalogiques. Les faits sont parfois brutaux et leur prise en compte peut, à rebours, sauver des vies humaines ! Sans aller aussi loin, il est intéressant d'explorer ton arbre familial. Quel était l'état d'esprit de tes parents au moment de ta conception ? Portes-tu le nom d'un ancêtre disparu ? L'un de tes grands-parents a-t-il été ruiné ? Descends-tu d'une liaison interdite ? Scénario après scénario, tu peux découvrir et modifier d'incroyables processus en œuvre au fond de toi. Bert Hellinger – le fondateur de la très frappante « constellation familiale », où la conscience des ancêtres semble habiter des témoins innocents – ainsi qu'Alexandro Jodorowsky – l'artiste provocateur devenu un sage très inspiré – insistent sur le fait que tout ceci a un but : prendre conscience des ombres et des malheurs qui ont frappé notre lignée, jetant sur nous comme une malédiction, nous met en position de pardonner à nos ancêtres, inaugurant une forme neuve de relation religieuse. Ils proposent donc une cure psychothérapeutique des plus inattendues, où la guérison de la psyché rejoint celle de l'âme. Et où tu peux réveiller le bouddha qui dormait dans tes ancêtres.

Message d'une pionnière

Personne n'ignore le rôle que joua, dans ce retour en force des grands-parents et ancêtres, la psychologue Anne Ancelin-Schützenberger, auteure du célèbre *Aïe, mes aïeux !* au début des années 1990. Elle y présentait son génosociogramme (arbre généalogique enrichi des métiers des ancêtres, de leurs personnalités, passions, faiblesses, maladies, etc.) et aussi ce que l'une de ses consœurs avait baptisé syndrome anniversaire (quand une maladie ou un accident se reproduit, génération après génération, au même âge, de façon inexplicable). Un demi-siècle après ses débuts, la fondatrice fait le point sur sa science. Elle signale dans son ouvrage combien elle se méfie des dérives : pas question de consulter quiconque ne serait pas au moins médecin ou psychologue clinicien. Mais elle rappelle aussi, dans un entretien accordé à *Nouvelles Clés* (n° 18), qu'il est nécessaire de distinguer les loyautés maléfiques, dont il vaut mieux se débarrasser, et les loyautés bénéfiques, qu'il faut honorer. Cette différence repose d'abord sur le sujet : « Soyez attentif aux messages qui viennent du fond de votre être. On sait, ou plutôt on sent "dans ses os", tout ce qui nous mine, voûte, tasse, oppresse. Inversement, nous sentons très bien tout ce qui nous permet de respirer, de vivre, d'avancer, d'avoir des projets et les yeux qui brillent ! » Et ce ne sont certes pas tes ancêtres qui pourront démentir ce choix.

À lire...

- *J'ai mal à mes ancêtres*, Patrice van Eersel et Catherine Maillard, éd. Albin Michel.
- *La Constellation familiale. Cure d'âme et psychogénéalogie*, Bert Hellinger, éd. Dervy.
- *Psychogénéalogie, guérir les blessures familiales et se retrouver soi*, Anne Ancelin-Schützenberger, éd. Payot.
- *Et si nos ancêtres parlaient à travers nous ?*, Martine Garcin-Fradet, éd. Quintessence.
- *Comment paye-t-on les fautes de ses ancêtres ?*, Nina Canault, éd. Desclée de Brouwer.

VOIR AUSSI

Ancêtres > p. 211

VOIR QUESTIONS

Qu'est-ce que cela apporterait aux autres ? > p. 50
Pourquoi as-tu mal ? > p. 58

PSYCHO-NEURO-IMMUNO-ENDOCRINOLOGIE (PNIE)

Nouveau paradigme

Une pensée nouvelle irrigue le Jeu du Tao de la santé et du mieux-être de part en part. Loin de les contredire, elle ajoute aux principes du Jeu du Tao originel une vision holistique de la santé humaine qui, sous des dehors simples, vient apporter sa pierre au bouleversement de la pensée occidentale auquel ce jeu participe.

Et c'est évidemment la conception du corps, de la maladie et de la médecine cultivée par la modernité que cette nouvelle pensée remet en question. En quelques siècles, l'esprit d'analyse et l'insatiable curiosité des savants avaient fini par nous découper en tranches de plus en plus minces. Et voilà qu'à la frontière extrême de son morcellement la science bute sur une découverte majeure : jusqu'au fond de nos cellules, notre corps et notre esprit sont inséparables.

Un peu d'histoire

Les médecins américains ont baptisé cette réunification historique psycho-neuro-immunologie (PNI, à prononcer « pi-èn-aille », s'il te plaît !). C'est le psychiatre américain Robert Ader qui, de 1975 à 1984, a mené les expériences décisives et inventé l'expression PNI. Mais, dès 1964, son confrère et ami George Solomon avait mis en évidence des liens insoupçonnés entre l'activité cérébrale et le système immunitaire. Très schématiquement, ses travaux revenaient à adapter la méthode de Pavlov (la cloche qui, par effet d'habitude, fait saliver un chien) à la fabrication, non plus de salive ou d'hormones, mais d'anticorps.

1er principe : la santé est un tout

Tous ces savants travaillaient surtout sur des rats ou des lapins. « Mais aujourd'hui, dit George Solomon, on sait que tout cela fonctionne également chez l'humain. » Attaché depuis 1983 à l'unité Norman Cousins de l'université de Californie à Los Angeles, il se consacre en grande partie aux sidéens survivants à long terme, chez qui il a mis en évidence tout un faisceau d'aptitudes spécifiques : savoir dire non ; donner un sens à sa vie ; aimer coopérer ; entretenir des amitiés profondes ; aider autrui ; compatir ; accepter la maladie sans perdre le goût de vivre.

Parallèlement, il a travaillé à la réhabilitation des criminels, des vétérans du Vietnam et des malades mentaux. Il a également étudié de près le métabolisme de ces schizophrènes dont l'esprit est coupé non pas en deux, mais en trois, quatre, parfois en plus de dix personnages différents. Selon que le sujet est tel ou tel personnage, tout son organisme change, jusqu'à son système immunitaire. La personnalité X peut avoir des problèmes de diabète que la personnalité Y ne connaîtra jamais. Il s'agit pourtant du même corps, du même individu. Tu imagines la différence qu'il peut y avoir entre des corps différents.

2d principe : tout être est unique

Cette grande leçon qu'apporte la PNI a d'importantes répercussions sur la médecine. France Haour, directrice du laboratoire de neuro-endocrino-immunologie de l'Inserm à Paris et spécialiste des hormones de l'hypophyse, témoigne de ce choc dans *Le Livre de l'essentiel* (vol. 2, éd. Albin Michel) : « On sait très bien aujourd'hui que la psychologie influence tout le reste – et réciproquement [...]. Le problème est ailleurs. Il tient à l'énorme variabilité de la population humaine : ce qui aide à la guérison d'untel, à tel moment, tel endroit, n'est plus généralisable à l'espèce. Trop de facteurs sont en jeu. Du coup, en recherche clinique, c'est la panique ! » Eh oui, comment un labo pharmaceutique pourrait-il produire des médicaments différents pour chaque personne ?

Plus les recherches avancent, plus les neurologues, les endocrinologues, les immunologistes s'aperçoivent qu'ils travaillent sur les mêmes récepteurs ou les mêmes molécules d'un seul immense circuit. En théorie, on va vers une simplification. Tant mieux ! « Le casse-tête tient à la personne humaine, corrige France Haour. Plus on avance, plus on s'aperçoit que c'est une entité hypersophistiquée, toujours en déséquilibre provisoire, incompréhensible si l'on ne nuance pas cas par cas. »

Prends l'exemple du stress. Chez tel individu, il provoquera une sécrétion d'hormones, stimulant le système immunitaire et ramenant l'équilibre. Chez tel autre, un stress apparemment identique aboutira au contraire à une immuno-suppression et à la maladie. La personne ne se met pas en équation ! Cela ne veut pas dire que « nous pensons avec notre foie », comme le dit un proverbe chinois mal compris. Nous pensons avec notre cerveau d'abord. Mais le fonctionnement de ce dernier est influencé par tout le reste. Dans la vision chinoise, pour penser correctement, il faut que toute ta physiologie soit en harmonie. Tu ne peux pas penser au mieux si ton foie ne fonctionne pas.

En France, succès de librairie

Les liens qui unissent nos émotions, nos croyances et nos corps sont encore mystérieux. Mais les chercheurs ouvrent la voie et une nouvelle génération de médecins intégrant Orient et Occident apparaît. Bien connu depuis le succès de son livre *Guérir...*, le psychiatre David Servan-Schreiber fait feu de tout bois : implantation de l'EMDR en France, promotion des oméga 3, rubrique orientée corps-esprit dans le magazine *Psychologies*, préface d'une encyclopédie médicale américaine témoignant d'une ouverture aux « thérapies non conventionnelles » – comme l'OMS les appelle aujourd'hui – que David Servan-Schreiber appelle de ses vœux.

Son ami le médecin belge Thierry Janssen, initialement spécialisé en chirurgie du système urinaire, mais qui a préféré se tourner vers la psychothérapie corporelle, s'est quant à lui fait connaître avec deux ouvrages de fond sur la révolution des nouvelles approches médicales. Dans *La Solution intérieure*, il décrit les médecines alternatives et va très empiriquement à la rencontre des autres grandes médecines de la culture mondiale : chinoise, indienne et même chamanique. Dans *La maladie a-t-elle un sens ?*, il s'efforce de faire le tri entre raison et hypothèses douteuses dans les interprétations symboliques des maladies, n'hésitant pas à bousculer les interdits – mais en penchant toujours du côté de la raison. Le succès de ces chercheurs et de leurs livres prouve que, à défaut de la Faculté, le public français est conquis par les idées de la PNIE. On ne compte plus les auteurs – médecins et psychothérapeutes de tous horizons – qui leur ont emboîté le pas depuis.

Freins et blocages

En refermant ces livres, se pose une seule question : pourquoi tous ces savoirs ne sont-ils pas directement intégrés, certes à nos vies individuelles, mais aussi à tous les lieux où l'on soigne le cancer et toutes les autres maladies graves ? David Servan-Schreiber et Thierry Janssen évoquent tour à tour la pression des *lobbies* très puissants, pharmaceutiques, agro-industriels, chimiques, qui sont prêts à tout pour que rien ne bouge ainsi que le conservatisme de tout système de pensée organisé, notamment à l'université (« Si c'était vrai, ça se saurait »), mais également dans le public (qui a tendance à réclamer de ses médecins des ordonnances bien lourdes, si possible remboursées, naturellement !).

Trois clés pour une nouvelle médecine

– Dénouant l'esprit pour soigner le corps, elle décrypte l'effet placebo et l'intègre à la PNI.
– Écoutant le corps qui souffre pour remonter la piste de la conscience, elle peut prétendre à l'équilibre de la personne.
– Associant théories venant de Chine et traditions de l'Inde, elle revisite les croyances New Age avec une rigueur scientifique.

Les facultés de médecine américaines ont désormais intégré l'essentiel des approches de santé non occidentales et, plus généralement, non conventionnelles. Qu'il s'agisse de l'acupuncture ou de l'ayurveda, de l'homéopathie ou des élixirs floraux, de la diététique ou de la méditation, aucune thérapie n'est laissée de côté. La France est plus conservatrice et laisse ce genre d'ouverture à des CHU expérimentaux, comme celui de Bobigny.

<u>À lire…</u>

- *Anticancer*, David Servan-Schreiber, éd. Robert Laffont.
- *Guérir…*, David Servan-Schreiber, éd. Robert Laffont.
- *La Solution intérieure* et *La maladie a-t-elle un sens ?*, Thierry Janssen, éd. Fayard.
- *Pourquoi tombons-nous malades ? Pour une médecine de la « personne »*, Jean-Pierre Muyard, éd. Fayard.
- *Encyclopédie pratique de la nouvelle médecine occidentale et alternative pour tous les âges*, Centre Duke de médecine intégrée, éd. Robert Laffont.
- *Aide-toi, ton corps t'aidera*, Anne-Marie Filliozat et Gérard Guasch, éd. Albin Michel.
- *Psycho-neuro-immunologie*, Francesco Bottaccioli, éd. Marco Pietteur.

VOIR AUSSI
Être psychosomatique > p. 246
Corps de souffrance > p. 225
Systémique > p. 321

VOIR QUESTION
Peux-tu imaginer ta quête accomplie ? > p. 46

QI GONG

Plus ancien encore que l'acupuncture, le *qi gong* (prononcée « *chi qong* », cette expression chinoise signifie maîtrise de l'énergie) explore depuis des millénaires toutes les façons de maîtriser l'énergie à l'intérieur de soi. Ses principes se sont appliqués à tous les arts martiaux chinois. Il procède de la même vision du corps, de l'esprit et de la santé, avec notamment les méridiens, où circule le *qi*. Accessible à tous, jeunes et vieux, bien portants et malades, sportifs et sédentaires n'aimant pas le sport, il présente l'avantage de ne nécessiter aucun intervenant extérieur. De quoi s'agit-il ? D'une série de mouvements faciles mariés à la respiration consciente, la visualisation, la concentration et des formes d'automassage, 15 à 30 minutes par jour. La prise de conscience du *qi*, le corps énergétique, est fondamentale dans le qi gong. Bien sûr, un médecin chinois qui se respecte utilise le qi gong dans ses soins, mais il le pratique d'abord pour rayonner lui-même d'une bonne énergie, afin de mieux traiter ses patients. Que procure le qi gong ? Pour commencer, une détente du corps, parce que ses mouvements sont lents, relaxés et souples. Cette détente s'approfondit par la respiration, très lente aussi. Ce faisant, aidée par le massage de certains points précis, l'énergie circule à nouveau dans le corps : elle stimule puissamment le système immunitaire et réveille au fond de nous toutes sortes de potentialités cachées, d'ordre aussi bien physique qu'intellectuel ou relationnel. Et même poétique, si l'on en croit les termes en usage dans cette pratique : position d'embrasser l'arbre, exercice de l'hirondelle pourpre volant très haut dans le ciel, huit trésors…

<u>**À lire…**</u>

- *À la découverte du qi gong*, Yves Réquéna, éd. Guy Trédaniel.

VOIR AUSSI
Acupuncture > p. 207
Plusieurs corps > p. 288

VOIR QUESTION
Qu'est-ce qui perturbe la bonne circulation de ton énergie ? > p. 66

QUALITÉS DE NOS DÉFAUTS

Nos qualités et nos défauts sont comme les deux courants du yin et du yang. Chacun possède en soi chaque chose et son contraire : du blanc et du noir, du mauvais comme du bon, du parfait et de l'imparfait, mais aussi des polarités positives et négatives, féminines ou masculines. C'est un équilibre présent dans la nature entière. Ainsi, notre face lumineuse possède son jumeau sombre, notre ombre, comme la nommait Carl Gustav Jung. Mais attention, il faut bien comprendre que ce jumeau intérieur n'est pas uniquement obscur : il contient aussi bien l'ombre de nos qualités que la lumière non exprimée de nos défauts. Voilà pourquoi l'inconscient est fait d'autant de positif que de négatif, tout comme notre facette consciente.

Lorsque tu prends conscience d'un défaut, il est inutile de te fustiger,

puisque cette découverte t'indique dans quel secteur tu as un travail à accomplir sur toi pour ainsi acquérir une qualité d'autant plus intéressante que tu l'auras acquise. D'une certaine façon, tu possédais déjà potentiellement cette ressource. Grâce à la découverte de tes défauts, tu peux donc assez facilement visualiser les qualités jumelles que tu pourrais gagner. Comment ? D'abord en acceptant tes défauts ! Ensuite, bien sûr, en décidant de changer – au moins un peu : la politique des petits pas (> p. 288) est là pour t'y aider.
Tout aussi important est de reconnaître les défauts de tes qualités, l'ombre de ta lumière. Ne pas les reconnaître serait ouvrir la porte à la projection de ces défauts cachés sur les autres et le monde, dans le jugement permanent et, dans certaines extrémités, la haine et la guerre. Les reconnaître, c'est s'accepter, faire la paix avec soi et, par extension, avec le monde.

À lire...
- *Les Racines de la conscience*, Carl Gustav Jung, éd. Buchet Chastel.

VOIR AUSSI
Changement > p. 218
Cuirasses > p. 228
Peur > p. 284
Politique des petits pas > p. 288

VOIR QUESTION
Quelles sont tes peurs ? > p. 60
Quelles sont tes forces ? p. 74

QUATRE ACCORDS TOLTÈQUES

Les Toltèques, sages de l'Amérique précolombienne, ont identifié les causes profondes de notre enfermement. Selon eux, chacun de nous vit dans un rêve personnel et nous créons ensemble un rêve collectif, planétaire. Lorsque nous venons au monde, les personnes qui s'occupent de nous nous apprennent comment fantasmer le monde et notre vie selon leurs principes. Ils captent notre attention et nourrissent notre conscience des règles, croyances, valeurs et comportements correspondant à leur façon de rêver. Bien que nous ayons le pouvoir de choisir notre propre rêve, nous donnons peu à peu notre accord, sans en avoir conscience, à toutes ces pressions et nous finissons par obéir au lieu de choisir. Obéir au livre de la Loi, le code interne de toutes les conventions et croyances que nous avons intégrées. Obéir au Juge, ce personnage interne qui critique tout le monde, y compris nous-mêmes, tout le temps. Et enfin obéir à la Victime, notre recours interne pour ne pas prendre la responsabilité de notre rêve, de notre vie et la reporter sur les autres ou sur le sort. En définitive, au lieu de vivre une vie de rêve, un rêve d'amour, de joie et de puissance personnelle, nous créons un cauchemar, en jugeant les autres ou nous-mêmes et en acceptant les jugements des autres. Combien de fois as-tu alimenté ta propre colère ou souffrance en repensant aux torts qu'on t'avait infligés ? Combien de fois t'es-tu senti condamné pour la même faute, la même erreur ?
La voie pour en sortir est simple. Il s'agit simplement de dénoncer les accords qui ne te conviennent plus et de t'engager dans de nouveaux accords : les quatre accords toltèques. Chacun de ces accords te permet de sortir du cauchemar pour entrer dans le véritable rêve. Ils fonctionnent ensemble et sont indissociables.

Que ta parole soit toujours impeccable

Cet accord, le premier et le plus important, est fondé sur le fait que chacune de tes paroles est créatrice. Ainsi, tu diras ta vérité la plus profonde, la plus essentielle à chaque instant de ta vie, au risque de déplaire, car pour rien au monde tu ne voudrais créer par tes paroles un surcroît d'enfer pour toi ou pour autrui. C'est en faisant attention à chacun de tes mots que tu pourras commencer à créer ton plus beau rêve et, ainsi, nourrir un nouveau rêve pour l'humanité. Oseras-tu relever ce défi et traquer dans tes moindres paroles les liens qui tissent le cauchemar collectif ?

Quoi qu'il arrive, ne le prends pas de façon personnelle

Lorsque tu prends à cœur un événement, une parole, une action, tu entres souvent dans le cauchemar de la colère, de la frustration, de l'impuissance et tu renforces toujours plus les liens qui t'entravent. Quoi qu'il arrive, ne le prends pas de façon personnelle, comme par exemple les insultes, parce que si tu le fais, tu donnes ton accord à ce qui t'est dit. Ainsi, tu renforces ton cauchemar personnel et, pour peu que tu nourrisses de la rancœur, tu vas aussi participer au cauchemar collectif. Ce qui est valable pour les insultes l'est aussi pour les louanges : à quoi bon te rengorger d'une parole aimable, si c'est pour souffrir lorsqu'un autre dira le contraire ? Te sens-tu prêt à regarder toute chose pour ce qu'elle est : une émanation du rêve d'autrui ou du rêve collectif, rien qui vaille de transformer ta vie en cauchemar ?

Ne fais jamais de suppositions sur autrui

Combien de fois t'es-tu senti mal à propos de quelqu'un ou de quelque chose, sans prendre le temps de vérifier tes suppositions ? Combien de reproches as-tu nourris, combien de films as-tu joués dans ta tête sans avoir pris la peine de poser la question qui aurait pu dissiper un malentendu ? Combien de fois as-tu pensé ou dit : il ou elle aurait dû le savoir ? Ces suppositions sur ce que pensent ou font les autres empoisonnent littéralement ton rêve et le transforment en cauchemar. Te sens-tu capable d'apprendre à poser toutes les questions ? Sauras-tu entendre et accepter toutes les réponses ?

Fais toujours de ton mieux

Si chacune de tes paroles et de tes actions est accomplie de ton mieux, tu es à l'abri de ton Juge et de ta Victime internes. En particulier, si tu fais tout pour respecter et vivre selon ces nouveaux accords, rien ne pourra t'empêcher de vivre ton rêve personnel de la plus belle façon qui soit.

À lire...

- *Les Quatre Accords toltèques : la voie de la liberté personnelle*, Don Miguel Ruiz, éd. Jouvence.

VOIR AUSSI

Communication non violente (CNV) > p. 221

VOIR QUESTION

Qu'as-tu fait pour aller mieux ? > p. 62

QUATRE NOBLES VÉRITÉS DU BOUDDHISME

« Voici la noble vérité sur la souffrance : la naissance est souffrance, la vieillesse est souffrance, la maladie est souffrance, la mort est souffrance, la peine, la tristesse, la douleur, la détresse et le désespoir sont souffrance, l'union avec ce que nous haïssons est souffrance, la séparation d'avec ce que nous aimons est souffrance, ne pas obtenir ce que nous désirons est souffrance. En résumé, les cinq agrégats d'attachement sont souffrance. [...] Voici la noble vérité sur la cause de la souffrance : c'est cette soif qui produit le renouvellement de l'existence, qui est liée à une avidité passionnée et qui trouve une nouvelle jouissance tantôt ici, tantôt là, c'est-à-dire la soif des plaisirs des sens, la soif de l'existence et du devenir, et la soif de la non-existence. [...] Voici la noble vérité sur la cessation de la souffrance : c'est la cessation complète de cette soif, la délaisser, y renoncer, s'en libérer, s'en détacher. [...] Voici la noble vérité sur le sentier qui conduit à la cessation de la souffrance : c'est le noble sentier octuple, à savoir la vue juste, la pensée juste, la parole juste, l'action juste, le moyen d'existence juste, l'effort juste, l'attention juste et la concentration juste. »
(*Samyutta nikaya*, LVI, 11)

À lire...

- *La Pensée de Gotama le bouddha*, Anna Kentish Coomaraswamy, éd. Pardès.

VOIR AUSSI

Méditer/Méditation > p. 271
Tout est souffrance > p. 327
Traitements antidouleur > p. 328

VOIR QUESTION

Où as-tu mal ? > p. 56

QUESTIONNEMENT

Le développement personnel – volonté de se connaître dans un monde où l'identité devient difficile à définir – a réhabilité l'introspection, la science du questionnement déjà prônée par Socrate. Tu as l'embarras du choix parmi de multiples approches. Vois large ! La méthode consiste toujours peu ou prou à te situer dans une typologie. Vois loin ! Au lieu de picorer sans rien approfondir, questionne-toi en profondeur. Philosopher, ce n'est pas agiter de grandes idées – notre époque est bien assez axée sur le virtuel. Observe chaque moment de ta vie quotidienne – privée, publique, professionnelle, amoureuse, religieuse, conjugale, parentale, etc. – systématiquement, avec lucidité et non sans humour si possible, sous le feu de l'interrogation suivante : « Et là, est-ce que je me sens réellement en rapport avec ce que je suis vraiment ? » Le problème, diras-tu, c'est que, selon toute vraisemblance, tu ne sais justement pas très bien qui tu es vraiment ! Mais qu'importe ! Joue le jeu et tu verras qu'il n'est pas stupide de se demander à tout propos si l'on est en cohérence avec soi. Pour la psychothérapeute Maud Lehanne, une remise en question nous aide si elle met le doigt sur ce qui devrait nous être totalement évident, mais que nous nous refusons à voir. Le principal intérêt de la vie n'est-il pas de savoir, dans le concret et au quotidien, demeurer à un niveau élevé d'ambition et d'éveil ? Vois large, vois loin, vois haut !

À lire...

- *Les Pieds dans le moi*, Maud Lehanne, éd. Anne Carrière.

VOIR AUSSI

Crise spirituelle > p. 227

VOIR QUESTION

Quelle relation entretiens-tu avec l'invisible ? > p. 96

QUÊTE ÉTERNELLE

Certes, ta propre quête de mieux-être s'achèvera avec toi, mais cette recherche peut pourtant bien être qualifiée d'éternelle. Songe aux espoirs d'une vie meilleure que l'immense majorité des parents portent pour leurs enfants, aux efforts qu'ils font pour leur assurer un bel avenir qu'ils ne verront pas. Songe également à l'histoire de cette quête au cours des âges, telle que contée dans la Légende (> p. 14) : c'est l'histoire même de la vie – qui pourrait se réduire, en termes thermodynamiques, à une lutte contre l'entropie. On doit à l'ethnologue Claude Lévi-Strauss ou à son collègue Robin Horton, spécialiste de l'anthropologie médicale africaine, d'avoir montré que la quête de mieux-être répond à une demande de sens davantage que de savoir. Car la première question est toujours : Pourquoi ai-je ou suis-je mal ? Quant au sociologue et philosophe Edgar Morin, il nous a appris que cette quête de sens se trouve être une recherche du lien.
Aussi n'est-il pas étonnant que la quête soit un ingrédient majeur de tant de récits ou de contes : outre mettre le héros en action, elle permet d'exprimer un idéal collectif donnant du sens à nos liens. Emblématique de notre époque, le succès du *Seigneur des anneaux*, de Tolkien, est ainsi riche d'enseignements : tardif à venir, il ne s'est pas démenti depuis que la civilisation est entrée en crise voici trois décennies. Or, quel est l'objet de la quête de Frodon ? Non pas acquérir le Graal, mais se débarrasser d'un objet trop puissant. Et quel ob-

jet ! Un anneau qui rend invisible – symbole de la coupure du lien. Le mal moderne que représente Sauron n'est peut-être donc pas tant dans la force de ses troupes que dans l'isolement auquel nous pousse une ambition démesurée d'autonomie. Quelle volonté de toute-puissance ta quête reflète-t-elle ? Nous gagnerions à reconnaître que derrière cette volonté, ce que nous voulons tous, c'est l'amour.

VOIR QUESTION

Pourquoi le demander maintenant ? > p. 42

RACKETS ÉMOTIONNELS

Racket envers soi-même

Notre système émotionnel est construit pour nous permettre de réguler nos relations avec notre environnement relationnel. Mais, au cours de son développement, ce système est parfois perturbé, faussé et il en résulte des comportements inadaptés, porteurs de souffrances potentielles pour soi et pour les autres. Le principe général de ces déviations de l'énergie émotionnelle ressemble à celui du tuyau d'arrosage plié qui laisse sortir l'eau sous pression ailleurs qu'à l'endroit prévu. Ainsi, dans tel milieu, dans telle famille, la peur n'a pas sa place. Un enfant vivant là apprendra peut-être à manifester de la colère, chaque fois qu'il sentira un danger. Peut-être obtiendra-t-il une certaine écoute, mais qu'en est-il de son besoin d'être rassuré, comment apprendra-t-il à trouver ses propres ressources ? Quand un stimulus provoque une émotion, l'énergie correspondante doit s'exprimer. Si cela n'est pas possible, chacun va mettre en œuvre des stratégies pour gérer la situation. Chez certains, c'est le corps qui servira d'exutoire. Diverses approches médicales ont établi des correspondances entre symptômes, organes et émotions : le foie stocke la colère, les poumons la tristesse, etc.

Racket envers autrui

Chez d'autres, l'émotion non exprimée va se trouver stockée pour une utilisation ultérieure. En analyse transactionnelle, on parle de « collection de timbres », car, lorsque le carnet de coupons est plein, la personne va déverser brusquement et avec intensité toute l'énergie emmagasinée, vraisemblablement sur quelqu'un qui n'y pourra et n'y comprendra rien, comme ce père de famille harcelé par son supérieur qui explose en plein repas dominical, à propos d'une broutille. Pour d'autres encore, ce sera l'escalade, la colère deviendra de la rage, la peur, de l'angoisse et la tristesse se changera en désespoir. D'autres encore, déconnectés de leurs émotions authentiques, vont manifester fréquemment le même sentiment, sans qu'il soit vraiment possible de distinguer dans la réalité ce qui le justifie. À partir de cette émotion falsifiée, la personne extorque une certaine réponse à son entourage, d'où le terme de racket émotionnel. Ainsi, cette personne triste qu'on s'épuise à essayer d'égayer ou ce colérique avec lequel on ne sait jamais comment réagir. Chacun de nos rackets est en fait une tentative maladroite pour obtenir de l'énergie et satisfaire nos besoins. D'où l'importance de se poser la question suivante : de quoi as-tu vraiment besoin pour te sentir en harmonie avec la vie ?

À lire...

- *Analyse transactionnelle et émotions*, Fanita English, éd. Desclée de Brouwer.
- *Le Triple Moi*, Gysa Jaoui, éd. Robert Laffont.

VOIR AUSSI

Analyse transactionnelle (AT) > p. 211

VOIR QUESTION

Quelles sont tes peurs ? > p. 60

REBONDIR

Quand nous souffrons ou que nous n'avons pas le moral, que le monde perd son goût, son sens, il nous est paradoxalement offert une occasion de nous transformer et de rebondir. Toutes les grandes traditions le disent, chacune à sa manière.

Un enseignement ancien, relayé entre autres par les soufis (1), nous invite à situer nos fugaces existences terrestres sur une échelle verticale, qui va de plus l'infini (falaise à pic au-dessus de nos têtes) à moins l'infini (gouffre insondable sous nos pieds). Cette échelle décrit l'ensemble de nos états intérieurs possibles, depuis la solitude intégrale de l'ego (moins l'infini) jusqu'à la réalisation totale du soi (plus l'infini). Entre ces deux extrêmes inconcevables, juste au milieu, la paroi verticale fait un léger décroché, sur lequel court un chemin horizontal. La plupart du temps, explique l'ancienne tradition, c'est sur ce chemin que nous vivons, au niveau minimal des émotions humaines, dans un état de conscience « neutre », propice à la vie sur terre, notamment lorsque nous communiquons. Tu es sans doute à ce niveau en ce moment.

Mais la vie est ainsi faite que nous ne restons pas au niveau neutre. Nous changeons constamment d'état. Petits changements, grands changements. Le grand changement le plus classique nous fait brusquement tomber dans le gouffre. Oh ! rassure-toi, seulement jusqu'à une certaine profondeur. Appelons-là moins un. Nous y attend une sorte de dalle de béton, qui correspond, mettons, à notre faiblesse de départ. Une fois, deux fois, mille fois nous effectuons la même erreur, mille fois nous chutons au niveau moins un. Tantôt nous tombons

sur la tête, tantôt sur le dos, ou sur le ventre. C'est chaque fois très douloureux et chaque fois, après nous être laborieusement ressaisis, dans un état de malaise que nous connaissons trop, nous regrimpons l'échelle du soi jusqu'au niveau zéro, pour reprendre notre cheminement normal.
Jusqu'au jour où (aidé par quelle grâce ?), au lieu de chuter au niveau moins un sur la tête ou sur le dos, nous chutons debout sur nos pieds et la tête claire. Nous faisons alors une découverte prodigieuse : la dalle de béton était en réalité un tremplin. Celui qui sait rebondir dessus peut d'un seul saut non seulement regagner le niveau zéro, mais, au-delà, connaître la joie inouïe du niveau plus un, conscience élargie, euphorie d'être. Désormais plus de chute en moins un. Notre vie se déroule entre la neutralité du niveau zéro et l'euphorie du niveau plus un. Quand brusquement le sol s'ouvre sous nos pieds, et nous faisons une terrible chute, pire qu'autrefois, jusqu'au niveau moins deux, où nous nous égratignons le nez sur une dalle de granit. C'est le nouveau vertige à élucider. Hélas ! les leçons des premières chutes ne semblent pas servir, comme si chaque niveau avait son secret. Une fois, deux fois, mille fois, nous chutons jusqu'en moins deux. Jusqu'au jour où (aidé par quelle grâce ?) nous transformons le granit en tremplin, pour rebondir jusqu'en plus deux, etc. La tradition raconte que, niveau après niveau, nous chutons ainsi dans des profondeurs de plus en plus abyssales, pour rebondir vers des cimes de plus en plus cosmiques. Jusqu'où ? Sitôt la question posée, s'affiche l'impossibilité du jeu. Si grande soit ta conception de l'homme, il est un niveau que tu ne peux admettre, c'est moins l'infini (pas plus que plus l'infini, mais le jeu commence toujours par moins). L'ego infini, au-delà de l'anéantissement, ça ne veut rien dire.

(1) Enseignement rapporté par John Lilly dans *The Center of the Cyclone*.

VOIR AUSSI
Changement > p. 218
Traverser une crise > p. 330
Guérir > p. 253
Motivation > p. 273

VOIR QUESTION
Comment est né ton désir ? > p. 44

RECADRAGE

Outil majeur des thérapies comportementales issues de la célèbre école de Palo Alto, la pratique du recadrage repose sur un constat simple : dans la plupart des situations humaines, ce que nous appelons la réalité est plus souvent le fruit de nos perceptions et interprétations que le reflet exact d'une vérité objective. Du coup, nous avons tendance à chercher des solutions à nos problèmes à partir de cette vision de la réalité, c'est-à-dire selon la logique qui les a créés. Ce qui faisait dire à Paul Watzlawick, éminent membre de cette école, que « le problème, c'est la solution ». Pour en sortir, il faut changer de point de vue, recadrer les choses. Selon lui, recadrer implique de changer le contexte dans lequel la situation a été vécue (contexte conceptuel, émotionnel). On peut aussi changer de point de vue pour la placer dans un autre cadre, plus pertinent. Parfois, cela permet de changer complètement le sens de la situation. Watzlawick et ses collègues en ont fait la démonstration en 1974.
Comment faire ? Un regard extérieur est souvent indispensable ! Selon la théorie systémique, il sera bénéfique s'il se porte sur la situation sans rechercher ses causes, et s'il propose d'autres points de vue tout en tenant compte du cadre conceptuel (croyances, opinions, hypothèses) des personnes intéressées. L'humour et le paradoxe s'avèrent particulièrement efficaces, car ils évitent l'écueil du bon conseil et des injonctions rationnelles de type « yakafokon ». L'école de Palo Alto est ainsi bien connue pour ses fameuses injonctions paradoxales, consignes aussi surprenantes que précises et concrètes visant à faire prendre conscience qu'une autre interaction avec l'environnement est possible.

À lire...
- *Changements : paradoxes et psychothérapie*, Paul Watzlawick, John Weakland et Richard Fisch, éd. du Seuil.
- *À la recherche de l'école de Palo Alto*, Jean-Jacques Wittezaele et Teresa Gracia, éd. du Seuil.

VOIR AUSSI
Systémique > p. 321
Thérapie familiale > p. 326

VOIR QUESTION
Comment est né ton désir ? > p. 44

RÉFLEXOLOGIE

Selon certains hiéroglyphes, la réflexologie aurait existé en Égypte 2 300 ans avant notre ère. Cela fait longtemps en effet que thérapeutes et guérisseurs ont remarqué qu'en massant les pieds et les mains d'une personne on pouvait agir sur toutes les parties de son corps. Chaque organe, glande, partie du corps ou fonction physiologique correspond étrangement à une zone ou un point sur les mains, les pieds ou encore les oreilles. La pratique montre qu'un massage de ces zones permet non seulement de localiser de nombreux troubles, mais aussi de les soulager, voire de les guérir, en stimulant les facultés d'autoguérison de l'organisme. On retrouve ce principe de base dans toutes les grandes médecines du monde, notamment en Chine et en Inde.
En Occident, la médecine l'avait cependant oubliée, jusqu'à ce que le docteur Niboyet – meilleur acupuncteur de France à cette époque – la redécouvre (essentiellement dans sa version chinoise) et en fasse officiellement état en 1955. Depuis, la réflexologie n'a fait que se développer. Un massage simple

et rapide peut apporter un soulagement immédiat et mettre en route un processus de guérison. Tous nos systèmes internes (digestif, respiratoire, circulatoire, lymphatique, nerveux, hormonal, etc.) sont concernés ainsi que les muscles, les tendons, les articulations et le squelette. Même nos sens endormis ou atrophiés (vue, ouïe, toucher, odorat, goût, mais aussi équilibre) peuvent être stimulés de façon très intéressante de cette manière. Agréable et simple à pratiquer, cette méthode aussi ancienne que les civilisations humaines s'adapte très bien à notre vie moderne.

À lire...
- *Guide pratique de la réflexologie*, Amélie Le Plexier, éd. Trajectoire.

RÈGLE D'OR DU BIEN-DIRE

« La violence, intériorisée ou extériorisée, résulte d'un manque de vocabulaire : elle est souvent l'expression d'une frustration qui n'a pas trouvé les mots pour se dire », écrit Thomas d'Ansembourg, auteur du *best-seller Cessez d'être gentil, soyez vrai !* et promoteur de la communication non violente en terre francophone. Nous n'avons pas appris le vocabulaire de notre vie intérieure. Nous n'avons pas appris à décrire précisément ce que nous sentons ni quels sont nos besoins. Parce que nous nous sommes coupés de nos sentiments et de nos besoins pour tenter d'être à l'écoute de ceux de nos parents, des frères et sœurs, de l'instituteur, du voisin, de nos supérieur nous sommes saturés de : « Il faut que tu... »
Nous avons fondamentalement besoin de nous trouver, de nous ancrer solidement, de sentir de l'intérieur que c'est nous qui parlons, nous qui décidons et non plus nos habitudes, nos conditionnements, nos peurs du regard de l'autre. Mais comment ? Thomas d'Ansembourg prône la sobriété et la précision comme règles générales de la communication non violente (CNV), méthode dont il est l'un des porte-drapeaux européens.
« Nous parlons trop et mal », proclame-t-il. Il ne faut nommer que ce qui doit être nommé. Devant le verbiage et l'abstrait, l'attention s'affaisse. Et quand on vide sa coupe, l'autre est submergé. La rigueur de la structure en quatre points adoptée par la CNV assure la sobriété et la précision, et augmente la qualité de la connexion. Elle nous engage à reconsidérer la façon dont nous nous exprimons et dont nous écoutons l'autre, en fixant notre attention sur quatre éléments :

1. L'observation d'une situation.
2. Les sentiments qu'éveille cette situation.
3. Les besoins qui sont liés à ces sentiments.
4. Ce que nous pourrions demander concrètement pour satisfaire nos besoins.

Observe les faits

Quand tu es face à un comportement concret qui affecte ton bien-être (ton partenaire qui rentre chaque soir très tard par exemple), il faut t'efforcer de considérer cette situation objectivement et sans jugement. Marshall Rosenberg, fondateur de la CNV, prévient contre les pièges des fausses observations, qui sont autant de jugements déguisés, passés de « Tu travailles trop ! » à « Tu as travaillé 60 heures cette semaine ». Attention aux « Tu, toujours, jamais, tout le temps » qui accusent et blessent, sans refléter la réalité.
Quand nous mélangeons l'observation d'un comportement et le jugement que nous portons sur l'autre, notre interlocuteur a tendance à investir son énergie dans l'autodéfense et la contre-attaque plutôt que dans une compréhension bienveillante de ce que nous vivons.

Reconnais tes sentiments

Tu dois identifier les sentiments que t'inspirent ces actes, car ils vont fournir des informations sur ton degré de bien-être : « Je me sens, je suis... (à cran, alarmé, attristé, bouleversé, contrarié, déchiré, en colère, frustré, lassé, navré, seul). » Ne confonds surtout pas avec ce que tu crois que l'autre pense en agissant ainsi : « J'ai le sentiment que tu te fiches de moi, que tu me méprises. » La difficulté réside dans le tabou qui existe dans de nombreuses cultures ou familles, où parler de soi et de ses sentiments est inconvenant. Pourtant, explique Thomas d'Ansembourg, « si notre vision est toujours partielle, nous n'existons comme sujet qu'en disant je. Exprimer tes sentiments est une façon de clarifier ce qui est vivant en toi. Et cela donne à l'autre la possibilité d'être sujet lui aussi. Dire ton sentiment, c'est inviter l'autre à dire le sien ».

Exprime tes besoins

La loi est simple. Derrière chaque sentiment positif, il y a un besoin satisfait. Derrière chaque sentiment négatif, il y a un besoin non satisfait. Si nous ne sommes pas conscients du lien entre nos besoins et nos sentiments, nous limitons souvent la cause de ces derniers aux seules actions des autres. Là encore, on identifie souvent l'expression d'un besoin à de l'égoïsme ou à du narcissisme. Or, souligne Thomas d'Ansembourg, « je ne peux pas comprendre l'autre si je ne comprends pas quels sont mes propres besoins dans la relation. Inversement, la clarté avec laquelle je comprends mes propres besoins me permet d'identifier ceux de l'autre ». « En CNV, la première réflexion est toujours dirigée vers soi », rappelle Thomas d'Ansembourg. Te voici conduit à t'interroger sur tes propres peurs et sur tes véritables besoins. Ce besoin d'ordre, vient-il de ta propre enfance ? Ce désir d'être rassuré, de quelle peur est-il la projection ?
Attention à ne pas confondre « J'ai besoin de (reconnaissance, sécurité, amour, sexualité, évolution, etc.) » et « J'ai besoin que tu... », qui n'exprime pas un besoin mais une exigence sur l'autre. C'est passer de « Je suis mécontent quand tu es en retard » à « Je suis contrarié que tu arrives en retard

car j'espérais que nous pourrions voir ce film ensemble ». Et de « Je suis déçue parce que tu n'as pas tenu ta promesse » à « Quand tu n'as pas tenu ta promesse, j'ai été déçue parce que j'aimerais pouvoir compter sur ta parole ».

Exprime ta demande

Mais venons-en maintenant au fait : demander à l'autre des actions concrètes qui contribueront à ton bien-être. Veille à ne pas faire des propositions négatives. « Je ne veux plus voir de désordre dans cette chambre » donnera rarement de bons résultats. Le mieux est encore de demander ce qu'on pourrait faire ensemble pour que les choses s'arrangent pour les deux. En bref, il faut négocier.

C'est alors, en CNV, une deuxième phase, celle de l'écoute, où l'autre va d'abord exprimer ce qu'il a compris de ta demande puis formuler son propre point de vue en respectant le code – observation, sentiment, besoin, demande. Tout l'art du discours de la CNV est de permettre, en utilisant la paraphrase, d'établir ce type de communication. C'est la partie la plus pénible de la méthode, qui peut paraître artificielle, voire désagréable. « Je te remercie de m'avoir dit ce que tu as entendu de ce que j'ai dit. Je constate que je ne me suis pas exprimé assez clairement. Je vais reformuler mon discours. J'entends bien ce que tu veux dire » sont des classiques de la méthode qui, lorsque la véritable empathie n'est pas au rendez-vous, peuvent produire un effet d'agacement. Thomas d'Ansembourg, à la suite de tous les maîtres de la CNV, ne cesse de le souligner : « L'intention dans laquelle nous abordons l'autre est essentielle. Pour éviter les rapports de pouvoir, l'autre doit être un allié, pas un ennemi. L'autre fait partie du *nous*, même si ses réponses nous irritent. On peut oublier toute la technique de la CNV, dès lors que l'on est dans cette intention. »

(D'après un article de Sylvain Michelet, paru dans *Psychologies Magazine*, mai 2008.)

À lire...

- *Les mots sont des fenêtres (ou bien ce sont des murs)*, Marshall Rosenberg, éd. La Découverte.
- *Cessez d'être gentil, soyez vrai !*, Thomas d'Ansembourg, éd. de l'Homme.
- *La Communication non violente au quotidien*, Marshall Rosenberg, éd. Jouvence.

VOIR AUSSI
Communication non violente (CNV) > p. 221

VOIR QUESTIONS
Connais-tu le pouvoir des mots ? > p. 82
Où as-tu mal ? > p. 56

REÏKI

D'origine japonaise, cette méthode est basée sur des soins énergétiques appliqués avec les mains par des personnes initiées. Elle permet de transmettre de l'énergie vitale à un patient. D'après ses praticiens, le but du reïki est de soulager les souffrances, d'apporter un calme mental, une paix intérieure et un bien-être général. À ce jour, les observations scientifiques n'ont pu démontrer des effets bénéfiques supérieurs à l'effet placebo – ce qui n'est déjà pas si mal !

À lire...

- *Reïki pour guérir de nos émotions destructrices*, Tanmaya Honervogt, éd. Courrier du Livre.

REMERCIER

« Nous ne remercions plus les plantes qui permettent de soigner l'homme. Nous ne remercions plus le vent. C'est pourtant une chose simple ! [...] Remercier est une de nos pratiques fondamentales. Avant de commencer une réunion, nous remercions. Il s'agit en fait de se montrer reconnaissant à l'égard de la vie dans sa globalité : depuis notre mère la Terre jusqu'à notre père le Ciel, et au-delà le Créateur, Dieu, Bouddha, Celui qui a tant de noms, Celui qui donne la vie... Chaque plante, chaque être de ce monde a un cadeau à offrir et nous autres, les êtres sur deux jambes, nous n'arrivons pas à comprendre que tous les éléments non humains qui nous entourent continuent, vaille que vaille, à remplir leurs tâches et à assumer leurs responsabilités. Et nous, nous ne sommes même pas capables d'exprimer nos remerciements. Beaucoup de personnes pensent que si vous voyez un oiseau voler et que vous dites subitement : "Merci frère !", vous êtes dérangé. Mais dans le fond est-ce incorrect ? Que ressent un être individuel quand il n'est jamais reconnu ? » (Propos de Grandmother Sarah Smith, Amérindienne de la tribu Mohawk, in *Le Cercle des Anciens*, Patrice van Eersel et Alain Grosrey, éd. Albin Michel).

À lire...

- *Le Cercle des anciens*, Alain Grosrey et Patrice van Eersel, éd. Le Livre de Poche.

VOIR AUSSI
Féliciter (Te) > p. 250
Gentillesse > p. 251
Plénitude > p. 287

VOIR QUESTION
Quel rituel quotidien pourrais-tu mettre en place ? > p. 100

RÉSILIENCE

Le concept de résilience a été popularisé en francophonie par le psychiatre et éthologue Boris Cyrulnik. Si le terme désignait à l'origine la capacité de certains matériaux à résister à de fortes pressions, étendu aux humains, il s'applique aux enfants qui, malgré des conditions de départ effroyables, réussissent à bien s'en sortir. Seule condition : avoir rencontré au moins une personne témoignant à leur égard d'amitié et d'empathie et qui les reconnaisse – dans tous les sens de ce mot. On doit cette découverte à la psychologue américaine Emmy

Werner, qui mena à Hawaï, dans les années 1950, une étude portant sur 200 très jeunes enfants des rues orphelins, souffrant de graves carences affectives, qu'elle suivit pendant 30 ans. Publiée dans le livre *Vulnérables mais invincibles* en 1982, son enquête montre que près de 30 % d'entre eux, contre toute attente, ont appris à lire et à écrire, trouvé un emploi, fondé une famille et se déclarent heureux dans la vie.

Autant dire que la résilience est un moteur de survie aussi ancien que l'humanité. « Absolument, répond Boris Cyrulnik (*Nouvelles Clés*, n° 60), mais l'inconscient aussi, et il n'a été nommé qu'en Occident à la fin du XIXe siècle ! Beaucoup de choses existent dans le réel et pas dans la représentation verbale. Il faut que quelqu'un allume un mot, pour que l'on puisse voir un morceau de réel. Et ça le change, car les mots, en éclairant le réel, changent nos réponses adaptatives, comportementales, et nos projets, puisque nous ne voyons plus la même part de monde. Ce qu'on voit, c'est ce qu'on met en lumière. Et ce qu'on met en lumière témoigne de ce que nous sommes. Donc on voit ce que nous sommes. La résilience est une philosophie de l'antidestin. Un rien, un simple contact humain, peut redonner l'espoir à un mort psychique. Et ce n'est pas une métaphore, les gens le disent vraiment : “Une part de moi est morte. Je suis dans l'agonie psychique.” Ils le sentent comme ça. Si “on” pense (j'utilise à dessein un pronom impersonnel) que ces enfants blessés sont foutus, on va organiser autour d'eux des institutions et des comportements qui, en effet, vont les foutre en l'air. Alors que la résilience montre que, si l'on pense autrement, il suffit parfois d'un regard, d'une main tendue, d'un mot, d'une institution, d'une règle administrative, pour qu'un grand nombre de ces enfants ou de ces adultes reprennent un développement. Et c'est pourquoi je dis que c'est une philosophie individuelle et sociale de l'antidestin. »

À lire...

- *Les Nourritures affectives*, Boris Cyrulnik, éd. Odile Jacob.
- *Un merveilleux malheur*, Boris Cyrulnik, éd. Odile Jacob.
- *Les Vilains Petits Canards*, Boris Cyrulnik, éd. Odile Jacob.
- *De chair et d'âme*, Boris Cyrulnik, éd. Odile Jacob.

VOIR AUSSI

Agir ou subir ? > p. 208
Communication non violente (CNV) > p. 221
Mots > p. 273

VOIR QUESTIONS

Quelles sont tes forces ? > p. 74
Sur qui et sur quoi peux-tu compter ? > p. 84
As-tu conscience de ta puissance ? > p. 88

RÉSONANCE MORPHIQUE

Formulée au début des années 1980 par le célèbre botaniste britannique Rupert Sheldrake, dans son livre *Une nouvelle science de la vie* (éd. Le Rocher), la théorie des champs morphiques stipule que toutes les formes, minérales ou biologiques, comportementales ou psychiques, obéissent à des champs inconnus de la science actuelle. De nature non énergétique, ces derniers constitueraient une mémoire des formes, régie par des lois de résonance ; la plus frappante est que plus la matérialisation d'une forme se répète, plus son champ se renforce, par-delà l'espace-temps. Plus un produit se cristallise souvent, plus la forme de son cristal est stable ; plus les gens font du vélo, plus l'apprentissage du vélo est facile ; et une société qui inventerait une attitude radicalement nouvelle influencerait toute l'humanité, même si elle se trouvait isolée sur une île inconnue. Fondée sur une démarche authentiquement scientifique, c'est-à-dire ouverte à la recherche empirique et à l'élaboration d'hypothèses contradictoires, cette théorie est influencée par d'anciennes théories alchimiques, mais aussi par des pensées modernes telles que celles de Goethe et de Bergson. Remettant en question à peu près toutes les disciplines scientifiques de notre temps, cette théorie a rencontré, comme on pouvait s'y attendre, un véritable mur de résistance de la part de la plupart des scientifiques. Mais elle a marqué les esprits et un large public éclairé y fait souvent allusion, tandis que Rupert Sheldrake poursuit vaillamment ses recherches, qui pourraient expliquer de nombreuses énigmes, telles que la télépathie, la prémonition ou simplement la constance des formes vivantes.

À lire...

- *L'Âme de la nature*, Rupert Sheldrake, éd. Albin Michel.
- *Sept expériences qui peuvent changer le monde*, Rupert Sheldrake, éd. Le Rocher.
- *Les Pouvoirs inexpliqués des animaux*, R. Sheldrake, éd. J'ai Lu.

VOIR AUSSI

Forme > p. 251
Télépathie > p. 324

VOIR QUESTION

Comment ton mieux-être peut-il améliorer l'état de la planète ? > p. 104

RESPIRATION

Chacun l'apprend en naissant, l'air brûlant les poumons étant la source du premier cri : le souffle, c'est la vie ! Très vite pourtant on respire par pur réflexe, parfois sans y penser jusqu'au dernier soupir. Cet oubli tourne au funeste héritage, pour les terriens du IIIe millénaire. Depuis l'avènement du charbon, une société en rupture avec le corps semble en guerre contre l'air qu'elle respire. Rien de plus normal, donc, si certains luttent pour que l'air soit pur, arrêtent de fumer, s'« ensauvagent », se « rurbanisent » ou pratiquent des exercices respiratoires inspirés du yoga. On entend là l'appel

d'une autre tradition, où respirer sainement prélude à l'émergence de la conscience à travers le corps, les désirs et les passions plutôt que contre eux. Dès lors, le jugement semble s'imposer : la civilisation occidentale s'est laissée emporter par son pouvoir sur la nature et risque de périr asphyxiée.
Vitale, la respiration est essentielle dans la méditation, rappelle l'éditeur Marc de Smedt, enseignant de l'art du zazen : « Toute conscience, pourrait-on dire, vient d'abord s'ancrer dans la conscience de respirer. C'est évident en méditation assise où, dès que l'on oublie une seconde que l'on respire, on se met à gamberger, envahi de pensées-images de toutes sortes. À l'inverse, dès que la respiration lucide se rétablit, une prise de distance se crée, qui nous rend spectateur de nous-même et de notre univers mental. Ce rappel à soi n'a nul besoin d'un lieu particulier : n'importe où, n'importe quand, la prise de conscience de notre souffle plein, dans son va-et-vient ("quand j'inspire je sais que j'inspire, quand j'expire je sais que j'expire", disait le Bouddha), cet acte de lucidité simple et entier nous permet de nous libérer de la pression ambiante. » Daniel Odier, professeur de tantrisme et maître de bouddhisme, renchérit : « Il est beaucoup plus important de prendre conscience de la respiration plusieurs fois par jour que de tenter de "pratiquer" trop longtemps. Toutes les "micropratiques" du yoga tantrique se font pendant cinq, dix ou trente secondes, suivies d'un retour à la manière habituelle de vivre ou de faire les choses. »

« Par la constante pratique de l'inspiration et de l'expiration, le mental peut être contrôlé. »
Yoga-sutra de Patanjali n° 34

Souffle vital

Cette réconciliation avec le souffle s'avère d'autant plus cruciale que son apport n'est pas seulement physique, comme le défend le concept yogi de *prana*, énergie vitale faisant partie de l'énergie cosmique et nous parvenant par la respiration nasale. Et la rupture ne date pas du charbon ! Elle serait un phénomène anthropologique inscrit au cœur de notre civilisation, défendait dès les années 1930 Marcel Jousse, précurseur oublié de l'« anthropologie du geste » et professeur dans différentes hautes écoles parisiennes. Il situait le divorce entre l'humain et la respiration au moment où la tradition orale fait place à la culture de l'écrit. L'homme perd alors le contact charnel avec le récit qui fonde sa culture. Disparu désormais le geste qui donne son rythme à l'expression, envolés le souffle et le sens du mystère qu'il inspire ! Sur le papier ne reste que le texte, psalmodié par les uns, ânonné par les autres, bientôt d'une façon mécanique le privant de son sens. Ou bien encore, le voici déformé par les traductions et analyses littérales, comme ce fut le cas pour le Nouveau Testament, encore tout empreint des rythmes de l'art oral araméen, mais codifié et trahi par la culture gréco-latine du regard. Ainsi la distinction que fait notre culture entre l'âme individuelle (*anima*) et l'esprit qui l'insuffle (*spiritus*) reposerait sur la mauvaise traduction de termes araméens dont l'un (*nâfshâ*) désigne le souffle de la gorge et de la parole, et l'autre (*roûhâ*), le souffle du nez, le souffle vital. Jousse voyait dans la radio, le cinéma ou la télévision naissante l'annonce d'un retour à l'ancienne source rythmique, un retour au gestuel et au parlé. La réaction qui nous pousse aujourd'hui à vouloir respirer avec plus de conscience un air sain se place dès lors dans un cadre immense, anthropologique car s'adressant à l'homme total (et non à sa réduction privée, ou sociale, ou culturelle). « Respirez ! Respirez enfin ! » tonnent les nouveaux visionnaires, comme en écho à Paul Valéry, grand malade des bronches qui s'écriait par la bouche de son Faust : « Vivre... Je ressens, je respire mon chef-d'œuvre. Je nais de chaque instant pour chaque instant. Vivre !... Je respire. N'est-ce pas tout ? »

<u>À lire...</u>

- *La Pratique du zen*, Marc de Smedt, éd. Albin Michel.
- *La Respiration essentielle*, Thich Nhat Hanh et Philippe Kerforne, éd. Albin Michel.
- *L'Anthropologie du geste*, Marcel Jousse, éd. Gallimard.
- *Désirs, passions et spiritualité*, Daniel Odier, éd. JC Lattès.
- *La Méthode Pescher*, Pierre Sébire, éd. Jouvence.
- *Le Tao de la respiration*, Dennis Lewis, éd. Le Jour.

VOIR AUSSI
Attention > p. 214
Méditer/Méditation > p. 271
Écoute de toi-même > p. 238

VOIR QUESTIONS
Comment prends-tu soin de toi ? > p. 76
Comment écoutes-tu ton corps ? > p. 78
À quels besoins dois-tu accorder plus d'importance ? > p. 92

RESPIRATION HOLOTROPIQUE

Cette méthode, nommée à partir du grec *holos* (entier) et *tropos* (direction), a été fondée au début des années 1980 par le psychiatre tchèque Stanislav Grof, pionnier de l'exploration des états modifiés de conscience émigré aux États-Unis. Soumis à une musique soigneusement programmée alternant des gongs tibétains ou des rythmes africains, le patient entre dans un état de conscience modifié grâce à une respiratoire profonde et rapide. L'hyperventilation augmente la concentration de l'oxygène et diminue le gaz carbonique. Le sang devient alors plus acide, ce qui provoque des modifications cérébrales. Le simple fait de se retrouver dans cet état altéré suscite, selon Grof, une activité thérapeutique spontanée. Aucun autre apport ne serait nécessaire pour que l'inconscient fasse émerger les conflits qu'il recèle et, surtout, pour qu'il les traite. La technique permet un voyage intérieur vers l'essentiel, dans lequel nous découvrons et explorons la partie la plus archaïque de nous-mêmes. Le résultat habituel d'une séance de respiration holotropique consiste en une libération émotionnelle et une relaxation physique très profonde. Cette respiration se pratique le plus souvent en groupe, au cours de séminaires de deux jours au minimum. Nécessitant un engagement physique important, elle est interdite aux femmes enceintes et aux personnes souffrant de problèmes cardiaques.

À lire...

- *La Respiration holotropique*, Patrick Baudin, éd. Le Souffle d'Or.

RESPONSABILITÉ ET CULPABILITÉ

Une confusion infantilisante

Auteur de plusieurs livres où il passe en revue les liens corps-esprit, le docteur Thierry Janssen considère que la confusion entre la responsabilité et la culpabilité est la cause première du manque de prévention des maladies. Personne n'aime se sentir coupable, et pour cause : cela risque de l'exclure de la communauté à laquelle il souhaite appartenir (une appartenance qui, en tant qu'animal social, lui paraît vitale). Tous les enfants du monde redoutent le jugement de leurs parents et préfèrent accuser un autre plutôt que d'admettre leur propre imperfection. Or, la maladie est un état d'imperfection et aussi un état d'infantilisation. S'entendre dire que l'on aurait pu en prévenir certaines causes revient souvent à comprendre que l'on est coupable de ne pas avoir effectué cette prévention. On préfère alors jouer le rôle de la victime et penser que l'on n'a aucune possibilité d'éviter le mal. On s'en remet aux remèdes extérieurs, sans jamais imaginer que certaines solutions se trouvent à l'intérieur de nous. Nous échappons ainsi à la culpabilité. Et, ce faisant, nous refusons d'assumer notre responsabilité. « C'est dommage, estime Thierry Janssen, car en acceptant notre responsabilité dans certains processus de cause à effet qui mènent à la maladie, nous obtenons automatiquement des réponses pour changer certaines causes et, du coup, obtenir d'autres effets. La confusion entre culpabilité et responsabilité est tellement grande que toute l'industrie de la santé est organisée pour apporter des remèdes aux victimes que sont les malades, en oubliant de leur rappeler le potentiel de guérison et de prévention qui est en eux. Tout le monde y trouve son compte : les malades sont déculpabilisés, les personnes en bonne santé ne doivent pas faire la démarche contraignante d'une évolution personnelle et l'industrie de la santé voit ses actions valorisées sur les marchés boursiers. »

Puissance et impuissance

Le terme « jugement » recouvre deux formes de vécu affectif : dévalorisant pour la culpabilité, valorisant pour la responsabilité. Notre vie se joue entre ces deux limites. « La notion de limites, estime le psychothérapeute Gérard Guasch, dans un entretien pour Taovillage, est un élément fondamental dans cette alchimie affective. En effet, si nous ne nous autorisons pas à être limité dans nos capacités à être et à faire (ceci ou cela), nous nous condamnons du même coup à nous juger coupables face à certains événements. Car aucun être humain ne possède toutes les ressources nécessaires pour assumer n'importe quelle situation. » Le passage dans le domaine de la responsabilité implique donc que tu fasses le deuil de ton image d'être parfait, capable de tout gérer, de tout endosser, de tout réparer. Cela t'oblige à abandonner le registre du tout ou rien, un registre qui correspond au premier mode de fonctionnement affectif (celui de la période où le bébé perçoit le monde, et notamment sa mère, alternativement comme tout bon ou tout mauvais). Tu ne peux qu'y gagner, car tu risques avec ce « tout ou rien », du fait des difficultés quotidiennes et des réactions des autres, de te sentir plus souvent dans le rien que dans le tout ! Ainsi, sortir de la culpabilité revient à faire le deuil de ton désir de toute-puissance. N'est-ce pas un étonnant renversement des choses, alors que justement le ressenti du coupable est fortement connoté par le sentiment d'impuissance ? « Ce n'est en fait qu'une des positions extrêmes du balancier tout-puissant ou im-puissant, estime Gérard Guasch. Si nous ne sommes plus dans la problématique du tout ou rien, nous pouvons supprimer les suffixes et nous stabiliser dans la zone centrale du balancier : nous sommes puissant pour apporter notre contribution au cours des choses mais notre puissance est limitée. »

Fais ta part

Ta part de responsabilité consiste à développer une attitude de dialogue corps-esprit. Cela commence par une attitude de vigilance : être à l'écoute des signaux de ton corps (fatigue inhabituelle, douleur même intermittente, changements notables de l'appétit, du sommeil, de la sexualité) ou des états prolongés de malaise psychologique (angoisses répétitives, forte anxiété permanente). À cela doit s'ajouter un questionnement sur le quand, comment, pourquoi, permettant la mise en lien avec tel événement, telle situation stressante.

À lire...

- « Oser affronter nos peurs », Thierry Janssen, in *Nouvelles Clés*, n° 59.
- *Le Défi des mères*, Isabelle et Anne-Marie Filliozat, éd. Dervy.

VOIR AUSSI

Agir ou subir ? > p. 208
Confiance > p. 222
Culpabilité > p. 229
Dépendance > p. 231
Médecine préventive > p. 269

VOIR QUESTIONS
Qu'as-tu fait pour aller mieux ? > p. 62
Quelles sont tes peurs ? > p. 60
As-tu conscience de ta puissance ? > p. 88

RESSENTIR

Sais-tu faire la différence entre la réflexion, sublime capacité de discernement et de création, et la machine infernale du mental, qui tourne sans arrêt dans ta tête et t'empêche de vivre, en te faisant plutôt penser ta vie à chaque instant ? L'une des principales caractéristiques du mental est d'être rivé au passé ou à l'avenir. Il te coupe du présent et t'empêche de reconnaître, de ressentir, d'exprimer les émotions que suscitent tes sensations. Parfois, il faut un événement déclencheur pour finalement lâcher prise et enfin oser écouter le corps et les sensations profondes – « et peu importe, écrit le médecin suisse Daniel Dufour, si celles-ci prennent nos bons sentiments à rebours ! ». Ta véritable intelligence ne peut se réveiller qu'après ce lâcher prise, quand elle retrouve sa nature d'outil merveilleux, fait pour te servir et non pas te tyranniser. Seulement voilà, comment faire ? Le docteur Dufour te propose d'abord de retrouver ton calme. Ensuite, pour t'aider à explorer ta violence intérieure, il te conseille de la comprendre et de l'apprivoiser. Enfin, de déclencher en toi l'autorisation de vivre et de pardonner.

La répression des émotions a des conséquences fâcheuses sur l'humeur, l'état de tension musculaire, la circulation énergétique. Il est donc bon pour ta santé (et très soulageant) d'exprimer ton ressenti chaque fois que cela est possible. Il est bon de t'habituer à dire ce qui ne te convient pas, à refuser fermement ce qui dépasse tes limites, à pleurer dans des bras accueillants quand tu traverses des épreuves graves, à partager tes inquiétudes. Beaucoup d'états dépressifs sont à mettre sur le compte d'émotions réprimées, souvent depuis très longtemps, et s'accumulant au fil du temps. Un accompagnement psychothérapeutique est parfois indispensable pour aider à se soulager de cette charge et retrouver un contact apaisé avec ses ressentis. D'autant qu'il faut savoir montrer une certaine vigilance : tous les ressentis ne sont pas forcément justes, et quand les émotions nous emportent elles exercent un véritable racket sur notre capacité de penser.

À lire...
- *Les Barrages inutiles, ces pensées qui rendent malades*, Daniel Dufour, éd. de l'Homme.

VOIR AUSSI
Corps > p. 225
Être psychosomatique > p. 246
Sensations > p. 312
Rackets émotionnels > p. 299

VOIR QUESTIONS
Quel mieux-être cherches-tu ? > p. 40
Comment est né ton désir ? > p. 44
Comment écoutes-tu ton corps ? > p. 78

RESSOURCEMENT RÉGÉNÉRATEUR

Outre le sommeil – dont la science ne cesse de découvrir les effets sur le cerveau –, outre les cures de remise en forme, ayurvédiques ou non, outre l'exercice physique régulier et une alimentation saine, il existe de nombreux moyens de retrouver la forme, l'un des meilleurs étant de te livrer à des activités qui te plaisent réellement. Naturopathe de renommée internationale, Daniel Kieffer propose un ensemble d'actions ponctuelles simples, menées quotidiennement. Pour lui, il s'agit d'entretenir et d'optimiser ton énergie vitale et tes fonctions biologiques et psychologiques. Une grande partie de cette démarche consiste à pratiquer régulièrement des exercices physiques (postures, mouvements, étirements) accessibles à tous, qui sont autant d'exercices de régénération, essentiels pour les sédentaires que nous sommes. Parmi eux, il remet à l'honneur les balancements thérapeutiques et notamment la balancelle mise au point par une grande dame oubliée de la naturopathie : Lydia Sébastien – un appareil dont le mouvement rappelle la balançoire de ton enfance. Fidèle à sa conception holistique de la santé, Daniel Kieffer insiste également sur les autres aspects essentiels au maintien de la vitalité : respirations, bains, alimentation, plantes et compléments alimentaires, sans oublier la dimension subtile de l'être et de sa vie intérieure, indispensable pour que s'épanouissent les forces d'autoguérison.

Tout aussi exhaustif, le yogi occidental Alain Saury propose une technique à la fois physique, mentale et spirituelle, embrassant tous les aspects de la vie, réunis en un tout cohérent. Rappelant des savoirs ancestraux, il reprend à sa manière la célèbre phrase d'Hippocrate : « Que ta nourriture [il ajoute : ou ton abstinence] soit ton premier médicament ! » Le docteur Jean-Pierre Willem, fondateur de Médecins sans frontières et de Médecins aux pieds nus, dans son enquête des peuples connus pour leur longévité, relève un point commun : ils mangent peu, ce qui selon lui maintient leur estomac dans une acidité bénéfique. La démarche d'Alain Saury, elle, pourrait se résumer en un précepte : « Si tu veux vivre en bonne santé, cesse de dormir à table ! Prends conscience de ce que signifie vraiment "se nourrir" et mets-le en application avec attention et reconnaissance pour la nature qui te fournit ton alimentation ! » Cet état d'esprit entraîne aussi bien des jeûnes ordinaires (selon l'auteur, une fois par semaine) que des jeûnes thérapeutiques (curatifs ou préventifs), que leur préparation, les précautions et dangers, la manière de se remettre à manger, mais aussi de respirer, de se mouvoir et de se comporter vis-à-vis d'autrui et du cosmos.

Ne creuse plus ta tombe avec tes dents !
Enfin, le spécialiste de médecine traditionnelle chinoise Gérard Edde te propose une astuce toute simple. Frotte-toi les mains jusqu'à les rendre bien chaudes. Inspire par le nez, expire ensuite lentement, toujours par le nez ; et masse la région lombaire avec les mains réchauffées par frottement. Répète l'exercice une cinquantaine de fois. Selon lui, « cet exercice renforce l'énergie yang, guérit les douleurs lombaires et augmente la sécrétion urinaire ».

À lire...

- *Comment se régénérer pour bien vieillir*, Daniel Kieffer, éd. Sully.
- *Régénération par le jeûne*, Alain Saury, éd. Dangles.
- *Digiponcture taoïste, l'énergie au bout des doigts*, Gérard Edde, éd. Chariot d'Or.

VOIR AUSSI

Vieillir > p. 336

VOIR QUESTION

Qu'est-ce qui perturbe la bonne circulation de ton énergie ? > p. 66

RETROUVER TA CONFIANCE

Rappelons que, selon la psychothérapeute Isabelle Filliozat, la confiance en soi peut revêtir quatre formes : sécurité intérieure, affirmation des besoins, acquisition des compétences et reconnaissance par les autres. En fonction du type de confiance qui te manque, la restaurer ne prend pas le même chemin. La sécurité intérieure ou confiance de base se retrouve essentiellement en psychothérapie. Mais c'est aussi ce que travaillent l'aïkido et les autres arts martiaux, quand ils réveillent le *hara* ou initient à la méditation. Il s'agit de t'aider à retrouver ton centre de gravité, ton souffle, ton espace-temps, ta capacité de présence à l'instant que les Japonais appellent le *ma*. Pour retrouver la confiance en tes désirs et tes besoins, il faut que tu apprennes à t'opposer aux autres et à dire non. Il existe pour cela toutes sortes d'exercices : changer d'avis volontairement, par exemple dans un magasin, et multiplier momentanément les refus catégoriques, afin d'authentifier ce que tu désires vraiment ; rééduquer et reconnaître tes cinq types de ressentis sensoriels, trop souvent manipulés par nos croyances. La confiance en tes compétences, elle, revient soit en acquérant de nouvelles compétences (Isabelle Filliozat propose à ce sujet un certain nombre de techniques), soit en reconnaissant que celles que tu as ne sont pas remises en cause. Pour cela, il faut écouter le *feed-back* des autres et surtout oser. Oser te lancer, oser construire, puis affirmer une compétence. Pour être doué au piano, il faut pratiquer ! Quant à la confiance relationnelle, il existe aussi un certain nombre de clés. Tu peux observer les gens qui sont à l'aise et les imiter. Dans ton imaginaire, ces gens sont forcément toujours à l'aise, n'ont jamais peur, etc., alors qu'ils traversent évidemment comme tout le monde des moments de doute, de crainte, de difficulté, mais cela ne les paralyse pas. Au lieu de fuir et de s'enfermer, ils vont vers les autres et se reconstruisent. Regarde comment ils vont vers les autres, te conseille Isabelle Filliozat. Elle explique que certaines règles sociales élémentaires échappent parfois aux personnes qui manquent d'expérience et de confiance relationnelle et qu'il arrive ainsi qu'elles soient rejetées. Regarder dans les yeux la personne à laquelle on va s'adresser, par exemple, fait partie de ces règles, souvent inconscientes, qu'il faut apprendre pour pouvoir entrer en relation avec autrui. Pour celui ou celle qui manque de confiance, l'apprentissage de ces règles ou la « rééducation » sont des étapes nécessaires.

À lire...

- *Fais-toi confiance, ou comment être à l'aise en toutes circonstances*, Isabelle Filliozat, éd. JC Lattès.

VOIR AUSSI

Retrouver ta confiance > p. 307
Placebo > p. 285
Sérénité > p. 314

VOIR QUESTION

Qu'as-tu appris dans le Monde du Feu ? > p. 70

RÊVE

Si tu jouis d'une vie onirique riche et intense, tu sais sans doute déjà combien elle peut t'enrichir. Nul besoin de te rappeler que Freud voyait dans l'interprétation des rêves (titre de son premier ouvrage majeur, en 1900) « la voie royale pour parvenir à la connaissance de l'âme ». Mais leur accordes-tu suffisamment d'attention ? La question se pose aussi si tu t'en souviens peu : tous les spécialistes s'entendent pour estimer qu'en cette matière l'intention est prépondérante. Il y a fort à parier que si tu commences à t'y intéresser, les souvenirs viendront. Ton cas n'est donc pas si grave, d'autant qu'un seul rêve suffit parfois à beaucoup t'éclairer. De plus, que tu t'en souviennes ou non, tu rêves chaque nuit plusieurs fois. C'est un besoin vital : privés de cette phase de sommeil, appelé paradoxal parce que le corps est paralysé alors que le cerveau s'active, les mammifères testés ont fini par mourir. Les humains en feraient autant : au bout de quelques jours, ils deviennent nerveux, irritables, ont des pertes de mémoire et des difficultés à se concentrer ; leur organisme montre des signes d'excès de stress qui font rapidement mettre un terme à l'expérience. Rêver nous est indispensable, donc, mais sa raison d'être reste une grande question.
La science peine à répondre. Il y a autant de théories que de chercheurs. Certains pensent que les rêves servent à organiser les informations nouvelles dans la mémoire (Francis Crick, prix Nobel pour ses travaux de génétique, et Graeme Mitchinson de Cambridge). Pour d'autres, ils aident à apprendre les

codes sociaux (Stanley Krippner, April Thompson), ou participent à une reprogrammation génétique de l'individu (Michel Jouvet). On a effectivement remarqué que les mêmes personnes disent rêver davantage quand elles traversent une période d'apprentissage. Les rêves semblent donc bien faire partie, par assimilation, répartition et reconstruction des données mentales, du processus de créativité tel que l'ont défini les psychologues comportementalistes. Un autre indice renforce cette idée : les rêves ne sont pas l'apanage du sommeil paradoxal. Plusieurs études, dont celles de Foulkes (université du Wyoming) et de Hobson (faculté de médecine de Harvard), ont maintenant établi qu'ils surviennent aussi pendant les autres stades du sommeil. On rêve alors des idées, des fragments de pensée plutôt que des images ou des sons. La science semble ainsi rejoindre la distinction que les Anciens établissaient entre le rêve instructif et celui qui ne veut rien dire (le Talmud), *oneiros* et *enuption* (Artémidore), *visio* et *somnium* (Macrobe), songe et rêve (les poètes romantiques). Enfin, pendant le sommeil paradoxal, tous les neurones inhibiteurs du cerveau sont inactifs, sauf ceux qui déchargent de la dopamine.

La réduction de l'action de cette hormone par des neuroleptiques faisant disparaître délires et hallucinations chez les schizophrènes, on pense avoir trouvé dans la dopamine le responsable de l'aspect aberrant des rêves. Trouvera-t-on l'hormone responsable du rêve qui instruit ?

À lire...

- *Le Grand Livre des rêves*, Sylvain Michelet, Roger Ripert et Nicolas Maillard, éd. Albin Michel.
- *L'Interprétation des rêves*, Sigmund Freud, éd. Bréal.
- *La Voie des rêves*, Marie-Louise von Franz, éd. La Fontaine de pierre.
- *S'éveiller en rêvant : introduction au rêve lucide*, Stephen Laberge et Alexandre Quaranta, éd. Almora.

VOIR AUSSI
Stress > p. 318
Imaginer > p. 258
Visualisation > p. 337

VOIR QUESTION
Quelles sont tes forces ? > p. 74

RIRE

Thérapeute

Sans doute connais-tu l'histoire de Norman Cousins, l'homme qui réussit à guérir d'une maladie mortelle à force de rire, explication sans doute un peu simplifiée de ce qui lui arriva quand, dans les années 1960, cet Américain atteint d'un terrible mal, sorte de sclérose en plaques rapide, et à qui les médecins venaient d'apprendre qu'il n'en avait plus que pour quelques mois, décida de se soumettre à une cure intensive de rire (notamment en allant voir des films drôles) et qui, contre toute attente, réussit à éliminer sa maladie. Depuis, l'idée que l'on puisse guérir d'un mal très grave en changeant de vision du monde et d'état d'esprit est devenue courante. Bien des thérapeutes, aujourd'hui encore, admettent difficilement que l'être humain ne soit pas considéré comme une machine biologique et que l'humeur et la conscience puissent avoir une importance décisive sur la chair et les os. Mais les découvertes en PNI (psycho-neuro-immunologie) ont été telles, depuis 40 ans, que la médecine se trouve désormais obligée de complètement revoir sa copie. Tu as le pouvoir de vie sur toi et ton meilleur outil est ta capacité à rire.

« Quiconque prétend s'ériger en juge de la vérité et du savoir s'expose à périr sous les éclats de rire des dieux, puisque nous ignorons comment sont réellement les choses et n'en connaissons que les représentations. »
Einstein

Salutaire

Le docteur Henri Rubinstein, auteur de *La Psychosomatique du rire*, estime qu'une minute de rire équivaut à 45 minutes de relaxation. À en croire les études (la science du rire s'appelle gélotologie), c'est même encore mieux. Chaque fois que tu éclates d'un rire franc, en effet, ton cerveau s'active et sécrète des catécholamines, hormones dynamisantes qui poussent à l'action et à la création. Celles-ci déclenchent la production d'endorphines, hormones du bien-être qui relâchent la tension nerveuse, réduisent les effets du stress et calment la douleur. Le rire provoque aussi une hyperventilation, une dilatation des poumons qui apporte un surplus d'oxygène au sang et tonifie le cœur. Il s'accompagne d'une dilatation de la paroi interne des vaisseaux (l'épithélium) qui augmente le débit sanguin (Hayashi, *Diabetes Care*, 2003). Il purifie le système digestif en produisant des anticorps salivaires et des sucs gastriques, et en déclenchant via l'abaissement du diaphragme un massage de l'estomac et de l'intestin (Berk, *American Journal of Medical Science*, 1989). Il augmente enfin la sécrétion naturelle des cellules immunitaires (Dillon *et al.*, *International Journal of Psychiatry*, 1985-1986). Confucius ne s'y était pas trompé, qui recommandait de s'esclaffer 12 fois par jour ! Hélas !, l'homme moderne rit de moins en moins : 19 minutes par jour en moyenne en 1939, 6 minutes en 1982, 4 minutes en 1990. Aussi les thérapeutes clowns font-ils œuvre d'utilité publique, il y a urgence. Ils ne manquent pas : la Québécoise Line Bolduc propose ainsi un manuel à usage multiple. Elle expose les faits et, ayant elle-même suivi une formation de clown (pour compléter son expertise en diététique et en PNL), elle donne des recettes pour rire et faire rire. Puis elle articule ces données et ces techniques à une approche plus globale de la pensée positive, en initiant notamment au Questionnement positif qui, schématiquement, consiste à se demander dès le matin : « Qu'est-ce qui va me faire rire et embellir ma vie aujourd'hui ? » Tel est aussi le but de Bernard Raquin, qui propose un manuel d'exercices pratiques, ou de l'École française du rire, qui a déjà formé des dizaines de ces « psychothérapeutes » d'un nouveau genre dans son centre de Frontignan (Hérault).

Pratique

Côté pratique, en effet, on doit au médecin indien Madan Kataria d'avoir mis au point un yoga du rire, aujourd'hui pratiqué dans de nombreux pays – y compris francophones. Le témoignage d'un membre de l'École française du rire, animée par Corinne Cosseron : « On se réunit sur la plage, on prend le temps d'en profiter, puis on fait des exercices de yoga du rire, des mimes, des jeux gagnant-gagnant. Le rire du cœur consiste à se connecter à notre humeur ludique : on se met en cercle, on se baisse, et chacun essaie de se remémorer un moment de fou rire. Aussi incroyable que cela puisse paraître, ça marche, presque mécaniquement. Le souvenir déclenche un sourire, puis un rire, à mesure que, par trois fois, on se renverse en arrière en criant. Au début, même s'il n'y a pas à se forcer, j'étais un peu coincé. Mais plus on rit, plus le rire vient facilement. Au milieu d'un groupe bienveillant et drôle, comment rester sérieux ? Résultat, aujourd'hui, je parviens mieux à dédramatiser les petits conflits de la vie, à faire le tri entre bon stress et mauvais stress, j'arrive même à savoir dire non en souriant. »

À lire...

- *Remettre du rire dans sa vie*, Corinne Cosseron, éd. Robert Laffont.
- *Réveiller son médecin intérieur*, Line Bolduc, éd. Quebecor.
- *Rire chaque jour*, Bernard Raquin, éd. Véga.

VOIR AUSSI
Bonheur > p. 216
Joie > p. 262
Plaisir > p. 286

VOIR QUESTIONS
Qu'est-ce que cela t'apporterait ? > p. 48
Quelle énergie t'apportent les autres ? > p. 86
Imagine ta quête accomplie : en quoi ta vie a-t-elle changé ? > p. 102

S'AIMER SOI-MÊME

Pionnière des approches psychosomatiques qu'elle pratique depuis 40 ans, psychanalyste qui fut l'une des premières à introduire l'accompagnement psychothérapeutique des malades en France, auteure de nombreux ouvrages (et membre active de l'équipe du Jeu du Tao), Anne-Marie Filliozat n'est pas tendre envers ce qu'il est advenu de la célèbre phrase « aime ton prochain comme toi-même ». « Elle a été vidée de sa substance, estime-t-elle, la deuxième partie ayant tout simplement été occultée. » Pour elle, nous sommes marqués par un autre message fort de la culture judéo-chrétienne, qui découle de cet oubli : « Préoccupe-toi d'autrui, ne te centre pas sur toi. » Prendre soin de toi équivaudrait à du narcissisme, du nombrilisme, de l'égoïsme, de la futilité, au détriment des choses vraiment importantes.
« Obéir à ces messages nous éloigne de nous-mêmes, nous décentre, nous empêche souvent de respecter nos besoins personnels de base, au point même que nous finissons par ne plus les connaître vraiment, ajoute-t-elle. Chaque fois que nous ne respectons pas suffisamment l'un de nos besoins fondamentaux, s'active en nous un agent stressant. Or, le cumul des agents stressants, leur prolongation diminue l'activité de notre système immunitaire, perturbe la balance hormonale, etc., avec finalement des conséquences graves sur la santé globale. » Parfois, tomber malade est le seul moment de repos possible, un moyen « acceptable » pour prendre soin de soi sans culpabiliser. »
Notons aussi l'importance des modèles cultivés par notre société, productiviste jusque dans son esprit : s'occuper de soi n'est pas rentable sur le moment ; les résultats ne se feront sentir ou voir que dans l'avenir, alors que nous vivons dans un monde insensible au long terme. Par ailleurs, nous n'avons pas appris à nous centrer, à développer notre capacité d'intériorisation. D'autant que le monde extérieur nous sollicite tous les jours davantage, et cela dès le plus jeune âge. « À l'école, on demande aux enfants d'être attentifs à ce qui se passe à l'extérieur, et non pas à l'intérieur d'eux-mêmes, explique la psychanalyste. Un enfant inactif est volontiers rappelé à l'ordre, ce qui constitue un message indirect : il n'est pas bien de "ne rien faire". Il se produit alors une confusion entre s'intérioriser et paresser. D'autre part, chez le tout petit enfant, l'investissement de son corps, l'amour de soi se développent à travers la relation aux parents, par l'intermédiaire des soins corporels, des caresses. Or, la plupart des parents passent peu de temps à ces échanges corporels, trop pris eux-mêmes par un quotidien stressant, par leurs difficultés affectives personnelles, qui leur masquent leurs propres messages internes. »
Pour Anne-Marie Filliozat, tu devrais t'efforcer de prendre conscience des messages reçus dans ton enfance et travailler à les assouplir (parfois l'aide d'un psychothérapeute est indispensable). Apprends à reconnaître tes besoins, à les respecter et à les faire respecter suffisamment. Entraîne-toi à pratiquer de manière

progressive une ou plusieurs techniques de réharmonisation du corps et de l'esprit (respiration consciente, méditation, relaxation, imagerie mentale, exercices énergétiques, arts martiaux, etc.). Peut-être cela consistera-t-il pour toi à faire un apprentissage guidé, individuellement ou en groupe. Pour d'autres, il faudra plutôt installer un rituel, qui agira comme un rappel et permettra d'inscrire des moments pour soi dans le quotidien. « Tout ceci risque bien sûr de rester des vœux pieux, si le plaisir n'est pas au rendez-vous, avertit la psychothérapeute. C'est en ressentant le plaisir d'une pratique que l'on se motive à la poursuivre. On peut aussi s'inviter à anticiper le plaisir que l'on ressentira, par exemple après une relaxation, ou une séance de yoga, en mangeant un repas à notre convenance, ou en retrouvant un être cher. Le fait d'imaginer, en relaxation, le plaisir ressenti, ancrera le désir de santé à la fois dans le corps et dans l'esprit. »

À lire...

- *Aide-toi, ton corps t'aidera*, Anne-Marie Filliozat et Gérard Guasch, éd. Albin Michel.

VOIR QUESTION

Qu'est-ce que cela apporterait aux autres ? > p. 50

SAUT QUANTIQUE

Depuis des siècles, le bon sens montrait que les événements se déroulent dans la nature d'une manière continue. *Natura non facit saltus*, la nature ne fait pas de bonds, disaient Newton, Leibniz, Linné ou Darwin. Mais dans la première moitié du XXe siècle, grâce aux découvertes de la physique quantique sur les comportements des particules élémentaires, on a dû admettre que le phénomène était possible, en tout cas au niveau de l'infiniment petit. En étudiant l'atome, on s'est aperçu en effet que les électrons qui tournaient autour du noyau pouvaient à certains moments faire un saut pour changer de niveau d'énergie et apparaître comme par magie à un autre endroit. C'est ainsi que, instantanément et sans transition, on peut les voir disparaître et réapparaître ailleurs. Comme si à un moment tu étais à Paris et une fraction de seconde plus tard à Madrid, juste en changeant de niveau d'énergie.

Ensuite, le saut quantique est entré dans le langage commun pour signifier un changement abrupt. On parle de saut quantique dans la conscience, pour évoquer par exemple l'ampleur de l'évolution que devrait connaître l'humanité pour résoudre les maux dont elle s'accable, et qui, comme disait Einstein, ne sauraient être résolus par la pensée qui les a créés. L'expression pourrait presque être prise au pied de la lettre, car, si l'on en croit le neurophysiologiste Karl Pribram, notre cerveau fonctionnerait comme une machine quantique, étant lui-même fait de particules élémentaires et l'information y circulant sous forme électrochimique.

Responsable de guérisons spontanées ?

Le médecin américain d'origine indienne Deepak Chopra, endocrinologue, promoteur de l'ayurveda et auteur célèbre, qualifie ainsi de quantiques les guérisons spontanées (souvent appelées miraculeuses), parce qu'elles correspondent à un « saut discret d'un niveau de fonctionnement de la conscience à un plus haut niveau ». Ce saut quantique s'accompagne en effet, selon les études sur le cancer qu'il mentionne, d'un changement radical de la prise de conscience des patients : « Ils savent qu'ils vont guérir et ils sentent que la force responsable de cette guérison se trouve en eux-mêmes, sans pour autant être limitée à eux – elle s'étend au-delà de leurs limites personnelles pour se propager dans la nature tout entière. » Il y a au cœur du système corps-esprit, selon Deepak Chopra, un point où la guérison prend naissance, correspondant à un état de conscience où l'intelligence et la compréhension se mêlent à la compassion – « le point où la conscience commence réellement à produire un effet ». Es-tu conscient de posséder un corps quantique ?

À lire...

- *Le Corps quantique*, Deepak Chopra, éd. InterÉditions.
- *Miracles quotidiens*, Olivier Lockert, éd. IFHE.

VOIR AUSSI

Changement > p. 218
Traverser une crise > p. 330
Crise spirituelle > p. 227
Guérir > p. 253
Prise de conscience > p. 292

VOIR QUESTION

Qu'est-ce que cela apporterait aux autres ? > p. 50

SECOND CERVEAU

Sais-tu que les neurologues insistent depuis peu sur l'importance de la masse neuronale située dans l'abdomen, que Mickael Gershon, professeur d'anatomie à l'université Columbia, n'hésite pas à appeler notre second cerveau ? Reliée à la masse crânienne par le nerf pneumogastrique – appelé aussi nerf vague en raison de l'étendue de ses ramifications –, cette masse produit 80 % des cellules immunitaires de l'organisme, abrite 100 millions de neurones (l'équivalent de la moelle épinière), un réseau aussi compliqué que l'encéphale (qui en contient cependant 100 fois plus), est capable de sécréter les mêmes neurotransmetteurs, etc. L'important dans tout cela se situe peut-être dans le fait que le nerf vague reliant ces deux cerveaux les relie aussi tous les deux au système respiratoire : voilà qui donne pleinement raison aux arts martiaux d'Orient et à leur notion de *hara* ! Et il faudra bien qu'il en naisse une théorie occidentale du *qi*, du souffle, du lien entre le bas et le haut.

Car si stress, fatigue et déprime nous empoisonnent l'existence, dans 80 % des cas ils ne correspondent à aucune maladie objective. Pourtant, la Sécurité sociale a été obligée de reconnaître un syndrome de fatigue chronique, qui fait des milliers de victimes chaque année. L'idée de nombreux thérapeutes, tel Pierre Pallardy qui la défend depuis les années 1980 quand il était encore un jeune ostéopathe, est que nous, modernes, devrions donc commencer par réunifier nos deux cerveaux : celui de la tête et celui du ventre. Cette idée, qui paraissait étrange au début (et que Pallardy a commencé à sérieusement consolider après avoir suivi la formation de Boris Dolto), est désormais reconnue par les savants, qui découvrent chaque jour davantage le rôle crucial que jouent les neurones de l'abdomen dans notre vie psychique et immunitaire. Il est vital de l'intégrer dans les différentes facettes de ta vie : alimentaire, hormonale, sexuelle, relationnelle, affective, onirique, professionnelle. Ta santé est à ce prix.

À lire...

- *Et si ça venait du ventre ?*, Pierre Pallardy, éd. Robert Laffont.
- *Miracles quotidiens*, Olivier Lockert, éd. IFHE.

VOIR AUSSI
Alimentation > p. 209
Unifier > p. 334

VOIR QUESTION
Comment ça va ? > p. 38

SÉCURITÉ DE BASE

C'est la première condition de la confiance en soi : le sentiment que tu en as dépend grandement du soin que l'on a pris à te rassurer quand tu étais nourrisson, puis enfant. Plus un enfant est libéré de la peur, plus il éprouve un sentiment de complétude, de sécurité, d'autonomie, plus il est libre de développer ses potentiels. Les champions de la question sont les pédiatres, accoucheurs et psychothérapeutes formés à l'école de l'haptonomie (ou science du « toucher affectif »), fondée par le médecin hollandais Frans Veldman, qui avait eu ses premières intuitions quand, déporté en camp de concentration, il s'était demandé ce qui permettait à certains individus de se tenir droit face à la barbarie nazie. Aujourd'hui, le docteur Catherine Dolto, fille de Françoise, est l'une des représentantes les plus compétentes de ce courant. À la base, dit-elle, rien de compliqué : le « contact » haptonomique (entre les parents et le fœtus, mais aussi entre deux personnes de n'importe quel âge) repose sur les pulsions et les interrogations les plus primitives : est-ce que je veux m'approcher ou m'éloigner ? Est-ce que j'ai envie de retrouver cette situation ? Quand un être humain est bien « contacté » par un autre, bien « confirmé » dans un toucher haptonomique, c'est-à-dire un contact chargé d'attention, d'écoute et de sollicitude (certainement pas d'érotisme), la balance interrogative se libère dans le sujet, le mettant en éveil : oui, il veut s'approcher, ou non, il ne veut pas. Ce qui l'amène au discernement. « Et s'il y a discernement, dit Catherine Dolto ("Je sais si c'est bon pour moi ou pas"), alors son *intentionnalité vitale*, c'est-à-dire sa façon personnelle de vouloir exister en tant qu'humain, peut s'exprimer – parfois par un simple geste. Cela dit, beaucoup de gens ne peuvent arriver directement à ce discernement, parce qu'ils souffrent d'une immaturité affective trop profonde, qui les met dans une insécurité trop grande. Le premier pas consistera donc à tenter d'abord de leur redonner une sécurité de base. On peut, par exemple, les prendre dans les bras, comme des bébés, jusqu'à ce qu'ils aient développé ça. Peu à peu, ils vont se découvrir une capacité de discernement, donc d'intention. La sécurité de base n'est là que pour permettre la manifestation d'une *intentionnalité vitale.* C'est alors que ça devient thérapeutique : le sujet est en mesure d'appeler et de répondre librement. Que vous soyez adulte, enfant ou fœtus, c'est tout un dialogue entre vous et le monde. »

Tout cela s'appuie sur des critères universels, mais avec évidemment des variantes déterminées par la société dans laquelle tu vis : la sécurité de base d'un adulte occidental, aussi précaire soit-elle, n'a rien à voir avec celle d'un habitant du tiers-monde. Car ce n'est pas seulement la survie matérielle ou l'absence de menace physique qui entrent en jeu dans le lien étroit entre l'individu et le collectif. Le sentiment de sécurité est également influencé par les coutumes et les institutions, comme l'ont défendu dès les années 1930 les membres de l'école culturaliste, tels l'anthropologue australienne Margaret Mead ou le psychiatre américain Abram Kardiner. Les études de ces derniers tendent à prouver que les sociétés matériellement protectrices sont celles où l'on se montre le plus méfiant à l'égard des autres – le recours à la religion s'imposant du coup comme un remède pour sociétés bloquées.

À lire...

- *Haptonomie : science de l'affectivité*, Frans Veldman, éd. PUF.
- [DVD] *Catherine Dolto. L'haptonomie périnatale*, coll. Circo, éd. Gallimard/CNRS.
- *Mettre au monde*, Patrice van Eersel, éd. Albin Michel.
- *L'individu dans sa société : essai d'anthropologie psychanalytique*, Abram Kardiner, éd. Gallimard.

VOIR AUSSI
Confiance > p. 222
Retrouver ta confiance > p. 307
Haptonomie > p. 254

VOIR QUESTION
Quelles sont tes forces ? > p. 74

SENS DE TA VIE

T'es-tu déjà demandé comment il était possible de survivre à l'horreur que constitue Auschwitz ? Viktor Frankl était un jeune psychiatre quand il y fut déporté. Le récit qu'il fit des camps d'extermination, dans un livre réédité 140 fois depuis, ne vise pas le spectaculaire : il en décrit la monstrueuse vie « normale » et c'est insensé. Mais, surtout, ce qu'il en dit nous concerne tous, même dans nos vies confortables. Rien ne sert de chercher le bonheur, ni la jouissance. Ce ne sont que des retombées de l'axe numéro un d'une vie humaine : trouver le sens de celle-ci. Ce sens est différent pour chacun, mais il est incontournable. Les déportés qui mouraient en premier étaient ceux pour qui tout sens avait disparu. Viktor Frankl raconte comment il parvenait parfois à ranimer le désir de vie chez ceux qu'il côtoyait ; il cite trois grandes catégories de « sens de la vie » : la création, l'amour et la souffrance assumée et transcendée, qui n'est pas du masochisme – il s'agit d'oser s'affirmer humain quoi qu'il arrive ! De cette expérience unique, cet homme remarquable tira ensuite une voie psychothérapeutique très différente du freudisme que Frankl juge mécanique et faux : la logothérapie, qui a connu un succès mondial, tant elle répond au mal de notre temps : le vide existentiel. « À Auschwitz, écrit Viktor Frankl, l'important n'était pas ce que nous attendions de la vie, mais ce que nous lui apportions. Non pas quel sens elle avait, mais quel sens nous lui donnions, jour après jour, heure après heure. » À la lecture de ce livre, tu découvriras le vrai sens du mot responsabilité et tu auras envie de prendre ta vie en main, avec un mélange d'ambition et d'immense humilité.

À lire...

- *Découvrir un sens à sa vie*, Viktor Frankl, éd. de l'Homme.

VOIR AUSSI

Désir essentiel > p. 234
Évoluer > p. 246
Motivation > p. 273

VOIR QUESTION

Dans ton meilleur souvenir, d'où tires-tu ta vitalité ? > p. 80

SENSATIONS

Es-tu sûr de ressentir pleinement le monde qui t'entoure ? Sais-tu à quelle finesse de perception tes sensations peuvent te conduire, si tu leur ajoutes ce ressenti qu'apporte leur identification ? Un jour, dans un compartiment de train, le psychothérapeute Jean Malher se rend compte que, lorsqu'il se trouve en public, une partie de son corps – et notamment son sexe – disparaît de ses sensations conscientes. Poussé par une intuition qui l'affole presque, il décide de rompre cet automatisme somnambulique et le voilà qui regarde ses voisins et le paysage à partir de tout son corps – dont ses zones les plus intimes. C'est une révélation abasourdissante. D'un seul coup, son rapport au monde se métamorphose, passant de l'inerte au vivant. De retour à son cabinet, il décide d'étendre ce nouvel état d'être à sa pratique, qui s'améliore considérablement : se ressentant mieux lui-même du dedans, il sent aussi mieux ce qui se passe chez les autres – notamment le fait qu'à la moindre émotion forte quasiment tout le monde se laisse embarquer dans des automatismes coupés du ressenti corporel, alors qu'un retour à ce dernier calme le jeu tout de suite. Ses lectures et ses conversations – en particulier avec Henri Gougaud et Luis Ansa – lui apprendront que sa découverte est connue depuis les temps chamaniques et que des mystiques comme Maître Eckhart l'ont savamment explorée. La « Voie du sentir » nous concerne tous. Elle peut changer ta vie.

À lire...

- *Une nouvelle thérapie sensitive*, Jean Malher, éd. Dervy.

VOIR AUSSI

Écoute de toi-même > p. 238
Présents > p. 290
Ressentir > p. 306

VOIR QUESTIONS

Comment ça va ? > p. 38
Où as-tu mal ? > p. 56

SENSUALITÉ

Libère tes sens !

La sensorialité est notre capacité à éprouver des sensations, la sensualité est celle d'en jouir. S'il est impossible de vivre sans sensorialité, il s'en faut de beaucoup pour que la sensualité soit vue d'un aussi bon œil. Force est de se souvenir qu'en Occident elle a longtemps senti le soufre. Elle évoquait l'animal et ses instincts primaires, dont la civilisation avait pour but de sortir une humanité volontiers emportée par la tentation. Ainsi saint Thomas d'Aquin la divisait-il en deux sous-fonctions appétitives : le concupiscible et l'irascible. Le premier nous conduit à rechercher les objets utiles et le second, que l'on appellerait aujourd'hui agressivité, à attaquer pour nous en emparer. Comme l'a montré voici dix ans la philosophe Élisabeth de Fontenay, notre idée de l'humain s'est construite, au fil du temps, en opposition radicale à l'animalité.

Dommage, car la sensualité reste vitale pour notre évolution. L'anthropologue David Le Breton, professeur à l'université de Strasbourg et auteur d'un plaidoyer en faveur de son retour, insiste notamment sur son importance sociale : « La sensualité est l'un des attributs de la séduction ou de la réputation d'un individu, dit-il. Elle est une signature de soi, un charme qui distingue de l'ordinaire. » Renvoyant à un usage des sens et du corps, elle nourrit la joie de vivre et le plaisir d'être soi, ainsi que le plaisir des autres à voir ou côtoyer une personne sensuelle. Mais lui donner tant de valeur, n'est-ce pas, de nouveau, tenter l'animal ? « Non, répond l'anthropologue, car la sensualité est toujours socialement ritualisée, elle implique des codes sociaux, corporels, vestimentaires et autres. Mieux : elle ajoute un supplément de style et de charme qui témoigne d'une ouverture au monde et aux autres, non pour se donner, mais pour imprimer le style d'une présence. »

Un supplément de style et de charme. En faut-il davantage pour te convaincre qu'être sensuel est à ton avantage ? Catherine Solano, médecin sexologue et psychologue, va plus loin encore : pour elle, la sensualité n'est pas seulement une preuve de présence harmonieuse au monde, elle est le propre de l'humain. « Nous seuls avons le pouvoir de cultiver notre sensualité dans le but de procurer du plaisir, à nous-mêmes ou aux autres, estime-t-elle. [...] C'est toute la différence entre la recherche instinctive de la jouissance et l'art, qu'il soit pictural, culinaire, érotique ou art de vivre. » C'est également une voie de liberté : « Il faut s'écouter pour trouver ses sources de plaisir, se libérer des injonctions. » La sensualité est plus qu'une aide à la survie inscrite dans tes gènes, elle est un art de vivre intensément le présent, le contact du monde, la relation à autrui. Un antidote à la dépression, à la morosité de l'époque et au tragique de la vie ?

« Que n'ai-je un pinceau
Qui puisse peindre les fleurs du prunier /Avec leur parfum ! »
Shoha

Un art de vivre dans l'instant

Bien des activités apparemment banales peuvent offrir l'occasion de t'entraîner à faire vibrer plus intensément tes sens, et point n'est besoin d'aller chercher l'adrénaline des situations extrêmes. On doit à l'Asie de les avoir formalisées par des rituels ne faisant appel à aucune transcendance. Préparer, servir et déguster le thé est ainsi devenu un art, où la perfection des gestes doit refléter la beauté des objets. La composition florale (*ikebana* au Japon) vise à projeter l'harmonie entre soi, la nature et l'instant, dans un bouquet qui, périssable, témoignera de leur impermanence. L'art du *haïku* pousse cette logique plus loin vers l'abstraction : il faut exprimer l'éphémère (évocation obligatoire de la nature ou d'une saison) dans un poème aux formes très figées (trois vers de cinq, sept et cinq pieds, verbe au présent, phrase incomplète, césure). Le point commun de ces pratiques est bien de sanctifier l'instant par la conscience des sensations. Quelle que soit l'activité !

L'expérience sensorielle totale

Mais quoi de mieux, pour un retour aux sens, que de profiter des plaisirs qu'ils offrent ? La nature, le corps... La vie n'est pas avare d'occasions. « La sexualité s'impose comme premier exemple, estime David Le Breton, parce qu'elle constitue une expérience sensorielle totale : elle est plaisante et engage tous les sens. Freud citait la vue du corps de l'autre comme premier facteur de stimulation, mais toucher sa peau, goûter ses lèvres, respirer son odeur, entendre ses mots d'amour et ses gémissements, le sont tout autant. » L'anthropologue cite comme autre exemple le plaisir que procure un bon repas. La comparaison n'est pas si excessive, toutes les langues ont leurs métaphores culinaro-sexuelles, « belle à croquer » par exemple. Le message est le même. Le croisement des sens est gage de richesse. Gourmet ou cordon bleu, ouvre même les oreilles : écoute le pétillement du champagne, le chuintement de la bière ou le glouglou du vin ! Les amoureux, quant à eux, pourront songer à tenter le tantra. Car tout Occidental se doit de méditer cet avertissement, lancé en 1975 par Léopold Sédar Senghor lors d'une allocution au Pen Club de New York : « Je dis que la sensualité, la *sensualitas*, qui signifia d'abord "sensibilité", est raison intuitive, mieux, énergie spirituelle, tandis que l'érotisme des pays développés, c'est la sensualité "arraisonnée" par l'intellect : une sensualité aseptisée, débarrassée de tout germe fécondant, et morte. »

À lire...

- *Le Silence des bêtes*, Élisabeth de Fontenay, éd. Fayard.
- *La Saveur du monde*, David Le Breton, éd. Métailié.
- *Psy, sex and fun*, Catherine Solano, éd. Tornade.

VOIR AUSSI

Sensualité > p. 312

VOIR QUESTION

Comment écoutes-tu ton corps ? > p. 78

SE PRÉPARER À MOURIR

« Je raconte souvent l'histoire de ma belle-mère, qui fut pour moi une très grande leçon, une façon véritablement stoïcienne de mourir et qui, en même temps, ne faisait pas violence à l'entourage. C'est une femme qui, à 81 ans, a senti qu'elle arrivait au bout de sa vie. Elle en avait des signes, intérieurs et extérieurs : sa mémoire commençait à s'en aller, elle n'avait plus d'appétit. Alors elle s'est dit : "Je ne vois pas pourquoi je m'accrocherais à une vie qui s'en va." Elle n'était pas déprimée. Elle était même sereine. Mais elle a décidé de se coucher, a demandé qu'on ne l'alimente pas de force et a attendu que la mort vienne. Elle a ainsi passé deux mois à s'éteindre doucement, en perdant ses forces. Tous les jours, des infirmiers venaient vérifier qu'elle ne souffrait pas, l'aidant à rester propre et confortable dans son lit, lui donnant juste un peu à boire et, à la fin, humectant seulement ses lèvres. Elle est partie tout doucement, dans une paix et un sentiment d'amour incroyables. Elle était irlandaise et quand on lui a demandé ce qu'elle faisait toute la journée, elle a répondu : "*Loving, I suppose.*" Je trouve que c'est une très belle façon de partir, en acquiesçant au sentiment que la vie se termine et en demandant à l'entourage de respecter cela. [...] C'était une forte personnalité, mais pas un maître. Juste un être humain qui, comme beaucoup, avait entamé une recherche spirituelle dans les dernières années de sa vie. Elle savait ce qu'elle voulait

et ce qu'elle ne voulait pas. L'hospitaliser de force aurait été d'une violence extraordinaire, on l'aurait intubée, elle aurait essayé d'arracher sa sonde, on l'aurait attachée à son lit. Ce sont des scènes que l'on a vues dans certains établissements ! Cette façon qu'on a de forcer à vivre. Là, on a respecté ce qu'elle voulait. Et on lui a été reconnaissant d'avoir choisi une façon de mourir qui ne soit pas violente. Qui ne culpabilise personne, qui permette de lui dire au revoir et de l'accompagner doucement. Il n'y a pas besoin d'un acte violent, pas besoin d'une pilule euthanasiante que l'on distribuerait aux vieillards pour qu'ils se suicident. Nul besoin de porter atteinte à la vie. Je me dis que c'est un cadeau extraordinaire que d'avoir été témoin de cela. C'est devenu un modèle pour moi. Je sais que c'est possible. À un moment donné, savoir mourir, c'est se déprendre de la vie, se laisser glisser dans la mort tout doucement. [...] Cela suppose un gros travail de lâcher prise ! Et nous n'avons pas trop de 20 ans devant nous pour fournir cet effort. Sans ce travail de détachement progressif, je crois que les *baby-boomers* vont constituer une génération de grands vieillards apeurés de plus de 85 ans, et ce sera une catastrophe pour toute notre société. Cette prise de conscience est à faire maintenant, [...] parce que cela ne s'improvise pas à 80 ans ! Certains disent : "Même à 60 ans, c'est trop tard." Je ne suis pas d'accord. Certes, cela dépend de la façon dont on a vécu avant. Mais je crois que le passage de la soixantaine peut apporter une prise de conscience majeure. C'est en tout cas ma propre expérience. »
Marie de Hennezel, psychologue et instigatrice des soins palliatifs en France (*Nouvelles Clés*, n° 56).

« On ne peut s'empêcher de vieillir, mais on peut s'empêcher de devenir vieux. »
Henri Matisse

À lire...
- *La chaleur du cœur empêche nos corps de rouiller*, Marie de Hennezel, éd. Robert Laffont.

VOIR AUSSI
Deuil > p. 234
Occulter la mort > p. 278

VOIR QUESTION
Qu'as-tu appris dans le Monde du Feu ? > p. 70

SEPT PILIERS DE LA SANTÉ (LES)

Selon la tradition chinoise, la santé humaine repose sur sept piliers qui sont :

1. Bien manger : une nourriture simple, saine et vivante (aussi peu chimique que possible), des repas pris en conscience et dans la joie.
2. Bien bouger : en fonction de ton âge et de ton état, active-toi !
3. Bien respirer : l'important est de penser en premier lieu à bien vider tes poumons.
4. Bien te reposer : dormir suffisamment, bien sûr, mais aussi te relaxer l'esprit.
5. Bien faire l'amour : énergisant, c'est un baume de jouvence.
6. Bien maîtriser ton esprit : la pleine conscience ou attention soutenue est un chemin de sagesse.
7. Bien te conformer aux cycles de la nature : c'est le respect du yin et du yang, des saisons, des cycles...

VOIR AUSSI
Quête holistique > p. 355

VOIR QUESTION
Qu'as-tu fait pour aller mieux ? > p. 62

SÉRÉNITÉ

Le calme, c'est pas mal, la paix c'est encore mieux, mais le meilleur se nomme la sérénité, du mot latin *serenus* qui désignait à l'origine un temps calme avec ciel bleu – l'anticyclone, en quelque sorte. Philosophies, sagesses, religions et pratiques méditatives en font un but en soi. On ne saurait les en blâmer : elles se fondent sur le constat le plus terre à terre qui soit, celui de notre immense petitesse. L'oxymore est de rigueur, car ce constat de petitesse traverse toute l'histoire humaine. Pour ne prendre que la culture occidentale, il inspire aussi bien les religieux de toute foi que les stoïciens qui voient le verre d'eau à moitié vide ou les épicuriens qui le trouvent à moitié plein. Et la réponse est simple, si l'on en juge par le fait qu'elle n'a pas changé entre l'appel de l'empereur stoïcien Marc Aurèle au IIe siècle et la prière de sérénité des Alcooliques Anonymes aujourd'hui : « Donnez-moi la sérénité d'accepter les choses que je ne peux pas changer, le courage de changer celles que je peux changer et la sagesse de connaître la différence. »
« Ne fuyez pas vos problèmes, la fuite n'est pas une solution », conseille Goenka, ancien homme d'affaires birman devenu le promoteur mondial de la méditation Vipassana, pratique laïque et (normalement !) gratuite visant comme ses consœurs la paix du corps et de l'esprit. « Soyez votre propre maître. On ne peut facilement observer sa peur ou sa colère, mais tout le monde peut observer sa respiration et sa sensation – par la méditation. Nous devons maintenir la pureté de cette technique pour les générations à venir. Là où règne l'ombre, il faut instiller de la lumière. On ne peut espérer la paix dans le monde tant qu'il n'y aura pas de paix au niveau individuel. »
Sage peu sage, je ne peux que me demander si l'inverse n'est pas tout aussi vrai : quelle paix intérieure peut naître d'un monde fait d'injustice et de désordre ? Résonne alors un autre appel, lancé par le célèbre Martin Luther King dans *Why We Can't Wait* (1964) : « La non-violence est une arme puissante et juste, qui tranche sans blesser et ennoblit l'homme qui la manie. C'est une épée qui guérit. »
L'humanité connaîtra-t-elle un jour une révolution sereine ?

À lire...

- *Santana, une expérience de vie auprès du maître Goenka en Inde*, Dominique Godrèche, éd. Albin Michel.

VOIR AUSSI
Communication non violente (CNV) > p. 221

VOIR QUESTION
Qu'est-ce que cela t'apporterait ? > p. 48

SEXUALITÉ

S'il fallait une preuve que la vie veut vivre, la voici : faire l'amour est l'activité qui apporte au corps le plus de bienfaits, avec un cocktail d'hormones et une détente nerveuse et musculaire à côté desquels le jogging ou le saut à l'élastique font pâle figure. Tous les grands humanistes, de Rabelais à Wilhelm Reich, ont prôné l'amour physique comme voie de bonheur et de liberté. La tradition chinoise ajoute une dimension qui n'est pas à négliger. Selon elle, l'énergie sexuelle fait partie d'un capital d'énergie vitale transmis par les parents, beaucoup plus facile à dilapider qu'à reconstituer. Il convient donc de gérer ce capital au mieux et de l'entretenir. Voilà pourquoi la Chine, selon Yves Réquéna, acupuncteur et professeur de qi gong, a développé des pratiques de maîtrise de la sexualité d'une grande sophistication, enseignées par les médecins depuis l'Antiquité. On les appelle "nourrir le principe vital dans la chambre à coucher". Techniques permettant de prévenir le vieillissement, et visant à préserver la force, la vitalité et la santé en général.

Stimuler la libido, prolonger l'orgasme et retenir l'éjaculation ne servent pas seulement à augmenter le plaisir, notamment de la partenaire, qui retiendra son orgasme pour les mêmes raisons. Rien à voir, donc, avec l'interruption de l'acte avant l'orgasme, le *coïtus interruptus* et autres frustrations. Bien au contraire ! Puisque, au passage, les Chinois de l'antiquité se sont rendu compte que retarder l'orgasme éjaculatoire – et mieux encore, ne pas conclure par lui – menait à une autre forme d'orgasme, plus subtile, la « lumière de l'esprit ». Et cet état procure une régénération de l'énergie sexuelle, et donc de l'énergie de vie. Tous les pratiquants de ces techniques s'accordent à le dire : retenir son éjaculation ou finir l'acte sans conclure augmente la vitalité les jours suivants. Yves Réquéna dit le ressentir clairement dans sa vie. Et ses partenaires aussi !

Autre spécialiste du taoïsme, le psychanalyste Didier Dumas va plus loin encore : « Dans la rétention de l'éjaculation, il ne s'agit pas de bloquer les énergies, mais bien au contraire de les faire remonter vers les reins, puis le long du dos, pour constituer une "roue d'énergie" tournant, selon l'antique vision chinoise, en sens inverse de la construction naturelle de l'individu, ce qui permet de remonter le temps. Le faire consciemment donne au sage la faculté de revenir à son origine, c'est-à-dire, en permanence, de faire retour sur toute sa vie. » Selon les taoïstes, les gens ignorants « naissent à un endroit et meurent à un autre » – le jour de leur mort, ils sont perdus. Quand le sage meurt, il sait retourner mentalement à l'endroit où il est né : il connaît alors « l'escalier pour rentrer à la maison ».

Les techniques pour parvenir à cette maîtrise furent longtemps réservées aux taoïstes initiés. Destinées à éveiller la conscience du corps énergétique, elles font appel à des pratiques et à des exercices, notamment respiratoires, qui demandent apprentissage et persévérance. On se concentrera particulièrement sur le canal central, ligne droite joignant le périnée (situé entre l'anus et les organes génitaux) et le sommet du crâne. Sans oublier, pendant l'amour, de pratiquer une respiration profonde pour se relaxer, ainsi que des mouvements du bassin et du périnée, préalablement musclés afin de permettre la maîtrise du plaisir.

Cet éveil des canaux énergétiques subtils demande une grande délicatesse, loin de la gymnastique ou de la performance. *Délicatessex* est d'ailleurs le titre du dernier livre d'Yves Réquéna, écrit avec Marie Borrel, journaliste et auteur de nombreux ouvrages de développement personnel. Pour elle, l'essentiel réside dans la délicatesse et le respect de l'autre à l'œuvre dans la tradition chinoise. L'auteur regrette que cette tradition ne soit pas toujours la nôtre, dans un Occident à la « sexualité consommatrice », car cela permettrait de se débarrasser d'un certain culte de la performance et de l'obligation de l'orgasme. Elle-même s'est sentie libérée en abandonnant ces travers et a découvert ainsi un réel partage, dans l'Ici et maintenant, et une «satisfaction des sens, du cœur et de l'esprit ».

Fortifie ton énergie sexuelle

Pour finir, un petit exercice proposé par Yves Réquéna et Marie Borrel. Debout, genoux légèrement fléchis, pieds écartés de la largeur des épaules, mains aux hanches, avance puis recule le bassin 50 fois, en respirant profondément. Ensuite, trace des cercles avec le bassin, 25 fois dans chaque sens, sans trop bouger les épaules et la tête. Fais ainsi deux ou trois séries, deux ou trois fois par jour.

À lire...

- *Délicatessex*, Yves Réquéna et Marie Borrel, éd. Guy Trédaniel.
- *Et si nous n'avions toujours rien compris à la sexualité ?*, Didier Dumas, éd. Albin Michel.
- *Amour, sexe et spiritualité*, collectif, éd. Albin Michel.

VOIR AUSSI
Joie > p. 262
Plaisir > p. 286
Massage > p. 268
Rire > p. 308
Temps libre > p. 325

VOIR QUESTIONS
Comment prends-tu soin de toi ? > p. 76

Comment écoutes-tu ton corps ?> p. 78
À quels besoins dois-tu accorder plus d'importance ? > p. 92

SILENCE

Si l'on peut dire avec le musicien John Cage qu'il n'existe pas de silence total, on peut affirmer que le silence ne cesse jamais d'impliquer son contraire et que seul le fond sonore de notre environnement nous permet de le reconnaître. Le silence, c'est du temps perforé par des bruits. Le silence est la couleur des événements : il peut être léger, épais, gris, joyeux, vieux, aérien, triste, désespéré, heureux... Il se teinte de toutes les infinies nuances de nos vies. Sans cesse, si on l'écoute, il nous parle et nous renseigne sur l'état des lieux et des êtres, sur la texture et la qualité des situations rencontrées. Lieu de la conscience profonde, il fonde notre regard et notre écoute. Le silence intérieur : comment, dans le tumulte des pensées, fantasmes, images qui nous habitent, peut-on arriver à retrouver le silence en soi ? Artistes, poètes, philosophes, mystiques savent depuis toujours que dans l'attention au silence de la pensée s'enracine toute créativité. Que de lui, ainsi que l'exprime un *koan* zen, s'élève l'esprit immortel. Dans un monde de plus en plus bruyant, la valeur du silence est à redécouvrir. Nous l'avons peut-être oublié, nous sommes des êtres porteurs de toute la sagesse immémoriale du silence.

« À partir du moment où l'on commence à s'intéresser à ces processus en œuvre en nous, estime Marc de Smedt, enseignant de zazen et auteur de l'un des ouvrages les plus célèbres sur le silence, on peut s'amuser à repérer les silences, qu'ils soient extérieurs ou intérieurs : pour ces derniers, il suffit donc de voir notre état de vigilance et de présence. [...] Suis-je en état d'écoute ou suis-je en train d'écouter mon propre bavardage mental ? Je fais quelque chose : suis-je dans ce que je fais ou en train de gamberger ? En ce qui concerne les silences ambiants, un des éléments du jeu peut être de se rendre compte qu'il y a, en fait, autant de silences qu'il y a d'adjectifs : quelqu'un entre dans une pièce sans rien dire, mais il est triste, ou joyeux, ou préoccupé, ou amoureux, ou quoi que ce soit d'autre : son silence aura la couleur et la texture de son état. De même en société : on peut s'amuser à comprendre le silence des gens que l'on côtoie et s'exercer ainsi dans un art dans lequel excellent les Asiatiques. »

À lire...

- *L'Éloge du silence*, Marc de Smedt, éd. Albin Michel.
- *Les Mouvements du silence*, Gregorio Manzur, éd. Albin Michel.
- *Les Pouvoirs du silence*, John Lane, éd. Belfond

VOIR AUSSI

Contempler > p. 224
Méditation de la Terre > p. 186
Méditer/Méditation > p. 271
Respiration > p. 303

VOIR QUESTIONS

Comment écoutes-tu ton corps ? > p. 78
Que vas-tu faire pour ton mieux-être ? > p. 98

SOMMEIL

Bienfaits du sommeil

Nos grands-mères couchaient tôt les enfants et conseillaient le sommeil aux malades, et elles avaient raison. Il conditionne la production par l'hypophyse de l'hormone de croissance, faite à 75 % pendant le sommeil profond et utile aussi à l'âge adulte puisqu'elle intervient dans la régulation du poids et de l'appétit. Il renforce également les défenses immunitaires. Les cytokines, protéines médiatrices de la réponse immunitaire dans le cerveau, activent pendant le sommeil la production d'anticorps et de globules blancs véhiculés par le sang. Mais ce n'est pas tout. En diminuant le tonus musculaire, le sommeil favorise la dilatation des vaisseaux sanguins les plus fins, leur approvisionnement en oxygène et en nutriments (ATP, calcium, etc.) et l'élimination des déchets (toxines, acide lactique...). En ralentissant le rythme cardiaque et en baissant la température du corps et la pression artérielle, il calme le système nerveux végétatif, diminuant la production de cortisol, l'hormone du stress. Sans parler des effets du sommeil paradoxal – et donc du rêve – sur le cerveau, les études sur les bienfaits du sommeil sont innombrables, allant de la production de prolactine, hormone favorisant la lactation chez la femme allaitante, jusqu'à celle de la rénine, indispensable régulateur de la tension, en passant par celle des nombreux neurotransmetteurs impliqués dans la digestion.

Bien dormir

Le secret numéro un, qui est aussi celui du dalaï-lama, c'est de ne jamais dramatiser le fait de ne pas réussir à s'endormir : si tu en fais une montagne, le sommeil te fuira davantage encore. Le secret numéro deux, c'est qu'une bonne nuit de sommeil se prépare dès le matin. Si tu n'as pas la chance de faire partie du petit tiers des humains qui s'endorment quoi qu'il arrive, sache qu'il est possible de joliment améliorer ton sort en y consacrant dix petites minutes, réparties au long de la journée. Car tout entre en jeu : le stress (au travail ou en famille), l'alimentation, la respiration, les exercices physiques, sans oublier bien sûr le rire et l'amour – à ce propos, dormir à deux ou « à la royale », c'est-à-dire seul, n'a pas vraiment les mêmes effets ! Il est également utile de se préoccuper de la température de la chambre à coucher, de la qualité du matelas, de l'orientation du lit, donc du feng shui, etc.

Le sommeil est nécessaire dans le processus biologique. Mais il n'y a pas de sommeil idéal. Chaque individu possède sa propre horloge biologique qui règle les rythmes de veille/sommeil tout au long de sa vie. Ainsi, si les heures de sommeil se situent habituellement entre 23 heures et 7 heures du matin, certaines personnes s'endorment et se lèvent spontanément plus tôt, alors que d'autres se couchent après minuit et se réveillent naturellement entre 9 et 10 heures du matin. L'horloge personnelle évolue aussi en fonction des besoins de chaque âge : 16 heures de sommeil par jour pour le nouveau-né, une dizaine pour l'adolescent, 7 à 8 en moyenne pour l'adulte et autant pour la personne âgée, même si en vieillissant le sommeil se fragmente de plus en plus entre le jour et la nuit. Dans tous les cas, l'indice d'un bon sommeil est de s'endormir naturellement une demi-heure après s'être mis au lit et d'avoir le sentiment, une demi-heure après le réveil, d'être bien reposé, détendu et à pied d'œuvre.

« Le sommeil a pour lui l'éternité. »
Novalis

Ni trop peu, ni trop

Les méfaits du manque de sommeil sur la santé deviennent spectaculaires lors d'expériences extrêmes de privation volontaire. Le record se situe autour de sept jours mais s'accompagne de troubles mentaux et physiques : problèmes de mémoire, d'attention, de langage, forte irritabilité, grande frilosité, engourdissement des membres, manque d'équilibre. Chez les rats, la privation de sommeil perturbe la régulation thermique, faisant maigrir. Ils sont aussi plus sujets aux infections et finissent par mourir de dénutrition ou de septicémie.
Il y a aussi danger à trop dormir ! Attention à la grasse matinée du week-end quand elle dépasse d'une heure et demie l'heure habituelle. Utile pour les adolescents, elle peut entraîner chez l'adulte un décalage des rythmes et provoquer l'insomnie du dimanche soir. Trop dormir est aussi néfaste aux déprimés. « Leur difficulté à trouver le sommeil est peut-être une ruse de la nature pour les maintenir dans la vie », dit Damien Léger, du Centre du sommeil de l'Hôtel-Dieu de Paris (*Ça m'intéresse*, 2004). Dormir trop n'apporte rien de plus à la santé et nous éloigne des autres.

À lire...

- *Les Barques du sommeil*, Jacqueline Kelen, éd. de La Reyne de Coupe.
- *Du sommeil et autres joies déraisonnables*, Jacqueline Kelen, éd. Albin Michel.
- *10 minutes pour bien dormir*, Anne Tardy, éd. Flammarion.

VOIR AUSSI

Besoin > p. 215
Clés du bon Sommeil > p. 316
Relaxation > p. 66
Rêve > p. 307

VOIR QUESTIONS

Comment prends-tu soin de toi ? > p. 76
Comment écoutes-tu ton corps ? > p. 78

SOPHROLOGIE

L'étymologie du mot « sophrologie » nous apprend qu'elle est l'« étude (*logos*) de la conscience (*phren*) en harmonie (*sos*) ». La sophrologie est en effet une méthode psychocorporelle fondée par le neuropsychiatre colombien Alfonso Caceydo dans les années 1960, inspirée de l'hypnose, mais demeurant volontairement à l'orée de l'inconscient. Cette méthode s'appuie sur trois principes de base : la prise de conscience du schéma corporel (à l'aide d'exercices et de la relaxation), l'activation des éléments positifs (souvenirs, compétences...) et le développement de la capacité à penser et agir rationnellement. L'activité consciente étant maintenue à la frontière de l'endormissement, le patient est invité par suggestion à se projeter dans des scénarios positifs. Cette méthode, qui s'apparente au rêve éveillé dirigé, aide à inventer de nouveaux comportements pour trouver l'équilibre, elle prévient les tensions et le surmenage. Elle aide aussi à surmonter le manque de confiance en soi. À raison d'une séance par semaine, ce travail peut prendre deux années.

À lire...

- *La Sophrologie*, Luc Audouin, éd. Milan.

VOIR AUSSI

Ancrage > p. 212
Rêve > p. 307
Visualisation > p. 337

SOULAGEMENT DE LA SOUFFRANCE

Il existe toutes sortes d'échelles de la douleur. Celle-ci fait entrer en jeu tellement de facteurs ! – physiques mais aussi psychologiques, affectifs, culturels, spirituels... Dans l'action, tu peux même ne pas sentir un coup qui, à froid, te ferait hurler. L'état du moral compte pour beaucoup : déprimé, les embêtements te causeront moins de soucis que lors d'une période euphorique. Inversement, souffrir physiquement ne rend pas particulièrement gai ! Il n'est pas étonnant que le bouddhisme, plus que toute autre philosophie, ait fait de la souffrance la première de ses Quatre nobles vérités (> p. 298). En Occident, il faut louer ceux qui ont plaidé, comme le docteur René Leriche en France dès les années 1930, pour que le traitement de la douleur physique soit intégré comme facteur essentiel de tout soin médical. Mais c'est du côté des soins aux malades très gravement atteints qu'il faut aller chercher une prise en compte des différentes dimensions de la souffrance humaine. Orient et Occident t'adressent au fond le même message : n'attends pas de souffrir pour prendre soin de toi, et, quand tu souffres, traiter seulement la douleur physique risque de ne pas suffire.

VOIR AUSSI

Guérir > p. 253
Syndrome de douleur globale > p. 319
Tout est souffrance > p. 327
Traitements antidouleur > p. 328

VOIR QUESTION

Qu'est-ce que cela t'apporterait ? > p. 48

STRESS

Un mot mal compris

Inventeur du concept, l'endocrinologue canadien d'origine austro-hongroise Hans Selye (1907-1982) eut beau s'en offusquer durant toute sa vie, rien n'y a fait : le stress est aujourd'hui assimilé à ce que lui-même appelait *dystress*, un état de tension qui rend malade quand il est trop violent ou dure trop longtemps. On ne peut qu'accepter ce glissement, reconnaissait-il – après tout, il avait été le premier à employer le terme en ce sens dans un article scientifique, publié en 1936 dans la revue *Nature*. Il y témoignait de nombreuses expériences plutôt cruelles sur des rats. Soumis à différentes formes de « stress biologique », leur organisme réagissait toujours de la même façon : hyperactivité des glandes corticosurrénales, hypertrophie du système lymphatique et ulcères. Il devait par la suite élargir ce concept, défendant que le stress est un mécanisme normal et qu'il en existe une forme positive, l'*eustress*. Car ce mécanisme n'est autre que celui de la mobilisation de nos ressources face à tout événement venant remettre en cause l'équilibre (ou homéostasie) de notre organisme. Il se traduit par un « syndrome général d'adaptation » évoluant en trois stades : la réaction d'alarme qui mobilise notre organisme, la phase de résistance où il s'adapte à la situation, et le stade d'épuisement si la sollicitation perdure avec assez de puissance pour dépasser la capacité d'adaptation. Bref, le stress constituait pour Hans Selye le moteur d'un vaste dispositif souvent appelé aujourd'hui système punition-récompense ou système d'activation de l'action, alors que le mot stress n'en désigne qu'une partie : celle de la réaction à un danger.

Le mauvais stress

La précision a son importance ; pas seulement parce qu'elle rappelle la distinction entre bon et mauvais stress ou la proximité entre souffrance et plaisir. Elle permet surtout d'expliquer l'indissociable unité de l'être. Car ce système d'activation de l'action met en branle, via le système endocrinien et ses hormones, des zones appartenant à chacun des trois étages du cerveau et, au-delà, les systèmes nerveux et sanguin. On comprend mieux dès lors comment la tolérance au stress peut dépendre de la personnalité ou des croyances, même si elle a toujours des limites. Ou comment pensées et émotions peuvent affecter l'immunité. Ou encore pourquoi le (mauvais) stress est aujourd'hui considéré comme à la source de 75 à 90 % des maladies. « Ce qui était admis pour une pathologie comme l'ulcère gastrique (causé par la présence d'une bactérie et un terrain défavorable dû au stress et à de mauvaises habitudes alimentaires en relation avec les tensions psychiques) commence à être envisagé pour de très nombreux autres troubles, précise le docteur Thierry Janssen, auteur de plusieurs livres sur les liens corps-esprit. Ainsi en est-il pour les maladies rhumatismales, les pathologies cardio-vasculaires, la fragilité face aux infections (plusieurs études montrent que le fait d'être stressé prédispose à attraper plus facilement un rhume ou une grippe), et même le cancer. En effet, bien que l'on ne dispose pas encore de preuves formelles d'une relation de cause à effet entre les tensions psychiques et le cancer, certaines études attirent notre attention en ce sens. »(1)

Identifie ton stress

Les effets physiologiques du *dystress* sont maintenant bien connus. Tachycardie, tension artérielle, respiration saccadée, flux sanguin déréglé, sensation d'étouffement, nausées, diarrhées, fébrilité, cholestérol en hausse avec toutes ses conséquences, crises cardiaques, phobies, autodénigrement, hyperagressivité, etc. Les techniques destinées à éviter le stress et ses effets délétères ne manquent pas, tant est grande l'importance qu'on lui accorde aujourd'hui. Le psychiatre Frédéric Chapelle et le sophrologue Benoît Monié te conseillent cependant de commencer par identifier, à l'aide de quelques questionnaires, auquel des trois types de stressés tu appartiens. Celui qui rumine ses croyances (le *penseur*), celui qui est le jouet de sa biologie (l'*émotionnel*) ou celui que déterminent ses relations aux autres (le *passif-réactif*) ? Ce dernier type comporte trois variantes : le *timide*, le *passif* et la *Cocotte-Minute*. Puis, en analysant les vies de quelques stressés exemplaires, tu apprendras à repérer leurs faiblesses et leurs erreurs et, dans la foulée, de quelle façon il leur serait possible de se corriger. Tu es ainsi invité à appliquer l'analyse à ta propre existence : comment tes excès de stress se manifestent-ils, que révèlent-ils, comment y remédier ? Très schématiquement, le *penseur* doit apprendre à désamorcer ses préjugés, l'*émotionnel* à respirer, le *passif-réactif* à communiquer… Le docteur Henri Pull, pédopsychiatre, te propose quant à lui de reprendre un à un les différents moments de ta vie quotidienne, du lever au coucher, en passant par les transports, le travail (ou le chômage), les relations affectives (ou leur absence), l'éducation des enfants, les loisirs, le sport, etc., et, à chaque étape, il t'offre une myriade de conseils de pur bon sens.

Remèdes antistress

Tu ne pourras jamais supprimer le stress, ce serait même dangereux ! Le risque peut être de mourir d'ennui. Mais différentes pratiques simples et efficaces peuvent t'aider à ne pas laisser des agents stressants, même forts, avoir un impact trop violent. La première des ressources est un mode respiratoire qualifié d'antistress, justement parce qu'il empêche le blocage quasi réflexe du diaphragme. Privilégie l'expiration sur l'inspiration. Souffler, au lieu de suspendre ta respiration en apnée, assurera un relâchement global immédiat de l'organisme. Quant à lutter contre le stress chronique et diffus que nous subissons tous peu ou prou, c'est un vaste chantier ! Rien de mieux, semble-t-il, que l'expression de tes émotions (même négatives), le rire et les câlins. De toute façon, stressé ou pas, il est toujours temps de songer à pratiquer la relaxation, voire la méditation.

(1) Extrait de « Entre corps et esprit, une science du lien », Thierry Janssen, *Nouvelles Clés*, n° 49.

À lire…

- *Bon stress, mauvais stress : mode d'emploi*, Frédéric Chapelle et Benoît Monié, éd. Odile Jacob.
- *Comment reconnaître et soigner vos 150 stress quotidiens*, Henri Pull, éd. Grancher.
- *Que se passe-t-il en moi ? Mieux vivre ses émotions au quotidien*, Isabelle Filliozat, éd. Marabout.

VOIR AUSSI

Méditer/Méditation > p. 271
Dialogue corps-esprit > p. 235
Système immunitaire > p. 319

VOIR QUESTIONS

Pourquoi le demander maintenant ? > p. 42
As-tu repéré des circonstances qui déclenchent ou aggravent ton problème ? > p. 64

SYNDROME DE DOULEUR GLOBALE

Faisant le bilan d'une carrière vouée aux plus malades, la Britannique Cicely Saunders, pionnière des soins palliatifs dès les années 1950, raconte que sa prise de conscience du caractère global de la douleur lui vint un jour, alors qu'une vieille femme qu'elle interrogeait lui répondait : « La douleur ? Mais tout est douleur ! » Elle nous apprend ainsi, avec finesse, que la douleur physique s'intègre en réalité à un tout, qu'elle a baptisé « douleur globale », où entre en jeu tout ce qui donne un sens à ta vie ou n'en donne pas. Elle a constaté, en effet, que les douleurs physiques et les souffrances psychologiques sont étroitement liées. Le même choc physique ne t'atteint pas du tout de la même façon si tu es en train de disputer un match de football, si quelqu'un t'agresse dans la rue ou si tu reposes sur une table d'opération. La douleur sera aussi très différente selon que tu sois déprimé ou euphorique. Ainsi, il est bien difficile d'apporter un soulagement psychique à celui qui est comme enfermé dans une douleur chronique sévère. Inversement, lorsque de graves préoccupations inquiètent le patient, des traitements – même lorsque ces derniers sont bien adaptés – peuvent se révéler inopérants. C'est pour exprimer cette découverte que Cicely Saunders a forgé le concept de douleur globale. Par ailleurs, elle a compris qu'à cette souffrance aux multiples aspects seule une équipe pouvait apporter une véritable réponse. Les divers professionnels de la santé (médecins, infirmiers, aides-soignants, kinésithérapeutes, diététiciens, travailleurs sociaux) mais aussi les agents de pastorale et les bénévoles ont donc été invités à travailler ensemble pour le bien du patient. Ils ont découvert ainsi une nouvelle manière d'approcher le patient et sa famille : le prendre en compte dans la globalité de ses besoins et de ses désirs.

À lire…

- *L'Infirmier(e) et les soins palliatifs*, Cicely Saunders, éd. Masson.

VOIR AUSSI

Douleur > p. 56
Soulagement de la souffrance > p. 317
Traitements antidouleur > p. 328
Tout est souffrance > p. 327

VOIR QUESTION

Où as-tu mal ? > p. 56

SYSTÈME IMMUNITAIRE

Reposant sur quelque 80 000 milliards de cellules extraordinaires (produites par le thymus, les amygdales, l'appendice ou simplement la moelle des os), capables de reconnaître et de neutraliser en une fraction de seconde tout corps étranger à la personne, et de fabriquer quasi instantanément des myriades d'anticorps différents, le système immunitaire est l'aspect le plus mouvant, le plus décentralisé et le plus récemment découvert de notre continuité psycho-neuro-endocrino-immunologique. Est-ce un hasard si la plupart des maladies nouvelles correspondent à des dérèglements de cet aspect immunologique de notre être ? Notre système immunitaire constitue la toute première organisation de notre identité personnelle, la base physiologique de notre individuation, le partage entre notre moi et notre non-moi – ce qui est, d'une certaine façon, LE problème de l'homme du XXIe siècle, écartelé entre un égotisme de moins en moins légitime et un besoin de solidarité grandissant. Les allergies, le sida, les pathologies auto-immunes, toutes ces nouvelles maladies qui frappent le système immunitaire sont autant de manifestations de la difficulté pour l'individu moderne, plongé dans un monde en crise, à faire la part exacte entre ce qu'il est et ce qu'il n'est pas, entre ce qui lui est propre et ce qu'il partage avec les autres, humains ou non humains.

L'œil de l'anthroposophe

L'anthroposophie, pensée mais aussi discipline médicale, éducative et agricole née de la philosophie du visionnaire allemand Rudolph Steiner (1861-1925), propose un éclairage original et intéressant sur le fonctionnement de ce système qui gère notre confrontation au monde. Pour le docteur

Robert Kempénich, cancérologue et membre actif des associations de médecins anthroposophes, ce système est le garant de notre manifestation individuelle.

« Dans un livre d'immunologie ou dans la presse, qu'apprend-on ? Que le système immunitaire est un organe de défense. Anticorps contre antigènes. Un organisme militaire qui patrouillerait en permanence à la recherche d'un éventuel étranger s'introduisant dans mon petit univers et cherchant à le coloniser. Cela repose sur une vision d'un monde hostile à l'individu. Or une question se pose, essentielle : peut-on parler de l'étranger à reconnaître sans qu'il y ait une activité cognitive préalable, qui permette au moins de le reconnaître ? Le système immunitaire, avant d'être un organisme guerrier, est d'abord un organisme de reconnaissance. Et s'il est un organisme de reconnaissance de l'étranger, du différent, il faut qu'il puisse différencier l'autre de moi, donc il est au préalable un organisme de connaissance de soi. De fait, dans tout ouvrage d'immunologie, vous trouverez un passage sur la "tolérance du soi". Mais il y a un problème : le moyen de connaissance, pour le système immunitaire, c'est l'anticorps. Or faire des anticorps contre soi, cela s'appelle la maladie auto-immune, c'est interdit par la théorie (à moins d'accepter l'idée que les maladies auto-immunes soient un déséquilibre d'un processus sain). La science a donc inventé un détour, la "délétion clonale", un mécanisme qui fait disparaître ces auto-anticorps. Or, c'est faux. Ils durent toute la vie. Ils commencent au stade embryonnaire et fluctuent ensuite. On sait aussi que nous aurions au fond de nous les anticorps qui correspondent à tous les antigènes, mais non encore révélés. C'est extraordinaire, et personne ne s'y intéresse. Pour pouvoir reconnaître l'autre, je porte forcément un regard vers l'intérieur. Le système immunitaire est l'organe qui nous fonde biologiquement à l'art de la rencontre, et c'est dans ma qualité de présence, dans la manière dont je vais m'ouvrir à l'autre et le reconnaître au-dedans de moi-même, que je vais me reconnaître et m'individualiser. Digérer, c'est accepter que l'autre me pénètre !

« Voilà le contexte dans lequel s'inscrivent les maladies affectant le système immunitaire, garant de la distinction entre soi et non-soi. Dans les allergies, la perception ne s'est pas mise au bon endroit. Moi et les pollens, moi et la nature, cette séparation est en nous. Ce n'est pas que la nature et l'homme deviennent de plus en plus étrangers, c'est que l'homme se replie en lui, ne vit plus que dans une petite partie de lui. L'homme des villes surchargé d'informations mortes, à l'alimentation prédigérée, ou l'enfant qui n'a pas connu la fièvre ou les maladies infantiles, par abus d'antibiotiques ou de vaccinations, qui ne s'est pas suffisamment confronté au monde vivant, n'est plus capable d'intérioriser un simple pollen naturellement, de mettre la limite entre le vivant et lui. Alors, il réagit de manière inflammatoire.

« Dans les maladies dites auto-immunes, je me reconnais trop moi-même comme étranger, comme si j'hyper-percevais des aspects de moi que je ne reconnais pas comme tels. Je fais des auto-anticorps contre ce qui me permet de percevoir (le système neurosensoriel pour la sclérose en plaques) ou de me mouvoir (les membres pour la polyarthrite rhumatoïde). Finalement, je digère avec ma tête ou mes membres, la digestion est au mauvais endroit. »(1)

(1) Extrait d'« À chaque temps sa maladie », entretien paru dans *Nouvelles Clés*, n° 37

À lire...

- *Médicament et médecine à l'image de l'homme*, Rudolf Steiner, Éditions anthroposophiques romandes.
- *Cure du système immunitaire*, Lorna R. Vanderhaeghe et Patrick J. D. Bouic, éd. AdA.
- *Psycho-neuro-immunologie*, Francesco Bottaccioli, éd. Marco Pietteur.

VOIR AUSSI
Corps > p. 225
Être psychosomatique > p. 246
Immunité et alimentation > p. 259
Système nerveux végétatif > p. 320

VOIR QUESTIONS
Comment écoutes-tu ton corps ? > p. 78
Connais-tu le pouvoir des mots ? > p. 82

SYSTÈME NERVEUX VÉGÉTATIF

Notre cerveau fonctionne sur trois registres – pulsionnel, affectif et intellectuel – et joue un rôle capital dans les processus biopsychologiques qui sont à la base de notre fonctionnement psychique. Mais le cerveau n'est pas tout et, surtout, il n'est pas seul. C'est de tout le système nerveux central (cerveau, moelle, bulbe, cervelet, substance réticulaire), du système nerveux végétatif (orthosympathique, parasympathique et entérique) et du système nerveux périphérique (nerfs afférents et efférents, sensitifs et moteurs) que dépend la régulation d'ensemble de l'organisme et de nos comportements. Sans oublier le rôle fondamental que joue, dans ce concert, le système endocrinien avec ses différents niveaux de régulation hormonale, très étroitement associés au végétatif.

Organisé comme un ensemble de réseaux qui entretissent leurs fibres d'étage en étage et s'unissent en des enchevêtrements complexes appelés plexus, le système nerveux végétatif enveloppe tous nos organes de liens inextricables. Pas une seule cellule du corps n'échappe à son action. Lorsqu'en 1800 Bichat, à la suite de longues et patientes dissections, en vient à opposer les nerfs blancs du système nerveux cérébro-spinal et les nerfs gris (dont la gaine est pauvre en myéline) du système nerveux de la vie végétative, il fait de celui-ci l'« éminence grise » du cerveau. Une éminence qui accomplit, à l'ombre du souverain (rappelons que son action échappe habituellement à la lumière de la conscience), de rudes besognes. En coordination avec le système limbique, le système nerveux végétatif nous permet de faire face à l'environnement, dont il subit lui-même les aléas. De plus, il fait résonner sur l'ensemble du corps les émotions que cet environnement a suscitées. Ses polarités, complémentaires et fonctionnellement opposées, assurent l'harmonie d'un mouvement alternatif de régulation : la « balance végétative », garante de l'équilibre du milieu intérieur et du bon fonctionnement de chaque organe. Les anciens Chinois y voyaient une manifestation de forces complémentaires, yin et yang. Wilhelm Reich, lui, y voyait une manifestation de la « pulsation de la vie ». Dans *La Fonction de l'orgasme*, il fait remarquer : « Le parasympathique stimule toujours les organes – que ce soit dans le sens de la tension ou de la relaxation – lorsque l'organisme total est dans un état d'expansion de plaisir. Inversement, le sympathique stimule les organes d'une manière biologiquement significative quand l'organisme total est dans un état de contraction angoissée. Le processus vital, spécialement dans la respiration, peut donc être saisi comme un état continuel de pulsation, où l'organisme continue à alterner, à la manière d'un pendule, entre l'expansion parasympathique (expiration) et la contraction sympathique (inspiration). » Cette alternance invite l'organisme tout entier à un mouvement qui tantôt me porte « de moi vers le monde » et tantôt me ramène « du monde vers moi », avec les tonalités émotionnelles d'ouverture ou de fermeture psychoaffective et même psychosociale correspondantes. Les émotions expriment un état de mouvement de l'organisme qui a une signification (un sens en termes de psychologie) par rapport au moi et au monde. Rétraction dans la peur et la tristesse ; rétraction puis expansion (explosion) subite dans la colère.

À lire...

- *Wilhelm Reich, biographie d'une passion*, Gérard Guasch, éd. Sully.
- *Aide-toi, ton corps t'aidera*, Gérard Guasch et Anne-Marie Filliozat, éd. Albin Michel.
- *Le Système neurovégétatif et ses troubles fonctionnels (ostéopathie)*, Roger Caporossi, éd. de Verlaque.

VOIR AUSSI

Corps > p. 225
Être psychosomatique > p. 246
Étiopathie > p. 245
Haptonomie > p. 254
Homéostasie > p. 256
Ostéopathie > p. 280
Système immunitaire > p. 319

VOIR QUESTION

Comment écoutes-tu ton corps ? > p. 78

SYSTÉMIQUE

Si tu es un familier du Jeu du Tao, tu sais à quel point la pensée systémique est au cœur de ses mécanismes – déterminant notamment le retour régulier, au cours de la partie, de questions concernant ton rapport à autrui. C'est en effet le point central de cette pensée de la complexité – qui tarde à pénétrer les esprits francophones malgré les efforts du philosophe Edgar Morin et les leçons qu'il conviendrait de tirer de la crise que nous traversons : l'individu n'existe pas. Ou, plutôt, il est en tant qu'entité organique – un système en lui-même –, mais il n'existe pas sans un vaste réseau de relations qui non seulement le déterminent, mais le font.

Évolutive, écologique, transdisciplinaire, la pensée systémique considère ainsi que la « chose en soi » est une vue de l'esprit, théorisée par une philosophie mécaniste prompte à isoler les objets de sa réflexion. Concevoir, par exemple, les phénomènes de cause à effet comme des processus unidirectionnels est devenu impossible à l'ère de l'informatique, de la cybernétique, du marketing ou de la thérapie familiale – pour ne citer que les plus importantes des inventions dues au systémisme, responsable de tous les progrès scientifiques depuis les années 1940. Chacun sait aujourd'hui que, dans le monde réel, il est rare qu'une même cause ait toujours les mêmes effets, et plus rare encore que ces effets n'agissent pas eux-mêmes en retour, influençant la cause. La notion de *feed-back* semble dorénavant acquise. Mais ce n'est qu'un des éléments d'une pensée bien plus riche, appliquée par ses fondateurs à tous les domaines de la science : Norbert Wiener et John von Neumann en mathématiques, cybernétique et informatique, Arturo Rosenblueth en neurologie, Ludwig von Bertalanffy en biologie, Gregory Bateson et Margaret Mead en ethnologie, philosophie et écologie, sans oublier les Virginia Satir, Milton Erickson, Paul Watzlawick, Jay Haley et autres psychologues et thérapeutes de la fameuse école de Palo Alto, du Center for Mental Research ou d'ailleurs.

Tout est interdépendance

Rien n'existe vraiment en soi, tout est à la fois système (ensemble d'autres choses) et sous-système au sein d'un système plus grand. Un système est un « ensemble d'éléments en interrelations mutuelles telles qu'une modification quelconque de l'un d'eux entraîne une modification de tous les autres » (Ludwig von Bertalanffy). Autrement dit, tout agit sur tout, tout est relié. Donc, tout existe principalement par les relations. Un individu, comme toi, est à la fois corps physique, conscience, inconscient, et tout cela discute en toi en permanence. Et tu ne peux vérifier ton existence, fabriquer ton autonomie et proclamer ta différence que dans une relation avec autrui ! Conclusion : l'essentiel est dans la communication. C'est dans tes relations, ici et maintenant, que se situe le champ de ton action. Il n'y a personne à accuser si tu rencontres des obstacles, qu'ils te semblent venir des autres, de la société ou de ton passé. Car

tout n'étant que relations, ton passé, la société ou les autres n'ont pas d'autre importance que celle que tu veux bien leur accorder, ici et maintenant. Si quelqu'un t'a vraiment, réellement, fait du tort, rien ne peut lui ôter cette responsabilité (et la loi est là pour le lui rappeler). La seule chose qui te soit possible, c'est de régler le problème que cela te pose, une fois encore, ici et maintenant. Et là, la pensée systémique peut vraiment t'aider.

Tout est communication

La théorie systémique établit une distinction importante entre deux codes principaux de communication, fondée sur la différence entre les hémisphères du cerveau (qu'elle fut la première à prendre en compte). Grâce à ton cerveau gauche, siège de la pensée logique et analytique, tu parles en mots, en chiffres, en signes, tu essaies d'exprimer le contenu de ta pensée. Avec ton cerveau droit, où réside la perception des formes, l'intuition, les associations, tu élabores toute une communication non verbale, faite de gestes, de mimiques, de signaux dont tu n'es souvent pas conscient, et tu t'exprimes en faisant appel aux symboles, au contexte, au ressenti, au sentiment, au paradoxe. Conséquence pratique : tu as été plus ou moins bien formé pour l'un ou l'autre de ces langages. À toi de voir lequel, et de cultiver l'autre ! Cela te permettra de communiquer avec autrui sur le même registre, mais aussi d'établir l'équilibre en toi-même entre raison et passion.

Tout est relation

Dans les rapports humains, la communication détermine la relation. Oscillant entre complémentarité (plus tu cries, moins je parle) et symétrie (si tu hurles, je hurle), la relation peut souffrir également de nombreux décalages qui viennent alimenter l'incompréhension. Décalage temporel : il s'éloigne parce qu'elle fait la tête alors qu'elle est en colère parce qu'il l'a délaissée. Décalage des regards sur une même réalité : « J'ai bien dressé cet homme, dit le rat, chaque fois que j'abaisse le levier, il me donne à manger » ! Pensant casser le moule et vivre sa féminité, papa se montre doux, tendre, maternel avec ses enfants. Résultat, son manque d'autorité condamne leur mère à se montrer sévère à sa place. Et la génération suivante, soucieuse de corriger ces rôles, retombe dans le modèle inverse, tout aussi limitant. Conclusion : autant avec toi qu'avec les autres, il faut communiquer. Là est la clé.

À lire......

- *Vers une écologie de l'esprit*, Gregory Bateson, éd. du Seuil.
- *L'Invention de la réalité*, Paul Watzlawick, éd. du Seuil.
- *La Réalité de la réalité*, Paul Watzlawick, éd. du Seuil.
- *Une logique de la communication*, Paul Watzlawick, éd. du Seuil.
- *À la recherche de l'école de Palo Alto*, Jean-Jacques Wittezaele et Teresa Garcia, éd. du Seuil.

VOIR AUSSI
Être psychosomatique > p. 246
Psycho-neuro-immuno-endocrinologie (PNIE) > p. 294

VOIR QUESTION
Quelle énergie t'apportent les autres ? > p. 86

TÂCHE ACHEVÉE

Il est bon de pouvoir dire : « Ouf, j'ai fini ! » Car alors tout un « dossier mental » se trouve rangé et nous disposons de toute notre énergie pour passer à autre chose. Ce n'est pourtant pas si facile. William Bridges, que le *Wall Street Journal* décrit comme l'un des dix plus influents conseils américains dans le domaine du développement personnel, dit qu'on ne passe jamais d'un système à un autre d'un seul coup. Car toute transition, pour un individu comme pour une organisation, se fait en trois phases. Il y a d'abord la fin du modèle épuisé, dont il faut très consciemment se désengager et faire son deuil – sinon, on aura beau échafauder de nouveaux plans, le fantôme de l'ancien nous plombera, parfois pendant des années. La phase deux est un espace intermédiaire plein de turbulences, soit temps de créativité, soit traversée du désert (surtout pour qui a peur de l'inconnu). Le nouveau modèle, lui, ne peut émerger qu'en phase trois, une fois le vieux modèle enterré. « Or, ce que je remarque, raconte Meryem Le Saget, auteur du *Manager intuitif* et coach d'importants états-majors de part et d'autre de l'Atlantique, c'est que même parmi les managers progressistes qui, face aux différentes crises planétaires, cherchent actuellement de nouveaux modèles de développement, très peu ont réellement pris conscience que l'ancien modèle nous mène *vraiment* dans le mur. Ils ont l'habitude de penser au nouveau, mais sans rompre avec l'ancien. Ils laissent cette tâche cruciale inachevée. Du coup, c'est du rafistolage. Et c'est bien pourquoi on peut dire que le nouveau capitalisme reste à inventer. » (*Nouvelles Clés*, n° 60)

Savoir terminer

L'une des solutions consiste à prévoir une date limite pour chacun de tes projets. Daniel Richard, entrepreneur qui dirigea plusieurs grandes sociétés avant de présider le WWF-France et aujourd'hui Nova Press, appelle cela la « fonction de clôture » : « Avant même de commencer, on définit à quel moment on devra avoir fini quoi qu'il arrive ! Cette rigueur est la condition sine qua non d'un changement réel. Or, contrairement à ce que l'on s'imagine, achever une tâche fait souffrir, parce que la perfection est inaccessible, que les dés sont jetés et que l'on risque toujours la sanction de l'échec. Alors que demeurer dans un éternel inachèvement permet de se raconter des histoires confortables. On vit en pseudo-changement. La véritable évolution, elle, comporte forcément des sauts qui font peur. Les managers américains appellent ça le "*Tarzan gap*" : tout vrai changement commence par vous déstabiliser, vous perdez vos repères et avez l'impression de régresser. Ce n'est que dans un second temps que le progrès se manifestera. » Entre-temps, il faudra avoir su tenir ton cap, y avoir cru malgré des apparences adverses et les résistances...

À lire...

- *Transitions de vie*, William Bridges, éd. InterdÉditions.
- *Le Manager intuitif*, Meryem Lesaget, éd. Dunod.

VOIR AUSSI

Plénitude > p. 287

VOIR QUESTION

Qu'est-ce que cela t'apporterait ? > p. 48

TÂCHE INACHEVÉE

L'impératif d'achever ses tâches traverse toutes les grandes traditions. Avec deux pôles, entre lesquels nous balançons non sans perplexité : chaque existence humaine comporterait une mission plus grande qu'elle-même, une motivation profonde qu'il faudrait parfois une vie entière pour mettre au jour, sous les amas de faux désirs ; mais d'autre part, au moment crucial, ce serait sur des choses beaucoup plus modestes qu'une vie se jaugerait, ou se dissoudrait, se libérerait. D'un côté, la parabole évangélique, que l'on aimerait parfois hurler à certains génies dévoyés dans des réalisations dérisoires ou destructrices : « Mais bon sang, qu'as-tu fait de tes talents ? » De l'autre, l'humilité de l'examen final, synthétisée dans cette remarque commune à beaucoup des personnes qui sont sorties transformées d'une NDE (expérience de mort imminente) : « J'ai revu défiler toute ma vie et j'ai réalisé que j'étais passé à côté du principal, parce que je n'avais jamais été réellement attentif aux petits détails de chaque instant. » Curieusement, devenir attentif au moment présent, sans penser à hier ni à demain, serait la condition d'achèvements primordiaux, la libération de déterminismes qui nous viennent parfois d'extrêmement loin, comme le montre la psychogénéalogie avec le poids des tâches inachevées par nos ancêtres. Anne Ancelin-Schützenberger, auteur d'*Aïe, mes aïeux !*, est d'ailleurs l'une des expertes françaises de la question des tâches inachevées. Elle rappelle que la psychologue russe Bluma Zeigarnick avait, vers 1930, montré que les tâches inachevées constituaient en nous de véritables béances, restant en rumination, parfois pendant des années – alors que les tâches achevées nous laissaient en paix et disponibles au renouveau.
Mais il y a une bonne nouvelle : les tâches inachevées peuvent aussi se métamorphoser en moteurs de changement et d'évolution. Le docteur Danièle Flaumenbaum, gynécologue, acupunctrice et auteure, analyse à quelles conditions cette métamorphose peut se produire : « Ne pas terminer ce que l'on a commencé, c'est vouloir rester enfant, ne pas vieillir, ne jamais mourir, arrêter le temps. À l'inverse, achever ses tâches, c'est assumer les cycles de l'accomplissement, donc accepter la possibilité de réussir, et désirer transmettre avant de mourir. Quant à savoir comment faire le tri entre ce qu'il convient d'achever et ce que l'on peut laisser tomber, je dirais ceci : il faut être respectueux, très respectueux de son ressenti, de ses sensations, de ses intuitions. Mais c'est fou ce que l'on met longtemps à faire confiance à ses intuitions ! »

À lire...

- « Les tâches inachevées », *in Nouvelles Clés*, n° 6.
- *Femme désirée, femme désirante*, Danièle Flaumenbaum, éd. Payot.

VOIR AUSSI

Plénitude > p. 287
Psychogénéalogie > p. 293
Quête holistique > p. 355
Tâche achevée > p. 322

VOIR QUESTION

Pourquoi le demander maintenant ? > p. 42

TALENTS À DÉVELOPPER

Connais-tu tes points forts ?

Comme la plupart des gens, tu dois être plus conscient de tes défauts et de tes faiblesses. Tu uses ainsi ton énergie à vouloir les gommer alors qu'il est plus judicieux de consacrer tes efforts à renforcer tes atouts et à apprendre à t'en servir. L'institut de sondage américain Gallup s'est intéressé à la question. Il a recensé les points forts de plus de deux millions de professionnels. L'enquête a fait ressortir 34 talents selon quatre axes :

– talents relatifs à l'effort : réalisateur, activateur, convaincant, discipliné, assuré, adaptable, concentré, régénérant ;
– talents relatifs à la réflexion : analyste, arrangeur, prudent, connectant, juste, futuriste, studieux, innovant, intellectuel, contextualisant, stratégique, idéalisant ;
– talents relatifs aux rapports : harmonieux, communicant, empathique, englobant, individualisant, ouvert à la relation, responsable ;
– talents relatifs à l'influence : compétitif, apte à commander, développant, positivant, maximisant, charismatique.

Deux principes sont à retenir :

– les talents de chaque individu sont durables et uniques ;
– les meilleures chances de développement professionnel et personnel de chaque individu résident dans les domaines où il possède les meilleurs atouts.

Cela nous encouragerait à renforcer nos talents, plutôt que de consacrer du temps à corriger nos défauts ou à apprendre une chose pour laquelle nous ne sommes pas faits.
Voici les étapes que tu peux suivre pour t'appuyer sur tes ressources :
– fais la liste de tes compétences ;
– dans cette liste, distingue tes talents innés des choses que tu as apprises ;
– tu peux aussi faire le test de Gallup StrengthFinder en visitant leur site www.strenghtfinder.com ;
– depuis ces talents, évalue le niveau de compétence que tu as ;
– développe ensuite les talents que tu veux développer.
Mais n'oublie pas la règle du yin et du yang : tu as aussi (potentiellement) les qualités de tes défauts ! C'est une autre liste, que je t'explique ailleurs (> p. 296).

À lire...
- *Découvrez vos points forts*, Marcus Buckingham et Donald Clifton, éd. Pearson.

VOIR AUSSI
Compétences > p. 222
Empuissancement > p. 241
Qualités de nos défauts > p. 296
WAS (Wealth Acknowledgement System) > p. 340

VOIR QUESTIONS
Quelles sont tes forces ? > p. 74
As-tu conscience de ta puissance ? > p. 88

TÉLÉPATHIE

Les champs morphiques

Connais-tu le botaniste britannique Rupert Sheldrake, qui propose aujourd'hui que 10 % des programmes scientifiques soient décidés par le peuple ? Il a aussi mené, depuis quelques années, d'intéressantes recherches sur les capacités étranges dont font preuve certains animaux domestiques. Mais l'homme est surtout connu pour avoir lancé, il y a plus de 20 ans, une théorie des champs morphiques qui secoue bien des idées. Selon cette dernière, toutes les formes, minérales ou biologiques, comportementales ou psychiques, obéiraient à des champs inconnus de la science actuelle. Toute réalité, dans l'univers, se présente sous deux aspects inséparables : une énergie portée par une information. Or, selon Sheldrake, la science réduit en gros le réel à la formule d'Einstein $E = mc^2$. On nous dit que la matière est énergie, fort bien, mais que devient alors la forme, ou si l'on préfère, l'information ? Elle est finalement renvoyée à la philosophie ! Le savant anglais estime que c'est là une énorme lacune de la science. Pour lui, les formes sont une force, mais non énergétique. Plus elles se répètent, plus leur intensité grandit. Vois-tu le rapport avec la télépathie ?

La conscience élargie

Pour Rupert Sheldrake, « les champs de forme pourraient aider à expliquer la télépathie. Ils éclairent les liens à distance entre les gens et entre les groupes vivants. L'idée de base est que tout groupe social émet un champ, qui inclut tous ses membres : meute de loups, banc de poissons, vol de canards... Même chose pour une famille d'humains, en incluant éventuellement le chien ou le chat du foyer. Quand l'un des membres s'en va, le champ le suit, s'étendant aussi loin que lui. [...] La résonance morphique a trait à la "mémoire du champ". C'est elle qui donnerait aux êtres l'intuition de ce qu'il convient de faire dans des situations qu'ils n'ont jamais connues eux-mêmes, mais que d'autres ont connues avant eux. C'est un peu comme l'instinct... ».

Une capacité physique

Hors de la Faculté, de nombreuses recherches sur la télépathie ont été menées depuis un siècle, et pas seulement par des amateurs illuminés, puisqu'on compte parmi les pionniers le prix Nobel de médecine de 1913, Charles Richet. Membre de groupes qui s'inspirèrent de cet héritage, l'écrivain et spécialiste du *Yi Jing* Jean-Philippe Schlumberger témoignait avant de disparaître : « Je suis arrivé à l'Institut métapsychique international (fondé par Richet) dans les années 1950, quand on y menait une recherche sur la transmission télépathique de dessins. Le processus était donc totalement visuel : on essayait de visualiser. Nous obtenions des résultats, mais avec des déformations, qui furent répertoriées et classées selon un certain nombre de types. Car le visuel élabore. L'image se retourne, se dédouble, on peut établir un historique des déformations. Trop de délai, sans doute, entre le lieu où nous recevons l'intuition et toutes les connexions de synapses qu'il faut traverser pour arriver jusqu'à la représentation ! À l'inverse, on se rapproche beaucoup de la source de cette capacité lorsqu'on abandonne le visuel pour s'adresser à la cinesthésie, la sensation globale que l'on a de soi et de son corps. En "ressentant" par ce biais-là, on obtient des informations plus justes, plus utilisables. Et là, on entre dans la télépathie ! Il faut d'abord se "brancher" sur la personne, c'est-à-dire bien se la représenter mentalement. C'est très beau, comme sensation, j'avais le plus grand mal à sortir de cet état de communion. Vous ressentez ensuite l'ensemble de votre corps, une sensation générale du corps que nous avons appelée le *sensorium*. Avec un peu d'entraînement, lorsque vous recevez une intuition, subitement quelque chose change dans cette sensation. Par exemple, la transmission par télépathie d'un feu d'artifice provoquera comme une montée de *kundalini*, une énergie qui crépite tout le long de la colonne vertébrale et fait "pschitt pschitt" dans la tête. On ne reconnaît pas soi-même ce que c'est, mais quand on décrit la sensation, les autres disent tous : "un feu d'artifice". Il a été transposé dans le sentiment du corps. »

Dès l'amibe

« Assez vite nous avons eu l'impression que la forme d'intuition capable de découvrir des choses complètement nouvelles, sans passer par un raisonnement, était une qualité qui précédait de très loin la conscience humaine. C'est probablement une fonction du vivant. Il faut dire cela avec beaucoup de prudence, car du point de vue scientifique on n'a encore rien prouvé et cela ne se fera peut-être jamais. Mais on peut imaginer que même un organisme très primitif puisse, par un mécanisme analogue à l'intuition humaine, se diriger hors des zones qui lui sont défavorables, sans contact direct. Nous avions coutume de dire qu'une amibe est très probablement intuitive ! Du coup, nos recherches faisaient de la télépathie un cas particulier de l'intuition, définie comme la capacité pour un être, même non conscient, de se diriger spontanément vers les zones qui lui sont les plus favorables, et d'adopter des stratégies nouvelles. » (*Nouvelles Clés*, n° 36)

À lire...

- *Une nouvelle science de la vie*, Rupert Sheldrake, éd. du Rocher.
- *Yi king : principes, pratique et interprétation*, Jean-Philippe Schlumberger, éd. Dangles.

VOIR AUSSI

Empathie > p. 240
Inconscient à inconscient (D') > p. 259
Résonance morphique > p. 303

VOIR QUESTION

Qu'est-ce que cela apporterait aux autres ? > p. 50

TEMPS LIBRE

Les 35 heures, la RTT, le travail à temps partiel, les congés de maternité ou de paternité, les périodes sabbatiques, les loisirs de ressourcement, l'engagement associatif bénévole, ou encore les mercredis consacrés aux enfants, bref le droit à un temps privé aussi important, sinon plus, que le temps de travail, voilà la nouvelle réalité : en 20 ans, la mentalité des Français a évolué. Plus question de brûler l'essentiel de sa vie au bureau. Les plus convaincus ne sont pas ceux qui exercent les professions du bas de la hiérarchie : les jeunes cadres sont de loin ceux qui se félicitent le plus de la voie inaugurée en 1997 – avec en tête les cadres femmes. Victoire des bobos ? Peut-être. Mais selon Marie Venhorst, journaliste spécialiste en management, il faut renverser quelques idées reçues. Non, le fond de ce mouvement n'est pas une vaste démotivation, ni une stratégie de planqués ou de paresseux. Au contraire, dans bien des entreprises, les directions des ressources humaines confirment ce que disent les intéressés : travailler moins longtemps, ce n'est pas travailler moins bien. Mais cela exige plus d'imagination et de créativité. Plus de responsabilité individuelle. Te sens-tu concerné ?

À lire...

- *Je veux du temps pour moi*, Marie Venhorst, éd. d'Organisation.
- *Éloge de la lenteur*, Carl Honoré, éd. Marabout.
- *Du bon usage de la lenteur*, Pierre Sansot, éd. Rivages.

VOIR AUSSI

Bienfaits de la nature > p. 216
Médecine préventive > p. 269
Plaisir > p. 286
Relaxation > p. 66
Rire > p. 308

VOIR QUESTIONS

Qu'est-ce que cela t'apporterait ? > p. 48
Qu'est-ce qui t'en a empêché jusqu'ici ? > p. 52
À quels besoins dois-tu accorder plus d'importance ? > p. 92

TENDRESSE

La démonstration a été maintes fois et brillamment faite qu'il s'agit là, à l'opposé des images molles que le mot peut susciter, d'une des composantes les plus fortes de la nature humaine. Sans tendresse, l'enfant ne peut pas se construire, l'adolescent ne peut pas s'émanciper, l'adulte ne peut pas former un couple, le senior ne peut pas mûrir, l'ancien ne peut pas décoller. Sans tendresse, les amants ne s'aiment pas réellement et les mourants laissent derrière eux des regrets. Sans tendresse, à terme, nous n'existerions tout simplement pas. Les artistes le savent depuis toujours et le commun des mortels s'en doute. L'étonnant est qu'il ait fallu tant attendre pour que (d'audacieux) psychothérapeutes et chercheurs en sciences humaines commencent à l'admettre à leur tour. Une révolution tendre aurait-elle commencé ? « De quoi les humains ont-ils aujourd'hui besoin, sinon d'amour et de sens ? » demande Alain Delourme, auteur d'un ouvrage sur la « distance intime ». Ce psychothérapeute explique : la responsabilisation de l'individu ne saurait se faire sans ces deux dimensions – amour et sens – qui, mêlées, portent le nom trop mal connu de tendresse. Cela pose un vrai problème dans la relation entre le psychanalyste et son client : comment le premier pourrait-il aider le second, s'il ne l'aime pas ? À l'inverse, comment continuer à respecter le tabou psychanalytique selon lequel le thérapeute ne saurait en aucun cas toucher physiquement le patient – et donc s'avérer explicitement tendre avec lui ? « Dans certains cas, raconte Alain Delourme, j'ai senti que ce recul devant l'affect, que j'acceptais de conserver, se traduisait par du sadisme, de la non-assistance à personne en danger. » La kinésithérapeute, docteur en psychologie et psychothérapeute Suzanne Robert-Ouvray – spécialiste du tonus du bébé – étudie la tendresse objectivement et même musculairement, comme élément d'intégration chez le nouveau-né et l'enfant. Elle retrouve spontanément des données que l'inventeur de l'haptonomie, Frans Veldman, suggère depuis 30 ans : « Le bébé a une connaissance innée du besoin de tendresse. Le parent va donc lui réapprendre ce qu'il sait déjà, en le confirmant à travers des mots, des mimiques, des touchers, des mouvements, une empathie, un respect… »

À lire……
- *Le Bonheur possible*, Alain Delourme, éd. Retz.
- *L'Enfant tonique et sa mère*, Suzanne Robert-Ouvray, éd. Desclée de Brouwer.

VOIR QUESTION
À quels besoins dois-tu accorder plus d'importance ? > p. 92

THÉORÈME D'INCOMPLÉTUDE

Ce théorème, énoncé par le mathématicien austro-américain Kurt Gödel (1906-1978), démontre que si tu poses des axiomes et si tu construis un système arithmétique autocohérent – c'est le cas de nombreux raisonnements logiques –, il y aura toujours des propositions dans ce système qui ne pourront pas être démontrées, dont on ne saura jamais si elles sont vraies ou fausses. Pour le savoir, il faut sortir du système, le regarder de l'extérieur. C'est pourquoi il n'y a aucun système complet en logique pure, comme le nom de ce théorème (en fait, il y en a deux) le suggère.

VOIR QUESTION
Quelle relation entretiens-tu avec l'invisible ? > p. 96

THÉRAPIE FAMILIALE

Inspirée des recherches de l'anthropologue anglo-américain Gregory Bateson, la thérapie familiale s'appuie sur une approche de la famille vue comme un système lié par des jeux de relations. Ces relations peuvent être faussées par les non-dits, les fausses croyances, la peur du changement, voire par le *double bind* ou double contrainte que créent les messages paradoxaux au sein de la famille. Devant une situation faussée, l'un des membres de la famille (le plus souvent l'enfant) va manifester le symptôme pour le groupe. Les troubles d'un enfant ne sont donc plus interprétés comme le signe d'une problématique individuelle, mais plutôt comme le révélateur de relations dysfonctionnelles impliquant la fratrie et les parents. Ils ne peuvent donc être résolus qu'en faisant intervenir l'ensemble des acteurs.
À côté de ce courant majoritaire d'inspiration systémique, qui décode les interactions verbales et émotionnelles, il existe en France une thérapie familiale psychanalytique, qui met l'accent sur la parole et le partage des rêves.
Les thérapies familiales s'adressent en général à des familles dont un enfant présente des troubles graves, psychotiques ou gravement névrotiques, éventuellement des troubles du comportement ou alimentaires sérieux. Mais de plus en plus de familles souffrant de maux moins graves font appel à cette thérapie, en particulier parce qu'elle permet de recadrer le trouble de tel ou tel de leurs membres, au sein d'une configuration à la fois inattendue et plus large. Les séances qui réunissent les membres de la famille durent environ une heure, une ou deux fois par mois (plus en cas de crise aiguë).

À lire…
- *L'Autre Demande, psychanalyse et thérapie familiale*, Robert Neuburger, éd. Payot.
- *Les Rêveries d'un thérapeute familial*, Carl Whitaker, éd. ESF.

VOIR AUSSI
Double contrainte > p. 237
Recadrage > p. 300
Systémique > p. 321

THÉRAPIES COMPORTEMENTALES ET COGNITIVES (TCC)

Les TCC ne recherchent pas les causes de nos troubles dans notre inconscient, notre enfance ou notre histoire. Elles visent à changer nos comportements en dépassant les croyances et les opinions que nous avons sur nous-mêmes et sur notre entourage. Filles du béhaviorisme – approche pragmatique privilégiant les comportements plutôt que l'inconscient –, elles bénéficient des avancées de la psychologie cognitive, qui étudie comment on apprend et on sait. Longtemps considérées comme réductrices, les TCC s'appuient aujourd'hui sur les découvertes des neurosciences permises par l'imagerie cérébrale, dont les plus récentes (plasticité du cerveau, neurones miroirs…) relancent le débat entre déterminisme, réductionnisme et libre arbitre. Elles restent cependant fidèles à la pensée stoïcienne du psychologue américain Albert Ellis (1913-2007), créateur de la thérapie rationnelle émotive considéré comme leur père.
Ce sont nos croyances et nos idées erronées ou négatives, issues d'apprentissages incapacitants, qui nous empêchent d'avancer et provoquent nos souffrances émotionnelles. Ellis reliait ces souffrances à une douzaine de croyances de base irrationnelles telles que « Je dois être parfait » ou « Je dois être aimé de tous ». Les troubles arrivent lorsque la réalité tôt ou tard contredit ces idées. Les attentes excessives que la personne s'adresse alors à elle-même sont la principale cause de souffrance. Les idées irrationnelles proviennent toutes d'une erreur de jugement qui trouve son origine dans la vision grandiose que nous avons tous plus ou moins de nous-mêmes et dans le radicalisme de nos positions morales.
Les TCC ont pour but de rendre conscients les mécanismes de leur apparition, d'en montrer l'irrationalité et la rigidité, pour changer concrètement les comportements destructeurs qui leur sont associés. Les séances durent 45 minutes, elles sont basées sur un échange empathique avec le thérapeute afin d'élaborer ensemble un programme concret : calendrier, liste de tâches à accomplir au quotidien pour modifier progressivement les comportements. Les TCC sont conseillées

pour les anorexie, boulimie, toxicomanie, anxiétés, phobies, échecs scolaires ou dépression. L'un de leurs développements récents, la thérapie cognitive basée sur la pleine conscience, fait appel à des pratiques de méditation inspirées du bouddhisme, avec des résultats probants sur le risque de rechute dépressive.

À lire…

- *Les Thérapies comportementales cognitives*, Jean Cottraux, éd. Masson.

VOIR AUSSI

Neurones miroirs > p. 275
Placebo > p. 285

TOUJOURS PLUS

Peur de perdre

Qu'est-ce qui nous pousse à en vouloir toujours davantage ? La première réponse tient de l'évidence : pour des raisons psychologiques profondes, qu'explique la psychanalyse et que confirme la biologie, nos désirs sont insatiables, nos plaisirs jamais suffisants, nos bonheurs toujours trop courts. Résultat : nous aimons accumuler les expériences, les jouissances et les objets susceptibles d'en apporter.

De plus, comme l'a montré le psychologue américain Paul Watzlawick dans des livres devenus célèbres, nous cherchons souvent des solutions aux problèmes en les compliquant davantage – ce qui en ajoute de nouveaux – ou en croyant que « plus sera mieux ». Pour Dominique Loreau, auteure d'ouvrages proposant un art de vivre minimaliste inspiré du Japon où elle vit depuis plus de 25 ans, le frein principal est la peur de jeter. « Pour simplifier sa vie, estime-t-elle, il faut réfléchir à ses besoins et rejeter le superflu. Cela signifie abandonner une part de soi – possessions matérielles et relations superficielles, mais aussi opinions ou idées – et ne pas craindre l'inconnu, l'avenir, l'ennui, les retrouvailles avec soi-même. Il n'y a rien de plus compliqué que la simplicité, car elle conduit à repenser sa vie en termes philosophiques, voire spirituels. Il faut réaliser que l'on n'est rien, qu'on peut mourir à tout instant, et appliquer cette connaissance à son quotidien. »

Être ou avoir

Faire la part du superflu et de l'indispensable est d'autant plus difficile que la société ne nous aide guère, tout entière consacrée à un *diktat* économique imposant une croissance éternelle sous peine d'effondrement de sa structure. Rimant avec frugalité, la simplicité volontaire a un petit côté fade qui ne plaît pas à tous, suscite peu l'enthousiasme et encore moins l'estime. Elle va même à l'encontre de toute la pensée moderne, qui vise à augmenter confort et liberté par l'expansion et le progrès technique. Or, si ce dernier a longtemps facilité nos vies, la tendance semble s'inverser aujourd'hui. « La technologie a rendu notre vie plus riche et moins confortable ! » proclame ainsi John Maeda, professeur de sciences numériques au Media Lab du prestigieux MIT. En cause : des appareils trop sophistiqués, des procédures trop complexes, des sollicitations trop nombreuses, qui nous conduisent à perdre le contact avec le présent et nous enferment dans un sentiment d'incompétence. Qui peut encore réparer les objets usuels ? « La technologie est un superbe facilitateur, mais c'est aussi un exaspérant handicapeur », rappelle John Maeda, faisant écho au philosophe Ivan Illich.

Nombreux sont les penseurs qui militent pour un ralentissement de cette course effrénée. L'argument principal est évidemment écologique : le mode de vie français demanderait cinq planètes, l'américain dix. Mais comment guérir de cette peur de perdre qui pousse à accumuler, à courir partout, à en vouloir toujours plus ? Dominique Loreau propose de ne pas chercher à tout jeter – son minimalisme n'est pas un ascétisme. « On a besoin d'une certaine chaleur, concède-t-elle, de conserver des désirs essentiels à nos yeux, de vrais amis, des objets auxquels on est affectivement lié. »

À lire…

- *L'Art de l'essentiel*, Dominique Loreau, éd. Flammarion.
- *Moins c'est mieux*, Michael Simperi, éd. Leduc.
- *De la simplicité*, John Maeda, éd. Payot.
- *Faites vous-mêmes votre malheur*, Paul Watzlawick, éd. du Seuil.
- *Comment réussir à échouer*, Paul Watzlawick, éd. du Seuil.
- *Œuvres complètes*, Ivan Illich, éd. Fayard.

VOIR AUSSI

Contempler > p. 224
Dépendance > p. 231

VOIR QUESTION

Comment prends-tu soin de toi ? > p. 76

TOUT EST SOUFFRANCE

Tel est le constat servant de fondement au bouddhisme, la première des Quatre nobles vérités énoncées par son fondateur Siddhârta Gautama, lors de son premier sermon, à Bénarès, au VIe siècle avant notre ère, et consignées par écrit cinq siècles plus tard dans un texte en pali (les *Samyutta nikaya* ou « Discours regroupés »). Difficile ! D'autant plus que ce constat ne s'appuie pas seulement sur l'existence de la souffrance physique. Il s'étend à tous nos attachements quels qu'ils soient (sensations, perceptions, activité affective, mentale et conscience), constituant donc la réalité de l'être tout entier – tout au moins tant qu'il s'identifie à l'illusion de son ego.

Le détachement est-il la solution ? Selon le dharma (enseignement bouddhique), lui seul permet de supporter la perte de biens ou d'êtres chers, mais aussi de cesser de croire que la réalité nous détermine. Deux précisions s'imposent, en guise de soulagement. D'abord, le mot *dukkha* que traduit souffrance signifie également inachevé, imparfait, impermanent. La souffrance est inhérente à la vie même – ça ne veut pas dire qu'on souffre tout le temps ! Ensuite, cette première vérité est indissociable des trois autres – qui en appellent à ton sens de la justesse et de la justice, histoire de sortir de cette souffrance ontologique. La paix intérieure n'est pas inaccessible !

VOIR AUSSI

Méditer/Méditation > p. 271
Quatre nobles vérités du bouddhisme > p. 298
Soulagement de la souffrance > p. 317
Traitements antidouleur > p. 328

VOIR QUESTION

Où as-tu mal ? > p. 56

TOUTE-PUISSANCE

Si, pour le philosophe Nietzsche, la volonté de puissance constitue l'essence même de l'être humain, toujours désireux de se dépasser, elle repose, selon le psychanalyste Sandor Ferenczi, disciple dissident de Freud, sur le désir inverse d'un retour au stade du fœtus, où toutes ses pulsions étaient immédiatement comblées. De là naît un sentiment de toute-puissance que l'homme va tenter de retrouver tout au long de sa vie : nourrisson, en rêvant et imaginant, ou en manipulant sa mère par ses pleurs et ses cris ; bébé, en attribuant ce sentiment à ses parents eux-mêmes ; enfant, en le sublimant par le jeu ; adulte, en l'investissant dans l'action ou en le satisfaisant par la névrose. Pour le psychologue, conférencier et auteur Jacques Salomé, cette « illusion de la toute-puissance infantile » se cache ainsi dans nombre de nos comportements, expliquant aussi bien le refus des limites chez les adolescents que le besoin de perfection ou l'égocentrisme chez les adultes ou encore, de manière plus générale, l'émergence d'une culture post-soixante-huitarde entretenant la négation du principe de réalité au profit d'un plaisir exigé comme un dû. Il y aurait lieu sur ce point de dénoncer les lacunes de cette analyse, de rappeler que « jouir sans entraves » ne signifiait pas « consommer à crédit », et que le passage de l'un à l'autre servit bien des intérêts, dont la publicité se fit un outil. Il n'en reste pas moins vrai que, dans l'éternel conflit entre principe de plaisir et principe de réalité, il te faudra toujours choisir. L'illusion de la toute-puissance tendra toujours à te faire privilégier le premier, en te persuadant, par exemple, que tu es le centre du monde et que tu mérites la satisfaction de tes désirs. La réalité, de son côté, ne cessera de te rappeler jusqu'à ta mort que tout n'est pas possible. Emportée par une folie des grandeurs que viennent justifier ses prouesses techniques, l'humanité se trouve, de nos jours, confrontée à ce dilemme de façon collective.

Dans le parcours individuel, la toute-puissance infantile cesse quand l'enfant découvre, d'une part, que l'on ne répond pas forcément à ses demandes et, d'autre part, que ses parents ne sont pas des dieux. Selon Didier Dumas, ce choc (crucial dans la castration psychanalytique) ne sera psychiquement surmonté que si l'enfant peut passer une alliance avec ses parents, notamment chaque fois qu'il tombe malade : nul ne peut vaincre la mort, mais nous pouvons nous aider mutuellement à la repousser le plus tard possible.

À lire…

- *Totem et tabou*, Sigmund Freud, éd. Payot.
- *Le Courage d'être soi*, Jacques Salomé, éd. Pocket.

VOIR AUSSI

Accepter ce qui est > p. 206
Agir ou subir ? > p. 208
Retrouver ta confiance > p. 307
Plaisir > p. 286
Responsabilité et culpabilité > p. 305

VOIR QUESTIONS

Quelles sont tes peurs ? > p. 60
As-tu conscience de ta puissance ? > p. 88

TRAITEMENTS ANTIDOULEUR

« La douleur ne protège pas l'homme, elle le diminue » disaient jadis les pionniers de la « chirurgie en douceur » et de la prise en compte de la douleur dans tout traitement thérapeutique. Longtemps, en effet, la médecine n'en fit pas grand cas. Elle la considérait comme un symptôme parmi d'autres, et plutôt positif : n'était-ce pas elle qui donnait l'alerte, signalant un dysfonctionnement ou une maladie ? Ou qui rendait inconscients les blessés, permettant leur opération ? Et l'on apprend ainsi avec étonnement que la pratique de l'anesthésie ne vint que tardivement (au milieu du XIXe siècle), lorsqu'un dentiste américain, étonné des effets anesthésiants de l'éther sur les volontaires d'un spectacle de foire, décida de l'utiliser dans sa pratique – l'innovation lui valut de multiples ennuis de la part des médecins et chirurgiens, qui mirent plusieurs décennies avant de l'adopter.

« La santé est la vie dans le silence des organes. »
Docteur René Leriche

Cette réticence semble hors de propos en chirurgie, mais elle s'explique pour les douleurs chroniques : l'addiction aux antidouleurs comme le pavot, l'opium ou la coca était connue depuis longtemps, elle reste un problème aujourd'hui. La grande différence ne tient pas seulement au fait que dorénavant on dispose de molécules entraînant moins d'addiction. Elle repose aussi sur une évolution de la société : plus on gagne en confort, moins on accepte de souffrir. Elle s'appuie enfin sur l'idée que la douleur est un phénomène global, qu'il faut aborder à la fois dans ses dimensions physiques et psychologiques. Le pionnier René Leriche ne la démentirait pas : il annonçait la fin de la médecine pasteurienne centrée sur la pathologie, ses causes et ses effets, et l'avènement d'une médecine de terrain « neuro-humorale » (on dirait aujourd'hui neuro-endocrinienne) faisant une large part aux déséquilibres psychosomatiques et à leurs composantes chimiques.

L'aspect culturel de la douleur peut se présenter sous des angles étonnants. Pourquoi, concernant par exemple l'usage de la morphine par voie orale, les Français ont-ils une quarantaine d'années de retard sur les Britanniques, qui ne sont pourtant pas connus pour être douillets ? Le docteur Bernard Kouchner s'est penché sur la question quand, ministre de la Santé, de 1992 à 1993, il a pris des mesures pour que CHU et hôpitaux s'ouvrent davantage à la question de la douleur. L'inertie de ses confrères l'a alors vivement choqué. Explication proposée par l'un de ses conseillers : le médecin britannique, de culture anglicane, accorde *a priori* confiance à son patient et, ensemble, ils s'allient contre la douleur, avant même que celle-ci apparaisse ; le médecin français, de culture catholique, pense de prime abord que son patient ment et attend que la douleur soit bien installée, avant de songer éventuellement à intervenir – mais il est alors bien tard.

Outre les médicaments, tu disposes aujourd'hui de nombreux outils pour soulager tes douleurs physiques : massage, réflexologie faciale, acupuncture, digipuncture (très pratique si tu es seul et isolé), etc. Certaines respirations, relaxations ou récitations de mantras (ou de prières) peuvent également t'aider à les réduire ou à mieux les supporter. Enfin, va voir ce que je dis sur le « corps de souffrance » : le simple fait de te dissocier de lui peut soulager ta douleur.

À lire...

- *Anthropologie de la douleur*, David Le Breton, éd. Métailié.

VOIR AUSSI

Corps de souffrance > p. 225
Soulagement de la souffrance > p. 317
Syndrome de douleur globale > p. 319

VOIR QUESTION

Où as-tu mal ? > p. 56

TRAUMATISME INFANTILE

Blues ontologique

Cause majeure des problèmes psychologiques et des dysfonctionnements physiques qui les accompagnent, les traumatismes subis pendant l'enfance posent un sérieux problème à la psychologie, depuis que Freud a mis en évidence aussi bien leur lien avec les troubles psychiques (telle l'hystérie) que le fait qu'ils ne correspondaient pas toujours à un événement réel – ayant souvent à voir, selon le père de la psychanalyse, avec les fantasmes inconscients accompagnant le développement de la sexualité. Certains de ses disciples, notamment Otto Rank, ont étendu le concept à la naissance elle-même. Ce premier apprentissage de la séparation, selon le psychiatre Stanislav Grof, imprime dans l'être, sous forme de « matrices périnatales », des attitudes qui reviendront à chaque expérience difficile de la vie. Et de nombreux thérapeutes, depuis Arthur Janov et son « cri primal », nous parlent des souffrances du fœtus.

Multiples traumas

Le traumatisme infantile est donc un grand organisateur du psychisme. Plus ou moins traumatiques suivant la qualité de l'environnement affectif, les expériences de perte que l'enfant vit inévitablement sont nécessaires pour que se déploie la fonction imaginaire, avec sa dimension structurante. Mais elles n'ont cette action bénéfique que si l'excitation produite se maintient à un seuil qui la rend supportable. Une agression physique, surtout venant d'un adulte, et plus encore si elle est sexuelle, prendra à cet âge une puissance dont la société n'a pas encore pleinement intégré tout le déterminisme. Mais l'abandon précoce, le dénigrement répété des sensations ou des affects, la maltraitance ordinaire peuvent être tout aussi nuisibles – tant est grand le rôle que joue ici la répétition : c'est souvent lorsqu'il a lieu une seconde fois, même de façon amoindrie, que le traumatisme déclenche une explosion des troubles. Tout un courant thérapeutique, dont le représentant le plus célèbre est le médecin hollandais Ryke Geerd Hamer, a d'ailleurs fondé son explication de la pathologie sur cette répétition. Hamer est une figure controversée, génial pour les uns, dangereux pour les autres. Mais beaucoup de soignants admettent qu'il y a du vrai dans l'idée qu'une maladie peut se déclencher quand un traumatisme d'enfance se trouve réveillé par les circonstances. Ainsi David Servan-Schreiber estime-t-il, dans *Anticancer*, que l'une des quatre causes probables de sa tumeur maligne a été son divorce, qui a réveillé son manque d'amour maternel quand il était bébé.

Retraiter l'information

La souffrance infantile pouvant à tout moment être réveillée, c'est sur la mémoire que les efforts doivent porter. Toute thérapie y fait appel dès lors que la trace d'un traumatisme apparaît – le refus de la thérapie comportementale d'aborder le passé explique, selon ses détracteurs, la résurgence du trouble sous une autre forme. Mais la question de savoir comment doit se faire cette remémoration reste ouverte : doit-elle être un travail conscient ou une catharsis ? Pour Janov, le « cri primal » fait intervenir des processus qui resteront à jamais inconscients. La technique de l'EMDR (Eye Movement Desensitization and Reprocessing), elle, ne fait appel qu'aux sensations et au mouvement des yeux. Sa fondatrice, Francine Shapiro, explique que les traumatismes sont en fait de mauvaises expériences qui ont été « mal » stockées dans la mémoire : elles ne constituent pas un souvenir explicite ou narratif ; au lieu de cela, elles forment des sortes de « kystes » dans la mémoire implicite. Et ces kystes contiennent les émotions et sensations physiques liées à l'événement de départ. Ils sont donc cause de souffrance. Une des forces de l'EMDR est d'apporter de l'aide au cerveau, via un ensemble de procédures, pour intégrer, digérer ces informations. Même une fois oublié, un traumatisme d'enfant reste gravé et demande à être digéré.

À lire...

- *Le Traumatisme de la naissance*, Otto Rank, éd. Payot.
- *Le corps se souvient*, Arthur Janov, éd. du Rocher.
- *Guérir les secrets de vos mémoires d'embryon*, Claude Imbert, éd. Visualisation Holistique.
- *Les Traumatismes infantiles*, Ursula Markham, éd. J'ai Lu.
- *Royaumes de l'inconscient humain*, Stanislas Grof, éd. du Rocher.
- *Notre corps ne ment jamais*, Alice Miller et Léa Marcou, éd. Flammarion.
- *La maladie a-t-elle un sens ?*, Thierry Janssen, éd. Fayard.
- *Anticancer*, David Servan-Schreiber, éd. Robert Laffont.

TRAVAIL

Heureux, malheureux, indifférent ?

Fais-tu partie des gens qui ont choisi leur métier, aiment leur travail, s'y enrichissent dans tous les sens du terme ? Si c'est le cas, tu es bien chanceux. Tu fais partie de la minorité qui donne raison au mythe moderne selon lequel la profession est le terrain de la réalisation de soi par le déploiement de tous ses potentiels – une idée qui ne serait jamais venue à un philosophe grec laissant les tâches à effectuer aux esclaves. À l'autre bout du spectre, une autre minorité totalement démotivée avoue n'investir dans son travail que le minimum d'énergie requise pour ne pas le perdre. Préférant déployer ses potentiels dans d'autres activités, elle n'est peut-être pas la plus à plaindre. Car, entre les deux, une majorité oscille entre engagement et démotivation, bonheur et souffrance, démotivation et souffrance augmentant avec régularité depuis trois décennies. Elles n'épargnent aucun secteur, comme le montre l'étude du psychologue Christophe Dejours en étendant cette « banalisation du mal » aux cadres et aux fonctionnaires, et plus seulement aux ouvriers et aux précaires comme il était de mise.

Logique économique

Le travail reste donc pour beaucoup fidèle au *tripalium*, l'instrument de torture que suggère son étymologie latine. Mais il y a tellement longtemps que le mot ne désigne plus l'ensemble des tâches à accomplir pour se procurer les moyens d'existence élémentaires (se loger, se nourrir, se vêtir) qu'il faudrait un livre entier pour en décrire l'évolution. Intrinsèquement relié à la notion d'emploi depuis la généralisation du salariat, il est aujourd'hui plus que jamais soumis aux impératifs de rentabilité et de compétition qu'impose le capitalisme. Bilan de compétences et objectifs de carrière aidant, il est devenu le lieu où se construit – et se mesure ! – l'estime de soi, d'autant plus que l'individu est désormais sommé d'y montrer tout son être, et d'y faire preuve de qualités non seulement techniques mais aussi personnelles. Tant mieux ? Source de revenus, d'impôts, de prestations sociales, de statut public, le travail reste le moteur principal des relations sociales et de l'emprise de l'économie sur celles-ci. Comment résister à ce contexte de compétition, et s'y faire de vrais amis ? Il faudra bien, pourtant, trouver une issue collective : la logique de l'exploitation de la planète et de l'homme par l'homme, qui exige une augmentation permanente de la productivité et des profits, entraîne une série de maux qui depuis peu se combinent en une vaste crise systémique. À propos, es-tu prêt à changer de travail si celle-ci empire ? Selon le prospectiviste Thierry Gaudin, l'avenir appartient aux compétences multiples et à la coopération ! L'étude scientifique de la vie montre que la fameuse loi de la compétition ne représente qu'un scénario limité, qui remet sans doute les pendules à l'heure, mais ne dure jamais. Dans la nature (qui s'avère plus que jamais, de nos jours, le grand modèle à imiter si nous voulons durer), quand deux individus ou deux espèces se trouvent en compétition, la première chose qu'ils essaient de faire, c'est d'en sortir, pour se retrouver dans l'une des situations stables suivantes : si la relation est positive pour les deux, c'est de la symbiose ; si la relation est positive pour l'un et neutre pour l'autre, c'est du commensalisme ; si c'est neutre pour les deux, c'est de la coexistence ; enfin, si c'est positif pour l'un et négatif pour l'autre, c'est de la prédation ou du parasitisme (chez les humains, on ajoutera l'exploitation). Mais faire durer la compétition conduit à l'épuisement rapide de tout le système.

À lire...

- *Souffrance en France, la banalisation de l'injustice sociale*, Christophe Dejours, éd. du Seuil.
- *2100, récit du prochain siècle*, Thierry Gaudin, éd. Payot.

VOIR QUESTION
Comment ça va ? > p. 38

TRAVERSER UNE CRISE

Tu sais peut-être qu'en chinois le mot crise signifie aussi opportunité. De la traversée d'une crise, tu sortiras mûri et plus fort, sauf si le travail interne nécessaire à son dépassement n'est pas achevé. Dans ce cas, une partie de ton énergie psychique risque de rester figée là, dans des regrets, ou dans une recherche de retrouver le passé, des mondes disparus... Un exemple : la personne vieillissante qui n'accepte pas de lâcher son image d'homme ou de femme séduisante, qui se désole d'avoir des rides, utilise beaucoup d'énergie au maintien d'une image de jeunesse. Elle se condamne du même coup à vivre dans un malaise qui ne peut qu'augmenter avec le temps, si elle ne se résout pas à accepter les pertes liées à son avancée en âge.

On peut repérer quatre temps dans le déroulement de toute crise :

1. La période annonciatrice : sur un fond d'équilibre relatif, un événement apporte une brusque perturbation, ou bien sans incident repérable s'installe peu à peu un sentiment de malaise, d'insatisfaction, ou de la lassitude, de l'ennui. Ce qui faisait plaisir hier encore nous indiffère aujourd'hui ; ce qui passionnait n'intéresse plus ; parallèlement de nouveaux besoins se font jour. Mais pour les satisfaire il faut s'avouer qu'on ne veut plus rester dans le *statu quo* ; accepter de lâcher quelque chose de notre routine, donc risquer de perturber ce qui fait l'équilibre du moment, bref accepter le changement avec les risques qu'il comporte ; envisager une ou des pertes, avec le sentiment de manque qu'elle implique.
2. Le passage à l'acte : il constitue la phase la plus critique puisqu'il s'agit de vivre la perte ; d'arrêter le connu et de se lancer dans l'inconnu. Une perte est toujours difficile à vivre parce qu'elle nous confronte au manque et nécessite l'acceptation de traverser un temps de vide pendant lequel on ne peut s'appuyer sur rien : les choses anciennes sont périmées et les nouvelles pas encore acquises. Les nécessaires renoncements s'accompagnent d'un vécu de déprime. Et c'est pourtant dans ce climat émotionnel qu'il faut amorcer les changements, prendre des décisions. Heureusement, chaque pas modifie le contexte, et nous modifie en profondeur.
3. La période d'expansion : elle correspond à la sortie de la crise. La personne se trouve dans un nouveau champ d'expérience, ce qui régénère son énergie. Elle voit émerger de nouvelles possibilités. Il y a encore parfois des peurs et des difficultés comme chaque fois que nous affrontons un inconnu, mais c'est maintenant sur un fond général d'équilibre et de calme.
4. La période d'intégration : elle est un temps de stabilité, avec un sentiment général d'équilibre dont on profite. Mais, bien sûr, cette stabilité n'aura qu'un temps, avant que s'amorce une nouvelle crise.

VOIR AUSSI

Corps de souffrance > p. 225
Culpabilité > p. 229
Déclencheur > p. 230
Deuil > p. 234
Méditation de la Terre > p. 186
Prise de conscience > p. 292

VOIR QUESTION

Pourquoi as-tu mal ? > p. 58

TRIANGLE DRAMATIQUE

Dans le cadre de l'analyse transactionnelle, le triangle dramatique est la schématisation des trois rôles que peuvent prendre des individus dans des séquences inconscientes qu'on appelle jeux psychologiques. Ces trois rôles sont celui de la victime, du sauveteur et du persécuteur. Chacun a ses propres caractéristiques en termes de comportement, de besoins inconscients, de croyances et de méconnaissances.

La victime

La victime oublie quand cela l'arrange. Elle est facilement confuse, plaintive, ou encore revancharde, ou agressive. Elle se tait et soupire, ment ou cherche à se justifier, attire l'irritation ou la pitié. Le besoin inconscient d'une telle personne est de trouver quelqu'un d'autre pour résoudre son problème à sa place. Son leitmotiv : « Ce n'est pas de ma faute ! » Au lieu de prendre la responsabilité de chaque instant de sa vie, la victime cherche dans la fatalité, dans son histoire ou chez les autres les causes et les justifications de tous ses problèmes. Elle se présente volontiers comme ayant peu ou pas de valeur, de ressources, d'options, et elle méconnaît sa responsabilité dans la manifestation et la résolution de ses problèmes. Quelle quantité d'énergie gaspilles-tu à essayer de prouver que ce qui t'arrive est insurmontable ou injuste ? Qui cherches-tu pour te sortir des situations dont tu te plains ?

Le persécuteur

À chaque persécuteur son propre style. Entre celui qui déstabilise les autres par ses critiques acerbes, ses jugements péremptoires, sa violence verbale ou physique et celui qui envenime les situations par sa négligence ou son indifférence, il y a une grande palette d'options. On pourra observer un ton péremptoire, méprisant, ou critique. La bouche et le regard sont durs, le visage fermé, le sourcil froncé. Le discours est autoritaire, impératif, voire menaçant, ou au contraire indifférent, glacial. Ses paroles dévalorisent ou humilient celui qui veut jouer avec lui. Inconsciemment, le persécuteur cherche à dissimuler ses propres faiblesses et il repousse sa peur d'être découvert en repérant et attaquant le moindre point faible de ceux qui l'entourent. Les autres sont perçus comme des incapables qui n'ont qu'à obéir, à se soumettre, ou bien à faire avec les conséquences. Dans son rôle, le persécuteur méconnaît la valeur et la dignité d'autrui.

Le sauveteur

Il est tout à son affaire en présence d'une victime, car c'est là qu'il peut donner le meilleur de lui. Son grand classique, c'est d'imaginer les besoins de l'autre et d'intervenir ou de conseiller sans attendre une demande claire. Il est volontiers surprotecteur ou envahissant et se sent obligé de faire à la place de l'autre, sans nécessairement en avoir l'envie ou la compétence. Derrière son apparent dévouement, se manifeste le besoin inconscient d'être indispensable. En ce sens, il se nourrit des dépendances qu'il entretient chez les autres, lesquels sont perçus comme ayant moins de ressources ou de valeur que lui. Fondamentalement, le sauveteur méconnaît la capacité d'autrui à résoudre les problèmes.

Le triangle

Les rôles sont distribués et la scène peut commencer. Lequel te semble le plus familier ? En définitive peu importe, car la dynamique qui se joue trouvera sa fin et sa justification dans un coup de théâtre soudain, un retournement de situation où les personnes impliquées changeront de rôle. La victime, ayant attiré par ses manœuvres un quelconque sauveteur, se transformera en persécuteur qui s'écriera au bon moment : « Occupe-toi de tes affaires, je ne t'ai rien demandé ! » Ou bien c'est le sauveteur qui basculera du côté persécuteur, reprochant son ingratitude à la victime. Toutes les permutations sont possibles, mais la dynamique est toujours la même : éviter de résoudre les situations et renforcer les sentiments parasites. Il y a là tout un champ qui s'ouvre pour prendre du recul sur toi, sur ta vie et sur les schémas répétitifs qui jalonnent ton existence en la parsemant de scènes douloureuses et stériles. Veux-tu changer, accepter la pleine responsabilité de ta vie ? Observe tes comportements, revisite tes croyances, examine tes vrais besoins et, accepte-toi, aime-toi suffisamment pour entreprendre consciemment le chemin vers toi-même et vivre au présent.

À lire...

- *Des jeux et des hommes*, Eric Berne, éd. Stock.

VOIR AUSSI

Cohérence > p. 219
Double contrainte > p. 237
Responsabilité et culpabilité > p. 305

VOIR QUESTION

As-tu repéré des circonstances qui déclenchent ou aggravent ton problème ? > p. 64

TRISTESSE

Moteur de la consommation ?

Pas moins de quatre grandes universités américaines ont apporté leur caution à une intuition sur la société de consommation qui la caractérise : la tristesse rend dépensier, fait perdre la notion de la valeur des choses. Des chercheurs de Carnegie Mellon, Harvard, Stanford et de l'université de Pittsburgh ont publié, en juin 2008 dans la revue *Psychological Science*, les résultats d'une étude montrant que, après avoir vu un film triste, les gens étaient prêts à payer une bouteille d'eau minérale quatre fois plus cher que s'ils avaient vu un documentaire. Et ceux qui avaient le plus intériorisé cette tristesse en la reliant à leur situation personnelle étaient les plus enclins à se laisser aller. De là à penser que les publicitaires ont intérêt à ce que les nouvelles du soir t'attristent pour mieux rendre ton cerveau disponible au message consolateur qui vient juste ensuite, il n'y a qu'un pas que nombre de critiques de la télévision franchissent de nos jours. Un pavé de plus dans la mare de la tristesse : elle est mauvaise pour ton porte-monnaie et dangereuse pour ta liberté de penser.

Source d'inspiration ?

Mais si elle fait partie des émotions négatives, il ne faut quand même pas la confondre avec la déprime ou avec la dépression. Certes, il semble difficile d'en faire un véritable éloge. Mais les poètes en ont tiré une source d'inspiration, comme les romantiques allemands ou les « crépusculaires » italiens du début du XXe siècle, dont l'un s'écriait : « Nous ne sommes que des choses en une seule chose : une image terriblement parfaite du Néant. » Pour eux, elle était le lot des générations qui ont raté leur révolution. Pour d'autres, en d'autres temps, elle fut même utile : par elle – ou sinon, c'est par la crainte ! – s'épanche la mélancolie (« bile noire » en grec) qui constituait, avec le sang, la lymphe et la bile jaune, les quatre humeurs de la physiologie antique. Pour d'autres, enfin, elle suscite l'empathie et la compassion, voire l'amour, comme celui d'André Gide pour sa cousine Madeleine : « Je sentais que, dans ce petit être que déjà je chérissais, habitait une grande, une intolérable tristesse, un chagrin tel que je n'aurais pas trop de tout mon amour, toute ma vie pour l'en guérir », écrit-il dans *Les Cahiers d'André Walter*, sa première œuvre publiée en 1891. « S'il n'y avait pas de séparation dans la vie, qui saurait accorder à l'amour tout son prix ? » demandait le poète chinois Su Shi au XIe siècle. Bref, la tristesse n'est pas si néfaste, elle est même nécessaire pour que nous connaissions la joie.

La nécessité de dire

Montaigne, qui s'avouait peu enclin à éprouver cette émotion, lui consacra cependant tout un chapitre de ses *Essais*, dans lequel il insistait sur la nécessité de s'en délivrer, « de façon que l'âme se relâche ensuite aux larmes et aux plaintes, semble se déprendre, se démêler et se mettre plus au large et à son aise ». Les psychologues confirment : il faut aider l'autre à épancher sa tristesse. Les occasions ne manquent pas. Une amie a perdu un être cher et se trouve écrasée de chagrin. Un frère s'est fait licencier de son travail et n'a aucune chance de retrouver une situation équivalente. Et toi, tu es là, désirant ardemment aider mais impuissant devant l'impossibilité de nier l'évidence. Tenter de maquiller la dure réalité serait ridicule. Que dire ? Que faire ? Formatrice et journaliste, maintes fois récompensée pour ses reportages humanitaires, l'Américaine Nance Guilmartin te propose de ne pas baisser les bras, sans non plus en faire trop. On découvre dans son livre, qui rassemble un incroyable bouquet d'expériences où des humains réussissent à s'aider au-delà de la fatalité, à quel point nous pouvons aider autrui, alors qu'il n'y a malheureusement rien à dire ni à faire. C'est une question d'attitude. D'abord d'humilité. T'imposer est impossible. Tu ne peux que te mettre en résonance avec la souffrance de l'autre, l'accueillir avec sollicitude. L'écouter et lui montrer que tu l'entends. Mais la compassion ne consiste pas non plus à couler à pic avec celui ou celle qui se noie. Il s'agit plutôt de l'assurer de ta présence bienveillante et calme, telle une digue sûre dans la tempête. « L'homme est la joie du oui dans la tristesse du fini », disait le philosophe Paul Ricœur.

À lire...
- *Les Mots qui font du bien : que dire quand on ne sait pas quoi dire*, Nance Guilmartin et Nicole Bureau-Lévesque, éd. de l'Homme.

VOIR AUSSI
Dépression > p. 232
Parole délivre (La) > p. 282
Qualités de nos défauts > p. 296

VOIR QUESTION
As-tu repéré des circonstances qui déclenchent ou aggravent ton problème ? > p. 64

TROIS MODALITÉS

Tu peux harmoniser ta vie avec le pouvoir créatif de l'univers, défend l'écrivain germano-canadien Eckhart Tolle, « enseignant spirituel » dont le succès va grandissant. Comment ? En vérifiant que toutes tes actions sont entreprises dans un état d'esprit caractérisé par l'une des trois « modalités d'une action éveillée » que sont l'acceptation, le plaisir et l'enthousiasme.
L'acceptation te permet d'agir au moment où plaisir et enthousiasme font défaut, comme lorsqu'il faut changer un pneu crevé en pleine nuit sous la pluie. Tu n'as pas le choix ? Accepte : une chose au moins dont tu es responsable, c'est ton état de conscience, ton humeur.
Le plaisir vient plus facilement quand tu fais du moment présent le point central de ta vie au lieu d'attendre des sources de joie de l'avenir, défend Eckhart Tolle. Dans cet état, la joie ne vient même pas vraiment de ce que tu fais, elle passe dans ce que tu fais, rayonnant du plus profond de toi. Il te propose un exercice pour en prendre conscience. Fais la liste de toutes tes tâches quotidiennes ennuyeuses ou stressantes. Choisis d'en effectuer quelques-unes en état de parfaite vigilance (en « pleine conscience », dirait un bouddhiste). Tu découvriras, promet Tolle, qu'elles deviennent en fait appréciables. « Pour être plus précis, écrit-il, ce à quoi vous prenez plaisir n'est pas vraiment l'action comme telle, mais la dimension intérieure de conscience qui passe dans l'action. »
L'enthousiasme, c'est l'*eustress* d'Hans Selye, qui mobilise toutes tes ressources dans une action en accord total avec tes convictions. « L'enthousiasme sait où il va, explique Tolle, mais en même temps, il ne fait qu'un avec le moment présent, la source de sa vitalité intérieure, de sa joie et de sa force. Il fait un avec la vie et quel que soit le degré de dynamisme qu'il confère aux activités, vous ne vous perdez pas dans ces dernières. » L'action éveillée n'est pas une agitation.

À lire...
- *Nouvelle Terre*, Eckhart Tolle, éd. Ariane.

VOIR AUSSI
Accepter ce qui est > p. 206
Présents > p. 290

VOIR QUESTION
Sur qui et sur quoi peux-tu compter ? > p. 84

TYPES D'ÉNERGIE VITALE

Fondée par les rishis, sages de l'Inde antique, l'ayurveda (du sanskrit *ayur*, vie, et *veda*, connaissance) est la plus ancienne médecine encore pratiquée à ce jour. Ses principes n'ont pas changé au cours des siècles, fondés sur la notion de *prana*, l'énergie cosmique et vitale, et sur celle de *dosha*, constitution physique et psychique acquise à la naissance. Pour l'ayurveda, les tempéraments humains se répartissent en trois grandes façons de combiner les éléments vitaux, qui correspondent à trois tempéraments et aussi à trois types de troubles : les *vata* sont dominés par la peur, les *pitta* par la colère et les *kapha* par l'indifférence. Tu disposes ainsi d'une nature plutôt :
Vata : dominée par l'air, vive, rapide, hyperactive, dépensière, aimant le changement et la chaleur, facilement anxieuse, hésitante, vite fatiguée, dotée d'un appétit irrégulier et sensible au bruit.
Pitta : dominée par le feu, active, coléreuse, déterminée, pratique, aimant la compétition et le froid, dotée d'un bon appétit et sensible à la lumière.
Kapha : dominée par l'eau, calme, sociable, lente, économe, aimant la bonne nourriture et sensible au froid et à l'humidité.
Ces trois *dosha* sont présents en chacun, l'un étant plus dominant – mais seule une enquête approfondie peut le déterminer, le *dosha* dominant n'étant pas forcément apparent. Contre les troubles qui en découlent, les médecins indiens utilisent des remèdes issus des trois règnes, minéral, végétal et animal, avec une prédilection pour le second : plantes en jus, en pâte, en décoction, en infusion chaude et en infusion froide. Leurs prescriptions s'appuient sur les huit points du diagnostic ayurvédique (par les pouls et l'examen des ongles, des yeux, de la langue, de la peau) et incluent souvent des purges. L'autre grand volet des techniques ayurvédiques est constitué par une vaste panoplie de massages thérapeutiques, aux indications et à l'efficacité bien documentées, alliant les manipulations et l'usage des huiles essentielles. Aujourd'hui encore, il existe en Inde des hôpitaux

spécialisés où les massages constituent l'outil principal. Comme en Chine, les soignants s'y attachent à soumettre ces thérapies multimillénaires à l'épreuve de la démarche scientifique moderne. Et cela se combine étonnamment bien.
De nombreux questionnaires permettant de préciser ton type énergétique sont disponibles sur Internet, dont ceux du docteur américano-indien Deepak Chopra, qualifié de gourou de la santé aux États-Unis et grand promoteur de cette médecine qui est aussi un art de vivre, et notamment de s'alimenter.

À lire...
- *Guérir par la médecine ayurvédique*, Kiran Vyas, Marie Borrel et Louise-Marie Lecharny, éd. Presses du Châtelet.
- *ABC de l'Ayurveda, les bienfaits de la médecine indienne*, Sylvie Verbois, éd. Grancher.
- *Le Corps quantique : trouver la santé grâce aux interactions corps/esprit*, Deepak Chopra, éd. InterÉditions.

VOIR AUSSI
Énergie vitale > p. 242

VOIR QUESTION
Dans ton meilleur souvenir, d'où tires-tu ta vitalité ? > p. 80

UNIFIER

Tout organisme vivant cherche à préserver son unité, toute approche prenant en compte ta globalité est porteuse de mieux-être. C'est le cas du massage, et plus précisément d'une forme particulière de massage que l'on pourrait qualifier d'humaniste, dans le sens où il s'adresse à l'humanité de la personne et pas seulement au corps physique. Bien sûr, le massage technique ayant un projet de rééducation fonctionnelle s'impose dans le cas où il y a un problème somatique à régler, et c'est alors du ressort du kinésithérapeute ou de l'ostéopathe. Mais il existe d'autres techniques de massage dont le but n'est pas de soigner, mais d'apporter du bien-être ; elles ont en commun de procurer une détente agréable et aussi un vécu de « réunification parce qu'il englobe toute la personne et l'aide à se situer en tant que personne, à reprendre contact avec les différentes parties de son corps », explique Marie de Hennezel, spécialiste des soins palliatifs.
Dès le début de la vie, ce massage empreint de délicatesse et de tendresse est bénéfique, particulièrement en cas de prématurité, où il est même indispensable – des études menées au CHU de Grenoble ont montré que la courbe de poids était meilleure dès la mise en place de cette pratique, et que les paramètres chimiques mesurés, en particulier le taux d'oxygène dans le sang, étaient immédiatement améliorés. En fin de vie, ces pratiques aident à déployer une enveloppe de soins et d'écoute qui apaise l'angoisse. L'oreille et les mains sont alors les instruments du cœur pour favoriser le travail de rassemblement de fragments de vie éclatés, pour tenter d'atteindre une éventuelle *unité personnelle* qui prenne sens.
Et que dire du besoin d'unité qui nous est nécessaire entre le début et la fin de notre existence, malmenés par la vie ? Là encore, rien de mieux que l'attention et les mains d'une autre personne. Celle-ci prodigue alors à notre corps quelque chose de ce qu'il a reçu (ou dont il a été privé) dans sa toute petite enfance. Cette qualité de présence à l'autre engendre des sensations corporelles extrêmement agréables et véhicule un ressenti de respect et de tendresse dont la puissance réparatrice est énorme.
C'est un paradoxe riche d'un bel enseignement : pour t'unifier, tu gagnes à rechercher l'union avec autrui.

VOIR AUSSI
Homéostasie > p. 256
Systémique > p. 321

VOIR QUESTION
Quel mieux-être cherches-tu ? > p. 40

VALEUR INITIATIQUE DU MAL

Il ne s'agit pas de dire que le mal est un bien, et encore moins de prétendre que nos souffrances nous sont envoyées dans un but précis. Seulement voilà : une fois admis l'existence du mal et le fait que les accidents arrivent, que fait-on ? La question est quasiment métaphysique : face au choix entre fuite, lutte ou prostration-acceptation proposé par le célèbre modèle d'Henri Laborit, l'être humain dispose-t-il de ressources spécifiques ? Jusqu'à quel point peut-on le comparer à un animal en cage soumis à des agressions extérieures pour le bien d'une démonstration ? Exemple extrême de sa responsabilité : avec les changements climatiques, la frontière entre catastrophes naturelles et effets de l'activité humaine ne tend-elle pas à devenir floue ?
La réponse est dans la question, pourrait-on dire, car la ressource spécifiquement humaine est de

pouvoir pousser très loin le questionnement. Ainsi, à celui qui s'interroge sur le monde, le chaos climatique apparaît comme une réaction de l'atmosphère aux maltraitances dont elle fait l'objet. Et à celui qui s'interroge sur lui, la maladie apparaît comme une réponse à une situation donnée à un moment particulier de sa vie. Chaos et maux constituent des signaux d'alarme, traduisant le dépassement des capacités d'adaptation. Car nous restons en santé quand nous avons les ressources nécessaires pour gérer le stress de la vie, quand nous utilisons au mieux nos énergies. Nous tombons malades quand nous n'avons plus assez de ressources pour le gérer.
Si l'on reprend le modèle du stress d'Hans Selye, très proche de celui de Laborit, on constate que c'est dans la phase d'épuisement, après que le corps se sent fatigué, usé à résister, que risquent de survenir les désordres psychosomatiques. Ainsi la maladie, quelle que soit sa forme, peut être définie comme une rupture de l'équilibre des forces vitales, une chute des possibilités d'autodéfense devant une situation qui paraît ingérable.
En même temps et paradoxalement, la plongée dans le mal-être ou la maladie représente pour certains une recherche de solution, une sorte de compromis entre les forces conflictuelles en présence. Le statut de souffrant donne de nouvelles opportunités, des permissions que la personne ne pouvait s'octroyer sans culpabilité comme celles de s'occuper de soi, d'avoir du temps, du repos, de protester, d'obtenir de l'attention, d'abandonner des responsabilités trop pesantes ou enfin d'être soi. Ainsi la somatisation, traduction d'un déséquilibre, est simultanément recherche d'un nouvel équilibre. Si un désordre somatique demande en premier lieu une intervention et une recherche des causes au niveau du corps physique, il rend également opportun de t'interroger à propos des agents stressants intervenant dans ta vie, de tes relations interpersonnelles, de ta dynamique émotionnelle, de tes conflits existentiels. Le questionnement sur la signification des événements qui t'affectent, l'identification de tes besoins physiques, psychologiques et existentiels, la recherche de ton moi authentique, la compréhension du sens de ta vie – et peut-être même de ta mort –, voilà ce à quoi t'invitent les coups durs. Ce travail ne connaît qu'une seule loi : plus le mal est profond, moins tu peux en sortir seul.
Aussi solitaire sois-tu, aussi attaché puisses-tu être à t'en sortir seul, les aides sont nombreuses autour de toi : la souffrance ne date pas d'hier ! Beaucoup de penseurs ont réfléchi à nos possibilités de ressort, comme le montre le philosophe Alexandre Jollien, bien connu du grand public qui s'est pris d'affection pour cet homme handicapé, habité par un tel désir de vivre qu'il a métamorphosé son angoisse en joie. Après son *Éloge de la faiblesse* salué par l'Académie française en 1999, Jollien s'est lancé dans une série de lettres troublantes, adressées aux plus grands philosophes, d'Épicure à Boèce, et de Rabelais à Schopenhauer, mais aussi à des randonneurs hors-piste, telle Etty Hillesum, ou simplement à « dame Philosophie », à qui il parle comme à une amoureuse. Reconsidérer sa propre vie à la lecture des philosophes est une opération qui apporte une joie calme et éclaire bien des étrangetés. Comment se fait-il que l'on sache tenir bon dans l'adversité et qu'on se laisse parfois gagner par la déprime quand tout s'arrange ? Serait-ce parce que nous avons tendance à penser que la mariée est trop belle pour nous ? Sans jamais la rechercher (ce serait dolorisme et masochisme), la question est notamment de comprendre pourquoi la souffrance peut être un formidable professeur.

À lire...
- *La Construction de soi*, Alexandre Jollien, éd. du Seuil.
- *Dialogues avec l'ange*, ouvr. coll., éd. Aubier.

VOIR AUSSI
Corps de souffrance > p. 225
Enfer, c'est les autres (L') > p. 243
Qualités de nos défauts > p. 296

VOIR QUESTION
À quoi sert ta souffrance ? > p. 68

VERBE EST CRÉATEUR (LE)
En un sens, on pourrait dire que l'univers n'est que relation (entre particules, entre galaxies, entre individus) et que toute relation suppose un langage. Bien avant les humains, bactéries et champignons, plantes et animaux ont mis au point toutes sortes de codes, de signes, de langages. Mais, jusqu'à nouvel ordre, dans l'univers connu, seuls les humains sont ainsi faits qu'ils savent forger et échanger des mots, des concepts, ce qu'on appelle le *logos*, le verbe. Pour beaucoup de grandes traditions, c'est par le verbe que l'humain est créateur. La main joue certes un rôle crucial dans la création, et les anthropologues, de Gaston Bachelard à Edgar Morin, évoquent à ce sujet une boucle « pied-main-cerveau » : c'est parce que nous sommes devenus des bipèdes que nos mains ont été libres de fabriquer des outils, qui ont posé des questions à nos cerveaux, etc. Mais sans la bouche et l'appareil phonatoire au centre de ce processus, pour en traduire les étapes en mots, l'ensemble n'aurait pas pu aller très loin. C'est parce que nous parlons que nous avons pu créer des cultures, des civilisations, des univers ! Notre capacité à utiliser des mots, pour désigner des choses, des êtres, des sensations, des émotions, des sentiments, des pensées abstraites, nous donne un pouvoir gigantesque sur la nature.
C'est une capacité, mais, du coup, aussi une nécessité. Quand nous ne savons pas exprimer des problèmes ou des conflits intérieurs par des mots, ils deviennent des maux – axe central de notre réalité psychosomatique, qui connaît de nos jours toutes sortes d'interprétations psychothérapeutiques,

souvent pertinentes, parfois délirantes. Mais ce pouvoir et cette nécessité correspondent aussi à une immense responsabilité. Pour les religions bibliques, les mots humains sont à l'image d'un verbe divin : « Au commencement était le Verbe. » Les chrétiens disent même : « En Jésus, le Verbe s'est fait chair. » Reprenant ce thème millénaire, les artistes inspirés des *Dialogues avec l'ange* (cette aventure mystique sublime qui s'est déroulée en Hongrie, pendant la Seconde Guerre mondiale) disent ceci : le verbe constitue le pont entre la matière et l'esprit. Or, si notre verbe est créateur, en abuser est destructeur. Dans les *Dialogues avec l'ange*, la violence n'est pas l'origine du mal qui ronge les humains. Elle n'en est qu'une conséquence. Le vrai mal, c'est le bois creux, la mort déguisée en vie, la parole et le corps trahis. En un mot, c'est le mensonge. « Aie horreur de l'ombre même du mensonge, dit la voix de l'inspiration. La parole vraie a son poids. La parole mensongère est sans poids. Ce n'est pas la violence qui détruit les murs, mais le mensonge. » Les dissidents qui résistaient contre la dictature soviétique se battaient davantage pour que la vérité triomphe que pour apaiser la violence des tyrans.

À lire…
- *Le Paradigme perdu*, Edgar Morin, éd. du Seuil.
- *Dialogues avec l'ange*, ouvr. coll., éd. Aubier.
- *L'Âme de la nature*, Rupert Sheldrake, éd. Albin Michel.
- *Les Formes et leur influence*, Georges Hadjo, éd. de la Hutte.

VOIR AUSSI
Cohérence > p. 219
Confiance > p. 222
Mots > p. 273
Double contrainte > p. 237
Sens de ta vie > p. 311
Tâche achevée > p. 322

VOIR QUESTION
Connais-tu le pouvoir des mots ? > p. 82

VIE COLLECTIVE

Nous savons depuis Aristote que l'homme est un animal social. Les besoins qui en découlent vont donc bien au-delà de l'amour ou de l'affection, qui nous sont vitaux. Nés d'une longue habitude de l'œuvre collective – déjà présente chez les primates –, ils sont inscrits en nous presque aussi fortement. Raison pour laquelle, dans nos sociétés où le travail est la forme privilégiée de participation sociale, le chômage provoque souvent des ravages psychologiques. De même, nul ne peut se sentir vraiment bien dans sa peau quand il se sent en conflit avec les autres. Comme l'explique David Servan-Schreiber, les effets sont aussi physiques : quand les conflits produisent un dysfonctionnement du cerveau émotionnel, dont dépend le système immunitaire, ce sont au final les mécanismes d'autoguérison qui se retrouvent bloqués. Assainir nos relations familiales et professionnelles est donc un acte de base nécessaire au bien-être. Cette médecine holistique d'avant-garde fait d'ailleurs de la participation à la vie collective (dans ton immeuble, ou ton quartier, ou ton syndicat, ou ton équipe de sport, ou ton groupe de prière, peu importe) l'une des huit façons sûres de rester en bonne santé.
Dans les dernières décennies, des recherches sur les animaux (du campagnol à la brebis) ont commencé à dévoiler les substrats nerveux et les systèmes neurochimiques qui contrôlent le lien social. L'imagerie cérébrale a permis de se rendre compte que les mêmes systèmes sont activés lorsque des êtres humains voient ceux qu'ils aiment. Lorsqu'on établit un lien affectif avec quelqu'un, cela libère d'abord des substances comme l'ocytocine et la vasopressine qui renforcent l'attachement, mais aussi des substances dopaminergiques qui procurent une sensation de plaisir. Résultat : quand notre vie collective est légère, l'organisme est content et tourne rond.

À lire…
- *Les Créatifs culturels en France*, éd. Yves Michel.
- *Guérir…*, David Servan-Schreiber, éd. Robert Laffont.

VOIR AUSSI
Conscience collective > p. 223
Intelligence collective > p. 260

VOIR QUESTION
Comment prends-tu soin de toi ? > p. 76

VIEILLIR

Dernier défi ?

Grâce à l'amélioration des conditions de vie, nous sommes entrés dans une ère que l'humanité n'a jamais connue : les plus de 60 ans vont bientôt représenter le tiers de notre population et les plus de 90 ans sont déjà légion. Or, dans le même temps, jamais société n'a à ce point glorifié les signes de la jeunesse et stigmatisé ceux de la vieillesse. Il y a quelques années, l'écrivaine et militante féministe américaine Betty Friedan écrivait que, avec les *baby-boomers* arrivant au cap des 60 ans, se pose une question de civilisation. Bien sûr, nous disposons désormais de techniques pour rester jeunes physiquement. C'est merveilleux, mais en même temps cela peut être un piège. Si tous les seniors d'un pays font semblant d'être jeunes et n'assument pas le rôle que doivent assumer les seniors, cela met notre civilisation en péril. Ce serait un déni ultime de la mort. La partie qui se joue est donc cruciale. Un monde peuplé de faux jeunes et de vieillards terrorisés serait en danger. Pour ceux qui vieillissent, mais aussi pour leurs enfants et petits-enfants, il est fondamental que chacun sache comment s'y prendre pour devenir un senior serein. Mais comment faire ?
Pour le kinésithérapeute et ostéopathe Claude Perset, il faut aborder la question du vieillissement à l'ancienne. De manière médicalement classique, il rappelle que

notre corps est composé de 211 os, recouverts de cartilages et articulés entre eux grâce à 450 paires de muscles. Vieillir, c'est d'abord voir cette structure se tasser et perdre de sa souplesse – et ceci dès l'âge de 30 ans. Les pathologies les plus fréquentes de la vieillesse sont les atteintes de la colonne (tassement, arthrose, dos voûté, hernies discales), la raideur articulaire et musculaire (arthrose, tendinite, sciatique), les incontinences urinaires ou anales, la fonte musculaire des jambes, l'enraidissement des pieds et la perte des capacités respiratoires. Le premier conseil est de connaître tes priorités. Par exemple, vouloir te muscler si tu es bossu n'est pas judicieux. En effet, cela peut aggraver le problème. Il faut choisir un éventuel cours de gym en fonction de tes besoins. Les cabinets de kinésithérapeutes sont remplis de victimes des salles de musculation.

L'art de vieillir

Bien connue pour ses livres sur la mort et sa défense des soins palliatifs, Marie de Hennezel avoue qu'elle a bien failli renoncer quand elle a voulu écrire sur l'art de bien vieillir, tant lui étaient renvoyées des images terrifiantes d'un âge où elle est elle-même en train d'entrer. Mais voilà : la vie lui a donné une aide inespérée – par le biais d'un cheval qui, lors d'une promenade, l'a tirée d'un mauvais pas. « Si cela avait été un rêve, raconte-t-elle, je l'aurais interprété ainsi. Je suis dans un trou. Je me sens dans la boue. Je ne vois pas comment je vais pouvoir écrire ce livre. Le cheval, lui, c'est l'énergie, et le cheval blanc, c'est l'énergie spirituelle. C'est donc mon dynamisme, mon intentionnalité vitale. Si je demande à mon cheval intérieur de me sortir de là, il va le faire. Autrement dit, j'avais complètement perdu de vue qu'une force intérieure me portait et que je devais lui faire confiance. [...] Soudain, j'ai vraiment senti que la clé du "bien vieillir" était de lâcher prise et de faire confiance à cette vie qui, de toute façon, nous porte. J'ai compris qu'au fil des années, si j'ai la chance de vieillir, j'arriverai moi aussi à la grande vieillesse et à la mort et que, si je fais confiance à ce qui me porte à l'intérieur, une dynamique me portera jusqu'au bout. Je l'ai senti physiquement ! La clé est là : lâcher prise et faire confiance. »

Dernier devoir envers les générations futures

C'est aussi un travail sur le partage des émotions, qui permet d'être accompagné sur le chemin du processus de deuil, ce qui manque cruellement dans nos sociétés où tout est fait pour l'escamoter alors que la mort est montrée tant et plus. Tout ceci est de l'ordre de la paix, de la méditation, d'une certaine conscience de l'être. La vieillesse est un âge rêvé pour développer cela. On a le temps, on est disponible. Beaucoup de gens âgés disent regarder le monde comme jamais ils ne l'avaient fait auparavant, avec émerveillement devant sa beauté. « Il y a une façon d'être qui peut être magnifiée dans cet âge de la vie, conclut Marie de Hennezel. Et cela rend un énorme service aux générations plus jeunes, dont l'horizon, du coup, se métamorphose. Si vous pouvez constater qu'il y a des vieillards heureux, rayonnants, lumineux, légers, votre vie change. Inversement, la vision de la grande vieillesse comme une catastrophe ne rend vraiment pas service aux générations qui suivent. Nous avons la responsabilité de ne pas peser sur elles. La responsabilité d'être des vieux heureux ! »
Extrait d'un entretien avec Marie de Hennezel, *Nouvelles Clés*, n° 59.

À lire...

- *Bien vieillir ! Remèdes à l'usure mécanique du corps*, Claude Perset, éd. Pygmalion.
- *Comment se régénérer pour bien vieillir*, Daniel Kieffer, éd. Sully.
- *La chaleur du cœur empêche nos corps de rouiller*, Marie de Hennezel, éd. Robert Laffont.
- *La Révolte du troisième âge*, Betty Friedan, éd. Albin Michel.

VOIR AUSSI

Âge > p. 207
Lâcher prise > p. 263
Ressourcement régénérateur > p. 306
Occulter la mort > p. 278

VOIR QUESTION

Qu'est-ce qui perturbe la bonne circulation de ton énergie ? > p. 66

VISUALISATION

La capacité de l'imagination à agir sur le corps tient de l'évidence : l'image est le véhicule privilégié des relations psyché-soma. Ainsi, quand tu as faim, l'idée de manger te fait saliver, surtout si tu te représentes un plat que tu aimes bien. Pourquoi, dès lors, s'étonner que l'utilisation consciente de cette capacité – la visualisation – puisse marcher, même si la science ne sait pas encore bien comment ? Ou qu'elle puisse aider à guérir, même de maladies graves ?
La Québécoise Marie Lise Labonté, auteure de plusieurs livres, en est la preuve vivante. Quand elle a appris qu'elle serait bientôt en chaise roulante, elle était encore jeune. Instantanément, elle s'est imaginée à 50 ans, entièrement paralysée par sa maladie neuro-musculaire, et mourante. Le jour même, elle s'est allongée par terre et a commencé à appliquer une méthode gymnique – celle de Thérèse Bertherat – dont elle avait entendu parler. En quelques exercices, elle a entrevu en elle des possibilités insoupçonnées et, très paradoxalement, un bien-être inouï s'est installé, malgré les douleurs extrêmes qui, déjà, l'envahissaient. Marie Lise a raconté dans ses premiers livres la façon dont elle a ensuite réussi, en un an, à guérir complètement. Dans ses ouvrages, elle décrit en détail le rôle fondamental qu'a joué la visualisation dans ce processus de rébellion contre la maladie et de réconciliation avec soi. D'abord, la courageuse jeune femme a découvert combien ses images mentales avaient participé à l'installation de

son mal. « En même temps qu'ils m'apportaient un soulagement, dit-elle, les mouvements faisaient émerger des souvenirs oubliés, visuels et auditifs, remontant jusqu'à l'enfance et que même une psychothérapie n'avait pas pu faire revenir. » Petit à petit, ces impressions se sont transformées en « images de transformation ». Elle parle notamment de l'« image de la déesse », où elle se voyait courir sur une plage inconnue. Elle précise bien : ce n'était pas un rêve, mais une vision, qui lui apportait à la fois de la force et de l'information, dont elle réussit, patiemment, à nourrir ses organes, ses muscles, ses cellules. Sans jamais verser dans l'illusion d'une clé des symboles (la même image intérieure peut signifier des choses très différentes selon la personne), l'histoire de Marie Lise Labonté peut te servir d'exemple. La maladie somatique survenant plus facilement quand une problématique conflictuelle ne parvient pas à être élaborée par le psychisme, c'est-à-dire quand il n'y a pas la barrière de protection de la pensée, quand les affects ne sont pas conscientisés et quand ce conflit au niveau mental s'accompagne d'une non-prise en compte des émotions, la visualisation représente un apprentissage à la mentalisation dans une visée de réduction du clivage psyché-soma. Par ailleurs, les images qui émergent fournissent généralement un matériel très riche qui participe à la découverte de soi. Elles t'éclaireront sur tes conflits, tes motivations profondes, feront surgir des affects et des symboles porteurs d'un élargissement du sens et d'une énergie nouvelle.

Relax !

Quelle que soit la technique, il existe une règle commune : pour être efficace, toute pratique de la visualisation doit commencer par des exercices de relaxation. La relaxation musculaire rend l'organisme plus réceptif aux messages psychologiques, parce qu'elle abaisse le niveau des tensions et le rythme de l'activité cérébrale (passage des ondes bêta aux ondes alpha) ; les liaisons psyché-soma sont alors favorisées. Même si tu ne parviens pas bien à contrôler le film, te relaxer offre un avantage : quand tu détends tes muscles, ton mental se détend aussi. Un des premiers théoriciens de la relaxation, Jacobson, a mis en évidence dès les années 1940 l'incompatibilité entre anxiété et relâchement musculaire. Ce que ton corps va enregistrer, c'est non seulement le processus impliqué dans l'image elle-même, mais aussi l'intention que tu mets à faire du bien à ton corps. Ton cerveau émotionnel ne s'y trompera pas : il lira l'intention dans le message, une intention qui transmet une information aux cellules pour les stimuler dans leur fonction. Ces ressources internes s'ajouteront aux divers traitements que tu suis peut-être par ailleurs. C'est ta contribution personnelle et, de plus, elle est motivante. Visualiser le processus de guérison en relaxation est efficace pour solliciter les processus naturels d'autoguérison, pour susciter dans le corps une mise en acte, qu'il s'agisse de réduire une inflammation, de libérer des circuits bloqués, de renforcer les effets d'un traitement. Les images ont valeur de message sollicitant une réharmonisation du corps.

Choisis tes images

L'idée n'est pas d'arrêter le flot de pensées et d'images qui t'habitent en permanence, mais de le diriger, de choisir le scénario d'un film dont tu seras le metteur en scène. Il s'agit d'utiliser la disposition naturelle de ton cerveau à imaginer dans un but précis : envoyer des messages à ton organisme, en illustrant un processus de réparation, de correction ou de remise en route de ce qui était bloqué. Toi seul peux trouver ces images, parce qu'elles émanent de ta singularité. Pour aider ta recherche, sache que la visualisation peut s'effectuer sur différents registres. Tu peux ainsi choisir :

– des images réalistes, en te basant sur tes connaissances anatomiques et physiologiques, même rudimentaires. Par exemple, un muscle est un faisceau de fibres qui se contractent ou se relâchent ; il s'agit alors de le voir mentalement, ou de te dire que les fibres musculaires sont en train de se relâcher ;

– des images analogiques : par exemple, si tu as l'impression que tes muscles sont tendus comme une corde à violon, imagine-toi en train de détendre cette corde, la rendant souple sous tes doigts ;

– des images symboliques : voir une couleur apaisante baigner les régions tendues, de la chaleur se répandre, etc.

– même processus pour soulager la douleur : des images évoquant le soulagement de la région douloureuse potentialisent l'effet positif de la relaxation.

Prudence

Il arrivera sans doute que le contenu des images donne un éclairage sur ta dynamique psychosomatique, t'amenant à faire des liens utiles entre tes maux physiques et d'éventuels traumatismes du passé, ta problématique caractérielle et émotionnelle. En effet, la répression des émotions joue un rôle majeur dans la façon dont nous réagissons aux agents stressants. Dans notre éducation, la plupart d'entre nous ont reçu des messages les incitant à ne pas exprimer spontanément leur ressenti pour se montrer des enfants bien élevés. Or, le fait de ravaler les pleurs ou la colère a des conséquences psychosomatiques durables : l'énergie de l'émotion reste encapsulée dans le corps grâce à des contractures musculaires. Il faut crisper afin d'éviter le risque de lâcher ; le diaphragme reste bloqué pour ne pas laisser monter l'expression des émotions. À la longue, ces répressions émotionnelles créent un resserrement de nos tissus, un état permanent de tension musculaire, une entrave à la libre circulation de l'énergie de vie. Cela crée ce que Wilhelm Reich a appelé la « cuirasse caractérielle »(> p. 228) : une cuirasse permet de se protéger, certes, mais c'est lourd à porter, surtout quand on ne la quitte jamais. Or nous ne faisons pas autre chose quand nous nous efforçons coûte que coûte de tenir le coup (cou !) contre vents et marées. Des remontées du passé qui s'avéreraient trop puissantes, au point de t'empêcher de cultiver des images positives pendant tes séances de visualisation, devraient te motiver à prendre soin de tes blessures du passé, à te permettre une meilleure fluidité émotionnelle et corporelle, au besoin en consultant un thérapeute.

À lire...

- *Se guérir grâce à nos images intérieures*, Marie Lise Labonté, éd. Albin Michel.
- *Aide-toi, ton corps t'aidera*, Anne-Marie Filliozat et Georges Guasch, éd. Albin Michel.

VOIR AUSSI

Imaginer > p. 258
Méditer/Méditation > p. 271
Être psychosomatique > p. 246
Voie du rêve > p. 339

VOIR QUESTIONS

Peux-tu imaginer ta quête accomplie ? > p. 46
Dans ton meilleur souvenir, d'où tires-tu ta vitalité ? > p. 80

VOIE DU RÊVE

L'intention

La voie du rêve est la plus universelle voie de connaissance humaine. Depuis Freud, on sait que l'inconscient parle en rêve, à l'interface entre le corps et l'âme. En rêve, ton corps peut faire ce qu'il veut, exprimer ses désirs, les transformer, les vivre – ou presque. Voilà plus d'un siècle que l'on sait que les rêves permettent de se connaître, voire de se soigner soi-même. Combien sommes-nous pourtant à les ignorer ? Certes, tout comme certains s'en souviennent mieux que d'autres, certains se montrent meilleurs au jeu du décryptage. Mais que ne gagnerions-nous à nous y livrer plus souvent ! Rappelons la première règle : pour t'en souvenir comme pour leur donner sens, il faut avant tout en cultiver l'intention. La voie du rêve aussi, exige un entraînement ! Les recettes proposées sont nombreuses : verre d'eau bu moitié le soir, moitié le matin, répétition d'une phrase d'intention avant de s'endormir – « Je veux me souvenir de mon rêve au réveil » –, réveil en douceur... Elles semblent tenir de la méthode Coué. Elles font appel au même mystérieux pouvoir de l'autosuggestion. En se fondant sur les statistiques (seuls 10 à 15 % des gens ne se souviennent jamais de leurs rêves, quoi qu'ils fassent), cela vaut la peine d'essayer.

La voie normale

Une fois le rêve capté, il faut en comprendre le sens. Outil principal de toutes les thérapies faisant appel à l'inconscient, l'interprétation n'est jamais tant le fait du thérapeute que du rêveur lui-même. La méthode repose toujours peu ou prou sur les associations d'idées : en associant aux images et aux scènes du rêve les pensées qui viennent à l'esprit, on en découvre le sens pour soi (même si ces images ont souvent une portée symbolique collective relevant de la culture ou d'archétypes universels). La méthode peut donc être pratiquée également hors du cadre thérapeutique. Le psychanalyste Carl Gustav Jung, admirateur puis rival de Freud, proposait une manière de procéder. Divise une page en trois colonnes. Dans celle de gauche, inscris le rêve en espaçant ses phases successives. Dans celle du milieu, plus large, viendront les pensées, idées, images qui te viennent par associations libres, en te demandant : « À quoi cela me fait-il penser ? » Dans celle de droite enfin, viendront figurer les conclusions que tu peux en tirer.
Associer est évidemment la clé. Dans une lettre à un ami, Jung donnait cette recette : « Contemplez l'image de votre rêve et observez avec précision comment elle se met à se développer ou à se modifier. Évitez toute tentative de lui donner une forme déterminée, ne faites rien d'autre qu'observer, tout simplement, quels changements se produisent spontanément. Toute image psychique que vous observez ainsi se transformera tôt ou tard, du fait d'une association spontanée conduisant à une légère modification de l'image. Ce qu'il faut éviter avec soin, c'est de sauter impatiemment d'un thème à un autre. Tenez-vous-en fermement à l'image unique que vous aurez choisie et attendez qu'elle change d'elle-même. Tous ces changements, il faut que vous les observiez soigneusement et, pour finir, que vous entriez vous-même dans l'image : s'il se présente une figure qui parle, alors dites, vous aussi, ce que vous avez à dire et écoutez ce qu'elle a à vous dire. De cette façon, non seulement vous pouvez analyser votre inconscient, mais encore vous donnez à l'inconscient une chance de vous analyser. Et ainsi vous créez peu à peu l'unité de la conscience et de l'inconscient, sans laquelle il n'y a pas d'individuation possible. » (Lettre du 2 mai 1947, *Correspondance*, éd. Albin Michel.)

La voie directe

L'ethnologue américain Carlos Castaneda, élève d'un sorcier yaqui puis sorcier lui-même et auteur de *best-sellers* dans les années 1970, a longuement expliqué les étapes de cet « art de rêver » qui fait la force des chamans. L'idée globale du cheminement consiste à tenter de devenir de plus en plus conscient du fait de rêver, en s'habituant progressivement à intégrer son corps dans le film, puis à le diriger. Le même principe est aujourd'hui appliqué par les adeptes du rêve lucide, que la sophrologue Lalie Walker, auteur d'un livre sur cette pratique, considère comme un « outil de transformation de soi » : « Le rêve lucide n'est pas une thérapie à proprement parler, ajoute-t-elle, mais il possède une dimension thérapeutique plus évidente que le rêve normal (interprété ou non), car il permet de s'approprier ses productions oniriques pendant qu'elles ont lieu. »

À lire…

- *L'Homme à la découverte de son âme*, Carl Gustav Jung, éd. Payot.
- *Dictionnaire des symboles*, Jean Chevalier et Alain Gheerbrant, éd. Robert Laffont.
- *Le Livre des rêves*, Nicolas Maillard, Sylvain Michelet et Roger Ripert, éd. Albin Michel.
- *L'Art de rêver*, Carlos Castaneda, éd. Pocket.
- *Vivre le rêve, accéder au rêve lucide*, Lalie Walker, éd. La Martinière.

VOIR AUSSI

Saut quantique > p. 310
Rêve > p. 307

VOIR QUESTION

Comment écoutes-tu ton corps ? > p. 78

WAS (WEALTH ACKNOWLEDGMENT SYSTEM OU SYSTÈME DE RECONNAISSANCE DE RICHESSE)

Il existe plusieurs types de richesse, et nous assimilons trop facilement la richesse au solde créditeur de notre compte bancaire. Or toute communauté, tout être humain est plein de richesse.

Il y a au minimum trois niveaux de richesse interdépendants :

– Richesse *échangeable* : produits ou composants du système (ressources, objets, service, temps…). Nous sommes très familiers avec ce niveau.

– Richesse *mesurable* : propriété du système dans son ensemble (santé, diversité, éducation, force, vitalité, productivité…). Non échangeables, ces richesses sont pourtant bien mesurables.

– Richesse *reconnaissable* : relations entre des systèmes (amitié, amour, beauté, liberté, culture). Ni échangeables ni mesurables, ces richesses font appel à la subjectivité, on ne peut pas utiliser d'échelles externes.

Tu peux donc recenser toutes tes richesses et enfin te reconnaître comme tu es avec toute ta valeur, dans toute ta puissance.

La nouvelle société à mettre en œuvre recensera les différentes catégories de richesse et celles-ci pourront être gérées dans un système informatique, ce qui permettra l'échange avec l'*open money*.

À lire…

www.thetransitioner.org
http://openmoney.info

VOIR AUSSI

Talents à développer > p. 323

VOIR QUESTION

Quelles sont tes forces ? > p. 74

Y CROIRE

Une idée couramment admise voudrait qu'il soit préférable de savoir une chose, de la connaître, dans son esprit et dans son corps, plutôt que d'y croire. Notre société matérialiste et technique a tendance à reléguer la croyance et la foi au rang des projections infantiles et des fantasmes. Et pourtant, sans la foi, notre monde n'avancerait plus d'un millimètre. Le vécu et la raison ne peuvent en effet compter que sur le possible. Seule la foi permet de croire à l'impossible, et donc d'y accéder ! Si personne n'avait cru qu'il serait possible un jour de voler, l'avion n'aurait jamais été inventé. Le verbe croire s'applique ainsi à une infinité de sujets et de domaines. Chacun de nous a besoin de renforcer sa foi en quelque chose : en soi, en l'autre, en la vie… Dans son petit livre *Croire* plein de finesse, de précision et d'humour, A.C. Ping analyse comment le mécanisme étonnant et admirable de la croyance et de la foi nous fait nous dépasser nous-même, pour oublier nos peurs et donner des ailes à notre aptitude à agir, à avancer et à aimer.

C'est que les études se bousculent depuis quelques années, qui mettent en évidence les bienfaits de la croyance sur la santé morale et physique : études sur l'effet placebo bien sûr, mais aussi – plus troublant – sur les conséquences médicales de la croyance en Dieu. Même si elles concernent pour la plupart une société nord-américaine où les religions jouent un rôle social énorme, rendant la notion de foi plus immédiate, voire plus superficielle, et même s'il est possible qu'elles aient été biaisées par l'atmosphère particulièrement dévote des dernières décennies, ces études indiquent clairement que croire en un dieu ou en une force surnaturelle, sans forcément pratiquer une religion, est en soi bienfaisant. Ou est-ce le simple fait de prier, de réciter des mantras ou des psaumes, de psalmodier, voire de se balancer doucement et rythmiquement, comme le laissent à penser d'autres travaux, sur l'EMDR (Eye Movement Desensitization and Reprocessing) par exemple ? Les croyants ont moins d'accidents cardio-vasculaires et moins de cancers. Ils sont moins susceptibles d'être affectés par des problèmes physiques et mentaux, sujets à la douleur, déprimés ou anxieux. Généralement, ils ont une meilleure santé, récupèrent mieux à la suite d'interventions chirurgicales, ont moins recours aux ressources médicales et ont une meilleure espérance de vie que les personnes moins religieuses. On pourrait cependant objecter que des personnes souffrant de douleurs, de dépression ou d'anxiété sont moins enclines, par ce fait même, à proclamer ou cultiver la foi !

À lire...

- *Croire*, A.C. Ping, éd. Le Jour.

VOIR AUSSI
Croyances > p. 227
Placebo > p. 285
Être psychosomatique > p. 246

VOIR QUESTION
Peux-tu imaginer ta quête accomplie ? > p. 46

YOGA

Le yoga comme philosophie de vie se pratiquait déjà en Inde 3000 ans avant notre ère. Le terme signifie en sanskrit union. L'union du corps et de l'esprit, du soleil et de la lune, du masculin et du féminin, du yin et du yang, de l'être humain et de l'univers... Il comprend plusieurs dimensions, dont les principales sont la dévotion (*bhakti yoga*), l'action juste (*karma yoga*), la connaissance (*jnana yoga*), la santé et la concentration par l'hygiène de vie et les postures (*hatha yoga*). C'est ce dernier qui s'est le plus développé en Occident. Le *hatha yoga* est une discipline d'harmonisation et de développement des facultés psychologiques (concentration, sérénité) et des facultés corporelles (fermeté, souplesse). Le travail est orienté vers le corps physique au moyen de postures (*asanas*), de respirations (*pranayama*) et de relaxation (*savasana*). La pratique du yoga provoque une détente rapide. Elle permet de maintenir une bonne santé ou de contribuer à son retour (certains professeurs s'étant spécialisés dans un yoga plus thérapeutique). Le yoga convient à tout le monde, aux personnes âgées, aux handicapés, aux femmes enceintes, sans oublier les enfants. Le yoga appliqué à l'école est l'une des méthodes les plus efficaces pour enseigner aux petits à faire le calme en eux.

À lire...

- *J'apprends le yoga*, André Van Lysebeth et Jean Herbert, éd. J'ai Lu.
- *Le Yoga au quotidien*, Françoise Colombo et André Maman, éd. Eyrolles.
- *15 minutes yoga* (livre et DVD), Louise Grime, éd. Guy Trédaniel.
- *Le Yoga des paresseuses*, Davina Delor, éd. Marabout.
- *Des enfants qui réussissent : le yoga à l'école*, Jacques de Coulon et Micheline Flak, éd. Desclée de Brouwer.

ZEN (RESTER)

Même si elle évoque encore vaguement le calme du bonze japonais, l'expression a été tellement galvaudée qu'on finit par la trouver désuète, voire exaspérante, et par ne plus savoir très bien ce qu'elle veut dire. Sur quoi faut-il fonder cette belle égalité d'humeur ? La prise de distance face aux événements ? Une participation pleine et entière à l'instant ? Une intégration du sentiment de l'absurde, qu'illustrent les malicieuses histoires appelées *koan* ? Les trois ? Sans entrer plus avant dans les subtilités du zen, descendant japonais du bouddhisme *chan* chinois, on voit bien cependant que rester zen implique un détachement que n'a pas rester cool ! C'est qu'il est question ici d'art de vivre plutôt que de comportement prescrit. D'attitudes quotidiennes plutôt que de savoir-faire relationnel. Nulle surprise donc à voir le zen occidentalisé et postmoderne proposer des recettes plutôt qu'une philosophie, ou le terme lui-même servir de titre à un livre écrit par un Français, ancien proviseur devenu yogi. Quoi de plus zen et de plus simple, en effet, que les propos d'Henri Brunel ? Avec amour et humour, il se délecte à observer la vie autour de lui – tout particulièrement son chat Miquet – et réussit à tirer du moindre geste, même du vol d'un papillon ou de l'escalade d'une coccinelle, des leçons de vie incroyablement justes et pratiques, que nous pouvons mettre en œuvre dans notre propre vie. De temps en temps, il n'hésite pas à conseiller une posture de yoga – mais rien de contraignant : du pur bon sens, et sans perdre de temps. Pourquoi a-t-il appelé sa technique méthode du chat ? C'est que Miquet, comme tout matou, est un maître à la fois de la concentration et de la relaxation. Qu'il chasse ou qu'il joue, quand il agit, il est présent à 100 % et ne laisse aucune pensée l'égarer. Et quand il dort, il lâche prise.

À lire...

– *Restez zen : la méthode du chat*, Henri Brunel, éd. du Seuil.

VOIR AUSSI
Lâcher prise > p. 263
Contempler > p. 224
Relaxation > p. 66

VOIR QUESTION
Quel rituel quotidien pourrais-tu mettre en place ? > p. 100

« Savoir ce qu'on a reçu du ciel, et ce qu'on doit y ajouter de soi, voilà l'apogée. »
Tchouang-Tseu

TAO

SIXIÈME LIVRE

LE LIVRE DES PRINCIPES

TU ES LA FLÈCHE S'INTERROGEANT SUR SA COURSE

Celui qui possède un pourquoi qui le fait vivre
peut supporter tous les comment.

TAO

SIXIÈME LIVRE

Ce livre des Principes s'adresse plus particulièrement aux thérapeutes, aux soignants et aux animateurs professionnels, mais aussi à tous ceux qui s'intéressent à la relation d'aide.

Cela fait plus de dix ans maintenant que le Jeu du Tao, dans sa version jeu de société, fait un travail de fond dans la révolution de l'esprit des individus et des organisations, vers un mieux-être et une conscience collective. Le premier ouvrage du *Jeu du Tao* a vu le jour avec comme première règle de jeu explicite : pour changer le monde, il est bon de commencer par se changer soi-même et devenir le « héros de sa propre légende ». Le livre-jeu proposait à chacun de se prendre en main et de monter marche à marche les degrés d'élévation de sa conscience. Si possible avec un partenaire, un *buddy* (partenaire de jeu), un ami miroir, pour avancer ensemble en agissant sur soi. Chaque joueur pouvait prendre un chemin pour devenir maître dans l'art, la discipline, le métier qui portait son action dans le monde et structurait son propre développement, grâce à l'énergie conjuguée des partenaires.

Le jeu de société, quant à lui, enseignait comment apprendre à se parler, s'écouter, s'entraider, et associer sa quête individuelle à des quêtes collectives porteuses de sens et d'avenir pour les groupes qui y participèrent. *A contrario* de la peur, de la tristesse et de la colère, la violence, la rancune et la haine ne sont pas l'expression de notre nature, mais celles de la *frustration de notre nature* ! Elles s'expriment quand nous laissons nos besoins fondamentaux insatisfaits, parce que nous n'avons pas mis en place des actions ou des demandes pour les satisfaire.
Le Jeu du Tao pallie ce manque en proposant d'autres façons de communiquer, de se comprendre, d'avancer ensemble, d'atteindre des objectifs, de partager des projets communs. Le premier principe était simple, pour mieux vivre ensemble, il suffit *d'oser se dire* tel que l'on est. Que puis-je bien vouloir « Ici et Maintenant » ?

NB : les mots marqués en rouge renvoient à des articles dans le livre des Ressources.

La rencontre du Jeu du Tao et des organisations a ouvert la voie à ce nouveau livre. Au-delà des questions existentielles, nous nous sommes vite aperçus que les joueurs confrontés à la question « Que cherches-tu ici ? » énonçaient très souvent des quêtes de mieux-être : mieux respirer, mieux manger, mieux s'aimer, mieux se sentir dans son corps, mieux s'aligner sur sa conscience, mieux être. L'idée d'un Jeu du Tao de la santé et du mieux-être vient de là.

Les amateurs du Jeu du Tao l'auront remarqué sans effort : le Jeu du Tao de la santé et du mieux-être a certes interverti l'ordre des mondes dévolus à l'exploration des atouts et des obstacles (respectivement les mondes de l'Eau et du Feu), mais il reste en tout autre point fidèle aux principes du jeu originel. Rappelons-le brièvement, la dynamique du Jeu du Tao est fondée sur le questionnement introspectif et l'exploration des désirs, la découverte des lois de l'accomplissement, la recherche de conformité avec le monde (oracles et rituels), la communication (formes de langage, écoute de l'autre, dialogue conscient) et l'engagement (autodiscipline, stratégie de coopération).
Tous ces principes sont repris par le Jeu du Tao de la santé et du mieux-être. Développés dans la perspective d'enseigner la « relation d'aide », ils sont destinés à ceux, de plus en plus nombreux, qui veulent contribuer au mieux-être de l'humanité, en devenant des « coopérateurs sociaux » sans savoir précisément ce que cela signifie, ni par où commencer. Pour ce faire et avec toute l'humilité que requiert une telle démarche, le Jeu du Tao de la santé et du mieux-être – désormais désigné dans la suite de ce texte par l'abréviation Jeu du Tao – tente de synthétiser sous une forme ludique, à l'aide d'un questionnement invitant à l'introspection, les apports de nombreuses disciplines qui sont en train de bouleverser la pensée occidentale moderne en matière de santé.

Psychologie, médecine et philosophie se rejoignent aujourd'hui dans une nouvelle vision de la santé, du bien-être, du bonheur ; et les traditionnelles conceptions énergétiques de la vie rencontrent leur confirmation dans les succès remportés par les thérapies qui s'en inspirent (cf. Panel). Il en émerge une nouvelle approche thérapeutique, ouverte aux médecines orientales, aux thérapies non conventionnelles, et appelée de divers noms par ses promoteurs : psycho-neuro-immuno-endocrinologie (PNIE) pour les experts, médecine psychosomatique ou holistique pour d'autres. Cette approche repose sur l'idée fondamentale, écologique et systémique selon laquelle l'humain constitue un système composite en interaction permanente avec son environnement matériel et social ; sa santé reposant sur l'harmonie de cette interaction. La maladie est souvent considérée comme le symptôme d'un dysfonctionnement entre les membres d'un groupe avec lesquels le malade est en relation : famille, proches, collaborateurs, voisins, habitants d'une ville ou d'un pays.

1. UN PHÉNOMÈNE HUMAIN ANIMÉ D'UN SOUFFLE

Les grandes traditions l'affirment depuis toujours, la science le confirme chaque jour davantage : la vie est énergie, et cette énergie vitale étend ses rameaux si loin que, chez l'humain, même la pensée est énergie. Cette notion imprègne le Jeu du Tao à un point tel qu'il convient d'y revenir brièvement ici. Le mot énergie est utilisé dans des domaines bien différents. Dans celui qui nous intéresse, il peut se définir comme le flux de la vie. Pour les Chinois, il s'agit du *qi*, une énergie de vie qui circule partout dans l'univers et surtout dans le corps humain. L'idéogramme qui le représente figure une marmite de riz posée sur le feu dont le couvercle est soulevé par la vapeur, évoquant ainsi une force dynamique. Il est traduit aussi par le mot souffle au sens de force qui anime. Dans la tradition chinoise, l'homme est ainsi animé par une énergie cosmique qui s'exprime sous la forme de deux forces : le yin et le yang. Pour être en bonne santé, il faut maintenir l'équilibre entre celles-ci. Tu noteras que dans la médecine occidentale les deux composantes du système nerveux végétatif, le sympathique et le parasympathique, représentent un équivalent de cette complémentarité. Pour bien fonctionner, notre corps a besoin d'activité (soutenue par le sympathique) et de repos (c'est le rôle du parasympathique). Le sentiment d'être dans un flux est un indicateur de bonheur pour plusieurs psychologues contemporains, tel Mihaly Csikszentmihalyi, directeur du département de psychologie de l'université de Chicago où professait jadis Carl Rogers. Cette notion d'énergie se retrouve également en Inde sous le vocable *prana*, littéralement souffle de vie, ainsi que dans le *ki* des Japonais et l'orgone chère au psychanalyste Wilhelm Reich, qui l'appelait aussi élan vital.

Cette énergie alimente chaque cellule, chaque organe. C'est une force interne qui nous pousse à agir pour notre survie, notre développement, notre accomplissement. Elle habite corps et esprit dans une unité indissociable. Ainsi, en partant du corps, on entre en relation avec la psyché ; en partant du psychisme, on agit sur le corps. Dans le Jeu du Tao, l'énergie générée entre les joueurs, dans leur simple volonté de s'aider les uns les autres, est un facteur important d'un mieux-être.

SOUMIS AUX PRINCIPES DU VIVANT

Outre la polarité yin et yang de l'énergie, un autre processus binaire est au cœur du vivant : la recherche de l'agréable et l'évitement du désagréable. Ce double processus, agissant aussi bien sur le plan psychique que sur le plan physique, est à l'origine de nombreux mécanismes (adaptation, défense…), qu'il régule par le biais d'un système de punition-récompense aux composantes tant innées qu'acquises. Chez l'humain, l'éducation, les contraintes comportementales et la répression émotionnelle complexifient ce schéma. Mais celui-ci existe dès la cellule, dont le comportement biologique et l'activité génétique sont liés à l'information provenant de l'environnement. La biologie moderne, comme le montre par exemple Bruce Lipton dans *Biologie des croyances*, considère la cellule comme un système éminemment ouvert. Loin d'être un ordinateur chargé d'exécuter le programme ADN présent dans son noyau, elle dispose d'une membrane contenant des portes et des canaux, grâce à laquelle elle communique en permanence avec son environnement, l'information recueillie déterminant en partie l'expression des gènes codifiée dans le programme ADN.

L'affirmation selon laquelle les comportements biologiques peuvent être modifiés tant par des forces invisibles, telle la pensée, que par des molécules chimiques ou des champs électromagnétiques, fournit donc un fondement scientifique en faveur d'une médecine accordant toute leur place aux notions d'énergie et d'information – comme le fait le Jeu du Tao en leur consacrant plusieurs de ses questions : Qu'est-ce qui perturbe la bonne circulation de ton énergie ? Comment écoutes-tu ton corps ? Quelle énergie t'apportent les autres ? La plupart des méditations du *Yin Jing* de ce livre visent à connecter le joueur à son corps énergétique.

SOUMIS À LA LOI DU CHANGEMENT

Autre caractéristique du vivant : il est soumis à l'éphémère, au changement. Face à l'univers, les 100 années d'une vie humaine ne pèsent pas lourd, incitant au lâcher prise. Elles sont pourtant agitées par des rythmes, qui souvent semblent faire boucle. Outre ses appels à consulter le livre des Oracles permettant de prendre le pouls d'une situation toujours changeante, le Jeu du Tao invite à distinguer évolution cyclique et événement transformateur dès sa première question. Il insiste aussi sur le besoin chez l'humain de cultiver la présence, la conscience du moment présent.

UNE COMPLEXITÉ CROISSANTE

S'il est de coutume, aujourd'hui, de faire de l'être humain un animal comme les autres, programmé par la nature pour diffuser ses gènes, le Jeu du Tao a des origines trop humanistes pour accepter un tel réductionnisme. La science, en effet, loin de l'avaliser, ne cesse de constater la complexité et plasticité humaine, notamment au niveau cérébral – au point qu'on est tenté d'adhérer à l'idée d'un mécanisme évolutif qui donnerait à la matière, à chaque niveau d'organisation plus complexe, un degré supérieur de conscience, comme le défendait le paléontologue et philosophe chrétien Pierre Teilhard de Chardin. Même s'il reconnaît les apports de la recherche et de la technique, à aucun moment le Jeu du Tao n'assimile l'être humain aux mécanismes de son organisme.

UN ÊTRE PSYCHOSOMATIQUE

Pour aider à intégrer la notion fondamentale d'inséparabilité corps-esprit et de continuum dynamique, le Jeu du Tao représente la globalité de la personne sous la forme d'un cercle sans cesse en mouvement (schéma 1). À l'intérieur de ce cercle se distinguent trois champs d'expression : le corps physique, le corps psychologique et le corps spirituel, ces deux derniers constituant la psyché. Ces trois champs, bien que distincts et d'un niveau vibratoire différent, sont ouverts et interconnectés ; l'information y circule en permanence. Dans ce système dynamique, tout mouvement a un effet sur l'ensemble ; ainsi, tout ce qui affecte le corps physique affecte l'esprit, et tout ce qui habite la psyché, au niveau psychologique ou spirituel, a une répercussion sur le corps physique. Ce système que nous désignons sous le terme cercle psychosomatique rend compte des interactions continuelles entre notre mental, nos émotions, nos sensations et notre état corporel.

Schéma 1. Le cercle psychosomatique

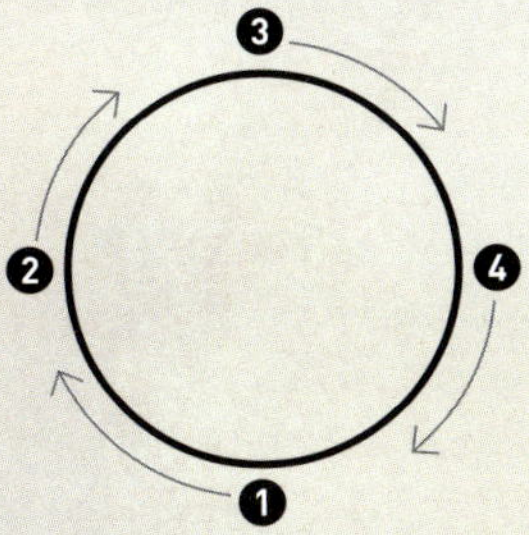

1. un agent stressant survient
2. des tensions corporelles apparaissent
3. et en même temps des tensions mentales et émotionnelles
4. qui augmentent les tensions corporelles

Nous connaissons tous des moments de stress au cours desquels nous ressentons les effets perturbateurs d'une situation difficile. Mais aussi des moments de bien-être quand une tension se relâche, quand un événement nous met dans une émotion de joie ou d'amour. C'est le même cercle qui enclenche ses effets pourtant opposés ! En négatif dans le premier cas, il s'agit alors du cercle psychosomatique vicieux (schéma 2). En positif dans le second cas, nous parlons alors du cercle psychosomatique bénéfique (schéma 3). De ce fait, une simple pensée, une image agréable peut arrêter le cercle vicieux du stress et nous entraîner rapidement dans un mieux-être.

Schéma 2. Le cercle vicieux

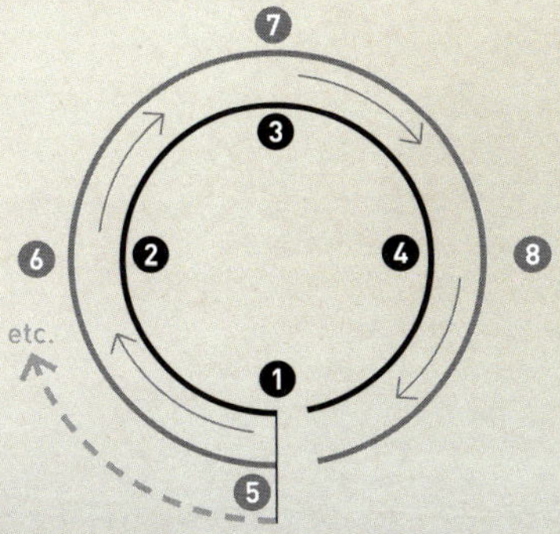

1. un agent stressant survient
2. des tensions corporelles apparaissent
3. et en même temps des tensions mentales et émotionnelles
4. qui augmentent les tensions corporelles
5. les sensations de malaise augmentent
6. les tensions corporelles s'accroissent
7. et renforcent le climat émotionnel négatif
8. et alors tourne la roue de l'anxiété...

Dans le Jeu du Tao, les différents exercices que nous appelons méditations représentent un entraînement à contrôler le sens de ce cercle. L'attention à la posture, la respiration consciente ont un effet immédiat sur la régulation du système nerveux végétatif, et entraînent des répercussions en cascade tant sur l'état mental et émotionnel que sur le relâchement des tensions corporelles.

Schéma 3. Le cercle psychosomatique bénéfique

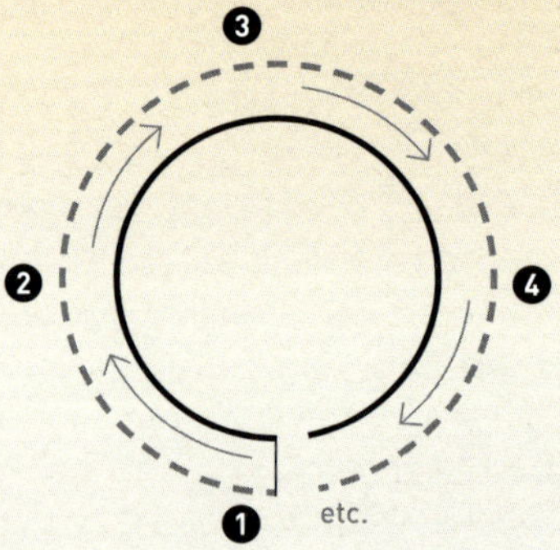

1. image de détente
2. relâchement corporel
3. détente mentale et émotionnelle
4. renforcement du relâchement musculaire, détente corporelle profonde.

2. UNE VISION DE LA SANTÉ

Là encore, science et tradition se rejoignent aujourd'hui, la première apportant à la seconde confirmation de la validité de ses intuitions. Avec le développement de la psycho-neuro-immuno-endocrinologie (PNIE), dont témoignent notamment, en France, les docteurs David Servan-Schreiber et Thierry Janssen, la médecine occidentale est invitée à sortir de son réductionnisme. Le Jeu du Tao tire de cette évolution deux enseignements :

• Une nouvelle médecine se profile, aussi rigoureuse mais plus systémique et plus holistique, c'est-à-dire s'adressant à toutes les dimensions humaines. Le livre des Ressources en témoigne.
• Cette médecine – mais c'est aussi la démarche du Jeu du Tao dans son invitation à jouer avec un *buddy* (partenaire de jeu) – impose un renouvellement de la relation soignant/soigné.

Le langage de la relation d'aide n'est pas naturel au soignant. Pour qu'il puisse reconnaître le malade dans son humanité, le soignant a besoin d'être lui-même reconnu dans la sienne. Pour cela il est nécessaire qu'il puisse lui aussi exprimer ce qui le préoccupe sans courir le risque d'être jugé. On voit ici l'avantage d'un Jeu du Tao pour le personnel hospitalier.

LA SALUTOGENÈSE

Empruntant le terme au psychosociologue Aaron Antonowski, le Jeu du Tao s'inscrit dans une nouvelle orientation de la recherche qualifiée de salutogenèse, car elle privilégie l'exploration des origines (en grec ancien : *genesis*) de la santé (en latin : *salus, salutis*). Complémentaire de la pathogenèse qui s'intéresse aux origines des pathologies (du grec *pathein*, souffrir), la salutogenèse propose d'autres questionnements : pourquoi certains restent-ils indemnes quand tous devraient être affectés ?

Pourquoi la Peste noire, au XIVe siècle, épargna-t-elle la moitié de la population européenne sans que l'on trouve d'explication ? Pourquoi certains habitants exposés aux radiations de Tchernobyl n'ont-ils pas développé les leucémies et cancers qui en ont affecté tant d'autres, pareillement exposés ? De quelle révolution cette question, et les recherches qu'elle suscite, sont-elles annonciatrices ? La salutogenèse voit l'être humain à l'interface du dehors (la société) et du dedans (le corps).

Fidèle à la multidisciplinarité à laquelle invite la pensée systémique, le Jeu du Tao s'inspire des penseurs de cette école (de Gregory Bateson à Paul Watzlawick en passant par Edgar Morin) pour établir des ponts entre salutogenèse et vision psychosomatique, entre recherches en PNIE et en psychologie positive, entre neurosciences et connaissances issues des traditions. Il ne dédaigne pas de faire appel à des penseurs audacieux, en psychosociologie par exemple. Afin que ces ponts fassent également le lien entre les dimensions individuelles et collectives de l'humain et de sa santé.

LA SANTÉ COMME UN TOUT

La salutogenèse ne peut pas faire l'économie de la dimension collective et relationnelle de la santé : trop de comportements identifiés comme salutaires dépendent de données sociales. Ils remettent en question notre modèle de fonctionnement collectif. Ce qui est vrai des rapports entre notre mode de vie, l'état de notre planète et celui de notre santé l'est aussi pour la démarche thérapeutique elle-même : il faut reforger une harmonie entre l'humain et son environnement, et entre soignant et soigné.
Or, l'évolution des sociétés occidentales a conduit, ces dernières décennies, la médecine à soumettre ses interventions à une rationalité économique qui, si elle peut mesurer le temps nécessaire pour accomplir de manière optimale un acte de soins déterminé, ne saurait prendre en compte le temps passé à l'écoute et à l'expression d'empathie que demande aussi tout véritable acte de soin. À l'heure où la nécessité se fait sentir d'un système de santé ouvert aux initiatives citoyennes et aux avis des organisations de patients, le Jeu du Tao s'inscrit dans une recherche de nouvelles démarches organisationnelles propres à l'émergence d'une conscience collective.

RÔLE DE L'INFORMATION DANS LA SANTÉ

L'énergie est porteuse d'information. Elle est vecteur de communication. Dans une vision holistique de l'humain, la permanence et la puissance de cette notion fondamentale s'imposent nettement, corroborées par de nombreuses découvertes en biologie, en psychosociologie ou en neurosciences.
• Sur le plan corporel, la multitude d'informations circulant continuellement entre les cellules, les organes et les systèmes aboutit à une prodigieuse intelligence du corps qui permet de maintenir la vie en nous et de nous ajuster en permanence aux *stimuli* de notre environnement. Nos milliards de cellules coopèrent en permanence à l'entretien de notre organisme.
• Sur le plan mental, les images et les idées qui s'enchaînent, s'entrecroisent constamment dans notre mental, les messages émanant du soma quand nous sommes à son écoute, la communication d'inconscient à inconscient, la traduction somatique d'un conflit psychique en un symptôme somatique, etc., donnent à notre entité psychocorporelle une capacité, inégalée sur la planète, à se nourrir d'information, ce dont témoigne avec évidence l'effet placebo.
• Sur un plan spirituel, l'intuition, les moments d'intériorité, de présence à soi, l'attention aux synchronicités, certains rêves, les expériences de fusion avec la nature, d'élargissement du champ de conscience, peuvent donner lieu à un vécu transpersonnel et à des prises de conscience susceptibles de transformer nos opinions, nos comportements et nos modes de vie.
Ces trois niveaux sont interconnectés et ils s'informent les uns les autres.

Si tu respires d'une certaine façon, tu sollicites un certain état de conscience. Si tu médites ou contemples avec vénération, ta respiration sera plus profonde, même si tu ne focalises pas ton attention sur ta fonction respiratoire. Et si tu es amoureux, ta respiration se fera plus libre, les cellules de ton corps seront stimulées par la joie, et ton âme transportée au septième ciel ! L'information est partout.
La vision quantique de la matière vient confirmer ces notions d'inséparabilité corps-esprit et de permanence de la circulation d'information. Elle permet, entre autres, de mieux comprendre le processus de somatisation. Notre unité corps-esprit est sous-tendue par une énergie qui fait que le corps et l'esprit ne seraient pas plus séparables que l'onde ne l'est de la particule. Mario Beauregard, neuroscientifique canadien (choisi par le groupe World Media Net pour être l'un des « Cent pionniers du XXIe siècle en 2000 »), et autrefois les physiciens Niels Bohr (prix Nobel en 1922) et Wolfgang Pauli

(prix Nobel en 1945) évoquent même une « conscience » dans la matière. L'intelligence du corps, qui suscite chaque jour l'émerveillement, serait la manifestation de cette conscience, au niveau vibratoire qui est le sien, et bien sûr en interpellation permanente avec les autres niveaux vibratoires de l'être.

SANTÉ DES TROIS CORPS

Si la santé peut se définir comme un état stable de bien-être, un équilibre des fonctions appelé par la biologie homéostasie, elle ne saurait nier la loi du changement et prétendre être statique. C'est au contraire par le biais d'une hétérostasie permanente que l'homéostasie est recherchée. La santé est une dynamique. C'est pourquoi le Jeu du Tao insiste sur la nécessité de prendre des engagements.
Selon le docteur Michaela Glöckler, médecin anthroposophe, en ce qui concerne le corps, la salutogenèse considère qu'un organisme sain est caractérisé par son aptitude à se confronter à des facteurs étrangers, à des conflits, et à s'y fortifier. Il atteint, de ce fait, de plus grandes facultés d'adaptation, apprenant à accepter et à supporter le stress et à ne pas seulement l'éviter. Pour le psychisme, la salutogenèse prône le sens de la cohérence. Il s'obtient par une éducation et une information qui enseignent et qui témoignent que le monde est compréhensible, cohérent, signifiant, transformable, et que toute vie est précieuse. Éducation et information ne s'appuient pas sur une vision du monde prédéterminée, mais sur un processus de croissance intérieure dans lequel, par l'envie d'apprendre et la compréhension, chacun se relie avec ce qui se passe dans son environnement.
Sur le plan spirituel, il s'agit de se construire une force de résistance à même de transcender les problèmes de l'humanité (économiques, écologiques, sociaux) ainsi que les violences, maladies et abus qui les accompagnent. De cultiver une vision du monde qui aide à comprendre le mal, le négatif et le destructeur, en lui trouvant un sens. Mais surtout de cultiver le positif et son propre sens.

Le Jeu du Tao cherche ces sens. Quelles sont les questions qui permettent d'écouter l'Être dans son intégralité, son corps physique, son corps énergétique, son mental et ses émotions ? Quelles sont les questions qui peuvent révéler le chemin de l'harmonie ? Qu'est-ce que la vie cherche à dire à la personne malade ? Dans sa pratique, le Jeu du Tao de la santé et du mieux-être prône deux axes :
• La prévention :
– Une attention quotidienne à l'alimentation, au sommeil et à l'exercice physique, pour permettre le maintien de la meilleure santé possible, et aussi de notre bien-être.
– Une pratique régulière des techniques psychocorporelles qui nous rendent moins vulnérables au stress, une attention à nos besoins, une écoute de notre corps, etc.

• Une ouverture à toutes les thérapies qui insistent sur :
– Le rétablissement d'une information correcte fournie à nos cellules, systèmes, organes (par une intention, une image mentale, une gélule homéopathique, une aiguille d'acupuncture, de la phytothérapie, un médicament allopathique, la bonne parole du médecin, etc.).
– La motivation à guérir.
– Un investissement suffisant dans la recherche des changements nécessaires et dans des pratiques psychocorporelles susceptibles de rétablir l'équilibre perturbé.
– Les éléments de l'environnement familial, social, etc.
– Une protection par rapport aux agents stressants environnementaux.
– Un travail d'identification des agents stressants internes.
– Des possibilités d'ouverture émotionnelle, d'amélioration de la communication.
– Une mise en liens, une élaboration holistique qui donne du sens à l'événement/maladie.
Ces recommandations font partie intégrante de la démarche du Jeu du Tao. Elles expliquent son attachement à la qualité de la communication et des relations.

3. LA RELATION AU CŒUR DE LA SANTÉ

UNE APPROCHE GLOBALE DE LA PERSONNE

L'inspiration dont s'est nourri le Jeu du Tao dans son appréhension des relations vient de nombreuses sources, allant de la systémique à la philosophie taoïste ou grecque. Elles sont pour la plupart bien connues aujourd'hui et sont largement abordées dans le livre des Ressources. Aussi est-il de mise de signaler, comme hier pour le psychologue et philosophe Paul Diel, l'apport d'un autre inconnu, le pédagogue, prêtre catholique et psychosociologue André Rochais, auteur d'une *Psychopédagogie de la croissance* et fondateur d'une école de formation Personnalité et Relations Humaines (PRH), dont la conception de l'être humain rejoint et résume parfaitement celle que cultive notre Jeu.

Selon cette approche globale, la personne humaine est en capacité d'évolution tout au long de sa vie. Une aspiration à exister la pousse sans cesse à se déployer et à chercher à réaliser ce pour quoi elle est faite, dans un mouvement de développement de ses potentialités, au rythme de la mise en œuvre de sa liberté. L'« être », fonds de ressources positives, contient en germe les potentialités de la personnalité unique de chacun, et trois éléments dynamiques contribuent à son déploiement harmonieux :

- la conscientisation de son vécu par l'analyse du ressenti ;
- la prise de décision et sa mise en œuvre en accord avec sa conscience, prenant en compte le réel de la situation, du vécu, et le dynamisme de croissance de la personne inscrit dans son « être » ;
- la capacité à se donner un environnement favorable, à vivre des relations humaines authentiques.

La santé, le bonheur et l'harmonie ne sont donc pas des états acquis, mais sans cesse les objets d'une recherche – le Jeu du Tao la résume sous la forme du bilan holistique (cf tableau, annexe 1, p. 355).

En résumé l'être humain, aspirant à exister et à se protéger des menaces, davantage fait pour construire que pour détruire, a besoin d'un environnement favorable, de relations lui apportant autonomie et non aliénation, d'aimer et d'être aimé, et d'une ouverture à la spiritualité lui permettant de s'inscrire dans une réalité plus vaste que lui-même, par le biais d'une participation active, religieuse ou laïque. L'importance de la relation est ici affirmée. Dans le cadre d'un soutien ou d'un accompagnement de l'autre, le respect de cette conception de l'être entraîne bien des ajustements.

COHÉRENCE

Considérant que la santé repose sur une harmonie entre l'individu, la société et la planète, le Jeu du Tao a pour but d'aider à la croissance de cet être humain qu'une force, en nous, nous pousse à devenir. Une alimentation saine avec des aliments issus d'une culture saine (bio, agrobio ou biodynamique) se doit d'être accompagnée d'une éducation orientée vers l'être de l'enfant et de l'adulte, orientée vers l'honnêteté, l'amour et le respect d'autrui. Seule, l'une ou l'autre serait sans cohérence.

Pour un individu, cette cohérence passe par une relation consciemment cultivée avec l'Être, incluant cette dimension spirituelle de lui-même, transcendante dans la mesure où elle témoigne de son incomplétude, mais aussi de ses aspirations les plus élevées. La compréhension de la présence à l'instant est essentielle. Le dialogue entre ce socle d'être, le meilleur de soi et le moi-je de l'ego doit être éclairant, amical et joyeux. C'est là que se trouve la ressource de résistance la plus forte, l'expérience mystique, mais aussi l'expérience d'identité, l'expérience de notre propre moi en tant qu'entité libre et indéterminée. Cette liberté se jouant en premier lieu sur le terrain social, le Jeu du Tao insiste sur l'importance des relations humaines dans nombre de ses questions : Comment ça va ? Qu'est-ce que cela apporte aux autres ? Connais-tu le pouvoir des mots ? Sur qui et sur quoi peux-tu compter ? Quelle énergie te donnent les autres ? Comment peux-tu enrichir ta vie relationnelle ? Comment ton mieux-être peut-il améliorer l'état de la planète ?

GÉNÉROSITÉ

Au cœur de cette réflexion se trouvent les travaux des chercheurs de la psychologie humaniste, tels Carl Rogers, Marshall Rosenberg et bien d'autres, promoteurs d'une approche centrée sur la personne. Spécialistes de la résolution des conflits, ils mirent au point des méthodes permettant non seulement de les résoudre, mais surtout de les dépasser. L'application de ces méthodes à la relation d'aide montre tout le bienfait que l'humanité pourrait retirer d'une éducation à la communication faisant appel à la psychologie positive et à l'expression des émotions.

Il est en effet difficile de communiquer, de part et d'autre, dans le cadre d'une relation d'aide. En étant naturel, un soignant peut choquer, inquiéter, blesser. Le soigné doit pouvoir exprimer sa détresse et transformer sa faiblesse en dynamisme. Tous deux auraient donc intérêt à parier sur la présence et l'éveil, en l'autre, du meilleur de lui-même. Or, nos modes de communication sont davantage adaptés à la confrontation des opinions et à l'affirmation de soi qu'au témoignage de notre empathie, de notre confiance et de notre commune humanité. Plus que toute autre, la relation d'aide demande à chacun de se poser la question du sens de sa relation à l'autre. Dépendance, transfert, confiance, méfiance, culpabilité, les chausse-trappes sont nombreuses. Et le Jeu du Tao ne manque pas de les signaler.

4. LA COMMUNICATION AU CŒUR DE LA RELATION

Nous n'avons pas appris le vocabulaire de notre vie intérieure. Nous n'avons pas appris à décrire précisément ce que nous ressentons, ni quels sont nos besoins. La communication créatrice de valeurs utilisées dans le Jeu du Tao, inspirée de la communication non violente de Marshall Rosenberg, aide à renouer avec soi-même comme avec autrui en laissant libre cours à la bienveillance naturelle qui existe en chacun. Elle nous engage à reconsidérer la façon dont nous nous exprimons et écoutons l'autre, en fixant notre attention sur quatre éléments :

- l'observation de la situation, sans jugement ;
- l'identification et la reconnaissance de sentiments qu'éveille cette situation ;
- l'identification et la reconnaissance des besoins liés à ces sentiments ;
- l'expression d'une demande susceptible de les satisfaire concrètement.

Tout comme ils imprègnent le questionnement auquel le Jeu du Tao invite, ces principes de communication inspirent les conseils prodigués au *buddy* (partenaire de jeu), le fonctionnement des parties collectives et le rôle attribué à leurs taoanimateurs.

LE RÔLE DU TAOANIMATEUR OU DU BUDDY

Rôles et qualités : dans un groupe de parole abordant le mieux-être autour du Jeu du Tao, le taoanimateur ne joue pas. Il est le garant de la règle, l'arbitre de la partie. Il anime le jeu, donne le rythme, distribue les points, passe la parole, pose des questions, demande des exemples, reformule les *tao-feed-back* en termes de sentiments et de besoins, gère le temps des réponses et de la partie, arbitre les conflits éventuels.

Il cherche à ce que le joueur exprime les événements initiaux, cause des problématiques, de façon factuelle, sans jugement ni interprétation. Il sait mettre immédiatement en place un ancrage correcteur. Il s'interdit de juger. Il aide tous les joueurs. Il fait en sorte que rien ne soit imposé à un joueur contre son gré. Il favorise toujours l'interaction entre ces derniers. Il connaît parfaitement les différents niveaux de lecture du livre des Questions et peut aiguiller vers des éclaircissements puisés dans le livre des Ressources.

Bien que les règles soient plus simples lors d'une partie individuelle, le compagnon de jeu, appelé *buddy* (partenaire de jeu), remplit peu ou prou le même rôle qu'un taoanimateur, accordant une attention plus grande encore à l'écoute de l'autre et à la qualité de ses *feed-back*, dont il n'ignore pas l'importance qu'ils peuvent prendre dans le cadre d'une relation de soutien et d'accompagnement. La dimension affective de celle-ci ne lui échappant pas, il s'attache à écouter ses propres émotions. Taoanimateur ou *buddy*, l'accompagnateur fait preuve de stabilité face aux événements qui surgissent lors d'une partie, s'efforçant de n'apporter ni implication émotionnelle perturbante, ni conseil, ni élan affectif sinon celui de la compassion et de l'empathie. Il aide chacun dans sa dimension relationnelle et sociale. Il fait ressortir le besoin d'être aimé et l'aspiration à aimer de chacun. Il invite chaque joueur à observer (le plus souvent possible et avec humour) le « penseur en soi ». Il réveille la conscientisation des bienfaits déjà vécus dans les ouvertures à la transcendance, c'est-à-dire à une réalité plus grande que soi, infinie et en même temps intime à soi. Il facilite la prise de conscience des sensations et de la présence, ainsi que celle des cinq instances de la personne : l'être, le moi-je, la sensibilité, le corps et la conscience profonde. Il encourage le questionnement mutuel pour que chacun examine la valeur de ses convictions, l'utilité de ses croyances, les *a priori* et préjugés qui le freinent dans l'accomplissement de ses objectifs. Il sait questionner un joueur pour que ce dernier identifie ses propres croyances.

REPÉRER LES LANGAGES TOXIQUES

L'un des atouts précieux du taoanimateur est d'identifier les langages toxiques puis de les traduire en sentiment et en besoin. Outre la double contrainte mise en évidence par l'école de Palo Alto, le discours toxique constitue un piège majeur de la communication, un poison dans la relation. Selon la communication non violente, les langages toxiques ont pour point commun de déresponsabiliser leur auteur et s'appuient sur :

- la critique : elle implique que l'autre a tort ou qu'il est mauvais ;
- le déni de responsabilité : nier que l'on a le choix, croire « devoir faire » ;
- les exigences : toute demande ou requête, même implicite, sous-entendant qu'elle ne pourra être pleinement satisfaite ;
- les récompenses et les punitions : au discours est associée l'idée que toute action mérite récompense ou punition.

FACILITER LE DIALOGUE

La reformulation est un instrument majeur du rééquilibrage de la communication et de l'évitement du discours toxique. Il en existe plusieurs formes :

- la reformulation accusé de réception : répéter ce qui a été entendu avec les mots de l'autre ;
- la reformulation clarification : utiliser les mots entendus et ajouter : « Est-ce que c'est bien cela ? » ou : « Qu'est-ce que tu veux dire par là ? », ou une autre formule invitant à éclaircir le propos ;
- la reformulation synthèse : résumer les propos avec ses mots et les mots de l'autre ;
- la reformulation empathique : reformuler en faisant ressortir les sentiments et les besoins de l'autre, de manière interrogative : « En fait quand tu dis cela, ou quand tu as fait cela, tu te sentais… et tu avais besoin de… ? »

Le plus important est de nommer les besoins qui apportent 90 % des informations nécessaires (les sentiments en apportant 10 %).

OSER ÊTRE

- Oser se dire : parler ouvertement et sans crainte de ce que l'on croit, pense, ressent et/ou aspire à être, permet de prendre la mesure de sa propre cohérence. Une relation saine exigeant que l'on « marche sa parole », l'honnêteté et la franchise de celle-ci prennent une importance accrue.
- Oser coopérer : cela demande de dire et de demander, d'accueillir et d'accepter ce qui est apporté, mais aussi de savoir prendre du recul pour réfléchir et formaliser l'engagement.

• Oser l'autorité : l'étymologie rapproche l'autorité (du latin *auctoritas*) et l'auteur (*auctor*), tous deux dérivant du verbe signifiant accroître, augmenter (*augere*). Dans l'optique coopérative, le pouvoir de commander s'accompagne du devoir de donner à chacun le pouvoir de prendre une décision, d'initier des projets et d'en prendre la responsabilité. L'autorité ne se partage pas, elle se distribue par une démarche collective de responsabilisation qui se résume – et c'est tout le but du Jeu du Tao – en un mot aussi nouveau que libérateur : l'empuissancement.

5. LES DIMENSIONS SPIRITUELLES

Le Jeu du Tao permet aux joueurs de découvrir et se dire des choses qu'ils n'avaient pas la capacité d'expérimenter auparavant. En fait, ils vivent la spiritualité du processus. Certains commencent à percevoir que c'est davantage qu'un processus de communication, que cela interagit avec leur conscience et que cette expérience peut rendre manifeste une certaine spiritualité.

Selon la PRH (Personnalité et Relations Humaines), l'être n'est pas seulement une dimension spirituelle. L'être est d'abord un socle de ressources (émergées ou juste en germe) qui ne demandent qu'à être utilisées pour grandir (et les capacités relationnelles en font partie), dont la mise en actes contribue à la réalisation et au bonheur de la personne. L'être inclut aussi la dimension d'ouverture spirituelle, ouverture à plus que soi, relation à une transcendance, ou à Dieu pour certains, valeurs, aspirations ou vécus intérieurs, dont l'origine et la portée nous dépassent.

Selon le théologien et psychothérapeute Eckhart Tolle, l'être est la vie éternelle et omniprésente qui existe au-delà des myriades de formes de vie assujetties au cycle de la naissance et de la mort. L'être n'existe cependant pas seulement au-delà mais aussi au cœur de toute forme ; il constitue l'essence invisible et indestructible la plus profonde. L'être nous est accessible immédiatement et représente notre moi le plus profond, notre véritable nature. Mais ne cherchons pas à le saisir avec notre mental, ni à le comprendre. Nous pouvons l'appréhender seulement lorsque notre mental s'est tu. Quand nous sommes présents. Quand notre attention est totalement et intensément dans le présent, nous pouvons sentir l'être. Mais nous ne pouvons jamais le comprendre mentalement. Retrouver cette présence à l'être et se maintenir dans cet état de sensation de réalisation, c'est cela l'illumination.

À l'inverse du terme « Dieu », le mot « être » n'explique rien. Mais il a l'avantage d'être un concept ouvert. Il ne réduit pas l'infini invisible à une entité finie. Il est impossible de s'en faire une image mentale. Personne ne peut se déclarer unique détenteur de l'être, car il s'agit de notre essence même, et celle-ci nous est accessible immédiatement sous la forme de la sensation de notre propre présence, de la réalisation de ce « je suis » qui précède le « je suis ceci ou cela ». Le pas à franchir entre le terme « être » et l'expérience d'être est donc plus petit. La seule question importante à se poser est : ce mot nous aide-t-il ou nous empêche-t-il de faire l'expérience de ce qu'il désigne ? Fait-il référence à cette réalité transcendantale qui existe au-delà de lui-même ou s'emploie-t-il à tort et à travers pour ne devenir qu'une idée à laquelle on peut croire, qu'une idole mentale ? Selon Marshall Rosenberg, chacun a son panthéon personnel pour se relier à Dieu, à l'invisible, au Tao, chacun crée ses propres mots pour se relier à cette énergie d'amour. Car il s'agit bien d'une énergie et, à en croire Jésus, les religions orientales et les poètes, c'est une énergie avec laquelle on peut se connecter grâce à l'amour.

Comment se relier à cette énergie avec le Jeu du Tao ? Dans la façon même de se connecter aux autres joueurs. Tu reconnais l'énergie d'amour en te mettant en lien avec les êtres humains d'une certaine façon. Non seulement tu la vois, mais tu la goûtes, tu la ressens et tu es l'énergie. Tu es en lien avec elle quand tu te relies aux autres avec empathie et compassion. Ce que le Jeu du Tao, dont le but est de venir en aide aux autres joueurs, facilite dans son processus même.

ANNEXE 1 • Bilan holistique de la santé et du mieux-être

Pour commencer ta partie, le bilan ci-dessous a été conçu pour que tu prennes conscience de ton chemin de progression. Lorsque tu te notes toi-même, évite le pessimisme (le 1 est un état de crise) autant que l'optimisme (le 10 est le but à atteindre). Nous pouvons tous progresser. Note-toi en + ou en – selon que tu progresses ou que tu régresses dans l'item choisi. Exemple : 5 + signifie que tu vas de mieux en mieux ; en revanche 5 – est une alerte, qui signifie que tu déclines dans ta relation à l'item noté. Répéter cette évaluation en cours de partie et de partie en partie te permettra de mesurer tes progrès. Deux conseils : date tes bilans et travaille plutôt sur une photocopie de cette page !

CHAMP D'INVESTIGATION	CRITÈRES D'ÉVALUATION	ÉCHELLE
RELATION À SOI-MÊME	Respiration	1 2 3 4 5 6 7 8 9 10
	Nourriture (qualité)	1 2 3 4 5 6 7 8 9 10
	Alimentation (quantité, régularité...)	1 2 3 4 5 6 7 8 9 10
	Sommeil	1 2 3 4 5 6 7 8 9 10
	Rêve	1 2 3 4 5 6 7 8 9 10
	Repos	1 2 3 4 5 6 7 8 9 10
	Santé	1 2 3 4 5 6 7 8 9 10
	Corps	1 2 3 4 5 6 7 8 9 10
	Mouvement	1 2 3 4 5 6 7 8 9 10
	Sexualité	1 2 3 4 5 6 7 8 9 10
	Conformité aux cycles de la nature	1 2 3 4 5 6 7 8 9 10
	Habitat	1 2 3 4 5 6 7 8 9 10
	Travail	1 2 3 4 5 6 7 8 9 10
	Argent	1 2 3 4 5 6 7 8 9 10
	Confiance en soi	1 2 3 4 5 6 7 8 9 10
	Oser être soi	1 2 3 4 5 6 7 8 9 10
	Relation à l'inconscient	1 2 3 4 5 6 7 8 9 10
	Autres	1 2 3 4 5 6 7 8 9 10
RELATION AUX AUTRES	Conjoint	1 2 3 4 5 6 7 8 9 10
	Enfants	1 2 3 4 5 6 7 8 9 10
	Père	1 2 3 4 5 6 7 8 9 10
	Mère	1 2 3 4 5 6 7 8 9 10
	Grands-parents	1 2 3 4 5 6 7 8 9 10
	Frères et sœurs	1 2 3 4 5 6 7 8 9 10
	Amis	1 2 3 4 5 6 7 8 9 10
	Collègues	1 2 3 4 5 6 7 8 9 10
	Voisins	1 2 3 4 5 6 7 8 9 10
	Sexe opposé	1 2 3 4 5 6 7 8 9 10
	Animaux	1 2 3 4 5 6 7 8 9 10
	Autres	1 2 3 4 5 6 7 8 9 10
RELATION AU MONDE	Relation au sens de la vie	1 2 3 4 5 6 7 8 9 10
	Relation au jeu	1 2 3 4 5 6 7 8 9 10
	Relation aux loisirs	1 2 3 4 5 6 7 8 9 10
	Relation à la musique	1 2 3 4 5 6 7 8 9 10
	Relation à la danse	1 2 3 4 5 6 7 8 9 10
	Relation à l'écriture	1 2 3 4 5 6 7 8 9 10
	Relation aux arts plastiques (sculpture, peinture)	1 2 3 4 5 6 7 8 9 10
	Relation aux arts de la scène (cinéma, théâtre)	1 2 3 4 5 6 7 8 9 10
	Relation à la nature	1 2 3 4 5 6 7 8 9 10
	Relation à l'univers	1 2 3 4 5 6 7 8 9 10
	Relation à l'invisible, au divin	1 2 3 4 5 6 7 8 9 10
	Autres	1 2 3 4 5 6 7 8 9 10

DOMAINE	ZONE ROUGE	ZONE ORANGE	ZONE JAUNE	ZONE VERTE	ZONE BLEUE
QUALITÉS DES RELATIONS					
Écoute	Stéréotypée	Distraite, impatiente	Attentive, sans jugement	Active, appréciative	Exalte le talent du partenaire
Parole	Attaque, accuse, aliène	Induit la confusion	Dit sa vérité sans jugement	Reconnaît sa propre limite	Permet des percées
Respect mutuel/soin	Se concentre sur le pire chez l'autre	Non-respect, malhonnêteté	Voit les limites et veut se développer	Empathie, appréciation, souci d'autrui	Développe le potentiel de l'autre
QUALITÉS DES ACCORDS					
Peur/ confiance	Peur palpable	Peur non dite	Politesse de surface	Parlant vrai	Confiance et respect mutuel
Utilisation de l'inconfort	Dénégation et contre-attaque	Dénégation et défensive	Minimiser l'inconfort	Inconfort perçu comme signal	Inconfort perçu comme feed-back clé
Bénéfices mutuels	Exploitation sans fard	Exploitation subtile	Équité et valeur ajoutée pour tous	Synergie additive 1 + 1 = 3	Synergie exponentielle
QUALITÉS DES ÉTATS D'ÊTRE					
Attitude	Je vais te battre	Je vais t'utiliser	Si tu m'aides... je t'aide	Nous sommes des partenaires	Recherche du bénéfice de chacun et de celui de tous
Philosophie	Enfoncer l'autre avant qu'il ne t'enfonce	Enfoncer l'autre puisque tout le monde le fait	Traiter l'autre de manière équitable	Traiter l'autre comme tu veux qu'il te traite	Traiter l'autre en servant mieux toutes les parties prenantes
Croyances	La force donne le droit. Ce qui compte c'est de gagner	C'est un monde dur : il faut se battre pour gagner	Il nous faut faire des compromis	Un partenariat stratégique est possible	Servir toutes les parties prenantes permet un développement durable

Pourquoi cela marche ?

Par ses règles, par ses questions, par le contenu de ses cartes, le Jeu du Tao crée un espace d'entraînement à dominante positive, que chacun des joueurs contribue à amplifier par son écoute, son ouverture et son intention d'aider les autres à réaliser leur quête. Cette intention place d'emblée chacun dans un champ d'attraction qui lui permettra de bénéficier des effets de renforcement énergétique positif entre joueurs. Même si un joueur est surtout en proie, dans sa vie quotidienne, à des états négatifs, il a l'opportunité d'entrer, le temps du jeu, dans un type de relation qui lui ouvre de nouvelles possibilités. L'écoute stéréotypée, distraite ou impatiente cède le pas à une écoute attentive, sans jugement, appréciative ou même génératrice de potentialités pour le partenaire. À la parole aliénante ou arrogante se substituent le parler vrai et le questionnement ouvert. L'attention à ce que l'on n'aime pas chez l'autre est remplacée par l'empathie et l'acceptation de l'autre tel qu'il est. L'optique antagoniste de la vie et des jeux de pouvoir habituels est transcendée par une perspective de soutien mutuel et bénéfique pour tous. Ce qui est remarquable, c'est que tout un chacun peut osciller selon son humeur entre l'écoute stéréotypée et une écoute active, et passer d'une parole accusatrice à une parole reconnaissant ses propres limites. L'important est que le seul fait de modifier son écoute et sa parole amène l'individu (et les milliers de parties de Tao que nous avons observées le prouvent) à bouleverser aussi ses croyances, sa philosophie et son attitude, et à évoluer vers des zones d'où émergent des valeurs humanistes de coopération, de respect et de compassion.

Le joueur doit aussi effectuer un lâcher prise par rapport au seul raisonnement logique s'il souhaite tirer pleinement parti des intuitions, des signes et des synchronicités qui apparaîtront au cours du jeu. Quelques heures passées dans ce champ d'énergies positives et l'engagement pris à la fin du jeu peuvent créer les conditions d'accès à des niveaux de conscience qui pourront s'étendre progressivement aux autres aspects de la vie.

ÉCHELLE DES NIVEAUX DE CONSCIENCE					
NIVEAU	MESURE	L'ÊTRE PERÇU COMME	VIE PERÇUE COMME	ÉMOTION	PROCESSUS
Éclairé	700	Le soi	Est (étant)	Infaillibilité	Conscience pure
Paix	600	Le tout	Parfaite	Extase	Illumination
Joie	540	Un	Complète	Compassion, sérénité	Transfiguration
Amour	500	Amour	Bénéfique	Révérence, soutien	Révélation
Raison	400	Sage	Sensée	Compréhension	Abstraction
Acceptation	350	Miséricordieux	Harmonieuse	Pardon	Transcendance
Volonté	310	Inspirant	Pleine d'espoir	Optimisme, engagement	Intention
Neutralité	250	Capabilisant	Satisfaisante	Confiance, détachement	Détente
Courage	200	Ouvert	Vivable	Affirmation, faisant face	Potentialisation
Fierté	175	Indifférent	Exigeante	Arrogance, orgueil	Inflation
Colère	150	Irascible	Antagoniste	Haine, ressentiment	Agression
Désir	125	Frustrant	Décevante	Accoutumance, manque	Esclavage
Peur	100	Punissant	Effrayante	Souci, anxiété, panique	Retrait
Souffrance	75	Dédaigneux	Triste, tragique	Regret, perte	Victimisation
Apathie	50	Condamnant	Sans espoir	Désespoir	Abdication
Culpabilité	30	Vengeur	Maléfique	Accusation, haine de soi	Destruction
Honte	20	Méprisant	Misérable	Humiliation	Élimination

Le Jeu du Tao questionne sur nos relations à l'invisible et à nos valeurs les plus hautes. À ce titre, cette échelle des niveaux de conscience, dont on peut comparer couleur par couleur les incidences avec le tableau de la page précédente, permet au joueur de se repérer et d'ouvrir des voies amusantes.
Sur l'échelle de 0 à 700 (ci-dessus), chacun des niveaux de conscience correspond à une perception différente de l'infini et de la vie, ainsi qu'à une ou deux émotions dominantes. Ces niveaux opèrent comme des champs d'attraction vers lesquels nous pouvons choisir d'aller.

Le passage du négatif au positif – de la recherche des causes à l'extérieur de soi à l'acceptation de sa responsabilité pour sa propre vie – se situe au niveau 200, et, comme il s'agit d'une échelle logarithmique, l'influence des énergies positives, même minoritaires, l'emporte sur celle des énergies négatives. Selon les mesures répétées de Richard Hawkins, l'humanité dans son ensemble devrait passer la barre des 200 en ce début de millénaire, bien que 85 % des humains soient encore dominés par des états en dessous de ce seuil.

Alain Gauthier

ANNEXE 3 • Besoins et demandes fondamentaux de l'être humain selon la CNV

Les besoins sont des énergies fondamentales, communes à tous les êtres vivants. Leur satisfaction produit un bien-être essentiel, tandis que s'ils restent insatisfaits, il s'ensuit un mal-être, pouvant conduire jusqu'à la mort – qu'il s'agisse de besoins physiologiques, comme la respiration, le toucher, ou liés à l'intégrité, tels que l'estime de soi, la recherche de sens.
Ces forces ont pour caractéristique de ne pas être liées à un lieu, à une personne, ou à un moment donné. Notre besoin ne saurait être que notre femme nous aime, que nos enfants obtiennent des notes supérieures à la moyenne à l'école ou que notre patron nous complimente. Ces actions représentent des stratégies, vraisemblablement bien plaisantes, pour satisfaire nos besoins de tendresse, de reconnaissance, d'appréciation et de sécurité. Séparer le plan du besoin de celui des stratégies nous permet de mettre l'accent sur nos élans fondamentaux et de ne pas nous enfermer dans la croyance que seule telle personne, tel travail peut contribuer à notre bien-être.
Cette conscience est le socle de l'autonomie. Elle nous permet de reprendre le pouvoir dans notre vie. Notre bonheur ne dépend alors plus des événements extérieurs.

La reconnaissance des besoins est un point clé en CNV : le plus souvent, il suffit de nous relier au besoin qui nous habite pour nous sentir apaisé ; de nous dire, par exemple, dans notre for intérieur : « Je me suis mené vraiment la vie dure depuis quelques jours, j'aspire à me donner plus de douceur. » Dans bien des cas, il n'est pas nécessaire de passer à l'action pour satisfaire notre besoin. Il suffit, le plus souvent, de le reconnaître pour apaiser la tension énergétique qu'il génère en nous et de nous ouvrir aux autres besoins présents.
Nos postulats sont les suivants : **à chaque instant, quel que soit le mobile qui nous anime, nous ne pouvons rien faire d'autre qu'essayer de satisfaire un besoin.**

Comment gérer nos besoins antagonistes ? Que faire, par exemple, lorsqu'une part de nous aspire à trouver un travail plus créatif et qu'une autre demande à être rassurée sur la sécurité financière ? Soyons d'abord assez lucides pour reconnaître qu'à chaque instant plusieurs besoins s'activent. Quand nous décidons de satisfaire l'un d'eux, cela ne peut se faire qu'au détriment d'un autre. Si nous essayons ensuite de satisfaire celui qui a été mis en attente, un nouveau besoin se trouve frustré, et ainsi de suite. Nous sommes donc tout le temps à la recherche d'un équilibre, d'une harmonie globale. Pour chaque être humain, à tout moment, au moins deux besoins particuliers sont activés : l'un satisfait, l'autre insatisfait.

Jean-Philippe Faure

LES BESOINS FONDAMENTAUX DE L'ÊTRE HUMAIN SELON LA COMMUNICATION NON VIOLENTE				
LES BESOINS SUSCITÉS PAR NOS PENSÉES	**LES BESOINS SOCIAUX**	**LES BESOINS ORGANIQUES**	**LES BESOINS SPIRITUELS**	**LES BESOINS PHYSIOLOGIQUES**
Appréciation Cohérence Compréhension Conscience Efficacité Estime de soi Faire le meilleur usage de son temps Honnêteté Justice Partage Reconnaissance Respect	Acceptation Appartenance Chaleur humaine Délicatesse Proximité Reconnaissance Soutien Tendresse	Accueil Autonomie Confiance Empathie Intégrité Ordre Sécurité Sens	Beauté Célébration Compassion Création Épanouissement Harmonie Inspiration Jeu Paix Présence	Abri Alimentation Contact physique Détente Espace vital Évacuation Expression sexuelle Lumière Mouvement Repos Respiration Stimulations sensorielles

En communication non violente, nous distinguons deux genres de demandes :
1. Les demandes de connexion. Elles regroupent tous les souhaits que nous pouvons poser en vue de créer un réel terrain d'entente au niveau des besoins.
2. Les demandes de stratégies. Elles sont constituées de toutes les actions sur le plan physique que nous pouvons prier l'autre – ou nous-mêmes – d'accomplir, en vue de satisfaire nos besoins.

1. Les demandes de connexion sont de trois types :

A. La demande de contact

Il est parfois nécessaire d'investir pour obtenir l'attention de notre interlocuteur. Si l'autre se défend de la connexion, tant que nous n'avons pas obtenu le préalable de confiance pour qu'il s'ouvre à communiquer avec nous, l'expression de nos besoins peut ne pas le toucher. Il est utile dans ce genre de situations d'utiliser des demandes visant à la création d'une prise de contact élémentaire : comme de se rapprocher physiquement ou de se regarder dans les yeux. Ainsi, nous pouvons dire :
- *Veux-tu bien me regarder dans les yeux ?*
- *Es-tu d'accord pour t'asseoir en face de moi ?*
- *Serais-tu disposé à avancer ta chaise d'au moins un mètre ?*
- *Pourrais-tu poser ton journal et lever la tête vers moi ?*

B. La demande de reformulation

Dans un deuxième temps, afin de vérifier si l'autre est bien en liaison avec ce qui nous habite, nous pouvons lui faire une demande de reformulation :
- *Peux-tu me résumer ce que tu m'as entendu dire ?*
- *Peux-tu me dire les points qui t'ont marqué dans ce que je viens de partager avec toi ?*
- *Serais-tu d'accord pour reformuler mes dernières phrases ?*

C. La demande de connexion

Lorsque nous sommes suffisamment rassurés sur le fait que l'autre nous a entendus, la troisième étape consiste à nous relier à ce qui est stimulé en lui après qu'il nous a écoutés. Nous pouvons le demander ainsi :
- *Comment te sens-tu après m'avoir entendu ?*
- *Quelle est ton opinion à ce sujet ?*
- *Comment réagis-tu à ce que je viens de te dire ?*

2. Les demandes de stratégies

Quand nous sommes sûrs d'être en liaison suffisamment étroite avec notre interlocuteur, et qu'il nous paraît également relié à ce qui nous habite, nous pouvons formuler des demandes de stratégies visant à la satisfaction concrète de nos besoins. Nous pouvons utiliser des questions comme :
- *Peux-tu me dire si tu as déjà des solutions en tête ?*
- *Es-tu d'accord pour prendre rendez-vous avec moi pour poursuivre cette discussion ?*
- *Quelles sont les tâches que tu serais disposé à accomplir ?*

Jean-Philippe Faure et Céline Girardet
http://www.voie-de-l-ecoute.com

INDEX

D

E

F

G

H

I

J

K

L

M

N

O

P

Q

R

S

T

LE JEU DU TAO DE LA SANTÉ ET DU MIEUX-ÊTRE
a été créé par Daniel Boublil et Patrice Levallois avec la coopération de Jacques Antoine.

Le livre du Jeu du Tao de la santé et du mieux-être a été conçu et réalisé sous la direction de Patrice Levallois, Patrice van Eersel, Sylvain Michelet et Anne-Marie Filliozat sur une idée originale de Marc de Smedt.

Avec le soutien de Francis Esménard.

Ont participé à la rédaction de ce livre :
Aurore Aimelet, Patricia d'Angeli, Chris Blameble, Sylvie Beurley, Martine Castello, Michèle Decoust, Dominique Eraud, Olivia des Moutis, Hervé Franceschi, Cyrille Javary, Olivier Lockaert, Elisabeth Marshall, Martin Mouchard, Nicole Medjeveski, Sybille Saint Girons, Pascale Senk.

Contribution rédactionnelle : Emmanuelle Levesque

Direction et suivi artistique : MediaSarbacane, Amaëlle Vitiello, Renaud Aumaître
Réalisation graphique et suivi éditorial : MediaSarbacane, Amaëlle Vitiello, Cécile Galatoire, Élise Lacharme
Illustrations : Renaud Aumaître
Relecture : IGS

Achevé d'imprimer en France par Pollina - L51340A
N° d'édition : 26007
Dépôt légal : octobre 2009

ISBN : 978-2-226-18773-4
Éditions Albin Michel - 22, rue Huyghens - 75014 Paris - www.albin-michel.fr